उन्नत भारत

उन्नत भारत

विकसित राष्ट्र से
विश्व शक्ति बनने का ब्लूप्रिंट

शंकर अय्यर

प्रभात प्रकाशन

प्रकाशक • **प्रभात प्रकाशन प्रा. लि.**
4/19 आसफ अली रोड,
नई दिल्ली–110002

संस्करण • 2025
मूल्य • छह सौ रुपए
अनुवाद • प्रणय कुमार
मुद्रक • सीता फाईन आर्ट, प्रा॰ लि॰, दिल्ली

UNNAT BHARAT *by* Shri Shankkar Aiyar ₹ 600.00
Hindi translation of ACCIDENTAL INDIA
Published by Prabhat Prakashan Pvt. Ltd., 4/19 Asaf Ali Road, New Delhi-2
e-mail: prabhatbooks@gmail.com ISBN 978-93-5266-252-4

प्रथमेश श्री सिद्धि विनायक,
विद्या की देवी सरस्वती
और
उन सभी को समर्पित,
जिन्होंने मुझे लिखना सिखाया।

प्रस्तावना

'90 के दशक में जनमे दस मध्य वर्गीय भारतीयों में से पाँच बमुश्किल जानते हैं कि भारत कभी अभावग्रस्त रहा था। एक अदद टेलीफोन के लिए जहाँ लाखों लोग वर्षों इंतजार करते थे। जब सांसदों से लोग अनुनय-विनय करते थे कि वे उन्हें अपने कोटे से रसोई गैस का एक कनेक्शन दिलवा दें। जहाँ बुकिंग करने के बाद एक बजाज स्कूटर की सवारी करने के लिए आप लगभग एक दशक तक प्रतीक्षा करते थे। जब कारों के रंग भी चुनिंदा होते थे। जब पचासों ब्रांड और डेढ़ सौ मॉडल नहीं होते थे। '90 के दशक के बाद जन्म लेनेवाले संभवत: एक ऐसे परिदृश्य की कल्पना नहीं कर सकते, जब उनके देशवासी गंदा-भूरा 'पी एल 480 गेहूँ' की बजाय पंजाब का गेहूँ प्राप्त करने के लिए तड़के राशन की दुकानों में लाइन लगाकर खड़े हो जाते थे।

'विकास की हिंदू दर' भारतीय परिवर्तन दर का प्रतिबिंब थी।

मगर औपनिवेशिक शक्ति द्वारा शोषित और तोड़ दी गई अर्थव्यवस्था को आज नियमित रूप से एक विस्मयकारी संभावना के तौर पर देखा जाता है। हालाँकि अभी बहुत कुछ किया जाना बाकी है, लेकिन देश की कुछ उपलब्धियाँ निश्चित रूप से सराहनीय हैं।

'उन्नत भारत' उस पुन: परिवर्तन लाने और बदलाव के क्रमिक विकास की खोज है, जो 15 अगस्त, 1947 को देश की आजादी के बाद घटित हुआ।

भारत का बदलाव अर्थव्यवस्था के चंद क्षेत्रों में विकास की विस्मयकारी रफ्तार में सर्वाधिक परिलक्षित होती है। हर सेकंड मोबाइल फोन कंपनियाँ तीन नए खरीदारों को दर्ज करती हैं। हरेक मिनट 20 भारतीय नई मोटरबाइक की सवारी करते हैं और हर घंटे 200 नई कारें सड़कों पर उतरती हैं। सामान्य पर्यवेक्षक को लगेगा कि दयनीय हालत से समृद्धि की संभावना तक का देश का उत्थान सुव्यवस्थित है और इस देश का स्पष्ट विज़न है। अगर समय की धुरी सिकुड़ जाए तो बदलाव विस्मयकारी लग सकता है। यह एक ऐसा देश है, जो कभी खाद्य सहायता पर निर्भर था; लेकिन जिसने वर्ष 2012 में 25 करोड़ टन खाद्यान्न पैदा किया, जो उसकी जरूरत से करीब 7 करोड़ टन ज्यादा था। यह एक ऐसा देश है, जो दानी देशों के आगे माँगनेवालों की लाइन में

लगा रहता था; लेकिन गोल्डमैन सैश द्वारा अब इसे वर्ष 2050 तक दुनिया की शीर्ष तीन अर्थव्यवस्थाओं में से एक माना जा रहा है।

वास्तव में, बदलाव धीमा, कष्टकर, काहिलीपूर्ण और अक्षमता से लदा हुआ रहा है; जैसाकि हम देखेंगे, यह न तो विचारधारा से संचालित रहा है और न ही संस्थागत दृष्टि से। सामान्य तौर पर, किसी हादसे के दुर्भाग्यपूर्ण परिणाम होते हैं; परंतु राजनीतिक अर्थव्यवस्था में दुर्घटना सौभाग्यशाली भी हो सकती है। भारत का उत्थान अचानक घटी घटना से, संयोग से संचालित रहा है। परिवर्तन परिस्थिति और संकट के परिणाम के रूप में सामने आया है और हमेशा ही यह किसी बाहरी ताकत का नतीजा रहा है। प्राय: यह ताकत एक संकट के रूप में सामने आई है।

□

इस पुस्तक के लेखन कार्य का आरंभ जुलाई 1991 के अपराह्न में देखा जा सकता है, जब सोने के क्रेट चुपके-चुपके भारत के रिजर्व बैंक की धूसरित भूरी वैन से उतारकर एक विशाल मालवाहक विमान में लादे जा रहे थे। देश के पास केवल सात दिन के आयात का भुगतान करने भर की विदेशी मुद्रा थी और इसीलिए उसने अपने कर्जदाताओं को भुगतान करने के लिए गोपनीय ढंग से बैंक ऑफ इंग्लैंड से अपना 47 टन सोना गिरवी रखने का करार कर लिया था, ताकि उसे 40 करोड़ डॉलर का ऋण मिल जाए। मैंने 'इंडियन एक्सप्रेस' अखबार में सोना गिरवी रखने की गोपनीय खबर दी। इस खबर ने एक ऐसे देश को सदमे में डाल दिया, जो सोने को परंपरागत रूप से लक्ष्मी मानता है। सोना गिरवी रखना सार्वजनिक अपमान के रूप में देखा गया और इसने लोगों को संकट की विकरालता के प्रति जाग्रत् किया।

यहाँ तक कि जब मैंने बाद में इससे जुड़ी खबरें दीं तो मैंने अपने मन में सोचा कि क्या इस देश के लिए यही सर्वोत्तम तरीका था कि अपने कर्जदाताओं को भुगतान करने के लिए अपना सोना गिरवी रख दे? हम इस हद तक संकट के पहुँचने का इंतजार क्यों करते रहे?

मैं तब से देश की अर्थव्यवस्था के विकास का अध्ययन करता रहा हूँ और मेरा शोध दरशाता है कि आधुनिक भारत में हर प्रमुख बदलाव एक संकट के परिप्रेक्ष्य में ही आया है।

ऐसा नहीं है कि भारत के पास महान् राजनीतिक नेतृत्व का अभाव रहा हो। उनकी जो भी विफलताएँ रही हों और उनमें से कई कम-से-कम न करने के भारी पाप के लिए जिम्मेदार थे; लेकिन यह अविवादित है कि हमारे नेता स्थायी और लाभकारी बदलाव लाने की ताकत थे। महात्मा गांधी ने स्वतंत्रता के विचार के तहत एक विभाजित देश को एकजुट किया। भारत आधुनिकता के प्रत्येक अंश पर अब जो भी गर्व करता हो, चाहे वह

लोकतांत्रिक परंपरा हो या वैज्ञानिक नजरिया, इसके लिए वह जवाहरलाल नेहरू के प्रति कृतज्ञ है। छोटे कदवाले लाल बहादुर शास्त्री ने सन् 1965 में पाकिस्तान के साथ युद्ध में असाधारण साहस का परिचय दिया। उन्होंने सी. सुब्रमण्यम की हरित क्रांति के विचार को समर्थन देने का फैसला कर समान शक्ति और चातुर्य का नमूना पेश किया। इंदिरा गांधी ने बैंकों का राष्ट्रीयकरण कर पूँजी का लोकतंत्रीकरण किया और बँगलादेश को जन्म देकर राष्ट्रवाद को परवान चढ़ाया। राजीव गांधी ने '80 के दशक में प्रौद्योगिकी को देश के विकास के नक्शे पर रख दिया। पी.वी. नरसिम्हा राव ने टूटी हुई राजनीतिक व्यवस्था और टूटी हुई अर्थव्यवस्था की मरम्मत करने के कार्य की अध्यक्षता की। अटल बिहारी वाजपेयी ने अर्थव्यवस्था के विविध धागों या तारों को एकजुट करने का काम किया।

फिर भी, भारत डगमगा रहा है। यह अकसर विपत्ति के कगार पर डगमगाता रहता है। ऐसा क्यों ? भारतीय नेता क्यों नहीं विपत्ति को भाँप पाते हैं और विपत्ति में घिर जाने से पूर्व कार्रवाई क्यों नहीं करते हैं ? दूरदृष्टि के साथ काम करने से उन्हें क्या चीज रोकती है— उनकी अवधि की आवश्यकताएँ; उनके समकक्षों या यहाँ तक कि उनकी जनता की सोच; राजनीति के समझौते ? जवाब है—इन तमाम कारकों का संयोग।

हमें बताया जाता है कि एक देश क्या है और इसे क्या होना चाहिए, इसके बीच फासला उसकी संस्कृति में निहित है। तो फिर संस्कृति क्या है ? इतिहासकार फिलिप बैग्बी कहते हैं कि संस्कृति किसी समाज के सदस्यों के आंतरिक एवं बाह्य आचरण में अधिकांशत: नियमितताएँ या अनियमितताएँ हैं। अगर ऐसा है तो क्या चुनौतियों से तत्परता के साथ निपटने में भारत की विफलता उसकी संस्कृति की विचित्रताओं में निहित है ? प्रसिद्ध इतिहासकार अर्नोल्ड टॉयनबी ने अपनी पुस्तक 'ए स्टडी ऑफ हिस्ट्री' में चुनौती और उसके प्रति प्रतिक्रिया का अध्ययन करते हुए संस्कृति के संदर्भ को परखा है। उन्हें जो नतीजे मिले, उनमें 'अनियमितता एवं अस्थिरता' को उद्धृत करते हुए उन्होंने इसे एक कारक के रूप में नकार दिया है। संस्कृति पर दोषारोपण करने के लिए चुनौतियों के संदर्भ में सफलता की भविष्यवाणी की जरूरत होती है और साक्ष्य ऐसे किसी निष्कर्ष का समर्थन नहीं करता है। यह वैश्विक रूप से तर्क पर खरा नहीं उतरता, यह भारत में तर्क पर खरा नहीं उतरता।

लोकप्रिय समाज-शास्त्री अपने समाज में दुष्क्रियाओं और गड़बड़ियों के प्रति अधिकांश भारतीयों की सहिष्णुता और निष्क्रियता की व्याख्या करते समय नदी-घाटी की सभ्यताओं के धीमे प्रवाह, प्रचुर भौगोलिक स्थिति और उनींदे जलवायु को कारण के रूप में पेश करते हैं। यह उतना ही दोषपूर्ण है, जितना कि प्रकृति में समरूपता का सिद्धांत। भूगोल का संदर्भ लोगों के नजरिए से जुड़ा है। सच्चाई यह है कि इसी संस्कृति

ने और इसी नदी–घाटी सभ्यता ने अठारहवीं सदी में 20 प्रतिशत वैश्विक सकल घरेलू उत्पाद पर राज किया था।

संकट से निपटने के भारतीय तरीके की व्याख्या के सिद्धांत में भी संकर्षण है। कर्म या भाग्य में विश्वास के कारण जो कुछ भी गलत होता है, उसके प्रति हम भाग्यवादी हो जाते हैं। भले ही कर्म व्यक्तिगत स्तर पर निश्चित रूप से भाग्यवाद की व्याख्या करने का जरिया हो सकता है, संस्थागत जड़ता का यह बहाना नहीं हो सकता। इसके अतिरिक्त, मुक्त इच्छा के ऊपर भाग्य को तरजीह देना बमुश्किल भारतीयों की अनूठी विशेषता है।

अन्य सिद्धांत भी विद्यमान हैं। विचार–गोष्ठियों और अकादमिक चर्चाओं में विकास–अर्थशास्त्रियों के बीच मूलभूत विचार लोकप्रिय है। प्रायः यह विचार प्रस्तुत किया जाता है कि भारत जब गणतंत्र रूप में उभरा तो उसने उसी समय सार्वभौम मताधिकार को चुन लिया। यह बहुत जल्दी में उठाया गया कदम था। इसका नतीजा यह हुआ कि इसके लाखों–करोड़ों लोगों के गले में लोकतंत्र खुद सबसे बड़ा श्रमसाध्य मील का पत्थर बन गया। निश्चित रूप से, गतिशील एवं सक्रिय लोकतांत्रिक देशों में मताधिकार पाने के लिए कुछ अर्हताएँ थीं और यह अलग–अलग समय में धीरे–धीरे आया। राजनीतिक विज्ञानी फ्रांसिस फुकुयामा राजनीतिक व्यवस्था पर चर्चा करते हुए टिप्पणी करते हैं कि पश्चिम में पहले कानून का शासन स्थापित किया गया, इसके बाद राष्ट्र–निर्माण का कार्य किया गया और अंततः लोकतंत्र की स्थापना की गई। इसके एकदम विपरीत, भारत ने इन तमाम कार्यों को एक साथ करने का फैसला किया। इससे देश के विकास की योजना में जटिलता और बढ़ गई। लेकिन किसी महत्त्वपूर्ण विचार को खराब कार्य–निष्पादन के लिए जिम्मेदार नहीं ठहराया जा सकता है।

क्या भाषाओं की बहुलता लक्ष्यों के अमलीकरण में नुकसान पहुँचाती है? सिंगापुर के ली कुआन येव ने एक बार टिप्पणी की थी, "भारत एक राष्ट्र नहीं है। यह बत्तीस से भी ज्यादा भाषाओंवाला एक बहु–राष्ट्र है। कोई भी प्रधानमंत्री ऐसी भाषा में नहीं बोल सकता है, जिसे देश भर में समझा जाए।" अगर ऐसा ही मामला होता तो वे सात 'लघु चमत्कार' नहीं हुए होते, जिनकी चर्चा इस पुस्तक में की गई है। व्यापक स्तर पर क्रांति नहीं होती। इतना कायापलट नहीं होता।

तो फिर, भारतीय नेताओं की निर्णायक और कल्पनाशील ढंग से काम करने में असमर्थता से क्या जाहिर होता है? उनकी बार–बार की विफलता के क्या मायने हैं? ऐसा लगता है कि मुख्यतः भारतीय राजनीतिक प्राणी के स्वभाव में ही गंभीर दोष या कमी पाई जाती है, जो विकास के प्रति अपने खास नजरिए को थोपता है। एम.आई.टी. के अर्थशास्त्री डैरोन एस्मोग्लू और हॉर्वर्ड यूनिवर्सिटी के जेम्स रॉबिंसन ने अपनी पुस्तक 'व्हाय नेशंस

फेल : दि ओरिजिंस ऑफ पावर, प्रॉस्पेरिटी एंड पॉवर्टी' में अंतर्दृष्टि प्रस्तुत की गई है। वे कहते हैं कि एक मुल्क का भाग्य मुख्य तौर पर इस बात से निर्धारित होता है कि वह कैसी राजनीतिक एवं आर्थिक प्रणालियाँ चुनता है। जो देश सफल हुए हैं, उन्होंने समावेशी राजनीति और समावेशी अर्थशास्त्र को चुना। भारतीय राजनीतिज्ञों ने असंगत विचारों के संयोग को चुना; क्योंकि उनमें गर्व या गरिमा का भाव कम और पूर्वग्रह एवं संभ्रांति की मनोवृत्ति ज्यादा हावी थी—अर्थात् समावेशी राजनीति एवं निष्कर्षित अर्थशास्त्र है। दूसरे शब्दों में, राजनीतिक आजादी मिल गई और आर्थिक आजादी नकार दी गई।

संविधान सभा में सदस्यों ने मताधिकार को भारत के संविधान में सार्वभौम बनाने का विकल्प चुना और इस तरह राजनीतिक आजादी का सिद्धांत निरूपित किया। यह प्रबुद्ध नजरिया आर्थिक आजादी तक नहीं बढ़ा। पहली सरकार ने अपनी आर्थिक नीति में एक आबद्ध अर्थव्यवस्था को चुना। इस तथ्य के बावजूद कि वर्ष 1914 तक भारत दुनिया की सर्वाधिक वैश्विक अर्थव्यवस्थाओं में से एक था और विश्व व्यापार में इसकी 2.5 प्रतिशत से ज्यादा भागीदारी थी। यह विकल्प इस सामूहिक धारणा से चुना गया था कि औपनिवेशिकीकरण द्वारा शोषित एक देश को ऐसा देश होने की जरूरत है, जिसमें राज्य यानी सरकार ही अनिवार्यत: जानती है कि व्यक्ति के लिए सर्वश्रेष्ठ क्या है।

और इस तरह से यह इस हाल में आ गया। अपनी कुख्यात लाइसेंस मंजूरी और आरक्षण कोटे आरक्षित करने की प्रक्रिया के साथ आबद्ध अर्थव्यवस्था ने उत्पादन के मुख्य कारकों—तकनीक, पूँजी और श्रम को पंगु कर दिया। इस अर्थव्यवस्था ने बेहतर प्रौद्योगिकी को अपनाने से रोका। लाइसेंस प्रणाली ने पूँजी लगाने के काम में बाधा खड़ी कर दी; क्योंकि बाजार यह नहीं फैसला करता था, बल्कि सरकार तय करती थी कि आप क्या उत्पादन कर सकते हैं, कितना उत्पादन कर सकते हैं और किस कीमत पर बेच सकते हैं। परिणामस्वरूप, मजदूर ने प्रतियोगी ढंग से अपनी सेवाओं की कीमत रखने का अधिकार खो दिया, क्योंकि वह खरीदार के बाजार में काम करता था। औद्योगिक मजदूर का जो बनता था, वह उसका सिर्फ एक हिस्सा प्राप्त कर सकता था; क्योंकि उत्पादित वस्तु की कीमत बाजार द्वारा नहीं, बल्कि सरकार द्वारा तय की जाती थी। किसानों की हालत भी बेहतर नहीं थी। माँग को पूरा करने और कीमत दबाने के लिए खाद्यान्न का आयात किया जाता था। इसने कृषि को वस्तुत: अव्यावहारिक बना दिया।

दूरदर्शी पर्यवेक्षक ने इस दु:स्वप्न की भविष्यवाणी की थी। भारत द्वारा संविधान के अपनाए जाने के शीघ्र बाद इसके मुख्य शिल्पकार डॉ. बी. आर. आंबेडकर ने कहा, ''26 जनवरी, 1950 को हम अंतर्विरोधों के जीवन में, काल में प्रवेश करने जा रहे हैं। राजनीति में हमारे पास समानता होगी, लेकिन सामाजिक व आर्थिक जीवन में असमानता होगी। राजनीति में हम एक व्यक्ति एक वोट और एक वोट एक मूल्य के सिद्धांत को

मान्यता दे रहे होंगे। हमारे सामाजिक एवं आर्थिक जीवन में हम सामाजिक एवं आर्थिक ढाँचे के कारण एक व्यक्ति एक मूल्य के सिद्धांत को नकारना जारी रखेंगे। हम कब तक विरोधाभासों के इस जीवन को जीते रहेंगे?''

लेकिन हम दशकों से इस अंतर्विरोध को जी रहे हैं। राज्य ने राज किया, लेकिन इसने सेवा करने की ओर ध्यान नहीं दिया।

□

शुरुआती दौर में उठाए गए गलत कदम को भारत के राजनीतिक एवं योजना प्रतिष्ठान ने और ज्यादा आगे बढ़ाया। आर्थिक विकास को बढ़ावा देने के लिए खासकर भारत जैसे देश के विकास के प्रारंभिक चरणों में सामान्य समझ के मुताबिक जन-समुदाय के उत्थान के लिए कृषि क्षेत्र में संसाधन आवंटित किए जाने चाहिए। यह समझने के लिए कि 'जन-समुदाय' का भारतीय संदर्भ में क्या आशय है, कुछ आँकड़े आवश्यक हैं। सन् 1951 में भारत की आबादी 36.1 करोड़ थी, जिसमें से आधी गरीबी रेखा के नीचे थी; दस में से आठ या इसके नागरिकों का 82.7 प्रतिशत ग्रामीण क्षेत्रों में रहता था।

हालाँकि यह जाहिर था कि देश में कृषि-प्रधान अर्थव्यवस्था है; लेकिन राजनीतिक बाध्यताओं के कारण सामंती जमींदारों को शिकंजे में कसने की जरूरत महसूस की गई, क्योंकि उनके पास गाँवों में काफी जमीन थी। ऐसा करने के लिए कृषि को संसाधनों से वंचित रखना था; क्योंकि यह माना गया कि संसाधनों का हस्तांतरण ग्रामीण अमीर को और ज्यादा अमीर बनाएगा। दरअसल, '30 के दशक में भूमि और कृषि बाजारों को राज्य के नियंत्रण में लाने का प्रयास किया गया; लेकिन महात्मा गांधी ने वर्ग संघर्ष और हिंसा के भय से हस्तक्षेप किया। राजनीतिक विज्ञानी फ्रैंसाइन फ्रैंकेल 'इंडियाज पॉलिटिकल इकोनॉमी 1947-2004 में लिखते हैं कि वर्ग आधारित राष्ट्रवादी संगठन ने 'स्वतंत्रता को छिन्न-भिन्न कर दिया होता'। यह भी भय था कि जमींदार कांग्रेस के खिलाफ अंग्रेजों का साथ देनेवाली ताकतों के साथ मिल जाएँगे।

आजादी हासिल करने के दो दशक बाद तक कृषि क्षेत्र में आमूल बदलाव लाने की कोशिश करने और समर्थन देने की बजाय भारत खाद्य अर्थव्यवस्था बनाए रखने के लिए आयात का सहारा लेता रहा। बदलाव, अंततः, तब आया, जब यह डर लगने लगा कि विदेशी खाद्य सहायता की वेदी पर राष्ट्रीय सुरक्षा को गिरवी रखना पड़ सकता है। इससे हरित क्रांति की दिशा में प्रेरणा मिली।

अर्थव्यवस्था देश का एकमात्र पहलू नहीं है, जो राजनीतिक समझौते, अक्षमता और कुशासन के संयोग से बुरी तरह आहत हुआ। जैसा कि हम देखेंगे, इस पुस्तक में जिन सात 'आकस्मिकताओं' की चर्चा की गई, उसके बरक्स आधुनिक भारत का आर्थिक

इतिहास में हर दशक में, हर क्षेत्र में खोए हुए अवसरों के दृष्टांतों की भरमार है। कोई भी बदलाव संस्थागत विफलता और व्यक्ति के साहस के मद्देनजर आया है।

आज हम जिस भारत गाथा को देखते और उसका गुणगान करते हैं, वह शायद ही नजर आता, यदि संकटों और बदलावों का सिलसिला नहीं चला होता। पूर्व प्रधानमंत्री डॉ. मनमोहन सिंह ने साफगोई से माना है कि वर्ष 1991 का संकट 'छद्म रूप में वरदान' था और इसने 'अर्थव्यवस्था के उदारीकरण में मदद की; संकट के बगैर बदलाव लाने में दिक्कतें तो आएँगी ही।'

□

संकट को सार्वभौमिक रूप से बदलाव का कारक माना जाता है। अमेरिका के राष्ट्रपति बराक ओबामा ने वर्ष 2008 के वित्तीय संकट का इस्तेमाल अपने देश की अर्थव्यवस्था का मार्ग पुनः प्रशस्त करने के लिए किया। उन्होंने प्रेरक पैकेज तैयार किया, जिसका मकसद आवास बाजारों को स्थायित्व प्रदान करना, करों में कटौती के जरिए उपभोग की गुंजाइश पैदा करना और नई परियोजनाओं के जरिए रोजगार का विस्तार करना था। उन्होंने परिवहन के लिए 46 अरब डॉलर, संघीय भवनों के आधुनिकीकरण के लिए 31 अरब डॉलर और नवीकरणीय ऊर्जा के लिए 17 अरब डॉलर की व्यवस्था की। पूर्व राष्ट्रपति फ्रैंकलिन डेलानो रूजवेल्ट ने जो काम (वर्ष 1932 में) किया था, उन्होंने भी (ओबामा) वही काम किया—एजेंडा को आगे बढ़ाने के लिए संकट का इस्तेमाल। '30 के दशक की मंदी का परिणाम 'न्यू डील' के रूप में सामने आया था। अपने कार्यकाल के पहले 100 दिनों में राष्ट्रपति रूजवेल्ट ने उन तमाम राजनीतिक और आर्थिक मसलों पर कानून बनवाए, जो उस वक्त अमेरिका के सामने थे। हालाँकि कुछ कदमों का बाद में विरोध किया गया; लेकिन उन प्रयासों में से कई आज भी जारी हैं, जिनमें जमा बीमा, आवास प्रशासन और सामाजिक सुरक्षा प्रणाली शामिल हैं। जब बर्लिन की दीवार गिर गई तो जर्मनी के सामने एक ऐसी राजनीतिक चुनौती सामने आई, जो वहाँ की अर्थव्यवस्था में संकट पैदा कर सकती थी। इसने फिर से देश के एकीकरण की योजना तैयार की और चुनौती को राजनीतिक मेल-मिलाप एवं आर्थिक उत्थान के अवसर में बदल डाला।

इसलिए, इस खास फिल्टर के जरिए देखें तो भारत का अनुभव कोई अनूठा नहीं है। भारत में परिवर्तन का इतिहास अन्य देशों से इसलिए अलग है, क्योंकि बारंबार विफलताओं और संकटों के बावजूद उसने अपनी देशज समस्याओं को हमेशा के लिए दूर करने के वास्ते सुसंबद्ध योजना नहीं बनाई। ऐसा क्यों?

हम पूरे 'उन्नत भारत' में इस सवाल के विविध पहलुओं की पड़ताल करेंगे; लेकिन कुछ विषय तात्कालिक रूप से स्पष्ट हैं।

संकट बदलाव लाता है; लेकिन जैसा कि उपसंहार में पर्याप्त रूप से सिद्ध हो जाएगा, हरेक संकट का परिणाम बदलाव के रूप में सामने नहीं आता है। भारतीय रिजर्व बैंक के पूर्व गवर्नर सी. रंगराजन इंगित करते हैं, "संकट पर प्रतिक्रिया और बदलाव की दिशा परिस्थितियों के अनुसार बदलती है। वर्ष 1991 का संकट सही दिशा में बदलाव लाया और उसने लाइसेंस राज को समाप्त कर दिया।"

संकट से बदलाव सीमित भी होता है। वर्ष 1991 के संकट ने राजनीतिक वर्ग को बाध्य किया कि वे अर्थव्यवस्था को उदार बनाएँ; लेकिन बाद में यह बदलाव तार्किक परिणाम या किसी सर्वोत्तम नतीजे तक नहीं पहुँच पाया।

एक बार जब संकट के बादल छँटने लगते हैं तो बदलाव को रोक दिया जाता है या उसकी ऊर्जा शांत कर दी जाती है। संकट के जरिए जो जोश पैदा होता है, वह ठंडा पड़ने लगता है। हरित क्रांति के बाद कृषि उत्पादकता को सुधारने के लिए कोई प्रयास नहीं किया गया। उदारीकरण के बाद की अवधि में, जब अर्थव्यवस्था की गाड़ी पटरी पर भागने लगी तो सरकार ने अपना नियंत्रण बनाए रखने के लिए न केवल विवेकाधीन अनुमति लेना जारी रखा, बल्कि कुछ अनुमति लेने की और जरूरतों को भी खड़ा कर दिया। अर्थशास्त्री कौशिक बसु कहते हैं कि "भारत परमिट राज के दौर से निकलकर 'अनुमतिवाद' या परमिट के (परमिशनिज्म) के दौर में प्रवेश कर गया है।"

सन् 1991 के सुधारों के बाद 'कारोबार करने की सहूलियत' की दृष्टि से विश्व बैंक 183 अर्थव्यवस्थाओं में से भारत को 132वाँ स्थान देता है। करार लागू करने की दृष्टि से इसे 181वाँ दर्जा प्राप्त है, जहाँ इसके लिए 1,420 दिन लग जाते हैं और निर्माण परमिटों के लिए उसे 182वाँ दर्जा प्राप्त है। एक होटल खड़ा करने के लिए 90 परमिट की जरूरत पड़ सकती है, एक कारखाना स्थापित करने के लिए 57 परमिट की आवश्यकता पड़ सकती है और यदि मालिक स्टाफ आदि की संख्या में बदलाव करता है, यहाँ तक कि श्रमिकों की कुल संख्या को भी बढ़ाता है, तो हरेक ली गई अनुमति फिर से प्राप्त करनी होती है। एक बार जब कारोबार चालू हो जाता है तो संसद् द्वारा पारित 12 विभिन्न कानूनों के तहत उसकी पड़ताल की जा सकती है। जब तक नौकरशाही के गियरों की पर्याप्त रूप से तेल-मालिश करके न रखी जाए, किसी भी वक्त इन कानूनों को लागू करनेवाले विभागों का कोई भी अधिकारी उस उपक्रम का चक्का रोक सकता है। सिद्धांत में लाइसेंस देने की खतरनाक प्रणाली अब नहीं है। लेकिन व्यवहार में इस प्रणाली का रूप बदला है। हर परमिट को विलंब करने और माँग करने के अवसर में तब्दील कर दिया गया है। इस नए परमीशन यानी इजाजत राज ने कॉरपोरेट प्रमुखों को परमिट की सूची लेकर बुधवार को दिल्ली भागने और फिर गुरुवार को मंत्रिमंडल की बैठकों में तय की जानेवाली नीति को प्रभावित करने

की कोशिश करने के लिए बाध्य कर दिया है।

मँजे हुए नौकरशाह एवं विनिवेश आयोग के पूर्व अध्यक्ष जी. वी. रामकृष्ण कहते हैं, ''बदलाव का प्रतिरोध बहिर्जात और अंतर्जात—दोनों रूपों में होता है। बहिर्जात प्रतिरोध उन निहित स्वार्थों द्वारा किया जाता है, जो यथास्थिति से लाभ उठाते हैं और अंतर्जात प्रतिरोध उन ढीले लोगों तथा उनके द्वारा किया जाता है, जो धन की सुरक्षा करना चाहते हैं।'' रिजर्व बैंक के पूर्व गवर्नर बिमल जालान रोचक किस्सा सुनाते हैं। '70 के दशक में, वह आयात लाइसेंस में बड़े उदारीकरण की घोषणा करने वाले थे। तभी एक वरिष्ठ अधिकारी उनके पास आए और दलील दी कि यह काम अभी न करें। जब पूछा गया कि क्यों, तो उन्होंने जालान से कहा कि उनकी बेटी की शादी हो जाने तक प्रतीक्षा करें, अन्यथा कोई भी उपहार लेकर नहीं आएगा!

जो रवैया नौकरशाहों का है, वही रवैया राजनीतिज्ञों का है। लोगों के लिए बदलाव आमतौर पर अच्छी चीज है; लेकिन देश के शासकों के लिए बदलाव अकसर एक खतरा है। रचनात्मक विनाश न केवल आर्थिक शक्ति, बल्कि राजनीतिक शक्ति का भी फिर से आवंटन करता है, क्योंकि यह सत्ता में धँसे हुए लोगों से भाड़ा छीन लेता है। इसलिए आश्चर्य नहीं कि राजनीतिज्ञ परिवर्तन का प्रतिरोध करते हैं, नजरअंदाज करने की आपराधिक कीमत चाहे जो भी हो। ऐसा नहीं लगता कि उन्हें इस बात की परवाह है कि हरेक सेकंड भारतीय बच्चा कुपोषण से पीड़ित होता है तथा 80 करोड़ से ज्यादा लोग खुले में शौच करते हैं।

भारत का वर्णन अकसर गरीबों के एक ऐसे लोकतंत्र के रूप में किया जाता है, जिसमें खामोश बहुमत द्वारा चुनी गई सरकारें मुखर अल्पसंख्यक के लिए काम करती हैं। निश्चित रूप से राजनीतिक वर्ग को मतदाताओं के सबसे बड़े वर्ग यानी गरीबों को अलग-थलग करने के बारे में चिंतित होना चाहिए। और गरीबों ने अपनी अनदेखी के लिए राजनीतिक वर्ग पर दोषारोपण क्यों नहीं किया है ? राजनीतिक नेताओं द्वारा बारंबार विफल रहने के प्रति उनकी अनंत सहिष्णुता के मायने क्या हैं ? सच्चाई यह है कि गरीब लोगों में एकजुट होने की सामर्थ्य कम है। वे अपनी अंकीय शक्ति को एक राजनीतिक या सामाजिक गठबंधन में तब्दील नहीं कर पाते हैं।

सन् 1952 में ही अर्थशास्त्री जॉन केनेथ गॉलब्रेथ ने 'छोटे उपभोक्ताओं' को सामूहिक मोल-भाव या सौदेबाजी की शक्ति का पाठ पढ़ाया था। यह सिद्धांत राजनीति में भी लागू होता है। लेकिन सामूहिक सौदेबाजी की राह में कई बाधाएँ खड़ी कर दी गई हैं। न सिर्फ शिक्षा का अभाव एक बाधा रहा है, बल्कि वर्ष 2005 तक नागरिकों की सूचना तक पहुँच को भी सरकार द्वारा नकारा जाता था। इसके अतिरिक्त, अधिकारी का सामना करने का भय और खर्च तथा संस्थागत ढाँचे गरीबों को सरकार से उलझने

से रोकते हैं और इन सबके ऊपर जाति और पहचान की राजनीति पर आधारित जटिल निष्ठा की प्रवृत्तियाँ हैं, जिनके बूते राजनीतिक वर्ग अपना काम करता है।

सन् 1947 में राजनीतिक आजादी अपने साथ कई बदलाव लाई। लेकिन नींव में अंतर्निहित सत्ता का उपयोग समुदाय और जाति पर आधारित सामाजिक ढाँचे के उस महल द्वारा किया जाता है, जो राजनीतिक पदानुक्रम को पोषित करता है। इस स्थिति का लाभ उठाने के लिए राजनीतिक दलों ने सफलतापूर्वक जाति के आधार पर बँटवारा कर दिया है, ताकि वर्गगत कार्रवाई पर काबू पाया जा सके। भारतीयों को इस बात पर गर्व उचित ही है कि यहाँ अनेकता में एकता है। जहाँ तक राष्ट्रीय भावना की बात है, यह बात सही हो सकती है; लेकिन शासकों द्वारा इस विविधता का इस्तेमाल फूट डालने और राज करने के लिए किया गया है।

इतिहास ने यह बार-बार सिद्ध किया है कि निहित स्वार्थ बहुसंख्यकों के हितों पर कुठाराघात कर सकते हैं। राजनीतिक विज्ञानी एवं इतिहासकार गएतानो मोस्का ने 'द रूलिंग क्लास' नामक अपनी पुस्तक में लिखा है कि लोकतंत्रवादी जैसा सोचते हैं, लोग कभी भी वैसा शासन नहीं करते हैं। व्यवस्था का जो भी रूप हो, 'किसी लोक में असंगठित बहुमत के ऊपर संगठित अल्पसंख्यक का दबदबा होना अवश्यंभावी है।' भारतीय अनुभव इस की पुष्टि करता है।

□

अब हितों के गठजोड़ के बीच प्रतियोगिता है। आदर्शवाद तेजी से मर रहा है, विचारधारा को पंगु कर दिया गया है। राजनीति पारिवारिक उपक्रम बन गई है। राजनीतिक दल अब नहीं चाहते कि उन्हें सबकी स्वीकृति मिले। वे बस, कुल मतों का एक हिस्सा जीतना चाहते हैं, ताकि सत्ता का लुत्फ उठा सकें। विशेष सुविधाएँ हासिल करना नई नैतिकता का रूप ले चुका है और सत्ता की तलाश नई व्यक्तिगत विचारधारा बन गई है। इससे गठबंधन युग का उदय हुआ है। आश्चर्य नहीं कि राजनीतिज्ञ अवसरवादी ढंग से गठबंधन की राजनीति को और पूर्ण बहुमत के अभाव को सकारात्मक एवं टिकाऊ बदलाव कर पाने में अपनी विफलता के लिए दोष देना सीख गए हैं।

फिर भी, सच्चाई जैसा कि हम इस पुस्तक में देखेंगे—यह है कि भारत में बड़े बदलाव बहुमत शासन के स्थायित्व के दौरान नहीं, बल्कि राजनीतिक अस्थिरता और उथल-पुथल के बावजूद आए। वर्ष 1991 का उदारीकरण, हरित क्रांति, बैंक राष्ट्रीयकरण और सूचना का अधिकार कानून बनने के मामले में यह बात सच है।

उत्तरोत्तर भारतीय सरकारों के लिए यह अनकहा मुख्य मकसद बन गया है कि हालात के मद्देनजर कदम उठाए जाएँ। इससे भलमनसाहतवाले नेताओं और नौकरशाहों को भी निराशा होती है और वे यथास्थिति चुनने के लिए बाध्य हो जाते

हैं। परिणामस्वरूप, संवृद्धि का राज चलता है। जैसा कि शास्त्रीय भारतीय प्रतिकारक (एंटीडॉट) अनिर्णय की स्थिति का अध्ययन करता है। भारत के प्रतिभूति बोर्ड (SEBI) के पूर्व अध्यक्ष मेलेवीतिल दामोदरन याद करते हैं कि कैसे उनके एक पूर्व बॉस ने उनसे व्यंग्यपूर्वक कहा था, 'कुछ फैसले लिये जाते हैं, अधिकतर फैसले बस हो जाते हैं।'

भारत का सांस्कृतिक, जनसांख्यिक भौगोलिक और राजनीतिक रूप से इतने बड़े पैमाने पर जटिल परिदृश्य है। कोई भी राजनीतिक बहाना हमेशा ही अस्पष्ट रूप से सही होगा, क्योंकि यह कभी भी पूरी तरह गलत नहीं होगा। राजनीतिज्ञ आमतौर पर ऐसा समाधान चुनते हैं, जो चुनावी दृष्टि से फायदेमंद हो। नौकरशाह वह विकल्प चुनते हैं, जो सुविधाजनक हो और जनता उसे स्वीकार करती है, जो नैतिक रूप से संतोषजनक हो। निहित स्वार्थों द्वारा प्रायोजित, भारत में सीखी गई बुद्धिमत्ता यह है कि व्यापक या गहन तथा सुसंबद्ध बदलाव लाना बेहद खतरनाक है। भारत की जिस तरह की उलझी हुई और अस्थिर राजनीतिक अर्थव्यवस्था है, उसमें दलील दी जाती है कि बदलाव क्रमिक हो। जड़ता के लिए यह एक बहाना बन गया है।

बहरहाल, जो लोग सहायता की प्रतीक्षा कर रहे हैं, वे अंततः कोशिश करेंगे और बदलाव लाने के लिए मजबूर कर देंगे। जैसा कि विश्व-विख्यात लेखक एवं ज्ञान-मीमांसक नसीम निकोलस टालेब कहते हैं, "अस्थिरता को दबाने से दुनिया का पूरी तरह से अनुमान नहीं लगा पाएँगे तथा इससे और अधिक खतरनाक स्थिति उत्पन्न होगी।" यह सहज इससे है कि उस यथास्थिति को बरकरार रखा जाए, जिससे संकट पैदा होता है। वह कहते हैं कि इससे विस्फोट तो होगा। विस्फोट होने में जितना ज्यादा वक्त लगेगा, आर्थिक और राजनीतिक दोनों ही प्रणालियों को उतनी ही ज्यादा क्षति पहुँचेगी।

नजरअंदाज करने की परंपरा की अब हद हो गई है। भारत संकटों की होड़ और अंतर्विरोधी बाध्यताओं में फँस गया है। देश शायद ही इस तथ्य पर गर्व कर सकता है कि विकास करोड़ों लोगों की पहुँच से मीलों दूर है। यह अनिवार्य है कि इस स्थिति को जारी न रहने दिया जाए।

हम इस पुस्तक में देखेंगे कि वे संकट क्या थे, जिनसे सर्वाधिक दूरगामी सकारात्मक परिवर्तन हुए; लेकिन हम समान रूप से यह भी देखेंगे कि हमारे लोगों को किस सदमे से गुजरने के लिए बाध्य किया गया, जिससे गुजरने की उन्हें कभी जरूरत नहीं थी। अगर भारत को विषम, समस्याग्रस्त देश की हकीकत से बचना है तो इसे अपने सोचने और काम करने के तरीके में बदलाव लाना होगा।

आजादी के 69 वर्ष बाद भारत के बारे में इस बात को लेकर उतना पश्चात्ताप नहीं है कि वह क्या नहीं कर सका, बल्कि इस बात को लेकर पछतावा है कि वह जो कर सकता था, वह नहीं किया। संकट से हमेशा बदलाव की शुरुआत नहीं हो सकती।

लेखकीय

इस पुस्तक का हरेक अध्याय एक तारीख के साथ शुरू होता है। इसका एक कारण है—ऐसा यह दरशाने के लिए किया गया है कि आकस्मिक बदलाव या रूपांतरण करने के लिए दु:खद रूप से कितना लंबा वक्त लगा है। यह महज वक्त की बात नहीं है, बल्कि उन लोगों के सदमे और पीड़ा के संदर्भ में भी है, जिनकी देखभाल करने का दावा राजनीतिज्ञ करते हैं। इस पुस्तक के अध्यायों और खासतौर पर उपसंहार में जो संकट दर्ज किए गए हैं, वे भारतीयों को अभी भी व्यक्तिगत, भावनात्मक एवं आर्थिक सुरक्षा प्रदान करने में नाकाम रहे हैं, जब जरूरी हो गया है कि 1.2 अरब भारतीयों को इन सुरक्षाओं से महरूम नहीं किया जाना चाहिए। 1 अरब से ज्यादा लोगों का राष्ट्र अनंत काल तक हादसों के लिए इंतजार नहीं कर सकता है। बदलाव के लिए संकट का होना फैसलाकुन दलील नहीं हो सकता है।

इस पुस्तक में ज्यादातर व्यक्तिवाचक संज्ञाओं एवं परिवर्णी शब्दों या प्रथमाक्षरों के लिए परंपरागत शैलियों एवं पैमानों का अनुसरण किया गया है; लेकिन कुछेक मामलों में पाठकों को भ्रम से बचाने के लिए मैंने व्यक्ति अथवा संगठन का लोकप्रिय नाम इस्तेमाल किया है। यही कारण है कि कुछ व्यक्तियों के नामों के प्रथम शब्दों को विस्तार से नहीं दिया गया है।

जिन लोगों के नामों के अंत में 'गांधी' या 'सिंह' लगे हैं, उन व्यक्तियों के बीच फर्क करने के लिए सिर्फ उनके उपनामों का इस्तेमाल नहीं किया गया है, बल्कि विभिन्न संदर्भों में उनके विविध प्रचलित नामों का प्रयोग भी किया गया है। वैसे, पुस्तक में जब पहली बार उनके नाम का जिक्र आया है तो उनका पूरा नाम लिखा गया है। इसी तरह लिंडन बी. जॉनसन या सी. राजगोपालाचारी जैसे कुछ व्यक्तियों के मामलों में, जो अपने जीवनकाल में एक से ज्यादा नामों से जाने जाते थे, मैंने उनके नामों को एक पैमाने में नहीं रखा है। मैं उम्मीद करता हूँ कि इन फैसलों से पाठकों को ज्यादा असुविधा नहीं होगी।

आभार

'उन्नत भारत' पुस्तक एस. वेंकिटारमणन, डॉ. सी. रंगराजन, डॉ. विमल जालान, मोंटेक सिंह अहलूवालिया, डॉ. विजय केलकर, डॉ. वाई.वी. रेड्डी, डॉ. एम.एस. स्वामीनाथन, नरेश चंद्रा, डॉ. राकेश मोहन, एन. विट्ठल, जी. पार्थसारथी, दीपक पारेख, एम.वी. कामथ और स्वर्गीय बी.जी. देशमुख के आशीषों के बगैर संभव नहीं हो पाती। मैं इन तमाम महानुभावों की समझ–शक्ति से परिचित हुआ।

इस पूरे अध्ययन के दौरान मुझे सर्वाधिक तेजस्वी विद्वानों एवं विभूतियों का मार्गदर्शन प्राप्त हुआ। मैं प्रो. विवेक देवरॉय, वरुण मित्रा, नंदन नीलेकणि, प्रो. महेंद्र देव, डॉ. इंदिरा राजारमन, डॉ. सुवीर गोकर्ण, डॉ. अशिमा गोयल, प्रमथ राज सिन्हा, प्रो. रघुराम राजन, प्रताप भानु मेहता, आशुतोष वार्ष्णेय, विराज पटनायक, निखिल डे और प्रो. राजकमल अय्यर का ऋणी हूँ, जिन्होंने मेरे अनेक सवालों को बड़े धैर्य के साथ सुना और उनके जवाब दिए।

विचार और कार्यान्वयन के बीच दूरी प्रायः राष्ट्रीय आवश्यकता एवं राजनीतिक सुविधा के बीच एक होड़ है। मुझे इस प्रक्रिया को समझने में पी. चिदंबरम, शरद पवार, सुशील कुमार शिंदे, अरुण शौरी, वीरप्पा मोइली, नितिन गडकरी, अरुण जेटली, मनोहर पारिकर, आर.आर. पाटिल, राजीव चंद्रशेखर, कमल मोरारका और मिलिंद देवड़ा से बातचीत कर लाभ मिला।

मुझे अपने शोध में विभिन्न पुस्तकालयों एवं संग्रहालयों का भी बहुत सहयोग मिला। मैं आई.एम.एफ. में दोरोता वाइगानोव्स्का, विश्व बैंक में व्लादा अलेकनकिना, अंतरराष्ट्रीय चावल शोध संस्थान में डॉ. जगदीश के. लाढ़ा, रोनाल्ड रीगन लाइब्रेरी में जेनिफर मंडेल, राष्ट्रीय कृषि फाउंडेशन में एस.एस. राजशेखर, लिंडन बी. जॉनसन लाइब्रेरी में जेनिफर क्यूडबैक, एफ.ए.ओ. की डेविड लुबिन लाइब्रेरी में जेसिका मैथ्यूसन, वर्जिनिया टेक में डॉ. एस.के. डे दत्ता, दक्षिण एशियाई अध्ययन संस्थान में डॉ. अमितेंदु पालित, अंतरराष्ट्रीय बीज परीक्षण संघ में मार्टिना हेफेली और कोलंबो योजना सचिवालय में सोमा डि सिल्वा का अत्यंत आभारी हूँ।

मुझे इस पुस्तक को सामने लाने में हरेक कदम पर अपने मित्रों का भी सहयोग मिला। मैं खासतौर पर एस. विरानी, विमल भंडारी, ए. जानकीरमण, वी.आर. श्रीनिवासन, अल्पना किलावाले, रोशनी जयकर, रमा लक्ष्मी, आनंद नटराजन, उदय महुरकर, संदीप उन्नीथन, शिशिर गुप्ता, नंदिनी राघवेंद्र, प्रिया सहगल, इंद्राणी बागची, अजित चौधरी, अनुराधा दास माथुर, मिलिंद खांडेकर, राजेश शर्मा, आनंद सोनार, श्यामलाल यादव, एम.वी. रत्नम, शारदा हरिहर और विमल पारेख को धन्यवाद ज्ञापित करता हूँ।

और मैं शाह, शर्मा, शेल्गिकर के प्रति भी आभार व्यक्त करता हूँ। जयेश, श्रवण और संजीव को मैं धन्यवाद देता हूँ, क्योंकि वे हमेशा मेरे साथ रहे।

मेरी माँ मंगलम ने संशयवाद से मेरा परिचय कराया और मेरे पिता वेंकटरमाणी ने मुझे तर्क करना सिखाया।

मेरी पत्नी पिंकी विरानी पिछले पच्चीस वर्षों से मेरे साथ ही उम्र की सीढ़ियाँ चढ़ती जा रही हैं और जो सर्वोत्तम है, वह अभी आना है।

—शंकर अय्यर

पुस्तक-सार

प्रस्तावना

भारत में कोई संकट आने पर ही सकारात्मक परिवर्तन क्यों होता है? यह दोष राजनीतिक है या सांस्कृतिक? ऐसा प्रतीत होता है कि देश स्थायी रूप से उच्च क्षमता और निराशाजनक विफलता के बीच ही रहता है। क्या राष्ट्र के नेता सिर्फ शर्म या डर के मारे ही काम करेंगे?

दंभ का दहन

अर्थव्यवस्था का उदारीकरण, 1991

चार दशकों तक भारत के नेताओं का मानना था कि वे पूर्व कल्पित राजनीतिक विचारों के अनुसार अर्थव्यवस्था का प्रबंध कर सकते हैं। उनके नियमन की लिखत या साधन था—लाइसेंस-परमिट-कोटा राज। इससे विकास की प्रक्रिया कुंठित हो गई। उसका गला घोंट दिया। फिर भी विफलता के सबूत का नियंत्रण को और कड़ा करने के लिए लाभ उठाया गया। परिस्थिति ने परिवर्तन करने के लिए बाध्य किया और संकट ने बदलाव को परवान चढ़ाया।

भूख का खेल

हरित क्रांति, 1964

भारत ने ब्रिटिश शासन के दौरान विश्व इतिहास में सबसे भयंकर अकाल झेले। जब देश को आजादी मिली तो यह स्पष्ट हो गया था कि इसके नेताओं ने अतीत से कोई सबक नहीं सीखा; क्योंकि कृषि के क्षेत्र में आत्म-निर्भर होने के लिए कोई प्रयास नहीं किया गया। इसकी बजाय भारत खाद्य सहायता पर निर्भर रहा और ढोंग करता रहा कि यह अपने लोगों का पेट भर सकता है। उस समय शर्मिंदगी झेलनी पड़ी जब देश को दिखावटी अर्थव्यवस्था का तमगा मिला और नींद भी तब खुली, जब माल्थस की अकाल को लेकर जताई गई आशंकाओं का खतरा मँडराने लगा

दास कैपिटल

बैंकों का राष्ट्रीयकरण, 1969

वर्ष 1947 से बैंक क्षेत्र का नियंत्रण मुख्यत: औद्योगिक घरानों द्वारा किया जा रहा था। पूँजी तक पहुँच व्यवहारत: एक विशेषाधिकार था और मुनाफा कमाने के लिए बैंक का प्रसार किया जाता था। समाजवादियों और वामपंथियों ने बैंकों के राष्ट्रीयकरण के लिए आंदोलन किया; लेकिन परवर्ती सरकारें इस मसले से बचती रहीं। फिर इंदिरा गांधी ने उस राजनीतिक ऊर्जा को खोजा, जो पूँजी के लोकतंत्र के जरिए रिलीज की जा सकती थी।

दूधिया रास्ता

ऑपरेशन फ्लड, 1970

दुग्ध सहकारिता का विचार और वर्गीज कुरियन द्वारा बनाए गए अमूल मॉडल '50 के दशक से ही मौजूद थे। इन अभिनव विचारों को राष्ट्रीय स्तर पर अपनाया जाना चाहिए था, ताकि दूध की कमी समाप्त हो और ग्रामीण आय में सुधार हो; लेकिन उनकी अनदेखी की गई और यहाँ तक कि अनेक दशकों तक इसका कड़ा विरोध किया गया। अगर कुरियन ने फ्री मक्खन और पाउडर को राष्ट्रीय दुग्ध ग्रिड के लिए पूँजी जुटाने का साधन नहीं बनाया होता तो भारत अभी भी आयात पर ही निर्भर होता।

शिक्षा और भोजन का प्रबंध

मध्याह्न भोजन योजना, 1982

यह विचार सबसे पहले सन् 1923 में सामने आया। मध्याह्न भोजन योजना कुपोषण का समाधान करती है, जनसंख्या वृद्धि को कम करती है और स्कूलों में बच्चों को नाम लिखाने के लिए प्रोत्साहित कर साक्षरता को बढ़ाती है। ऐसी सकारात्मक संभावनाओं के बावजूद भारत के बच्चों को चालीस वर्षों तक भविष्य सुधारनेवाली इस सुविधा से वंचित रखा गया। नई शताब्दी का पदार्पण होने तक इस कार्यक्रम को लोक-लुभावन कहकर इसका लगातार विरोध किया जाता रहा और केंद्र द्वारा भी इसका प्रतिरोध किया गया।

काला हंस

सॉफ्टवेयर क्रांति, 1990

टाइम ज़ोन पर भारत की अवस्थिति पर आधारित भारत का प्रतिभा भंडार एवं भौगोलिक लाभ सॉफ्टवेयर के कतिपय क्षेत्रों को बढ़ावा मिला। कम पूँजी निवेश के साथ सॉफ्टवेयर उच्च रोजगार प्रदान करता है। '70 के दशक के उत्तरार्ध तक भारत के

इंजीनियरों की योग्यता का पता चल चुका था। सॉफ्टवेयर के क्षेत्र में अति आवश्यक विदेशी मुद्रा अर्जित करने की संभावना थी। कंप्यूटरों के आयात पर शिकंजा, खराब संपर्क के कारण पंगु और यात्रा के लिए डॉलर से वंचित यह क्षेत्र क्रांति के लिए एक मुक्तिदाता की प्रतीक्षा में था।

दा विंची कोड

सूचना का अधिकार, 2005

संविधान वाक् स्वतंत्रता को मौलिक अधिकार के रूप में मान्यता देता है। सूचना तक पहुँच इस मान्यता में अंतर्निहित है, जिसके बिना यह मौलिक अधिकार अनिवार्यतः निष्प्रभावी हो जाता है। लेकिन प्रभावी समूहों और स्वयंसेवी कार्यकर्ताओं के प्रयासों के बावजूद देश के नागरिकों को सूचना की आजादी से नियोजित ढंग से वंचित रखा गया। और फिर, उच्चतम न्यायालय ने पहल कर इस अधिकार को अमली जामा पहनाया।

उपसंहार

हर संकट कार्रवाई का उत्प्रेरक नहीं होता है। देश में गरीबी और मानव वंचन की दशा शर्मनाक है। कृषि को दूसरी क्रांति की जरूरत है। पानी का अभाव मौन संकट है। ऊर्जा सुरक्षा का अभाव विकास को अवरुद्ध करता है। राजनीतिक बाध्यताओं के कारण राष्ट्रीय सुरक्षा से समझौता किया जाता है। केंद्र और राज्यों के बीच संबंध बमुश्किल कारगर हैं। भारत को उन विविध समस्याओं के लिए अकाट्य फॉर्मूले तैयार करने चाहिए, जो उसके कल्याण के लिए खतरा बनी हुई हैं और इसकी प्रतीक्षा नहीं करनी चाहिए कि कोई संकट आने पर परिवर्तन की शुरुआत की जाएगी।

अनुक्रम

दंभ का दहन

शाम 6 बजे, 20 जून, 1991
12, विलिंग्डन क्रीसेंट रोड

''भारत कभी दुनिया की सर्वाधिक वैश्वीकृत अर्थव्यवस्थाओं में से एक था। लेकिन वर्ष 1947 में आजादी पाने के पहले इसे युद्ध और उपनिवेशवाद ने तबाह कर दिया था। आजादी के बाद इसे खुली अर्थव्यवस्था अपनानी चाहिए थी, लेकिन गर्व और मिथ्याहंकार हावी रहा। आर्थिक आजादी को राज्य (सरकार) के नियंत्रण के हाथों गिरवी रख दिया गया। हर गुजरते दशक के साथ अर्थव्यवस्था बदतर होती गई और राष्ट्र ज्यादा कर्जदार होता चला गया। शासक इसे तब तक नकारते रहे, जब तक कि हालत अवश्यंभावी रूप से उलट जानेवाले बिंदु तक नहीं पहुँच गई।''

यह दिल्ली में खास ग्रीष्मकालीन दिन था। तापमान 40 डिग्री के इर्द-गिर्द चल रहा था। औपनिवेशिक महल की दीवारों से लगकर कार के दरवाजे धड़ाक से बंद होने की आवाज। माँड़ लगी हुई खादी के सोहान के साथ कच्चे रेशम की सरसराहट हुई। घबराई हँसी के साथ मिश्रित नकली सौजन्यता झलक रही थी और दिल्ली दरबार की अनूठी चापलूसी से माहौल सराबोर था।

पी.वी. नरसिम्हा राव का महज चंद घंटे पहले प्रधानमंत्री के पद पर अभिषेक किया गया था और 'भक्तजन' अपनी भक्ति-भावना के साथ लाइन में लग गए थे। विडंबना यह थी कि सिर्फ कुछ हफ्ते पहले कांग्रेस पार्टी के इस इच्छुक एकांतवासी को रिटायर होने के लिए धकेल दिया गया था, ताकि वह अपना संस्मरण लिखें, जिसके जरिए वे अपने राजनीतिक गौरव के दिनों को फिर से जीने की उम्मीद कर रहे थे। मगर त्रासदी और भाग्य की इच्छा कुछ और ही थी।

21 मई, 1991 को राजीव गांधी की हत्या के बाद भारत को जब उथल-पुथल

से लेकर सदमे तक का झटका लगा, तो राव केंद्रीय मंच पर लौट आए। महज एक पखवाड़े से भी कम समय में उन्होंने अपनी बुद्धि का इस्तेमाल कर अपने से काफी युवा प्रतिद्वंद्वी शरद पवार को पीछे छोड़ दिया और पुनः राजनीतिक जीवन जिया। पवार जिस आक्रामकता और विघटन का प्रतिनिधित्व करते थे, राव ने धैर्यपूर्वक उससे कांग्रेसियों को उससे आतंकित होने दिया। राव कांग्रेसी राजनीति के सबसे ज्यादा अनुभवी नेता थे। बहुभाषाविद् के रूप में वह सांसदों और प्रथम परिवार 'गांधी परिवार' के निष्ठावानों को यह समझाने में कामयाब रहे कि एक आजमाई हुई, थकी हुई यथास्थिति के साथ बने रहना उनके सर्वोत्तम हित में है। हालाँकि उस घड़ी की माँग में यथास्थिति जैसी किसी चीज के लिए कोई जगह नहीं थी। निकट इतिहास में अपने सबसे बुरे राजनीतिक संकट से भारत भले ही उबर आया हो, लेकिन देश ऐसी आर्थिक विपदा में फँस गया था, जिसने विघटन का कार्यक्रम अपनाने के लिए बाध्य किया।

राव को चौबीस घंटे से भी कम समय में शपथ लेनी थी और एक ऐसी टीम चुननी थी, जो प्रथम परिवार और हितों के इस दुर्बल गठबंधन को स्वीकार्य हो, जो उन्होंने तैयार किया था। उस दिन सूर्यास्त के बाद उनके सरकारी आवास पर लटके हुए पिछलग्गू तमाम लोग दफा कर दिए गए और राव ने अपना सूप मँगाया। एक शांत चैंबर में अन्य पुराने सहयोगी सीताराम केसरी के साथ उन्होंने इस मुहिम के सहायक पी.सी. अलेक्जेंडर का इंतजार किया।

और तभी एक संदेशवाहक ने अंदर आकर राव को सूचित किया कि कोई महत्त्वपूर्ण व्यक्ति आपसे मिलने आया है और प्रतीक्षा कर रहा है। यह थे कैबिनेट सचिव नरेश चंद्रा, जो निपुण नौकरशाह थे। नौकरशाही के प्रमुख के तौर पर उन्होंने दिसंबर 1990 में कार्यभार सँभाला था और अपने कैरियर का सर्वाधिक उथल-पुथलवाला दौर देखा था। महज डेढ़ साल के अंदर भारत अपने तीसरे प्रधानमंत्री को शपथ दिलाने वाला था। इसकी अर्थव्यवस्था को रेटिंग एजेंसियों ने छह महीने में दो बार स्थायी से घटाकर अनिश्चित दर्जा दे दिया था। इसके पास जो विदेशी मुद्रा का भंडार था, वह बस सात दिनों के आयात के लिए पर्याप्त था। मुद्रास्फीति बढ़ रही थी और सरकार दिवालिया होने के कगार पर थी।

राव ने उन्हें अंदर बुलाया। पारंपरिक अभिवादन व कुशल-क्षेम के बाद चंद्रा ने शपथ-योजना के बारे में चर्चा की। राजनीति की अराजकता जितनी इजाजत देती है, उस हिसाब से हर चीज व्यवस्थित हुई। पैंतालीस मंत्रियों की सूची को अभी फाइनल किया जाना बाकी था और जैसा कि हमेशा होता है, यह हमेशा आखिरी पल में किया जाता है। चंद्रा ने तब अपने साथ लाई फाइल निकाली और उसे भावी प्रधानमंत्री को सौंप दिया। उसमें दो नोट शामिल थे—एक नोट में आर्थिक संकट का विस्तृत ब्योरा था,

दूसरे नोट में देश की अर्थव्यवस्था को पुनर्जीवित करने का खाका था।

राव ने उस संपन्न कार्य को माना, जो उनके समक्ष पेश किया गया था। आर्थिक पुनर्जीवन के लिए जो मसौदा था, वह सर्वसम्मति से दिया गया एक वचन-पत्र था, जो ब्रेटन वुड्स के जुड़वाँ अंतराष्ट्रीय मुद्रा कोष (आई.एम.एफ.) और विश्व बैंक से वित्तीय सहायता माँगते समय दिया गया था। भारत सरकार ने वित्तीय दिवालियापन रोकने के लिए आपात सहायता के रूप में दो बार ऋण हासिल कर लिया था; लेकिन उसे और ऋण लेने की जरूरत थी। भुगतान नहीं करने की कगार पर भारत ने सिद्धांततः अपनी अर्थव्यवस्था को संचालित करने के तरीकों को दुरुस्त करने का संकल्प व्यक्त किया था।

इस तरह के भारी संकट से प्रभावी ढंग से निपटने के लिए राव को राजनीतिक सशक्तीकरण, आदर्श रूप में संसदीय बहुमत और दाव-पेंच दोनों की आवश्यकता थी; लेकिन उनके पास इनमें से कुछ भी नहीं था। उनका ताज गांधी परिवार के अनुग्रह के प्रति निष्ठा के कारण था और उन्हें निर्बाध रूप से काम करने की स्वतंत्रता भी नहीं थी। लेकिन राव अपने राजनीतिक कौशल और विनाशकारी स्थितियों को अपने फायदे में तब्दील करने की योग्यता के लिए यों ही विख्यात नहीं थे। उन्होंने ताड़ लिया कि यह न केवल सरकारी नियंत्रण के माध्यम को तोड़ने का, बल्कि संस्थापित राजनीतिक वर्ग को उखाड़ फेंकने का अवसर है।

बहरहाल, अपनी योजना को कार्यरूप देने के लिए उन्हें एक प्रभावी अग्निशामक की जरूरत थी। यहाँ तक कि उनकी ताजपोशी की अंतिम घोषणा अभी हुई भी नहीं थी, लेकिन राव ने प्रसिद्ध अर्थशास्त्री और आर.बी.आई. के पूर्व गवर्नर आई. जी. पटेल को अपनी टीम में शामिल होने का न्योता दिया। सदा व्यावहारिक रहनेवाले पटेल ने माफी माँगी और एक अन्य कैरियर नौकरशाह मनमोहन सिंह का नाम बतौर विकल्प सुझाया। राव की जरूरत एक ऐसे शख्स की थी, जो आई.एम.एफ. और विश्व बैंक को स्वीकार्य हो, जो अर्थव्यवस्था को जाने और उस विशेष स्थिति को समझे, जो राजनीतिक निर्णय प्रक्रिया को नियंत्रित करती है। सिंह इन तमाम मानकों पर खरे उतरते थे। वह नौकरशाही में हरेक पद पर काम कर चुके थे और फंड-बैंक प्रतिष्ठान के मध्यस्थों से परिचित थे। वह दक्षिण आयोग के महासचिव रह चुके थे। इस संस्था की स्थापना गरीब एवं विकासशील देशों के बीच सहयोग बढ़ाने के लिए की गई थी। इस संस्था के जरिए उन्होंने विश्व बैंक के अधिकारियों और आई.एम.एफ. के प्रबंध निदेशक माइकल कैमडेसस के साथ काफी निकटता से काम किया था। वह अपनी राजनीतिक महत्त्वाकांक्षाओं के लिए भी जाने जाते थे।

मनमोहन सिंह उस वक्त जापान से विमान से वापस आ रहे थे। अगले दिन सुबह 5 बजे पी.सी. अलेक्जेंडर ने उन्हें फोन किया और कहा कि वह उनसे मिलना

चाहते हैं। अलेक्जेंडर सुबह 7 बजे उनके घर पहुँच गए और उन्हें वित्त मंत्री बनने का न्योता दिया। अलेक्जेंडर अपने संस्मरण 'थ्रू द कॉरिडोर्स ऑफ पावर : एन इनसाइडर्स स्टोरी' में कहते हैं, श्री सिंह ने संतुलित नौकरशाही अंदाज में पूछा, "आप क्या सोचते हैं?" उनकी चिंता : क्या राव और उन्हें वह राजनीतिक समर्थन मिलेगा, जिसकी उन्हें जरूरत है? यह एक वास्तविक चिंता होने की बजाय एक आलंकारिक सवाल ज्यादा था। आखिरकार, पिछले दो दशक से भी ज्यादा अवधि के दौरान सरकारों की हर राजनीतिक करवट बैंकों के राष्ट्रीयकरण से लेकर आंशिक उदारीकरण तक मनमोहन सिंह ने अपना वजूद बनाए रखा था। उनमें अपनी राय और अपने राजनीतिक आकाओं की उनसे अपेक्षित सुविधा के बीच फर्क करने की योग्यता थी और इसी वजह से वह टिके रहते थे। वह सव्यसाची अर्थशास्त्री थे, यानी दोनों हाथों के कौशल में पारंगत थे। पूर्ववर्ती प्रधानमंत्री चंद्रशेखर के सलाहकार के रूप में जानते थे कि देश की अवस्थिति क्या है—लाक्षणिक रूप से और शाब्दिक रूप से।

सरकारी नियंत्रण के बीज

सन् 1947 में आजाद होने के बाद से भारत शासन की पौराणिक शक्ति में विश्वास करता आया था, जिससे समृद्धि आएगी। समाजवाद के चर्च ने राष्ट्रवाद के पंथ का स्थान ले लिया था। अपनी यजमानी पर पकड़ सुदृढ़ करने के लिए समाजवाद के पुरोहितों ने हर संकट का इस्तेमाल एक अवसर के तौर पर किया। हर बार जब अर्थव्यवस्था अवरुद्ध हो जाती थी, ये पंडित दलील देते थे कि ज्यादा नियंत्रण की जरूरत है; जबकि आवश्यकता खुली अर्थव्यवस्था की थी। आयात और अर्थव्यवस्था को सँभाले रखने के लिए देश को हमेशा विदेशी मुद्रा की जरूरत थी। अन्य चीजों के बीच लाइसेंस-परमिट-कोटाराज के जरिए आयात-प्रतिस्थापन की रणनीति ने प्रतियोगिता को सीमित कर दिया, अक्षमता को बढ़ावा दिया, निर्यात का गला घोंटा और आर्थिक सहायता पर देश की निर्भरता बुरी तरह से बढ़ गई। परिणामस्वरूप, हर बाहरी झटके या आंतरिक विफलता ने आर्थिक संकट पैदा कर दिया। भारत प्रायः दिवालियापन की कगार पर बहुपक्षीय संस्थाओं का मुँह ताकता रहता था। भारत जब भी विदेशी सहायता देनेवालों के दरवाजे पर जाता था, हर बार उसे एक ही नुस्खा बताया जाता था—अर्थव्यवस्था पर नियंत्रण खत्म करें। मगर हर बार इनकार की मुद्रा में जीनेवाले शासकों ने आर्थिक सुधार को ठुकरा दिया।

स्वतंत्रता आंदोलन के दौरान ही सरकारी नियंत्रण के बीज बोए गए थे। स्वतंत्र भारत के लिए समुचित आर्थिक नीति क्या होगी, इस पर '30 के दशक में ही बहस की गई। कांग्रेस के अंदर तीन तरह की विचारधाराएँ थीं। गांधीवादी विचारधारा ने आत्मनिर्भर ग्रामीण अर्थव्यवस्था पर जोर दिया, जिसमें सामान विकेंद्रीकृत रूप से गाँव

एवं कुटीर सहकारिताओं में तैयार किया जाएगा और उन्हें बड़े उद्योग संरक्षण देंगे। इस सोच के अनुयायियों ने महसूस किया कि इससे ग्रामीण क्षेत्रों में जीवन-स्तर का उन्नयन होगा, बेरोजगारी कम होगी और परंपरागत भारतीय जीवन-शैली बरकरार रहेगी। दूसरी विचारधारा डॉ. राजेंद्र प्रसाद और सरदार वल्लभभाई पटेल जैसे कांग्रेसी नेताओं की थी, जो मिश्रित अर्थव्यवस्था, एक तरह की निजी-सरकारी भागीदारी के पक्षधर थे, जिसमें अर्थव्यवस्था के पुनर्निर्माण में निजी क्षेत्र को प्रमुख भूमिका मिलती। तीसरी प्रभावशाली विचारधारा का नेतृत्व जवाहरलाल नेहरू जैसे कांग्रेसी नेता कर रहे थे, जिन्होंने पश्चिमी शिक्षा का लाभ अर्जित कर रखा था। यह समूह समाजवादी सिद्धांतों से प्रभावित था। उनका मानना था कि औद्योगिक संपदाओं का राष्ट्रीयकरण करके धन का पुनर्वितरण किए जाने की जरूरत है। उनका पूरा यकीन था कि अर्थव्यवस्था के पुनर्निर्माण में राज्य यानी सरकार की प्रभुत्वकारी भूमिका होनी चाहिए।

'30 का दशक समाप्त होने तक यह साफ होने लगा था कि आजादी के बाद देश पर राज्य-नियंत्रित समाजवाद का कोई रूप थोपा जाएगा। जिस क्रांति ने सोवियत संघ की स्थापना की थी और चीन में शासन को बदला था, उससे कांग्रेस की सोच काफी प्रभावित थी। भारतीय राष्ट्रीय कांग्रेस ने सन् 1937 में वर्धा में अपनी कार्यकारी समिति की बैठक में राष्ट्रीय योजना की जरूरत पर बहस की और एक वर्ष बाद हरिपुरा में निश्चय किया कि जवाहरलाल नेहरू राष्ट्रीय योजना समिति के प्रमुख होंगे। व्यापारी समुदाय राज्य या सरकारी नियंत्रण एवं लोक-लुभावन पुनर्वितरण राजनीति को लागू करने के दबाव के आगे झुक गया।

सन् 1942 के उत्तरार्ध में देश के अग्रणी उद्योगपति जी. डी. बिरला ने राजनीतिज्ञों के विचार हेतु एक नया आर्थिक मॉडल तैयार करने की पहल की। जनवरी 1944 तक बॉम्बे योजना को औपचारिक नाम दिया गया—'ए ब्रीफ मेमोरेंडम आउटलाइनिंग ए प्लान ऑफ इकोनॉमिक डेवलपमेंट ऑफ इंडिया' (भारत के आर्थिक विकास की योजना की रूपरेखा प्रस्तुत करनेवाला एक संक्षिप्त ज्ञापन)। इस ज्ञापन को तैयार करने का श्रेय उद्यमियों और तकनीकी विशेषज्ञों के एक समूह को गया, जिसमें पुरुषोत्तमदास ठाकुरदास, जी.डी. बिरला, जे.आर.डी. टाटा, ए.डी. श्रॉफ, लाला श्रीराम, आर्देशिर दलाल, कस्तूरभाई लालभाई और जॉन मथाई शामिल थे। यह ज्ञापन इस समूह ने जारी किया और इसे कांग्रेस के समक्ष रखा। इस योजना को बेहद उत्साहपूर्वक लिया गया और पहली बार इसे एक पुस्तक के रूप में मार्च 1944 में प्रकाशित किया गया। अपने वक्त के हिसाब से यह स्वतंत्र भारत के लिए एक दूरदृष्टिवाला, सुव्यवस्थित एवं सुनियोजित खाका था। योजना ने नए देश के समक्ष मौजूद प्राथमिकताओं को सूचीबद्ध किया और सुझाव दिया कि नई सरकार इन पर कैसे काम कर सकती है। यह एक महत्त्वाकांक्षी योजना थी, जिसका विस्तृत दायरा था।

इससे कई लक्ष्यों को साधना था, जिसमें पंद्रह वर्षों के अंदर प्रति व्यक्ति आय को दोगुना करने की रणनीति भी शामिल थी। योजना का घोषित उद्देश्य देश को उन मुद्दों के प्रति जागरूक करना था, जो उसके समक्ष थे। इसके साथ-साथ एक नए भारत के सृजन की प्रक्रिया में मदद देना था। लेखकों के शब्दों में, ''बॉम्बे योजना को उन लक्ष्यों पर चर्चा के आधार रूप में यथासंभव ठोस रूप में रखा गया, जिनको भारत में आर्थिक योजना बनाते वक्त ध्यान में रखा जाना है; उस सामान्य दिशा को निरूपित करना है, जिस तरफ विकास कार्य को आगे बढ़ाना चाहिए और उन माँगों को भी सामने रखना है, जो यह योजना देश के संसाधनों को लेकर रखने वाली है।''

युद्ध और उपनिवेशन ने अर्थव्यवस्था एवं उद्योग के विशाल क्षेत्रों की धज्जियाँ उड़ा दी थीं। पहले ईस्ट इंडिया कंपनी और फिर ब्रिटिश सरकार ने व्यावसायिक फसलों को बढ़ावा देने के लिए नियमों और करों को पुनर्व्यवस्थित किया और इस तरह खाद्यान्न उपजानेवाले किसानों की आजीविका को वस्तुतः तबाह कर दिया। चाहे अयस्क हो या कपास, भारत को महज कच्चे पदार्थों का आपूर्तिकर्ता बना दिया गया था। दरअसल, हेनरी एफ. ग्रैडी के नेतृत्व में अमेरिकी मिशन ने द्वितीय विश्व युद्ध के बीच संसाधनों और सूक्ष्मताओं की तलाश में सन् 1942 में भारत का दौरा किया था। इस मिशन ने उस वक्त देश में मौजूद दयनीय हालात पर गौर किया और औद्योगिक परिदृश्य का वर्णन ज्यादातर 'फुटकर दुकानों के रूप में किया, जो ढेरों तरह की चीजें उत्पादित करती थीं।'

पूर्वकालिक औपनिवेशिक मालिकों ने भारतीय उद्यमियों की महत्त्वाकांक्षाओं पर त्योरियाँ चढ़ा ली थीं और उन्होंने नियंत्रण के तमाम तरीकों का इस्तेमाल किया, ताकि भारतीय उद्यमी स्वतंत्र कारोबार स्थापित न कर सकें। अर्थव्यवस्था, सिद्धांततः, खुली थी, लेकिन व्यवहार में यह उन ब्रिटिश कंपनियों के पक्ष में बुरी तरह झुकी हुई थी, जो खुली नीति का इस्तेमाल भारत से संसाधन जुटाने के लिए करती थीं। उदाहरण के लिए, जब जमशेदजी टाटा ने पूर्वी भारत में एक इस्पात कारखाना स्थापित करने के लिए 1890 के दशक में इजाजत माँगी तो ब्रिटिश सरकार ने न केवल उनके आग्रह को ठुकरा दिया, बल्कि वृहद् औद्योगिक संयंत्र स्थापित करने की भारतीयों की क्षमता पर भी सवाल खड़ा किया। मगर टाटा ने हार नहीं मानी। उन्होंने देश में मोतीलाल नेहरू और मुहम्मद अली जिन्ना जैसे महत्त्वपूर्ण लोगों की मदद से धन की व्यवस्था की और सन् 1907 में 'टाटा स्टील' की स्थापना की। लेकिन हर कोई जमशेदजी टाटा नहीं हो सकता था। देश को ब्रिटिश सामान के लिए बाजार में तब्दील कर दिया गया। उपनिवेशन के द्वारा देश को जो अपार आर्थिक क्षति पहुँचाई गई, उसका वर्णन कैंब्रिज के इतिहासकार एंगस मैडिसन ने किया है। उनके विचार में वर्ष 1700 विश्व आय में भारत का हिस्सा 22.6 प्रतिशत था, जो यूरोप के 23.3 प्रतिशत हिस्से के लगभग बराबर था; लेकिन वर्ष 1952 में भारत

का हिस्सा घटकर महज 3.8 प्रतिशत रह गया। भारत कभी ब्रिटिश ताज का 'सर्वाधिक मूल्यवान् जवाहरात' था, लेकिन बीसवीं सदी के आरंभ में प्रति व्यक्ति आय के लिहाज से भारत दुनिया का सबसे गरीब देश बन गया।

इन परिस्थितियों में बॉम्बे योजना तैयार की गई और इसे प्रचारित-प्रसारित किया गया। इसका मकसद हरेक इच्छुक शख्स को संदेश देना था कि व्यवसायी समुदाय भारत के पुनर्निर्माण में खास भूमिका चाहता है। योजना द्वारा पेश किए गए विचारों को आम जनता ने सकारात्मक रूप से लिया। अभी तक जनता अधिकतर भारतीय उद्योगपतियों को उपनिवेशन के कार्यान्वयन में ब्रिटिश शासकों की मददगार और भागीदार मानती आई थी। यह सही है कि यह विशुद्ध परोपकारिता नहीं थी, जिसकी वजह से यह प्रयास किया गया। योजना के केंद्र में अपना अस्तित्व बचाने की प्रेरक शक्ति थी। यह योजना पर्याप्त रूप से सफल हुई। उसने प्रभावशाली राजनीतिक समूह और व्यापारी वर्ग के बीच राज्य-नियंत्रित अर्थव्यवस्था तैयार करने के नेहरू के लक्ष्य और उद्यमियों की प्रासंगिकता बने रहने की आकांक्षा के बीच सुलह के लिए एक मंच तैयार करने का काम किया।

सरकार को बॉम्बे प्लान स्वीकार्य बनाने के लिए इसके निर्माताओं ने घोषणा की कि "किसी भी तरह का विकास, जो हमने प्रस्तावित किया है, एक ऐसी केंद्रीय दिशा-निर्देशक सत्ता के निर्देश के बगैर संभव नहीं होगा, जिसे पर्याप्त लोकप्रिय समर्थन हासिल हो और जो आवश्यक शक्तियाँ एवं क्षेत्राधिकार रखती हो।" पर्यावरण और मुद्रा स्फीति का प्रबंधन करने की आवश्यकता की दलील देते हुए योजना ने कहा कि देश जब आजाद होगा, तब राज्य (सरकार) आर्थिक आजादी के तमाम पहलुओं को अपने हाथ में ले लेगा।" इसने कहा, "सरकार द्वारा आर्थिक जीवन के हरेक पहलू को इतने कठोर ढंग से नियंत्रित करना पड़ेगा कि व्यक्तिगत आजादी और उद्यम की स्वतंत्रता को अस्थायी तौर पर ग्रहण लग जाएगा।"

परोक्ष रूप में यह स्पष्ट है कि भारत के राजनीतिक आजादी हासिल करने पर आर्थिक आजादी का समर्पण पीछे हटनेवाली एक चाल थी। कांग्रेस और वाम दलों के अंदर राष्ट्रीयकरण की चिल्लाहट एक खतरा थी, जिसे नजरअंदाज नहीं किया जा सकता था। इसलिए बॉम्बे योजना के रचनाकारों ने आजादी (आर्थिक) की बात पर जोर नहीं दिया और अस्तित्व बचाने की इच्छा जाहिर की। योजना ने न केवल कारोबार के राष्ट्रीयकरण को खरीद लिया, बल्कि किसी नए प्रतियोगियों से अपने मौजूदा हितों की रक्षा करने की माँग भी की। राष्ट्रवाद की थीम पर बढ़ते हुए योजना ने घरेलू खिलाड़ियों के लिए कारोबारी अवसरों को बाड़े में फँसाया और विदेशी कंपनियों के लिए दरवाजे बंद कर दिए।

नए स्वतंत्र देश में विकास के लिए धन कैसे जुटाया जाएगा, इसका ब्यौरा देते हुए योजना ने संसाधनों के रूप में विदेशी ऋण या मदद, सोना, जमा धन, स्टर्लिंग प्रतिभूतियाँ,

बचत राशि और घाटे की वित्त व्यवस्था अथवा पैदा की गई रकम को सूचीबद्ध किया। इसमें विदेशी निवेश का कोई संदर्भ नहीं था। परिणामस्वरूप, सन् 1947 के बाद के भारत में विदेशी कंपनियों की कोई भूमिका नहीं थी। बॉम्बे योजना की अंतर्निहित तलाश को शीघ्र ही खुली राजनीतिक अभिव्यक्ति दी गई, अलबत्ता यह राष्ट्रवादी लबादे में लिपटी हुई थी। आयात और आत्मनिर्भरता को सरकारी नीति का मुख्य तत्त्व घोषित किया गया।

अप्रैल 1948 के पहले हफ्ते में, यानी कांग्रेस के समक्ष बॉम्बे योजना प्रस्तुत किए जाने के बाद, उद्योग एवं आपूर्ति मंत्री डॉ. श्यामा प्रसाद मुकर्जी ने औद्योगिक नीति प्रस्ताव रखा। प्रस्ताव में गांधीवादी विचारधारा के प्रति सम्मान जताया गया, यह समाजवादी प्रतीत होता था और इसकी विषय-वस्तु व्यापार के अनुकूल थी। भारतीय कारोबार यह चाहता था। उप-प्रधानमंत्री सरदार वल्लभभाई पटेल के प्रभाव की बदौलत कट्टर समाजवादियों पर लगाम लगाई गई। प्रस्ताव द्वारा निजी क्षेत्र के लिए एक भूमिका तय की गई और राज्य (सरकार) की भूमिका को सिर्फ तीन क्षेत्रों तक सीमित रखा—युद्ध सामग्री, परमाणु ऊर्जा और रेलवे। हालाँकि इसने नई क्षमताओं में सरकारी निवेश के लिए प्रावधान आरक्षित रखा।

राजनीतिक वर्ग ने व्यवसाय वर्ग द्वारा छोड़ी गई जगह को भरने की हड़बड़ी नहीं की, लेकिन यह स्पष्ट था कि वे जल्द ही ऐसा करने वाले हैं। नेहरू ने 7 अप्रैल, 1948 को संविधान सभा में औद्योगिक नीति प्रस्ताव पर बहस के दौरान माहौल बनाया। उन्होंने घोषणा की, ''अनिवार्यतः, घटनाओं का रुख राज्य को निर्माण एवं उद्योग का ज्यादा-से-ज्यादा संगठनकर्ता बनाना है, न कि निजी पूँजीपति या किसी और को यह भूमिका देनी है। वस्तुगत रूप से मैं जहाँ तक देख सकता हूँ, यह अवश्यंभावी है। मैं लाभ के नजरिए को पूरी तरह नकार नहीं रहा हूँ; लेकिन मैं नहीं जानता कि सीमित अर्थ में यह कब तक टिकेगा, लेकिन व्यापक अर्थ में यह समाजवादी राज्य के नए विचार के साथ ज्यादा-से-ज्यादा टकराएगा। यह टकराव जारी रहेगा और यह साफ है कि यह राज्य ही होगा, जिसका अस्तित्व बचेगा, न कि उस समूह का वजूद रहेगा, जो उद्योग में अपने विशुद्ध लाभ की मंशा का प्रतिनिधित्व करता है। यह अपरिहार्य विकास है।''

इसके बाद निर्णायक कार्रवाई हुई। भारत का संविधान जनवरी 1950 में अपनाया गया। मार्च 1950 में योजना आयोग का गठन किया गया। जुलाई 1950 में प्रधानमंत्री को योजना आयोग का अध्यक्ष नियुक्त किया गया। साल भर के अंदर सरकार ने उद्योग विकास एवं नियमन अधिनियम (आई.डी.आर.ए.) बनाया। दिसंबर 1951 में संसद् के समक्ष प्रथम पंचवर्षीय योजना रखी गई और वर्ष 1952 में इसे उजागर किया गया। प्रथम योजना अधिकांशतः एक लेखा विवरण थी, सरकारी खर्च योजना की एक तसवीर। आई. डी.आर.ए. ने उद्योग एवं अर्थव्यवस्था पर सरकारी नियंत्रण के सैद्धांतिक साधन के तौर

पर काम किया। हालाँकि यह देश की अर्थव्यवस्था के विकास में निजी क्षेत्र को भागीदार बनाने की इजाजत देने के वर्ष 1948 के वचन से नहीं डिगा, लेकिन कांग्रेस में राजनीतिक भीड़ ने सभी के सामने स्पष्ट कर दिया कि भविष्य में देश का विकास कैसे होगा। इस राजनीतिक कोरस की विषय-वस्तु थी—पुनर्वितरण और सरकार के लिए ज्यादा भूमिका।

सन् 1955 में सत्तारूढ़ कांग्रेस ने अवाडी सभा में एक प्रस्ताव पारित किया, जिसमें समाज का समाजवादी आदर्श स्थापित करने की बात कही गई थी। अर्थशास्त्री पी.सी. महालनोबिस सरकार में योजना के उच्च पुरोहित के रूप में उभरे तथा साथ ही समाजवाद का अधिक जोर पकड़ने लगा। महालनोबिस मॉडल ने क्षमता पैदा करने के लिए निवेश करने में सरकार की अग्रणी भूमिका पर बल दिया, जिससे कि अंततः उपभोग होगा। अपने देहांत के महज कुछ महीने पूर्व सरदार पटेल ने अनिष्ट-सूचक अंदाज में कहा था, कि जो सरकार खुद व्यापार में लिप्त होगी, वह मुसीबत में पड़ेगी। कांग्रेस ने उन्हें सुना तो, लेकिन उस पर ध्यान नहीं दिया। सरकारी नियंत्रण की बहुत ज्यादा दुहाई दी जाने लगी।

परिणामस्वरूप द्वितीय पंचवर्षीय योजना (1956-61) और औद्योगिक नीति प्रस्ताव, 1956 सामने आया, जिसने भारत में औद्योगिक विकास की रणनीति को व्यापक रूप से स्पष्ट कर दिया। इसने सरकार को सबसे बड़ा औद्योगिक घराना घोषित कर दिया। जिन क्षेत्रों में निजी उपक्रमों को वर्जित किया गया था, प्रथम योजना में उनकी संख्या 3 थी, जो अब 15 कर दी गई। राज्य (सरकार) ने तमाम बड़े पूँजी-प्रधान कारोबारों पर एकाधिकार हासिल कर लिया। निजी क्षेत्र को सिर्फ 'खुले क्षेत्रों' में काम करने की इजाजत दी गई और उसपर भी अनुमतियों एवं नियंत्रणों की लगाम थी। नई औद्योगिक नीति के आजू-बाजू में आवश्यक वस्तु अधिनियम-1955 और कंपनी अधिनियम-1956 भी लाए गए। आवश्यक वस्तु अधिनियम ने किसी भी आवश्यक घोषित वस्तु के उत्पादन और आपूर्ति को नियंत्रित व नियमित करने और वितरण व मूल्य तय करने का पूर्ण अधिकार राज्य को दे दिया। कंपनी अधिनियम को नई सरकार द्वारा बनाई गई सर्वाधिक विस्तृत एवं कड़ी संहिता माना गया, जिसने सरकार को वस्तुतः पूर्ण अधिकार दे दिया कि वह निजी निगमों की शर्तें तय करे। सरकार की शक्ति का इजाफा करने के लिए पूँजी से संबंधित मुद्दों का नियंत्रण अधिनियम-1956 आया, जिसने पूँजी की कीमत तय करने और आयात एवं निर्यात पर नियंत्रण के लिए सरकार को साधन प्रदान कर दिया।

सरकार का पूर्ण नियंत्रण था। वह यह तय कर सकती थी कि आप कहाँ करोबार स्थापित करेंगे ? आप क्या उत्पादित करेंगे, कितनी मात्रा में उत्पादन करेंगे ? आप माल किसे बेच सकते हैं ? आप कितना बेच सकते हैं और किस कीमत पर बेच सकते हैं ? सरकार पैमाना तय करती थी और यहाँ तक कि यदि संभावना होती थी तो इसे समाजवाद की कसौटी से परखा जाता था। इतना ही नहीं, निवेश किए जानेवाले हरेक रुपए पर सरकार

का पहला शुल्क था और संसाधनों पर उसका पूर्ण नियंत्रण था। क्षमता और उत्पादन पर नियंत्रण ने निजी उद्योग के वजूद पर ही खतरा पैदा कर दिया।

लंबा समय नहीं बीता, जब उद्योग जगत् को सशक्त आवाज मिली। जी.डी. बिरला ने द्वितीय योजना की कड़ी आलोचना करते हुए इसे कल्पना से भी परे बताया और कहा कि "महालनोबिस एक ऐसे सांख्यिकी विशेषज्ञ हैं, जिन्हें आर्थिक संगठन का कोई एहसास नहीं है।" उन्होंने इससे भी आगे बढ़कर द्वितीय योजना को एक दकियानूसी सिद्धांत करार दिया, "जिसे यदि लागू किया गया तो यह एक झटके में भारत के भविष्य के औद्योगिकीकरण को खतरे में डाल देगा।"

राजाजी के नाम से लोकप्रिय सी. राजगोपालाचारी ने सन् 1954 में कांग्रेस छोड़ दी और 1959 में 'स्वतंत्र पार्टी' की स्थापना की। उन्होंने प्रखर रूप में प्रस्तावित योजना को लाइसेंस-परमिट-कोटाराज के रूप में परिभाषित किया और वह इसका विरोध करनेवाले प्रथम लोगों में से एक थे। राजाजी ने जो निंदा की, वह बेहद कड़ी थी। नवगठित स्वतंत्र पार्टी की एक नीतिगत बैठक में उन्होंने कहा, "सरकार की नीतियाँ लोगों में विश्वास पर आधारित होनी चाहिए, न कि सरकारी बाध्यता और वर्ग के बीच घृणा एवं टकराव को बढ़ावा देने, स्वामित्व हरण तथा दायित्वों की भर्त्सना पर आधारित होनी चाहिए। नागरिकों की आजादी के बिना सरकार के अधिकारियों को ज्यादा-से-ज्यादा शक्तियाँ प्रदान करने की नीति गलत है।"

बी. आर. शिनॉय, पी. आर. ब्रह्मानंद और सी. एन. वकील जैसे अर्थशास्त्री भी इस योजना से असहमत थे। उनका मानना था कि सरकारी नेतृत्व में विकास करने की बजाय नीति उन क्षेत्रों को सशक्त करने पर केंद्रित होना चाहिए, जिसमें भारत के पास अंतर्निहित प्रतियोगी शक्तियाँ हैं, जैसे कि इस्पात और वस्त्र के क्षेत्र में भारत एक वैश्विक नेता था और औद्योगिक विकास को हासिल करने के लिए बाजार की शक्तियों पर भरोसा करना चाहिए। उनका तर्क था कि इससे रोजगार, उपभोग, निवेश और विकास होगा।

रोचक बात है कि योजनाबद्ध अर्थव्यवस्था की अवधारणा आज भले ही पुरानी लगती हो, लेकिन उस युग में इसके काफी समर्थक थे। एक देश अपने नागरिकों के लिए भोजन, सामान, रोजगार, स्वास्थ्य, आधारभूत ढाँचा, गरीबी उन्मूलन और सामान्य तरक्की की योजना बना सकता है, इस विचार का समर्थन करनेवाले बुद्धिजीवी देश के अंदर और बाहर भी थे। अमेरिका में क्रमिक सरकारें—जो भारत से तालमेल बढ़ाना चाहती थीं—नियोजित अर्थव्यवस्था के विचार के प्रति सहानुभूति रखती थीं। नेहरू ने सर्वोत्तम एवं धुरंधर अंतरराष्ट्रीय अर्थशास्त्रियों को भारत आने का निमंत्रण दिया, ताकि वे यहाँ का अध्ययन करें, मदद करें और इस विचार (नियोजित अर्थव्यवस्था) से आश्वस्त हों। आई. जी. पटेल अपने संस्मरण 'ग्लिंपसेज ऑफ इंडियन इकोनॉमी : एन इनसाइडर्स व्यू'

में याद करते हैं कि कैसे रैग्नार फ्रिश, गुन्नार मिर्डल, जान टिंबरजेन, रिचर्ड गुडविन और ऑस्कर लैंज जैसे अर्थशात्रियों ने भारत का दौरा किया और वे इस विचार से प्रसन्न हुए कि विकास की भूमिका या जमीन तैयार की जा सकती है और आखिरी छोर तक इसकी योजना बनाई जा सकती है।

नेहरूवादी नजरिया किसी भी तरह से अनूठा नहीं था और न ही भारत अकेला देश था, जो पूँजी और विकास पर राज्य के नियंत्रण के विचार से अभिभूत था। रॉय एफ. हैरॉड और एव्से डोमर जैसे अर्थशास्त्रियों द्वारा तैयार किया गया आर्थिक विकास का हैरॉड-डोमर मॉडल का उस युग में बोलबाला था। इस मॉडल में पूँजी की भूमिका पर बल दिया गया था और इसका मानना था कि निवेश विकास को संचालित करेगा। उपनिवेश काल के बाद और विश्व युद्ध के बाद की दुनिया के लिए यह सबसे उपयुक्त मॉडल माना जाता था। इसका कारण यह था कि तब दुनिया के विविध भागों में अतिरिक्त श्रम उपलब्ध था, माँग की कमी थी और पूँजी का अभाव था। नेहरू और महालनोबिस ने इसे विचारधारा के साथ समाहित किया। वे मानते थे कि अगर सरकार औद्योगिकीकरण प्रक्रिया का नेतृत्व करे तो यह सबसे बढ़िया है। निजी निवेश अवसर से निर्देशित होता है। वह अनिवार्य रूप से प्रतीक्षा करेगा और माँग का अनुसरण करेगा और इससे विकास में विलंब होगा। उस समय राष्ट्र विकास को स्थगित करने का जोखिम नहीं ले सकता था। यह दलील दी जा सकती है कि नव स्वतंत्र देश की अर्थव्यवस्था को विकसित करने के लिए राज्य के नेतृत्व में औद्योगिकीकरण का विकल्प पूर्णत: गलत नहीं था। गलती निजी क्षेत्र की भागीदारी के विकल्प को पहले से बंद कर देने में और अक्षमता व विफलता के बावजूद इस मॉडल को अपनाए रखने में थी।

योजना में राज्य (सरकार) के ज्यादा शामिल होने के परिणामस्वरूप स्वतंत्र भारत ने कई मौके गँवाए। सबसे उल्लेखनीय दृष्टांत इस्पात उत्पादन का था। प्रसिद्ध अर्थशास्त्री सर आर्थर लेविस ने भारत के उस प्रतियोगी लाभ को पहचाना, जो इस देश को इस्पात के निर्माण में हासिल था; क्योंकि उसके पास प्राकृतिक संसाधन और अतिरिक्त श्रम उपलब्ध था। उन्होंने सुझाव दिया कि भारत को अपना उत्पादन 10 लाख टन से बढ़ाकर एक करोड़ टन करना चाहिए और इस्पात का निर्यात प्रारंभ करना चाहिए। इससे देश में निवेश और रोजगार को बढ़ावा मिलेगा और यह देश को विदेशी मुद्रा अर्जित करने में समर्थ बनाएगा। आई.जी. पटेल याद करते हैं कि टी.टी. कृष्णमाचारी (जिन्हें 'टी.टी.के.' के नाम से भी जाना जाता है) इस्पात मंत्री के इस विचार से प्रभावित हुए; लेकिन तत्कालीन वित्त मंत्री सी.डी. देशमुख ने इस विचार को ठुकरा दिया। देशमुख ने इस बात को अस्वीकृत कर दिया कि भारत में और अन्यत्र इस्पात की माँग बढ़ेगी। दुनिया की इस्पात राजधानियों में से एक बनने का अवसर इस तरह भारत ने गँवा दिया। अलबत्ता, कोरियाई लोगों ने इस्पात-

निर्माण को देखने के लिए भारतीय संयंत्रों का दौरा किया और उन्होंने एवं जापानियों ने बाजार पर कब्जा कर लिया।

'60 के दशक के मध्य काल में आते-आते 'सरकार सब जानती है' का विचार और नियोजित विकास का विचार आलोचना का विषय बन गए। जिन लोगों ने योजना के विचार का अध्ययन करने के लिए भारत का दौरा किया, उनमें अर्थशास्त्री मिल्टन फ्रीडमैन भी थे। उनकी आलोचना को सन् 1963 में दस्तावेज का रूप दिया गया। जो दूरदर्शी, निष्पक्ष एवं विकार रहित थी। ''बार-बार यह सद्विचार सुनने को मिलेगा कि भारत को पश्चिमी देशों की तुलना में अवश्य ही ज्यादा तेज गति से विकास करना चाहिए। एक स्तरीय ठप्पा लगा है कि भारत को उस काम को दशकों में कर लेना चाहिए, जिसे करने में अन्य देशों को सदियाँ लगीं। वैसे, इस बात में काफी दम है। बेहतरी की गुंजाइश अत्यधिक है और सुधार का औचित्य बेदाग है और किसी चीज की पहल करने की तुलना में नकल करना अपेक्षाकृत आसान और द्रुत गति से होना चाहिए।'' फ्रीडमैन ने फिर भविष्यवाणी की कि ''भारतीय अधिकारियों द्वारा अनुमानित विकास दर के हिसाब से जापान में मौजूदा प्रति व्यक्ति आय के स्तर तक पहुँचने में भारत को एक सदी से ज्यादा का वक्त लगेगा और अमेरिका में प्रति व्यक्ति आय के मौजूदा स्तर को पाने में तीन सदी से ज्यादा का समय लग सकता है।'' उन्होंने व्यंग्यपूर्ण ढंग से टिप्पणी की—''मौजूदा खतरा यह है कि अन्य देशों को जिसे करने में दशकों लगा, भारत को उसे करने में सदियाँ लग जाएँगी।''

समस्या यह नहीं थी कि योजनाएँ बेहद कम हासिल कर रही थीं, बल्कि वे बहुत ज्यादा करने की कोशिश कर रही थीं। नियोजित औद्योगिकीकरण के अपने मॉडल के साथ राज्य जो लक्ष्य हासिल करने का प्रयास कर रहा था, जरा उन पर विचार करें—आय का समान वितरण, रोजगार बढ़ाना, विभिन्न भौगोलिक क्षेत्रों में निवेश और विकास को संतुलित करना, आर्थिक शक्ति के केंद्रित होने को रोकना, भुगतान-संतुलन की रक्षा करना और औद्योगिक एवं आर्थिक विकास को बढ़ावा देना। कुल छह लक्ष्य! इन तमाम लक्ष्यों को औद्योगिकीकरण पर लादे जाने से नीति निष्फल और अंतर्विरोधी हो गई।

पंचवर्षीय योजनाओं ने औद्योगिकीकरण के क्या, कहाँ, कब, कैसे और क्यों सवालों को तय किया। आई.डी.आर.ए. के जरिए लाइसेंस देने और क्षमता के नियंत्रण को हासिल किया गया। उपायों की एक श्रृंखला के जरिए विकास का लक्ष्य हासिल किया जाना था। ये उपाय थे—आयात-निर्यात नियंत्रण, पूँजी मामलों का नियंत्रण, विदेशी मुद्रा का नियंत्रण, खनिज पदार्थों के वितरण के नियंत्रण के लिए नियम, औद्योगिक वस्तुओं की कीमतों का नियंत्रण और ऋण आवंटन पर नियंत्रण। संसाधन निवेश और उत्पादन के हरेक पहलू पर नियंत्रण था और इसी तरह वितरण एवं मूल्य-निर्धारण पर भी नियंत्रण था।

नियंत्रण एवं नियमन का ढाँचा युद्धकालीन आदेश पर आधारित था (भारत की

रक्षा के नियम, जिन्हें अंग्रेजों द्वारा सन् 1939 में जारी किया गया और बाद में 1946 में इसे अपनाया गया)। इसके तहत उत्पादन, भंडारण, पारगमन, परिवहन, वितरण, अधिग्रहण, समापन, किसी भी किस्म की चीज के उपयोग या उपभोग पर रोक लगाने या नियमन करने के लिए व्यापक प्रावधान रखे गए थे। अभाव का प्रबंध करने के लिए युद्ध के संदर्भ में ये नियम बनाए गए थे, न कि शांति काल में विकास को बढ़ावा देने के लिए।

कार्यान्वयन के संदर्भ में प्रक्रिया असामान्य रूप से भ्रमित करनेवाली थी और इससे भ्रष्टाचार के द्वार खुलते थे। उद्योग मंत्रालय द्वारा लाइसेंस देने पर नियंत्रण किया जाता था; वाणिज्य मंत्रालय आयात एवं निर्यात को नियंत्रित करता था; सीमा शुल्क एवं कर वित्त मंत्रालय द्वारा तय किए जाते थे और ऋण आवंटन के दिशा-निर्देश उद्योग मंत्रालय द्वारा तय किए जाते थे तथा वित्त मंत्रालय द्वारा उन्हें लागू किया जाता था। यदि कोई उद्यमी भारत में अपनी इकाई स्थापित करना चाहता था तो उसे हरेक कदम पर केंद्रीय सरकार की मंजूरी लेनी होती थी। लाइसेंसों को तीन प्रकारों में वर्गीकृत किया गया था—उन श्रेणियों के लिए मुक्त सूची थी, जिनमें बगैर किसी पड़ताल के लाइसेंस दिए जाते थे; एक योग्यता सूची थी, जिसमें जाँच-पड़ताल और क्षमता के अध्ययन के बाद ही लाइसेंस जारी किए जाते थे और एक अस्वीकृत सूची थी, जिसमें क्षमता बढ़ाने की माँग करनेवाले आवेदन पत्रों को सरकार रोक लेती था।

यह प्रणाली कैसा दुःस्वप्न थी, इसे समझने के लिए सिर्फ आवश्यक अनुमतियों पर विचार करना ही पर्याप्त है। उद्यमी को 'सैद्धांतिक स्वीकृति' प्राप्त करने के लिए पहले उद्योग मंत्रालय में जाना पड़ेगा। एक बार यह मंजूरी मिल जाने पर उद्देश्य-पत्र जारी किया जाएगा। आगे की अनुमतियों के लिए यह पत्र आधारभूत दस्तावेज होता है। एक फैक्टरी स्थापित करने और मशीनों का आयात करने के लिए उद्यमी को वाणिज्य मंत्रालय में आयात एवं निर्यात महानियंत्रक के पास जाना पड़ेगा। अगर आपके साथ कोई विदेशी सहयोगी है या आप किसी विदेशी कंपनी से सहयोग लेना चाहते हैं तो आपको वित्त मंत्रालय के सचिव की अध्यक्षता में बनी उद्योग मंत्रालय की एक समिति के समक्ष जाना पड़ेगा। अगर धन की जरूरत है और शेयर जारी किया जाना है तो वित्त मंत्रालय में पूँजी मामलों के नियंत्रक की अनुमति अनिवार्यतः लेनी पड़ेगी। अगर कच्चे माल का आयात किया जाना है तो इसकी अनुमति वाणिज्य मंत्रालय में आयात एवं निर्यात के मुख्य नियंत्रक से लेनी पड़ेगी; लेकिन ऐसा करने से पूर्व उद्योग मंत्रालय में तकनीकी विकास महानिदेशक से 'अनुपलब्धता का प्रमाण-पत्र' लेने की जरूरत पड़ेगी। जब हर जगह से इजाजत मिल जाएगी तो उद्यमी को औपचारिक लाइसेंस प्राप्त करने के लिए उद्योग मंत्रालय के पास वापस आना पड़ेगा।

हरेक औद्योगिक उपक्रम को इस प्रक्रिया का अनुसरण करना पड़ता था, जिसमें अचरज में डालनेवाली लालफीताशाही शामिल थी। लाइसेंस देने पर अपनी अंतरिम रिपोर्ट में अर्थशास्त्री रविंद्र किशन हजारी ने इंगित किया कि बिरला समूह की कंपनियों ने वर्ष 1964 और 1966 के बीच 325 लाइसेंसों के लिए आवेदन किया था। ये लाइसेंस इस्पात और बिजली क्षेत्र को छोड़कर हरेक औद्योगिक क्षेत्र के लिए माँगे गए थे। अगर आवेदनों की संख्या को चौबीस महीने की अवधि में जोड़ा जाए तो इसका आशय है कि हर तीसरे दिन कॉरपोरेट घराने का एक अधिकारी अनुमतियों, हरी झंडियों और मंजूरियों के लिए सरकार के दरवाजे खटखटा रहा था।

लघु उद्योग क्षेत्र के आरक्षित कारोबारों के लिए स्थिति और भी बदतर थी। कुछ क्षेत्रों को लघु उद्योग के लिए संदेहास्पद 'निम्न पूँजी, उच्च रोजगार' के सिद्धांत पर आरक्षित किया जाता था। सरकार लघु उद्योगों को टर्नओवर (सालाना कारोबार) के आधार पर परिभाषित करती थी। ये ऐसे क्षेत्र थे, जिनमें सक्षमता हासिल करने के लिए तकनीकी उन्नयन और उच्च पैमाने की बहुत अधिक आवश्यकता थी। उदाहरण के लिए, '80 के दशक की शुरुआत तक वीडियो कैसेट निर्माण का व्यवसाय लघु उद्योग क्षेत्र के लिए आरक्षित था, जबकि बाकी औद्योगिकीकृत विश्व में यह एक ऐसा क्षेत्र था, जो उच्च पैमाने और ऑटोमेशन (स्वचालन) द्वारा संचालित था।

अब उस अंतर्विरोध पर विचार करें, जो राज्य की नीति ने मढ़ा था और जिसने भ्रष्टाचार के द्वार खोले थे। परिभाषा के अनुसार, एक लघु स्तर का उपक्रम 10 लाख रुपए से ज्यादा की मशीन नहीं लगा सकता था। जबकि सबसे सस्ता आयात भी 12 लाख रुपए का पड़ता था। इसलिए उद्यमी को जो पहला कदम उठाना पड़ता था, वह था—अपने आयात की कम कीमत बताना। दूसरी चुनौती थी—पैमाने या स्तर की समस्या का प्रबंध करना। एक लघु स्तर की इकाई साल भर में 20,000 कैसेट तक ही उत्पादन कर सकती थी, जबकि मशीन 20,000 कैसेट तो एक हफ्ते में ही उत्पादित कर देती थी। तो साल के बाकी समय या इक्यावन हफ्ते के लिए उद्यमी क्या करेगा?

मुंबई के वित्तीय सलाहकार एवं ऑडिटर श्रवण कुमार शर्मा बताते हैं कि इस समस्या से पार पाने का तरीका थकाऊ था। उद्यमी को अपनी मशीन की स्थापित क्षमता का पूरा उपयोग करने के लिए विविध नामों के तहत लाइसेंसों को लीज पर देना होता है। वह परमिट जारी करनेवाले नियमन अधिकारी इस मामले में दिल्ली में इलेक्ट्रॉनिक्स विभाग के पास जाएगा और वह लघु-स्तर के इलेक्ट्रॉनिक्स उद्योग के लिए राज्य द्वारा निर्धारित स्थान को चुनेगा। मान लीजिए कि वह महाराष्ट्र में चिपलूण को चुनता है। वह फिर लघु स्तर उद्योग (एस.एस.आई.) का एक लाइसेंस प्राप्त करेगा। अगला कदम होगा—चिपलूण में कोई जगह किराए पर लेना। चिपलूण रत्नागिरी के पास है। वह रत्नागिरी जाएगा और

एक अस्थायी एस.एस.आई. सर्टिफिकेट प्राप्त करने के लिए अपने कारोबार को पंजीकृत कराएगा। इस सर्टिफिकेट पर चिपलूण में अधिकारियों द्वारा मुहर लगवानी होगी। फिर मुहर लगी इस प्रति को 100 रुपए के शुल्क के साथ दिल्ली भेजना होगा।

इस पूरी प्रक्रिया में छह हफ्ते से लेकर तीन महीने तक लग जाएँगे। फिर उद्यमी को यह प्रक्रिया इक्यावन बार दोहरानी पड़ेगी। इसमें हर बार नाम भिन्न हो जाएँगे, लेकिन मैन्युफैक्चरिंग इकाई का पता वही रहेगा। और यह सारी कवायद इसलिए कि वह प्रति सप्ताह 20,000 कैसेट का उत्पादन कर सके। आयातित वीडियो कैसेट पर बहुत ही ऊँचा शुल्क—330 प्रतिशत—लगाया जाता था। इसलिए यदि उद्यमी इस प्रणाली से काम निकाल सके तो वह बहुत जल्द काफी रकम कमा सकता है। दरअसल, एस.एस.आई. लाइसेंस पाना ही अपने आप में लघु स्तरीय उद्योग बन गया था।

औद्योगिकीकरण की इस घुमावदार प्रक्रिया ने वशीभूत करनेवाली परिस्थिति को जन्म दिया। प्रथम योजना के बाद शुरुआती वर्षों में निजी उपक्रम स्टॉकहोम संलक्षण से एक प्रकार से आबद्ध रहा। यह राज्य नियंत्रण की राजनीति के साथ चलता गया। इसका एक आंशिक कारण था कि यह स्वतंत्रता के साथ जुड़ी राष्ट्रवादी भावना से सहानुभूति रखता था और दूसरा आंशिक कारण यह भी था कि इसके पास कोई वास्तविक विकल्प नहीं था। दूसरी योजना के बाद जब उद्यमियों ने पाया कि उनका कारोबार लड़खड़ाने लगा है तो उन्होंने पैंतरा बदला और अपने आदमियों को तैनात किया, ताकि नियंत्रणों की इस भूलभुलैया से कोई रास्ता निकाला जा सके। '60 के दशक के मध्य तक व्यापारियों ने पता कर लिया कि लॉबी और रिश्वत के इस्तेमाल से इस प्रणाली से कैसे काम निकाला जा सकता है।

लाइसेंस देने की प्रक्रिया द्वारा इसे भली-भाँति दरशाया जा सकता है। उद्योग मंत्रालय द्वारा एक बार जारी किए जाने के बाद एक उद्देश्य-पत्र छह माह की अवधि तक मान्य रहता है और इस बीच तमाम अनुमतियाँ प्राप्त की जाती हैं और जिस अवधि तक आशय पत्र (लेटर ऑफ इंटेंट) मान्य रहता है, कार्य-संचालन के उस विशेष क्षेत्र में कोई और आवेदन नहीं लिया जाता है। श्री रविंद्र किशन हजारी अपनी रिपोर्ट में उजागर करते हैं कि एक समूह ने 375 लाइसेंसों के लिए आवेदन किया और उन्हें हासिल किया, लेकिन उनमें से केवल एक-तिहाई का इस्तेमाल उत्पादन-क्षमता के लिए किया। बाकी लाइसेंसों को यों ही समाप्त हो जाने दिया। संक्षेप में, लाइसेंसों के लिए आवेदन-पत्रों का इस्तेमाल नए अथवा प्रतियोगी उद्यमियों को क्षमता बढ़ाने से रोकने के लिए किया गया। नतीजा—आपूर्ति निरुद्ध रही, जिससे मौजूदा उद्यमियों ने सामूहिक रूप से बड़ी कीमतें लागू कीं। मिल्टन फ्रीडमैन ने टिप्पणी की, ''यह इस पर निर्भर करता है कि आप किससे बात करते हैं। आपकी धारणा बनती है कि या तो सरकार कारोबार चलाती है या दो या

तीन बड़े व्यापार घराने सरकार को चलाते हैं।'' '60 के दशक में अर्थशास्त्री और विदेशी साझेदार भारतीय उद्यमियों के कौशल से आश्चर्यचकित होते थे कि उन्होंने किस तरह व्यवस्था का इस्तेमाल अपने फायदे के लिए करना सीख लिया है।

संसाधनों पर राज्य का नियंत्रण रखने और विकास को बढ़ावा देने के लिए लाइसेंसों व परमिटों की प्रणाली बनाई गई थी। आयात स्थानापन्न की नीति का औचित्य आत्म-निर्भरता की तलाश से ठहराया गया और आयात नियंत्रण इसलिए आवश्यक ठहराया गया कि उपनिवेशन द्वारा बरबाद कर दिए गए कमजोर भारतीय उद्योगों की रक्षा करनी थी। विडंबना यह रही कि राज्य के नियंत्रणों ने विकास को कुंठित किया। आयात नियंत्रणों का इस्तेमाल औद्योगिक संघ द्वारा प्रतियोगिता रोकने के लिए किया गया, ताकि वे अभाव के नाम पर मनमानी कीमत रख सकें। राज्य-नीत औद्योगिकीकरण और नियोजित अर्थव्यवस्था के विचार की विफलता सबके सामने जाहिर थी, फिर भी यह प्रणाली जारी रही, क्योंकि तब तक यह राजनीतिक वर्ग और कारोबारी वर्ग का एक संयुक्त उपक्रम बन चुकी थी।

जब लाल बहादुर शास्त्री ने प्रधानमंत्री के रूप में कमान सँभाली तो यह स्पष्ट हो गया था कि अर्थव्यवस्था लड़खड़ा रही थी। अर्थशास्त्री बर्नार्ड बेल के नेतृत्व में एक टीम ने दौरा किया और भारतीय अर्थव्यवस्था की चौदह बेल रिपोर्ट पेश कीं, जिसमें सारगर्भित रूप से योजना और राज्य के नियंत्रित आर्थिक विकास की विफलता का सारांश प्रस्तुत किया। उन्होंने टिप्पणी की कि भारत अपनी तीव्र गति से बढ़ रही आबादी को खिलाने में बढ़ती मुश्किलों का सामना कर रहा है और अपने लोगों को उत्पादक कार्य के अवसर नहीं प्रदान कर पा रहा है। उन्होंने कहा, ''पिछले पंद्रह वर्षों में औसत जीवन-स्तरों में सिर्फ मामूली सुधार हुआ है और तीसरी पंचवर्षीय योजना में व्यवहारतः कोई सुधार नहीं हुआ है।''

एक कड़ा फैसला

नियंत्रकों की नीति आत्मनिर्भरता हासिल करने के लिए देश के लिए आवश्यक मानी गई। इसने भारत को विदेशी सहायता पर निर्भर बना दिया था। भारत ने सन् 1957 में विदेशी मुद्रा संकट का सामना किया और '60 के दशक के मध्य में ऐसे एक अन्य संकट की ओर बढ़ रहा था। अगर भारत ने उन औद्योगिक क्षेत्रों में निवेश किया होता, जिसमें देश को अपेक्षाकृत अधिक लाभ हासिल था और घरेलू उद्योग की क्षमता बढ़ाने के लिए व्यापार को खोला होता तो इसने अर्थव्यवस्था को मजबूत किया होता और व्यक्तिगत आय को बढ़ाया होता। एक खुली अर्थव्यवस्था ने इसे औद्योगिकीकरण के लिए धन जुटाने में समर्थ बनाया होता और अपने दुर्लभ संसाधनों का उसने बेहतर इस्तेमाल किया होता। लेकिन ऐसा नहीं हुआ।

मौजूदा हालात का त्वरित सारांश उन प्रतिकूल परिस्थितियों के परिदृश्य को सामने रख देगा, जिनका सामना अर्थव्यवस्था कर रही थी। विकास एक ऐसे प्रतिमान पर निर्भर करता था, जो अंतर्निहित रूप से दोषपूर्ण और अक्षम था। प्राकृतिक या मानव-निर्मित आपदाओं का सर्वव्यापी खतरा बना रहता था, जो आसानी से एक संकट में बदल सकता था। उस दौर में युद्ध भी हुए, जिसने अर्थव्यवस्था को तबाह कर दिया। सन् 1962 और 1965 में भारत को क्रमश: चीन और पाकिस्तान के साथ युद्ध करना पड़ा। हालात को और बिगाड़ने के लिए वर्ष 1965 और 1966 का अकाल आया। इसी बीच अमेरिका ने खाद्य सहायता को स्थगित कर दिया। अपने आयात का भुगतान करने के लिए भारत को बुरी तरह मौद्रिक सहायता की जरूरत थी, ताकि अर्थव्यवस्था को इस खटारा तरीके से आगे बढ़ाया जा सके। इसे चौथी योजना के लिए वित्त जुटाने के लिए संसाधनों की भी जरूरत थी। इसलिए भारत ने खाद्यान्नों के लिए अमेरिकी सरकार का और दीर्घकालीन सहायता के लिए अंतरराष्ट्रीय मुद्रा कोष (आई.एम.एफ.) और विश्व बैंक का दरवाजा खटखटाया।

अंतरराष्ट्रीय मुद्रा कोष और विश्व बैंक मदद करने को तैयार थे, लेकिन वे चाहते थे कि भारत पहले अपनी मुद्रा का अवमूल्यन करे, ताकि वह रुपए का सही मूल्य दरशा सके। अपनी नीतियों (आर्थिक) का पुनर्गठन करे और राज्य के नियंत्रण की नीति से दूर हटे। इसका मतलब था नेहरू-महालनोबिस मॉडल से पिंड छुड़ाना। कांग्रेस में अनुभवी नेताओं ने इससे घोर असहमति जताई। मगर नेहरू के विपरीत, प्रधानमंत्री लाल बहादुर शास्त्री राज्य-नियंत्रण के सिद्धांत के प्रति निष्ठावान् नहीं थे और वस्तुत: वह खुली अर्थव्यवस्था पसंद करते थे। वह व्यावहारिक व्यक्ति थे। शास्त्रीजी ने फैसला किया कि संकट के इस घड़ी द्वारा खोले गए अवसर का इस्तेमाल अर्थव्यवस्था की पुनर्रचना के लिए किया जाए। पहला कदम यह उठाए जाने की जरूरत थी कि मुद्रा का अवमूल्यन किया जाए; लेकिन वित्तमंत्री टी.टी. कृष्णमाचारी इसके सख्त खिलाफ थे। शास्त्रीजी ने उनसे छुट्टी पा ली और काफी नए सचिन चौधरी को वित्त मंत्री बनाया। अर्थव्यवस्था की पुनर्रचना की प्रक्रिया का क्रम तय करने के लिए एक टीम बनाई गई। दु:खद यह रहा कि रुपए के अवमूल्यन का फैसला लेने के शीघ्र बाद शास्त्रीजी का देहांत हो गया और इंदिरा गांधी ने प्रधानमंत्री का पद सँभाला।

जैसा कि 'दास कैपिटल' अध्याय में हम ज्यादा विस्तार से देखेंगे, सत्ता तक पहुँचने का इंदिरा गांधी का भी रास्ता संघर्ष भरा था। लेकिन जिन चुनौतियों का उन्हें सामना करना पड़ा, वह उन पर भारी पड़ीं। एक ओर उन्होंने राजनीतिक चुनौतियों का जायजा लिया तो दूसरी ओर आर्थिक मोरचे पर ताबड़तोड़ कदम उठाए। तात्कालिक जरूरत विदेशी मुद्रा संकट से उबरने और खाद्यान्न की आपूर्ति सुनिश्चित करने की थी। भारत तो हमेशा ही

खाद्य आयात पर निर्भर रहा था; लेकिन इस बार जरूरत नाजुक थी। ऋण के साथ भारत को जरूरत थी कि उसे गैर-परियोजना सहायता (ऐसी सहायता, जिसमें शर्तें न जुड़ी हों) के रूप में अरबों डॉलर का विशेष पैकेज मिले। इंदिरा गांधी ने रुपए का अवमूल्यन करने के लिए अपनी पार्टी के अंदर और विपक्ष के साथ पुरजोर संघर्ष किया तथा उन पर काबू पाया। वह अर्थव्यवस्था के कुछ खंडों को खोलने के लिए भी सहमत हो गईं।

जून 1966 में भारत ने रुपए का 36.5 प्रतिशत अवमूल्यन किया, निर्यात पर शुल्क लगाया और आयात का उदारीकरण किया; लेकिन गैर-परियोजना मदद उसे नहीं मिली। अमेरिकन और आई.एम.एफ. को नहीं लगा कि इंदिरा गांधी सरकार ने पर्याप्त कदम उठाए हैं। उनका मानना था कि तमाम उपभोक्ता वस्तुओं पर आयात नियंत्रण वस्तुतः जस-के-तस हैं और पूरी कवायद इस बात से नकार दी गई है कि सरकार का ध्यान इस बात पर लगा हुआ है कि आयात द्वारा मुद्रास्फीति बढ़े नहीं। आई.जी. पटेल ने इस प्रक्रिया पर रिजर्व बैंक के गवर्नर पी.सी. भट्टाचार्य और वरिष्ठ सरकारी अधिकारी एल. के. झा एवं धर्मवीर के साथ काम किया था। उन्होंने इस वाकए को 'भारी विश्वासघात' करार दिया।

जिस बात ने इंदिरा गांधी को विकट राजनीतिज्ञ बनाया, वह यह थी कि वह कभी भी महज योजना 'ए' पर काम नहीं करती थीं। उनको चटकती अर्थव्यवस्था और अस्थायी राजनीतिक बहुमत की दोहरी चुनौती का सामना करना पड़ रहा था। लिहाजा, उन्होंने योजना 'बी' चालू कर दी। हालाँकि उन्होंने मुद्रा अवमूल्यन किया और अमेरिका के साथ सक्रियता बढ़ाई, लेकिन उस वक्त उन्हें सत्तारूढ़ लिंडन बेन्स जॉनसन प्रशासन पर कभी भी पूरा भरोसा नहीं रहा। उन्होंने जॉनसन से सन् 1966 में अमेरिका में मुलाकात की और मॉस्को होते हुए भारत लौटीं। वहाँ उनके सोवियत संघ के प्रधानमंत्री अलेक्साइ कोसीगिन से करीबी व्यापारिक रिश्ते बने और साथ ही अपना राजनीतिक वजूद बचाने के लिए आंतरिक रूप से वामपंथी पार्टियों का समर्थन हासिल करने में मदद मिली।

साल भर बाद कांग्रेस चुनावों में शामिल हुई और उसने केंद्र व राज्यों में दोनों जगह जमीन खोई। 520 लोकसभा सीटों में से उसने केवल 283 सीटें जीतीं, जो अब तक कांग्रेस द्वारा हासिल न्यूनतम रिकॉर्ड था। सन् 1969 में इंदिरा गांधी को धुरंधर के. कामराज और उनके नेतृत्ववाले सिंडिकेट नेताओं की चुनौती का सामना करना पड़ा। इंदिरा ने राष्ट्रपति पद के लिए कांग्रेस उम्मीदवार नीलम संजीव रेड्डी का विरोध कर वी.वी. गिरि (जिन्हें वाम दलों का समर्थन प्राप्त था) का समर्थन किया और कांग्रेस पार्टी को विभाजित कर दिया। गिरि राष्ट्रपति चुनाव में जीते। कांग्रेस टूट गई और इंदिरा ने राजनीतिक बचाव के लिए वामपंथियों को अपना भागीदार बना लिया। वाम मार्ग अपनाने से इंदिरा को संसद् में राजनीतिक समर्थन जुटाने में मदद मिली और अमेरिका से बचाव के लिए सोवियत संघ का समर्थन भी मिला।

स्वाभाविक रूप से, आर्थिक नीति भी बाईं ओर मुड़ गई। इंदिरा गांधी ने व्यापारी वर्ग को राज्य की वास्तविक सत्ता से परिचित कराया। 19 जुलाई, 1969 को सरकार ने चौदह बड़े बैंकों का राष्ट्रीयकरण कर दिया। श्रीमती गांधी ने इस कदम का औचित्य यह कहकर ठहराया कि आर्थिक विकास के अहम विशेष सुविधाओं पर बड़े कारोबारों, जिसमें बैंकिंग क्षेत्र का प्रभुत्व था, द्वारा एकाधिकार किया जा रहा है। परिणामस्वरूप, बैंक आम जनता तक नहीं पहुँचे हैं। उन्होंने कहा कि वे कृषि क्षेत्र तथा छोटे एवं मँझोले उद्यमियों को ऋण नहीं दे रहे हैं। उनके इस कदम की यह कहकर आलोचना की गई कि इससे बैंकिंग क्षेत्र का राजनीतीकरण होगा और कुशलता घटेगी। मगर पूँजी के लोकतंत्रीकरण के राजनीतिक औचित्य ने इस आलोचना को दबा दिया।

लेकिन वह यहीं नहीं रुकीं। कुछ महीने बाद, समाजवादी नारा देते हुए, इंदिरा गांधी ने एकाधिकार एवं प्रतिबंधात्मक व्यापार आचरण (एम.आर.टी.पी.) अधिनियम की उद्घोषणा की, जिसका मकसद व्यापारी घरानों के विस्तार की निगरानी करना और उन पर नियंत्रण रखना था। प्रकट रूप से यह अधिनियम धन के केंद्रीयकरण को रोकने और एकाधिकारी कीमतों व चलनों से उपभोक्ताओं की रक्षा करने के लिए लाया गया था; लेकिन वास्तविक उद्देश्य अर्थव्यवस्था पर राजनीति के एकाधिकार को लागू करना था। एम.आर.टी.पी. के प्रावधानों का इस्तेमाल अड़ियल बड़े व्यापारिक घरानों को घुटने टेकने के लिए किया गया।

स्वाभाविक रूप से व्यापार जगत् खिन्न था। टाटा समूह के अध्यक्ष जे.आर.डी. टाटा ने खेद व्यक्त किया कि उत्पादन एवं वितरण के साधनों पर सरकारी स्वामित्व एवं नियंत्रणों के विस्तार ने निजी क्षेत्र के लिए अवसरों में कमी आई। उन्होंने कहा कि "सिवा उन देशों के जो एकतंत्रीय या निरंकुश शासन के तहत हैं, अन्य किसी देश में ऐसा अभूतपूर्व कदम नहीं उठाया गया है।" मगर इंदिरा गांधी बेफिक्र थीं। शक्तिशाली श्रम संगठनों को खुश करने के लिए और राजनीतिक अंक जीतने की दृष्टि से उनकी सरकार ने कोयला उद्योग का राष्ट्रीयकरण कर दिया और वस्त्र उद्योग एवं इस्पात इकाइयों को मुश्किल में डाल दिया। इंदिरा गांधी ने सन् 1973 में विदेशी मुद्रा नियमन अधिनियम भी पारित करवाया। इस अधिनियम के तहत भारतीय इकाइयों के संचालन में विदेशी कंपनियों को अपनी हिस्सेदारी 51 प्रतिशत से घटाकर 40 प्रतिशत करनी थी।

देश के अंदर और बाहर अपनी कार्रवाइयों के लिए बढ़ती आलोचना के बावजूद, इंदिरा गांधी निडरता से आगे बढ़ती गईं। एम.आर.टी.पी., 'फेरा' (FERA) को लागू करने तथा बैंकों के राष्ट्रीयकरण ने वह नजरिया प्रदान किया, जो वह चाहती थीं। बहरहाल, इंदिरा गांधी ने जिन नए कानूनों को आगे बढ़ाया था, वह उनके प्रबंधन में काफी चतुर थीं। वैश्विक हल्ले को रोकने के लिए उन्होंने विदेशी बैंकों को राष्ट्रीयकरण के दायरे से

बाहर रखा। एम.आर.टी.पी. के आधार में पर्याप्त छिद्र छोड़ दिए गए थे ताकि केस-केस के मद्देनजर बड़े व्यापारिक घरानों को राहत दी जा सके। 'फेरा' में भी छूट दिलानेवाले प्रावधान रखे गए थे, जैसे खास किस्म की प्रौद्योगिकी इस्तेमाल करनेवाली कंपनियों के लिए, आवश्यक रूप में परिभाषित सामान के उत्पादकों के लिए, बागान मालिकों के लिए, और उनके लिए, जो निर्यात कोटे को पूरा करते थे। यहाँ तक कि उन्होंने अपने राजनीतिक लक्ष्यों को पूरा कर लिया; लेकिन उन्होंने यह सुनिश्चित किया कि आला हितों को कुछ आश्रय प्रदान किया जाए।

बहरहाल, श्रीमती गांधी की कार्रवाइयों का उद्योग एवं अर्थव्यवस्था पर बुरा असर पड़ा। सरकारी एवं स्वतंत्र अध्ययनों में विफलता का कटु सत्य जाहिर हुआ। लाइसेंस-राज की प्रथम व्यापक समीक्षा करते हुए आर. के. हजारी ने घोषणा की कि औद्योगिक लाइसेंस देने का काम 'अपने मुख्य उद्देश्य यानी निजी निवेश को उद्योगों में लगाने में विफल रहा; जबकि पंचवर्षीय योजना द्वारा उद्योगों का विकास प्राथमिकता के आधार पर किए जाने की आवश्यकता थी।' इस रिपोर्ट ने नीति की पुनर्रचना की सिफारिश की।

वर्ष 1971 के चुनावों के बाद इंदिरा गांधी का पार्टी और सरकार पर पूर्ण नियंत्रण था। भारत ने पाकिस्तान को पराजित कर दिया था और वह जननेत्री बन गई थीं। सैद्धांतिक रूप से वह सन् 1966 की नीतियाँ बहाल कर सकती थीं और अर्थव्यवस्था की पुनर्रचना कर इतिहास के प्रवाह को बदल सकती थीं। बहरहाल, जमीनी सच्चाई ने ऐसे कदमों को लागू करना मुश्किल कर दिया। देश के अंदर, वह वाम दलों के समर्थन के बगैर वर्ष 1969 में सिंडिकेट के हाथों से पार्टी और सरकार पर नियंत्रण छीन नहीं सकती थीं, लेकिन वही वाम दल अब नीति तय कर रहे थे। विदेशी मोरचे पर उन्हें लिंडन बेन्स जॉनसन और रिचर्ड निक्सन के तहत अमेरिकी सरकारों से निपटना था, क्योंकि वे चीन का द्वार खोलने के लिए पाकिस्तान और याह्या खान की चिरौरी कर रहे थे।

वस्तुतः यह दलील दी जा सकती है कि अमेरिका ने भारत और इंदिरा गांधी को सोवियत संघ की ओर धकेला। कोसीगिन, जिनसे इंदिरा गांधी ने सन् 1966 में मुलाकात की थी, ने सितंबर 1969 में ही मित्रता समझौते का प्रस्ताव रखा था। भारत ने इस प्रस्ताव पर बीस महीने तक दस्तखत नहीं किए। लेकिन जब अमेरिकी विदेश मंत्री हेनरी किसिंजर ने जुलाई में चीन का दौरा किया और भारत को एक नए गठबंधन का संकेत दे दिया तथा यह भी स्पष्ट कर दिया कि यदि भारत और पाकिस्तान के बीच युद्ध में चीन आ टपकता है तो वह अमेरिका से दखल देने की अपेक्षा नहीं कर सकता, तो इंदिरा ने सोवियत संघ में अपने राजदूत डी.पी. धर को 9 अगस्त, 1971 को इस प्रस्ताव पर दस्तखत करने के लिए भेजा। जैसाकि सामने आया, तनावपूर्ण घड़ी में चीन ने नहीं, बल्कि अमेरिका ने दखल दिया। दिसंबर 1971 में भारत-पाक युद्ध के दौरान अमेरिका ने अपने जंगी बेड़े

'यू.एस.एस. एंटरप्राइज' को बंगाल की खाड़ी के मुहाने पर भेज दिया, जिसका सोवियत संघ ने प्रतिरोध किया। सोवियत संघ के नौसेना प्रमुख एडमिरल सर्गेई गोर्शकोव ने इस क्षेत्र में अपनी तमाम पनडुब्बियों को सतह पर आने का आदेश दिया और इस तरह अमेरिकियों को स्पष्ट संकेत दे दिया। यह साफ है कि नीति (आर्थिक) और राजनीति में वामपंथी मोड़ या रुझान अपना वजूद बचाने की खातिर आया था।

आपातकाल

वर्ष 1971 के आम चुनाव में गरीबी दूर करने के वादे पर कांग्रेस सत्ता में आई। उसका नारा था—'गरीबी हटाओ'। बहरहाल, जमीनी स्तर पर उच्च मुद्रास्फीति गरीबों और मध्य वर्ग को निचोड़ रही थी। इंदिरा गांधी के कार्यकाल की शुरुआत तो अच्छी रही, पाकिस्तान पर विजय ने राष्ट्रवाद को खूब भुनाया। लेकिन इस जीत और बँगलादेश के निर्माण की कीमत चुकानी पड़ी। भारत को उन 1 करोड़ शरणार्थियों की देखभाल करनी पड़ी, जो सीमा पार कर भारत आ गए थे। चुनावों और युद्ध में जीत के उत्साह पर शीघ्र ही चिंता और क्रोध के भाव हावी हो गए। युद्ध की लागत ने राजस्व की आमद और सरकारी खर्च के बीच फासले को बढ़ा दिया था और इससे मुद्रास्फीति और कीमतें बढ़ गईं। अकाल ने हालात और बिगाड़ दिए। इससे हर तरह के सामान की उपलब्धता और उन्हें खरीद पाने की क्षमता प्रभावित हुई। जैसे ही कृषि उत्पादन गिरा, खाद्यान्न की कीमतें वर्ष 1972 और 1973 के बीच 25 प्रतिशत तक बढ़ गईं। सितंबर 1973 में कच्चे तेल की कीमतें 2.5 डॉलर प्रति बैरल बढ़कर 11 डॉलर प्रति बैरल से भी ज्यादा हो गईं। इससे सरकार के पास इतनी विदेशी मुद्रा नहीं रह गई कि वह आयात का भुगतान कर सके और विदेशी ऋण सकल घरेलू उत्पाद (जी.डी.पी.) का 14.5 प्रतिशत तक बढ़ गया। सिद्धांततः भारत को आयातों का भुगतान कर पाने में निर्यातों के जरिए समर्थ होना चाहिए था; लेकिन उस वक्त भारत का निर्यात प्रदर्शन भी दयनीय था। वैश्विक व्यापार में उसकी हिस्सेदारी सन् 1948 में 2.6 प्रतिशत थी, जो सन् 1973 में गिरकर महज 0.72 प्रतिशत रह गई थी।

अपने वामपंथी मोड़ के लिए इंदिरा गांधी ने भले ही राजनीतिक अंक सुनिश्चित किए हों, लेकिन राष्ट्रीयकरण ने आकांक्षाओं का प्रबंध करने की जिम्मेदारी निजी व्यापार से सरकार पर डाल दी थी। अर्थव्यवस्था के बड़े क्षेत्रों के राष्ट्रीयकरण ने श्रमिक संघवाद के विकास को बढ़ावा दिया। यूनियन ज्यादातर राजनीतिक पार्टियों से जुड़ी थीं। उन्होंने अपना प्रभाव-क्षेत्र बढ़ाने के लिए संघर्ष किया। इस तरह एक राजनीतिक आंदोलन के लिए मंच तैयार हो गया।

भारत के दो कोनों में आग शुरू हुई। पहला गुजरात में, जहाँ आंदोलनकारी चिमनभाई

पटेल की अगुवाईवाली भ्रष्ट कांग्रेस सरकार की बरखास्तगी चाहते थे। दूसरे बिहार में पूर्व स्वतंत्रता सेनानी केदार पांडे की अगुवाईवाली एक अन्य भ्रष्ट कांग्रेस सरकार के खिलाफ छात्र संघों ने भारतीय कम्युनिस्ट पार्टी के साथ मोर्चा बना लिया था और वे भोजन तथा नौकरियों (काम) की माँग कर रहे थे।

जब बिहार के छात्रों ने सत्तर वर्षीय नेता जयप्रकाश नारायण को आंदोलन का नेतृत्व करने के लिए आमंत्रित किया तो आंदोलन राष्ट्रव्यापी बन गया। जयप्रकाश नारायण को स्नहेपूर्वक 'जेपी' कहा जाता था। वह 'भारत छोड़ो' आंदोलन के युवा हीरो थे और एक बार नेहरू ने उन्हें सर्वोत्तम विपक्षी नेताओं में से एक बताया था। उन्होंने सन् 1952 में राजनीति छोड़ दी थी। उन्होंने तिब्बत की आजादी के लिए अभियान चलाया, शेख अब्दुल्ला के साथ मिलकर कश्मीर समस्या के समाधान के लिए काम किया, नागा आंदोलन में हस्तक्षेप किया और चंबल घाटी के डकैतों को समर्पण करने के लिए प्रेरित किया। जेपी गरीबों की अनदेखी और बढ़ते भ्रष्टाचार से क्रुद्ध थे।

जब इंदिरा गांधी ने सरकार और उसकी नीतियों पर सवाल खड़े करने की उनकी औकात को चुनौती दी तो जेपी ने दाँव बढ़ा दिया और राजनीतिक पार्टियों व मजदूर संघों को साथ आने के लिए कहा। उन्होंने सरकार में वरिष्ठ मंत्रियों से इस्तीफा देने की अपील की और तमाम पार्टियों को आपस में विलय कर कांग्रेस का विरोध करने का आह्वान किया। मई 1974 में रेलवे के लगभग 20 लाख कर्मचारियों ने बेहतर वेतन एवं बोनस की माँग को लेकर हड़ताल पर जाने की धमकी दी और कई तरह से यह टकराव बिंदु बन गया। सरकार ने हड़ताल के आह्वान को गैर-कानूनी घोषित कर दिया और एक झोंके में ही 20 हजार से ज्यादा कामगारों को गिरफ्तार कर लिया। सरकार की कार्रवाई उलटी पड़ी और साइबर युग के शब्दों में कहें तो आंदोलन संक्रामक व व्यापक हो गया। एक नारा चल पड़ा—'अँधेरे में एक प्रकाश, जयप्रकाश, जयप्रकाश'; और लोग इस नारे के साथ एकजुट होते चले गए।

राज नारायण समाजवादी नेता राम मनोहर लोहिया के अनुयायी थे, जो सन् 1971 में इंदिरा गांधी के खिलाफ चुनाव हार गए थे। इस सारे हंगामे के बीच उन्होंने इलाहाबाद हाई कोर्ट में उन पर चुनावी कदाचार का आरोप लगाते हुए एक केस ठोंक दिया। विपक्ष को तुरंत ही रास्ता खुलता नजर आया और जन संघ से लेकर कांग्रेस से अलग-थलग पड़े गुटों तक ने, यहाँ तक कि पुराने नेता मोरारजी देसाई ने, सरकार की बरखास्तगी के लिए जोर लगाना शुरू कर दिया। 12 जून को उच्च न्यायालय ने इंदिरा गांधी को ज्यादातर आरोपों से बरी कर दिया, लेकिन उनके संसदीय चुनाव को अवैध करार दे दिया। इंदिरा गांधी ने उच्च न्यायालय के फैसले के खिलाफ सर्वोच्च न्यायालय में अपील की। उन्हें फैसले का स्थगन तो मिल गया, लेकिन संसद् में वोट डालने की अनुमति नहीं दी गई।

कुछेक मंत्रियों ने उन्हें इस्तीफा देने और फिर से चुनाव लड़ने की सलाह दी; लेकिन अन्य नेताओं ने उन्हें राष्ट्र के हित में पद पर बने रहने की सलाह दी।

उन्होंने पद पर बने रहने का निर्णय लिया। 25 जून, 1975 को आंतरिक आपातकाल की घोषणा कर दी गई। तमाम मौलिक अधिकार स्थगित कर दिए गए, प्रेस सेंसरशिप लागू कर दी गई और एक राष्ट्र व्यापी झपट्टे में पुलिस ने विपक्षी राजनीतिक दलों के नेताओं को गिरफ्तार कर लिया और उन्हें देश भर की जेलों में ठूँस दिया। इस अकेली कार्रवाई ने उन सारे राजनीतिज्ञों और राजनीतिक दलों को जेपी के पक्ष में कर दिया, जो अभी तक उनके आह्वान से आश्वस्त नहीं थे। हालाँकि सरकार ने बीस सूत्री और पाँच सूत्री कार्यक्रमों के जरिए जनता को शांत करने की कोशिश की और इंदिरा गांधी के पुत्र संजय गांधी सत्ता के उत्तराधिकारी के रूप में उभरे, लेकिन जेपी का आंदोलन प्रत्यक्ष और प्रच्छन्न रूप में चलता रहा। जनवरी 1977 में आपातकाल हटा लिया गया और ताजा चुनाव कराने के लिए संसद् को भंग कर दिया गया। जन संघ, भारतीय लोक दल, सोशलिस्ट पार्टी और कांग्रेस (ओ) ने आपस में हाथ मिलाया और जनता पार्टी बनाई। इंदिरा गांधी सत्ता से बेदखल कर दी गईं और मोरारजी देसाई प्रधानमंत्री बने।

इस बीच अर्थव्यवस्था में सुधार के लक्षण दिखे। इस सुधार को आपातकाल के परिणाम के तौर पर उद्धृत किया जाता है। तथ्य है कि ऐतिहासिक गलतियों को ठीक करने के लिहाज से डेढ़ साल का वक्त छोटी अवधि है। ज्यादा मूल बात यह है कि दो अच्छे मानसूनों ने खाद्यान्न उत्पादन में बढ़ोतरी की और अंतरराष्ट्रीय कच्चे तेल की कीमत कम होने से स्थिरता आई। वर्ष 1975 के अंत तक मुद्रास्फीति उतार पर थी। बेहतर कृषि उत्पादन के कारण खाद्य पदार्थों की कीमतें कम हुईं और विनिर्माण क्षेत्र में तेजी आई। बाहरी मोरचे पर घटनाओं के अनूठे संयोग से भुगतान-संतुलन का दबाव आसान हुआ था। वर्ष 1971 में अमेरिकी डॉलर सोना स्टैंडर्ड से पृथक् हो गया। स्पष्ट राजनीतिक कारणों से भारत ने अपनी मुद्रा को अमेरिकी डॉलर से अलग कर लिया और उसे ब्रिटिश मुद्रा पाउंड से जोड़ लिया। पाउंड एक कमजोर मुद्रा थी और इस कारण रुपए का साथ-साथ अवमूल्यन हो गया, जिससे निर्यात में बढ़ोतरी हुई। निर्यात में बढ़ोतरी के साथ मध्य-पूर्व में काम कर रहे भारतीय कामगारों द्वारा भेजी गई विदेशी मुद्रा के परिणामस्वरूप विदेशी भंडार की स्थिति बेहतर हो गई थी। फिर भी, अर्थव्यवस्था स्पष्टत: अपनी क्षमता से नीचे संचालित हो रही थी और अभी भी वह गरीबी में जी रही विशाल आबादी के उत्थान के लिए पर्याप्त नहीं थी।

वर्ष 1966 और 1977 के बीच की अवधि हालाँकि भारत और इंदिरा गांधी के लिए मुश्किल भरी रही थी, लेकिन यह सकारात्मक परिवर्तन से वंचित भी नहीं थी। बाहरी मोरचे पर संकट ने कुछ सुधारों को भी जन्म दिया था। मूल्य-संवर्धित निर्यातों को

बढ़ावा देने के प्रयास में सरकार ने गुणात्मक और मात्रात्मक दोनों ही आयात नियंत्रणों को आसान कर दिया था। लेकिन ये कदम विफलता की परंपरा पर असर डालने के लिए पर्याप्त न थे। जनता पार्टी सरकार मोरारजी देसाई के कारोबार-प्रिय नेतृत्व माने जाने के बावजूद लाइसेंस-परमिट-कोटा राज को खत्म नहीं कर सकी। दरअसल, गठबंधन में अराजकता के कारण जनता पार्टी ने '70 के दशक की शुरुआत में इंदिरा गांधी द्वारा लाए गए ढेरों कानूनों से हुए नुकसान को और ज्यादा बढ़ाया। उदाहरण के लिए जॉर्ज फर्नांडीज ने उद्योग मंत्री के रूप में आई.बी.एम. और कोका-कोला को भारत से तब खदेड़ दिया, जब उन्होंने फेरा (FERA) के प्रावधानों को लागू किया, जिसके तहत कंपनी में विदेशी शेयरधारिता को घटाकर 40 प्रतिशत करना होता था।

दुनिया के पटल पर दक्षिण कोरिया जैसे नव-औद्योगिक राष्ट्र उभरे थे। दक्षिण कोरिया जैसे देशों ने निजी क्षेत्र के नेतृत्व में विकास का मार्ग अपनाया था और क्षमता पर केंद्रित विकल्प को चुना था। ऐसा करते हुए उनकी अर्थव्यवस्था 5.5 से 6.5 प्रतिशत की दर से बढ़ रही थी और उनकी प्रति व्यक्ति आय तिगुनी हो गई थी। मगर भारत घोंघे की गति से घिसट रहा था। यहाँ तक कि गरीबी और अविकास से ग्रस्त मलावी जैसा देश भी भारत से ज्यादा तेज गति से विकास कर रहा था। वर्ष 1960 और 1979 के बीच मलावी की प्रति व्यक्ति आय 2.9 प्रतिशत की दर से बढ़ी, जबकि भारत की प्रति व्यक्ति आय महज 1.4 प्रतिशत की दयनीय गति से बढ़ी।

भारतीय अर्थव्यवस्था की सही तसवीर एंबेसडर कार से चित्रित होगी, जो दशकों तक देश के शासकों का चुनिंदा वाहन बनी रही। 1950 के दशक में मॉरिस का यह पुराना अवतार थी और यह अर्थव्यवस्था की हालत को सही ढंग से प्रतिबिंबित करती थी। इसका डिजाइन पुराना पड़ चुका था। यह एक बीते हुए युग की उत्पत्ति थी। यह बहुत ज्यादा ईंधन खाती थी। इसकी क्षमता खराब थी। यह एक अति वजनी और धीमी कार थी।

विजय जोशी और इयान मैल्कम डेविड लिटिल ने अपनी पुस्तक 'इंडिया : मैक्रोइकोनॉमिक्स एंड पॉलिटिकल इकोनॉमी 1964-1991' में बड़े ही सारगर्भित ढंग से इस गड़बड़झाले का वर्णन किया है—"भारतीय अर्थव्यवस्था के बारे में एक प्रचलित नजरिया है कि यह सूक्ष्म आर्थिक स्तर पर कमजोर है, लेकिन वृहद् आर्थिक स्तर पर यह ठोस एवं मजबूत है। इसके विपरीत, हमारे मुख्य निष्कर्षों में से एक बात यह है कि भारत की नियंत्रण प्रणाली न केवल सूक्ष्म आर्थिक स्तर पर अक्षम है, बल्कि वृहद् आर्थिक स्तर पर भी भ्रष्ट व विकृत है।" आई.जी. पटेल ने सन् 1964 में विश्व बैंक में दिए अपने एक भाषण में तल्खी से कहा, "भारत में हमारी मूलभूत गलती यह थी कि हमने मशीनरी और पूँजीगत सामान में भी आत्मनिर्भर होना चाहा और वह भी बँधी हुई मदद एवं दानकर्ताओं द्वारा विदित प्रौद्योगिकी के तहत आयातों के आधार पर। यह इसी तरह था, जैसे अक्षमता

के विषाणु की सुई पेड़ की जड़ में लगा दी जाए, जिससे वह अर्थव्यवस्था की तमाम शाखाओं में फैल जाए। यह ज्यादा बुद्धिमत्तापूर्ण होता, यदि हमने सर्वोत्तम क्षमतावाले क्षेत्र में पैसे से खरीदे जा सकनेवाले सर्वोत्तम उपकरण, प्रौद्योगिकी और प्रबंधन पर भरोसा किया होता।''

सन् 1960 और 1990 के बीच नियंत्रित अर्थव्यवस्था के हरेक पहलू की पड़ताल करने के लिए एक दर्जन से भी ज्यादा समितियाँ बनाई गईं। हरेक समिति ने प्रणाली में सुस्पष्ट दोष पाए और निष्कर्ष निकाला कि यह लाइसेंस-परमिट-कोटा राज ही है, जो विफलता का कारण है। इससे भी बदतर था कि नियंत्रण की प्रणाली तक विफल हो गई थी। हरिभाऊ के. परांजपे सन् 1969 की औद्योगिक लाइसेंस नीति जाँच समिति के एक सदस्य थे। उन्होंने कहा, ''लाइसेंस देने के मामले में समिति ने दृढ़ निष्कर्ष निकाला कि प्रणाली तमाम मोरचों पर व्यवहारतः विफल हो गई है, चाहे वह क्षेत्रीय छितराव की बात हो, आयात स्थानापन्न की बात हो या आर्थिक शक्ति के संकेंद्रीकरण को रोकने की बात हो। लाइसेंस देने की प्रणाली उद्योगों का विकास तक सुनिश्चित नहीं कर सकी।''

आर्थिक नीति पर मौजूदा माहौल के बारे में जो सबसे अहम टिप्पणी की जा सकती है, वह यह कि '60 और '70 के दशक में तमाम समितियों ने केवल प्रक्रिया के मसलों पर ध्यान लगाया, बल्कि किसी ने भी वस्तुतः यह सिफारिश नहीं की कि लाइसेंस-परमिट-कोटा राज को खत्म कर दिया जाए या यहाँ तक कि इस पर सवाल भी नहीं खड़ा किया। लेकिन सरकार के बाहर जिन्होंने पाया कि प्रणाली विफल हो रही है, उन्होंने अपनी आवाजें उठाईं। ऐसे लोगों में प्रथम थे—अर्थशास्त्री टी. नीलकंठ श्रीनिवासन और जगदीश भगवती, जिन्होंने शुरू में ही नियंत्रणों की नीति और निम्न विकास के बीच संबंध को सिद्ध कर दिया था। ब्रह्मानंद और वकील ने रोजगार पैदा करने में अर्थव्यवस्था की विफलता की आलोचना की। राज्य (सरकार) के नेतृत्व में औद्योगिकीकरण का शोध-प्रबंध यह था कि यह कृषि में अधूरे ढंग से काम कर रहे लोगों को कारखानों में शिफ्ट करेगा और आमदनी बढ़ाएगा। बहरहाल, कृषि को नजरअंदाज किए जाने से आबादी का विशाल तबका गरीब बना रहा। नतीजा यह हुआ कि अर्थव्यवस्था छिछली रही, जिसने औद्योगिक विकास को सीमित कर दिया। कार निर्माताओं की तरह भारत में नीति-निर्माता भी हरेक चंद वर्षों के बाद दिखावटी छेड़छाड़ या बदलाव करते रहे, ताकि गतिशीलता का भ्रम पैदा हो; जबकि वास्तव में उन्होंने नियंत्रण की प्रभाव क्षमता बनाए रखी। अर्थव्यवस्था को धक्का देने या बाहर खींचने का कोई बड़ा प्रयास नहीं किया गया। जो भी कोशिश की गई, वह किनारे पर महज व्यक्तिगत कोशिश का परिणाम थी, न कि संस्थागत सहमति का।

जुलाई 1979 तक जनता पार्टी सरकार अपने कई आंतरिक अंतर्विरोधों के कारण गिर गई और कांग्रेस द्वारा स्थापित भाड़ा एवं लीज (Rent and Lease) का दौर शुरू हुआ। चौ.

चरण सिंह के नेतृत्व में बनी सरकार कुछ हफ्तों से ज्यादा नहीं चली। अर्थव्यवस्था फिर एक अन्य संकट के मुहाने पर थी। सन् 1979 में भयंकर अकाल, अंधाधुंध फिजूलखर्ची और कच्चे तेल की कीमतों में वृद्धि—इन तमाम कारकों के संयोग ने मुद्रास्फीति और घाटे को बढ़ाया। थोक मूल्यों में सन् 1979 में अविश्वसनीय 17 प्रतिशत की और 1980 में 18 प्रतिशत की बढ़ोतरी हुई। भारत के आयातों के विशाल भाग का उपलब्ध विदेशी मुद्रा भंडार से भुगतान नहीं किया जा सका। देश अंतरराष्ट्रीय बहुपक्षीय ऋणदाता संस्थानों के दरवाजे फिर खड़ा हो गया।

राजीव गांधी के वर्ष

वर्ष 1980 के आम चुनावों की ओर अग्रसर होते हुए इंदिरा गांधी ने सत्तारूढ़ चिथड़े गठबंधन पर घोर आर्थिक कुप्रबंधन का आरोप लगाया। लोग बिखरती हुई पार्टियों से तंग आ चुके थे। उन्होंने इंदिरा को फिर से सत्ता सौंप दी। वर्ष 1980 की शुरुआत में इंदिरा गांधी ने अपने वित्त मंत्री आर. वेंकटरमण के नेतृत्व में टीम को अंतरराष्ट्रीय मुद्रा कोष से बातचीत करने के लिए भेजा। भारत ने 53 करोड़ डॉलर विशेष निकासी अधिकारों के तहत और 26.6 करोड़ डॉलर क्षतिपूर्ति वित्तीय सुविधा के तहत हासिल किए। इंदिरा गांधी को इस बात का एहसास था कि यदि उन्होंने बहुपक्षीय संस्थानों की शर्तें मानीं तो इससे विपक्ष को आलोचना करने का मौका मिल जाएगा। लिहाजा अंतरराष्ट्रीय मुद्रा कोष कोई शर्त लादे, इससे पूर्व ही उन्होंने एक कड़ा बजट पारित करवा दिया, जिसने टैक्स बढ़ा दिया और कच्चा तेल, बिजली एवं खाद की कीमतें बढ़ा दीं। नवंबर 1981 में भारत ने आई.एम.एफ. से 5 अरब डॉलर का ऋण हासिल किया। वर्ष 1980 के संकट ने बढ़ते क्रम में आयात खोलने के लिए बाध्य किया; लेकिन अर्थव्यवस्था का प्रबंध करने के नए तरीकों पर कोई बड़ा पुनर्विचार नहीं किया गया। यदि निर्यात बढ़ाने और विदेशी मुद्रा अर्जित करने की भारत की क्षमता पर विचार व्यक्त भी किए गए तो ये बॉम्बे हाई में तेल की खोज के सुख-बोध में डूब गए। भारत ने 5 अरब डॉलर की मंजूर राशि में से 3.9 अरब डॉलर प्राप्त किए थे कि उसने वाकई इस ऋण कार्यक्रम को समाप्त कर दिया, क्योंकि अपतटीय तेल प्लेटफॉर्म सागर सम्राट् चालू हो गया था और भारत को अपना तेल मिलने लगा था। इससे विदेशी मुद्रा की निकासी में कटौती हो गई।

इंदिरा गांधी पंजाब में राजनीतिक उथल-पुथल से निपटने में मशगूल थीं, इसलिए अर्थव्यवस्था की पुनर्रचना की न तो प्राथमिकता थी और न बाध्यता। फिर आर्थिक संकट भी गुजर गया था। बढ़ते उग्रवाद का सामना करने के लिए उन्होंने सेना को तैनात किया और यहाँ तक कि आतंकवादियों को खदेड़ने के लिए अमृतसर में स्वर्ण मंदिर में सैन्य कार्रवाई का भी आदेश दिया। इस कार्रवाई की हिंसक प्रतिक्रिया हुई और इंदिरा गांधी के

अपने ही सुरक्षा गार्डों ने 31 अक्तूबर, 1984 को उनकी हत्या कर दी। उनके पुत्र राजीव गांधी ने बागडोर सँभाली और तुरंत ही आम चुनाव कराने का फैसला किया, जिसमें सहानुभूति की व्यापक लहर पर सवार कांग्रेस ने 408 सीटें जीतीं।

जब राजीव गांधी सत्ता में आए तो उन्हें उत्तराधिकार में स्वस्थ अर्थव्यवस्था मिली। निम्न मुद्रास्फीति, चालू खाता आधिक्य, बढ़ती हुई जी.डी.पी. विकास दरें। अर्थव्यवस्था को सुधारने, मुक्त करने और पुनर्रचना करने की जरूरत के लिए ढेरों रिपोर्टें और बौद्धिक समर्थन थे। इनमें वर्ष 1978 की आयात एवं निर्यात नीतियों पर बनी पी.सी. अलेक्जेंडर समिति की रिपोर्ट, 1978 की नियंत्रण एवं सब्सिडी पर बनी वाडीलाल डागली समिति की रिपोर्ट, 1984 की व्यापार नीति पर बनी आबिद हुसैन समिति की रिपोर्ट और 1985 की औद्योगिक लाइसेंस देने पर बनी नरसिम्हम समिति की रिपोर्ट शामिल थीं। दरअसल, नरसिम्हम रिपोर्ट ने लाइसेंस राज की अधिरचना को व्यावहारिक रूप से खत्म करने की सिफारिश की। इसने निष्कर्ष निकाला कि 'लाइसेंस प्रणाली ने हमारी औद्योगिक अर्थव्यवस्था में प्रतियोगी बलों को काम करने से रोकने का काम किया है।'

अपेक्षाकृत स्वस्थ अर्थव्यवस्था के साथ राजीव को परिवर्तन के लिए जनता की चाहत भी उत्तराधिकार में मिली। राजनीति के कारोबारी प्रतिमान को ध्वस्त करने और अर्थव्यवस्था के राजनीतिक नियंत्रण को समाप्त करने का यह उनके लिए एकदम उचित अवसर था। राजीव गांधी ने अपनी पार्टी के हितों और इसके कारोबारी मॉडल के बेमेल जोड़ को पहचाना। उन्होंने समझा कि सन् 1980 में उनकी माँ की जीत जनता ब्रिगेड की घालमेल राजनीति के खिलाफ वोट थी और 1984 में जीत वस्तुतः कांग्रेस की लोकप्रियता को प्रतिबिंबित नहीं करती थी। यह जीत अपार सहानुभूति का परिणाम थी। उनके लिए कारण स्पष्ट थे—पार्टी ने लोगों की सेवा करना बंद कर दिया था और आर्थिक प्रबंधन के मौजूदा मॉडल का निहित स्वार्थों द्वारा अपहरण कर लिया गया था और इसीलिए यह जन-सेवा करने अर्थव्यवस्था में विकास करने में असमर्थ था।

दिसंबर 1985 के बंबई में कांग्रेस के शताब्दी सत्र में दिए अपने प्रसिद्ध भाषण में उन्होंने बड़े कारोबारों और राजनीतिज्ञों के बीच कुख्यात गठजोड़ के बारे में कहा और अपनी पार्टी के अंदर सत्ता के दलालों और उनके बाहरी लाभान्वितों का सामना करने का फैसला किया। उन्होंने कहा कि कारोबार की राष्ट्रवाद और सामाजिक रूप से प्रासंगिक मौलिक परिवर्तनवाद की शानदार धरोहर रही है। बहरहाल, आगे उन्होंने कहा कि बड़े कारोबार करोड़ों लोगों की चिंताओं से आँखें मूँदे हुए हैं। ''वे राष्ट्रीय संपदा के सृजन के लिए तनिक भी चिंता नहीं करते हैं। वे सिर्फ इसमें बड़े-से-बड़ा हिस्सा चाहते हैं। अगर कोई सही झंडे के नीचे आगे बढ़ता है तो कुछ भी अवैध नहीं माना जाता है। जिम्मेदारी के बगैर शक्ति या सत्ता, कर्तव्यों के बगैर अधिकार उनके विशेषाधिकार बन गए हैं। ऐसी

पथरीली मिट्टी से क्या उत्पादकता होगी? हम यह न भूलें कि अक्षम उद्योग को सब्सिडी प्रदान करने के लिए गरीबों और बेरोजगारों को अपने विकास कार्यक्रमों को न्योछावर करना पड़ता है।''

सत्ता के दलालों पर निशाना साधते हुए उन्होंने टिप्पणी की, ''देश भर में करोड़ों आम कांग्रेस कार्यकर्ता कांग्रेस की नीतियों और कार्यक्रमों को लेकर उत्साह से भरे हुए हैं। लेकिन वे पंगु हैं, क्योंकि उनकी पीठ पर सत्ता और रसूख के दलाल चढ़े हुए हैं, जो एक जन-आंदोलन को एक सामंती कुलीन तंत्र में तब्दील करने के लिए संरक्षण प्रदान करते हैं। वे स्वत: कायम रहनेवाले गुट हैं, जो जाति और धर्म का नारा देकर फलते-फूलते हैं। वे इसके लिए धन-लोलुपता के अपने जाल में कांग्रेस के जीवंत शरीर को फँसाते हैं।'' उनका भाषण इस बात की मान्यता थी कि कांग्रेस अपनी ही आर्थिक नीति, लाइसेंस-परमिट-कोटा राज द्वारा पोषित निहित स्वार्थों के गठबंधन की कैदी है।

पहला कदम यह था कि पार्टी को फंड देने पर औद्योगिक साम्राज्यों की जकड़न को तोड़ना था। इससे औद्योगिक लॉबी जो दबाव डालती है, उसकी अनदेखी करने में सरकार समर्थ होगी और अर्थव्यवस्था की पुनर्रचना के लिए आवश्यक सुधारों को लागू कर पाएगी। अगर अंदरूनी लोगों पर यकीन किया जाए तो राजनीतिक उपक्रम पूँजी के लिए वैकल्पिक स्रोतों में प्रॉपर्टी के फलते-फूलते क्षेत्र और रक्षा खरीद शामिल थे। इससे पार्टी नीतिगत दुश्वारियों के लिए जिम्मेदार संस्थापित हितों को नजरअंदाज कर पाएगी।

'80 के दशक में यह अनुमान लगाया गया था कि कांग्रेस पार्टी ने अपना वित्तीय स्रोत बदल लिया है। वह अब आंतरिक स्रोत की बजाय बाहर से पैसे जुटा रही है, यानी घरेलू उद्योग की बजाय विदेश में खरीद से वित्तीय व्यवस्था कर रही है। कुछ तो यहाँ तक मानते हैं कि राजीव गांधी ने जब कांग्रेस शताब्दी सत्र में भाषण दिया, तब तक पैसे जुटाने का नया मॉडल अपना स्थान बना चुका था। भाषण में जो साफगोई दिखाई दी, वह नए वित्तीय स्रोत से उपजा भरोसा थी। भारत के पूर्व राष्ट्रपति डॉ. आर. वेंकटरमण ने अपनी आत्मकथा 'माई प्रेसिडेंशियल ईयर्स' में बोफोर्स कांड, जिसमें कथित रूप से कई शक्तिशाली राजनीतिज्ञों को हथियार विक्रेता द्वारा कमीशन दिया गया, पर टिप्पणी करते हुए जे. आर. डी. टाटा द्वारा शिष्टाचार भेंट का जिक्र किया है। टाटा वेंकटरमण को तब से जानते थे, जब वह उद्योग मंत्री और फिर वित्त मंत्री थे। टाटा ने राष्ट्रपति से कहा कि ''कांग्रेस पार्टी द्वारा कमीशन प्राप्त करने से इनकार करना मुश्किल होगा। वह महसूस करते हैं कि सन् 1980 से राजनीतिक चंदे के लिए उद्योगपतियों का दरवाजा खटखटाया नहीं गया है और उनमें आम धारणा है कि पार्टी के लिए पैसा सौदों (विदेशी) पर कमीशन से जुटाया जा रहा है।'' वैसे, वित्तीय स्रोत बदले जाने की कोई स्वतंत्र पुष्टि नहीं है या कोई सबूत नहीं है। बहुत कुछ अनुमान बदलाव की परिस्थिति के इर्द-गिर्द घूमते है,

यह तथ्य कि भारत हथियार खरीद के मामले में सोवियत संघ से परे हुआ है और अब हथियार खरीद में विविधता आई है, यानी अलग-अलग देशों से हथियार खरीद रहा है, यह तथ्य कि उसका रक्षा खर्च बेहद बढ़ गया है और हथियार सौदों में कमीशन लेने के आरोप लगाए जा रहे हैं।

इससे इनकार नहीं किया जा सकता कि राजीव गांधी प्रशासन ने सर्जनात्मक विघटन की प्रक्रिया की शुरुआत की। प्रधानमंत्री के रूप में राजीव गांधी द्वारा कई फैसले लिये गए, जो राजनीति के व्यापार और अर्थशास्त्र की राजनीति दोनों में बदलाव के संकेतक थे। पहला कदम था—अर्थव्यवस्था में आंतरिक या घरेलू प्रतियोगिता लाना और इस तरह जमे हुए उद्यमियों के मुनाफे के लिए चुनौती पेश करना। सरकार ने तीस उद्योगों में लाइसेंस की जरूरत को खत्म कर दिया। एशियाई खेल के संदर्भ में राजीव गांधी ने आयात के अवसर खोल दिए और संयुक्त उपक्रमों की अनुमति दी तथा स्वदेश-विकसित उपभोक्ता इलेक्ट्रॉनिक्स क्षेत्र की स्थापना की नींव डाली। उद्यमियों को सक्षम बनने और अपनी क्षमता का 133 प्रतिशत तक उत्पादन करने की इजाजत दी गई। 20 करोड़ रुपए की संपदावाले समूहों के विस्तार पर पाबंदी लगानेवाले नियमों में छूट दी गई और अब वे 100 करोड़ रुपए तक अपना विस्तार कर सकते थे। इसके साथ ही विदेशी प्रतियोगिता को भी लाया गया। आयात पर पाबंदियों को कम किया गया, विनिर्माण क्षेत्र में नई प्रौद्योगिकी लाने की छूट दी गई। सन् 1985 के बजट में टैक्स दरों में कटौती की गई और तत्कालीन मुख्य आर्थिक सलाहकार बिमल जालान द्वारा तैयार लॉन्ग टर्म फिस्कल पॉलिसी नामक एक श्वेत-पत्र को जारी किया गया, जिसमें नीति में दीर्घकालीन भविष्य-सूचकता का वादा किया गया।

नरमी के बाद सख्ती का दौर आया। अर्थव्यवस्था को खोलने के साथ निगमित क्षेत्र में कर एवं शुल्क चोरी को साफ करने का अभियान चलाया गया। वित्त मंत्री वी.पी. सिंह ने कर दरों में कटौती की शुरुआत की। उन्होंने देश भर में कर चोरों के खिलाफ जोरदार कार्यक्रम चलाया। हर विभाग—आयकर, एक्साइज, कस्टम और प्रवर्तन निदेशालय—को कर चोरों को पकड़ने में लगा दिया गया। यह विभाग विदेशी मुद्रा नियमों के उल्लंघनों की जाँच करता है। जिन पर छापे मारे गए, उनमें कारोबार जगत् के कुछ सबसे बड़े नाम भी शामिल थे। यहाँ तक कि प्रसिद्ध कारोबारी और सम्मानित अस्सी वर्षीय एस.एल. किर्लोस्कर को भी नहीं बख्शा गया। वह मुहिम इतनी तेज थी कि अगस्त 1985 और जनवरी 1986 के बीच अकेले आयकर विभाग ने 3,563 छापे डाले, यानी 20 छापे रोजाना। जल्द ही एक छोटे राजघराने के वंशज वी.पी. सिंह को 'रेड राजा' का उपनाम दे दिया गया।

विविध औद्योगिक क्षेत्रों को खोलना श्रेष्ठ अर्थव्यवस्था थी। कांग्रेस के लिए यह

अच्छी राजनीति भी थी—नए खिलाड़ियों का प्रवेश, सक्षम उद्योगों को प्रोत्साहन और आयात का खोला जाना—इन सब कारकों ने प्रतियोगिता को जन्म दिया और उद्योग को दिया गया संरक्षण कम कर दिया गया। कारोबार और राजनीतिज्ञों के बीच सौदेबाजी की शर्तें होती थीं। उन्हें संस्थापित कारोबार के खिलाफ और कांग्रेस के पक्ष में झुकाया गया। सक्षमता के उद्‍देश्य से लाई गई नीतियाँ जनोन्मुख भी थीं।

अनुमानतः, निहित स्वार्थों के गठबंधन ने सुधारों का गला दबाने के लिए आपस में हाथ मिला लिये। यह उतनी कारोबारी लॉबी नहीं थी, बल्कि राजीव की अपनी पार्टी के अंदर धन के दलाल थे, जिन्होंने कामकाज के तरीके बदल जाने की उनकी मुहिम को रोका। घटनाओं का क्रम जो चला, वह अस्पष्ट है; लेकिन यह तथ्य नकारने योग्य नहीं है। वी.पी. सिंह महत्त्वाकांक्षी हो गए, राजीव के मित्र नर्वस हो गए और साजिश के सिद्धांतकारों ने संदेह के बीज बो दिए, जिससे अंततः विभाजन हो गया।

हॉर्वर्ड प्रोफेसर, राजनीतिज्ञ एवं साजिश के उस्ताद सुब्रह्मण्यम स्वामी याद करते हैं कि उनकी मुलाकात राजीव गांधी से हुई थी और इस बातचीत से उस अविश्वास के बारे में कुछ अंदाज लग सकता है, जो उस वक्त सरकार में घर कर गया था। सितंबर 1986 में, राजीव के पाकिस्तान दौरे से पूर्व, स्वामी ने उनसे मुलाकात की। राजीव ने उस माह आयोजित होनेवाली (सीमा शुल्क एवं व्यापार पर सामान्य समझौता) उरुग्वे वार्त्ता पर भारत के रवैए के बारे में उनसे पूछा। उरुग्वे वार्त्ता विश्व व्यापार संगठन का पूर्व अवतार थी। स्वामी ने उनसे कहा कि वी.पी. सिंह ने अमेरिका के साथ प्रस्तावित गैट (GATT) समझौते के तमाम बिंदुओं पर समर्पण कर दिया है और इसलिए वह अमेरिकी सरकार एवं मीडिया के बीच काफी लोकप्रिय हो गए हैं। दरअसल, अमेरिकियों द्वारा उन्हें अगले प्रधानमंत्री के रूप में पेश किया जा रहा है। स्वामी कहते हैं, ''राजीव गांधी ने जिस तरह से सिर हिलाया, उससे संकेत मिल गया कि सबकुछ ठीक नहीं है।''

नए सुधारों से सर्वाधिक प्रभावित समूहों ने वी.पी. सिंह को चुनौतीकर्ता के रूप में पेश करने की अपनी कोशिश में सफलता पा ली थी तथा वित्त मंत्री एवं प्रधानमंत्री के बीच खाई और अधिक चौड़ी कर दी गई। शीघ्र ही वी.पी. सिंह को वित्त मंत्रालय से चलता कर दिया गया और उन्हें रक्षा मंत्रालय भेज दिया गया। कई कांड सामने आते गए, जिसमें जर्मन निर्माता एच.डी.वर्फ्ट से संदेहास्पद पनडुब्बी सौदा भी शामिल है। गांधी और सिंह के बीच समीकरण बदतर हुआ और इसके राजनीतिक दुष्परिणाम भी हुए। मार्च 1987 तक वी.पी. सिंह को सरकार से बाहर कर दिया गया। उन्होंने स्वीडन से बोफोर्स तोपों की खरीद में भ्रष्टाचार का आरोप लगाकर पलटवार किया।

राजीव गांधी को लोकसभा में अब तक की सर्वाधिक 414 सीटें हासिल हुई थीं, लेकिन अब वह अपना वजूद बचाने के लिए जूझ रहे थे। इस बीच उन्होंने भारतीय

अर्थव्यवस्था की पुनर्रचना की इच्छा ही खो दी। पार्टी के अंदर निहित स्वार्थों का हाथ ऊपर हो गया और राजीव की पहल निष्फल हो गई। यह दरशाता है कि संसद् में बहुमत से अनिवार्यत: बदलाव नहीं आता है।

शुरुआती चेतावनी

मार्च 1989 में आई.एम.एफ. के प्रबंध निदेशक माइकल कैमडेसस ने भारत का दौरा किया और बजट प्रस्तुत किए जाने के शीघ्र बाद उन्होंने प्रधानमंत्री राजीव गांधी से मुलाकात की। इस दौरान मुख्य रूप से आसन्न संकट पर चर्चा हुई और उन्होंने प्रस्ताव रखा कि यदि भारत ढाँचागत सुधार करने के लिए राजी हो जाए तो आई.एम.एफ. मदद दे सकता है। आई.एम.एफ. ने भारत सरकार को भुगतान-संतुलन के संकट के प्रति सतर्क किया और बचाव का रास्ता पेश किया। राजीव गांधी ने इस पेशकश के साथ जुड़ी सदिच्छा को पहचाना; लेकिन उनके सलाहकारों ने उनके समक्ष इस कदम के दूसरे पक्ष को भी सामने रखा कि चुनावों के ऐन पूर्व विदेशी मदद माँगने के राजनीतिक दुष्परिणाम हो सकते हैं। राजीव गांधी ने इस तर्क में दम देखा और सहायता को स्थगित कर दिया। बहरहाल, उन्होंने व्यवस्थित परिवर्तन के विचार को छोड़ा नहीं। सरकार के अंतिम हफ्तों में राजीव गांधी ने विभिन्न प्रकार के लोगों से कहा कि वे भारत की क्षमता, उसकी संभावना को बंधन-मुक्त करने के लिए किसी नीति का मसौदा तैयार करें। जिन लोगों से उन्होंने बात की, उनमें से एक थे, कैबिनेट सचिव बी. जी. देशमुख। उन्होंने देशमुख से कहा कि अगर भारत को इक्कीसवीं सदी में सफलतापूर्वक कदम रखना है तो मौजूदा प्रणालियों को बदलना पड़ेगा। इसके साथ ही, उन्होंने एस. वेंकिटरमणन तथा विजय केलकर से मसौदा तैयार करने को कहा तथा प्रणाली को अवरुद्ध करनेवाली और विकास को धीमा करनेवाली लालफीताशाही की सतहों को साफ करने के रास्ते सुझाए। वेंकिटरमणन उस वक्त वित्त मंत्रालय से हट गए थे और कर्नाटक सरकार के सलाहकार बन गए थे तथा विजय केलकर औद्योगिक लागतों एवं कीमतों के ब्यूरो के प्रमुख थे। यह निकाय लागतों, कीमतों और औद्योगिक सक्षमता पर सरकार को परामर्श देने का काम करता है। देशमुख ने मोंटेक सिंह अहलूवालिया से इस पर काम करने को कहा। अहलूवालिया उस वक्त प्रधानमंत्री कार्यालय में थे। वह याद करते हैं कि उन्होंने "कुछ विशद विचारों को एक साथ रखा, जिसमें कुछ क्षेत्रों को खोलना, भौतिक नियंत्रणों को समाप्त करना मुद्रा को अपेक्षाकृत स्वतंत्र करना जैसे कदम शामिल थे, जिससे आगे और सुधार हों।"

अर्थव्यवस्था में संकट बदतर होता जा रहा था। 17 जुलाई, 1989 को आई.एम.एफ. की बोर्ड मीटिंग में भारत को फिर संदेश दिया गया। कार्यकारी निदेशक के. यामाजाकी ने भारत को आगाह किया कि वह 'बिगड़ती बाहरी स्थिति और उच्च गरीबी स्तर' का

सामना कर रहा है और इससे निपटने के लिए दूरगामी ढाँचागत सुधार की जरूरत है। उन्होंने सलाह दी कि भारत सरकारी आरक्षित कोष के निम्न स्तर की निगरानी सावधानी पूर्वक करे। वर्ष 1980-81 और 1990-91 के बीच भारत ने अपने साधनों से बढ़-चढ़कर खर्च किया। केंद्रीय सरकार का कुल घाटा कमाई से बढ़कर खर्च—जी.डी.पी. के 5.4 प्रतिशत से बढ़कर 8.4 प्रतिशत हो गया। कुल खर्च का करीब 20 प्रतिशत हिस्सा ब्याज भरने और ऋण भुगतान में ही स्वाहा हो गया।

देश की वित्तीय हालत भले ही गंभीर स्थिति में हो, लेकिन हर चीज को इंतजार करना होता है; क्योंकि राजनीतिक मोरचे पर भारी उथल-पुथल हो रही थी। राजीव गांधी सरकार अपने अंतिम चरणों में थी। भ्रष्टाचार के खिलाफ विश्वनाथ प्रताप सिंह का आंदोलन चरम सीमा पर पहुँच रहा था। शुरू में वह अकेले योद्धा थे, लेकिन बाद में अरुण नेहरू, जो कभी कॉरपोरेट सेक्टर का हिस्सा थे और गांधी परिवार के निर्वाचन क्षेत्र रायबरेली से चुनाव जीतने के बाद राजनीति में शामिल हुए थे, उनके साथ हो लिये। विश्वनाथ प्रताप सिंह हमेशा से ही एक अव्वल राजनेता रहे थे। उन्होंने रामकृष्ण हेगड़े, चंद्रशेखर, अजित सिंह, देवीलाल और कई अन्यों को मनाया और उन्हें राजीव गांधी का विरोध करने की मुहिम में शामिल कर लिया। शीघ्र ही वी.पी. सिंह के जन मोर्चा का जनता पार्टी के घटकों और देवीलाल के नेतृत्व में लोक दल से विलय हो गया और नए संगठन का नाम 'जनता दल' रखा गया।

चुनावों की घोषणा 17 अक्तूबर, 1989 को की गई और जल्द ही कभी मित्र रहे नेताओं के बीच तीखी लड़ाई छिड़ गई। जनता दल विभिन्न पार्टियों का घालमेल था और वे पार्टियाँ सिर्फ कांग्रेस के प्रति नफरत के कारण एक साथ आई थीं। बहरहाल, इससे फर्क नहीं पड़ा। जन-भावना कांग्रेस के खिलाफ थी। जब परिणामों की घोषणा हुई तो पता चला कि कांग्रेस ने 197 सीटें और जनता दल ने 143 सीटें जीती थीं। कांग्रेस को 30.53 प्रतिशत वोट मिले थे, जबकि जनता दल को महज 17.79 प्रतिशत वोट मिले थे। राजीव गांधी और कांग्रेस को पराजित कर दिया गया था, लेकिन सरकार बन पाने की सूरत नहीं थी।

जनता दल के पास आवश्यक संख्या नहीं थी; लेकिन अनूठे ढंग से वामपंथी दलों और दक्षिणपंथी भारतीय जनता पार्टी ने नवगठित राष्ट्रीय मोर्चा का समर्थन करने का फैसला किया। वामपंथी दलों के पास 48 सीटें थीं, जबकि भाजपा ने 85 सीटें जीती थीं। भारत के इतिहास में यह संभवत: एकमात्र समय था, जब एक सरकार का समर्थन वामपंथ और दक्षिणपंथ—दोनों ही ध्रुवों ने किया। शीर्ष पद की लड़ाई खत्म नहीं हुई थी। वी.पी. सिंह और चंद्रशेखर दोनों ही प्रधानमंत्री पद के दावेदार थे। वी.पी. सिंह ने अपने पत्ते चतुराई से खेलते हुए पहले प्रधानमंत्री पद के लिए देवीलाल को मनोनीत किया। मगर देवीलाल

ने यह कहते हुए इनकार कर दिया कि वह राष्ट्रीय मोर्चा के 'ताऊ' बने रहना चाहेंगे और उन्होंने बदले में वी.पी. सिंह का नाम आगे बढ़ा दिया। इस तरह चंद्रशेखर का रास्ता रोक दिया गया।

2 दिसंबर, 1989 को वी.पी. सिंह को भारत के सातवें प्रधानमंत्री के रूप में शपथ दिलाई गई। एक पूर्व वित्त मंत्री होने के नाते वी.पी. सिंह अपनी संख्या और अपनी राजनीति को भलीभाँति जानते थे। 3 दिसंबर को राष्ट्रीय टेलीविजन पर राष्ट्र के नाम अपने पहले संबोधन में उन्होंने घोषणा की, "सरकार का खजाना खाली है। हमारे दिलों में आग धधक रही है। धरती रक्तरंजित है और ऊँची कीमतों ने मानव जीवन को सस्ता बना दिया है।" उन्होंने सच्चाई का बखान भावुकतापूर्ण ढंग से किया और अपने भाषण से काफी लोकप्रियता बटोरी।

भाषण के समर्थन में कटु प्रमाण तब पेश किया गया, जब वित्त मंत्री मधु दंडवते द्वारा 19 मार्च, 1990 को वर्ष 1990-91 का बजट प्रस्तुत किया गया। पिछली सरकार ने जो वित्तीय घाटा दरशाया था, वह दोगुना हो गया था। डॉलर कोष वर्ष 1985 में जितना था, वह अब आधा रह गया था; क्योंकि घरेलू उपयोग का भुगतान करने के लिए सरकार ने भारी मात्रा में डॉलर ऋण लिया था। दंडवते ने चेतावनी दी कि इस रास्ते पर चलते रहने से 'मुश्किल से जीती गई आर्थिक आजादी के गिरवी रखे जाने का खतरा है।' वैसे उन्होंने अपनी ही चेतावनी की अनसुनी कर दी।

दंडवते एक अति संयमी और घरेलू समाजवादी थे, जबकि विश्वनाथ प्रताप सिंह ने वर्ष 1986 में टैक्स सुधारों के पहले खंड की शुरुआत की थी। वे दोनों मिलकर आर्थिक दशा व दिशा सुधारने के लिए कदम उठा सकते थे। लेकिन वर्ष 1990 के बजट ने असली चिंताओं के प्रति महज जुबानी जमा-खर्च किया और अट्ठाईस पृष्ठों में फैले 13,500 शब्दों के बजट भाषण में ऐसा कुछ भी नहीं था, जिससे पथ-परिवर्तन का संकेत मिलता हो। इसके विपरीत, दंडवते ने किसानों के लिए कर्ज माफी की घोषणा कर संकट को और गहरा दिया। उनके इस एक कदम से सरकारी खजाने को 10,000 करोड़ रुपए की अतिरिक्त चपत लग गई। अर्थशास्त्रियों का अनुमान है कि इससे जी.डी. पी. के विकास को करीब 1 प्रतिशत का नुकसान हो गया। न तो वाम दलों ने, न ही भाजपा ने इस फिजूलखर्ची का विरोध किया, जो इस खंडित गठबंधन के लिए बैसाखी बनी हुई थीं। राजीव गांधी के नेतृत्व में मुख्य विपक्षी पार्टी कांग्रेस ने भी इसपर आपत्ति नहीं जताई। इस खामोशी के कारण स्पष्ट थे—कोई भी पार्टी रैयत वर्ग का कोपभाजन नहीं बनना चाहती थी।

वी.पी. सिंह ने वित्त मंत्री रहते हुए सन् 1985 में बड़े सुधारों की शुरुआत की थी, लिहाजा उनसे सहज रूप से अपेक्षाएँ ऊँची थीं। बहरहाल, वर्ष 1989 में परिस्थितियाँ

एकदम भिन्न थीं। राष्ट्रीय मोर्चा की सरकार अपने अस्तित्व के लिए उन दलों के बाहरी समर्थन पर निर्भर थी, जो उसे महज तब तक के लिए एक सुविधा, एक अस्थायी पड़ाव मानते थे, जब तक उनकी अपनी योजनाएँ फलीभूत न हो जाएँ। ऐसे में प्रयोग करने एवं क्रांतिकारी बदलाव के लिए जगह नहीं थी।

जब वी.पी. सिंह सरकार सत्ता में आई तो बड़ी संख्या में राजीव गांधी समर्थक अधिकारियों को बाहर कर दिया गया और अपने निष्ठावान् अधिकारियों को लाया गया। मोंटेक सिंह अहलूवालिया हालाँकि राजीव गांधी के करीबी के रूप में जाने जाते थे, लेकिन वह किसी तरह बच गए और पी.एम.ओ. में विशेष सचिव के रूप में बने रहे। मलेशिया के अपने दौरे में सिंह ने देखा कि कैसे एक छोटे से देश ने अपने आकार और अन्य कमियों के बावजूद तरक्की की है। इस पर चर्चा ने अहलूवालिया को यह जिक्र करने का मौका प्रदान किया कि उन्होंने राजीव गांधी के कहने पर एक रिपोर्ट तैयार की थी। सिंह ने उस रिपोर्ट की प्रस्तुति के लिए कहा और दिलचस्पी से उनकी बातें सुनीं; लेकिन उनकी कोर टीम ने उसे अस्वीकृत कर दिया। एक वरिष्ठ अधिकारी ने प्रधानमंत्री से कहा, ''हम इस तरह के उदारीकरण की इजाजत हरगिज नहीं दे सकते हैं। रुपयों का अभाव है। लोग महिलाओं के लिए जुराबें जैसी फालतू चीजें उत्पादित करने के वास्ते इकाइयाँ लगा लेंगे।''

वी.पी. सिंह ने वेंकिटरमणन और केलकर के विचारों को भी किनारे कर दिया और राजीव गांधी की सरकार ने जिस समिति का प्रस्ताव रखा था, वह अस्तित्व में आए बिना ही भंग कर दी गई। वर्ष 1985 के सुधारक वी.पी. सिंह ने अपना रुख बदला था या नहीं, यह विवाद का विषय है। एक बात निश्चित है—उनके द्वारा लिये गए निर्णय सिर्फ राजनीति से प्रेरित थे। बदलाव के विचार और इसे आगे बढ़ाने के लिए बनी समितियों को पिछली सरकार से जोड़कर देखा गया। वेंकिटरमणन, अहलूवालिया और टीम को राजीव गांधी सरकार के साथ पहचाना गया और वी.पी. सिंह उस किसी भी विचार या मसौदे को स्वीकार करने के इच्छुक नहीं थे, जिसे उनकी सरकार द्वारा विस्थापित पिछली सरकार ने तैयार किया था या उसकी परिकल्पना की थी। वी.पी. सिंह को प्रभावित करने में उन अधिकारियों के एक समूह का हाथ रहा, जो ऐसे किसी भी विचार को हाथ लगाने को तैयार नहीं था, जो कथित रूप से 'बोफोर्स क्लब' से आया हो।

बहरहाल, इस बात का एहसास था कि मौजूदा व्यवस्था को निहित स्वार्थों द्वारा अगवा कर लिया गया है और यह परिणाम नहीं दे रहा है। युवा राजनीतिज्ञ, जिनका भविष्य में दाँव लगा था और जो राजनीतिक बंधन से मुक्त थे, सुधार (आर्थिक) की वकालत करने के इच्छुक थे। उनमें से एक थे—अजित सिंह, जो वी.पी. सिंह के नेतृत्ववाली राष्ट्रीय मोर्चा सरकार में उद्योग मंत्री थे। अजित सिंह जाट नेता चौधरी चरण सिंह के सुपुत्र थे। चरण

सिंह किसानों के बीच काफी प्रसिद्ध थे और उन्होंने लोकदल की स्थापना की थी। अजित सिंह ने आई.बी.एम. में अपनी नौकरी छोड़ दी थी और अपने पिता की धरोहर को सँभालने घर लौट आए थे। राजीव गांधी की तरह अजित सिंह ने भी प्रणाली को विस्मयकारी पाया और कॉरपोरेट संस्कृति से आने के बाद उन्होंने समझा कि लालफीताशाही की परतें गति और विकास को कुंद करती हैं। उन्होंने यह भी समझा कि लाइसेंस-परमिट-कोटा राज कांग्रेसी राजनीति का कारोबारी मॉडल है।

अपने मंत्रालय का कार्यभार सँभालने के कुछ ही दिनों के अंदर अजित सिंह ने अमरनाथ वर्मा और राकेश मोहन के नेतृत्व में एक टीम बनाई। अमरनाथ वर्मा उस वक्त वाणिज्य एवं उद्योग मंत्रालय में सचिव थे और राकेश मोहन मुख्य आर्थिक सलाहकार थे। इस टीम को लाइसेंस-परमिट-कोटा राज समाप्त करने के लिए व्यापक नीति का प्रथम मसौदा तैयार करने का जिम्मा सौंपा गया।

दिलचस्प बात है कि यह ऐसा प्रोजेक्ट नहीं था, जिसे गोपनीयता और चोरी-चोरी आगे बढ़ाया गया। अजित सिंह ने अर्थशास्त्रियों, उद्यमियों और उद्योग संगठनों के साथ कई बैठकें कीं, ताकि उनके विचार जाने जा सकें। अजित सिंह याद करते हैं कि नई औद्योगिक नीति पर उनकी प्रधानमंत्री के साथ कई बार चर्चाएँ हुईं; मगर उनके बॉस ने न तो कोई राय जाहिर की और न ही कोई आश्वासन दिया। मसौदे को 1 जून, 1990 को जारी किया गया और उसे तत्परता से समेटकर ठंडे-बस्ते में डाल दिया गया। सरकार अपने अस्तित्व के लिए वामपंथी दलों और भाजपा पर निर्भर करती थी। न तो वामदलों ने और न ही भाजपा ने एक अल्पमत सरकार को ऐसे अहम सुधार करने की इजाजत दी। वामपंथी दल राज्य (सरकार) द्वारा और ज्यादा नियंत्रण के पक्ष में थे, जबकि भाजपा स्वदेशी दर्शन में अपनी निष्ठा जता रही थी। अजित सिंह ने औद्योगिक नीति पर संसद् में चर्चा कराने के लिए जोरदार प्रयास किए, लेकिन कामयाब नहीं हो सके।

बहरहाल, घटनाओं ने एक दिलचस्प मोड़ लिया। जिस विचार को दिल्ली में नामंजूर कर दिया गया, उसे वॉशिंगटन में वैधता प्रदान की गई। आई.एम.एफ. बोर्ड की 13 जून, 1990 को हुई बैठक में उसे भारत के सुधार एजेंडा के मुख्य बिंदु के तौर पर प्रस्तुत किया गया। उस बात का जिक्र आई.एम.एफ. बैठक की कार्यवाही में किया गया है। उस बैठक में भारत का प्रतिनिधित्व कार्यकारी निदेशक गोपी अरोड़ा ने किया। इस विचार को अपनाया गया और जो लोग अर्थव्यवस्था का प्रबंधन करते थे, उन्होंने इसे आई.एम.एफ. के समक्ष वचन-पत्र के रूप में प्रस्तुत किया। इस मसौदे को राज्यसभा में एक श्वेत-पत्र के रूप में पेश किया गया। इसमें जिन सुधारों का उल्लेख किया गया था, उसमें विदेशी भागीदारी सीमा को समाप्त करना, स्वयमेव लाइसेंस मिलना, बिजली जैसे आधारभूत प्रोजेक्टों के लिए निर्माण-संचालन-हस्तांतरण, प्रणाली को लाना और विदेशों

में कार्यालय स्थापित करने की इजाजत देने जैसे कदम शामिल थे।

वर्मा और मोहन द्वारा लिखा गया मसौदा क्रांति लाने का पहला प्रयास था, जिसकी प्रतीक्षा की जा रही थी। अजित सिंह टीम के उत्साह को और टीम की उत्तेजना को याद करते हैं; क्योंकि यह विचार एक ऐसे शासन के तहत आया था, जो अन्यथा पहचान की राजनीति से जूझ रहा था। "पी. वी. नरसिम्हा राव द्वारा सन् 1991 में अनावरित की गई औद्योगिक नीति का यह प्रभावी रूप से प्रथम मसौदा था। हमने इसे भिन्न रूप में क्रमांकित किया था। हमने उदारीकरण लाने के पहले नियामक प्रणालियों को स्थापित करने की योजना बनाई थी। राव सरकार जब सत्ता में आई, तब अर्थव्यवस्था गहरे संकट में थी और कई बातें छोड़ दी गई थीं, जिसका नतीजा घोटालों के दशक के रूप में सामने आया।" क्या वी.पी. सिंह ने मसौदे के विचार का पक्ष लिया था? अजित सिंह बताते हैं, "वह न तो इसके पक्ष में थे और न ही खिलाफ; लेकिन वह जानते थे कि यह मेरे एजेंडे में है।" सितंबर 1990 में अजित सिंह ने एक बार फिर अंतिम रूप से तैयार किए गए मसौदे को संसद् में प्रस्तुत करने की इच्छा जताई; लेकिन भाजपा, वामदल और चंद्रशेखर द्वारा इस पर पानी फेर दिया गया।

यह मायने नहीं रखता था कि मौजूदा आर्थिक मॉडल ढह रहा था। यह मायने नहीं रखता था कि देश को दिवालियापन की ओर धकेला जा रहा था। यह मायने नहीं रखता था कि दुनिया बदल रही थी और भारत पीछे छूटता जा रहा था। यह मायने नहीं रखता था कि चीनियों तक ने सन् 1978 से ही मार्क्सवाद में अपने विश्वास से हटना शुरू कर दिया था और आधुनिकतावाद की ओर बढ़ना शुरू कर दिया था। निरंतर गरीबी और निम्न विकास का सामना करने पर चीनी सुधारवादी नेता देंग जियाओपिंग ने अर्थव्यवस्था को खोल दिया था; क्योंकि उनका सिद्धांत था कि "यह तब तक कोई मायने नहीं रखता कि बिल्ली किस रंग की है, जब तक कि वह चूहे पकड़ती है।" यह मायने नहीं रखता था कि वर्ष 1989 के अंत तक बर्लिन की दीवार गिर गई थी। यह मायने नहीं रखता था कि शीत युद्ध की समाप्ति के साथ ही गुटनिरपेक्षता से आर्थिक लाभ हासिल करने की राजनीतिक चाल का समय पूरा हो गया था। आसन्न संकट, वित्तीय ढाँचे पर दबाव, पड़ोस की बदलती भू-राजनीति और एकध्रुवीय विचारधारा की उभरती काली छाया में तमाम बातें राजनीतिक स्वार्थ द्वारा दबा दी गईं।

'90 के दशक की शुरुआत में वी.पी. सिंह सरकार के अंतर्निहित विरोधाभास उभरने लगे। और जैसे ही अंतर्विरोध ने गति पकड़ी, सरकार चरमराने लगी। अवश्यंभावी अंत को रोकने के प्रयास के तहत वी.पी. सिंह द्वारा पिछड़ी जातियों के लिए मंडल आयोग द्वारा आरक्षण की सिफारिशों को लागू करने की योजना सामने लाई गई। उनका प्रयास था कि भाजपा के समर्थन आधार को खंडित करने के लिए जातीय राजनीति का इस्तेमाल

किया जाए, क्योंकि भाजपा अयोध्या में राम मंदिर के लिए अभियान चलाकर हिंदू वोटों को पक्का करने में लगी हुई थी। 'मंडल' और 'कमंडल' के बीच इस तरह देश को ग्रास बनाया जा रहा था। अक्तूबर 1990 में राम मंदिर के लिए आंदोलन के रथयात्री लालकृष्ण आडवाणी को बिहार में अपनी रथ यात्रा के दौरान वी.पी. सिंह के अनुयायी लालू प्रसाद यादव की सरकार द्वारा गिरफ्तार कर लिया गया। भाजपा को आभास हो गया था कि वह सत्ता के लिए जोर लगा सकती है और वह इंतजार कर रही थी कि वी.पी. सिंह सरकार उसे कोई कारण या बहाना दे। आडवाणी की गिरफ्तारी ने वह कारण दे दिया। भाजपा ने अपना समर्थन वापस ले लिया और वी.पी. सरकार गिर गई। इसके बाद चंद्रशेखर के नेतृत्व में कांग्रेस के समर्थन से 10 नवंबर, 1990 को नई सरकार ने बागडोर सँभाली।

वी.पी. सिंह सरकार के गिराए जाने के काफी पहले चंद्रशेखर सरकार की योजना बनाई जा चुकी थी। एक तरह से कहें तो चंद्रशेखर सरकार की परिकल्पना तभी कर ली गई थी, जब वी.पी. सिंह ने देवी लाल के सहयोग से प्रधानमंत्री पद के लिए चंद्रशेखर को मात दे दी थी। उसी दिन यह स्पष्ट हो गया था कि वी.पी. सिंह सरकार ढह जाएगी। सुब्रह्मण्यम स्वामी राज खोलते हुए बताते हैं कि "सितंबर 1990 में किसी समय उन्होंने राजीव गांधी को यकीन दिला दिया था कि यदि कांग्रेस चंद्रशेखर को प्रधानमंत्री के रूप में समर्थन देने के लिए राजी हो जाए तो 50 से ज्यादा सांसद जनता दल से टूटकर निकल सकते हैं।" स्वामी दावा करते हैं कि "राजीव गांधी चंद्रशेखर को लेकर सहज नहीं थे। उन्होंने सुझाव दिया कि मैं प्रधानमंत्री बन जाऊँ; लेकिन मैंने इनकार कर दिया।"

अंततः, जैसा कि घटनाक्रम चला, बातचीत के लिए कोई जगह नहीं बची थी। अक्तूबर तक वी.पी. सिंह सरकार की उलटी गिनती शुरू हो गई थी। लेकिन कांग्रेस चुनावों के लिए तैयार नहीं थी और वह अगली सरकार भी बनाने की इच्छुक नहीं थी। वह एक अस्थायी व्यवस्था की तलाश में थी और स्वामी द्वारा सुझाई गई व्यवस्था उसे अनुकूल लग रही थी। आडवाणी की गिरफ्तारी से घटनाओं का सिलसिला शुरू हो गया, जो राजीव गांधी द्वारा चंद्रशेखर को प्रधानमंत्री के रूप में स्वीकार करने के साथ समाप्त हुआ।

शीर्ष बिंदु

नई सरकार जब सत्ता में आई, तब सन् 1990 में कुवैत पर इराक द्वारा आक्रमण कर दिया गया था। परिणामस्वरूप भारत का तेल आयात बिल काफी बढ़ गया, जिससे विदेशी मुद्रा भंडार एक बार फिर खतरनाक स्तर तक नीचे आ गया। सत्ता सँभालने के शीघ्र बाद नवंबर 1990 के तीसरे हफ्ते में चंद्रशेखर ने एक व्यापारी कमल मोरारका और पी.एम.ओ. में एक मंत्री से कहा कि देश के शीर्ष उद्योगपतियों के साथ बैठक की व्यवस्था

करें। उस बैठक में वित्त मंत्री यशवंत सिन्हा और मनमोहन सिंह भी मौजूद थे।

नए प्रधानमंत्री ने रेस कोर्स रोड में अपने अतिथियों से दो टूक और नरम तरीके से कहा कि भारत गहरी मुसीबत में है। बहरहाल, इस बैठक का मकसद यदि जटिल समस्या का समाधान खोजना था तो प्रधानमंत्री निराश हुए। सैद्धांतिक रूप से यह समूह सर्वाधिक अनुकूल स्थिति में था कि वह वैसे ही आर्थिक सुधारों और उदारीकरण की तरफदारी करें, जिसने सिंगापुर, ताइवान, दक्षिण कोरिया और मलेशिया—एशियाई टाइगर्स—को सफलता दिलाई थी। इन छोटे देशों ने अपनी अर्थव्यवस्था को खोला था, प्रौद्योगिकी को अपनाया था, निवेश को स्वीकार किया था और उच्च विकास दर हासिल की थी। वे '60 और '70 के दशक में अग्रणी अर्थशास्त्रियों टी.एन. श्रीनिवासन और जगदीश भगवती की उन मोटी कृतियों से भी अवश्य परिचित होंगे, जिनमें बार-बार 'नियोजित आर्थिक मॉडल' को विफल व्यवस्था के रूप में स्थापित किया गया था। वे लाइसेंस-परमिट-कोटा राज को खत्म करने के लिए सामूहिक रूप से आवाज उठा सकते थे और निवेश व विकास बढ़ाने के लिए अर्थव्यवस्था को खोलने के लिए दबाव डाल सकते थे। लेकिन वे ऐसा नहीं चाहते थे। एक स्थापित व्यवस्था से काम निकालने में वे पारंगत हो गए थे। वे उस व्यवस्था में विघ्न नहीं पैदा करना चाहते थे। उद्यमी यथास्थिति का उतना ही हिस्सा थे, जितना कि राजनीतिक शासन।

इससे यह स्पष्ट होता है कि देश के सामने सबसे बड़े संकट के होने पर भी क्यों एजेंडे में बदलाव नहीं था। जब चंद्रशेखर ने उपस्थित कारोबारियों से संकट का संभावित समाधान पूछा तो उनके जवाब किसी बदलाव से नहीं, बल्कि अपने अस्तित्व के बचाव से प्रभावित थे। चंद्रशेखर एक मँजे हुए प्रेक्षक थे। उन्हें पता था कि चीजें कैसे काम करती हैं। उन्हें किसी रचनात्मक विघटन के लिए ब्लूप्रिंट की जरूरत नहीं थी। वह उनसे बेहतर जानते थे। उन्हें कोई अपेक्षा नहीं थी, इसके बावजूद उन्होंने भारत में प्रशासन के एक आवश्यक अंग के तौर पर परामर्श करने की औपचारिकता निभाई।

कुछ दिनों बाद वित्त मंत्री यशवंत सिन्हा ने आपदा को टालने के लिए कदम उठाने शुरू किए। विदेशी मुद्रा भंडार 1 अरब डॉलर से भी कम रह गया था। दिवालिया होने का खतरा मँडरा रहा था। सिन्हा ने रिजर्व बैंक से कहा कि वह विदेशी मुद्रा के लेन-देन पर दिन-रात नजर रखे, ताकि कोई चूक न होने पाए और इंडियन ऑयल जैसे संस्थानों के कारोबार के लिए भुगतान न कर पाने का संकट खड़ा न हो। उन्होंने तमाम मंत्रालयों के खर्चों में 10 प्रतिशत तक की कटौती कर दी। सिन्हा ने शुल्क भी बढ़ा दिए और तमाम सरकारी विभागों पर मितव्ययिता वाले उपाय थोप दिए गए। ये मंदीवाली अर्थव्यवस्था में कठोर कदम थे। लेकिन संकट इतना गंभीर था कि ये कदम उसी तरह थे, जैसे डूबते हुए 'टाइटैनिक' जहाज की डेक पर कुरसियों को फिर से व्यवस्थित किया जाए।

आई.एम.एफ. के पास जाने का दबाव सरकार के अंदर बढ़ता जा रहा था। पूर्व आर.बी.आई. गवर्नर बिमल जालान याद करते हैं कि नियंत्रणों को ढीला करने और आई.एम.एफ. जाने की बात चंद्रशेखर को समझाने के लिए किस कदर प्रयास किया गया। चंद्रशेखर इदिरा गांधी युग से बचकर निकले थे। वह जानते थे कि इस तरह के कदम के क्या राजनीतिक खतरे हैं। यह तथ्य कि जालान द्वारा रखे गए विचारों को पिछली सरकार ने नहीं अपनाया था, प्रधानमंत्री की शंका को और गहरा कर गया। साजिशी सिद्धांतों में डूबे होने के कारण उन्हें शंका हुई कि जालान को वी.पी. सिंह सरकार द्वारा उन्हें नुकसान पहुँचाने के लिए जान-बूझकर छोड़ा गया है। आखिरकार, जालान को सिंह द्वारा ही वित्त सचिव बनाया गया था। जालान के विचारों को ठुकरा दिया गया। लेकिन विडंबना यह रही कि उन्हें प्रोन्नति देकर प्रधानमंत्री की आर्थिक सलाहकार परिषद् का प्रमुख बना दिया गया।

खाड़ी में युद्ध के वैश्विक आर्थिक प्रभाव पड़े और भारत में संकट और गहरा गया। भारत का प्रति माह तेल आयात बिल 28 करोड़ डॉलर से बढ़कर 67.1 करोड़ डॉलर हो गया और रेटिंग एजेंसियों ने भारत की अर्थव्यवस्था को नीचे आँकते हुए अनिश्चित (स्पेकुलेटिव) करार कर दिया। वी.पी. सिंह की पिछली सरकार ने अंतरराष्ट्रीय मुद्रा कोष के पास उपलब्ध आरक्षित रकम 66 करोड़ डॉलर पहले ही ले ली थी और उसका अधिकांश भाग खर्च कर डाला था। अंतरराष्ट्रीय बैंक भारत को अतिरिक्त कर्ज देने में हिचक रहे थे और इस तरह भारत भुगतान-संतुलन संकट के कगार पर खड़ा था। विकल्प स्पष्ट था—भारत या तो दिवालिया हो जाए या आई.एम.एफ. से आपात वित्त देने की गुहार करे।

कोई भी भारतीय सरकार यह कभी स्वीकार नहीं करती है कि वह आई.एम.एफ. या विश्व बैंक से बात कर रही है, जब तक इसे नकारना असंभव न हो जाए। वास्तव में, वी.पी. सिंह के नेतृत्ववाली सरकार ने कभी भी सार्वजनिक रूप से स्वीकार नहीं किया कि उसने आई.एम.एफ. के पास उपलब्ध 66 करोड़ डॉलर ऋण लिया है। चंद्रशेखर सरकार ने भी नकारने की परंपरा जारी रखी; लेकिन वह समझ गई कि उसके पास विकल्प नहीं बचे हैं।

हालाँकि चमत्कार में विश्वास करनेवाले अर्थशास्त्र के संचालकों ने अभी भी माना कि भारत के पास विकल्प हैं और इन्हें चंद्रशेखर के समक्ष प्रस्तुत किया। कुछ सुझाव ऐसे थे, जिनसे घोटाले को आमंत्रण दिया जाना था। उदाहरण के लिए, अनिवासी भारतीय (एन.आर.आई.) चूँकि भारतीय खातों से अपनी जमा राशि निकाल रहे थे, तो कुछेक ने प्रधानमंत्री को ढिठाई से सलाह दी कि आई.एम.एफ. से पैसों के लिए भीख माँगने की जरूरत नहीं है और धनी एन.आर.आई. इस फासले को पाट सकते हैं। वे गिद्ध पूँजीपति

बस, इतना चाहते थे कि भारत सरकार उन्हें एक अधिकृत-पत्र दे दे कि वे भारत सरकार की ओर से विदेश में धन-संग्रह कर रहे हैं। इस विचार में घोटाले के सभी तत्त्व मौजूद थे। यह उस वक्त मौजूद हताशा का ही नतीजा था कि चंद्रशेखर इस विचार के एकदम खिलाफ नहीं थे। सौभाग्य से, उन्हें अच्छी सलाह मिली और उन्होंने अधिकृत-पत्र जारी करने से इनकार कर दिया। अपनी अद्वितीय शैली में उन्होंने अनिवासी भारतीयों से कहा कि क्या यह सही समय नहीं है कि वे बिना किसी गूढ़ अभिप्राय के अपनी मातृभूमि के लिए कुछ करें?

साथ ही कुछ प्रभावशाली नौकरशाहों और चंद्रशेखर के करीबी समूह के सदस्यों ने जोरदार ढंग से यह सुझाव देना शुरू कर दिया कि दिवालिया घोषित होना कोई बुरा विकल्प नहीं है। उन्होंने कुछ लैटिन अमेरिकी देशों का उदाहरण भी दिया, जिन्होंने यह रास्ता अपनाया था। एक और विकल्प सुझाया गया कि एन.आर.आई. के खातों में लेन-देन पर रोक लगा दी जाए, ताकि विदेशी मुद्रा संतुलन बना रहे। भारत वर्ष 1948 से ही प्रायः सहायता एजेंसियों से ऋण लेता रहा था और ऋण भुगतान के मामले में उसका रिकॉर्ड बेदाग रहा था। बहरहाल, इस बार इसकी संभावना काफी ज्यादा थी कि वह ऋण भुगतान नहीं कर पाएगा। वास्तव में, इस बात का काफी खतरा था कि कमजोर धरातल पर बनी सरकार कहीं देश को ऐसी क्षति न पहुँचा दे, जिसकी भरपाई न हो सके। नौकरशाहों के एक समूह ने राष्ट्रपति आर. वेंकटरमण को गलत कार्रवाई के दुष्परिणाम के बारे में अनौपचारिक रूप से बताया। वेंकटरमण जब वित्त मंत्री थे तो उन्होंने सन् 1980 में इसी तरह के संकट का सामना किया था—इसलिए उन्होंने बारीकी से प्रधानमंत्री को इस सामूहिक चिंता से अवगत कराया। यह अच्छी बात रही कि चंद्रशेखर एक ऐसी शख्सियत थे, जो समझते थे कि अपनी बात से न मुकरने का क्या महत्त्व है।

प्रधानमंत्री ने विदेश सचिव मुचकुंद दुबे को वॉशिंगटन भेजा कि वह अमेरिका को जापान और जर्मनी से यह कहने के लिए राजी करें कि वे भारत की मदद करने को आगे आएँ। लेकिन आई.एम.एफ. से मदद माँगने से बचने का कोई रास्ता नहीं था। मध्य दिसंबर में आर.बी.आई. के तत्कालीन डिप्टी गवर्नर सी. रंगराजन और मुख्य आर्थिक सलाहकार दीपक नय्यर वॉशिंगटन गए और वहाँ उन्होंने आई.एम.एफ. के तत्कालीन कार्यकारी निदेशक गोपी अरोड़ा से मुलाकात की। ऋण लेनेवाले देश के रूप में भारत का रिकॉर्ड बेदाग था और इस बात ने उसकी मदद की। लेकिन जिस बात ने मदद नहीं की, वह यह थी कि भारत लाइसेंस-परमिट-कोटा राज से चिपका हुआ था और उसका राजनीतिक रुझान अमेरिका से परे था, जो शीत युद्ध की मानसिकता थी। इसलिए अमेरिका और आई.एम.एफ. को भारत की सहायता के लिए मनाने हेतु महज सदिच्छा और अच्छे अर्थशास्त्रियों से ज्यादा कुछ और की जरूरत थी।

हालाँकि अपनी शैली में हर तरह से अपरिष्कृत होते हुए भी चंद्रशेखर ने उस भारी बदलाव को समझा, जो दुनिया में बर्लिन की दीवार गिरने तथा सोवियत संघ के ढहने के बाद सामने आया था। उन्होंने महसूस किया कि भारत को एकध्रुवीय दुनिया के अभ्युदय से तालमेल बिठाना होगा और उसे अमेरिका तथा उसके नेतृत्ववाले संस्थानों के साथ कारोबार करना पड़ेगा। लिहाजा, उन्होंने 17 दिसंबर को घोषणा की कि भारत आई.एम.एफ. से सहायता की माँग करेगा। प्रधानमंत्री ने कहा, "मैंने अपने अधिकारियों से कहा है कि वे आई.एम.एफ. से बातचीत करें; क्योंकि मौजूदा स्थिति में हमें मदद की जरूरत है। भारत यह अपील करने में नहीं हिचकेगा कि मौजूदा हालात में हमारी मदद करें।" अमेरिका में नीति-निर्माता सौदेबाजी के इस मौके के प्रति सजग थे। यह साफ था कि भारत ने इराक पर अंदरूनी तौर पर जो नरम रवैया अपनाया हुआ था और कुवैत पर कब्जे के प्रति भारत ने जो रुख अख्तियार किया था, उसमें बदलाव करना पड़ेगा।

इतिहास दरशाता है कि आक्रमणों और कब्जों के प्रति भारत का रवैया हमेशा ही इस बात से निर्देशित रहा है कि उसके अपने संबंध हमलावर देश के साथ कैसे हैं, चाहे वह हंगरी हो, वियतनाम हो या अफगानिस्तान हो। जब इराक ने कुवैत पर कब्जा कर लिया तो पूरी दुनिया भयभीत हो गई और उस समय सत्तासीन वी.पी. सिंह की सरकार ने भी प्रतिक्रिया जताई; लेकिन अस्पष्ट रूप से, गोल-मोल ढंग से। संभवतः वी.पी. सिंह की तात्कालिक चिंता उन 1,80,000 भारतीयों की सुरक्षित वापसी की थी, जो युद्धक्षेत्र में फँस गए थे। संभवतः भू-राजनीतिक स्थिति के प्रति घरेलू प्रतिक्रिया घरेलू वोट-बैंक की राजनीति से भी प्रभावित थी। और फिर, इराक के साथ भारत के ऐतिहासिक संबंध रहे हैं, उसका भी ध्यान रखना था।

इस दौर में चंद्रशेखर की सरकार को जिस संकट का सामना करना पड़ रहा था, उसे देखते हुए उन्होंने जो कदम उठाए, वे पूर्ववर्ती सरकार से मूलतः भिन्न थे। उन्होंने इराक से अपील की कि वह कुवैत को तुरंत छोड़ दे। वह और आगे बढ़े और उन्होंने इजराइल पर इराकी हमलों की निंदा की। अपनी फिलिस्तीन-समर्थक नीति से भारत का यह प्रथम विचलन था और सदियों से वह जिस गुटनिरपेक्षता की नीति पर चलता आ रहा था, उससे दूर हटने का यह पहला कदम था। यह और भी दुःसाहसी कदम इसलिए था, क्योंकि यह उस वक्त कांग्रेस की नीति के खिलाफ था, हालाँकि चंद्रशेखर सरकार कांग्रेस के समर्थन पर टिकी हुई थी। कांग्रेस ने हमले को फिलिस्तीन के मुद्दे से जोड़ा और वह चाहती थी कि संयुक्त राष्ट्र संघ का सैन्य बल काररवाई करे, न कि अमेरिकी नेतृत्ववाला सैन्य मोरचा। चंद्रशेखर ने इस विचार को नामंजूर कर दिया।

उधर वॉशिंगटन में भारतीय अधिकारी आई.एम.एफ. से मदद पाने के लिए समर्थन जुटाने में संघर्ष कर रहे थे। यह स्पष्ट था कि भारत को अमेरिका के प्रभाव की जरूरत

पड़ेगी, क्योंकि आई.एम.एफ. में उसका 80 प्रतिशत से भी ज्यादा वोट था। लेकिन अमेरिकी विदेश विभाग मान नहीं रहा था। तब चंद्रशेखर ने अपने वाणिज्य मंत्री सुब्रह्मण्यम स्वामी को इस काम में लगाया, क्योंकि उनके अमेरिकी सत्ता प्रतिष्ठान से गहरे संपर्क थे। स्वामी ने यह काम करने में 3 जनवरी को सफलता पाई। वह कहते हैं, "वे (अमेरिकी) चाहते थे कि अमेरिकी युद्धक विमान, जो फिलीपीन्स के अड्डों से उड़ान भरकर सऊदी अरब जाते थे, उनमें भारत में ईंधन भरा जाए। हमने इसकी इजाजत कभी नहीं दी।" स्वामी ने पूछा कि भारत को इसके बदले में क्या मिलेगा, तो अमेरिकियों ने नियमित लैंडिंग चार्ज का तीन गुना देने का प्रस्ताव रखा। स्वामी हँसे और उन्होंने प्रति प्रस्ताव रखा कि आई.एम.एफ. से ऋण लेने के भारतीय आग्रह का वे समर्थन करें।

इसके बाद जो घटना का क्रम चला, वह भू-राजनीति की दुनिया में गजब की अंतर्दृष्टि प्रदान करता है। शुक्रवार को यानी 4 जनवरी को यह सौदा कमोबेश तय हो गया। 6 जनवरी को स्वामी ने घोषणा की कि आई.एम.एफ. भारत को ऋण देने के लिए राजी हो गया है। 9 जनवरी को भारत सरकार ने अमेरिकी युद्धक विमानों को बंबई में ईंधन भरने की इजाजत दे दी। 17 जनवरी, 1991 को जब अमेरिका ने इराकी सेना पर बमबारी की तो प्रधानमंत्री चंद्रशेखर ने घोषणा की कि अमेरिका का इराक पर हमला करने का फैसला सही है और अमेरिकी विदेश विभाग ने लगभग संकेत पाकर भारतीय रुख का स्वागत किया। इसके एक दिन बाद आई.एम.एफ. ने भारत की तात्कालिक जरूरत को पूरा करने के लिए क्षतिपूर्ति एवं आपात वित्तीय सुविधा के तहत 1.03 अरब डॉलर का ऋण मंजूर कर लिया और वैकल्पिक व्यवस्था के तौर पर पहली खेप के रूप में 78.9 करोड़ डॉलर की राशि तय कर दी।

अमेरिका और भारत के बीच यह व्यवस्था भले ही एवजी रही हो, लेकिन इसने भारत पर शर्तें थोपे जाने से नहीं रोका। 18 जनवरी, 1991 को भारत को बचाने की योजना पर आई.एम.एफ. की हुई बैठक की काररवाई आँखें खोल देनेवाली है। वक्ताओं ने भारत के नियंत्रणों से लगाव पर सवाल उठाए। सबसे कड़ी समीक्षा कार्यकारी निदेशक के. यामाजाकी ने की—"भारत को आर्थिक दिक्कतों के लगभग हरेक मोरचे का सामना करना पड़ा है—वित्तीय, मौद्रिक, विनिमय दर और औद्योगिक। ये समस्याएँ अर्थव्यवस्था में गहराई से समाई हुई हैं।" चार दशकों की योजना की यह आलोचना थी।

मदद के लिए गोपी अरोड़ा ने जो प्रस्तुति दी, वह वस्तुत: आर्थिक सुधारों का एक वचन-पत्र था। मदद के लिए भारतीय गुहार में वित्त मंत्री यशवंत सिन्हा का संसद् में दिया गया वह बयान शामिल था, जिसे भारत द्वारा उठाए गए 'पूर्व कदमों' का सबूत कहा जा सकता है। और सबसे अहम बात यह रही कि अमरनाथ वर्मा और राकेश मोहन द्वारा लिखे गए 1990 की औद्योगिक नीति के मसौदे को 'आशय के दस्तावेज' के तौर

पर पेश किया गया। आई.एम.एफ. के अमेरिकी कार्यकारी निदेशक भारतीय हित के प्रति सहानुभूति रखते थे। उन्होंने टिप्पणी की, ''मई 1990 की औद्योगिक नीति सही दिशा में उठाया गया कदम है और मैं अधिकारियों से अपील करूँगा कि वे उस नीति के व्यापक कार्यान्वयन के लिए खुद को फिर से प्रतिबद्ध करें।'

अरोड़ा ने आई.एम.एफ. बोर्ड से कहा कि भारत सरकार इस बात के प्रति सजग है कि स्थायित्व लाना राष्ट्रीय कार्यसूची में एकमात्र प्राथमिकता नहीं है और भारतीय अर्थव्यवस्था जिन समस्याओं का सामना कर रही है, उनका 'ज्यादा स्थायी समाधान नीतियों में ढूँढ़ना पड़ेगा, ताकि राष्ट्रीय अर्थव्यवस्था की कार्य-क्षमता को ऊपर उठाया जा सके'। उन्होंने उन्हें आश्वस्त किया कि 'सरकार नीतियों की एक विस्तृत शृंखला को लागू करना चाहती है, जो औद्योगिक उत्पादन की कार्यक्षमता और प्रतियोगी क्षमता को बढ़ाएगी।' बैठक इस निर्णय के साथ समाप्त हुई कि भारत को 55.1 करोड़ डॉलर की पहली खेप को हरी झंडी दे दी गई और यह भी वादा किया गया कि वर्ष 1991 के बजट में जब कुछ चिर प्रतीक्षित कदमों या उपायों को लागू किया जाएगा तो आगे और मदद दी जाएगी। पक्के तौर पर, 27 अगस्त, 1991 को वित्त मंत्री मनमोहन सिंह ने सोलह पृष्ठों का एक आशय पत्र आई.एम.एफ. को भेजा, जिसमें इसका उल्लेख किया गया कि क्या-क्या कदम उठाए जा चुके हैं और क्या-क्या आवश्यक कदम अभी और उठाए जाने हैं, ताकि 1.656 अरब डॉलर के ऋण की अगली खेप जारी की जाए।

प्रासंगिक आत्म-विमोह

मौजूदा भारतीय राजनीतिज्ञों को निश्चयपूर्वक यह कहना भले ही अनुकूल लगता हो कि भारत ने सन् 1991 में नियंत्रणों को खत्म करने और अर्थव्यवस्था को खोलने का सही रणनीतिक निर्णय अपनी इच्छा से लिया। बहरहाल, सच्चाई यह है कि उदारीकरण अभूतपूर्व संकट की बाध्यता के कारण आया। और इसका प्रमाण है विश्व बैंक की परियोजना समापन रिपोर्ट (जून 1995 का ढाँचागत समंजन कर्ज/उधार। इसके अनुसार, 'कर्ज समझौते में उल्लिखित 25 खास कार्रवाइयों में से कर्ज की दूसरी खेप जारी होने के समय तक (मई 1992) बाईस पूरी तरह और तीन काफी हद तक संपन्न कर ली गई हैं।' बाद वाली तीन कार्रवाइयाँ खास तौर पर इनसे संबंधित थीं—(क) चुनिंदा कृषि उत्पादों पर प्रशासकीय निर्यात नियंत्रणों को हटाना, (ख) औद्योगिक फर्मों द्वारा समंजन के लिए संतोषजनक नीतिगत उपाय करना और (ग) मूलतः अव्यावहारिक बीमार केंद्रीय सार्वजनिक उपक्रमों के पुनर्गठन / बंद करने के उपायों की शुरुआत करना।

वर्ष 1991 के बदलाव के दस साल बाद तत्कालीन वित्त सचिव दीपक नय्यर

ने पुष्टि की कि "जून-जुलाई 1991 में जो परिवर्तन का खाका वास्तव में आया, वह कोई आकस्मिक घटना नहीं थी; बल्कि इसकी योजना विस्तार से यशवंत सिन्हा के कार्यकाल के दौरान ही तैयार कर ली गई थी। कुछ वित्तीय समंजन की ओर पहला कदम आई.एम.एफ. के साथ मशविरा करने के बाद दिसंबर 1990 में तब उठाया गया, जब राजस्व जुटाने के लिए पूरक बजट प्रस्तुत किया गया।" यही कारण है कि यशवंत सिन्हा सन् 1991 के उदारीकरण का जनक होने का दावा करते हैं; हालाँकि यह उनका दुर्भाग्य रहा कि वह जिस सरकार का हिस्सा थे, वह टिकी ही नहीं और इसे सामने नहीं ला सकी।

चंद्रशेखर के पास महज 52 सांसद थे, इसलिए अपनी सरकार का अस्तित्व बचाने के लिए उन्हें कांग्रेस के समर्थन की जरूरत थी। चंद्रशेखर सरकार द्वारा उठाए जा रहे कदमों से कांग्रेस के अंदर पर्याप्त असंतोष था। जनवरी 1991 का अंत होते-होते कांग्रेस ने इस सरकार से अपने को दूर करना शुरू कर दिया। इसका वह बाहर से समर्थन कर रही थी। इसके लिए कांग्रेस ने उस सौदेबाजी को निशाना बनाया, जिसके तहत अमेरिकी युद्धक विमानों को भारत में ईंधन भरने की इजाजत दी गई थी। वास्तव में, कांग्रेस इस बात से भयभीत थी कि चंद्रशेखर में आपात स्थितियों को अपने फायदे के लिए इस्तेमाल करने की योग्यता थी। पहला, अमेरिकी युद्धक विमानों को ईंधन भरने की सुविधा देकर उन्होंने गुटनिरपेक्षता की नीति को पलट दिया था। अगला, उन्होंने दावा किया था कि वह अयोध्या विवाद का समाधान निकालने के करीब हैं। हालाँकि इस समाधान का ब्योरा अस्पष्ट है, लेकिन दो विरोधी पक्षों को वार्त्ता की मेज पर लाने की उनकी क्षमता अद्भुत थी। इससे भी आगे, यह चर्चा काफी गरम थी कि उनके पुराने मित्र शरद पवार कांग्रेस को अंदर से तोड़ने का प्रयास कर रहे हैं। और अब वह (चंद्रशेखर) लाइसेंस-परमिट-कोटा राज को समाप्त करने और कांग्रेस के कारोबारी मॉडल को बाधित करने के लिए पूरी तरह तैयार बैठे थे। जैसी कि लंदन के 'फाइनेंशियल टाइम्स' ने टिप्पणी की, कांग्रेस चंद्रशेखर के पाँवों तले से दरी खींचने की कोशिश कर रही थी, क्योंकि वह एक 'असहज रूप से सफल' प्रधानमंत्री बनते जा रहे थे।

फरवरी के दूसरे सप्ताह में राजीव गांधी ने राष्ट्रपति डॉ. आर. वेंकटरमण से मुलाकात की। अपनी चर्चाओं में कांग्रेस अध्यक्ष ने सरकार की कार्रवाइयों के बारे में अपनी पार्टी में बेचैनी का भाव जाहिर किया। वेंकटरमण ने संकट की गंभीरता को माना और राजीव गांधी से कहा कि स्थिति को स्थिर करने के लिए आगामी बजट में अत्यावश्यक कदम उठाए जाने की जरूरत है। राजीव गांधी प्रस्तावित विचारों के प्रति पूरी तरह आश्वस्त नहीं हुए। वह अगले दिन राष्ट्रपति से फिर मिले। इस बार

उनके साथ प्रणव मुखर्जी भी थे, जो वेंकटरमण के बाद वित्त मंत्री बने थे। उन्होंने ऋणदाताओं द्वारा लगाई गई शर्तों और सरकारी खर्च में प्रस्तावित गंभीर कटौती के बारे में चर्चा की। आई.एम.एफ. से मदद माँगने के संभावित जो राजनीतिक दुष्परिणाम को संतुलित करने के लिए चंद्रशेखर अमीरों और कॉरपोरेट जगत् पर ज्यादा टैक्स लगाना चाहते थे। इस विचार के राजनीतिक फायदे थे और इसमें आर्थिक दम भी था। बहरहाल, कांग्रेस नहीं चाहती थी कि चंद्रशेखर और आगे बढ़ें। कांग्रेस ने कहा कि वह उनके (चंद्रशेखर) विचारों से आश्वस्त नहीं है और उसने मितव्ययितावाले उपायों से भरे बजट को प्रस्तुत करने की जरूरत का विरोध किया।

फरवरी के मध्य तक यह स्पष्ट हो गया कि चंद्रशेखर सरकार के दिन गिने-चुने रह गए हैं। कांग्रेस के रणनीतिकारों ने जन-आक्रोश को हवा देने के लिए विदेश नीति को मुद्दा बनाया। 16 फरवरी को कांग्रेस पार्टी ने समर्थन वापस लेने और चंद्रशेखर सरकार को गिराने की धमकी दी। उसकी माँग थी कि सरकार ने अमेरिकी युद्धक विमानों को भारत में ईंधन भरवाने का जो अधिकार दिया है, वह उसे वापस ले। कांग्रेस के तत्कालीन महासचिव गुलाम नबी आजाद ने घोषणा की कि अगर चंद्रशेखर सरकार अमेरिकी युद्धक विमानों से ईंधन भरना बंद नहीं करती तो कांग्रेस उसके खिलाफ अविश्वास प्रस्ताव लाएगी। जो लोग चंद्रशेखर को जानते थे, वे समझते थे कि उन्हें अपना निर्णय बदलने के लिए ब्लैकमेल नहीं किया जा सकता। फिर, इसकी भी गारंटी नहीं थी कि एक धमकी के तुरंत बाद दूसरी धमकी नहीं दी जाएगी। कांग्रेस सत्ता में लौटना चाहती थी और उसने मध्यावधि चुनाव के लिए खुद को तैयार करना शुरू कर दिया।

ऐसा लगा कि एक बार फिर भारत को बदलाव लाने से नकार दिया जाएगा; जबकि इसकी उसे सख्त जरूरत थी यह स्पष्ट था कि कांग्रेस कठपुतली सरकार को एक ऐसे बजट को प्रस्तुत करने की इजाजत नहीं देगी, जो बदलाव लाने की बात करती हो। सरकार को गिराने के लिए कांग्रेस को अब एक बहाना चाहिए था। और यह बहाना उसे 2 मार्च को मिल गया। हरियाणा पुलिस के दो सिपाहियों प्रेम सिंह और राज सिंह को राजीव गांधी के निवास 10 जनपथ के बाहर गिरफ्तार किया गया। कांग्रेस ने सबसे बुरी आशंका जताई। उसका कहना था कि वे दोनों सिपाही चंद्रशेखर सरकार में उप-प्रधानमंत्री देवीलाल के बेटे एवं हरियाणा के मुख्यमंत्री ओमप्रकाश चौटाला के निर्देश पर राजीव गांधी की जासूसी कर रहे थे। 3 मार्च को कांग्रेस ने हरियाणा सरकार को बरखास्त करने की माँग की।

4 मार्च को वित्त मंत्री यशवंत सिन्हा एक अंतरिम बजट पेश करना चाहते थे, लेकिन कांग्रेस ने उन्हें इसकी अनुमति नहीं दी। यहीं चंद्रशेखर सरकार का पटाक्षेप हो

गया। जिस बजट को पेश नहीं किया जा सका, उसने संकट का अच्छी तरह आकलन किया था। इसने कहा, "संचित आंतरिक एवं बाह्य ऋण के भुगतान करने का भार उठाना अब कठिन हो गया है। न तो सरकार और न ही अर्थव्यवस्था लंबे समय तक अपने साधनों से अधिक खर्च कर जीवित रह सकती है। ऋण ली गई रकम या समय पर जीवित रहने के लिए जितना भी उलट-फेर किया जा सकता है, वह पूरी तरह किया जा चुका है और इसके लिए अब गुंजाइश नहीं बची है। नरम विकल्प समाप्त हो गए हैं।" बहरहाल, एक अंतरिम बजट पेश किया जा सकता था और एक नियमित बजट मई में चुनावों के बाद पेश किया जा सकता था; लेकिन इसके लिए देश को इंतजार करना पड़ा।

अर्थव्यवस्था में धन का बेहद अभाव था और कर्ज मिलना न केवल मुश्किल था, बल्कि महँगा भी था। ब्याज दर काफी बढ़ गई थी और हैरानी की बात है कि सरकार लंदन इंटर बैंक द्वारा तय ब्याज दर से 2 प्रतिशत ज्यादा दर पर कर्ज ले रही थी। अनिवासी भारतीय (एन.आर.आई.) अपनी जमा-राशि निकाल रहे थे, जिससे देश के विदेशी मुद्रा भंडार पर दबाव बढ़ता जा रहा था। अमेरिका, जापान और जर्मनी से भारत लगातार सहायता की गुहार कर रहा था। मुचकुंद दुबे वॉशिंगटन में दानकर्ताओं के दरवाजे खटखटा रहे थे और यशवंत सिन्हा तोक्यो पहुँच गए थे। जापान ने 15 करोड़ डॉलर का नरम कर्ज (सॉफ्ट लोन) मुहैया कराया और आगे भी 35 करोड़ डॉलर देने का वचन दिया। जर्मनी ने 40 करोड़ डॉलर का कर्ज मंजूर किया। फिर आई.एम.एफ. और विश्व बैंक से बातचीत स्थगित कर दी गई, क्योंकि देश में चुनाव होने वाला था।

जनवरी 1991 में आई.एम.एफ. से मदद मिलने के बावजूद भारत का विदेशी मुद्रा भंडार काफी कम था और यह बमुश्किल सात दिन के आयात बिल का भुगतान करने के लिए पर्याप्त था। निवेशकों और ऋणदाताओं के बीच यह भावना बढ़ती जा रही थी कि हालाँकि भारत अपने पिछले रिकॉर्ड के दम पर सहायता माँग रहा है, लेकिन वह अपने पास उपलब्ध संसाधनों का पर्याप्त इस्तेमाल नहीं कर रहा है। देश का सोना उपयोग में लाने का सुझाव चंद्रशेखर को वेंकिटरमणन और मनमोहन सिंह द्वारा दिया गया। रिजर्व बैंक के गवर्नर ने प्रधानमंत्री को वह नियम समझाया, जिसके अनुसार संकट के समय स्वर्ण कोष का इस्तेमाल किया जा सकता है। भारत अपने सोने को गिरवी रखकर अंतरराष्ट्रीय बैंकों से कर्ज पा सकता था। चंद्रशेखर सहमत हुए कि यह एक व्यावहारिक कदम है। जब उनके साथियों ने देश का सोना गिरवी रखने के राजनीतिक परिणाम के कारण हिचक दिखाई तो चंद्रशेखर उन पर खालिस हिंदुस्तानी में चीखे; "जब आपकी प्रतिष्ठा दाँव पर लगी हो तो ज्यादा क्या महत्त्वपूर्ण है? धातु का एक टुकड़ा या आपकी विश्वसनीयता!" चंद्रशेखर अपने व्यवहारवाद के

राजनीतिक परिणामों से भी अवगत थे। वह जानते थे कि राजीव गांधी और कांग्रेस में उनकी मंडली उन पर हमला करेगी।

यशवंत सिन्हा अपने संस्मरण 'कन्फेशंस ऑफ ए स्वदेशी रिफॉर्मर : माई ईयर्स एज ए फाइनेंस मिनिस्टर' में लिखते हैं कि वह चुनाव अभियान के लिए तैयार हो रहे थे, तभी उन्होंने अपने पार्टी कार्यकर्ताओं और भीड़ के बीच वित्त मंत्रालय के एक बहुत वरिष्ठ अधिकारी को देखा। उस अधिकारी के पास कुछ दस्तावेज थे, जिन पर उसे वित्तमंत्री के दस्तखत कराने थे। उस अधिकारी की गंभीर मुद्रा से स्पष्ट हो गया कि प्रधानमंत्री ने सोना गिरवी रखने के लिए हरी झंडी दे दी है। सिन्हा ने दस्तखत कर दिए। प्रक्रियात्मक ब्योरे से निपटने की जिम्मेदारी वेंकिटरमणन और रंगराजन के हवाले कर दी गई। रंगराजन उस वक्त आर.बी.आई. के डिप्टी गवर्नर थे। देश के स्वर्ण भंडार को बंधक रखना अभी भी एक भारी विवादास्पद मसला था और सरकार तब तक स्वर्ण कोष को हाथ नहीं लगाना चाहती थी, जब तक यह एकदम आवश्यक न हो जाए। इसलिए मई 1991 में कस्टम विभाग द्वारा पकड़े गए तस्करी के सोने को भारतीय स्टेट बैंक को लीज पर दिया गया और उसने इसे एक स्विस बैंक को बेचकर 20 करोड़ डॉलर जुटाए।

आर.बी.आई. ने फिर सोना गिरवी रखकर 40 करोड़ डॉलर का अतिरिक्त कर्ज लेने के लिए बैंक ऑफ इंग्लैंड और बैंक ऑफ जापान से बातचीत की। लेकिन एक अड़चन थी। सोने को एक खास ग्रेड—लंदन स्टैंडर्ड प्योर—का होना होगा, तभी बैंक ऑफ इंग्लैंड इसे स्वीकार करेगा। ऐसा सोना नहीं था, इसलिए सोने को पहले बैंक ऑफ इंग्लैंड के पास आकलन करने के लिए भेजा गया। इस आधार पर कुछ अग्रिम भुगतान कर दिया गया। इसके बाद बैंक ऑफ इंग्लैंड ने इस सोने को वांछित ग्रेड तक सुधारने की व्यवस्था की और इसके बाद इसका फिर आकलन किया। फिर भारत को पूरा भुगतान किया गया।

भारत ने अर्थव्यवस्था में संकट से निपटने के लिए समय खरीद लिया, लेकिन राजनीतिक मोरचे पर आपदा टूट पड़ी। 21 मई को राजीव गांधी तमिलनाडु में चेन्नई के पास श्रीपेरुंबुदुर में चुनाव प्रचार कर रहे थे, तभी लिबरेशन टाइगर्स ऑफ तमिल ईलम (LTTE) के आतंकवादियों द्वारा उनकी हत्या कर दी गई। राजीव गांधी जब प्रधानमंत्री थे तो उन्होंने श्रीलंका में सिंहलियों और तमिलों के बीच जातीय संघर्ष में हस्तक्षेप करने का फैसला किया था और वहाँ शांति स्थापित करने के लिए भारतीय सेना को भेजा था। राजनीतिक रूप से यह दाँव उलटा पड़ा और इसने राजीव गांधी की जान भी ले ली। यह एक दुःखद हादसा था और इसके अचानक घटित होने से यह और भी पीड़ादायी था। भारत सकते में आ गया और कांग्रेस पार्टी बिना उत्तराधिकारी

के शोकमग्न हो गई। आतंकवादियों का मकसद न केवल बदला लेना था, बल्कि वे अराजकता भी पैदा करना चाहते थे। बहरहाल, राजनीतिक वर्ग ने सुनिश्चित किया कि चुनाव प्रक्रिया बाधित नहीं हो। यह भारत के लिए सराहना की बात है कि लोकतंत्र को बाधित करने के प्रयास का साहस और धैर्य के साथ सामना किया गया।

जब चुनाव परिणाम घोषित किए गए तो यह साफ हुआ कि कांग्रेस बमुश्किल पास कर गई थी। राजनीतिक अस्थिरता ने आर्थिक अनिश्चितता को हवा दी। अप्रैल से जून 1991 के बीच एन.आर.आई. लोगों ने अपने बैंक खातों से 90 करोड़ डॉलर से ज्यादा रकम निकाली। कार्रवाई करने की आवश्यकता इससे ज्यादा पहले कभी नहीं आई थी। 20 जून, 1991 को जब पी.वी. नरसिम्हा राव को प्रधानमंत्री बनाया गया, तब जाकर अराजकता थोड़ी सँभली।

राव को 21 जून की दोपहर के करीब शपथ दिलाई गई। वह एक ऐसी सरकार के मुखिया थे, जिसे बहुमत प्राप्त नहीं था। वर्ष 1991 में आर्थिक संकट इतना घनघोर था कि बहुमत की सत्ता और वैधता के बगैर इससे निपटना किसी भी राजनीतिज्ञ के लिए अत्यंत कठिन होता। बहरहाल, राव जिस तरह की राजनीति में पारंगत थे, उनके लिए यह स्थिति अनुकूल थी। बहुमत के अभाव ने उनके हाथ में पार्टी आलाकमान से निपटने का औजार थमा दिया। सरकार बाहरी समर्थन पर टिकी हुई थी और आलाकमान के आदेशों का प्रतिरोध करने और अपनी सत्ता सुनिश्चित करने के लिए राव अकसर असंतोष पैदा करते थे। संकट से जो अस्थिरता पैदा हुई थी, उसका इस्तेमाल वह व्यवस्था में पैठ बनाए सत्ता केंद्रों को विचलित करने के लिए करते थे। राव ने राजनीतिक अस्थिरता और आर्थिक संकट से उत्पन्न चुनौतीपूर्ण परिस्थिति में स्पष्ट रूप से अपने लिए मौका ताड़ा। जो शख्स राजनीतिक संन्यास से वापसी कर रहा हो, उसके लिए नीचे जाने को कुछ नहीं था।

22 जून को देर रात 9.50 बजे राव ने टेलीविजन पर प्रसारित अपने संबोधन में अर्थव्यवस्था को पुनर्जीवित करने की योजना प्रस्तुत की—"वक्त गँवाने का नहीं है। सरकार और देश साल-दर-साल अपने साधनों से बाहर जीते नहीं रह सकते हैं। अब कोई नरम विकल्प नहीं बचा है। हम अर्थव्यवस्था की समस्याओं का निर्णायक रूप में समाधान करने को दृढ़ हैं। तीव्र औद्योगिकीकरण के रास्ते में आनेवाले मकड़जालों को हटाने के लिए यह सरकार संकल्पबद्ध है। हम भारत को अंतरराष्ट्रीय रूप से प्रतियोगी बनाने के लिए काम करेंगे।" उन्होंने घोषणा की कि विकास को तेज करने, प्रौद्योगिकियों को उन्नत करने और निर्यात को बढ़ावा देने के लिए प्रत्यक्ष विदेशी निवेश का स्वागत किया जाएगा। "हमारी औद्योगिक नीतियों और कार्यक्रमों को गतिशील बनाने के लिए एक समयबद्ध कार्यक्रम तैयार किया जाएगा, ताकि एक ऐसी जीवंत अर्थव्यवस्था के

लक्ष्य को पाया जा सके, जो रचनात्मकता, उद्यमिता और नई खोजों को पुरस्कृत करे।''

इस पर कोई सवाल नहीं कि वर्ष 1991 के सुधारों का श्रेय राव को जाता है। प्रधानमंत्री के रूप में उन्होंने जो शुरुआती फैसले लिये, उसमें यह फैसला शामिल था कि उन्होंने उद्योग मंत्रालय अपने पास रखा। मनमोहन सिंह को वित्त मंत्री के रूप में चुनने के बाद उन्होंने पी. चिदंबरम को वाणिज्य मंत्री बनाया। उनका लोगों का चयन इस जरूरत से निर्देशित था कि कार्यकारी फैसलों को राजनीतिक प्रभाव से बचाया जाए। साथ ही उन्होंने योजना आयोग से अमरनाथ वर्मा को लाकर अपना प्रधान सचिव बनाया और उनसे कहा कि वे राकेश मोहन से नई औद्योगिक नीति की प्रस्तुति दिलवाएँ। राव ने प्रधानमंत्री कार्यालय में एक संचालन समूह बनाया, जो हर हफ्ते बैठक करता था और उस वास्तुशिल्प पर बहस करता था, जिसे अंततः वर्ष 1991 के उदारीकरण के रूप में परिभाषित किया जाएगा। यह तय किया गया कि बजट 24 जुलाई को प्रस्तुत किया जाएगा, जिससे सबकुछ तैयार करने के लिए एक महीने से भी कम समय बचा।

बंबई में आर.बी.आई. को विदेशी मुद्रा संतुलन का प्रबंधन करने और विनिमय दरों को पुनर्गठित करने की दोहरी चुनौतियों का सामना करना पड़ रहा था। आर.बी.आई. गवर्नर वेंकिटरमणन लगभग हर महत्त्वपूर्ण मंत्रालय से जुड़े रहे थे और वह वित्त सचिव भी रह चुके थे। लिहाजा, वह जटिल मसलों को पहचानने, उनका विश्लेषण करने और फिर समाधान करने में समर्थ थे और साथ-ही-साथ अपने राजनीतिक आकाओं को भी सँभाल पा रहे थे। उस वक्त उनके भागीदार थे—डिप्टी गवर्नर सी. रंगराजन, जो शीर्ष भारतीय अर्थशास्त्रियों में से एक थे। तकरीबन एक वर्ष तक रंगराजन उस कोर टीम का हिस्सा रहे थे, जिसमें दीपक नय्यर, गोपी अरोड़ा, वेंकिटरमणन और वित्त मंत्रालय में तत्कालीन संयुक्त सचिव वाई. वेणुगोपाल रेड्डी शामिल थे।

इस टीम को अर्थव्यवस्था की पुनर्रचना का अत्यधिक नाजुक एवं जटिल काम सौंपा गया था। अन्य चीजों के दायरे में, इसे रुपए की विनिमय दर का और अवमूल्यन करना था, ताकि यह भुगतान-संतुलन की अस्थिर स्थिति और रुपए के वास्तविक मूल्य दोनों को प्रतिबिंबित करे। उन्होंने 1 जुलाई और 3 जुलाई के बीच रुपए का 18 प्रतिशत अवमूल्यन किया। कोर टीम जानती थी कि यदि विधायी मंजूरी की प्रतीक्षा की गई तो राहत मिलने में विलंब हो जाएगा। इसलिए रंगराजन, वेंकिटरमणन और वर्मा ने नरसिम्हा राव और मनमोहन सिंह को सलाह दी कि वे यथासंभव अपनी प्रशासकीय शक्तियों का इस्तेमाल करें, ताकि कांग्रेस के अंदर से और विपक्षी दलों से राजनीतिक विरोध को रोक सकें। उदाहरण के लिए, रुपए का द्वि-चरणीय अवमूल्यन न केवल तेजी से किया गया, बल्कि कार्यकारी आदेश के जरिए आगे बढ़ाया गया। यह तय किया गया कि काम संपन्न हो जाने के बाद राव चीख-पुकार को सँभालेंगे।

यहाँ तक कि यह सब जब चल रहा था तो रिजर्व बैंक को एक अनूठी चुनौती से निपटना था। उसे बैंक ऑफ इंग्लैंड को 47 टन सोना जहाज से भेजना था। इससे पहले कस्टम द्वारा पकड़ा गया सोना वाणिज्यिक विमानों से भेजा गया था। बहरहाल, एयरलाइनें चिंतित थीं और उन्होंने आपत्ति जताई। इसलिए रिजर्व बैंक ने भारी मालवाहक चार उड़ानों को किराए पर लिया, ताकि सोने को चरणबद्ध तरीके से इंग्लैंड भेजा जाए। सोने को दक्षिण बंबई में रिजर्व बैंक की तिजोरी से पहले सड़क मार्ग द्वारा 35 किलोमीटर दूर हवाई अड्डे तक ले जाना था। इसके बाद इसे विमान में लादा जाता। कहने की जरूरत नहीं कि इस काम में अत्यधिक गोपनीयता की जरूरत थी, क्योंकि खबर लीक हो जाने पर सुरक्षा का खतरा और राजनीतिक हंगामे का डर था।

जैसा कि हुआ, इस मुहिम को गोपनीय नहीं रखा जा सका। अपनी चिंता के कारण रिजर्व बैंक ने कस्टम विभाग के साथ एक समझौता किया था कि भेजे जानेवाले माल का खुलासा नहीं किया जाएगा; लेकिन इसी बात ने पोल खोल दी। एक सूचना के आधार पर 6 जुलाई, 1991 को मैं बंबई में सहर अंतरराष्ट्रीय हवाई अड्डे पर पहुँचा मेरे साथ छायाकार मुकेश परपियानी और सुधारक ओल्वे थे। मुझे बस एक चिट के बारे में पता करना था, जिसमें कहा गया था—'21,000 किलोग्राम बहुमूल्य धातु इंग्लैंड भेजी जा रही है।' मैंने छह घंटे तक हवाई अड्डे पर और कस्टम विभाग की घेरेबंदी में खोजबीन की। इसका नतीजा एक राष्ट्रीय सनसनीखेज खबर के रूप में सामने आया, जिसे तत्कालीन एकीकृत 'इंडियन एक्सप्रेस' के सोलह संस्करणों में प्रकाशित किया गया। इस खबर के साथ विमान में सोना लादे जाने की आठ कॉलम तसवीर ने भारतीयों को संकट की गंभीरता का एहसास कराया। अपेक्षा के अनुरूप इस खबर ने जनाक्रोश को भड़काया; क्योंकि इस देश में पारिवारिक सोने को गिरवी रखे जाने से ज्यादा अपमानजनक कोई और बात नहीं होती है। एक दिन बाद संसद् के अंदर और बाहर हंगामा मच गया। सरकार को बाध्य होकर स्वीकार करना पड़ा कि देश दिवालिया हो गया है।

दिल्ली में बजट बनाने का काम काफी तेजी से चल रहा था। ऋणदाताओं से की गई प्रतिबद्धताओं के संदर्भ में पैकेज तैयार था, लेकिन इसे राजनीतिक रूप से स्वीकार्य बनाया जाना था। शुरुआती बात यह थी कि यह ऐसी सरकार नहीं थी, जिसका संसद् में बहुमत था। इससे भी बदतर, कांग्रेस पार्टी के अंदर भी और मंत्रिमंडल व नौकरशाही में बजट का अत्यधिक विरोध था। पैठे हुए हितों—धनी कतार के राजनीतिज्ञ और लाइसेंस-परमिट-कोटा राज से पोषित बड़े कारोबारी—दोनों ही चिंतित हो उठे और उन्होंने अपने दीर्घकालीन हितों को नुकसान पहुँचानेवाले इस बजट को रोकने के लिए अपने तमाम संसाधन झोंक दिए। बहरहाल, परिस्थिति ऐसी थी कि इस प्रक्रिया को

पटरी से उतारने के विकल्प सीमित थे। विधाता ने मुझे एक और सनसनीखेज खबर देने और सरकार को बाहर से समर्थन का अवसर दिया। रिजर्व बैंक से 14 टन सोने की पेटी हवाई अड्डे भेजने की खबर मुझे मिल गई और यह फिर अखबार के पहले पन्ने पर छापी गई। हर किसी ने समझा और स्वीकार किया कि दिवालिया होना दीर्घकालीन आपदा को न्यौता देना होगा।

इस योजना को राजनीतिक रूप से रुचिकर योग्य बनाने के लिए नरसिम्हा राव और इस प्रक्रिया के प्रबंधकों ने देश की आर्थिक नीति में रणनीतिक बदलाव को पक्षकारों के समक्ष अस्थायी उपाय के तौर पर पेश किया। नीतिगत बदलाव उस नेहरूवादी तरीके को ध्वस्त कर देगा, जिसे दशकों से कांग्रेस पूजती आ रही थी। इसलिए नरसिम्हा राव ने टीम को सलाह दी कि वे इस कवायद को जनता और कांग्रेस में समाजवाद के शीर्ष पुरोहितों के समक्ष एक छोटे घुमावदार मार्ग के रूप में पेश करें, न कि पूरा खेल बदल देनेवाले उपाय के रूप में। आखिरी दिनों में नीति को प्रस्तुत करने से पूर्व संचालक समिति ने रोजाना कई बैठकें कीं और भाषा को संशोधित किया।

एक बार जब अंतिम मसौदा तैयार हो गया तो देश की कारोबार नीति के उदारीकरण के प्रवर्तकों—राव और चिदंबरम ने इसकी एक बार फिर से समीक्षा की और इसमें एक राजनीतिक संदेश को पिरोया। नई औद्योगिक नीति और बजट में जवाहरलाल नेहरू से इंदिरा गांधी और राजीव गांधी तक कांग्रेस नेतृत्व की पूरी कतार के प्रति आभार व्यक्त किया गया। नीति में छह नए पैरा जोड़े गए, जिसमें नेहरू और इंदिरा गांधी की दूरदृष्टि की सराहना की गई। निर्भीकता से वर्ष 1991 की अर्थव्यवस्था के उदारीकरण को राजीव गांधी की आकांक्षाओं के प्रति श्रद्धांजलि के रूप में प्रस्तुत किया गया और इससे भी आगे कहा गया कि इसका निर्माण नेहरू और इंदिरा गांधी द्वारा रखी गई नींव पर किया जा रहा है। भारत के समाजवादी अतीत के प्रति भी श्रद्धांजलि व्यक्त की गई। इसमें कहा गया—"पं. जवाहरलाल नेहरू, इंदिरा गांधी और राजीव गांधी के प्रयासों के लिए शुक्रिया। हमने एक विविधतापूर्ण औद्योगिक ढाँचा विकसित किया है। अब हम जब सुधारों को लागू करने जा रहे हैं तो यह ढाँचा हमारी महान् संपदा है।" तमाम लीपापोती के बावजूद विरोधों की कोई कमी नहीं रही। विपक्ष ने यहाँ तक आरोप लगाया कि बजट को वाशिंगटन में लिखा गया है। मगर संकट इतना भयावह था कि राव विचलित नहीं हुए और उन्होंने वह दिन निकाल लिया।

24 जुलाई, 1991 को भारत ने अंततः उस वचन-पत्र का सम्मान रखा, जिसे उसने देश को मुसीबत से निकालनेवाले कर्जदाताओं के समक्ष रखा था। नई औद्योगिक नीति को प्रधानमंत्री नरसिम्हा राव द्वारा उजागर किया गया और इसने चार दशकों के लाइसेंस-परमिट-कोटा राज को समाप्त कर दिया। भारतीय अर्थव्यवस्था को आखिरकार

बंधन-मुक्त किया गया। वित्त मंत्री के रूप में मनमोहन सिंह ने अपने बजट भाषण में विक्टर ह्यूगो को उद्धृत किया, "धरती पर कोई ताकत उस विचार को नहीं रोक सकती, जिसका वक्त आ गया है।"

बदलाव बाधित

दो दशक बाद ऐसा प्रतीत होता है कि वर्ष 1991 के सबक शायद ही सीखे गए हैं। लाइसेंस-परमिट-कोटा राज का स्थान क्लीयरेंस राज (इजाजत राज) ने ले लिया है। किसी भी उद्योग को शुरू करने के लिए कैंची को फीते से मिलने के पहले तीन से पाँच साल लग जाते हैं। अपना अस्तित्व बचाने के लिए अभी भी राजनीतिक किस्म के कौशल की जरूरत पड़ती है—जमीन के लिए इजाजत लेना, पर्यावरण रक्षा के लिए मंजूरी लेना, पानी और बिजली के लिए अनुमति लेना और इंस्पेक्टर राज को अच्छी तरह संतुष्ट रखना। वर्ष 1991 में सकल घरेलू उत्पाद (जी.डी.पी.) में उद्योग का हिस्सा 25 प्रतिशत था। दो दशक बाद वर्ष 2011 में इसका हिस्सा 27 प्रतिशत पहुँचा है। विनिर्माण क्षेत्र में संगठित क्षेत्र में रोजगार की स्थिति वर्ष 2012 में करीब 60 लाख थी और 1991 में भी यही स्थिति थी; जबकि उदारीकरण के बाद उम्मीद की गई थी कि यह क्षेत्र अतिरिक्त श्रम को खपाएगा। रणनीतिक राजनीति की वेदी पर सुधारों के एजेंडा के अगले चरणों की बलि दे दी गई है।

कांग्रेस, गठबंधन घटकों और 'सुधारवादी' संघ परिवार की निगरानी के तहत अर्थव्यवस्था राजनीतिक अकड़न से ग्रस्त है। जैसा कि वर्ष 1991 में था, सरकारी खर्च इसकी आमदनी से काफी ज्यादा है। फिजूलखर्ची की वजह से वर्ष 2012 में प्रति दिन का कर्ज 1300 करोड़ हो गया है; जबकि 2004 में यह 200 करोड़ रुपए था। विदेशी मुद्रा की आमद की तुलना में बहिप्रवाह काफी ज्यादा है, जिससे चालू खाता घाटा सन् 1991 की तुलना में ऊँचे स्तर पर चला गया है। नीतिगत लकवे की स्थिति भारतीय निवेश को विदेशों में भेज रही है; विकास की गिरती दर ने रेटिंग एजेंसियों को भारत की रेटिंग गिराने के लिए बाध्य कर दिया है। अर्थव्यवस्था एक बार फिर संकट के कगार पर खड़ी है। ऐसा प्रतीत होता है कि भारत की कहानी वर्ष 1991 के घटनाक्रम के अगले चरण की प्रतीक्षा कर रही है।

विक्टर ह्यूगो चकरा जाएँगे।

□

भूख का खेल

जुलाई 1964

पालम हवाई अड्डा, दिल्ली

''एक ऐसे देश के लिए, जो समय-समय पर अकालग्रस्त रहा हो, कृषि क्षेत्र सरकार की कार्यसूची में सर्वोपरि होना चाहिए था। फिर भी, स्वतंत्रता-प्राप्ति के बाद के वर्षों में सरकार ने लोगों की सबसे बड़ी तादाद को और अर्थव्यवस्था के सबसे बड़े हिस्से को विकास करने से महरूम रखा। भारत बारंबार सूखे और खाद्य भंडार के अभाव से पीड़ित होता रहा और उस पर दाने-दाने को मोहताज देश का अपमानजनक ठप्पा लग गया।''

उन पर बरबस ध्यान जाना सहज था। एक ऐसे शहर में आनेवाले यात्री के लिए, जो गरमी और आर्द्रता से पस्त हो, उनकी पोशाक बेमेल थी। ग्रीष्मकालीन गरम सुबह में वह सूट पहने हुए थे और उनकी बाँह के ऊपर एक ओवरकोट झूल रहा था। मनीला से आ रहा पैन एम विमान दिल्ली के पालम एयरपोर्ट पर उतरा था; लेकिन वह भी कोई ठंडा स्थान नहीं है। जब कस्टम अधिकारियों ने उन्हें पूछताछ के लिए रोका तो उन्होंने बताया कि वह न्यूजीलैंड के क्राइस्टचर्च में सम्मेलन में भाग लेने के बाद वापस लौट रहे हैं। दक्षिणी गोलार्ध के तमाम देशों की तरह न्यूजीलैंड में भी जून से लेकर अगस्त तक ठंड का मौसम रहता है। उन्होंने खुलासा किया कि बीज-परीक्षण पर सम्मेलन में भाग लेने के बाद जब वह लौट रहे थे तो रास्ते में वह मनीला में रुक गए और लॉस वेगास में उन्होंने अंतरराष्ट्रीय चावल शोध संस्थान का दौरा किया।

यह पूछे जाने पर कि क्या उन्हें कोई घोषणा करनी है, तो यात्री ने कहा कि उनके सामान में ऐसी कोई चीज नहीं है, जो अधिकारियों की रुचि की हो। लेकिन वह अपने ओवरकोट की जेबों में कुछ बीज ला रहे हैं। जब यह पूछा गया कि ये बीज किस किस्म के हैं और इसकी मात्रा कितनी है, तो उन्होंने जवाब दिया कि उनके पास लगभग 1 किलोग्राम धान के बीज हैं, जिन्हें 'ताइचुंग नेटिव-1' कहा जाता है।

पशुधन आयात अधिनियम 1998 और विनाशकारी कीट एवं पीड़क जीव अधिनियम 1914 के तहत कस्टम विभाग के अधिकारियों का यह दायित्व है कि वे विदेश से आनेवाले ऐसे किसी भी व्यक्ति को रोकें और संगरोध करें, जो पौधा या पशु सामग्री ला रहा हो। इन कानूनों का उद्‌देश्य ऐसे किसी भी आयात को रोकना है, जो देश के पौधों, मानव आबादी और पशुओं पर दुष्प्रभाव डाल सकता हो। अधिकारियों ने उस शख्स से कहा कि उन्हें बीजों को अपने कब्जे में लेना होगा।

यात्री ने इसका विरोध किया। उन्होंने घोषणा की कि वह सरकार के उपयोग के लिए बीज ला रहे हैं और इसके लिए उन्हें कृषि मंत्री से निर्देश मिला हुआ है। लेकिन अपने दावे के समर्थन में उनके पास कोई दस्तावेज या कागजात नहीं थे। यात्री ने तब अफसरों से कहा कि वे मंत्री महोदय के कार्यालय से इस बारे में पता कर लें। करीब घंटा भर आगे-पीछे करने के बाद एक वरिष्ठ अधिकारी ने मंत्री के कार्यालय में फोन किया। फोन पर दूसरी ओर एक आई.ए.एस. अधिकारी थे, जो कृषि मंत्री के निजी सचिव थे। आई.ए.एस. अधिकारी ने पुष्टि की कि वे यात्री को आने दें। एक वरिष्ठ मंत्री के कार्यालय से कस्टम अधिकारी उलझना नहीं चाहते थे, लिहाजा उन्होंने अनमने ढंग से सामान को दर्ज किया और यात्री को निकल जाने दिया।

यह यात्री थे—डॉ. गुडुरु वेंकट चलम। और जिस आई.ए.एस. अधिकारी ने फोन उठाया था, वह थे— एस. वेंकिटरमणन, जो बाद में रिजर्व बैंक के अठारहवें गवर्नर बने; लेकिन इस वाकये के वक्त वह कृषि मंत्री के निजी सचिव थे। सुब्रह्मण्यम हाल ही में कृषि मंत्री बने थे। सच्चाई यह थी कि सुब्रह्मण्यम ने बीजों के लिए नहीं कहा था और संभवतः उन्हें चलम की यात्रा के बारे में भी पता नहीं था। वाकई, सरकार के अंदर उस वक्त परंपरागत समझ यही थी कि ऊँची पैदावारवाले संकर बीजों का इस्तेमाल न किया जाए और स्वदेशी बीजों और खेती के तरीकों के पक्ष में जबरदस्त राय थी। सौभाग्यवश, वेंकिटरमणन, डॉ. चलम को और उनके गैर-परंपरागत तरीकों को जानते थे। वह जानते थे कि वह चलम पर भरोसा कर सकते हैं और इसीलिए उन्होंने उनके पीछे अपना या यों कहें कि अपने मंत्री का समर्थन लगा दिया। उन्हें भरोसा था कि मंत्री महोदय उनके फैसले का समर्थन करेंगे। यह एक निर्णायक घड़ी थी, क्योंकि डॉ. चलम ने वेंकिटरमणन की सक्रिय मिलीभगत से कृषि में क्रांति लानेवाले बीजों की तस्करी की थी।

अभाव का इतिहास

भारत में औपनिवेशिक शासन में महाविपत्ति की शुरुआत बंगाल में सन् 1769 के अकाल के साथ हुई और 1943 के अकाल के साथ खत्म हुई। वर्ष 1860 से 1909 के बीच भारत के विभिन्न भागों में 22 बार अकाल पड़े और इसमें लाखों लोगों की जानें

गईं। अकेले वर्ष 1897 में आठ प्रांतों में अकाल पड़े, जिसमें 30 लाख लोग मौत के मुँह में समा गए। अकाल निश्चित रूप से अभाव के बारे में है; लेकिन उससे भी ज्यादा इसकी विभीषिका भ्रष्टाचार और असंवेदनशील सरकारों के कारण है। ब्रिटिश भारत के पहले गवर्नर जनरल वारेन हेस्टिंग्स ने सन् 1784 में बिहार में अकाल के दुष्प्रभावों को देखा था। उन्होंने टिप्पणी की थी कि हालाँकि सूखे के कारण लोगों को काफी मुसीबत झेलनी पड़ी, लेकिन "इसका कारण मुख्य रूप से यदि भ्रष्ट नहीं तो दोषपूर्ण और दमनकारी प्रशासन में निहित था।" सन् 1784 का अकाल इतना भयावह था कि 1788 तक भारत में एक-तिहाई कृषि योग्य जमीन खेती के योग्य नहीं रह गई। खाद्यान्न के अभाव में लोगों ने अगले साल की बुआई के लिए रखे गए बीज भी हजम कर डाले। भूख के भय ने लोगों को विस्थापित होने के लिए मजबूर कर दिया, जिससे जमीन पर खेती नहीं हो सकी।

ईस्ट इंडिया कंपनी के लिए भारत में बार-बार अकाल पड़ना कोई समस्या नहीं थी। कंपनी का एकमात्र मकसद था कि जमीन से अधिकतम राजस्व हासिल किया जाए। उन्हें उपनिवेश की सेहत से कोई वास्ता नहीं था। वह जो लाभ कमाती थी, वह किसानों से वसूले गए राजस्व पर निर्भर था और राजस्व की गणना वास्तविक उत्पादन के आधार पर नहीं की जाती थी, बल्कि इसका आकलन भविष्य में होनेवाली फसल के आधार पर किया जाता था। इसलिए कंपनी के लिए यह मायने नहीं रखता था कि आखिरकार कितना उत्पादन हुआ। इस क्रूर प्रणाली का ध्यान किसानों के कल्याण पर कतई नहीं था। कांग्रेस द्वारा कृषि से जुड़ी मुसीबतों पर '30 के दशक में किए गए एक सर्वे ने खुलासा किया कि अधिक ब्याज वाले कराधान का सबसे बुरा प्रभाव काश्तकार व किसानों पर पड़ता था। जमींदार अपनी जमीन का दसवाँ भाग निजी खेती के लिए रख लेता था और बाकी जमीन किसानों को बँटाई पर दे देता था। बीज खरीदने, लगान देने और कृषि की अन्य लागतों को उठाने के बाद उसे अभी भी जिंदा रहने के लिए दूसरों के खेतों में मजदूरी करनी पड़ती थी। हालाँकि मुगलों के समय से ही चली आ रही लगान दर में बढ़ोतरी नहीं हुई थी; लेकिन जिस निर्दयता से लगान वसूला जाता था, उससे कई किसान दरिद्रता और निरंतर कर्ज के जाल में फँस जाते थे। जैसा कि मैल्कम डार्लिंग ने अपनी श्रेष्ठ कृति 'द पंजाब पीजेंट इन प्रॉस्पेरिटी एंड डेब्ट' में लिखा कि किसान 'कर्ज में जन्म लेता है, कर्ज में जीता है और कर्ज में मरता है और मृत्यु के बाद कर्ज ही वसीयत में छोड़ जाता है।'

अपनी अवधि के शुरुआती दिनों में कंपनी इंग्लैंड से आयातित चीजों का सौदा भारतीय मसालों, शिल्पकारी चीजों एवं अन्य वस्तुओं से करती थी और फिर उन्हें बेचकर मुनाफा कमाती थी। बहरहाल, एक बार जब कंपनी ने राजस्व वसूलने का अधिकार

हासिल कर लिया, जैसा कि बंगाल में हुआ, तो उसने कर-वसूली के अधिकार को शून्य पूँजी में तब्दील कर दिया, जो अति मुनाफा देनेवाला कारोबारी मॉडल था। इसमें राजस्व की वसूली की जाती थी और फिर उसी पैसे से चीजें खरीदकर यूरोप को निर्यात की जाती थीं। या इसे अलग ढंग से कहें तो कंपनी किसानों से पैसे वसूलती थी और फिर उनसे ली गई वस्तुओं के बदले में उन्हें इसी में से कुछ पैसे उन्हें भुगतान करती थी। कंपनी की दृष्टि से यह एक बेहतरीन कारोबारी मॉडल था, लेकिन इसने भारतीय किसानों का बुरी तरह से शोषण किया।

सन् 1857 के विद्रोह के बाद जब ब्रिटिश सरकार ने देश (भारत) का नियंत्रण अपने हाथों में ले लिया तो वह चाहती तो इस व्यवस्था में सुधार कर सकती थी। वह काश्तकारों किसानों से अधिक लगान लेनेवाले जमींदारों से निपट सकती थी और राजस्व प्रणाली का पुनर्गठन कर सकती थी, ताकि लगान तय करते वक्त बीजों एवं अन्य कृषि लागतों का ध्यान रखा जाए। बहरहाल, औपनिवेशिक मालिकों का मुख्य ध्यान राष्ट्रीय राजनीति पर था, न कि कृषि की अर्थव्यवस्था पर। अंग्रेजों ने नागरिक अवज्ञा आंदोलन को बाधित करने, उनसे निपटने के लिए जनता के विरुद्ध प्रभावशाली वर्ग को खड़ा करने की रणनीति अपनाई हुई थी। स्वतंत्रता आंदोलन को खंडित करने के लिए अंग्रेज जमींदारों को मिलाए रखते थे। अगर वे लगान व्यवस्था में दखल देते तो इससे उनका टकराव जमींदारों के साथ हो सकता था। कृषि की अर्थव्यवस्था औपनिवेशिक राज की राजनीति से जकड़ी हुई थी।

जिस किसी ने भी '20 के दशक के शुरुआती चरण में भारतीय कृषि पर नजर डालने की जहमत उठाई, उसने उसमें मौजूद संकट को देखा। औपनिवेशिक काल के समय से सरकार में हर किसी ने और भारतीय अर्थव्यवस्था का अध्ययन करनेवाले हरेक अर्थशास्त्री ने आर्थिक कीमतों के बारे में आगाह किया था, जो निरंतर अभाव के द्वारा समाज पर थोपी जा रही थीं। वर्ष 1928 में कृषि पर रॉयल कमीशन की अध्यक्षता लॉर्ड विक्टर अलेक्जेंडर लिनलिथगो ने की थी। उन्होंने भारत में मौजूद उपभोग और उत्पादन के बीच के बड़े फासले को उजागर किया और उत्पादन बढ़ाने की जरूरत पर बल दिया। कमीशन ने कहा, "भारत चावल का एक बड़ा उत्पादक देश रहा है, जिसकी सालाना पैदावार करीब 2.5 करोड़ टन रही है। यह चावल के वैश्विक उत्पादन का करीब 2/5वाँ हिस्सा है। लेकिन भारत न केवल यह सारा-का-सारा उत्पादन खुद हजम कर लेता है, बल्कि वह बर्मा, थाइलैंड और फ्रेंच इंडो-चीन से सालाना 15 से 25 लाख टन चावल आयात करता है।" आयोग ने आगे कहा कि इन क्षेत्रों से आपूर्ति सूख जाएगी और 'इसीलिए यह निहायत जरूरी है कि कम-से-कम आधारभूत आवश्यकता को पूरा करने के लिए उत्पादन अवश्य बढ़ाया जाए।'

कमतर उत्पादन और अभाव की समस्या का समाधान करने तथा कृषि-अर्थव्यवस्था को पुनर्जीवित करने की जरूरत की आयोग की सिफारिशों को नजरअंदाज किया गया; हालाँकि यह रिपोर्ट कई अकालों और निरंतर खाद्य अभाव के संदर्भ में तैयार की गई थी। यह अनदेखी इसलिए की गई कि अंग्रेजों की दिलचस्पी अपने देश में शोध कार्य पूरा करने के लिए शोध की संभावना में ज्यादा थी। इसी उद्देश्य से इंपीरियल काउंसिल ऑफ एग्रीकल्चरल रिसर्च की स्थापना की गई थी। बहरहाल, शोध के परिणामों को अपनी प्रजा के साथ साझा करने की मंशा अंग्रेजों की कभी भी नहीं रही।

दशकों से भारत की गाथा खाद्य अभाव, अकाल और खाद्य सहायता के लिए अपीलों से बँधी हुई थी। '40 के दशक में, खासकर द्वितीय विश्व युद्ध के दौरान, अनाज की आवाजाही पर कड़ी पाबंदियाँ थीं और हर व्यक्ति को रोजाना 30 ग्राम चावल राशन मिलता था। वाकई, उन दिनों यह आम बात थी कि शादी के निमंत्रण में यह लिखा होता था कि 'अपना राशन कार्ड साथ लेकर आएँ', लगभग शराब के परमिट की तरह। द्वितीय विश्व युद्ध के बाद एक बार जब विश्व परिदृश्य पर अमेरिका उभरा तो उसने तुरंत ही भारत में खाद्य संकट की प्रकृति और गंभीरता को समझ लिया। वर्ष 1946 की गरमियों में राष्ट्रपति हर्बर्ट हूवर की अकाल आपदा समिति ने भारत का दौरा किया। भारत की अर्थव्यवस्था पर युद्ध के प्रभाव की सामान्य समीक्षा करने के बाद समिति ने घोषणा की कि देश में खाद्य की स्थिति अत्यधिक खराब है। अमेरिका ने तब आगे से मोरचा सँभाला और भारत को तुरंत ही 8 लाख टन खाद्यान्न भेजा। उसने कहा कि 'यदि अन्य देशों ने खाद्य सहायता नहीं दी तो 22.5 करोड़ लोगों का जीवन खतरे में पड़ जाएगा।'

अंग्रेजों ने जब भारत छोड़ा तो उन्होंने खाद्य संकट के समाधान का भार भारत के नए शासकों पर डाल दिया। देश के बँटवारे ने समस्या में एक नया आयाम जोड़ दिया। विभाजन के बाद भारत में आबादी तो 82 प्रतिशत रह गई, लेकिन भूखंड 75 प्रतिशत ही बचा और इस तरह प्रति व्यक्ति उत्पादन और माँग के संदर्भ में एक नया ही गणित बन गया। सिंध और पश्चिमी पंजाब जैसे अतिरिक्त उत्पादनवाले प्रांत, जो सिंचाई व्यवस्था से अच्छी तरह मजबूत थे, पाकिस्तान के हिस्से में चले गए। इससे खाद्य सुरक्षा और भी बदतर हो गई। कांग्रेस इस बात के लिए संजीदा थी कि कुछ करने की जरूरत है; लेकिन जैसा कि हमेशा होता है, राजनीतिक बाध्यताओं ने प्रभावी निर्णय-प्रक्रिया में देर लगा दी। पार्टी दो विचारधाराओं में बँटी हुई थी। गांधीजी उपवास, त्याग, संयम और खाद्य संरक्षण के पक्ष में थे, ताकि पर्याप्त खाद्य उपलब्ध रहे। मगर नेहरू के नेतृत्व में आधुनिकतावादी इससे सहमत नहीं थे। उनका मानना था कि खाद्य संरक्षण करना पर्याप्त नहीं है और इसलिए बढ़ती माँग को पूरा करने के लिए भारत को कृषि में धन लगाना होगा और ज्यादा खाद्यान्न पैदा करने के उपाय करने होंगे।

ऐसा करने की बजाय कहना आसान था, क्योंकि समस्या बहुत भयावह थी। मात्र 15 प्रतिशत कृषि सिंचाई व्यवस्था पर निर्भर थी और 80 प्रतिशत से भी ज्यादा खेती वर्षा पर आश्रित थी। नाइट्रोजन और पोटाश आधारित उर्वरकों का इस्तेमाल उपज बढ़ाने के लिए अंतरराष्ट्रीय रूप से मान्य था और यूरोप में लगभग आधी सदी से इसका प्रयोग किया जा रहा था; लेकिन भारत में इसका उपयोग बहुत कम था—1 किलोग्राम प्रति एकड़ से भी कम। भूमिगत पानी को खींचा जा सकता था और नहर-आधारित सिंचाई को विकल्प के तौर पर इस्तेमाल किया जा सकता था; लेकिन उसके लिए बिजली की जरूरत थी। भारत के पास स्वतंत्रता-प्राप्ति के समय बहुत कम बिजली थी और कुल विद्युत् उत्पादन का बमुश्किल 4 प्रतिशत जमीन से पानी खींचने के लिए इस्तेमाल किया जाता था और वह भी जरूरी नहीं कि कृषि के लिए ही।

इस कठिन हालात के बारे में पं. जवाहरलाल नेहरू से ज्यादा कोई वाकिफ नहीं था। न्यूयॉर्क में सन् 1949 में अपने सरकारी दौरे के दौरान एक नागरिक अभिनंदन समारोह में उनसे पूछा गया कि भारत की सबसे बड़ी समस्या क्या है ? उन्होंने साफगोई से जवाब दिया, ''गरीबी। हमें अपने लोगों के लिए अवश्य ही भोजन चाहिए'' और उन्होंने खाद्य सहायता प्राप्त करने के लिए खुलकर मुहिम चलाई। उन्होंने कहा, ''अमेरिका भारी मात्रा में गेहूँ प्रदान कर भारत की सबसे ज्यादा मदद कर सकता है। मैं समझता हूँ कि अमेरिका के पास काफी अतिरिक्त गेहूँ हैं।'' वापसी के समय लंदन में भारतीयों से मिलने के दौरान भी उन्होंने फिर इसके लिए अपील की। उन्होंने कहा, ''यह सच है कि हम यथासंभव सस्ती दर में गेहूँ प्राप्त करने के लिए चिंतित हैं। अगर संभव हो तो मुफ्त में गेहूँ मिल जाए या फिर बाद में भुगतान व्यवस्था के तहत प्राप्त हो जाए, ताकि हम पाँच वर्षों में थोड़ा-थोड़ा कर भुगतान कर दें।''

आदर्श रूप में, खाद्य सहायता और आपूर्ति के लिए प्रधानमंत्री की निरंतर मुहिम के मद्देनजर कृषि क्षेत्र के रूपांतरण को बल मिला होता; लेकिन इस दिशा में प्रयास रुका ही रहा। अपने पूर्ववर्ती ब्रिटिश सरकार की तरह भारत की नई सरकार ने संकट के समाधान के लिए ठोस कदम उठाने की बजाय समितियाँ बनाने और तथ्य-खोजी मिशन को पसंद किया। वर्ष 1947 में पुरुषोत्तमदास ठाकुरदास के नेतृत्व में खाद्यान्न नीति आयोग की स्थापना की गई। अप्रैल 1948 में सौंपी गई अपनी रिपोर्ट में आयोग ने जोर दिया कि ''खाद्य आयात पर निर्भरता क्रमशः खत्म की जानी चाहिए और घरेलू खाद्यान्न उत्पादन बढ़ाकर भोजन की समस्या का समाधान किया जाना चाहिए।'' आयोग ने सिफारिश की कि खाद्य सुरक्षा सुनिश्चित करने के लिए सरकार कदम उठाए। यह भी कहा गया कि खाद्यान्न का उत्पादन प्रति वर्ष कम-से-कम 1 करोड़ टन बढ़ाया जाना चाहिए और यह क्रम तब तक जारी रखा जाना चाहिए, जब तक कि आत्मनिर्भरता प्राप्त

न कर ली जाए। हालाँकि वर्ष 1947 के आयोग की सिफारिशों को लागू करने के लिए कुछ खास नहीं किया गया, लेकिन 1949 में एक अन्य पैनल 'खाद्यान्न जाँच आयोग' गठित किया गया। इसने सिफारिश की कि सरकार सिंचाई के क्षेत्र में निवेश करे और बीजों एवं उर्वरकों का वितरण सुधारे, ताकि उत्पादन बढ़े और माँग को पूरा किया जा सके।

अर्थशास्त्र की राजनीति

यह आमतौर पर माना जाता है कि विकास एक विशेष चक्र का नतीजा होता है, जिसमें उद्योग में निवेश करने से रोजगार, आय, उपभोग और बचत को गति मिलती है तथा इससे और ज्यादा निवेश को बढ़ावा मिलता है। बहरहाल, भारत में अकाल के खतरे और गरीबी-उन्मूलन की तात्कालिक जरूरत की माँग थी कि कृषि में संसाधनों का उतना ही निवेश किया जाए, जितना निवेश उद्योग में किया जा रहा था। सरकार को सिंचाई, बीजों, कृषि तकनीक और उर्वरक उत्पादन में निवेश करने की जरूरत थी। वार्षिक बजट में बीज फार्म व उर्वरक संयंत्र स्थापित करने के लिए निवेश की व्यवस्था करने और किसानों को मूल्य-प्रोत्साहन दिए जाने की जरूरत थी। प्राथमिकता के आधार पर यह भी करने की आवश्यकता थी कि प्रति एकड़ पैदावार को बढ़ाने के लिए प्रौद्योगिकी को अपनाया जाए।

स्वतंत्रता-प्राप्ति के तकरीबन एक दशक पूर्व कांग्रेस ने तय किया कि उसके राजनीतिक लक्ष्य आर्थिक विकास के प्रति अपने नजरिए को लागू करेगा। लक्ष्य था कि विकास का न केवल अंकीय मुकाम हासिल किया जाए, बल्कि पूर्ण आत्मनिर्भरता हासिल की जाए और पश्चिमी औद्योगिक शक्तियों पर निर्भरता खत्म की जाए। यह लक्ष्य एक ऐसी औद्योगिक नीति पर जोर देकर हासिल किया जाना था, जो आधारभूत उद्योगों में भारी निवेश और आयात पर बल दे।

बहरहाल, आत्मनिर्भरता और औद्योगिकीकरण के लक्ष्य ने संसाधनों के आवंटन में पक्षपात को जन्म दिया। संसाधनों की सीमा के मद्देनजर कृषि को उतनी प्राथमिकता नहीं दी गई, जितनी दिए जाने की जरूरत थी और चीजों को जिस बात ने और ज्यादा जटिल कर दिया, वह था—कांग्रेस पार्टी का यह विश्वास कि कृषि विकास को बढ़ावा देने के किसी भी प्रयास से ग्रामीण अमीर वर्ग की अमीरी में और इजाफा नहीं होना चाहिए। हालाँकि प्रौद्योगिकी को निष्पक्ष पैमाना माना जाता है, लेकिन यह महसूस किया गया कि उच्च पैदावारवाली फसलों का उत्पादन शुरू करने और कृषि में ज्यादा निवेश करने से छोटे किसानों की अपेक्षा बड़े किसानों को फायदा होगा। यह व्यापक तौर पर महसूस किया जाता था कि जमीन के स्वामी जमींदारों

और खेती करनेवाले किसानों के बीच भारी फासले को धन के पुनर्वितरण के माध्यम से पाटा जाए।

ऐतिहासिक रूप से भारत में जमीन स्थानीय समुदायों की होती थी और स्थानीय समुदाय उन लोगों के अधिकारों को मानते थे, जो उनकी जमीन पर काम करते थे। मुगलों और उनके बाद आनेवाले अंग्रेजों ने इस ढाँचे को बदल दिया, ताकि लेवी की वसूली आसान हो जाए। मुगलों ने अपने वास्ते लेवी वसूली के लिए पसंदीदा कुलीन लोगों की नियुक्ति की और बदले में अपनी फीस के रूप में लेवी का एक-एक नियत हिस्सा रखने की इजाजत दी। वक्त गुजरने के साथ जब मुगल साम्राज्य का पतन होने लगा तो लगान वसूलनेवालों ने अपने-अपने आवंटित क्षेत्रों को निजी जागीरों में तब्दील कर दिया। सुल्तान के द्वारा किसानों को अब तक जो अधिकार और खेती करने की अवधि मंजूर की गई थी, उन्हें जमींदारों द्वारा कम किया जाने लगा और अंततः किसान अब जमींदारों के रहमोकरम पर महज काश्तकार बन गए। यह प्रणाली अंग्रेजों को अनुकूल लगी। उन्हें यह विचार पसंद आया कि तमाम जमीन का मालिक सुल्तान होता है और वह इसे पसंदीदा कुलीन लोगों में बाँटता है। जमींदारी व्यवस्था इस देश का नया कुलीन तंत्र बन गई और अनेक प्रकार की कृपा के बदले में उन्होंने खुद को नए शासकों के साथ जोड़ लिया।

सामंत वर्ग और सत्तारूढ़ वर्ग के बीच इस अन्यायपूर्ण संबंध की प्रतिध्वनि लोकप्रिय सिनेमा में सुनाई दी। सन् 1925 की 'सावकारी पाश' (यानी भारतीय शायलॉक) ने जमींदारों और सूदखोरों के शोषण की कहानी बयाँ की थी। इसमें वी. शांताराम ने काम किया था। सन् 1936 में फ्रेंज ओस्टेन द्वारा निर्देशित बॉम्बे टाकीज प्रोडक्शन की फिल्म 'जन्मभूमि' ने वर्ग संघर्ष को वर्ग सहयोग में तब्दील करने के आदर्श को पेश किया। इस फिल्म में अशोक कुमार और देविका रानी ने काम किया था। इसी तरह नितिन बोस की 'देशेर माटी' और के.ए. अब्बास की फिल्म 'धरती के लाल' ने इस विचार को प्रस्तुत किया कि हिस्सेदारी पर खेती करनेवाले किसान सोवियत शैली में मिलकर सामूहिक खेती करें और जमींदारों का मुकाबला करें। अब्बास की इस फिल्म में शंभु मित्रा और बलराज साहनी ने काम किया था।

पूरे स्वतंत्रता आंदोलन में प्रतिकार और पुनर्वितरण की लगातार अनुगूँज होती रहती थी। अखिल भारतीय किसान सभा ने माँग की कि 'बगैर मुआवजे के जमींदारी की अवधि को समाप्त किया जाए, सभी कर्जों को खत्म किया जाए और सरकार के पास पड़ी तमाम कृषि योग्य जमीन का पुनर्वितरण सीमांत किसानों और भूमिहीन मजदूरों के बीच किया जाए।' कांग्रेस ने सन् 1937 में अपने फैजपुर सत्र में खुद को लोकप्रिय भावना के साथ जोड़ते हुए ग्रामीण गरीबों को त्रस्त करनेवाली तमाम किस्म

की समस्याओं पर तुरंत कदम उठाने, लगान में कमी से लेकर भू-कर को माफ करने, सामंती बकायों को खत्म करने, नितांत अनुचित कर्जों को समाप्त करने और तमाम काश्तकारों के लिए अधिभोग के अधिकारों की माँग की। नेहरू का दृढ़ मानना था कि कृषि की समस्या का समाधान टुकड़ों में नहीं किया जा सकता। उन्होंने कहा, "मौजूदा भू-प्रणाली नहीं चल सकती और किसानों एवं राज्य (सरकार) के बीच बिचौलियों को खत्म करना स्पष्ट व ठोस कदम होना चाहिए। इसके बाद सहकारी अथवा सामूहिक खेती की जानी चाहिए।"

बहरहाल, महात्मा गांधी ने क्रांतिकारी परिवर्तन की तलाश में निहित हिंसा की संभावना को महसूस किया। उन्हें लगा कि आंदोलन को उग्र रूप देने से वह भू-स्वामी वर्ग स्वतंत्रता आंदोलन से कट जाएगा, जिसे सावधानी से अपने साथ जोड़ा गया है। इससे भी बदतर बात यह होगी कि जबरन क्रांति लाने का प्रयास करने से स्वतंत्रता के लिए अहिंसक संघर्ष का उनका विचार खत्म हो जाएगा। गांधीजी ने उन लोगों का प्रतिरोध करने के लिए हस्तक्षेप किया, जो क्रांति करने पर आमादा थे।

देश ने जब स्वतंत्रता हासिल की, तब तक कांग्रेस ने क्रांतिकारी बदलाव के शब्दाडंबर को काफी कम कर दिया। बहरहाल, महात्मा गांधी के प्रयासों के बावजूद मौलिक बदलाव के समर्थकों और कम्युनिस्टों ने स्वतंत्रता-प्राप्ति के तुरंत बाद अपने एजेंडा को तेजी से आगे बढ़ाने का मौका ताड़ा। उन्होंने और बंगाल के अपने प्रभावी क्षेत्रों में जमींदारों को उखाड़ फेंकने और खेतिहरों को जमीन वापस सौंपने के लिए दुःसाहसिक कार्रवाई की। हत्या, रक्तपात और लूट ने उद्देश्य की नैतिकता को धूमिल कर दिया। तत्पश्चात् विभाजन के बाद भड़की सांप्रदायिक हिंसा और गांधीजी की हत्या ने देश के अंदर मेल-मिलाप की नई भावना तैयार की। कांग्रेस और अन्यों के एजेंडे में परिवर्तन का कार्यक्रम बना रहा; लेकिन जिस गति से यह लाया जाएगा, वह धीमा पड़ गया और जिन तरीकों से इसे लाया जाएगा, वे भी बदल दिए गए।

कांग्रेस के वामपंथी रुझानवाले सदस्यों ने हालाँकि इस बात पर जोर देना जारी रखा कि पूर्ण स्वतंत्रता के लिए भूमि का मालिकाना हक समुदाय को फिर से दिया जाना आवश्यक है। नेहरू ने जबकि इस विचार का पक्ष लिया, लेकिन उन्होंने यह भी महसूस किया कि इसमें विघटन और वर्ग संघर्ष का खतरा है, जो नए गणतंत्र में लोकतंत्र को पटरी से उतार सकता है। नेहरू सच्चे लोकतंत्रवादी थे, लिहाजा उन्होंने पूँजीवाद और साम्यवाद के बीच मिलन-क्षेत्र में अपनाई अपनी नीति को स्थापित किया और इसका वर्णन इस रूप में किया कि "यह एक तीसरा रास्ता है, जो तमाम मौजूदा प्रणालियों— रूसी, अमेरिकी और अन्यों में सर्वोत्तम बातों को अपनाता है और कुछ ऐसा गढ़ने का प्रयास करता है, जो उसके इतिहास और दर्शन के अनुकूल हो।"

पक्षपात का बीजारोपण

वर्ष 1950 तक कांग्रेस विकास संबंधी उन विचारों को लेकर तैयार हो गई थी, जिन्हें प्रथम पंचवर्षीय योजनाओं में पिरोया जाना था। भारत उद्योग और कृषि दोनों पर ध्यान लगाने वाला था। हालाँकि अर्थशास्त्र का तर्क कहता था कि लोगों के विशाल बहुमत और कृषि पर पहले ध्यान दिया जाए; लेकिन सरकार ने तय किया कि वह उद्योग को आधुनिक बनाने की योजना पर आगे बढ़ेगी और इसके लिए घरेलू बचत, विदेशी मदद और कृषि उत्पाद में विकास से धन की व्यवस्था की जाएगी।

महत्त्वाकांक्षा का पैमाना चमत्कारी था। भारत स्वतंत्रता-प्राप्ति तक एक ऐसा देश था, जो पिन तक आयात करने को बाध्य था। इसने एक ऐसा देश बनने का सपना देखा, जो धातु, बिजली और भारी मशीन के क्षेत्र में विश्व-स्तरीय उद्योग स्थापित करे। इन लक्ष्यों की मौद्रिक और तकनीकी संसाधनों की माँग काफी ज्यादा थी। लेकिन नेहरू इससे विचलित नहीं थे। उन्होंने इस अवधारणा को ठुकरा दिया कि अंतर्जात गरीबी को दूर करने के लिए यह आवश्यक है कि कृषि विकास पर पूरा ध्यान लगाया जाए और उन्होंने एक ऐसे मॉडल में विश्वास जताया, जिसमें आयात-विस्थापन और भारी उद्योग में निवेश से विकास को बढ़ावा मिलेगा।

इस मॉडल में विश्वास की आज आलोचना की जा सकती है; लेकिन तब विकास के अर्थशास्त्र पर काम करनेवाले विद्वानों के बीच यह प्रबल विचार था। उस संदर्भ को समझना अहम है, जिसमें यह विकल्प चुना गया। द्वितीय विश्व युद्ध की समाप्ति पर सोच काफी स्पष्ट रूप से '30 के दशक की मंदी, अंतरराष्ट्रीय व्यापार और वित्तीय प्रणालियों के ध्वस्त होने और सबसे अहम सोवियत केंद्रीय योजना की सफलता से प्रभावित थी, जिसमें कृषि अर्थव्यवस्था ने ऐसे औद्योगिक देश में तब्दील कर दिया, जो जर्मनी को हराने की ताकत हासिल कर सका।

कृषि को पुनर्जीवित करने का विचार सामुदायिक विकास कार्यक्रमों पर आधारित था। यह विचार युक्तियुक्त था। उद्योग की तरह कृषि को भी व्यापक पैमाने और प्रौद्योगिकी की जरूरत पड़ती है, ताकि उत्पादन बढ़ाया जा सके। ऑस्ट्रेलिया, अमेरिका और सोवियत संघ में किसान अपनी खेती के बड़े पैमाने, यानी कि खेतों के विशाल आकार के कारण अपनी पैदावार को बढ़ा सके। विचार यह था कि भारत में जमींदारों की जमीनों का खेतिहर किसानों के बीच पुनर्वितरण किया जाएगा और वे किसान सहकारी संगठन बनाएँगे। इन सहकारी संगठनों को सरकार द्वारा प्रशिक्षित और विकसित जानकार कामगारों द्वारा सलाह दी जाएगी। वे उन्हें न केवल खेती में परामर्श देंगे, बल्कि डेयरी फार्मिंग या मुरगी-पालन जैसी गतिविधियों में भी सलाह देंगे, ताकि उनकी आमदनी बढ़े। यह उम्मीद की गई कि इससे ग्रामीण समुदाय के मानव एवं भौतिक संसाधनों का

विकास होगा। आर्थिक विकास का लक्ष्य सामाजिक बदलाव के जरिए हासिल किया जाना था, न कि इसके उलट रास्ते से।

ब्रिटेन और अमेरिका के अर्थशास्त्रियों, उद्योगपतियों और टिप्पणीकारों ने चिंता जताई कि आधुनिक औद्योगिक ढाँचा खड़ा करने से कृषि के लिए संसाधन बहुत कम बचेंगे। नेहरू इस बिन माँगी सलाह, भले ही उसकी मंशा अच्छी हो, को पसंद नहीं करते थे कि भारत को आर्थिक विकास के रास्ते पर किस तरह आगे बढ़ाना चाहिए। वर्ष 1946 जैसे शुरुआती वक्त में ही आवेग और प्रांजलता के साथ अपनी अद्वितीय शैली में उन्होंने कहा, "जब से भारत में आधुनिक उद्योग के विकास की माँग उठी है, हमसे यह कहा जाने लगा है कि भारत मुख्यत: कृषि-आधारित देश है और यह उसके हित में है कि वह कृषि से ही जुड़ा रहे। औद्योगिक विकास संतुलन को बिगाड़ सकता है और उसके मुख्य कारोबार यानी कृषि के लिए नुकसानदेह हो सकता है। भारतीय किसान के लिए ब्रिटिश उद्योगपतियों और अर्थशास्त्रियों ने जो चिंता जताई है, उसके हम आभारी हैं। ऐसा लगता है मानो तनिक भी बुद्धि रखनेवाला कोई भारतीय किसानों को भूल जा सकता है। भारतीय किसान हमारा मुख्य फोकस हैं और उनके विकास पर ही भारत का विकास निर्भर करता है। लेकिन कृषि में संकट, जितना भी गंभीर हो, उद्योग में संकट से जुड़ा हुआ है और इसी से पैदा हुआ है। दोनों को एक-दूसरे से अलग-अलग निपटा नहीं जा सकता है और दोनों के बीच जो गैर-आनुपातिक संबंध है, उसे दुरुस्त किया जाना आवश्यक है।"

एक ही साँस में नेहरू ने स्पष्ट किया कि उनका दिमाग मध्य मार्ग पर केंद्रित है। प्रथम योजना ने इसे शब्दों और रुपयों में रेखांकित किया। कृषि को भारी आवंटन मिला; लेकिन सरकार का पूरा ध्यान उसी पर नहीं था। फिर भी, योजना ने बिजली और सिंचाई पर खर्च के लिए महत्त्वपूर्ण प्रावधान किए। यह नेहरू की दृष्टि का सबूत है कि वह 1948 जैसे शुरुआती समय में ही भाखड़ा नाँगल परिसर जैसी बृहत् सिंचाई-सह-पनबिजली परियोजना की परिकल्पना कर सके। वाकई अमेरिका में जिस एक स्थान पर नेहरू ने काफी वक्त बिताया, वह है—टेनेसी नदी घाटी परियोजना। जाहिर है, उन्होंने विकास के लिए ऊर्जा की अहम जरूरत और बड़े पैमाने की परियोजनाओं के बहुआयामी प्रभाव को समझा।

जब प्रथम योजना पर जोर-शोर से बहस चल रही थी, तब भारत को अकाल का सामना करना पड़ा। युद्ध-पूर्व और युद्धोपरांत जो मूल्य-नियंत्रण प्रणाली अपनाई गई थी और इसके प्रति गांधीजी की जो नापसंदगी थी, उसे देखते हुए सन् 1947 में इसे वापस ले लिया गया। मगर इस प्रणाली को वर्ष 1948 के आखिर में फिर लागू करना पड़ा। फिर भी, आपूर्ति और माँग के बीच फासला कम करने में इससे मदद नहीं मिली।

खाद्य सहायता के लिए राजनयिक माध्यमों के जरिए कई संदेश भेजे गए। शुरुआत में, अमेरिकी प्रशासन ने इस आग्रह पर कोई प्रतिक्रिया नहीं जताई। उनकी चिंता थी कि भारत आवश्यकता से अधिक मदद हासिल कर रहा है और इसका इस्तेमाल मूल्य-नियंत्रण के साधन के तौर पर कर रहा है। इसका मतलब है कि निजी भू-स्वामियों के हितों को नुकसान पहुँचाया जा रहा है और अमेरिका को राजनीतिक रूप से यह बात पचती नहीं थी। उन्होंने महसूस किया कि इससे साम्यवाद को हवा मिल सकती है।

लेकिन घटनाओं ने ऐसा मोड़ लिया कि भारत की खाद्य सहायता की माँग को बल मिला। द्वितीय विश्व युद्ध के बाद अमेरिका दुनिया के साथ ज्यादा उत्साह से पेश आने लगा; क्योंकि एक वैश्विक महाशक्ति की नई भूमिका के प्रति वह अभ्यस्त होता जा रहा था। युद्धोपरांत अमेरिका ने जापान और जर्मनी के पुनर्गठन के लिए 25 अरब डॉलर की मार्शल योजना बनाई। वर्ष 1948 के चुनावों में विश्व-राजनीति की दिशा को प्रभावित करने के लिए हैरी ट्रूमैन ने अमेरिकी संसाधनों का इस्तेमाल करते हुए चार सूत्री कार्यक्रम बनाया। जब माओ की भीड़ द्वारा च्यांग काई शेक को चीन से खदेड़कर ताइवान भेज दिया गया तो इससे पश्चिमी लोकतांत्रिक देशों को गहरी चिंता हुई। अमेरिका एशिया में साम्यवाद के विस्तार को लेकर चिंतित हो उठा, क्योंकि दो विशाल ब्लॉक—सोवियत संघ और चीन में मार्क्सवादियों का शासन था। कई तरह से यह अवधि शीत युद्ध की राजनीति की शुरुआत थी और नेहरू ने शीघ्र ही इसे भाँप लिया। उन्होंने देखा कि भारत ने गुटनिरपेक्षता के विचार से जुड़े रहने का संकल्प जताया है। वह साम्यवाद के प्रसार को रोकने का एक साधन बन सकता है और उन्होंने यह सुनिश्चित किया कि अमेरिका भारत को इसी नजरिए से देखे।

जून 1951 में हैरी ट्रूमैन शासन ने एक विशेष कानून—भारत आपात खाद्य सहायता अधिनियम पारित किया। अपनी खास शैली में इस कानून पर दस्तखत करते हुए ट्रूमैन ने कहा, "मैं खुश हूँ कि मैं कांग्रेस द्वारा पारित इस कानून पर दस्तखत कर सका। इस कानून से यह मुमकिन होगा कि अमेरिका भारत के लोगों के लिए 20 लाख टन खाद्यान्न भेज सके। अमेरिका से भारत को जो यह खाद्य सामग्री भेजी जाएगी, वह भारत द्वारा अपनी आपात स्थिति से निपटने के लिए विदेशों में खरीदे जानेवाले कुल खाद्यान्न का करीब दो-तिहाई होगी।"

इस खाद्य सहायता ने मुश्किल में फँसी नेहरू सरकार को राहत पहुँचाई; लेकिन खाद्य अभाव के बारे में चिंता और भारत की कृषि अर्थव्यवस्था में कम उत्पादन की फिक्र बनी रही। भारतीय अर्थव्यवस्था का आकलन करने में विश्व बैंक ने इस बात पर भी जोर डाला कि कृषि के उन्नयन की जरूरत है। इसने कहा कि "भारत लंबे समय से खाद्य की कमीवाला क्षेत्र रहा है। युद्धोत्तर अवधि में खाद्य समस्या और भी बिगड़ी

है, जिसके कारण हैं—ज्यादा पैदावारवाले क्षेत्रों का पाकिस्तान में चले जाना, लगातार खराब मानसून, उपभोग में बढ़ोतरी और आबादी का निरंतर बढ़ना।'' अनाज के आयात के कारण वर्ष 1949 और 1952 के बीच व्यापार घाटा बढ़ा। वाकई, भारत के लिए पहली ऋण राशि जारी करने की प्रक्रिया के दौरान विश्व बैंक ने चेतावनी दी कि भारत का आर्थिक विकास तभी बरकरार रखा जा सकता है, जब इसे और अधिक वित्तीय मदद प्राप्त हो।''

इस बीच जिन विचारों ने प्रथम योजना को एक साथ जोड़े रखा, वे गतिरोध में फँस गए। कृषि में मामूली प्रगति भी सुधारवादी कदमों के जरिए जमींदारी खत्म करने पर निर्भर करती थी। ये कदम खेतिहर किसानों की समझौता शर्तों को बेहतर करते और भू-स्वामित्व की एक सीमा तय करते। इसे हासिल करने के लिए जमींदारी (उन्मूलन) अधिनियम लाया गया। तुरंत ही सामंती भू-स्वामियों ने विविध राज्यों में इस कानून को अदालत में चुनौती थी। उनकी दलील थी कि यह कानून संविधान द्वारा प्रदत्त संपत्ति के मौलिक अधिकार का उल्लंघन करता है। उल्लेखनीय कामेश्वर बनाम बिहार राज्य (1951) केस में पटना उच्च न्यायालय ने फैसला दिया कि बिहार भूमि सुधार कानून असंवैधानिक है। बहरहाल, कई अदालतों—उदाहरणार्थ इलाहाबाद और नागपुर—ने भूमि सुधारों को सही ठहराया। जमींदारों ने तब सुप्रीम कोर्ट का दरवाजा खटखटाया। लेकिन जब सर्वोच्च न्यायालय में ये अपीलें पड़ी हुई थीं, तब सरकार ने संविधान संशोधन करने का फैसला किया।

संशोधन की भाषा बहुत कुछ कह जाती है—''पिछले पंद्रह महीने में संविधान के कार्यान्वयन के दौरान न्यायिक फैसलों और घोषणाओं द्वारा कुछ दिक्कतें सामने लाई गई हैं, खासतौर पर मौलिक अधिकार पर अध्याय को लेकर।'' इसने कहा, ''आम जनता के हित में नागरिकों के अधिकार समुचित पाबंदियों के अधीन हैं।'' संशोधन ने आगे बढ़कर ''उन प्रावधानों को जोड़ा, जिन्होंने आमतौर पर जमींदारी-उन्मूलन कानूनों को और खासतौर पर कुछ विशेष राज्य अधिनियमों की संवैधानिक वैधता को सुनिश्चित किया।''

एक बिंदु से परे इस संशोधन ने मदद नहीं की। स्वतंत्रता संघर्ष के दौरान कांग्रेस ने सावधानीपूर्वक जमींदारों को स्वतंत्रता आंदोलन के अहम चक्कों के तौर पर पोषित किया था। स्थानीय स्तर पर आधारभूत इकाई का निर्माण प्रबल जाति और भू-स्वामी कुलीनों के सदस्यों को मिलाकर किया जाता था और वही इकाई राजनीतिक आंदोलन की नींव बनती थी। गाँव से लेकर जिला और जिले से लेकर राज्य तक इन इकाइयों का समुच्चय राष्ट्रीय पार्टी का पिरामिड बनाता था, जिसमें हरेक इकाई एक-दूसरे से मुद्दों और वोटों पर विविध गठबंधनों से बारीकी से गुँथी हुई होती थी। मकसदों के पूरा होने और उसके परिणामों के प्रति निष्ठा होती थी। नीतिगत क्षेत्र में किसी भी फैसले के निहित

स्वार्थोंवाले पार्टी सदस्यों के लिए निहितार्थ होते थे और इसका प्रभाव राज्य और केंद्र स्तर के नेताओं के चुनावी भविष्य पर पड़ता था। भू-स्वामी वर्ग ने सहकारिता आंदोलन और भूमि-सुधारों को अपनी संपत्ति के हितों पर सीधा हमला माना और उन्होंने राजनीतिक प्रणाली को अस्त-व्यस्त कर दिया। इसलिए केरल और पश्चिम बंगाल को छोड़कर भूमि-सुधार हर जगह लड़खड़ा गया। केरल और पश्चिम बंगाल में भूमि-सुधारों की सफलता की व्याख्या नागरिक समाज द्वारा इसकी स्वीकृति और वामपंथ व कांग्रेस के बीच प्रतियोगी समाजवाद के प्रभाव द्वारा होती है।

पार्टी में सिद्धांतकारों के लिए सुधारों में गतिरोध आना निराशाजनक था। नेहरू और अन्य योजनाकारों ने भूमि-सुधारों को आगे बढ़ाने के लिए बार-बार चीन का उदाहरण दिया। बहरहाल, उन्होंने जिस बात की अनदेखी की, वह यह कि चीन में बदलाव क्रांति के जरिए आया था। वहाँ का प्रशासन निरंकुश था और इसीलिए भूमि का स्थानांतरण स्वयमेव हो गया। इससे भी महत्त्वपूर्ण, भू-स्वामित्व और राजस्व-वसूली को एकदम निचले स्तर से ऊपर तक सरल और कारगर बनाया गया। इसके विपरीत, भारत में राजस्व वसूली की विविध प्रणालियाँ एवं पद्धतियाँ थीं।

भूदान आंदोलन की नैतिक अपील ने सामूहिक अंत:करण को झकझोरा, लेकिन एक सीमा के बाद यह कार्यरूप में तब्दील हो पाया। आचार्य विनोबा भावे की मौजूदगी और भूमि एवं धन के पुनर्वितरण को सुनिश्चित करने की उनकी प्रतिबद्धता से भूदान आंदोलन को वैधता मिली हुई थी। विनोबा भावे गांधीवादी थे। उन्होंने कई राज्यों में लोगों से विशाल भूखंडों पर नियंत्रण छुड़वाने में सफलता पाई, ताकि उन्हें खेतिहरों के बीच बाँटा जा सके। भूमि-सुधारों का विचार मानव-कल्याण द्वारा संचालित नहीं किया जा सका, इसके लिए राजनीतिक स्वीकृति की जरूरत थी।

कांग्रेस और नेहरू ने बिना विचलित हुए कृषि के लक्ष्यों को हासिल करने के लिए सामुदायिक योजनाओं में अपना भरोसा बनाए रखा। नियोजित विकास का पहिया आगे चलता रहा। द्वितीय पंचवर्षीय योजना ने औद्योगिकीकरण पर और भी जोर डाला। हमने 'मिथ्याडंबरों के दहन' (द बोनफायर ऑफ वैनिटीज) में इस बात की पड़ताल की है कि कैसे योजनाकारों ने पी.सी. महालनोबिस के नेतृत्व में तीन क्षेत्रों को छोड़कर बाकी तमाम उद्योगों को राज्य (सरकार) के नियंत्रण में कर दिया और भारत सरकार देश में सबसे बड़ा औद्योगिक घराना हो गया। अर्थशास्त्रियों ने इसके विपरीत राय दी। उनका कहना था कि औद्योगिकीकरण का बेहतर रास्ता यह होगा कि अर्थव्यवस्था को प्रतियोगिता के लिए खोला जाए, विदेशी निवेश को आमंत्रित किया जाए, प्रौद्योगिकी हासिल करने और लागत सक्षमता प्राप्त करने के लिए आयात की इजाजत दी जाए। महालनोबिस और उनका समूह अपनी योजनाओं पर डटे रहे।

महालनोबिस का मानना था कि सिर्फ औद्योगिकीकरण से, न कि कृषि पर जोर देने से, विकासशील देश विदेशी ताकतों के साथ स्थायी संबंध बना पाएँगे। इसके विपरीत, जो भी देश कृषि-प्रधान होगा, उसे दबाव में लाया जाएगा। अमेरिका और अन्य देशों से खाद्य सहायता को भी राष्ट्रीय हितों को दबाने का साधन बनाया जा सकता है, इस विचार को उस वक्त कोई तवज्जो नहीं देता था।

योजना में 4,800 करोड़ रुपए की कुल राशि में से कृषि और सामुदायिक विकास के लिए महज 568 करोड़ रुपए आवंटित किए गए। कृषि कार्यक्रमों पर खर्च को 196 करोड़ से घटाकर 170 करोड़ कर दिया गया। योजनाकारों ने तर्क दिया कि निम्न एवं स्थिर जीवन-स्तर, कम रोजगार और बेरोजगारी—ये तमाम बातें कृषि-आधारित अर्थव्यवस्था के लक्षण हैं। योजनाकारों ने इंगित किया कि अमेरिका में कृषि क्षेत्र में कुल आबादी के जितने प्रतिशत लोग रोजगार पाए हुए थे, वह 54 प्रतिशत से गिरकर 23 प्रतिशत रह गया और जापान में 80 प्रतिशत से गिरकर 48 प्रतिशत रह गया है। इन देशों द्वारा पेश किए गए दृष्टांतों से उन्होंने निष्कर्ष निकाला कि उद्योग का वैविध्यकरण और तीव्र औद्योगिकीकरण एकमात्र रास्ते हैं, जिनके जरिए विकास हो सकता है।

आकांक्षा के तौर पर यह प्रशंसनीय था, लेकिन यह निरंतर खाद्य अभाव की वास्तविकता से परे था; जबकि इसका समाधान किए जाने की आवश्यकता थी। खराब बात यह थी कि योजना में अमेरिका से खाद्य सहायता, सस्ते आयात और खाद्यान्न प्राप्त करने की माँग को जारी रखा गया। खाद्य सहायता का इस्तेमाल न केवल माँग के फासले को पाटने के लिए किया जाना था, बल्कि इससे घरेलू मूल्यों को दबाने की भी अपेक्षा की गई थी, ताकि ज्यादा घरेलू बचत सुनिश्चित की जा सके और इस धन का इस्तेमाल नियोजित औद्योगिकीकरण के लिए किया जाए। इसके लिए राजनीतिक निर्देश भी था— किसी भी सरकार के दोबारा चुने जाने के लिए यह आवश्यक था कि कीमतों को कम रखा जाए। इसकी संभावना नहीं है कि योजनाकार यह समझने में विफल रहे हों कि आयातों के जरिए घरेलू कीमतों को दबाने से भारतीय किसानों के ज्यादा पैदावार करने का उत्साह ठंडा पड़ जाएगा। लेकिन यह पूरी तरह संभव है कि आर्थिक औचित्य के ऊपर राजनीतिक तर्क हावी रहा।

'50 के दशक के मध्य तक भारतीय अखबारों में खाद्य की कमी की खबरें आमतौर पर सुर्खियों में होती थीं। हालाँकि शीत युद्ध जारी था और इस आधार पर भारत को अमेरिका से खाद्य सहायता प्राप्त करने का अवसर मिल जाता था; लेकिन हितकारी देश इस बात से चिंतित था कि भारत के अंदर असमानताओं के जारी रहने से सामाजिक संघर्ष भड़क सकता है, जो कि साम्यवाद के पनपने का आधार बन सकता है। ऐसी चिंताओं के बावजूद 10 जुलाई, 1954 को अमेरिकी राष्ट्रपति ड्वाइट डी. आइजनहॉवर

ने कृषि व्यापार विकास सहायता अधिनियम या पब्लिक लॉ 480 (पी.एल. 480) पर दस्तखत कर इसे कानून बना दिया। अमेरिकी किसानों को समर्थन देने और अमेरिकी कृषि उत्पादों के निर्यात को बढ़ावा देने के लिए यह कानून बनाया गया था। लेकिन पी.एल. 480 साम्यवाद को काबू में रखने का भू-राजनीतिक औजार भी था। निर्गुट भारत इसके सबसे बड़े लाभान्वितों में से एक था। वर्ष 1955 से 1971 के बीच भारत ने 5 करोड़ टन से भी ज्यादा खाद्यान्न प्राप्त किया, जो पी.एल. 480 प्रोग्राम के तहत दिए गए सारे खाद्यान्न का लगभग आधा था।

पी.एल. 480 के तहत खरीद के लिए वित्तीय व्यवस्था अनूठी थी। कीमतों में रियायत दी जाती थी और भुगतान सरकारी बॉण्डों के जरिए रुपए में किया जाता था, ताकि कीमती विदेशी मुद्रा बाहर न जाने पाए। अमेरिकी सरकार इस भुगतान से प्राप्त राशि का इस्तेमाल भारत के अंदर विकास गतिविधियों के लिए धन देने के वास्ते करती थी। जॉन पार्किंस ने अपनी पुस्तक 'भू-राजनीति एवं हरित क्रांति' (जियो-पॉलिटिक्स एंड द ग्रीन रिवोल्यूशन) में अनुमान लगाया है कि भारत में कुल जितनी मुद्रा चलन में थी, यह रकम उसकी करीब एक-तिहाई थी। हालाँकि इस दावे की पुष्टि नहीं की जा सकती है, लेकिन यह निश्चित है कि वर्ष 1971 में अमेरिकी सरकार ने इस राशि को 3 अरब डॉलर बताया और निक्सन प्रशासन के दौरान भारतीय अधिकारियों ने अमेरिकी राजदूत डेनियल मॉयनिहान के साथ बातचीत की और अमेरिका को 4 अरब डॉलर का भुगतान किया जानेवाला ब्याज माफ कराया। अर्थशास्त्री बी. आर. शिनॉय ने अपने अध्ययन में खुलासा किया कि धन के इस सृजन ने मुद्रास्फीति को हवा दी और वर्ष 1962 व 1971 के बीच वित्तीय घाटे का 35 प्रतिशत हिस्सा पूरा किया।

पी.एल. 480 के तहत खाद्यान्न खरीद का कृषि पर प्रभाव और भी नुकसानदेह रहा। नेहरू ने औद्योगिकीकरण में निवेश करने और इसके समर्थन में कृषि को पुनर्जीवित करने के लिए सामुदायिक प्रयास करने की जो दोहरी रणनीति अपनाई थी, वह सफल नहीं रही। वर्ष 1956 के अंत तक यह स्पष्ट हो गया था कि कृषि को पुनर्जीवित करने का साँचा विफल रहा है। फिर भी, सामुदायिक विकास योजनाओं को सुधारने के तरीके सुझाने के लिए बलवंत राय मेहता के नेतृत्व में एक और समिति गठित की गई। मेहता समिति ने पंचायतों तक राजनीतिक सत्ता के विकेंद्रीकरण का सुझाव रखा। समिति को उम्मीद थी कि जिन निहित स्वार्थों ने ऊपर से नीचे क्रांति लाने में बाधा खड़ी कर रखी है, उसे निचले स्तर से प्रयास करने पर पराजित किया जा सकता है। लेकिन जातिगत पहलुओं के दबाव तले इस विचार को शीघ्र ही दफन कर दिया गया, क्योंकि राजनीतिक सत्ता के पदानुक्रम को जातिगत धारणाएँ ही सँभाले हुए थीं।

अपनी ओर से नेहरू ने सामुदायिक सहयोग के विचार को नहीं छोड़ा। वर्ष 1956

में मुख्यमंत्रियों को भेजे जानेवाले अपने पाक्षिक पत्रों में उन्होंने कृषि के विकास का मसला बार-बार उठाया और चीन के साथ तुलना की, जिसने सामूहिक कृषि में काफी प्रगति का दावा किया था। वाकई, वर्ष 1956 में गांधीवादी आर.के. पाटिल के नेतृत्व में सात सदस्यीय एक शिष्ट मंडल ने चीन की यात्रा यह अध्ययन करने के लिए की कि उस देश ने कृषि के क्षेत्र में कैसे विकास किया है। भारत के 15 प्रतिशत विकास की तुलना में चीन ने 40 प्रतिशत विकास का दावा किया था। उस समिति की रिपोर्ट के आधार पर योजना आयोग ने कृषि मंत्री ए.पी. जैन की आपत्तियों को दरकिनार करते हुए कृषि उत्पादन में अपेक्षित विकास को 40 प्रतिशत कर दिया।

राजनीतिज्ञ बहस करते रहे और योजनाकारों में टंटा मचता रहा। अर्थव्यवस्था में तेजी से गिरावट आई। निर्यात के मोरचे पर भारत का प्रदर्शन खराब बना रहा। इससे पर्याप्त डॉलर की कमाई नहीं हुई। योजना में विदेशी मुद्रा की आवश्यकताओं के लिए पर्याप्त बजट नहीं रखा गया था और औद्योगिकीकरण के लिए आयात बिल ने सन् 1957 में भारत को भुगतान-संतुलन के संकट की कगार पर खड़ा कर दिया। भारत ने वर्ष 1991 तक भुगतान-संतुलन संकटों की शृंखला का जो सामना किया, 1957 का संकट इसकी पहली कड़ी था। इसने सरकार को आयात नियंत्रण लगाने और आई.एम.एफ. व अमेरिका से मदद माँगने के लिए बाध्य कर दिया, ताकि उसकी साख बनी रहे। अमेरिका और विश्व बैंक ने द्वितीय पंचवर्षीय योजना की आलोचना की, क्योंकि इसने निजी और विदेशी उपक्रम की संभावना को बंद कर रखा था। आखिरकार साल भर की चर्चाओं के बाद विश्व बैंक ने दिल्ली में एक स्थानीय मिशन स्थापित किया और भारत की मदद करने के लिए विकसित देशों का एक सहायता-समूह बनाया। साल भर के दौरान अमेरिका ने भारत से बहुराष्ट्रीय कंपनियों के लिए कई रियायतें हासिल कीं। यह 'सहायता राज' की शुरुआत थी।

वर्ष 1957 चुनावी वर्ष भी था। मूल्य-वृद्धि आमतौर पर सत्तारूढ़ दलों के लिए घातक साबित होती है। लेकिन नेहरू की कांग्रेस को निराश करते हुए मुद्रा-स्फीति ने कीमतों को ऊपर चढ़ा दिया। इसने सरकार को बाजार कीमतों से कम दर पर भारी मात्रा में खाद्यान्न खरीदने पर मजबूर कर दिया। इससे सूखे की मार पहले से झेल रहे किसानों की मुसीबत और बढ़ गई। हालाँकि नेहरू की निजी साख सूखे या मुद्रा स्फीति से प्रभावित नहीं हुई, लेकिन कांग्रेस पार्टी ने केरल को कम्युनिस्ट पार्टी के हाथों खो दिया।

शुरुआती हरित कोंपलें

'50 के दशक के उत्तरार्ध में विदेशी ऋणदाताओं एवं अर्थशात्रियों ने उस आर्थिक मॉडल की खुलकर आलोचना करनी शुरू कर दी थी, जिसे भारत कार्यरूप देने की

योजना बना रहा था। वे जोरदार ढंग से अपना नजरिया रखते थे कि भारत को अपना ध्यान तीव्र औद्योगिकीकरण से हटाकर कृषि को पुनर्जीवित करने पर लगाना चाहिए। फोर्ड फाउंडेशन के डगलस इंसमिंगर, जो उस वक्त भारत का दौरा कर रहे थे, ने प्रधानमंत्री से मुलाकात की और खाद्य समस्या पर चर्चा की। नेहरू ने फाउंडेशन के इस सुझाव को स्वीकार कर लिया कि कृषि में संकट का अध्ययन करने के लिए एक टीम का गठन किया जाए। अमेरिकी कृषि विभाग के शर्मन जॉनसन के नेतृत्व में एक टीम बना दी गई, जिसे वर्ष 1959 तक अपनी रिपोर्ट देनी थी।

साथ ही नेहरू ने अशोक मेहता की अध्यक्षता में एक अन्य समिति खाद्यान्न जाँच समिति का गठन किया, जिसका काम खाद्यान्न की उपलब्धता और मूल्य-प्रबंधन की समस्या की पड़ताल करना था। इस समिति ने पहली बार किसानों के लिए एक प्रोत्साहन प्रणाली की सिफारिश की और कृषि प्रबंधन के मौजूदा मॉडल की नींव रखी। इस समिति ने सुझाव दिया कि सरकार एक ऐसी संस्था बनाए, जो किसानों से सीधे तब खाद्यान्न खरीदेगी, जब कीमतें गिर रही हों। कृषि को व्यावहारिक बनाए रखने के लिए यह आवश्यक समर्थन मूल्य प्रदान करेगा। और जब कीमतें चढ़ रही हों तो यह संस्था बाजार में खाद्यान्न उतार सकती है, जिससे कीमतें और मुद्रास्फीति काबू में रहें। समिति ने आपातकाल के लिए संरक्षित खाद्य भंडार बनाने का भी सुझाव दिया।

इन उपायों पर अभी विचार किया ही जा रहा था कि राष्ट्रीय विकास परिषद् (एन.डी.सी.) ने अभाव का प्रबंधन करने के लिए जादुई सुझाव रखा। एन.डी.सी. ने प्रस्ताव पारित किया कि सरकार को थोक खाद्यान्न व्यापार को अपने हाथ में ले लेना चाहिए। विचार यह था कि सरकार न्यूनतम समर्थन मूल्य पर आधिक्य और अभाववाले दोनों तरह के राज्यों से खाद्यान्न की खरीदारी करे। यह दाँव उलटा पड़ा। मुद्रा-स्फीति बदतर हो गई, क्योंकि थोक व्यापारियों ने इस नीति को तोड़ा-मरोड़ा। इन व्यापारियों ने किसानों की मदद के लिए घोषित न्यूनतम समर्थन मूल्य को न्यूनतम बिक्री कीमत के रूप में इस्तेमाल किया। और चूँकि कभी भी पर्याप्त उत्पादन नहीं हुआ, इसलिए सरकार कभी भी कीमतों को नीचे लाने के लिए खुले बाजार में खाद्यान्न बेच नहीं सकी।

दो दशकों की विफलता का कारण उत्पादन में पाया गया। कृषि की मूलभूत समस्या बढ़ती आबादी की जरूरतों को पूरा करने के लिए खाद्यान्नों के देसी उत्पादन में तीव्र विकास करने की थी। कमरे में घुस आया यह ऐसा हाथी था, जिससे निपटने में भारतीय नीति-निर्माता हिचकिचा रहे थे। वर्ष 1959 में फोर्ड फाउंडेशन टीम ने एक रिपोर्ट सौंपी, जिसका शीर्षक था—'भारत का खाद्य संकट और इसके समाधान के कदम'। बिना किसी लाग-लपेट के टीम ने घोषणा की कि भारत खाद्य उत्पादन में संकट का सामना कर रहा है। कांग्रेस पार्टी के रोमांटिक नेताओं को झटका देते हुए टीम ने सलाह दी कि

कृषि में सामाजिक प्रतिमान को बदलकर प्रौद्योगिक क्रांति लाई जाए।

भारत से अपील की गई कि वह किसानों को बेहतर बीज, खाद, बेहतर सिंचाई उपकरण, ऋण, तकनीकी सलाह दे और मूल्य गारंटी सुनिश्चित करे, ताकि किसान खतरे उठाएँ और ज्यादा फसल पैदा करें। इस बात पर भी जोर दिया गया कि आबादी नियंत्रण के लिए हालाँकि कई योजनाएँ एवं कार्यक्रम शुरू किए गए हैं, लेकिन जनसंख्या बढ़ोतरी में कोई उल्लेखनीय कमी नहीं आई है। रिपोर्ट ने दो-टूक कहा, ''इसका मतलब है कि तीसरी पंचवर्षीय योजना की समाप्ति तक 8 करोड़ और लोगों के लिए भोजन का प्रबंध करना पड़ेगा··· मौजूदा आबादी खाद्य आपूर्ति पर कड़ा दबाव डाल रही है और फसल उत्पादन की विपरीत परिस्थितियाँ तात्कालिक संकट पैदा कर रही हैं।'' 259 पेज की रिपोर्ट ने आकलन किया कि वर्ष 1970 के अंत तक भारत को प्रति वर्ष 2 करोड़ टन अतिरिक्त खाद्यान्न की जरूरत पड़ेगी—और यह मात्रा इतनी ज्यादा है कि इसका आयात नहीं किया जा सकता है।

फिर भी, योजना आयोग इस विश्लेषण को स्वीकार करने को तैयार नहीं था। योजनाकारों को अभी भी यकीन था कि भारत की खाद्यान्न की माँग को घरेलू उत्पादन में थोड़ी बढ़ोतरी और आयातों के संयोग से पूरा किया जा सकता है। इस विचार की फोर्ड फाउंडेशन के विश्लेषकों में से एक एच.एस. राव ने धज्जियाँ उड़ा दीं। राव ने गहन विश्लेषण के जरिए साबित किया कि भारत एक संकट के मुहाने पर खड़ा है। उन्होंने कहा कि मान लिया जाए कि भारत को सालाना 1 करोड़ टन खाद्यान्न की कमी पड़ती है। यदि इसमें से आधा यानी कि 50 लाख टन मुफ्त में आयात कर लिया जाए तो भी देश को 50 लाख टन अनाज का आयात करने के लिए 170 करोड़ रुपए के बराबर विदेशी मुद्रा खर्च करनी पड़ेगी, जो उसकी कुल निर्यात कमाई का 22 प्रतिशत बैठता है। अगर खाद्यान्न की सालाना कमी 1.5 करोड़ टन रहती है तो 50 लाख टन अनाज मुफ्त मँगाने के बावजूद 340 करोड़ रुपए के बराबर विदेशी मुद्रा खर्च करनी पड़ेगी, जो निर्यात कमाई का 44 प्रतिशत बैठता है। राव का आकलन था कि खाद्यान्नों की माँग और आपूर्ति में 2 करोड़ टन का फासला रहेगा। उन्होंने निष्कर्ष निकाला कि कोई रास्ता नहीं है कि भारत इतने खाद्यान्न के आयात का भुगतान कर सके। अगर देश इतने धन की व्यवस्था कर भी ले तो भी इस बात की कोई गारंटी नहीं है कि विश्व बाजार में भारत को उपलब्ध कराने के लिए 2 करोड़ टन अतिरिक्त खाद्यान्न होगा।

इन गणनाओं ने नेहरू को समझाया कि मौजूदा स्थिति संकटपूर्ण है। फोर्ड फाउंडेशन की मेहनत का असर हुआ। नेहरू के आग्रह पर इंसमिंगर ने जॉनसन की अध्यक्षता में एक अन्य समूह बनाया, जिसका काम एक विशेष कार्यक्रम सुझाना था, जो भारत शुरू कर सके। इस समूह ने एक कार्यक्रम का मसौदा तैयार किंया, जिसने इस समस्या से

निपटने के लिए एक केंद्रित नजरिया अपनाने की अनुशंसा की। यह सुझाव दिया गया कि एक पायलट प्रोजेक्ट के तौर पर सात जिलों को चुना जाए और यहाँ के किसानों को खाद, बीज, कीटनाशक आदि तमाम आवश्यक चीजें मुहैया कराई जाएँ, ताकि वे ज्यादा फसल पैदा कर सकें। ये जिले सघन कृषि जिला कार्यक्रम (आई.ए.डी.पी.) की नींव होंगे। ये सात जिले थे—तमिलनाडु में तंजावुर, आंध्र प्रदेश में पश्चिमी गोदावरी, बिहार में शाहाबाद, मध्य प्रदेश में रायपुर, उत्तर प्रदेश में अलीगढ़, पंजाब में लुधियाना और राजस्थान में पाली। ये जिले इसलिए चुने गए, क्योंकि इनका ज्यादा फसल उत्पादित करने का इतिहास रहा था।

इस विचार का कांग्रेस के अंदर गंभीर विरोध हुआ। इस योजना के विरोधियों ने महसूस किया कि देश सामाजिक क्रांति के विचार से परे हट रहा है और ज्यादा तकनीकी एवं केंद्रित दृष्टिकोण की ओर बढ़ रहा है। उनका डर था कि इससे अमीर किसानों एवं बड़े पूँजीपतियों का भला होगा। नेहरू खुद इस विचार के खिलाफ नहीं थे; लेकिन वह इस बात से निराश थे कि समुदाय एकजुट होने में विफल रहा है। तब तक वह शिखर पर करीब सत्रह वर्ष गुजार चुके थे और अब उम्र व थकान के प्रभाव महसूस करने लगे थे।

लगभग इसी वक्त वर्ष 1959 में भारतीय कृषि शोध संस्थान के वैज्ञानिक एम.एस. स्वामीनाथन की ऑर्विल वोगेल से मुलाकात हुई। वोगेल अमेरिकी कृषि-विज्ञानी, गेहूँ प्रजनक और संकर (हाइब्रिड) प्रजाति की फसल के प्रवर्तक थे और स्वामीनाथन भारत के उदीयमान कृषि-विज्ञानी थे, जो आगे चलकर भारत में हरित क्रांति के प्रवर्तकों में से एक बने। वोगेल ने स्वामीनाथन का संपर्क 'नोबेल पुरस्कार' विजेता नॉर्मन बोरलॉग से कराया। बोरलॉग को यह श्रेय दिया जाता है कि उन्होंने लाखों लोगों को अकाल से बचाया। स्वामीनाथन जानते थे कि रॉकफेलर फाउंडेशन ने मेक्सिको में गेहूँ के बीजों की एक बौनी किस्म विकसित की है, जो गेहूँ की पैदावार तिगुना करने में सक्षम है। वह चाहते थे कि उत्पादन बढ़ाने के लिए सरकार यह उपाय अपनाए।

स्वामीनाथन उन चंद लोगों में से थे, जिन्होंने योजना आयोग के कई सिद्धांतों की कार्यक्षमता पर सवाल उठाए, जिसमें वर्ष 1960 में घोषित सघन कृषि विकास कार्यक्रम (आई.ए.डी.पी.) भी शामिल था। स्वामीनाथन याद करते हैं कि उन्होंने योजनाकारों को बताया कि वे उत्पादन बढ़ाने के लिए दो महत्त्वपूर्ण बातों की अनदेखी कर रहे हैं—उच्च पैदावारवाले बीजों की उपलब्धता और मूल्य गारंटी, जो ज्यादा पैदावार हासिल करने के लिए आवश्यक वित्तीय खतरा उठाने के लिए किसानों को प्रोत्साहित करेगी। स्वामीनाथन ने दलील दी कि भारत रॉकफेलर फाउंडेशन में बोरलॉग से संपर्क करे और उनसे नए संकर बीज हासिल करे और साथ ही एक खरीद प्रणाली स्थापित करे, जिससे

किसानों को आश्वस्त किया जा सके कि उन्हें अपने निवेश पर निश्चित आमदनी की गारंटी मिलेगी। इसका मतलब था कि वित्त मंत्रालय को पहले बीजों की खरीद के लिए विदेशी मुद्रा जारी करनी पड़ेगी और फिर लाभकारी कीमत पर फसलों की खरीद के लिए बजट में प्रावधान करना होगा। सरकार ने स्वामीनाथन के विचारों की अनदेखी करने का फैसला किया। इसका मुख्य कारण था कि उन्होंने परियोजना में विदेशी मुद्रा निवेश करने की दलील दी थी। आई.ए.डी.पी. इधर-उधर करके चलता रहा और इस पायलट प्रोजेक्ट में आठ और जिले जोड़ दिए गए।

अन्यत्र हालात वैसे ही चलते बने। खाद्यान्नों की कीमतें ऊपर चढ़ गईं और इसे पी.एल. 480 के भंडार से ज्यादा खाद्यान्न बाजार में उतारकर काबू में किया गया। इस संकट पर उतना ध्यान नहीं गया, क्योंकि राष्ट्रीय राजनीति काफी खंडित और विभाजित हो गई थी। राष्ट्रवादी भावना ने स्वतंत्रता हासिल की और राजनीतिज्ञों के विषम समूह को एकजुट कर रखा था। वही भावना अब कमजोर पड़ रही थी और दरारें दिखनी शुरू हो गई थीं। परिणामस्वरूप, आजादी के बाद कई उच्च विचारवाले प्रयास, जो शुरू किए गए थे, वे लड़खड़ाने लगे थे। इसका पहला शिकार वे उपाय हुए, जो लोभी जमींदार वर्ग को खत्म करने के लिए उठाए गए थे। जमींदारी प्रथा खत्म किए जाने के बावजूद कई भू-स्वामी अपनी जोतों को बरकरार रखने में कामयाब हो गए। इसी तरह पंचायती राज पहल का प्रबल जातियों, धनी वर्ग द्वारा अपहरण कर लिया गया और वंचित जाति समूहों एवं काश्तकार किसानों का दमन-शोषण बेलगाम जारी रहा।

जब सन् 1961 में तीसरी पंचवर्षीय योजना का मसौदा तैयार किया जाना था, तब देश विचलित हो रहा था और कांग्रेस अस्त-व्यस्त थी। वर्ष 1962 के चुनावों के मौके पर नेहरू ने कांग्रेस पार्टी के लोगों का विश्वास बहाल करने के लिए चुनौती स्वीकार की। उन्होंने जोरदार अभियान छेड़ा। रेल और सड़क मार्ग द्वारा 20 हजार किलोमीटर से भी ज्यादा यात्रा की और सैकड़ों निर्वाचन क्षेत्रों में चुनावी सभाओं को संबोधित किया। कांग्रेस जीती, लेकिन कम सीटों से। चिंता की बात यह थी कि नए देश के इतिहास में पहली बार इन चुनावों में सांप्रदायिक और कट्टर हितों का उदय देखा गया। अकाली दल ने पंजाब के अंदर सिख राज्य की माँग उठाई। दक्षिण में डी.एम.के. ने तमिलनाडु, केरल, आंध्र प्रदेश और मैसूर के चार दक्षिणी राज्यों को मिलाकर द्रविड़िस्तान का विचार सामने रखा। मार्क्सवादी विचारधारा केरल और पश्चिम बंगाल में जोर मार रही थी और हिंदी-भाषी प्रदेश में दक्षिणपंथी जन संघ के मकसद को समर्थन बढ़ता जा रहा था। और हर जगह कांग्रेस से क्षुब्ध निहित स्वार्थों—जमींदारों, राजाओं, महाराजाओं और नवाबों ने अपना धन खोने या बेदखल किए जाने के भय से अपने को विभिन्न छोटे समूहों से जोड़ लिया, ताकि राजनीतिक सुनिश्चितता या शरण हासिल हो।

विश्लेषकों ने चुनाव परिणाम को समाजवाद के कांग्रेसी नमूने की विफलता का प्रतिबिंब बताया। अर्थव्यवस्था (मुख्य तौर पर कृषि) लड़खड़ा रही थी। नेहरू विपक्ष से जूझ रहे थे और कांग्रेस अंदरूनी कलह से संघर्ष कर रही थी। लेकिन एक बड़े खतरे ने अस्थायी रूप से तमाम टंटों को रोक दिया। अक्तूबर 1962 में चीन ने भारत की पूर्वोत्तर सीमा और लद्दाख पर हमला कर दिया। चीनियों ने भारतीय भूभाग के 14,000 वर्ग मील क्षेत्र पर कब्जा कर लिया। आजादी प्राप्त करने के बाद की अवधि में भारत की यह सबसे ज्यादा अपमानजनक हार थी। चीनियों के विश्वासघात से नेहरू सदमे में थे, क्योंकि उन्होंने लीक से हटकर भी चीनियों के साथ दोस्ती का हाथ बढ़ाया था और देश इस बात से हताश था कि उसके पास आधारभूत रक्षा प्रणाली भी नहीं है।

नेहरू और उनकी सरकार पर संसद् के अंदर और बाहर तुरंत और अभूतपूर्व हमला हुआ। भविष्य के प्रधानमंत्री और उस वक्त के उदीयमान राजनीतिक सितारे अटल बिहारी वाजपेयी ने तब जन-आक्रोश को प्रतिबिंबित किया, जब उन्होंने कहा, ''जर, जेवर, जमीन के लिए युद्ध लड़े जाते हैं। हमने जमीन खो दी है। सरकार और क्या खोने की योजना बना रही है ?'' नेहरू ने शांतिपूर्वक घटनाओं की उस शृंखला का जिक्र किया, जिसकी परिणति युद्ध के रूप में हुई। उन्होंने कहा, ''अगर इस सदन को लगता है कि हमारी सरकार ने यह काम संतोषजनक ढंग से नहीं किया है तो इस सदन के लिए यह विकल्प खुला है कि वह ज्यादा सक्षम लोगों को चुन ले···।'' लेकिन इसमें संदेह नहीं कि नेहरू इस हार से व्यक्तिगत रूप से और राजनीतिक रूप से आहत थे। उनके विचारों और वाकई राष्ट्रीय नीति पर अंतिम विवाचक के रूप में उनकी आवाज को चुनौती दी जाने लगी थी।

कांग्रेस जब इन आघातों से सहमी हुई थी, एक चमकदार राजनीतिक दाँव चलकर कामराज योजना ने विरोधी धारणाओं का मुकाबला करने का काम किया। इस रणनीति के सूत्रधार के. कामराज उस युग में नेहरू के बाद कांग्रेस के सबसे बड़े नेता थे। हालाँकि उन्होंने हाई स्कूल तक की पढ़ाई भी पूरी नहीं की थी, लेकिन वह एक विचारक और सुधारक थे। उदाहरण के लिए, सन् 1954 से लेकर 1963 तक—जब वह तमिलनाडु के मुख्यमंत्री थे—उन्होंने लाखों ग्रामीण गरीबों के लिए निःशुल्क शिक्षा का प्रावधान लागू किया और मध्याह्न भोजन योजना का भी प्रयोग किया। राष्ट्र की राजनीति की नब्ज पर एकदम सही उँगली रखते हुए कामराज ने प्रस्ताव रखा कि पार्टी और सरकार का चेहरा बदले जाने की जरूरत है, ठीक वैसे ही जैसे आधुनिक डॉक्टर मेकओवर करते हैं।

वर्ष 1963 के ग्रीष्मकाल में कामराज ने सी. सुब्रमण्यम, जिन्हें कई लोग नेहरू के प्रिय बताते थे, से जिक्र किया कि वह मुख्यमंत्री पद छोड़ने और अपना समय पार्टी के लिए लगाने पर विचार कर रहे हैं। उन्होंने सोचा कि यदि अन्य लोग भी सत्ता का त्याग

कर दें तो पार्टी के प्रति जन–आक्रोश शांत किया जा सकता है। सुब्रमण्यम ने तुरंत ही इस विचार की संभावना को भाँप लिया और इसका जिक्र नेहरू से किया। उधर नेहरू इस बात से चिंतित थे कि कांग्रेसी उनके पास लाइन लगाए रहते हैं कि वे पार्टी के लिए काम करने की बजाय सरकार में शामिल होना चाहते हैं। यह सिलसिला पार्टी को कमजोर कर रहा था, जबकि वह चाहते थे कि सरकार के प्रयासों और कदमों की जानकारी लोगों तक पहुँचाने में पार्टी भरपूर समर्थन और सहयोग दे। नेहरू ने भी कामराज के विचारों की संभावना को ताड़ा। अपने चरित्र के अनुरूप उन्होंने घोषणा की कि सबसे पहले वह इस्तीफा देंगे। उन्हें मनाया गया कि वह ऐसा नहीं करें; लेकिन किसी ने भी कामराज के विचारों की ताकत से इनकार नहीं किया।

इस योजना को कुछेक हफ्तों के अंदर ही डी. संजीवैया की अध्यक्षतावाली कार्यकारी समिति के समक्ष प्रस्तुत किया गया। 10 अगस्त, 1963 को यह तय किया गया कि तमाम केंद्रीय मंत्री और मुख्यमंत्री पद छोड़ेंगे। नेहरू को यह तय करने के लिए अधिकृत किया गया कि कौन सरकार में रहेंगे और कौन पार्टी में काम करने के लिए भेजे जाएँगे। नेहरू ने मोरारजी देसाई, जगजीवन राम, लाल बहादुर शास्त्री, एस.के. पाटिल, बी. गोपाल रेड्डी और के.एल. श्रीमाली के इस्तीफे स्वीकार कर लिये। राज्य स्तर पर पार्टी ने छह मुख्यमंत्रियों के इस्तीफे स्वीकार किए—के. कामराज (तमिलनाडु), बीजू पटनायक (उड़ीसा), बक्शी गुलाम मोहम्मद (जम्मू एवं कश्मीर), एम.बी. झा (बिहार), सी.बी. गुप्ता (उत्तर प्रदेश) और बी.ए. मंडलोई (मध्य प्रदेश)। उनसे कहा गया कि वे संगठन को मजबूत करने का काम करें।

कामराज योजना ने भले ही पार्टी और सरकार को सँभालने में मदद की हो, लेकिन जमीनी सच्चाई, खास तौर पर कृषि के मोरचे पर, गंभीर ही बनी रही। सन् 1963 में खाद्य एवं कृषि संगठन (एफ.ए.ओ.) द्वारा किए गए अध्ययन ने घोषणा की कि कृषि में कोई तरक्की नहीं हो रही है। योजना के दस साल बीत जाने के बावजूद स्थिति में तनिक भी बदलाव नहीं आया है। करीब 83 प्रतिशत आबादी ग्रामीण क्षेत्रों में रहती है और इसमें से करीब 68 प्रतिशत लोग कृषि पर निर्भर हैं। पिछली दो पंचवर्षीय योजनाओं की अवधि में यह स्थिति नहीं बदली है। इसने कहा कि भारत बढ़ती आबादी को भोजन मुहैया कराने के लिए संघर्ष कर रहा है। भारत की आबादी वर्ष 1951 में 36.1 करोड़ थी, जो कि 1961 में बढ़कर 43.8 करोड़ हो गई।

वर्ष 1964 में विश्व बैंक द्वारा भेजे गए बेल मिशन ने कहा कि औद्योगिक क्षमता जबकि बढ़ाई गई है और अधुनातन बनाया गया है, लेकिन 'कृषि के क्षेत्र में तुलनात्मक रूप से कोई आधुनिकीकरण नहीं हुआ।' और कि, कृषि उत्पादन बमुश्किल 1 प्रतिशत की दर से बढ़ रहा है। इस कारण भारत के भूख से पीड़ित देश बनने का खतरा है।

अपनी समीक्षा में बेल रिपोर्ट ने कहा कि भारत में प्रति एकड़ पैदावार दुनिया में सबसे कम है। वर्ष 1959-60 में भारत में चावल का प्रति एकड़ औसत उत्पादन बमुश्किल 1,256 पाउंड था, जबकि ऑस्ट्रेलिया का 5,000 पाउंड, जापान का 4,238 पाउंड, अमेरिका का 3,162 पाउंड और तुर्की का 3,033 पाउंड था। कृषि अर्थशास्त्री थियोडोर शल्ज को उद्धृत करते हुए कहा गया कि यह विफलता भारत और जापान की तुलना करने से सबसे बढ़िया ढंग से परिलक्षित होती है। जापान में कृषि उत्पादन 4.6 प्रतिशत सालाना की दर से बढ़ रहा है, जबकि भारत में कृषि विकास दर 2.1 प्रतिशत है। 'अगर कृषि भूमि को एक मजबूत कारक माना जाए तो कृषि विकास का अनुपात इसके उलट होना चाहिए था। प्रति व्यक्ति आधार पर भारत के पास जापान की तुलना में छह गुना कृषि भूमि है और यह बेहतर गुणवत्तावाली भूमि है। इसी तरह सिंचित क्षेत्र के लिहाज से प्रति व्यक्ति आधार पर भारत के पास जापान की तुलना में तीन गुना ज्यादा कृषि भूमि है। फिर भी, प्रति एकड़ उत्पादन जापान में भारत से आठ गुना ज्यादा है।' इस अध्ययन ने दस वर्षों की नीति एवं विकास प्रयासों की पड़ताल की और यह निष्कर्ष निकला कि तमाम बाधाओं में सबसे बड़ी विफलता यह रही है कि 6 करोड़ किसानों को आवश्यक प्रोत्साहन उपलब्ध नहीं कराया गया और खेती के बेहतर तरीकों की जानकारी नहीं दी गई।

कामराज योजना ने कुछ हद तक कांग्रेस की छवि बहाल की; लेकिन नेहरू की सेहत बिगड़ने लगी। 10 जनवरी, 1964 को कामराज ने भुवनेश्वर अधिवेशन में पार्टी की अध्यक्षता सँभाली। नेहरू मौजूद थे, लेकिन उन्होंने चर्चाओं में भाग नहीं लिया। उनका रक्तचाप ज्यादा था और वह थके हुए व कमजोर थे। कुछ ही देर बाद उन्हें दौरा पड़ा। दिल्ली से डॉक्टरों की टीम उन्हें देखने के लिए भेजी गई और उन्हें भुवनेश्वर से दिल्ली लाया गया, ताकि वह आराम और स्वास्थ्य-लाभ कर सकें। यह स्पष्ट था कि कांग्रेस को एक नया नेता खोजना पड़ेगा।

जिन लोगों ने नेहरू को अपना उत्तराधिकारी मनोनीत करने के लिए तंग किया, उन्हें उनका जवाब था कि यह लोगों पर छोड़ दिया जाना चाहिए। उनको मनानेवालों— जिनमें कामराज, सी. सुब्रमण्यम और इंदिरा गांधी शामिल थे—ने उन्हें समझाया कि अपने सरकारी कार्यभार को निपटाने में मदद करने के लिए वह एक वरिष्ठ मंत्री को स्वीकार करें। उत्तराधिकारी के बारे में उनके विचार को जानने का भी यह एक उपाय था। कुछ समय तक नेहरू ने इस विचार का प्रतिरोध किया, लेकिन आखिरकार उन्होंने अपने सहयोगियों के सुझाव की बुद्धिमानी को परखा। उन्होंने लाल बहादुर शास्त्री से कहा कि वह उनके मंत्रिमंडल में बिना विभाग के मंत्री के रूप में शामिल हों और उनकी मदद करें। शास्त्री को मंत्रिमंडल में इस रूप में लाने में समस्याएँ थीं। गुलजारी लाल नंदा और टी.टी. कृष्णमाचारी, जो मंत्रिमंडल में नंबर दो और नंबर तीन थे, अपने को दरकिनार किए जाने से खिन्न हो

गए। लेकिन यह निश्चित हो गया कि शास्त्री ही नेहरू के उत्तराधिकारी होंगे।

जो लोग शास्त्री की नियुक्ति के खिलाफ थे, उन्हें अंततः राजी कर लिया गया; लेकिन एक ज्योतिषीय भविष्यवाणी के कारण उनकी नियुक्ति में देरी हो गई। तर्कपरायण नेहरू के मंत्रिमंडल में भी ऐसे लोग थे, जो तंत्र-मंत्र की शक्तियों में यकीन करते थे। सुब्रमण्यम अपने संस्मरण में याद करते हैं कि उनके पड़ोसी नंदा ने उनका परिचय हवेली राम नामक एक ज्योतिषी से कराया, जो खजूर के पत्रों को पढ़कर भविष्यवाणी करते थे। उन्होंने भविष्यवाणी की कि अगर नेहरू के मंत्रिमंडल में किसी नाटे आदमी को शामिल किया गया तो कोई 'अनहोनी' हो सकती है। जब नेहरू को इस भविष्यवाणी के बारे में जानकारी दी गई तो वह क्रोधित हो गए; लेकिन चकित भी हुए। सुब्रमण्यम 'किंतु-परंतु' कारक को लेकर चिंतित थे। बहरहाल, नेहरू ने इस भविष्यवाणी व नाटकीयता को दरकिनार कर दिया और एक हफ्ते बाद शास्त्री को नियुक्त कर दिया।

मई 1964 के तीसरे सप्ताह में नेहरू ने अवकाश लिया और वह देहरादून के लिए रवाना हो गए। जनवरी में उन्हें जो दुर्बल कर देनेवाला दौरा पड़ा था, उससे पूरी तरह उबरने के लिए वह हफ्ते भर आराम करना चाहते थे। लेकिन इसकी बजाय वह अपने भरोसेमंद सचिव पीतांबर पंत के साथ रणनीति पर विचार-मंथन करते रहे। नेहरू ने पीतांबर पंत को योजना आयोग में दृष्टिकोण (Perspective) योजना विभाग का अध्यक्ष बनाया था। मंगलवार, 26 मई को नेहरू दिल्ली लौट आए, क्योंकि अगले दिन संसद् का सत्र शुरू हो रहा था। वह संसद् के प्रारंभिक सत्र में भाग लेने वाले थे, लेकिन रात में वह बीमार पड़ गए। अगली सुबह वह करीब 6 बजे उठे। उन्होंने अपने कंधों में दर्द की शिकायत की और फिर ढेर हो गए। माना जाता है कि उनके हृदय में रक्त जमने से उन्हें दौरा पड़ा। डॉक्टरों और चिकित्सा विशेषज्ञों की टीम उनकी देखभाल में जुट गई, लेकिन वे उन्हें बचा नहीं सके। आखिरी वक्त में उनकी पुत्री इंदिरा उनके बगल में थीं; नंदा और सुब्रमण्यम भी उनके निवास की ओर तुरंत भागे। 27 मई, 1964 को अपराह्न 2 बजे के थोड़ा पहले सत्रह साल से प्रधानमंत्री रहे और आधुनिक भारत के निर्माता जवाहरलाल नेहरू ने अपनी आखिरी साँस ली और उन्हें मृत घोषित कर दिया गया। तब वह 74 वर्ष के थे। करीब 2 बजे, सुब्रमण्यम संसद् में आए और उन्होंने कहा, 'प्रकाश बुझ गया।'

जय किसान, जय जवान

कुछ पुराने कांग्रेसियों को छोड़कर अधिकांश के लिए लालबहादुर शास्त्री की ताजपोशी एक तयशुदा बात थी। इन पुराने कांग्रेसियों में नंदा और मोरारजी देसाई शामिल थे, जिन्हें लड़ने और जीतने की उम्मीद थी। नंदा उस वक्त अंतरिम प्रधानमंत्री थे। कुछ चापलूस कांग्रेसी भी थे, जिन्होंने प्रधानमंत्री पद के लिए इंदिरा गांधी का नाम आगे

बढ़ाने की कोशिश की। कामराज निजी तौर पर नेहरू की पसंद जानते थे। उन्होंने पार्टी के वरिष्ठ नेताओं का समर्थन शास्त्री की उम्मीदवारी के लिए दिलाया और उन्हें चुनौती देने वालों की पराजय सुनिश्चित की।

लाल बहादुर शास्त्री एक राजनीतिक नेता की परंपरागत छवि से अलग हटकर थे। वह मृदुभाषी थे। उनकी कद-काठी प्रभावकारी नहीं थी और वह अति विनम्र थे। वह वाराणसी के पास रेलवे के एक छोटे शहर मुगलसराय में पैदा हुए थे। मुगलसराय को कभी देश का सबसे बड़ा रेलवे यार्ड कहा जाता था। शास्त्रीजी के पिता की मौत तभी हो गई थी, जब वह दो साल के भी नहीं हुए थे। शास्त्री और उनके भाई-बहनों का लालन-पालन उनके नाना-नानी ने किया। उन्हें 'नन्हे' कहकर बुलाया जाता था। उन्हें हाई स्कूल की पढ़ाई करने के लिए वाराणसी में चाचा के पास भेजा गया।

बहुत कम उम्र में गांधीजी से प्रभावित होकर नन्हे ने अपनी पढ़ाई छोड़ दी और वह स्वतंत्रता आंदोलन में कूद पड़े। बाद में उन्होंने काशी विद्यापीठ में अपना नाम लिखवाया। इस विद्यापीठ की स्थापना ब्रिटिश कानूनों का विरोध करते हुए की गई थी। यहाँ से स्नातक की पढ़ाई पूरी करने पर उन्हें 'शास्त्री' की पदवी दी गई। वह अपनी निष्ठा के लिए विख्यात थे और एक बार जो फैसला कर लेते थे, उससे टस से मस नहीं होते थे। नेहरू के मंत्रिमंडल में वह रेल मंत्री थे, लेकिन रेल हादसे के बाद उन्होंने मंत्री पद त्याग दिया। हालाँकि नेहरू उन्हें त्यागपत्र वापस लेने के लिए अपील करते रह गए। शास्त्री भले ही प्रभावशाली व्यक्तित्व के न लगते हों, लेकिन निश्चित रूप से दृढ़ इच्छा-शक्तिवाले थे।

शास्त्रीजी का सबकुछ नेहरू से भिन्न था—उनका व्यक्तित्व, उनकी शैली, उनकी राजनीति और आर्थिक विकास के लिए उनकी दृष्टि। नेहरू के विपरीत, शास्त्री कर किसी सिद्धांत या उच्चापेक्षा के बोझ से दबे हुए नहीं थे। देश जिस संकट में घिरा हुआ था, उससे बाहर निकालने में शास्त्रीजी ने किसी से भी ज्यादा योगदान दिया। उनकी महानतम उपलब्धियों में यह बात शामिल थी कि उन्होंने देश को अकाल और अभाव से मुक्त करने में महत्त्वपूर्ण भूमिका निभाई और देश ने चीनियों के हाथों वर्ष 1962 में हार कर अपमान का जो घूँट पीया था, उससे उबारने के लिए राष्ट्रीय गौरव को बहाल किया।

शास्त्रीजी काम करने की व्यक्तिगत शैली में विश्वास करते थे। जो अधिकारी उनके पास फाइलें लेकर जाते थे, वह तुरंत उनसे उसका सारांश बताने को कहते थे और फिर उसपर अपनी राय देने को भी कहते थे। चर्चा की समाप्ति पर वह अधिकारियों से फाइल छोड़ जाने के लिए कहते थे, ताकि वह सहयोगियों के साथ मशविरा कर सकें। उनका नजरिया लोकतांत्रिक था, फिर भी वह निर्णायक विचार रखते थे। शास्त्री जी शायद ही कभी किसी को संशय में छोड़ते थे कि क्या किया जाना है अथवा कौन प्रभारी

है या किसकी जिम्मेदारी है।

मंत्रिमंडल के शपथ लेने के कुछ रोज पहले शास्त्रीजी अपनी टीम में जिन्हें लेना चाहते थे, वह खुद उनके घर गए। उन्होंने उनमें से हरेक से आग्रह किया कि भारत का निर्माण करने में मदद करें। यह तय हो जाने के बाद कि वह नए प्रधानमंत्री होंगे, शास्त्रीजी ने तुरंत ही सी. सुब्रमण्यम के घर का दौरा किया। सुब्रमण्यम चकित रह गए और शास्त्रीजी का यह सद्‌भाव उन्हें छू गया। शास्त्रीजी को बधाई देने के बाद सुब्रमण्यम ने प्रतिवाद किया और कहा कि वह बस, उन्हें बुला लेते। अपने अंदाज में शास्त्रीजी हँस पड़े और अपनी नरम व विनम्र शैली में उनसे अनुरोध किया कि वह उनकी टीम में शामिल हों। विभाग को लेकर कोई चर्चा नहीं हुई।

शास्त्रीजी ने भारत की अर्थव्यवस्था को प्रभावित करनेवाले सर्वाधिक अहम फैसलों में से एक फैसला उस रात किया। उन्होंने सुब्रमण्यम को करीब रात 10 बजे फोन किया और उन्हें खाद्य एवं कृषि मंत्री बनने के लिए कहा। सुब्रमण्यम ने कहा कि वह मानते हैं कि उन्होंने नेहरू मंत्रिमंडल में उद्योग मंत्री के रूप में अच्छा काम किया है। शास्त्रीजी ने इससे असहमति नहीं जताई, लेकिन कहा कि वह चाहते हैं कि सुब्रमण्यम कृषि क्षेत्र को पुनर्गठित करें, खास तौर पर इसलिए भी कि कई वरिष्ठ मंत्रियों ने इस विभाग को लेने से इनकार कर दिया है। सुब्रमण्यम ने और आगे प्रतिरोध नहीं किया और उनके फैसले को स्वीकार कर लिया।

वरिष्ठ नेताओं ने अगले दिन सुब्रमण्यम को फोन किया कि उन्होंने गलती की है। उनसे कहा गया कि कृषि मंत्रालय तो ऐसा है, जहाँ उन मंत्रियों को डाल दिया जाता है, जिनकी राजनीतिक चमक फीकी पड़ रही होती है। उन्हें इंगित कर बताया गया कि उनके पहले जो भी खाद्य एवं कृषि मंत्री बने थे—राजेन बाबू, जे. डी. राम, कन्हैयालाल माणिकलाल मुंशी और रफी अहमद किदवई—उनमें से किसी का भी चमकदार राजनीतिक कैरियर नहीं था। अन्यों ने इसका दोष कामराज पर मढ़ा। साजिशवाले सिद्धांतों की कोई कमी नहीं थी। मगर सुब्रमण्यम् विचलित नहीं हुए। शास्त्री जी को सुब्रमण्यम को चुनने का निर्णय और सुब्रमण्यम का उसे स्वीकार करना, यह बाद में भारतीय राजनीतिक इतिहास के सबसे फलदायी में से एक साबित हुआ। यह स्पष्ट नहीं है कि शास्त्री जी ने सुब्रमण्यम को खाद्य और कृषि मंत्री के रूप में क्यों चुना, खासकर तब, जब उन्होंने उद्योग मंत्री के रूप में इतना बढ़िया काम किया था। सुब्रमण्यम ने अपने संस्मरणों में खुलासा किया है कि उन्होंने अपनी नियुक्ति को किस्मत का खेल समझते हुए स्वीकार किया। वाकई, उनके संस्मरण के तीनों संस्करणों का नाम है—'हैंड ऑफ डेस्टिनी'।

सुब्रमण्यम का जन्म तमिलनाडु में पोल्लाचि के पास सेनगुत्तइपलयम नामक एक

छोटे से गाँव में हुआ था। उन्होंने प्रेसिडेंसी कॉलेज से पदार्थ विज्ञान में स्नातक किया और बाद में कानून की भी डिग्री हासिल की। वर्ष 1930 में स्नातक करने के शीघ्र बाद वह मानचेस्टर यूनिवर्सिटी में विद्युत् अभियांत्रिकी या वस्त्र प्रौद्योगिकी का अध्ययन करने के लिए यात्रा करने वाले थे, लेकिन किस्मत में कुछ और बदा था। उनके चाचा स्वामी चिद्भवानंद इस पक्ष में नहीं थे कि वह अध्ययन करने के लिए विदेश जाएँ। स्वामी चिद्भवानंद चाहते थे कि सुब्रमण्यम नेतागीरी करें, क्योंकि उन दिनों जनसेवा या राजनीति के लिए प्रियोक्ति थी। सुब्रमण्यम अध्ययन करने की अपनी इच्छा और मातृभूमि की पुकार के बीच दुविधा में पड़ गए।

निर्णायक मोड़ कांग्रेस का वह प्रस्ताव था, जो उसने 2 जनवरी, 1930 को पारित किया था कि 26 जनवरी को 'पूर्ण स्वराज दिवस' के रूप में मनाया जाएगा। वह स्वतंत्रता आंदोलन में कूद पड़े और वहाँ से उन्होंने आगे बढ़ते हुए राजनीति में अपना कैरियर बनाया। भारत में बेहद कम राजनीतिज्ञ उनके जैसी समृद्ध परंपरा का दावा कर सकते हैं। सुब्रमण्यम ने इस्पात क्षेत्र के लिए एक खाका तैयार किया और बोकारो जैसे इस्पात परिसरों का निर्माण किया, कृषि को पुनर्जीवित किया, दुग्ध क्रांति में भूमिका निभाई और एकीकृत ग्रामीण विकास योजना को तैयार कर संपूर्ण ग्रामीण विकास की अवधारणा को सामने रखा।

सरकार के अंदर अपनी कई सफलताओं के बावजूद सुब्रमण्यम राजनीतिज्ञ से ज्यादा टेक्नोक्रेट और विज्ञान के विद्यार्थी थे। संभवतः इसी कारण उन्होंने इस्पात एवं भारी उद्योग मंत्री और कृषि मंत्री के रूप में एक कुशल प्रशासक की भूमिका निभाई और सफल रहे। वह हर स्थिति और समस्या के प्रति वैज्ञानिक नजरिया अपनाते थे। इसी दृष्टिकोण से उन्होंने हरित क्रांति को हकीकत बना दिया।

इस्पात, खान एवं भारी अभियांत्रिकी मंत्रालय को चलाते हुए सुब्रमण्यम ने समझ लिया था कि एक सतत औद्योगिक क्रांति को सभी पक्षकारों के लिए लाभदायक होने की जरूरत है। उन्होंने कृषि के लिए भी यही नजरिया अपनाया। कृषि कार्यों का अध्ययन करने के बाद वह इस निष्कर्ष पर पहुँचे कि यह एक घाटे का सौदा है। आजादी के समय से ही यह मान लिया गया था कि ग्रामीण अर्थव्यवस्था को सुधारने की जरूरत है, ताकि किसानों की मदद की जा सके। सुब्रमण्यम ने इस फॉर्मूले को उलट दिया और दलील दी कि किसानों को ज्यादा उत्पादन करने में मदद देकर और उन्हें मुनाफा कमाने में सहयोग करके ही भारत ग्रामीण अर्थव्यवस्था को सुधारने में सफल होगा।

सुब्रमण्यम ने कृषि क्षेत्र को पुनर्जीवित करने के लिए अपना उसी तरह एक खाका तैयार किया, जिस तरह एक लाभदायक सार्वजनिक उपक्रम के इस्पात संयंत्र के लिए किया था। उन्होंने कृषि की जरूरतों का आकलन किया, आधारभूत ढाँचों में निवेश का

जायजा लिया और एक मूल्य नीति की जरूरत समझी, जो कृषि की व्यवहार्यता को परिभाषित करेगी। उनके फॉर्मूले में निम्न बातें शामिल थीं—बीजों का आयात, उर्वरकों का आयात, सार्वजनिक आधारभूत ढाँचों में निवेश और विशेषज्ञ सेवाओं का विस्तार, जिससे कि सरकारी अधिकारी तमाम ग्रामीण क्षेत्रों में किसानों को पैदावार बढ़ाने के लिए नई तकनीकों के बारे में जानकारी देने के लिए उपलब्ध रहें। लेकिन सबसे महत्त्वपूर्ण बात थी कि उन्होंने अपने खाके में लाभदायक मूल्य एवं खरीद नीतियों को शामिल किया।

कांग्रेस में कट्टरपंथियों ने इसे नेहरू के रूपांतरण के विचार को पलट देने के रूप में देखा। कई ने इसे एक साजिश और सी. राजगोपालाचारी के प्रभाव के परिणाम के रूप में देखा। सुब्रमण्यम सन् 1952 में मद्रास स्टेट में राजाजी के मंत्रिमंडल में मंत्री रह चुके थे, इसलिए उन्हें प्राय: राजाजी का आदमी समझा जाता था। राजाजी को समाजवाद का कांग्रेसी तरीका नापसंद था और वह इस बात के लिए जाने भी जाते थे। उन्होंने राज्य या सरकार के नेतृत्व में औद्योगिकीकरण का विरोध किया था। उन्होंने कांग्रेस पार्टी छोड़कर 'स्वतंत्र पार्टी' की स्थापना की थी। कयास यह लगाया जा रहा था कि नेहरू के विचार को पलटकर सुब्रमण्यम अपने पूर्व मार्गदर्शक की सोच का अनुसरण कर रहे हैं। कृषि क्षेत्र में पूँजीपतियों के प्रति ऐतिहासिक असहिष्णुता भी रही है, जो फिर उभर गई। उनकी योजना के विरोधियों ने दलील दी कि बीजों के आयात और मूल्य गारंटी के लिए सार्वजनिक धन के उपयोग से बड़े किसानों को लाभ होगा। यह मायने नहीं रखता था कि प्रौद्योगिकी का इस्तेमाल पैमानों को लेकर तटस्थ होता है—बड़े किसान हों या छोटे किसान, दोनों को अपनी-अपनी जोतों के अनुपात में फायदा होगा।

सरकार के अंदर वित्त मंत्री टी.टी. कृष्णमाचारी ने मूल्य गारंटी के विचार को ठुकरा दिया। वर्षों से खाद्यान्न कीमतों को दबाकर औद्योगिकीकरण को हवा दी गई थी। उन्होंने कहा कि मूल्य प्रोत्साहनों को अपनाने से खाद्यान्नों की कीमतें बढ़ेंगी और लोगों की बचत कम होगी, जिससे कि उद्योगों की निवेश योजनाओं को नुकसान पहुँचेगा। योजना आयोग के हमले का नेतृत्व वी.के.आर.वी. राव द्वारा किया गया, जिन्होंने बताया कि बीजों, उर्वरकों और कीटनाशकों के आयात से बड़ी मात्रा में विदेशी मुद्रा खर्च होगी। उन्होंने सुब्रमण्यम के फॉर्मूले को मुद्रा स्फीति पैदा करनेवाला और योजना-विरोधी बताया।

यह पर्याप्त जिज्ञासा की बात थी कि उर्वरकों में निवेश का कड़ा विरोध किया जा रहा था, लेकिन सिंचाई परियोजनाओं पर बढ़ते खर्च का कोई विरोध नहीं था। दलील एक को चुनने और दूसरे को नहीं चुनने के बारे में नहीं थी। विकल्प प्रतियोगी नहीं, लेकिन पूरक हैं; एक विकल्प दूसरे का स्थानापन्न नहीं है। लेकिन संसाधनों की कमी की भारतीय परिस्थिति के मद्देनजर यह सरकार के लिए पते की बात होती कि वह

पूँजी निवेश और उत्पादन अनुपात के लागत-लाभ विश्लेषण का अध्ययन करती। खाद्य एवं कृषि संगठन (एफ.ए.ओ.) के साथ काम करनेवाले सूडान के एक अर्थशास्त्री आर. एन. पोडुवाल ने बताया कि उर्वरक उत्पादन की पूँजी लागत सिंचाई प्रदान करने की पूँजी लागत से कम है। इसलिए भारत के लिए यह उचित होगा कि वह अपने निवेशों को संतुलित करे और उर्वरक उत्पादन पर ज्यादा खर्च करे। उन्होंने दलील दी कि 1 एकड़ जमीन की सिंचाई पर 350 रुपए लागत आती है। इससे 0.25 टन अतिरिक्त उत्पादन होता है, जिसका मतलब है कि हरेक अतिरिक्त टन खाद्यान्न के उत्पादन पर सिंचाई लागत 1,400 रुपए आती है। इसके मुकाबले एक अतिरिक्त टन नाइट्रोजन उर्वरक के उत्पादन में 4,000 रुपए के निवेश की जरूरत पड़ती है, जबकि इससे 10 टन अतिरिक्त खाद्यान्न का उत्पादन होता है, यानी प्रति टन खाद्यान्न उत्पादन का निवेश 400 रुपए बैठता है। फिर भी उर्वरकों का कड़ा विरोध था। सुझाव दिए गए कि गाय के गोबर की खाद की मात्रा बढ़ाने के लिए अध्ययन किए जाएँ। सिंचाई परियोजनाओं के लिए आपाधापी राजनीति के अर्थशास्त्र से जुड़ी हुई थी—यह पार्टी कोष के लिए घूस प्रदान करती थी। यह आपाधापी आज भी है।

सुब्रमण्यम ने सबसे पहले राजनीतिक प्रतिरोध से निपटा। मंत्रिमंडल को कृषि पर भेजी गई अपनी टिप्पणी में उन्होंने कहा, "हम यदि कृषि में बेकार हो गए विचारों को और निरर्थक उपकरणों या साधनों को छोड़ देने की जरूरत पर बल देते हैं तो यह हमारे पूर्वजों या हमारे मौजूदा किसानों की प्रतिष्ठा के लिए कुछ भी अपमानजनक नहीं है।" निष्कर्ष में उन्होंने मंत्रिमंडल के सामने एक चुनौती रखी—"अगर मंत्रिमंडल मूल्य प्रोत्साहनों पर आधारित इस कृषि नीति को स्वीकार करने की स्थिति में नहीं है तो वे कृषि मंत्रालय का कार्यभार सँभालने के लिए किसी अन्य को ढूँढ़ लें।" उन्होंने यह भी जोड़ दिया कि चूँकि उन्होंने इस मंत्रालय का कार्यभार बस सँभाला ही है, इसलिए उनका विकल्प ढूँढ़ना बहुत मुश्किल नहीं होना चाहिए। सुब्रमण्यम जानते थे कि कृषि मंत्रालय लेनेवालों में बहुत लोग नहीं हैं और शास्त्री उनका समर्थन करेंगे। दिलचस्प ढंग से किस्मत ने फिर सुब्रमण्यम के लिए काम किया। समाजवादी सोच के पुरोधा, जिनमें वी.के. कृष्णमेनन और के.डी. मालवीय शामिल थे, अब सरकार में नहीं थे और नेहरू के विदा होने के बाद कई मंत्री, जो मंत्रिमंडल में शामिल हुए थे, वे हालाँकि समाजवादी विचारधारा के बारे में बोलते तो थे, लेकिन उस पर लट्टू नहीं थे। महाराष्ट्र के दिग्गज एस.के. पाटिल योजना आयोग के आलोचक थे और वाई. बी. चव्हाण हालाँकि वामपंथी झुकाववाले थे, लेकिन वह किसान-समर्थक थे। बहरहाल, सबसे अहम बात थी कि शास्त्री का समर्थन हासिल था।

शास्त्री ने ग्रामीण अर्थव्यवस्था में विकास लाने के लिए कृषि को पुनर्जीवित

करने की जरूरत समझी, भले ही यह औद्योगिकीकरण की कीमत पर हो। यह शास्त्री के लिए मायने नहीं रखता था कि सुब्रमण्यम का फॉर्मूला सामाजिक बदलाव के जरिए कृषि विकास के नेहरूवादी विचार को उलट देगा। लेकिन वह एक लोकतांत्रिक व्यक्ति थे और उन्होंने विरोध व असंतोष को अभिव्यक्त होने दिया। सही भारतीय परंपरा के अनुरूप इस मसले पर फैसले को स्थगित कर दिया गया और सर्वशक्तिमान एल. के. झा की अध्यक्षता में एक समिति का गठन किया गया। झा प्रधानमंत्री के प्रधान सचिव थे और वस्तुतः नौकरशाही चलाते थे। इस समिति को जिम्मेदारी दी गई कि वह स्थिति के नफा-नुकसान का जायजा ले। झा समिति ने टिप्पणी की कि कृषि उत्पादन को बढ़ाना देश के सामने मौजूद सबसे बड़ी प्राथमिकताओं में से एक है। इसने सुझाव दिया कि इसे हासिल करने के लिए प्रौद्योगिकी अपनाई जाए, अतिरिक्त निवेश किया जाए और एक मूल्य प्रोत्साहन नीति लागू की जाए। यह वस्तुतः सुब्रमण्यम की योजना की पुष्टि थी।

लेकिन लड़ाई बस शुरू ही हुई थी। सरकार के बाहर वामपंथियों ने विरोध किया, जो हमेशा गलत पक्ष में रहते थे। उनका कहना था कि यह पूरा विचार अमेरिका स्थित फोर्ड और रॉकफेलर फाउंडेशनों द्वारा प्रायोजित किया गया है। कम्युनिस्टों को लगा कि यह उत्तरोत्तर रूप से भारत को अमेरिकी और पश्चिमी अर्थव्यवस्थाओं से आयात पर निर्भर बना देगा। सरकार के अंदर टी.टी. के ने उन विदेशी निवेशकों के प्रस्तावों को ठुकरा दिया, जो भारत सरकार के साथ मिलकर पाँच बृहत्तर उर्वरक कारखाने स्थापित करना चाहते थे। उनका तर्क था कि इससे भारत की आत्मनिर्भरता की खोज में सेंध लग जाएगी। इसने सरकार को विदेश से उर्वरक खरीदने पर बाध्य किया, यह विवाद का विषय था। यह न तो वामपंथियों को और न ही कांग्रेसियों को लगा कि कृषि जरूरतों के लिए आयात पर अस्थायी निर्भरता से काफी ज्यादा बुरा है विदेशी खाद्य सहायता पर निर्भर होना।

विरोध तेज हो गया। जनवरी 1965 में दुर्गापुर में आयोजित कांग्रेस के वार्षिक अधिवेशन में कांग्रेस के अंदर वामपंथियों और नेहरू के समाजवाद से जुड़े लोगों ने नए विचारों पर हमला किया। कांग्रेस फोरम फॉर सोशलिस्ट एक्शन (सी.एफ.एस.ए.) के तहत संगठित कांग्रेसियों के एक समूह ने इस हमले की अगुआई की। उन्होंने दलील दी कि जनवरी 1964 में नेहरू के तहत पार्टी ने समाजवाद के आदर्शों में फिर से विश्वास जताया था और अब साल भर के अंदर उस विश्वास को पलटा जा रहा है। जो बात आश्चर्यजनक थी, वह यह कि कामराज ने अपने को असंतुष्टों के साथ जोड़ा। उन्होंने चतुर्थ योजना के आकार पर सवाल उठाए और सलाह दी कि प्रस्ताव का पुनर्मूल्यांकन किया जाए। आखिरकार, कांग्रेस ने वह किया, जो वह सबसे बढ़िया ढंग से करती है—उसने परिवर्तन को छिपा दिया। शास्त्री और उनकी टीम ने समाजवादी प्रगति के

लक्ष्यों को सुस्पष्ट किया; जबकि बदलाव की कार्ययोजना को यथावत् रखा।

बहरहाल, इस विचार को क्रांति बनने से पहले कुछ दूरी तय करनी थी। इसे अभी वित्त मंत्रालय और योजना आयोग की हरी झंडी मिलनी थी और इसे मंत्रिमंडल द्वारा पास किया जाना था। जो गरमागरम बहसें चल रही थीं, उनके निष्कर्षात्मक नतीजे निकलने का सुब्रमण्यम ने इंतजार नहीं किया। उन्होंने जो खाका बनाया था, उसे लागू करने के लिए उन्होंने चर्चाएँ करनी शुरू कर दीं। उन्होंने पहली बैठकें वैज्ञानिकों के साथ कीं और उन्होंने यह सुनिश्चित करने के लिए कदम उठाए कि उनके प्रयासों को नौकरशाहों द्वारा बाधित न किया जाए। उन्होंने उड़ीसा कैडर के अधिकारी बी. शिवरामन को अपनी योजना के कार्यान्वयन के लिए बुलाया। शिवरामन ने ग्रामीण विकास में अपने काम से बहुत उम्दा छवि बनाई थी।

कृषि को समाजोन्मुख की बजाय तकनीकी उन्मुख बनाने के लिए जरूरी था कि एक जनाधार तैयार किया जाए। अमेरिका की लैंड ग्रांट यूनिवर्सिटी ने रॉकफेलर फाउंडेशन के कृषि कार्यक्रम के निदेशक रॉफ कमिंग्स के नेतृत्व में एक टीम यह पता करने के लिए भेजी थी कि भारत में कृषि विश्वविद्यालय खोलने की क्या संभावना है। सुब्रमण्यम ने इस विचार की संभावना को समझा और प्रथम संस्थानों की स्थापना में सहयोग दिया। लुधियाना में पंजाब कृषि विश्वविद्यालय और उत्तर प्रदेश में पंतनगर में गोविंद बल्लभ पंत विश्वविद्यालय की स्थापना की गई। इसके बाद उड़ीसा के भुवनेश्वर में तीसरा कृषि विश्वविद्यालय खोला गया। उन्होंने संबंधित राज्य सरकारों को राजी किया कि वे अपने प्रांतीय शोध संगठनों को इन विश्वविद्यालयों के हवाले कर दें, ताकि बड़े पैमाने पर काम किया जा सके। कमिंग्स ने सुब्रमण्यम को नए संकर बीजों की क्षमता के बारे में भी बताया, लेकिन खेद व्यक्त किया कि इनके अपनाए जाने का सुनियोजित विरोध किया जाता है। उन्होंने इंगित किया कि स्वामीनाथन ने वर्ष 1961 में ही उच्च पैदावारवाले बीजों के इस्तेमाल का प्रस्ताव रखा था। उन्होंने अर्ध-बौने गेहूँ के बीजों को प्राप्त किया था और इनका भारतीय परिस्थितियों में सफलतापूर्वक परीक्षण भी किया था। फिर भी साल भर तक बीज कार्यक्रम की जरूरत पर कोई फैसला नहीं लिया जा सका, जबकि उच्च पैदावार की कृषि रणनीति की सफलता के लिए यह बेहद अहम है। कमिंग्स के साथ मुलाकात के बाद सुब्रमण्यम ने शीघ्र ही वैज्ञानिकों, अर्थशास्त्रियों और प्रशासकों के तीन पैनल बनाए। उन्हें नए बीजों और खेती की तकनीकों को अपनाने का आकलन करने का कार्य सौंपा गया। उन्हें प्रतिरोध का, विभिन्न अंधविश्वासों और पूर्वग्रहों का सामना करना पड़ा।

वैज्ञानिकों ने दावा किया कि भारतीय किसान अशिक्षित हैं और संदेह जताया कि वे उस जटिल योजना को अमल में ला पाएँगे, जिसमें बीजों, उर्वरकों और कीटनाशकों

का समुचित प्रयोग करना पड़ता है। अर्थशास्त्रियों ने एक बार फिर उर्वरकों के आयात का मसला उठाया और आश्चर्य व्यक्त किया कि क्या इतना उत्पादन हो पाएगा कि खर्च का औचित्य साबित हो? उन्होंने इंगित किया कि देश को सिर्फ उर्वरकों और कीटनाशकों के आयात पर 1,146 करोड़ रुपए के बराबर विदेशी मुद्रा खर्च करनी पड़ेगी। यह रकम बजट में आवंटित राशि से छह गुना ज्यादा है। उन्होंने यह भी सुझाया कि भारत को ऑर्गेनिक खाद (प्राकृतिक खाद) का इस्तेमाल करना चाहिए। उत्तेजित सुब्रमण्यम ने खुलासा किया कि नए बीजों को प्रति हेक्टेयर के हिसाब से 60 से 100 किलोग्राम नाइट्रोजन-युक्त उर्वरकों की जरूरत होती है। ऑर्गेनिक खाद में बमुश्किल 3-5 प्रतिशत नाइट्रोजन होती है, जिसका मतलब है कि प्रति एकड़ टनों खाद की जरूरत पड़ेगी। बहरहाल, सबसे खराब तर्क नौकरशाही द्वारा दिया गया। प्रशासकों ने उन समाज-शास्त्रियों को उद्धृत किया, जिन्होंने घोषण कर रखी थी कि नए तकनीकी तरीके समाज में असमानता को तेजी से बढ़ाएँगे। सुब्रमण्यम ने उन्हें सीधे चुनौती दी। उन्होंने पूछा, ''क्या हमें औद्योगिक विकास महज इस कारण बंद कर देना चाहिए कि कुछ श्रेणी के कामगारों को आम जनता की तुलना में बेहतर तनख्वाह मिलेगी? क्या औद्योगिकीकरण पर इस कारण रोक लगा देनी चाहिए कि मैनेजरों को किसानों, नर्सों और शिक्षकों की तुलना में बेहतर पारिश्रमिक मिलेगा?''

औपचारिक प्रतिरोध के साथ-साथ एक बड़ा सक्रिय व अनौपचारिक ग्रुप था, जो नई पहल का विरोध कर रहा था। बगीचा सिंह मिन्हास और ए. वैद्यनाथन की अगुवाई में कृषि अर्थशास्त्रियों के एक समूह ने कई परचे प्रस्तुत किए, जो संकर बीजों की क्षमता को ही विवादित कर रहे थे। बी. शिवरामन चिंतित हो उठे और वह इस पर पूरे विस्तार से प्रतिक्रिया देने को तैयार थे, लेकिन सुब्रमण्यम और रॉकफेलर फाउंडेशन के अधिकारियों ने एक बेहतर विकल्प सुझाया—मना करनेवालों को बस नजरअंदाज कर दें।

यह सब योजना आयोग के गले नहीं उतर रहा था। योजना आयोग भारत में तमाम विकास कार्यों का अंतिम निर्णायक है। सिद्धांतों से भी ज्यादा यह आहत अहं का मामला था। अपनी पुस्तक 'बिटर स्वीट' में शिवरामन याद करते हैं कि उपेक्षित वी.के. आर. वी. राव (जो योजना आयोग में सदस्य, कृषि थे और कृषि कार्यक्रमों को हरी झंडी दिखानेवाले अधिकारी थे) ने कैसे उनके सामने यह मामला उठाया कि उन्होंने उनकी इजाजत के बगैर इस मामले में आगे कदम कैसे उठाया। राव ने मामले को प्रधानमंत्री के समक्ष उठाने की धमकी दी। शिवरामन ने माफी माँगने की कोशिश की; हालाँकि आगे बढ़ने की इजाजत तो योजना आयोग के उपाध्यक्ष अशोक मेहता ने दी थी। इसके पहले मेहता की शास्त्री और सुब्रमण्यम से चर्चा हो चुकी थी। आखिरकार, शिवरामन ने सुब्रमण्यम के समर्थन से आगे काम करना जारी रखा, हालाँकि योजना आयोग ने

अनुमति देने से इनकार कर दिया था।

सुनियोजित प्रतिरोध के साथ-साथ वित्त का प्रबंध करना एक बड़ी बाधा थी। कृषि मंत्रालय ने संसाधनों को हासिल करने के लिए बहुआयामी नजरिया अपनाया। जब राजस्थान में सूरतगढ़ में विशाल बीज फार्म को ट्रैक्टरों और फसल काटनेवाली मशीनों की जरूरत पड़ी तो सुब्रमण्यम ने उन्हें ट्रायल के बहाने सोवियत संघ से प्राप्त कर लिया। जब स्वामीनाथन को 18,000 टन मेक्सिकन गेहूँ के बीजों की जरूरत पड़ी तो इसके लिए रकम अमेरिकी फाउंडेशनों से आई। जब उर्वरकों के लिए अत्यंत जरूरत आ पड़ी तो अमेरिका के कृषि मंत्री ऑर्विल फ्रीमैन की मदद से अमेरिका से 5 करोड़ डॉलर हासिल कर लिये गए।

फिर कुछ खालिस भारतीय समस्याएँ थीं। यह स्पष्ट था कि हरेक उपलब्ध अधिकारी को इस कार्यक्रम को आगे बढ़ाने के लिए जिलों का दौरा करना पड़ेगा। लेकिन पूरे विभाग की यात्रा के लिए बजट मात्र 1 लाख रुपए था। शिवरामन ने उसे बढ़ाकर 6 लाख कर दिया। राज्य सरकारें कृषि ऋणों के लिए दी गई राशि से फायदा उठा सकती थीं। वे अमूमन कृषि के लिए आवंटित राशि को दूसरी योजनाओं में लगा देती थीं। अगर वे ऋण देती थीं तो सिर्फ एक फसल के लिए या छह महीने के लिए। रकम जब किसानों द्वारा लौटा दी जाती थी तो इसका कहीं और इस्तेमाल किया जाता था। शिवरामन ने राज्य कृषि विभागों को बाध्य किया कि वे जहाँ भी संभव हो, एक साल में दो फ़सलों के लिए ऋण दें और किसानों को ऋण की राशि दोगुनी कर दें।

इस बीच, जी.वी. चलम अर्ध-तस्करी द्वारा लाए गए बीजों को तैयार करने में कड़ी मेहनत कर रहे थे। शुरुआती ट्रायल में दिखा कि ये बीज भूरे पड़ जाते हैं या कीटों का शिकार हो जाते हैं। लालफीताशाही को दरकिनार करने में माहिर चलम ने सरकारी अनुमतियों की परवाह नहीं की और उन्होंने हिंदुस्तान एंटीबायोटिक्स लिमिटेड की यात्रा की। वहाँ से उन्होंने भारी मात्रा में टेट्रासाइक्लिन प्राप्त किया और दिल्ली में अपने निवास के छज्जे पर रखे बीजों पर छिड़क दिया। बीजों को इस तरह फैलने के लिए आखिरकार तैयार कर लिया गया। शुरुआती बाधाओं को पार करने के बाद चलम ने ताइचुंग नेटिव-1 बीजों को बोने के लिए पश्चिमी गोदावरी और विजयवाड़ा जिलों में चुनिंदा बीज-फार्म का जुगाड़ किया और 300 प्रतिशत तक फसल उगाई। उनकी सफलता इतनी जोरदार थी कि रॉकफेलर और फोर्ड फाउंडेशनों के पर्यवेक्षकों की आँखें खुली-की-खुली रह गईं।

चलम ने अथक यात्राएँ कीं। वह किसानों से मिलते थे और अपने प्रयास में शामिल होने के लिए उन्हें तैयार करते थे। जैसी कि अपेक्षा थी, विरोध की कोई कमी नहीं थी। यह आरोप लगाया गया कि चूँकि हाइब्रिड फसल विकसित होने में पाँच महीने की

बजाय सिर्फ 110 दिन लगे हैं, इसलिए इसकी पैदावार में पोषक तत्त्व नहीं होगा। बगैर विचलित हुए चलम हरेक बेतुके दावे का बड़ा ही तर्कपूर्ण जवाब देते थे। उन्होंने 'आंध्र ज्योति' के अपने संपादक मित्र वेंकटेश्वर राव से कहकर 'चलम से पूछें' नामक एक साप्ताहिक स्तंभ शुरू करवाया। उस कॉलम में वह कृषि समुदाय द्वारा पूछे गए सवालों का जवाब देते थे।

इस बीच अपना विचार अपने विरोधियों के गले उतारने के अपने निरंतर प्रयास के तहत सुब्रमण्यम ने इन संकर बीजों को खुद आजमाने का फैसला किया। एक सुबह वर्ष 1965 में उनके बेटे राजशेखर ने पाया कि नई दिल्ली में 8 हेस्टिंग्स रोड स्थित उनके निवास बगीचे में उसका क्रिकेट ग्राउंड पूरी तरह खुदा हुआ है। सुब्रमण्यम ने अपने बगीचे की जुताई करवा दी थी और उसमें ताइचुंग नेटिव-1 धान के बीच तथा सोनोरा 64 तथा लेर्मा रोजो गेहूँ के बीच बो दिए थे। हरेक दोपहर सुब्रमण्यम पौधों की प्रगति की निगरानी करते थे और एक चार्ट पर वृद्धि दर को दर्ज करते थे तथा जो कोई भी उनके घर आता था, वे उसे वह चार्ट दिखाते थे। भारतीय राजनीतिज्ञ भले ही मन बदलने में हिचक रहे हों, लेकिन अमेरिकी फाउंडेशनों से वैज्ञानिकों, अर्थशास्त्रियों और अधिकारियों के दल उनके घर आते रहे। उनका मकसद पौधों की पड़ताल करने से ज्यादा उनकी (सुब्रमण्यम की) प्रतिबद्धता की सराहना करना था।

एक दोपहर, एक लंबा-छरहरा आदमी उनके घर आया। वह उनकी फोटो खींचना चाहता था। सुब्रमण्यम दोपहर में सोना पसंद करते थे और इसके प्रति गंभीर थे। इसलिए स्टाफ ने उन्हें जगाने से इनकार कर दिया। जब उस शख्स ने जोर दिया तो उन्होंने झुँझलाए मंत्री को जगा दिया। वह शख्स थे—लॉर्ड स्नोडॉन। वह प्रतिकृति फोटोग्राफी के सितारे थे। वह दिल्ली आए हुए थे और हरित क्रांति की अगुवाई कर रहे शख्स की फोटो खींचना चाहते थे। सुब्रमण्यम इस शर्त पर राजी हुए कि उनके पौधों की भी फोटो ली जाए। फोटो खींच लेने के बाद सुब्रमण्यम ने लॉर्ड स्नोडॉन से कहा, "मुझे एक कॉपी भेज दीजिएगा।" स्नोडॉन ने जवाब दिया, "इसके लिए आपको पाँच पौंड देने पड़ेंगे।" सुब्रमण्यम ने तपाक से कहा, "आपने मेरे हाइब्रिड पौधों की फोटो खींची है, इसलिए आपको भारत सरकार को 100 पौंड देने होंगे। आप इस राशि में से ही पाँच पौंड काट सकते हैं।"

मीडिया और अपने इर्द-गिर्द के प्रभावशाली लोगों के जरिए सुब्रमण्यम अपना संदेश फैलाने का अथक प्रयास कर रहे थे। लेकिन वह जानते थे कि जब तक किसानों को बड़े पैमाने पर नए तरीकों का प्रदर्शन कर नहीं दिखाया जाएगा, तब तक बात नहीं बनेगी। वह चाहते थे कि किसान खुद देखें कि खेती की नई तकनीक कितनी कारगर है।

एम.एस. स्वामीनाथन ने सुझाव दिया कि पूरे खेतिहर समुदाय को शिक्षित करने के

लिए भारत भर में 1,000 प्रदर्शन फार्म बनाए जाएँ। यह फैसला किया गया कि सरकार ऐसे किसानों का चयन करेगी, जिनके पास हाइब्रिड बीजों को बोने के लिए सिंचाई की अच्छी व्यवस्था है और इसकी खेती से इनकी क्षमता को सिद्ध करेंगे। अपने मिजाज के अनुसार नौकरशाहों ने आपत्तियाँ उठाईं। अगर प्रयोग विफल रहा तो कौन भुगतान करेगा? सुब्रमण्यम भड़क उठे और उन्होंने घोषणा कर दी कि किसान ने पिछली कटाई में जितना भी कमाया होगा, सरकार उन्हें उतना मुआवजा देगी। मुआवजे के लिए कोई राशि आवंटित नहीं थी, लेकिन सुब्रमण्यम को पक्का भरोसा था कि इसकी जरूरत ही नहीं पड़ेगी। आश्वासन ही पर्याप्त होगा। ये प्रयोग खूब सफल हुए। पंजाब और हरियाणा से गेहूँ के बीजों की माँग की गई तो धान के बीजों की माँग भारत के अन्य तमाम भागों से की गई।

विडंबना यह थी कि प्रायोगिक बीजों की सफलता के बावजूद कई राज्यों की कमान सँभालनेवाले अड़ियल राजनीतिज्ञों, जिनमें सुब्रमण्यम का अपना राज्य तमिलनाडु भी शामिल था, ने संकर बीजों के इस्तेमाल पर प्रतिबंध लगा रखा था। बहरहाल, चूँकि सरकार का इसपर कोई नियंत्रण नहीं था कि किसान क्या बोते हैं, प्रतिबंध सिर्फ एक दंतहीन प्रशासकीय धमकी था। जो कोई भी बीजों में दिलचस्पी रखता था, उन्हें यह उपलब्ध था और ऐसे लोग कई थे। शिवरामन अपने संस्मरण में याद करते हैं कि पाबंदी के बावजूद किसानों ने प्रौद्योगिकी को सहर्ष अपनाया। तंजावुर की एक यात्रा के दौरान शिवरामन ने देखा कि कई एकड़ खेतों में संकर फसल लगी हुई थी। वह रुक गए और उन्होंने एक किसान से पूछा, ''इन बीजों पर सरकार ने रोक नहीं लगा रखी?'' किसान ने तपाक से कहा, ''क्या मुझे महज इस कारण बेवकूफ बन जाना चाहिए कि सरकार बेवकूफ है?'' देश भर में किसानों ने हाइब्रिड फसलों की खेती के प्रदर्शनों को देखने के लिए लाइनें लगाईं और बीजों की माँग की। स्वामीनाथन द्वारा किए गए खेती-प्रदर्शन कृषि शोध के इतिहास में सबसे बड़े प्रयोग थे।

इस विचार के पूर्व कार्यान्वयन के लिए धन की जरूरत थी और जैसा कि तमाम दीर्घकालीन कार्यक्रमों के साथ होता है, यह योजना आयोग द्वारा तय की जानी थी। यहाँ तक कि जब हाइब्रिड फसलों का प्रयोग चल रहा था, शास्त्री, सुब्रमण्यम, अन्य मंत्री और योजना आयोग एक साथ मिलकर चौथी पंचवर्षीय योजना को अंतिम रूप देने में जुट गए। यह महत्त्वपूर्ण था, क्योंकि आवंटनों को बदलकर कृषि के पक्ष में किया जाना था। कार्यभार सँभालने के शीघ्र बाद ही शास्त्री ने तय किया था कि वह मंत्रालयों के ऊपर खुद वीटो शक्ति का इस्तेमाल करेंगे, जो कि पहले योजना आयोग के पास थी। उन्होंने प्रधानमंत्री सचिवालय की स्थापना की और उन्हें सलाह देने के लिए उसमें चतुर अधिकारियों को रखा। उनके द्वारा राष्ट्रीय योजना परिषद् भी सामने लाई गई, जिसमें

मुख्यमंत्रियों और मंत्रियों की भूमिका वजनदार थी।

फिर भी, योजना आयोग ने बाधाएँ खड़ी करना जारी रखा। उसे कृषि मंत्रालय का हरित क्रांति लाने का प्रस्ताव अस्वीकार्य लगा। उनका तर्क था कि नए प्रयास से लाभ औद्योगिक निवेश को पहुँचेगा और आयात प्रतिस्थापन की नीति को भी ठेस पहुँचेगी। फिर उन्होंने प्रस्ताव रखा कि कृषि मंत्रालय नेहरू के मॉडल पर वापस लौट आए। शास्त्री जानते थे कि अब उनका टकराव होगा।

सौभाग्य से किस्मत ने घटनाचक्र में निर्णायक भूमिका निभाई। दुनिया भर में भूख और अकाल का डर फिर से शिक्षाविदों और सरकारों को डराने लगा था। थॉमस माल्थस ने सन् 1798 में जो सिद्धांत प्रतिपादित किया था, उसकी वापसी हो गई थी। माल्थस ने निष्कर्ष निकाला था कि जनसंख्या में वृद्धि अंततः खाद्यान्न उत्पादन में वृद्धि को पीछे छोड़ देगी, जिससे कि अभाव, अकाल और संघर्ष होगा। एक अजीब संयोग के तहत भारत जब अपनी आगे की योजना पर बहस कर रहा था, '60 के दशक के मध्य में माल्थस के शिष्यों ने पुस्तकों की पूरी श्रृंखला लिख डाली। उनकी भविष्यवाणी थी कि हम सब पर दुर्भिक्ष लगभग आ चुका है।

सबसे ज्यादा तीक्ष्ण तेवर 'हंग्री नेशंस' में अपनाया गया था, जिसे पैडॉक ब्रदर्स विलियम एवं पॉल ने लिखा था। अंकगणितीय अवधारणाओं के आधार पर पैडॉक ब्रदर्स ने भविष्यवाणी की कि जल्द वैश्विक स्तर पर खाद्य अभाव होगा और इस कारण दंगे होंगे। 'फैमीन 1975! अमेरिकाज डिसीजन : टू विल सर्वाइव?' में उन्होंने घोषणा की कि सन् 1975 तक दुर्भिक्ष शुरू हो जाएगा। ज्यादा अनिष्टकारी उनका यह सुझाव था कि विभिन्न देशों को मदद के दायरे से आगे बढ़कर खाद्य सहायता न दी जाए। उन्होंने चिकित्सीय कार्य-प्रणाली का उदाहरण दिया। आपातकालीन कक्ष में मरीजों का इलाज इस आधार पर तय किया जाता है कि किसकी हालत कितनी गंभीर है। इसी आधार पर पैडॉक बंधुओं ने सुझाव दिया कि अमेरिका को यह फैसला करना चाहिए कि किन देशों को बचाया जा सकता है, कौन देश जख्मी हालत में बने रह सकते हैं और कौन देश ऐसे हैं, जिन्हें बचाया नहीं जा सकता है। उन्होंने घोषणा की कि भारत उसी श्रेणी का देश है, जिसे बचाया नहीं जा सकता है। उनका तर्क इस तरह था—"भारत ऐसा उदाहरण है, जो तमाम राजनीतिक एवं आर्थिक दिशा-निर्देशों व नियमों का उल्लंघन करता है। किसी भी अन्य देश से ज्यादा यदि अमेरिका खाद्य सहायता बंद कर दे या इसमें कटौती कर दे, तो यहाँ तुरंत विपदा और विनाश का आलम होगा। भारत आज गेहूँ की पूरी पैदावार का 25 प्रतिशत हजम कर जाता है।" पैडॉक बंधुओं का मानना था कि अमेरिकी सहायता और भारतीय कृषि के विकास में भविष्य में वृद्धि की चाहे जितनी आँकड़ेबाजी कर ली जाए, आज का चलन यही दरशाता है कि भारत को दुर्भिक्ष

से बचा पाना अमेरिका के संसाधनों से बाहर की बात होगी। पैडॉक बंधुओं ने यह भी ऐलान किया कि तमाम देशों के नेताओं में भारतीय नेता ऐसे हैं, जो सबसे बचकाने, अक्षम और देश के आर्थिक गले को काटने पर आमादा लोग हैं। उन्होंने अपने तर्क में भू-राजनीति को भी जोड़ दिया और इंगित किया कि 6.5 अरब डॉलर की सहायता लेने के बावजूद भारत का रवैया अमेरिका-विरोधी है। निष्कर्ष में उन्होंने सिफारिश की, ''हम यदि भारत को खाद्य सहायता बंद कर दें तो हम कोई भरोसेमंद दोस्त नहीं खोने जा रहे हैं और न ही हम ऐसा दुश्मन पैदा कर देंगे, जो हमें गंभीर नुकसान पहुँचा देगा।''

भारत में घटनाएँ भी दुर्दिन की भविष्यवाणी का समर्थन करती प्रतीत हुईं। पहले वर्ष 1965 में मानसून विफल रहा, फिर पुनः 1966 में। महाराष्ट्र में अट्ठाईस जिलों में से प्रत्येक सूखाग्रस्त था। भारत के अन्य कई भागों में भी यही हाल था। कृषि उत्पादन 8.8 करोड़ टन से गिरकर 7.2 करोड़ टन रह गया था। इससे आयात की जरूरत बढ़ गई। मुद्रास्फीति तेज बढ़ोतरी के साथ 17 प्रतिशत पर पहुँच गई और खाद्य कीमतें 22 प्रतिशत से भी ज्यादा बढ़ गईं। कुछ विश्लेषकों ने वर्ष 1965 के सूखे को उतना ही खराब माना, जितना कि 1899 का दुर्भिक्ष था। इससे डर और बढ़ गया। सरकार ने वर्ष 1965 में पहले ही 75 लाख टन खाद्यान्न का आयात कर लिया था और अगले साल के लिए वह 1.1 करोड़ टन खाद्यान्न के लिए आवेदन कर रही थी। आयात लागत बढ़ने से भारत का विदेशी मुद्रा भंडार 65.5 करोड़ डॉलर से घटकर 50 करोड़ डॉलर से भी कम रह गया था। भारत ने 20 करोड़ डॉलर के उपलब्ध ऋण के लिए गुहार लगाई और इसमें से 15 करोड़ डॉलर तुरंत निकाल लिये। अभाव की समस्या को रेखांकित करने और अकाल को रोकने के लिए शास्त्री ने, जो हमेशा ही गांधीवादी रहे थे, हरेक सोमवार को उपवास रखना शुरू कर दिया और दूसरों को भी ऐसा करने की सलाह दी। भारत की आर्थिक सेहत साफ तौर पर बदतर होती जा रही थी। आई.एम.एफ. भारत पर दबाव डाल रहा था कि वह अपनी अर्थव्यवस्था का पुनर्गठन करे। इसने इंगित किया कि वर्ष 1949 से भारत की मुद्रा डॉलर के मुकाबले 4.76 मूल्य पर रखी गई है, जो कि ज्यादा है।

भू-राजनीतिक रिपोर्ट भी कोई बढ़िया नहीं थी। लिंडन बी. जॉनसन ने सन् 1963 में जॉन एफ. केनेडी से राष्ट्रपति पद की कमान सँभाली थी। जॉनसन का भारतीय प्रशासन के साथ खास तौर पर अच्छा समीकरण नहीं रहा था। मई 1961 में उनकी नेहरू से तब मुलाकात हुई थी, जब उन्होंने उप-राष्ट्रपति के तौर पर भारत का दौरा किया था। वह मुलाकात भी ठंडी रही थी। जॉनसन के सहायक जॉर्ज ई. रीडी ने एल.बी.जे. पुस्तकालय के लिए जॉनसन शासन का मौखिक इतिहास बताते हुए नेहरू-जॉनसन मुलाकात को 'रहस्यमय भेंट' करार दिया है। इसकी बजाय उन्होंने जॉनसन और अयूब खान की मुलाकात के बारे में बताया कि ''वे महज तीन मिनट की भेंट के अंदर सगे भाई बन

गए।'' जॉनसन को भारत के प्रधानमंत्रियों के साथ हमेशा ही दिक्कतें आई थीं। उनकी दृष्टि में, भारतीय अमेरिका के साथ अपने रिश्तों को वन-वे स्ट्रीट (एकतरफा रास्ता) की तरह देखते हैं। वियतनाम में अमेरिकी युद्ध '60 के दशक में काफी भयावह हो गया था, उसके प्रति भारत के तीव्र विरोध ने भी हालात को सुधारने में मदद नहीं की। यह जॉनसन ही थे, जिन्होंने वर्ष 1963 में विदेशी मदद पर एक राष्ट्रीय सुरक्षा ज्ञापन जारी किया और उसकी समीक्षा करने को कहा, क्योंकि इसका असर विदेश नीति पर पड़ रहा था।

वियतनाम में संघर्ष के परिणाम भारत को भी भुगतने पड़े। अप्रैल 1965 में राष्ट्रपति जॉनसन ने प्रधानमंत्री लालबहादुर शास्त्री को दिया एक निमंत्रण रद्द कर दिया। ऐसा इसलिए किया गया कि उन्होंने (जॉनसन ने) एक घोषणा की थी कि वह कहीं की भी यात्रा नहीं करेंगे और तमाम विदेशी महानुभावों—भारतीय एवं अन्यों—के दौरे स्थगित किए जाते हैं। भारत पी.एल. 480 कार्यक्रम के तहत और खाद्य सहायता की अपील कर रहा था। शास्त्री-जॉनसन मुलाकात के दौरान जिन मसलों पर बातचीत होनी थी, उनमें यह भी एक प्रमुख मुद्दा था।

डीन रस्क जॉनसन प्रशासन में विदेश मंत्री थे। वे उजागर करते हैं कि नीतिगत स्तर पर एल.बी.जे. प्रशासन इस विचार का विरोध करने लगा कि भारत अपनी समस्याओं के बारे में चाहे जो भी करे, अमेरिका हमेशा उसकी जरूरतों की भरपाई के लिए उपलब्ध रहेगा। जॉनसन ने कृषि मंत्री ऑर्विल फ्रीमैन और रस्क से दो-टूक कहा कि अमेरिका का राष्ट्रपति भारतीयों को खिलाने में भारत के प्रधानमंत्री से ज्यादा दिलचस्पी नहीं रख सकता। उन्होंने फ्रीमैन को बाध्य किया कि वह भारत को पुनर्गठन कार्यक्रम के लिए प्रतिबद्ध कराएँ। फ्रीमैन जॉनसन को यह कहते हुए याद करते हैं, ''आप यह तमाम (खाद्य सहायता) यों ही नहीं लुटा सकते और नम आँख लिये घूम नहीं सकते। आपको थोड़ा व्यावहारिक होना पड़ेगा कि यह क्या करता है और भारत क्या बनाता है और हम यह हमेशा नहीं करते रह सकते हैं।'' अर्थात् भारत की सदैव यूँ ही मदद नहीं कर सकते।

भारत ने खाद्य सुरक्षा के लिए कहीं और प्रयास किया; लेकिन राष्ट्रीय सुरक्षा के मोरचे पर उसे पड़ोसी देशों की दुश्मनी से खतरा पैदा हो गया। प्रधानमंत्री पद सँभालने के बाद ही शास्त्री ने पाकिस्तान और चीन से संबंध सुधारने के प्रयास किए थे। लेकिन उनके प्रयासों का कोई अच्छा नतीजा नहीं निकला। चीन के हाथों भारत की पराजय से पाकिस्तान के हौसले बढ़ गए थे और वह खुलकर दुश्मनी बरत रहा था। 1 सितंबर, 1965 को भारत का सबसे बुरा डर सच निकला—पाकिस्तान ने छंब सेक्टर में हमला कर दिया; जबकि चीनियों ने पूर्वी सेक्टर में हमला करने की धमकी दी। अमेरिका ने भारत को तमाम मदद और खाद्यान्न भेजना स्थगित कर दिया। इससे संकट और गहरा गया। बहरहाल, अपने मृदुभाषी प्रधानमंत्री में भारत को ऐसा नेता मिला, जो सामने

से अगुवाई कर सकता था। शास्त्री ने चेतावनी दी कि यदि चीनियों ने दखल दिया तो भारत अपने आखिरी शख़्स तक संघर्ष करेगा और उन्होंने फौज को पश्चिमी सेक्टर में पाकिस्तान के खिलाफ जवाबी हमला करने का आदेश दिया। भारतीय सेना हालाँकि सैन्य साजो-सामान से अच्छी तरह लैस नहीं थी, लेकिन उसने बाईस दिनों के युद्ध के बाद पाकिस्तानी फौज को घुटने टेकने पर मजबूर कर दिया।

शास्त्री का आत्मविश्वास बढ़ गया और उन्होंने एक विजयी नारा दिया—'जय जवान, जय किसान'। अक्तूबर 1965 में शास्त्री ने आकाशवाणी पर राष्ट्र को संबोधित करते हुए कहा, "मैं खाद्य में आत्मनिर्भरता को एक अभेद्य सुरक्षा व्यवस्था से कम महत्त्वपूर्ण नहीं समझता हूँ। यह हमारी आजादी और स्वतंत्रता को बनाए रखने के लिए आवश्यक है। मौजूदा आपात स्थिति में जमीन के हरेक टुकड़े पर खेती की जानी चाहिए।"

विजय और उपलब्धि के भरपूर एहसास के बावजूद युद्ध ने अर्थव्यवस्था को बिगाड़ दिया और खाद्य अभाव और बढ़ गया। नवंबर 1965 में सुब्रमण्यम रोम में एफ.ए.ओ. की एक बैठक में भाग लेने के लिए गए। वहाँ उन्होंने ऑर्विल फ्रीमैन से मुलाकात की। सुब्रमण्यम ने उनसे कहा कि भारत को पी.एल. 480 कार्यक्रम के तहत कम-से-कम 1 करोड़ टन गेहूँ की जरूरत है। फ्रीमैन ने सुब्रमण्यम से दो-टूक कहा कि यह तभी संभव है, जब राष्ट्रपति इसके लिए मंजूरी दें। उन्होंने यह भी सुझाव दिया कि सुब्रमण्यम वॉशिंगटन का दौरा करें और राष्ट्रपति जॉनसन से मिलें।

अमेरिका चाहता था कि भारत एक कार्यक्रम तय करे और इसका सबूत दे कि वह अपने खाद्य संकट से निपटने के लिए क्या करने को तैयार है। रोम में एफ.ए.ओ. शिखर सम्मेलन के दौरान फ्रीमैन और सुब्रमण्यम में इस पर सहमति बनी कि भारत क्या-क्या करेगा। 26 नवंबर, 1965 को भारत ने अमेरिका के साथ एक समझौता किया, जिसमें उसने उत्पादकता बढ़ाने के लिए कृषि में निवेश बढ़ाने की सहमति दी।

जनवरी 1966 में शास्त्रीजी का ताशकंद में निधन हो गया और इंदिरा गांधी ने बागडोर सँभाली। अपने इतिहास के सबसे भीषण सूखों में से एक के प्रभाव के तहत भारत एकदम पस्त था। आशंका है कि इसमें 15 लाख से भी ज्यादा लोगों की जानें चली गईं। देश में पूर्ण अकाल की स्थिति के मद्देनजर इंदिरा गांधी ने अधिकारियों से कहा कि वे अमेरिका से खाद्य सहायता हासिल करने का प्रयास करें।

एल.बी.जे. प्रशासन ने 35 लाख टन खाद्य सहायता का वचन दिया तो था, लेकिन यह सहायता एकमुश्त नहीं मिलनी थी। उसने ऐसी व्यवस्था कर रखी थी कि वह हर महीने जहाज से उतना ही खाद्यान्न भेजता था, जिससे कि एक महीने का काम चल जाए। उसने नीति बना रखी थी कि उसके द्वारा भेजा गया खाद्यान्न समय पर उपभोक्ताओं तक पहुँचे और उसे भंडार गृह में न रखा जाए। एक बार दिसंबर 1966 में इंदिरा गांधी को खुद राष्ट्रपति

जॉनसन को फोन करना पड़ा, ताकि शीघ्र खाद्य सहायता मिले। बातचीत की समाप्ति पर, उन्होंने अपनी मुट्ठी भींच ली और तमतमाई हुई सुब्रमण्यम से बोलीं कि वह आगे कभी नहीं चाहेंगी कि भारत को फिर कभी खाद्य सामग्री के लिए भीख माँगनी पड़े।

अमेरिका ने जिस तरह जलील किया और युद्ध ने जो सबक सिखाया, उसने राजनीतिज्ञों को खाद्य सुरक्षा के महत्त्व को भलीभाँति समझा दिया। सुब्रमण्यम की योजना को तेजी से आगे बढ़ाया गया। इंदिरा गांधी ने सुब्रमण्यम का समर्थन किया और कृषि के पुनर्जीवन के लिए जोरदार प्रयास शुरू किए गए, भले ही इसका अर्थ था—सामाजिक क्रांति के जरिए आर्थिक बदलाव यानी नेहरू के सपने की समाप्ति।

सन् 1966 में लाखों हेक्टेयर भूमि में क्रांति के बीज बो दिए गए। इसके लिए जो अभियान छेड़ा गया, वह आज भी दिमाग को चकरा देता है। सैकड़ों बंद वैगनों के जरिए देश भर में बेहतर हाइब्रिड बीजों को भेजने के काम में लगाया गया। बीजों को बंद कंटेनरों में भेजा गया, ताकि उनमें नमी बनी रहे। उर्वरक, कीटनाशक और ऋण को आसानी से उपलब्ध कराना था और यह सब काम एकदम सुनियोजित ढंग से 100 दिनों के अंदर किया जाना था, ताकि अच्छी फसल काटी जा सके।

सन् 1967 में जब उस साल के कृषि उत्पादन की पहली रिपोर्ट आई तो उसने दुनिया को भौंचक कर दिया। भारत ने 1.7 करोड़ टन गेहूँ का उत्पादन किया था, जो कि पिछली सर्वश्रेष्ठ पैदावार से 50 लाख टन ज्यादा था। पंजाब राज्य में स्कूल बंद कर दिए गए और कक्षाओं का इस्तेमाल अनाज रखने के लिए किया गया। भारत के किसानों ने उन वैज्ञानिकों को शर्मिंदा कर दिया, जो उनकी क्षमता पर संदेह करते थे और सुब्रमण्यम ने मंत्रिमंडल में अपने विरोधियों की बोलती बंद कर दी थी।

युद्ध के भयावह परिणामों और अकाल की विभीषिका ने कृषि के पुनर्जीवन को सुनिश्चित कर दिया। सन् 1967 की जोरदार पैदावार के बाद भारत ने पीछे मुड़कर नहीं देखा और 1971 में 10 करोड़ टन से भी ज्यादा खाद्यान्न पैदा किया। खाद्य सुरक्षा के लिए चिंतित नहीं होने का ही परिणाम था कि भारत 1971 में पाकिस्तान के खिलाफ युद्ध में प्रतिकूल वैश्विक राय और अमेरिकी धमकी व चालबाजी का सामना कर सका और 1974 में परमाणु परीक्षण कर सका। खाद्य सुरक्षा के बगैर राष्ट्रीय सुरक्षा हासिल नहीं की जा सकती। इसे एक अविवादित तथ्य के रूप में राजनीतिक वर्ग द्वारा स्वीकार कर लिया गया।

सबक, जो भुला दिए गए

बहरहाल, '80 के दशक की शुरुआत तक '70 के दशक में जो सक्रियता दिखी थी, वह गुम हो गई। यह मंदी इस सिद्धांत की पुष्टि करती है कि भारत सिर्फ

संकट के सिरे पर काम करता है और आमतौर पर तेजी से काम नहीं करता है। '80 के दशक से ही क्रमिक सरकारों ने खाद्य सुरक्षा और इसीलिए कृषि को मानी हुई बात मानकर काम किया। सिंचाई में निवेश गिर गया और नई तकनीकी को लेकर प्रतिबद्धता कमजोर होती गई।

वर्ष 1991 और अर्थव्यवस्था के उदारीकरण के बाद की अवधि में औद्योगिक पुनर्जीवन पर जिस नए तरह से ध्यान दिया गया, उससे सहज रूप में कृषि पर भी ध्यान दिया जाना चाहिए था। आखिरकार तीव्र औद्योगिक विकास मजबूत ग्रामीण अर्थव्यवस्था की नींव पर ही संभव है। भारत को चीन से सबक लेना चाहिए। चीन ने सन् 1978 में डेंग जियापिंग के नेतृत्व में अपनी अर्थव्यवस्था को खोलने से पहले कृषि को पुनर्जीवित किया और उसमें जोरदार विकास किया।

मगर भारत में वर्ष 1980 और 2005 के बीच कृषि में निवेश जी.डी.पी. का बमुश्किल 3 प्रतिशत रह गया। भारत के 70 प्रतिशत किसानों की औसत जोत एक हेक्टेयर से भी कम है और कृषि योग्य भूमि का करीब 70 प्रतिशत, जो 10 करोड़ हेक्टेयर से भी ज्यादा बैठता है, अभी भी वर्षा पर आधारित है। जाहिर है, कृषि अभी भी मौसम की मेहरबानी पर आश्रित है। जब इक्कीसवीं सदी आगे बढ़ी तो पाया गया कि 571 सिंचाई परियोजनाएँ अपनी निर्धारित समय-सीमा से पीछे चल रही हैं। इनमें से करीब 150 परियोजनाएँ तो '70 के दशक की हैं। अक्तूबर 1996 और मार्च 2008 के बीच त्वरित सिंचाई लाभ कार्यक्रम के तहत 253 परियोजनाओं को मंजूरी दी गई; लेकिन इनमें से सिर्फ 100 परियोजनाओं को पूरा हुआ बताया गया। वैसे, इनमें से 12 परियोजनाएँ अभी भी अधूरी पाई गईं।

अंतरराष्ट्रीय स्तर पर मशहूर भारत में हरित क्रांति के जनक एम.एस. स्वामीनाथन ने वर्ष 2004 में इस लेखक के साथ एक बातचीत में अपनी चिंता जताई, ''अपने सुधार कार्यक्रमों में भारत ने कई कार्यक्रम छोड़ दिए हैं। विकास के लिए कृषि और उद्योग को एक साथ आगे बढ़ना होगा।'' बीजों को प्रोन्नत करने के लिए आवश्यक तकनीकी और सिंचाई के आधारभूत ढाँचे से भारत ने अपने किसानों को महरूम रखा है। करीब दो-तिहाई किसानों को बैंक से कर्ज नहीं मिलता और वे महाजनों पर निर्भर हैं। इस अनदेखी का दुष्प्रभाव सबसे ज्यादा किसानों पर दिखता है। भारत में खुदकुशी करनेवाले किसानों की संख्या सबसे ज्यादा है। वर्ष 2004 से लेकर 2010 तक में करीब 1,20,000 किसानों ने आत्महत्या की। यह अभाव के पैमाने में भी दृष्टिगोचर होता है। वर्ष 1991 और 2011 के बीच भारत का सकल घरेलू उत्पाद 7.5 प्रतिशत की दर से बढ़ा, लेकिन कृषि की विकास दर 3 प्रतिशत से भी कम रही और अब यह जी.डी.पी. में 15 प्रतिशत से भी कम योगदान करता है। इसका आशय है कि कृषि पर आश्रित 10 भारतीयों में से

6 राष्ट्रीय औसत आय के छठे हिस्से से भी कम पर गुजारा कर रहे हैं।

वर्ष 2004 से सरकार ने कृषि ऋण की मद 69,000 करोड़ रुपए से बढ़ाकर 4 लाख करोड़ रुपए कर दी है। किसानों को किसान क्रेडिट कार्ड योजना में पंजीकृत किया है, ताकि उन्हें धन मिलने में सुविधा हो। फसलों का समर्थन मूल्य बढ़ाया है और फसल बीमा को बढ़ावा दिया है। हालाँकि इसमें कोई सीधा संबंध साबित करना मुश्किल है कि सरकार ने जो कदम उठाए और जो उत्पादन सामने आया, लेकिन यह तथ्य है कि भारत ने वर्ष 2012 में 25.7 करोड़ टन से भी ज्यादा खाद्यान्न पैदा किया।

ये उपलब्धियाँ तो जरूर हैं, लेकिन समुद्र में बूँदों की तरह हैं और भारत अभी भी बड़ी तसवीर को खो रहा है। वर्ष 2050 तक या उससे भी पहले यह अनुमान लगाया जाता है कि भारत की आबादी 150 करोड़ तक पहुँच जाएगी। इसका मतलब है कि तब खाद्यान्न की माँग 45 करोड़ टन तक पहुँच जाएगी; जबकि मौजूदा उत्पादन 25.7 करोड़ टन ही है। अगर ग्रामीण क्षेत्र में बड़ी तादाद में भारतीय गरीबी रेखा से नीचे जी रहे हैं तो इसका कारण है कि ढेर सारे लोग ऐसी जमीन के सहारे जीवन-यापन कर रहे हैं, जो कम उपजाऊ है। भारत फलों और सब्जियों का दुनिया का सबसे बड़ा उत्पादक देश है; लेकिन 40 प्रतिशत उत्पादन खेतों में ही सड़ जाता है, क्योंकि भंडारण और परिवहन सुविधाओं का अभाव है। फलों एवं सब्जियों के कुल उत्पादन के महज 2 प्रतिशत भाग का व्यावसायिक रूप से प्रसंस्करण किया जाता है। कम उत्पादन गरीबी को बदतर करता है और इन चीजों की ऊँची कीमतों के लिए जिम्मेदार है। भारतीय खेतों का औसत प्रति हेक्टेयर उत्पादन खराब है और दशकों से लगभग स्थिर रहा है। चीन के किसान जितना उत्पादन करते हैं, भारत के सर्वोत्तम किसान उसका आधा ही उत्पादन कर पाते हैं। भारत को तुरंत ही उच्च उत्पादनवाली फसलों की खेती करने और ग्रामीण आधारभूत ढाँचा सुधारने की जरूरत है। हालाँकि यह सामान्य समझ की बात प्रतीत होती है, लेकिन सरकारें इस जरूरत के प्रति बेफिक्र लगती हैं। यह अनदेखी न केवल अर्थशास्त्र के तर्क के, बल्कि राजनीति के तर्क के भी खिलाफ है। किसानों की संख्या और कृषि में संकट द्वारा प्रत्यक्ष या अप्रत्यक्ष रूप से प्रभावित होनेवाले उपभोक्ताओं की संख्या को जोड़ लिया जाए तो यह भारत के लोकतंत्र में सबसे बड़ा राजनीतिक निर्वाचन क्षेत्र होगा।

फिर भी, भारतीय राजनीतिज्ञ—जिनमें से एक-तिहाई किसान होने का दावा करते हैं—जानबूझकर कृषि के हित को नजरअंदाज करना जारी रखे हुए हैं।

□

दास कैपिटल

4 अक्तूबर, 1963

तिरुपति

राजनीति की माँग रहती है कि इसके नेता एवं कार्यकर्ता चुनावी वादों पर खरे उतरें। लेकिन इसके लिए विपुल धन की जरूरत पड़ती है। इसलिए जाहिर है कि राजनीतिज्ञ संसाधनों पर नियंत्रण की माँग करेंगे। फिर भी, वर्ष 1969 तक भौतिक संसाधन कुछ कारोबारी घरानों द्वारा फाँसकर मुहैया कराए जाते थे, विकास कार्यक्रमों के लिए धन का अभाव था और बैंकों तक पहुँच एक विलास का विषय रही। शक्ति के लिए राजनीतिज्ञों की तलाश का नतीजा बैंकों के राष्ट्रीयकरण और लोकतंत्रीकरण के रूप में सामने आया।

कांग्रेस ने सन् 1947 के बाद से कामराज योजना द्वारा अपनी सबसे बड़ी कायापलट की। इसके लगभग 48 घंटे बाद भगवान् वेंकटेश्वर के पवित्र निवास में मत्था टेकने के लिए यात्रियों का एक पंचक आया। तीर्थयात्री, आमतौर पर, शांति और समृद्धि की प्रार्थना करने के लिए सात पर्वतों के भगवान् के दरबार में आते हैं। इस पंचक समूह का नेतृत्व के. कामराज कर रहे थे और इस समूह में पश्चिम बंगाल से सांसद अमूल्य घोष, आंध्र प्रदेश के मुख्यमंत्री एन. संजीव रेड्डी, मैसूर से एस. निजलिंगप्पा और मंगलौर से श्रीनिवास माल्या शामिल थे। तिरुपति आनेवाले हरेक तीर्थयात्री की तरह यह समूह भी प्रार्थनाएँ लेकर आया था; लेकिन उच्च स्तर की। वे राजनीतिक संत बनने की कामना रखते थे।

अगले दिन ये तीर्थयात्री महाबलीपुरम चले गए। इसे मूलतः मामल्लापुरम या महान् पहलवान के साम्राज्य के रूप में जाना जाता था। यहाँ उन्होंने अपनी ताकत और अपने विरोधियों की कमजोरियों पर बहस की। उनका मकसद पार्टी पर नियंत्रण स्थापित करना था। 5 अक्तूबर, 1963 को कामराज ने अपनी नवगठित यजमानी के सदस्यों के साथ

अपने विचार-विमर्श का निष्कर्ष निकाला और घोषणा की कि अगला कांग्रेस अध्यक्ष "एक ऐसा नेता होना चाहिए, जो पार्टी के तमाम वर्गों को सबसे ज्यादा स्वीकार्य हो और उसका प्रभाव न केवल संगठन पर, बल्कि विधायक दल पर भी हो।"

इस बयान ने तत्कालीन वित्त मंत्री मोरारजी देसाई की उच्च पद की महत्त्वाकांक्षाओं पर कुठाराघात कर दिया। 'सबसे स्वीकार्य' मुहावरे ने देसाई को प्रभावी रूप से इस दौड़ से बाहर कर दिया, क्योंकि कई लोग उन्हें स्वतंत्र बाजार नीतियों के प्रतिनिधि के रूप में देखते थे। जगजीवन राम दलित नेता थे और नेहरू उनका समर्थन करते थे; लेकिन कामराज द्वारा जारी आदेश के कारण वह भी इस दौड़ से निकाल दिए गए। फिर यह सुनिश्चित करने के लिए कि कोई अस्पष्टता नहीं रहे, बयान ने माँग की कि अगला अध्यक्ष सर्वसम्मति से चुना जाए, ताकि पार्टी की एकता बनी रहे। यह सफाई का पहला कदम था, ताकि एक चुनिंदा व्यक्ति का उत्तराधिकारी सुनिश्चित किया जा सके।

इस समूह ने चालाकी से आकलन कर लिया था कि लाल बहादुर शास्त्री ऐसे नेता हैं, जो सबको स्वीकार्य होंगे और इसलिए अध्यक्ष पद की दौड़ में सबसे आगे होंगे। उन्होंने यह भी आकलन किया कि शास्त्री इस पद के लिए खुद अपना नाम आगे नहीं बढ़ाएँगे। इसलिए शुरुआत में शास्त्री का नाम आगे कर वे बाकी किसी को भी निरस्त कर देंगे। और एक बार जब शास्त्री इनकार कर देंगे तो कांग्रेस के अध्यक्ष पद के लिए कामराज स्वयमेव विकल्प बन जाएँगे।

यह दिलचस्प है कि कामराज के कई समर्थकों को यह उम्मीद थी कि नेहरू के बाद वह प्रधानमंत्री पद के लिए अपनी दावेदारी रखेंगे, हालाँकि कामराज अपनी भाषाई सीमा जानते थे। एक बार मीडिया ने दिल्ली में उनसे पूछा था कि वह प्रधानमंत्री क्यों नहीं बनना चाहते हैं? आमतौर पर कामराज ने अपना प्रिय जुमला 'पारकलम' (तमिल शब्द, जिसका मतलब होता है—'देखते हैं') जुड़ा होता है। लेकिन इस मौके पर उन्होंने भारी स्वर में अंग्रेजी में कहा, "हिंदी नहीं, अंग्रेजी नहीं, मैं भला प्रधानमंत्री कैसे बन सकता हूँ?" इंदिरा गांधी जब '50 के दशक में कांग्रेस की अध्यक्ष थीं तो उन्होंने आनंद भाव से कामराज को 'गँवार' बताया था। लेकिन उस गँवारू मुद्रा के पीछे एक तगड़ी महत्त्वाकांक्षा छिपी हुई थी। कामराज जानते थे कि वह राजा नहीं बन सकते हैं; लेकिन ऐसा कुछ नहीं है, जो उन्हें किसी को राजा बनाने से कोई रोक सकता।

9 अक्तूबर, 1963 को कामराज समूह ने कांग्रेस कार्यकारी समिति की कार्यसूची उड़ा ली। अतुल्य घोष ने कामराज के नाम का प्रस्ताव रखा। नेहरू कामराज के पुनर्गठन प्रस्ताव के लिए कृतज्ञ थे ही, लिहाजा उन्हें विरोध करने का कोई कारण नहीं दिखा। 9 दिसंबर, 1963 को पार्टी ने इस मामले पर वोट डाला और 15 दिसंबर, 1963 को कामराज को विजेता घोषित कर दिया गया। उन्हें 10 जनवरी, 1964 को कार्यभार सँभालना था।

तिरुपति सम्मेलन के करीब नौ हफ्तों के अंदर कामराज और उनके सहयोगियों ने सत्ता के लीवर पर कब्जा कर लिया था।

इस पंचक ने पार्टी पर प्रभावी कब्जा जमाने के लिए सिंडिकेट की नींव रखी। इस सिंडिकेट ने बगैर किसी चुनौती के करीब छह वर्षों तक राज किया; लेकिन इसके बाद इंदिरा गांधी ने इसे ध्वस्त कर दिया। इंदिरा गांधी ने जनता को लुभाने के लिए बैंकों के राष्ट्रीयकरण जैसी नीति का इस्तेमाल किया और फिर पार्टी का विभाजन कर डाला।

समाजवाद का विचार

जवाहरलाल नेहरू ने वर्ष 1933 में अपनी बेटी इंदिरा को लिखे एक पत्र में समाजवाद को परिभाषित किया था। यह वह वक्त था, जब महात्मा गांधी और नेहरू इस पर बहस कर रहे थे कि स्वतंत्र भारत के विकास के लिए किस तरह का नजरिया अपनाए जाने की जरूरत है और देश के लिए समाजवाद का क्या मतलब है। नेहरू ने इंदिरा से कहा, ''समाजवाद के कई प्रकार हैं; लेकिन आम सहमति है कि इसमें जमीन, खानों एवं कारखानों जैसे उत्पादन के साधनों और रेलवे जैसे वितरण के साधनों और बैंकों एवं इसी तरह के संसाधनों पर राज्य का नियंत्रण स्थापित करने का लक्ष्य रखा जाता है। विचार यह है कि किसी भी व्यक्ति को इन साधनों या संस्थानों अथवा दूसरों की मेहनत का इस्तेमाल अपने निजी फायदे के लिए करने की इजाजत न दी जाए।'' दरअसल, कांग्रेस पार्टी ने एक न्यायोचित व्यवस्था स्थापित करने के लिए वर्ष 1948 में बंबई में और फिर दिसंबर में जयपुर में प्रस्ताव पारित कर बैंकों और वित्तीय संस्थानों, जिसमें बीमा भी शामिल था, के राष्ट्रीयकरण की वकालत की थी।

कृषि सुधारों की तरह इस मामले में भी रस्साकशी इस बात को लेकर थी कि वर्ग संघर्ष भड़काए बगैर धन का पुनर्वितरण कैसे सुनिश्चित किया जाए। प्रथम दो योजनाओं ने यह पर्याप्त रूप से स्पष्ट कर दिया कि आर्थिक प्रणाली के तमाम उपलब्ध लीवर का इस्तेमाल कर समाजवाद के लक्ष्यों को प्राप्त किया जाएगा और योजना आयोग ने सन् 1953 में दो-टूक कह दिया कि बैंकों को अपने कामकाज को इस तरह से संचालित करना होगा कि वह 'योजना में इंगित किए गए विकास की प्राथमिकताओं के अनुकूल हो और पूँजी पर लाभ कमाने की दृष्टि से कम-से-कम संचालित हो।' इसमें यह भी जोड़ा कि बैंकिंग प्रणालियाँ और वित्तीय संस्थानों को संपूर्ण अर्थव्यवस्था के लिए दृष्टिगत विकास योजनाओं में फिट होना होगा।

इरादे चाहे जो भी हों, इसमें कोई संशय नहीं था कि भारत के पास अपनी महत्त्वाकांक्षाएँ पूरी करने के लिए उतने संसाधन नहीं थे कि वह पर्याप्त धन की व्यवस्था कर सके। सन् 1944 के बॉम्बे प्लान से लेकर प्रथम पंचवर्षीय योजना के शुरुआती

मसौदे तक यह साफ हो गया था कि देश के पास बचतों, विदेशी मदद और निर्यातों से जो कमाई होती है, यह सब मिलकर भी पर्याप्त नहीं होगा और खर्च तथा संसाधनों के बीच फासले को पाटने के लिए भारत को धन कमाना होगा। मगर योजनाकारों को यह भी पता था कि घाटे के बजट की भी एक सीमा है।

वर्ष 1954 तक ही यह एकदम साफ हो गया था कि देश अपने साधनों से बाहर जाकर जीना जारी नहीं रख सकता है। उस साल राष्ट्रीय विकास परिषद् (एन.डी.सी.) ने 9 नवंबर को नई दिल्ली में हैदराबाद हाउस में एक विशेष बैठक बुलाई। योजना आयोग के उपाध्यक्ष वांगल टी. कृष्णमाचारी ने परिषद् को सूचित किया कि सरकार के पास पैसा खत्म हो रहा है। उन्होंने कहा कि 'प्रथम योजना का आकार 2,290 करोड़ रुपए रखा गया था। इसमें राजस्व आय और खर्च के बीच फासले का अनुमान 811 करोड़ रुपए का था, जो बढ़कर 1,200 करोड़ रुपए हो गया।' सरल ढंग से कहें तो सरकार धन-सृजन की सीमाओं को छू गई थी। अगर सरकार एक रुपया खर्च कर रही थी तो इसका आधा ऋण से आ रहा था, जिसका भुगतान सरकार की भविष्य की कमाई से करना होगा और यह काम अगली पीढ़ी द्वारा किया जाएगा। यह कोई हैरानीवाली बात नहीं थी। उस वक्त बचत दर बमुश्किल 11 प्रतिशत थी और जी.डी.पी. के अनुपात में टैक्स, जो कि मोटे तौर पर राष्ट्रीय आय के प्रतिशत के रूप में कुल कर होता है, बदतर स्थिति में था। इसे यों समझें कि यदि भारत का घरेलू उत्पाद 100 रुपए था तो केंद्रीय कर बमुश्किल 4 रुपए और राज्य कर महज 58 पैसे था। भारत की क्षमता और सरकार की महत्त्वाकांक्षा का बेमेल होना साफ था। वैसे राजनीतिक वर्ग ने इससे यह निष्कर्ष निकाला कि धन उपलब्ध नहीं है, क्योंकि कारोबारी घरानों के स्वामित्ववाले निजी बैंक धन समेट रहे हैं और विकास के लिए सरकार की दृष्टि के साथ तालमेल नहीं बना रहे हैं।

शुरुआत में आर.बी.आई. और योजना आयोग ने बैंकों के मैनेजरों को समझाया-बुझाया और मान-मनुहार किया कि वे अपना दायरा बढ़ाएँ और संसाधन बढ़ाने के लिए सुदूर क्षेत्रों से बचत राशि का संग्रह करें। वर्ष 1955 तक इस मान-मनुहार का स्थान चेतावनी और धमकी ने ले लिया। वर्ष 1955 में कांग्रेस के मशहूर अवाडी अधिवेशन में पार्टी ने संकल्प लिया कि समाजवादी पद्धति अपनाई जाएगी। कांग्रेस अध्यक्ष यू. एन. ढेबार ने आर्थिक सोच की प्रक्रिया को अपरिवर्तनीय रूप से कड़ा करते हुए बिना किसी लाग-लपेट के कहा कि भारत जैसा विशाल देश तब तक सुव्यवस्थित विकास सुनिश्चित करने की उम्मीद नहीं कर सकता, जब तक केंद्रीय दिशा-निर्देश के तहत संसाधन जुटाने की जिम्मेदारी केंद्रीय एजेंसी को न सौंप दी जाए। यह शब्दाडंबर निजी बैंकों को एक छुपी हुई चेतावनी थी—राजनीतिक सोच का अनुसरण करें, अन्यथा आपका बैंक सरकारी नियंत्रण में ले लिया जाएगा।

राजनीतिक वर्ग मानता था कि समाजवाद के लक्ष्य को हासिल करने के लिए सरकार को उत्पादक परिसंपत्तियों पर नियंत्रण रखने की जरूरत है। बहरहाल, बैंकों को अधिगृहीत करना और उन पर नियंत्रण स्थापित करना अन्य चीजों के साथ-साथ संविधान द्वारा व्यक्तियों को दी गई सुरक्षा के साथ सीधे टकराव मोल लेना था। हालाँकि राज्य के नेतृत्व में दिशा-निर्देशक सिद्धांतों के तहत सरकार की यह जिम्मेदारी थी कि वह संसाधनों के समान वितरण के वचन को पूरा करे और धन के केंद्रीकरण को रोके। लेकिन इसकी व्याख्या धन को अधिगृहीत करने के अधिकार के रूप में नहीं की जा सकती थी। हमने 'भूख का खेल' अध्याय में पहले ही देखा है कि कैसे वर्ष 1952 में जब जमींदारी प्रथा को खत्म करने की बात उठी तो सरकार को संविधान को संशोधित करना पड़ा। विधायी पचड़े और कानूनी विवाद के अलावा बैंकों के अधिग्रहण के लिए मुआवजे के रूप में विशाल राशि देनी पड़ती; क्योंकि यह संविधान के प्रावधानों के अनुसार सुनिश्चित था। इस तथ्य ने सरकार के हाथ रोक दिए।

फिर भी, सरकार के लिए यह विकल्प नहीं था कि वह चीजों को फिसलने दे। इसका सरल कारण यह था कि देश को चलाने के लिए सरकार को संसाधन जुटाने की जरूरत थी। वर्ष 1960 तक कांग्रेस में वामपंथी तत्त्वों ने घोषणा कर दी कि यदि सरकार को योजना के लक्ष्यों को प्राप्त करना है तो उसे धन के प्रवाह पर नियंत्रण करना आवश्यक है। कांग्रेस अध्यक्ष ढेबार ने सरकार को आगाह किया कि प्रथम योजना ने वस्तुत: 30 लाख रोजगार पैदा किए थे; लेकिन आबादी में तीव्र बढ़ोतरी के कारण करीब 90 लाख लोग अभी भी बेरोजगार हैं। ज्यादा रोजगार पैदा करने का मतलब है और ज्यादा निवेश करना और ज्यादा धन जुटाना, जो कि मुश्किल है। ढेबार ने फिर 'नोबेल पुरस्कार' विजेता अर्थशास्त्री गुन्नार मिर्डल को उद्धृत किया, जिन्होंने 22 अप्रैल, 1958 को संसद् में भाषण देते हुए कहा था, "मैं जिस तरह देखता हूँ, खतरा यह नहीं है कि आप बहुत तेजी से आगे बढ़ रहे हैं; बल्कि इसके विपरीत खतरा यह है कि आप आगे बढ़ने की कोशिश को बहुत धीमा करने के मोह में पड़ जाएँगे।" ढेबार और कई कांग्रेसियों के लिए इसका मतलब यह था कि संसाधनों के अधिग्रहण को तेज करने के लिए सही उपाय तलाशे जाएँ।

'60 के दशक की शुरुआत तक बैंकिंग प्रणाली शहरों और बड़े नगरों तक सीमित थी। वर्ष 1960 में भारत की आबादी 42 करोड़ को छू गई, जिसमें से 34 करोड़ लोग ग्रामीण भारत में रहते थे। योजनाकारों और नेहरू मंत्रिमंडल के मंत्रियों के बीच यह धारणा थी कि ग्रामीण क्षेत्रों में रह रहे लोगों की बचत में आजादी के बाद थोड़ी-बहुत बढ़ोतरी अवश्य हुई होगी; लेकिन बैंकिंग प्रणाली द्वारा संग्रहण नहीं किया जा रहा है। इसका कारण यह था कि बैंक अपनी नई शाखाएँ कहाँ खोलेंगे, यह इससे तय होता था

कि कहाँ मुनाफा है। बैंक न केवल ग्रामीण क्षेत्रों में शाखाएँ नहीं खोल रहे थे, बल्कि वे कृषि क्षेत्र को ऋण देने से भी कतरा रहे थे। चूँकि बैंकों का स्वामित्व ज्यादातर औद्योगिक घरानों के हाथों में था, इसलिए राजनीतिक वर्ग ने महसूस किया कि बैंक प्रबंधन अपने शेयरधारकों की मरजी से चल रहे हैं और वे समाज की जरूरतों एवं राष्ट्रीय विकास के लक्ष्यों के प्रति असंवेदनशील होते जा रहे हैं। इसके साथ-साथ यह भी चिंता थी कि कई निजी बैंक विफल होते जा रहे थे। लेकिन '60 के दशक की शुरुआत में बमुश्किल 100 बैंक रह गए थे। नियमित विफलता और बैंकों के बंद होने—साल में करीब चालीस—ने भ्रष्टाचार की आशंका को जन्म दिया। यह धारणा बनती गई कि बैंक सार्वजनिक भलाई में योगदान नहीं कर रहे हैं; साथ ही वे संभवत: बड़े रूप में समाज के साथ धोखाधड़ी कर रहे हैं। इसलिए सरकार द्वारा हस्तक्षेप करने की माँग सहज रूप में उठी।

वर्ष 1961 में एन.डी.सी. की अठारहवीं बैठक हुई तो कई राज्यों के मुख्यमंत्रियों ने सार्वजनिक रूप से माँग की कि निजी बैंकों का राष्ट्रीयकरण किया जाए। राजस्थान के मुख्यमंत्री मोहन लाल सुखाड़िया अपनी बात बेलाग कहने के लिए जाने जाते थे। उन्होंने नेहरू और योजनाकारों से कहा कि वे तीसरी योजना के लिए धन की व्यवस्था करने की अपेक्षा कैसे कर सकते हैं, जबकि सार्वजनिक बचतों को निजी हित अगवा कर ले रहे हैं। सुखाड़िया ने एन.डी.सी. से दो-टूक कहा कि "व्यावसायिक बैंकों के पास उपलब्ध संसाधनों को ज्यादा-से-ज्यादा निजी क्षेत्रों की ओर मोड़ा जा रहा है और जब तक कोई निश्चित नीति नहीं निर्धारित की जाती, सार्वजनिक क्षेत्रों के लिए संसाधन हासिल करना मुश्किल होगा।" महाराष्ट्र के मुख्यमंत्री वाई.बी. चव्हाण ने भी सुखाड़िया की बात का समर्थन किया। उन्होंने कहा कि संसाधनों की कमी का कोई वास्तविक कारण नहीं है। बचत समिति की रिपोर्ट को उद्धृत करते हुए उन्होंने कहा कि संसाधनों में कोई फासला नहीं है और योजना के लिए 8,300 करोड़ रुपए जुटाए जा सकते हैं। उन्होंने धिक्कारने वाली टिप्पणी की कि ये व्यावसायिक बैंक हैं, जिन्होंने संसाधन जुटाने में योगदान नहीं किया है। उनका आकलन था कि निजी बैंकों ने पहली योजना में बमुश्किल 40 करोड़ रुपए का और दूसरी योजना में 10 करोड़ रुपए का योगदान किया। चव्हाण तब तक कांग्रेसियों के बीच पक्के दिग्गज बन चुके थे। उन्होंने एन.डी.सी. को सलाह दी कि इस मामले की छानबीन की जरूरत है।

अधिकतर मुख्यमंत्रियों और वित्त मंत्रियों की राय थी कि बैंकों को रास्ते पर आना ही होगा। उनका मानना था कि जब तक बैंक सरकार के साथ राष्ट्र-निर्माण में धन जुटाने में भागीदारी नहीं करते और सरकार को खर्च करने के लिए धन उपलब्ध नहीं कराते, राष्ट्रीय विकास का लक्ष्य पटरी से उतर जाएगा। सी. सुब्रमण्यम, उस समय मद्रास राज्य के वित्तमंत्री थे। उन्होंने सरकार को सुझाव दिया कि वह बैंकों को सही आचरण करने

के लिए बाध्य करें। उन्होंने टिप्पणी की कि चूँकि अर्थव्यवस्था निजी और उद्योगपतियों के स्वामित्व के अधीन हैं, बैंकों की यह प्रवृति है कि वे मुख्य तौर पर निजी क्षेत्र में निवास करते हैं। इसे समाप्त करने के लिए उन्होंने सुझाव दिया कि सरकार निर्धारित करे कि निजी बैंकों द्वारा किए जानेवाले कर्जों में से कम-से-कम 20 प्रतिशत का निवेश सार्वजनिक क्षेत्र में किया जाए। उन्होंने इस पर भी जोर दिया कि नीति को सर्वोच्च स्तर पर लागू किया जाए।

अर्थशास्त्र की राजनीति और विकास के लिए वित्त व्यवस्था पर इन गरमागरम बहसों में भू-राजनीति और युद्ध द्वारा सन् 1962 में दखल दिया गया। भारत को चीन के हाथों बुरी तरह हारना पड़ा और इससे भी बुरी बात यह थी कि भारत को युद्ध का खर्च उठाने में मुश्किल आई। इससे भी अहम बात थी कि प्रतिरोधक क्षमता हासिल करने में भी दिक्कत आ रही थी; जबकि आगे संघर्ष रोकने का यही सबसे प्रभावी तरीका था। सरकार को यह भी पता चला कि तीसरी योजना के लिए उसके पास धन की कमी है। अब तक राजनीतिक वर्ग को पक्का यकीन हो गया था कि बैंकों को नियंत्रित किए बिना समाजवाद के लिए वित्त की व्यवस्था नहीं की जा सकती है।

इस विश्वास को विचारधारा और सरल अंकगणित ने भी पुख्ता किया। सरकार सिद्धांत रूप में बैंकों से कर्ज ले सकती थी; लेकिन सरकारी बॉण्ड के लिए बैंकों की भूख के कारण यह विकल्प सीमित हो जाता था और इससे भी महत्त्वपूर्ण यह तथ्य था कि बैंकों के पास कुल बचत राशि ही सवालों के घेरे में थी। बचत संग्रह को तभी बढ़ाया जा सकता था, जब बैंकों को ग्रामीण और अर्ध-नगरी क्षेत्रों में अपनी शाखाएँ खोलने के लिए बाध्य किया जाए और वे वहाँ जनता की बचत राशि का संग्रह करें। उस वक्त यह बचत राशि कंपनियों द्वारा और अनौपचारिक मुद्रा बाजार में सूदखोर कर्जदाताओं द्वारा हड़प ली जा रही थी।

29 मार्च, 1963 को स्वतंत्रता सेनानी सुभद्रा जोशी ने लोकसभा में एक गैर-सरकारी प्रस्ताव रखा। उसमें कहा गया, ''चीनी आक्रमण द्वारा पैदा की गई आपात स्थिति के मद्देनजर सदन यह राय रखता है कि राष्ट्रीय संसाधनों को जुटाने के लिए बैंकों का राष्ट्रीयकरण किया जाना चाहिए।'' बहस की शुरुआत करते हुए जोशी ने दलील दी कि एक राष्ट्र के लिए इतना भर पर्याप्त नहीं है कि उसके सैनिक सरहदों पर लड़ें, बल्कि बैंक समेत हर किसी को किसी भी युद्ध प्रयास में योगदान करना चाहिए। जोशी ने टिप्पणी की कि ''बैंक जितनी पूँजी लगाते हैं, उस संदर्भ में बैंक मालिकों के हाथों में विपुल आर्थिक शक्ति है और बैंक मुनाफा तो काट रहे हैं, लेकिन राष्ट्रीय हित के लिए योगदान नहीं कर रहे हैं।'' उन्होंने यह भी इंगित किया कि ''इस समय तमाम बैंकों की कुल 5,111 शाखाएँ देश में काम कर रही हैं, लेकिन इनमें से सिर्फ 657 शाखाएँ

ग्रामीण भारत में हैं। जोशी का अनुसरण करते हुए हुगली के सांसद प्रभात कार ने घोषणा की कि अखिल भारतीय बैंक कर्मचारी संघ छह वर्षों से इसी की माँग कर रहा है। जिन लोगों ने जोशी का समर्थन किया, उनमें बड़ी तादाद में कांग्रेसी और चंद्रशेखर के नेतृत्व में युवा तुर्क शामिल थे। मगर तत्कालीन वित्त मंत्री टी.टी. कृष्णमाचारी उन कुछ लोगों में से थे, जिन्होंने दलील दी कि राष्ट्रीयकरण कर देने भर से अतिरिक्त संसाधन जुटाने की संभावना नहीं है।''

अपने प्रस्ताव में जोशी ने व्यापक बदलावों का प्रस्ताव रखा। '50 के दशक में बैंकों के स्वामित्ववाले कारोबारी घरानों के लिए यह आम बात थी कि वे असुरक्षित कर्ज अपनी ही कंपनियों और अपने ही डायरेक्टरों को मंजूर कर देते थे। यह आर.बी.आई. द्वारा प्रतिबंधित कर दिया गया था; लेकिन निर्देशित कर्ज की परिपाटी चलती रही। बैंकों को डायरेक्टरों द्वारा फुसलाया जाता था और दबाव डाला जाता था कि वे उन कंपनियों को असुरक्षित प्रत्याभूति के बिना कर्ज मंजूर करें, जिनमें उनके हित हैं। अकसर मुआवजा या एवज यह होता था कि कंपनियाँ बैंकों में अपनी राशि जमा करने का वचन देती थीं और इसके बदले में डायरेक्टर के पद हासिल करती थीं और फिर उनके जरिए वे बैंकों से कर्ज प्राप्त कर लेती थीं। जोशी चाहती थीं कि उन तमाम कंपनियों को कर्ज देने पर पाबंदी लगा दी जाए, जिनमें डायरेक्टरों के हित हों। विचार यह था कि जनता की बचत राशि पर उन लोगों द्वारा एकाधिकार न कर लिया जाए, जो बैंकों को नियंत्रित करते हैं। उन्होंने यह भी सुझाव दिया कि बैंक मालिकों के मताधिकारों को भी सीमित किया जाए, ताकि बहुमत शेयरधारिता का इस्तेमाल निजी हितों के लिए जनता की बचत राशि को हड़पने के वास्ते न किया जाए।

जब सुभद्रा जोशी ने माँग की कि बैंक मालिकों के वोटिंग अधिकारों को सीमित किया जाए तो वह कोई राजनीतिक शब्दाडंबर में लिप्त नहीं हो रही थीं। वर्ष 1954 में 18 बैंकों के एक सर्वे ने पहले ही यह तथ्य प्रमाणित कर दिया था कि धन शक्ति कुछ पूँजीपतियों के हाथों में केंद्रित है। वर्ष 1960 में आर.बी.आई. के गवर्नर हूरव वरदराजा आयंगार ने 64 बैंकों के स्वामित्व पर अध्ययन प्रायोजित किया। इस अध्ययन की रिपोर्टों ने सरकार के भय को और पुख्ता आधार प्रदान किया। जिन 64 बैंकों की छानबीन की गई, उनमें से 33 बैंकों में उनके डायरेक्टरों व उनके सहयोगियों के पास 30 प्रतिशत से ज्यादा शेयर थे। जो तथ्य अभिव्यक्त नहीं था, वह यह कि वे कर्ज देने पर अनुचित रूप से प्रभाव डाल रहे थे। मंत्रालय के अंदर से ढेरों सुझाव दिए गए कि बैंक मालिकों के प्रभाव को कम किया जाए या उन पर लगाम लगाई जाए। वी. जी. पेंढारकर आर. बी.आई. में तत्कालीन आर्थिक सलाहकार थे। उन्होंने कहा कि यह एक बैंक के लिए अवांछित है कि वह अपने संसाधनों का एक बड़ा अनुपात कंपनियों के एक छोटे समूह

के लिए आरक्षित कर दे। उन्होंने इसकी सीमा तय करने का सुझाव दिया। एस.एल.एन. सिन्हा वित्त मंत्रालय में सलाहकार थे। उन्होंने आर.बी.आई. को सुझाव दिया कि वह एक गैर-मताधिकारवाले डायरेक्टर की नियुक्ति करे, ताकि बैंक प्रबंधन को संप्रभु सत्ता का भय रहे।

बैंकों के राष्ट्रीयकरण के लिए सरकार और संसद् के अंदर समर्थन बढ़ता जा रहा था; लेकिन ऐसा कदम उठाने के खतरे भी थे, जिसमें कानूनी विवाद भी शामिल था। लिहाजा कांग्रेस आगे कदम नहीं बढ़ा सकी। बैंक मालिक कांग्रेस के लिए बड़े धनदाता थे और पार्टी के अंदर उनकी लॉबियों ने इस विचार का कड़ा प्रतिरोध किया। फिर मोरारजी देसाई और सी. राजगोपालाचारी जैसे लोगों का प्रतिरोध भी था। उनकी चिंता थी कि संविधान द्वारा जिस अधिकार और स्वतंत्रता की गारंटी दी गई है, उसे धीरे-धीरे कम किया जा रहा है।

स्थिति गतिरोध में फँस गई और इसे अस्थायी रूप से टाल दिया गया। लेकिन छह महीने बाद मामला फिर उछला। तब सरकार ने महसूस किया कि उसे इस मसले का कोई हल निकालना ही पड़ेगा। लिहाजा 26 नवंबर, 1963 को आर.बी.आई. के अंदर काफी विचार-मंथन के बाद भारतीय बैंक संघ के कड़े प्रतिरोध के बावजूद सरकार ने लोकसभा में बैंकिंग नियम (विधि प्रावधान) विधेयक प्रस्तुत किया। प्रस्तावित संशोधनों के तहत, बैंकों के अध्यक्षों और मुख्य कार्यकारी अधिकारियों (सी.ई.ओ.) की अनिश्चित काल के लिए नियुक्ति नहीं दी जा सकती थी। विधेयक में आर.बी.आई. को यह अधिकार दिया गया था कि यदि जनहित में किसी डायरेक्टर, सी.ई.ओ. या अन्य किसी अधिकारी या कर्मचारी को हटाना जरूरी हो तो वह ऐसा कर सकता है। विधेयक में पाँच अतिरिक्त डायरेक्टरों की नियुक्ति का भी प्रावधान था, ताकि बैंक मालिकों की सर्वोच्चता में कटौती की जा सके।

संसद् में विधेयक को प्रस्तुत करते हुए सरकार ने घोषणा की कि यह इस बात का प्रमाण है कि वह आम आदमी के हित की समर्थक व संरक्षक है, समाजवादी पद्धति का समाज चाहती है और बैंकों को बड़े कारोबारियों के प्रभाव से मुक्त करने का समर्थन करती है। संसद् में वैचारिक लाइनों पर लड़ाई लड़ी गई। मीनू मसानी इंडियन लिबरल ग्रुप के संस्थापक और स्वतंत्र पार्टी के संस्थापक सदस्यों में से एक थे। उन्होंने घोषणा की कि ये कदम सरकार द्वारा बैंकों के अधिग्रहण के समान हैं। केरल में मुवत्तुपुझा से कांग्रेसी सांसद चेरियन जे. कप्पन ने कहा कि कांग्रेस में वामपंथियों द्वारा बैंकों को निशाना बनाया जा रहा है। गौरतलब है कि केरल में ही पहली कम्युनिस्ट सरकार चुनी गई थी। चेरियन ने कहा कि यह विधेयक केंद्रीय बैंक (रिजर्व बैंक) को इतना अधिक अधिकार देता है कि 'स्वर्ग में ईश्वर भी रिजर्व बैंक से ईर्ष्या करे।'

बहरहाल, वास्तविकता यह थी कि प्रस्तावित कानून बैंकों के मालिकों और डायरेक्टरों को अपना कारोबारी हित आगे बढ़ाने से नहीं रोक सका। सरकार स्वामित्व नहीं ले रही थी और अपने स्वामित्व के बूते बैंक के मालिक और डायरेक्टर बड़े कारोबार के हितों को आगे बढ़ा सकते थे। इसलिए, जहाँ उदारवादियों ने महसूस किया कि विधेयक असंवैधानिक है, वहीं राजनीतिक वर्ग ने महसूस किया कि यह पर्याप्त रूप से मजबूत नहीं है। ज्यादा-से-ज्यादा यह कारोबार के एकाधिकारी हितों को जारी रहने में काँट-छाँट कर सकता था। बहुत हो-हंगामे के बाद इस विधेयक को दिसंबर 1963 में पारित किया गया और इससे बैंकों के अंततः सरकारी नियंत्रण में आने का मार्ग प्रशस्त हो गया।

इस बीच संसाधन जुटाने के निरंतर दबाव के तहत सरकार ने बचतों के संग्रह करने और उद्योग को ऋण मुहैया कराने के मकसद से दो नए संस्थानों की स्थापना की। भारतीय औद्योगिक विकास बैंक (आई.डी.बी.आई.) को उद्योगों के लिए दीर्घकालीन पूँजी प्रदान करना था और भारतीय यूनिट ट्रस्ट (यू.टी.आई.) को छोटे बचतकर्ताओं को प्रत्याभूति के जरिए पूँजी प्रदान करना था। आई.डी.बी.आई. की स्थापना 50 करोड़ रुपए की शेयर पूँजी के साथ की गई और इसे बाजार में अपने बॉण्ड बेचकर संसाधन जुटाने की इजाजत दी गई, बशर्ते बॉण्डों की अवधि एक साल से ज्यादा हो। यू.टी.आई. को विविध किस्म के वित्तीय साधन जारी करने की अनुमति दी गई, जिसमें ऋण, इक्विटी और मिश्रित वित्तीय रूप शामिल थे। यू.टी.आई. ने देश भर में छोटी बचतों को जुटाने में अग्रणी भूमिका निभाई।

इंदिरा का उदय

जनवरी 1964 तक सत्ता का संक्रमण शुरू हो गया और राजनीतिक परिदृश्य बदलना प्रारंभ हो गया। मई 1964 में शास्त्री ने नेहरू से कार्यभार सँभाला, जिन्होंने वस्तुतः उनकी ताजपोशी कर दी थी। सिंडिकेट ने मोरारजी देसाई की हार सुनिश्चित कर दी थी और वह मानता था कि अब उनका आदमी कमान सँभाले हुए है। दुर्गापुर में अखिल भारतीय कांग्रेस समिति के अधिवेशन में कामराज ने पहले नेहरू के प्रति श्रद्धांजलि अर्पित की और कहा, ''जवाहरलालजी महान् नेताओं में से आखिरी थे'' और उन्होंने संकेत दिया कि देश का कामकाज अब कार्यकर्ताओं के एक सामूहिक नेतृत्व द्वारा चलाया जाएगा। उनका आशय सिंडिकेट से था। इस दंश से शास्त्रीजी बच नहीं पाए। वह किसी की कठपुतली नहीं थे; लेकिन उन्होंने समझा कि नेहरू के अनुचरों से भरे मंत्रिमंडल और नेहरू की बेटी इंदिरा से पार पाने में सिंडिकेट उपयोगी होगा।

जब शास्त्री ने कमान सँभाली तो भारत प्रतियोगी संकटों—युद्ध, कृषि की विफलता,

खाद्य अभाव और साथ ही संसाधनों की भारी कमी से जूझ रहा था। भू-राजनीतिक स्तर पर लाल बहादुर शास्त्री शासन के तहत भारत के अमेरिका से संबंध खट्टे होने लगे और इससे खाद्य सहायता प्रभावित हुई। कांग्रेस के नेता और अमेरिकी इसपर सहमत थे कि ये संकट एक विफल प्रणाली के परिणाम हैं। सत्ता में आए बमुश्किल साल भर गुजरा होगा कि शास्त्री पर पार्टी मंडलियों द्वारा यह हमला किया जाने लगा कि वह देश के समक्ष मौजूद नाजुक मसलों का समाधान करने में विफल रहे हैं। इंदिरा गांधी मंत्रिमंडल में पदानुक्रम में चौथे नंबर पर थीं। वे शोर मचानेवालों के साथ खुलकर तो नहीं आईं, लेकिन उन्होंने शिकायत करनेवालों की बातें धैर्य से सुनीं।

शास्त्री ने अर्थव्यवस्था की समस्या का समाधान करने के लिए एक टीम का गठन किया। भारत को कर्ज देनेवाले चाहते थे कि वह रुपए का अवमूल्यन करे; लेकिन टी.टी.के. के नेतृत्व में कांग्रेस इसके सख्त खिलाफ थी। शास्त्री ने टी.टी.के. को हटाकर पश्चिम बंगाल के सचिन चौधरी को वित्तमंत्री बनाया। आई.जी. पटेल और पी.सी. भट्टाचार्य को ऋण देनेवालों से बातचीत करने के लिए अमेरिका भेजा गया। सिंडिकेट ने महसूस किया कि उनसे मशविरा तक नहीं किया गया। टकराव के लिए मंच तैयार हो गया।

बहरहाल, इतिहास ने दखल दिया। शास्त्री का 11 जनवरी, 1966 को ताशकंद में निधन हो गया और यहाँ तक कि जब उनका पार्थिव शरीर दिल्ली वापस लाया जा रहा था, इस दौरान प्रधानमंत्री बननेवालों ने जोड़-तोड़ शुरू कर दी थी। गुलजारीलाल नंदा और मोरारजी देसाई फिर दौड़ में शामिल हो गए। इंदिरा गांधी ने मध्य प्रदेश के मुख्यमंत्री डी.पी. मिश्रा के जरिए अपनी दावेदारी आगे बढ़ाई। कामराज ने इस घटनाक्रम में सिंडिकेट की प्रासंगिकता को फिर से स्थापित करने का मौका ताड़ा।

12 जनवरी तक यह साफ हो गया कि असली मुकाबला मोरारजी देसाई और इंदिरा गांधी के बीच है। सिंडिकेट शुरू से ही देसाई के खिलाफ रहा था। उसने नेहरू की बेटी का समर्थन करने का फैसला किया। मिश्रा ने महाराष्ट्र, राजस्थान और बिहार के मुख्यमंत्रियों का समर्थन जुटाया और अपने विकल्प के बारे में कामराज को बता दिया। हालाँकि संख्या बल काफी हद तक इंदिरा गांधी के पक्ष में था, लेकिन मुकाबले को रोका नहीं जा सका। केंगल हनुमंतैया मैसूर राज्य के पूर्व मुख्यमंत्री थे। उन्होंने देसाई के नाम का प्रस्ताव रखा। उनके खिलाफ नंदा पहले खुद दावेदार थे। उन्होंने इंदिरा गांधी के नाम का प्रस्ताव रखा और एन. संजीव रेड्डी ने इसका समर्थन किया। इंदिरा गांधी को 355 वोट मिले, जबकि देसाई को 169 वोट। सिंडिकेट ने मान लिया कि उसने खुद को पुनर्जीवित कर लिया है।

इंदिरा गांधी की जीत भारतीय राजनीति एवं भारतीय महिलाओं के लिए विशिष्ट पल

था। वह पहली एशियाई महिला प्रधानमंत्री थीं। जब उनके चुनाव की घोषणा कर दी गई और संसद् भवन से जाने लगीं तो संसद् की कुछ महिला सदस्यों और महिला कांग्रेसियों ने उन पर गुलाब की पँखुड़ियों की वर्षा की। अगले दिन वह सुबह नेहरू और गांधी के स्मारकों पर अपना निजी एवं राजनीतिक श्रद्धा-सुमन अर्पित करने गईं। 24 जनवरी, 1966 को उन्हें शपथ दिलाई गई और अपने परिवार से वह दूसरी प्रधानमंत्री बन गईं।

जब इंदिरा का जन्म हुआ था तो नेहरू को सरोजिनी नायडू से एक पत्र मिला, जिसमें उन्होंने अपना आशीर्वाद दिया था और पत्र का समापन यह कहते हुए किया था, ''सभी को प्यार और भारत की नई आत्मा को चुंबन।'' नेहरू ने उस पत्र को सँभालकर रखा और बाद में 'ए बंच ऑफ ओल्ड लेटर्स' (पुराने पत्रों का एक समूह) में प्रकाशित किया। वह वाकई मानते थे कि इंदिरा भारत की नई आत्मा बनेंगी। इंदिरा की शिक्षा अपने पिता के पत्रों और भारत पर उनके लेखन के साथ शुरू हुई। जब वह बारह साल की थीं तो उन्होंने 'वानर सेना' बनाई थी, जो भारतीय राष्ट्रीय कांग्रेस की बाल शाखा थी। इस बाल शाखा ने भारत की मुक्ति में छोटी, किंतु दिलचस्प भूमिका निभाई। राजनीति में कैरियर बनाना उनके लिए बदा हुआ था।

इंदिरा गांधी का उदय वास्तव में सन् 1953 में शुरू हुआ। तब नेहरू प्रधानमंत्री थे ही। इंदिरा ने कांग्रेस की महिला शाखा की स्थापना की और अपनी संगठनात्मक क्षमता से तमाम कांग्रेसियों को चकित और प्रभावित किया। वर्ष 1955 में कांग्रेस के तत्कालीन अध्यक्ष यू. एन. ढेबार, जो नेहरू द्वारा नियुक्त किए गए थे, ने इंदिरा गांधी को कांग्रेस कार्यकारिणी समिति में शामिल होने का न्योता दिया। वर्ष 1957 तक इंदिरा गांधी केंद्रीय चुनाव समिति के लिए चुन ली गईं और 1958 तक वह कांग्रेस संसदीय दल (सी.पी.पी.) में स्थान पा गईं। दिलचस्प बात यह थी कि इंदिरा ने रणनीतिक रूप से खुद को नेहरू और उनकी सरकार से दूर रखा और कांग्रेस की नीतियों को लागू न करने के लिए शासन पर हमला किया। नेहरू ने इस रणनीति का इस्तेमाल मंत्रिमंडल में अपने सहयोगियों पर समाजवादी समाज की स्थापना के अपने एजेंडे को आगे बढ़ाने में दबाव डालने के लिए किया और दूसरी ओर इंदिरा ने पार्टी के अंदर अपनी पहचान बनाई। वर्ष 1959 में कई कांग्रेसी नेताओं को पीछे छोड़ते हुए वे कांग्रेस अध्यक्ष चुनी गईं। वर्ष 1961 में गोविंद बल्लभ पंत का निधन हो गया, जिनके बारे में माना जाता था कि नेहरू उन्हें अपना उत्तराधिकारी बनाना चाहते थे। पंत के निधन के उपरांत कई कांग्रेसी कयास लगाते थे कि नेहरू अपनी बेटी को उत्तराधिकारी बनाना चाहते हैं; लेकिन वह इतना ज्यादा लोकतांत्रिक थे कि उन्होंने न तो सार्वजनिक रूप से यह इच्छा जाहिर की और न ही ऐसे उत्तराधिकार के वास्ते कोई व्यूह-रचना की।

वर्ष 1966 में—वानर सेना बनाने के लगभग 37 साल बाद—इंदिरा गांधी ने खुद

को देश की बागडोर सँभाले पाया। वह जानती थीं कि उनकी सर्वोच्चता को शीघ्र ही सिंडिकेट द्वारा चुनौती दी जाएगी। मंत्रिमंडल के गठन के साथ ही खेल शुरू हो गया। इंदिरा गांधी ने नंदा को मंत्रिमंडल में बनाए रखा; क्योंकि वह ऐसे नेता को चाहती थीं, जो सी. सुब्रमण्यम को नियंत्रण में रख सके। सुब्रमण्यम नेहरू परिवार के करीबी थे। इंदिरा ने उन्हें कृषि को पुनर्जीवित करने के काम से जोड़े रखा। उन्होंने वाई.बी. चव्हाण के पास रक्षा मंत्रालय और सचिन चौधरी के पास वित्त मंत्रालय रहने दिया। अशोक मेहता, फखरुद्दीन अली अहमद और गोपाल स्वरूप पाठक जैसे नए चेहरों को मंत्रिमंडल में जगह दी गई; लेकिन महत्त्वपूर्ण ओहदों पर नहीं। जगजीवन राम को श्रम मंत्री बनाया गया। इससे वह खिन्न थे और उनकी तरह कई अन्य लोग भी खिन्न थे। इंदिरा को जहाँ अपने लिए अनुकूल लगा, उन्होंने सिंडिकेट को खुश किया। जैसे उन्होंने एस.के. पाटिल को मंत्रिमंडल में लिया, लेकिन कृष्ण मेनन को बाहर रखा। फिर भी सिंडिकेट, खास तौर पर कामराज, मंत्रिमंडल के गठन से पूरी तरह खुश नहीं थे। सिंडिकेट को लगता रहा कि उससे पर्याप्त रूप से मशविरा नहीं किया गया।

जब इंदिरा गांधी ने बागडोर सँभाली तो भारत आर्थिक और राजनीतिक दोनों ही मोरचों पर समस्याओं से घिर गया। सूखे ने पैदावार कम कर दी थी। साल भर से भी कम समय में कीमतें 16 प्रतिशत चढ़ गई थीं। अमेरिका से खाद्य सहायता भू-राजनीति में फँस गई थी। विदेशी मुद्रा का संकट मँडरा रहा था और आई.एम.एफ. चाहता था कि भारत अपने रुपए का अवमूल्यन करे। देश के विभिन्न भागों में पहचान की राजनीति धधक उठी थी। सिख एक पृथक् राज्य चाहते थे; महाराष्ट्र और कर्नाटक नव स्वतंत्र गोवा को लेकर लड़ रहे थे और उत्तर-पूर्व में आदिवासी मुसीबतें असम, मिजोरम और नगालैंड में शांति के लिए खतरा बन गई थीं। हालात को जटिल करनेवाली बात यह थी कि फरवरी 1967 में आम चुनाव होने थे। इंदिरा गांधी के पास यह साबित करने के लिए महज तेरह महीने थे कि उनमें भारत को शासित करने का माद्दा है।

उन्होंने विद्रोहियों और अलगाववादियों से पहले निपटने का फैसला किया। उन्होंने शांति खरीदी; लेकिन इसके लिए उन्होंने जो कीमत चुकाई, उसपर उन्हें बाद में पश्चात्ताप हुआ। उन्होंने पंजाबी बोलनेवालों के लिए पंजाब और हिंदी बोलनेवालों के लिए हरियाणा राज्य बनाए। उन्होंने गोवा को संघीय प्रदेश का दर्जा दिया, असम में शांति वार्त्ता की शुरुआत की और मिजो व नगा विद्रोहियों से निपटने के लिए सरकारी सुरक्षा बलों को लगाया। उनका मानना था कि मिजो एवं नगा विद्रोहियों को तत्कालीन सत्तारूढ़ पूर्वी पाकिस्तान (अब बँगलादेश) और चीन द्वारा भड़काया जा रहा है। एक अर्थ में सन् 1966 की मुसीबतों ने 1971 के युद्ध की ओर अग्रसर किया और इस जंग में इंदिरा गांधी ने पाकिस्तान को उसके विश्वासघात की कड़ी सजा दी।

मुश्किल में घिरी अर्थव्यवस्था को पटरी पर लाने में लंबा वक्त लगा और इसने राजनीतिक उथल-पुथल को और हवा दी। खाद्य उत्पादन वर्ष 1964 के 8 करोड़ टन से घटकर 1966 में 6.3 करोड़ टन रह गया था। मुद्रास्फीति प्रथम तीन योजनाओं के दौरान 3 प्रतिशत से भी कम रही थी। वह वर्ष 1965 में 13 प्रतिशत हो गई थी और युद्धोपरांत 1966 में 16 प्रतिशत तक पहुँच गई थी। राजनीतिक दृष्टि से सर्वाधिक महत्त्वपूर्ण खाद्य कीमतें 18 प्रतिशत बढ़ गई थीं। पूर्ववर्ती वर्षों की तरह भारत को अपने विकास कार्यक्रमों के लिए धन जुटाने के लिए विदेशी मदद की दरकार थी। उसने पहले ही विश्व बैंक और दानकर्ता देशों के एक समूह से गुहार लगाई थी। देश के कई भागों में सूखे का जिक्र करते हुए भारत ने अमेरिका से अपील की थी कि वह वर्ष 1965 के ग्रीष्मकाल में अतिरिक्त खाद्य सहायता दे। भारत चाहता था कि वह अमेरिका से दो वर्षों के लिए 1 करोड़ टन खाद्य सहायता का एक नया करार करे। लेकिन लिंडन बी. जॉनसन (एल. बी.जे.) ने इस आग्रह को लंबित रखा।

जनवरी 1966 में जब इंदिरा ने देश की कमान सँभाली तो अमेरिकियों ने उन्हें अमेरिका का दौरा करने का न्योता दिया। इंदिरा गांधी की एल.बी.जे. से अप्रैल 1964 में तब मुलाकात हुई थी, जब वह नेहरू का एक पत्र लेकर गई थीं। उस पत्र में नेहरू ने अमेरिकी राष्ट्रपति की इस बात के लिए सराहना की थी कि वह रूस के साथ परमाणु समझौता करने की दिशा में काम कर रहे हैं। इंदिरा ने 'द न्यूयॉर्क टाइम्स' से कहा कि अमेरिका कश्मीर मसले पर पाकिस्तान का पक्ष लेता है। जब मार्च 1966 में उनकी एल.बी.जे. से मुलाकात हुई तो जॉनसन ने उनकी धारणा को काटते हुए कहा, "भारतीयों को यह महसूस करना चाहिए कि भारत के प्रति हमारी नीति को लेकर पाकिस्तानी उससे ज्यादा नाखुश हैं, जितना कि पाकिस्तान के प्रति हमारी नीति को लेकर भारत नाखुश प्रतीत होता है।" इसने भविष्य की घटनाओं का आधार बना दिया।

व्यक्तिगत स्तर पर सद्भाव के बावजूद, राजनीतिक स्तर पर यह साफ था कि इस दोस्ती में एक तीसरा पक्ष पाकिस्तान भी है। जैसा कि हमने 'भूख का खेल' अध्याय में गौर किया है, '50 के दशक से ही अमेरिका ने भारत को खाद्य एवं अन्य मदद देने की नीति अपनाई हुई थी, ताकि यह कम्युनिस्ट खेमे में न चला जाए। जब से जॉनसन राष्ट्रपति बने, एक नए कारक ने नीति को प्रभावित करना शुरू कर दिया और यह कारक था कि राष्ट्रपति भारत को अमेरिका से मिलनेवाली मदद की बढ़ती मात्रा को लेकर चिंतित थे। अपनी चिंताओं के कारण एल.बी.जे. ने तमाम खाद्य सहायता पर अंकुश लगा दिया; हालाँकि भारत उस वक्त सूखा और अकाल की स्थितियों से जूझ रहा था। लेकिन एल.बी.जे. का कहना था कि भारत अपने कृषि संकट के समाधान के लिए कुछ करे, लेकिन यह भी सच था कि वियतनाम युद्ध में अमेरिकी संलिप्तता पर भारत के विचारों से वह खिन्न थे।

फिर उनके प्रशासन—मुख्यत: पेंटागन—ने भारत को युद्धक विमान बेचने से इनकार कर दिया। भारत सन् 1960 से ही अमेरिका से एफ-104 युद्धक विमान हासिल करने के लिए बातचीत कर रहा था, खासकर यह देखते हुए कि अमेरिकियों ने ये विमान पाकिस्तान को दिए थे। यह दावा करने के बावजूद कि वे दोनों देशों को लेकर समदर्शी हैं, अमेरिकियों ने आखिरकार भारत को युद्धक विमान नहीं दिए। बहरहाल, उन्होंने भारत को 50 करोड़ डॉलर की सैन्य सहायता देने का वचन दिया। इस राशि का इस्तेमाल चीन से मुकाबला करने के लिए पर्वतीय डिवीजन बनाने, वायु सुरक्षा प्रणालियाँ लेने और अन्य साजो-सामान खरीदने में होना था। तिरस्कृत होकर भारत ने प्रधानमंत्री शास्त्री के तहत सोवियत संघ से 45 मिग-21 युद्धक विमान खरीदने का करार किया। इसके अलावा 400 मिग विमान का उत्पादन करने का भी समझौता किया गया।

अमेरिका से भारत के खट्टे होते संबंध के मद्देनजर इंदिरा गांधी के वर्ष 1966 के अमेरिकी दौरे का बड़ा महत्त्व था। उनके दौरे के दो दिन पूर्व अमेरिकी विदेश मंत्री डीन रस्क ने एल.बी.जे. को एक ज्ञापन भेजा कि भारत क्या चाहता है। अमेरिकियों ने संकेत दिया कि अगर भारत आर्थिक सुधारों के लिए प्रतिबद्ध हो तो अमेरिका समुचित सहायता कार्यक्रम के लिए आई.एम.एफ. और विश्व बैंक को राजी कर सकता है।

मगर इंदिरा गांधी खुद को एक महाशक्ति के आगे घुटने टेकती हुई नहीं दिखाना चाहती थीं। अपनी स्वतंत्र विदेश नीति स्थापित करने के लिए वह जैसे ही अमेरिका पहुँचीं, उन्होंने वियतनाम में अमेरिकी संलिप्तता की आलोचना कर डाली। इस नुकसान को नियंत्रित करने के लिए परदे के पीछे भारतीय राजनयिक सक्रिय हुए। भारत के राजनयिकों ने इंदिरा गांधी की बात का बचाव किया और कहा कि उन्होंने ऐसा कुछ नहीं कहा, जो पोप या संयुक्त राष्ट्र महासचिव की बातों से अलग हो। मगर अमेरिकियों ने ताना कसा, ''ठीक है, पोप और यू थांट (संयुक्त राष्ट्र महासचिव) को हमारे गेहूँ की जरूरत नहीं है।''

इंदिरा गांधी ने 28 मार्च को एल.बी.जे. से मुलाकात की। वह अमेरिकियों को मोहने की तैयारी कर आई थीं और यह काम उन्होंने प्रभावी ढंग से किया। दोनों नेताओं में अच्छी छनी और यहाँ तक कि औपचारिक कार्यक्रम के बाद भी अमेरिकी राष्ट्रपति रुके रहे। एक दिन बाद एल.बी.जे. ने भारतीय राजदूत बी.के. नेहरू से फोन पर कहा कि भारत को खाद्य सहायता मिलेगी। 30 मार्च को एल.बी.जे. ने घोषणा की कि 35 लाख टन आपात खाद्य सहायता शीघ्र ही जारी कर दी जाएगी और इस तरह उस वर्ष कुल खाद्य सहायता की मात्रा 70 लाख टन हो जाएगी।

अपने दौरे की सफलता के बावजूद इंदिरा गांधी की बुद्धिमत्तापूर्ण सोच थी कि अपने दाँव को सुरक्षित कर लिया जाए। वह मदद के लिए एल.बी.जे. प्रशासन की

प्रतिबद्धता के स्तर को लेकर बहुत आश्वस्त नहीं थीं। उन्होंने मॉस्को होते हुए दिल्ली लौटने का कार्यक्रम बनाया और साथ ही लंदन में थोड़ी देर रुकने का भी कार्यक्रम रखा। ब्रिटिश चाहते थे कि उन्होंने पाकिस्तान के साथ जो करीबी दिखाई है, उसकी भरपाई की जाए। वे चाहते थे कि इंदिरा गांधी डाउनिंग स्ट्रीट आएँ; लेकिन उन्होंने इनकार कर दिया। बाध्य होकर ब्रिटिश प्रधानमंत्री हेरॉल्ड विल्सन को उनसे मिलने के लिए हवाई अड्डे पर आना पड़ा। मॉस्को में इंदिरा गांधी ने सोवियत प्रधानमंत्री अलेक्सई कोसीगिन के साथ बढ़िया तालमेल बनाया और उन्होंने सहायता, हथियारों एवं गुट-निरपेक्षता पर चर्चा की और इस तरह संभावनाएँ खुल गईं।

अपने दौरे के शीघ्र बाद श्रीमती गांधी ने अशोक मेहता और मंत्रालयों के अधिकारियों को विश्व बैंक अध्यक्ष जॉर्ज वुड्स के साथ बातचीत करने के लिए वॉशिंगटन भेजा। विश्व बैंक ने अपनी आम पूर्व शर्तों पर जोर दिया—आयात पर से नियंत्रण हटाएँ, लाइसेंस प्रक्रियाओं में सुधार लाएँ और क्षेत्रवार लक्ष्य तय करें। सहमति यह बनी कि भारत अपनी मुद्रा का अवमूल्यन करेगा, विश्व बैंक द्वारा सुझाए गए उपायों पर अमल करेगा और बदले में अपने विकास कार्यक्रमों के लिए धन प्राप्त करेगा। वर्ष 1966 की गरमियों में इंदिरा गांधी ने अपनी पार्टी के नेताओं के साथ अनौपचारिक रूप से रुपए के अवमूल्यन पर चर्चा की। उन्होंने खास तौर पर सिंडिकेट और कामराज को समझाने की कोशिश की। लेकिन कोई भी नेता इस विचार को मानने के लिए तैयार नहीं दिखा।

असलियत यह है कि भारतीय प्रतिष्ठान हमेशा से अवमूल्यन के खिलाफ रहा है— आर्थिक और राजनीतिक दोनों ही संदर्भों में। आर्थिक तौर पर यह भय उन्हें सताता रहा है कि इससे सहायता पर निर्भर भारतीय अर्थव्यवस्था में मुद्रास्फीति तेजी से बढ़ेगी और राजनीतिक रूप से यह उन्हें संवेदनशील लगता है, क्योंकि रुपए की ताकत या मजबूती को राष्ट्रीय सामर्थ्य के साथ जोड़कर देखा जाता है। फिर भी, इंदिरा गांधी ने कदम आगे बढ़ा दिया। 6 जून, 1966 को भारत ने रुपए को डॉलर के मुकाबले 4.76 रुपए से घटाकर 7.50 रुपए कर दिया। यह 57 प्रतिशत गिरावट थी, जो भारत के इतिहास में सबसे बड़ा अवमूल्यन था। इंदिरा गांधी ने इस फैसले का बचाव किया। दरअसल, उन्होंने कहा कि अगर रुपए का अवमूल्यन नहीं किया जाता तो अनिवार्य सहायता पर रोक लग जाती।

5 जून, 1966 को मंत्रिमंडल की जिस बैठक ने अवमूल्यन की इजाजत दी, उसने आनेवाले टकराव की बुनियाद रख दी। मनुभाई शाह, जो वाणिज्य मंत्री थे और अवमूल्यन के विरोधी माने जाते थे, इस बात पर उखड़ गए कि इस फैसले के बारे में उन्हें अँधेरे में रखा गया। कामराज जल-भुन गए कि उनके विचारों को जानने के बावजूद अवमूल्यन को हरी झंडी दी गई। उनकी भावनाओं को शांत करने के लिए उनके पास एक तमिल-

भाषी अर्थशास्त्री को भेजा गया; लेकिन उन्होंने उनसे मिलने से इनकार कर दिया और कहा कि अवमूल्यन भारत को अमेरिका के हाथों बेचने के समान है। मोरारजी देसाई ने भी लगे हाथों चिंता जाहिर कर दी, ''अगर तीन पूर्व वित्तमंत्रियों से मशविरा किया गया होता तो इससे (अवमूल्यन से) बचा जा सकता था।'' किसी मसले पर देसाई और कामराज का एक साथ आना ही अपने आप में राजनीतिक बयान था। वामपंथियों से लेकर स्वतंत्र पार्टी जैसी दक्षिणपंथी पार्टी ने असंतोष जाहिर किया। राजनीतिक प्रतिक्रिया को सबसे बढ़िया ढंग से बी.के. नेहरू ने अभिव्यक्त किया, ''यह ऐसा था मानो अवमूल्यन ने भारत को बधिया कर दिया हो।''

हालात और बदतर होने जा रहे थे—विश्व बैंक और आई.एम.एफ. ने सहायता करने का जो वचन दिया था, वह पूरी तरह फलीभूत नहीं हुआ। सिर्फ आधी रकम मिली और वह भी कई महीनों के विलंब से। खुद अवमूल्यन का परिणाम अपेक्षानुरूप नहीं रहा। अमेरिका ने भी सहायता देने का वचन दिया था; लेकिन उसने महसूस किया कि अर्थव्यवस्था को खोलने के लिए भारत ने जो कदम उठाए हैं, वे सतही किस्म के हैं और कोई बदलाव लाने के लिहाज से पर्याप्त नहीं हैं। इससे नाराज होकर अमेरिका ने अपना वचन नहीं निभाया। भारत में सूखे की बदतर होती स्थिति ने उसके निर्यात को और पंगु कर दिया (भारत कृषि उत्पादों पर निर्भर था, जो निर्यात से उसकी कमाई में लगभग 50 प्रतिशत योगदान करता था)। अवमूल्यन के बावजूद निर्यात मूल्य वस्तुतः 2058 करोड़ डॉलर से घटकर 1,882 करोड़ डॉलर रह गया। भारत को खाद्य सहायता की बुरी तरह जरूरत थी। भारत में अकाल जैसे हालात और अपने विदेश मंत्रालय और कृषि विभाग के विरोध के बावजूद एल.बी.जे. ने भारत से कोई दीर्घकालीन करार करने से इनकार कर दिया। इससे भारत और अमेरिका के रिश्तों में दरार पैदा हो गई और यह अलगाव दशकों तक चला।

भारत ने 'विशेष सुविधा' के रूप में सहायता के इस्तेमाल का मौका हाथ से जाने नहीं दिया। जुलाई 1966 में मॉस्को का दौरा करते हुए इंदिरा गांधी ने एक संयुक्त बयान जारी किया था, जिसमें वियतनाम पर बमबारी रोकने की बात कही गई थी। यह बयान ऐसे मौके पर आया, जब अमेरिका में युद्ध के खिलाफ आवाज बुलंद होती जा रही थी। अमेरिकियों ने खुद को साम्राज्यवादी कहे जाने पर नाराजगी जताई और खाद्य सहायता मंजूर करने की प्रक्रिया को और कड़ा कर दिया। इसकी प्रतिक्रिया में इंदिरा गांधी ने मार्च 1967 में वियतनामी नेता हो ची मिन्ह को जन्मदिन पर बधाई दी। अमेरिकी और भी जल-भुन गए। वाशिंगटन ने अपने राजदूत चेस्टर बॉउल्स को संदेश भेजा कि वह भारत को बता दें कि यदि वह साम्यवादियों की ओर झुकना चाहता है तो उसे अमेरिका से मदद प्राप्त करने की अपनी अपेक्षाओं की समीक्षा करनी होगी।

वर्ष 1962 से लेकर 1967 तक की अवधि भारत के लिए बड़ी मुश्किल भरी रही। इस दौरान भारत ने अपने दो प्रधानमंत्री खो दिए, दो युद्धों का सामना किया, विकट आर्थिक संकट को झेला और दो साल भयंकर सूखे का सामना किया। भारी दबावों के बावजूद देश तो एकजुट बना रहा, लेकिन कांग्रेस एकजुट नहीं रह सकी।

कांग्रेस का विभाजन

कांग्रेस विरले ही वास्तविकता से चिंतित होती है और शायद ही इसे जाहिर करती है और इस कारण कई मजेदार विडंबनाएँ देखने को मिलती हैं। यह कोई छुपी हुई बात नहीं थी कि कांग्रेस के अंदर घमासान मचा हुआ था। फिर भी, पार्टी जब वर्ष 1967 के चुनाव मैदान में उतरी तो उसका नारा था—'वन इंडिया, वन टीम' (एक भारत, एक टीम)। अर्थव्यवस्था की विफलता और आंतरिक संघर्ष के अतिरिक्त कांग्रेस 1965 के गणतंत्र दिवस के पहले जारी एक विज्ञप्ति के परिणाम से भी जूझ रही थी। 1965 के गणतंत्र दिवस के कुछ रोज पूर्व गृह मंत्रालय ने केंद्र सरकार के स्तर पर हिंदी का प्रयोग करने का प्रस्ताव रखा। इस प्रस्ताव की व्याख्या देश पर हिंदी को राष्ट्र भाषा के रूप में थोपने की तरह की गई। कांग्रेस के विरोधी दलों ने इसका इस्तेमाल दक्षिण भारत में अपने फायदे के लिए किया और छात्र आंदोलन को भड़काया। कांग्रेस कार्यकारी समिति (सी.डब्ल्यू.सी.), मंत्रिमंडल के सदस्यों और मुख्यमंत्रियों की एक महाबैठक हुई और उसमें निष्कर्ष निकाला गया कि नेहरू द्वारा अंग्रेजी के प्रयोग की जो गारंटी दी गई थी, वह ज्यों-की-त्यों है। लेकिन तब तक आग फैल चुकी थी और इसे चुनावों में एक ज्वलंत मुद्दा बना दिया गया था।

इसके परिणाम चुनाव परिणामों में परिलक्षित हुए। वर्ष 1962 में नेहरू के तहत कांग्रेस ने 44.7 प्रतिशत वोट हासिल किए थे और 520 सदस्यों के सदन में उसे 361 सीटें मिली थीं। लेकिन वर्ष 1967 में उसकी सीटों की संख्या गिरकर 283 रह गई और उसे महज 40 प्रतिशत वोट हासिल हुए। सबसे बुरा नतीजा तमिलनाडु में रहा—कांग्रेस ने वहाँ 39 सीटों पर अपने उम्मीदवार उतारे थे, लेकिन 36 में उसे हार का मुँह देखना पड़ा। डी.एम.के. ने भाषा आंदोलन का बखूबी इस्तेमाल किया और उसने 35 सीटें जीत लीं तथा राज्य में सत्ता भी हासिल कर ली। दस राज्यों में कांग्रेस के वोटों का हिस्सा महज 35 प्रतिशत था। कांग्रेस की पराजय से जिन पार्टियों ने फायदा उठाया, उनमें स्वतंत्र पार्टी ने 44 सीटें, भारतीय जन संघ ने 35 सीटें, सी.पी.आई. ने 23 सीटें और सी.पी.एम. ने 19 सीटें जीत लीं।

इस आघात के कारण पार्टी को आत्मनिरीक्षण करना चाहिए था, लेकिन इसकी बजाय इसके नेताओं ने अपनी राजनीतिक ताकत दिखाने का फैसला किया। सन् 1966

में जब इंदिरा से पूछा गया कि कामराज के साथ उनके क्या मतभेद हैं, तो उन्होंने दो-टूक कहा, ''सवाल है कि पार्टी किसे चाहती है और लोग किसे चाहते हैं। मेरी स्थिति निर्द्वंद्व है।'' इंदिरा जानती थीं कि आम जनता को प्रभावित करने की उनकी क्षमता उनका सबसे मजबूत हथियार है और उनके विरोधियों में करिश्मे का अभाव उनकी सबसे बड़ी कमजोरी है। सिंडिकेट चाहता था कि वह सत्ता की लगाम एक पोलित ब्यूरो की तरह नियंत्रित करे। वर्ष 1967 के झटकों के बाद इंदिरा गांधी ने पार्टी को बदलना शुरू किया। ऐतिहासिक रूप से पार्टी में निर्णय सलाह-मशविरे के बाद लिया जाता था; लेकिन इंदिरा ने ऊपर से निर्णय लादना शुरू किया। बहरहाल, उनके विरोधी अभी हथियार डालने को तैयार नहीं थे। कामराज पस्त थे, लेकिन चूके नहीं थे और मोरारजी देसाई ने सी.डब्ल्यू. सी. में इतना समर्थन जुटा लिया कि वह सरकार में उप-प्रधानमंत्री के रूप में आ गए। इंदिरा ने समझ लिया कि यह उनके पर कतरने की कोशिश है।

सरकार गठन के साथ इंदिरा ने जवाबी हमला शुरू कर दिया। सन् 1967 के मंत्रिमंडल की संरचना ने कई तरीके से आनेवाली घटनाओं का रुख तय कर दिया। इंदिरा गांधी ने उन लोगों को पुरस्कृत किया, जिन्होंने उनका समर्थन किया और जहाँ सुविधाजनक लगा, वहाँ योग्यता, अनुभव और निष्ठा जैसे तत्त्वों को इसका आधार बनाया। उन्होंने वस्तुतः संगठनात्मक नेतृत्व को दरकिनार कर दिया।

इंदिरा ने खुद पार्टी से दूरी भी बना ली और पार्टी में जो गड़बड़झाला चल रहा था, उसकी जिम्मेदारी कामराज और उनके सहयोगियों पर थोप दी। वह इस संभावना के प्रति सजग थीं कि अध्यक्ष के अगले चुनाव में सिंडिकेट निर्वाचक मंडल के गठन में गड़बड़ी कर सकता है। उन्होंने जून 1967 में ए.आई.सी.सी. की दिल्ली बैठक में पार्टी के आला नेताओं को आड़े हाथों लिया और फर्जी सदस्य बनाने के मसले पर हमला बोला और जब कामराज ने तीसरी अवधि की माँग की तो इंदिरा ने एस. निजलिंगप्पा का समर्थन किया। मध्य रात्रि में बगावत करते हुए उन्होंने सी.डब्ल्यू.सी. की बैठक बुलाई और निजलिंगप्पा को पार्टी अध्यक्ष का नामांकन स्वीकार करने के लिए राजी किया। एक मायने में उन्होंने कामराज पर कामराज का ही फॉर्मूला चला दिया। कामराज ने अतुल्य घोष के नेतृत्व में अपनी मंडली का इस्तेमाल किया था और अक्तूबर 1963 में सी.डब्ल्यू.सी. को अगवा करते हुए अपना नामांकन करा लिया था।

इंदिरा गांधी के नजरिए में सैन्य रणनीति की असामान्य समझ परिलक्षित होती थी। उन्होंने न केवल कामराज का सीधा मुकाबला किया, बल्कि उन्होंने आजू-बाजू से भी हमले किए। उन्होंने कांग्रेस में युवा, वामोन्मुखी नेताओं के एक समूह में जगह बनाई। इस समूह को 'युवा तुर्क' कहा जाता था, जिसमें कृष्णकांत, सुभद्रा जोशी, मोहन धारिया, के. डी. मालवीय, चरणजीत पाणिग्रही, भागवत झा आजाद और वेदव्रत बरुआ शामिल

थे। यह समूह 'कांग्रेस फोरम फॉर सोशलिस्ट एक्शन' (सी.एफ.एस.ए.) के झंडे तले काम करता था और इसकी अगुवाई चंद्रशेखर करते थे। उनका निशाना मोरारजी देसाई और पार्टी के आला नेता थे।

पार्टी कैडरों और वोटरों के बीच मूड से संकेत मिलता था कि वे सब गरम विचार और तेवर अपनाए जाने के पक्ष में थे। और युवा तुर्कों में उन्हें उम्मीद की किरण दिखी। अपनी विफलताओं के लिए कांग्रेस जिन बहानों की आड़ लेती थी, वे अब स्वीकार्य नहीं थे। दरअसल वर्ष 1967 के आम चुनावों की तैयारी करते हुए पार्टी में अनेक लोगों ने महसूस किया कि टिकटों के आवंटन में उन लोगों को प्राथमिकता दी जानी चाहिए, जो समाजवाद के जज्बे से ओत-प्रोत हों। पार्टी ने जब अपना घोषणा-पत्र तैयार करना शुरू किया तो सी.एफ.एस.ए. ने कांग्रेस अध्यक्ष कामराज को इन भावनाओं से अवगत करा दिया। कामराज को एक ज्ञापन भी सौंपा गया, जिसमें बैंकों के राष्ट्रीयकरण, शहरी आय पर सीलिंग लगाने, भूमि सुधारों का कार्यान्वयन और प्रेस के एकाधिकारों पर अंकुश लगाने की सिफारिश की गई थी।

कांग्रेस पार्टी ने अपने घोषणा-पत्र में इन भावनाओं को लच्छेदार ढंग से शामिल तो जरूर किया, लेकिन जान-बूझकर इसके अमलीकरण पर अस्पष्ट रवैया अपनाया। 'पार्टी का लक्ष्य लोकतांत्रिक समाजवादी समाज की स्थापना है और इसके लिए अनिवार्य था कि आर्थिक विकास की योजना बनाने, दिशा-निर्देश देने और निर्देशित करने में राज्य (सरकार) एक सक्रिय एवं गतिशील भूमिका निभाए।' इसमें यह भी कहा गया कि यह सार्वजनिक क्षेत्र के विकास, सहकारिता के विस्तार, बैंकों पर बढ़ते सामाजिक नियंत्रण और भूमि के व्यक्तिगत स्वामित्व पर पाबंदियाँ लगाने का समर्थन करती है। लेकिन राष्ट्रीयकरण की बात फिर भी नहीं की गई।

अधिकतर घोषणा-पत्रों की तरह इसे भी अभिलेखागार के हवाले किया जा सकता था; लेकिन इंदिरा गांधी ने तय किया कि वह ऐसा नहीं होने देंगी। पार्टी कैडरों पर नियंत्रण हासिल करने और सिंडिकेट व देसाई का प्रभाव कम करने के लिए उन्होंने युवा तुर्कों का समर्थन किया। उन्होंने सी.एफ.एस.ए. द्वारा रखे गए दस सूत्री माँग-पत्र पर विचार करने के लिए सी.डब्ल्यू.सी. को बाध्य किया। इन माँगों में बैंकों और बीमा कंपनियों का राष्ट्रीयकरण, आयात एवं निर्यात एकाधिकारों का सार्वजनिक क्षेत्र को स्थानांतरण, ग्रामीण एवं शहरी भूमि सीलिंग प्रणाली की स्थापना और राजकुमारों के विशेषाधिकारों एवं प्रिवीपर्सों की समाप्ति की माँगें शामिल थीं। एक महीने बाद ए.आई.सी.सी. ने कार्यान्वयन कार्यक्रम को मंजूरी दी। चंद्रशेखर कांग्रेस को भलीभाँति जानते थे कि वह यहीं पर नहीं रुकेगी। उन्होंने भारत छोड़ो आंदोलन की वर्षगाँठ के दिन 6 अगस्त, 1966 को एक हस्ताक्षर अभियान छेड़ दिया।

इन घटनाओं ने कारोबार और बैंकिंग क्षेत्र में खलबली मचा दी। कोई कड़ी कारवाई हो, इसके पहले ही इंडियन बैंक्स एसोसिएशन (आई.बी.ए.) ने अपनी ओर से कदम उठाया। 22 मई, 1967 को आई.बी.ए. अध्यक्ष के.एम.डी. ठाकरसे ने इंदिरा गांधी को सात पृष्ठों का एक पत्र भेजा। बैंकों के ऊपर प्रस्तावित सामाजिक नियंत्रण के खिलाफ दलील देते हुए उन्होंने लिखा—"बैंकिंग नियमन कानून द्वारा आर.बी.आई. को दी गई शक्तियाँ इतनी विस्तृत और व्यापक हैं कि उनमें कुछ और शक्ति जोड़ने अथवा बैंकों पर सामाजिक नियंत्रण बढ़ाने की शायद ही कोई गुंजाइश है।" ठाकरसे ने जमाकर्ताओं के हितों की रक्षा करने और लघु उद्योग, कृषि एवं अर्थव्यवस्था के अन्य क्षेत्रों को ऋण दिए जाने की माँग के बीच द्वंद्व को उजागर किया। उन्होंने कहा कि बैंकों पर यह आरोप लगाया जाता है कि निजी बैंक सिर्फ बैंक मालिकों और उनके रिश्तेदारों को कर्ज देते हैं। लेकिन उन्होंने बैंकों का बचाव करते हुए कहा कि बैंकों द्वारा दिए जानेवाले कर्जों का यह सिर्फ एक छोटा अनुपात है। उन्होंने सुझाव दिया कि आई.बी.ए. के एक छोटे शिष्ट-मंडल को कृपा कर आपसे और माननीय वित्तमंत्री से मिलने की इजाजत दी जाए, ताकि वे इन बातों को पूरी तरह समझा सकें।

इंदिरा गांधी ने तमाम आवेदकों को अपने प्रतिद्वंद्वी मोरारजी देसाई के पास भेज दिया, जो उस वक्त उप-प्रधानमंत्री और वित्त विभाग का जिम्मा सँभाले हुए थे। मोरारजी देसाई साफ तौर पर राष्ट्रीयकरण के विचार के खिलाफ थे। उनका तर्क था कि बैंक जनता के पैसों के रक्षक हैं और कोई भी बैंक, चाहे वह सरकारी हो या निजी, कर्ज देते वक्त कर्ज अदायगी की व्यावहारिकता को छोड़ नहीं सकता है। बहरहाल, उन्होंने अपनी पार्टी से वादा किया कि वह सामाजिक नियंत्रण के वचन को कार्यान्वित करेंगे। इससे बैंकों को यह सिद्ध करने की राहत मिल गई कि वे समाज के हितों को साधेंगे। उन्होंने 18 जून, 1967 को नई दिल्ली में बैंकरों की एक बैठक बुलाई। जिन लोगों ने उसमें भाग लिया, उनमें ठाकरसे, कमल नयन बजाज, ए.डी. पई, आर.डी. बिड़ला एवं एम.पी. बिड़ला शामिल थे। मोरारजी ने राष्ट्रीयकरण की मुहिम की धार को कुंद करने की उम्मीद जताई और बैंकों से कहा कि वे राजनीतिक रूप से संवेदनशील क्षेत्रों को कर्ज की सुविधा प्रदान करें और सट्टेबाजी की गतिविधियों के लिए रकम देने पर अंकुश लगाएँ।

सरकार के अंदर न केवल देसाई, बल्कि कई नौकरशाह भी बैंकों के राष्ट्रीयकरण की मुहिम और उसके बृहत्तर परिणामों को लेकर चिंतित थे। यह कहना सही होगा कि अधिकतर अधिकारी सामाजिक नियंत्रण की माँग को समंजित करने को तो तैयार थे, लेकिन राष्ट्रीयकरण के विचार के खिलाफ थे। अर्थशास्त्री और वित्त मंत्रालय के सलाहकार पई पणंदीकर द्वारा बैंकिंग पर लिखे गए एक परचे को मंत्रालय में वितरित

किया गया और इसे आर.बी.आई. को भेजा गया। पणंदीकर ने टिप्पणी की थी कि कृषि और छोटे उद्योगों पर कम ध्यान दिया जा रहा है। परचे में यह भी कहा गया कि इस बात के प्रमाण हैं कि कुछ बैंकों ने अनुचित ढंग से कुछेक लोगों को ही कर्ज दिया है और इसमें कुछ हद तक आर्थिक शक्ति का केंद्रीकरण हुआ है। पणंदीकर ने सुझाव दिया कि सी.डब्ल्यू.सी. द्वारा अपनाए गए दस-सूत्री आर्थिक कार्यक्रम के लक्ष्यों या मकसदों को मौजूदा कानून में उचित संशोधन कर प्राप्त किया जा सकता है। परचे में यह भी सुझाया गया कि विशेष क्षेत्रों को ऋण मुहैया कराने के लिए विशेष संस्थानों की स्थापना की जा सकती है। दरअसल, पणंदीकर यह नहीं सोचते थे कि बैंकों का राष्ट्रीयकरण जरूरी है।

इस विचार के विरोधियों के प्रयासों के बावजूद यह उत्तरोत्तर साफ होता गया कि जब तक सामाजिक नियंत्रण की कोई कारगर व्यवस्था नहीं की जाती, सरकार बैंकों के राष्ट्रीयकरण करने के कगार पर है। कारोबारी घरानों ने अपने वित्तीय संजालों के जरिए पार्टी के आला नेताओं तक संदेश भिजवाया कि वे सरकार को प्रस्तावित कार्रवाई करने से रोकें। पार्टी नेताओं से कहा गया कि यदि सरकार ने बैंकों का राष्ट्रीयकरण करने का फैसला कर भी लिया तो संविधान द्वारा प्रदत्त गारंटी के तहत सरकार को उन्हें मुआवजा देना पड़ेगा और यह मुआवजा देने के लिए सरकार के पास संसाधन उपलब्ध नहीं हैं।

वित्त मंत्रालय और आर.बी.आई. के अंदर भी प्रतिरोध था। 2 जून, 1967 को आर.बी.आई. गवर्नर पी.सी. भट्टाचार्य ने मोरारजी देसाई को पत्र लिखकर राष्ट्रीयकरण के लिए चुकाई जानेवाली कीमत के बारे में आगाह किया और कहा, ''तमाम बैंकों का राष्ट्रीयकरण वांछित नहीं है और मौजूदा चरण में इससे आर्थिक विकास और प्रगति में मदद मिलने की बजाय बाधा आने की भी संभावना है।'' फिर उन्होंने पंद्रह-सूत्री एक सूची पेश की, जो 'सामाजिक नियंत्रण' को कारगर बनाएगी।

जो नाटक खेला जा रहा था, प्रेस की उसपर करीबी नजर थी। 'इकोनॉमिक एंड पॉलिटिकल वीकली' ने जुलाई 1967 में टिप्पणी की कि 'चूजे आराम करने के लिए घर आ गए हैं'। यह उजागर हुआ कि बैंकों के राष्ट्रीयकरण की मुहिम नई नहीं है, बल्कि वर्ष 1963 में टी.टी.के. के कार्यकाल के दौरान ऐसी मुहिम चली थी, लेकिन कारोबार जगत् के दबाव और टी.टी.के. के इस्तीफे के कारण यह दम तोड़ गई थी। 'इकोनॉमिक एंड पॉलिटिकल वीकली' ने अपनी टिप्पणी में कहा कि पिछले पंद्रह सालों में बैंकों ने परंपरागत बैंकिंग प्रणालियों को नहीं छोड़ा है और एक गतिशील अर्थव्यवस्था की जरूरतों के अनुकूल अपने को नहीं ढाला है। जो कुछ भी बदलाव देखा गया है, वह मोटे तौर पर सरकार और आर.बी.आई. के दबाव के कारण दिखा। इस विश्लेषण ने कठोर तथ्यों के आधार पर विफलता को सामने रखा। बैंकों की कुल शाखाओं की संख्या महज 6,500 थी और शाखाओं में जो भी विस्तार हुआ था, वह सिर्फ आर.बी.आई. के

दबाव के तहत हुआ था। इसने उजागर किया कि मार्च 1966 की समाप्ति तक बैंकों ने लघु उद्यम क्षेत्र को महज 90 करोड़ रुपए कर्ज दिए थे, जबकि बड़े कारोबारों को 1300 करोड़ रुपए और व्यापार को 500 करोड़ रुपए कर्ज दिए थे। बैंकों ने कृषि को बस, 5 करोड़ रुपए कर्ज दिए थे (कुल कर्ज के प्रतिशत से भी कम)। इसने निष्कर्ष निकाला कि यह दुर्भाग्यपूर्ण है कि 'बैंकरों के बीच सामाजिक उत्तरदायित्व या बृहत्तर आर्थिक उद्देश्य का भाव पैदा करने के लिए राष्ट्रीयकरण या सामाजिक नियंत्रण की धमकी की जरूरत है।''

इस बीच राष्ट्रीयकरण को रोकने की मोरारजी देसाई की चालबाजी से उत्तेजित होकर चंद्रशेखर ने भारत में बैंकिंग क्रियाकलाप का अध्ययन करने के लिए चार अर्थशास्त्रियों की सेवाएँ लीं। ये अर्थशास्त्री थे—पंजाब विश्वविद्यालय से एच. के. मनमोहन सिंह, लखनऊ विश्वविद्यालय से वी.बी. सिंह, दिल्ली विश्वविद्यालय से एस.सी. गुप्ता और भारतीय लोक प्रशासन संस्थान से एस.के. गोयल। उनकी रिपोर्ट अत्यंत कटु थी। इस समिति ने पाया कि बैंकों के कर्ज का इस्तेमाल परियोजनाओं के लिए किए जाने की बजाय कम प्राथमिकतावाले क्षेत्रों के लिए किया जा रहा है और 'वर्ष 1953 व 1965 के बीच कृषि क्षेत्र को कर्ज निरपेक्ष एवं आनुपातिक संदर्भ में घटा है।'

अर्थशास्त्रियों के पैनल ने खुलासा किया कि औद्योगिक घरानों को आसान कर्ज ने एकाधिकारों को जन्म दिया है। उन्होंने बैंक मालिकों, निदेशकों, बैंकों और कर्ज लेनेवाली कंपनियों के बीच संबंध का भी पर्दाफाश किया। पैनल ने रिपोर्ट दी कि 188 लोगों ने 20 प्रमुख बैंकों में निदेशक के रूप में काम किया है, वे 1,100 कंपनियों को नियंत्रित करने के अलावा अन्य कंपनियों के 1,452 डायरेक्टर के पदों पर विराजमान रहे। पाँच प्रमुख बैंकों के विस्तृत अध्ययन से प्रभाव के उस जटिल जाल का पता चला, जो बैंकिंग क्षेत्र को चला रहा था। साझा डायरेक्टरों के जरिए ये पाँच बैंक 33 बीमा कंपनियों, 6 वित्तीय संस्थानों, 25 निवेश केंद्रों, 584 विनिर्माण कंपनियों, 26 ट्रेडिंग कंपनियों और 15 गैर-लाभकारी संगठनों से जुड़े हुए थे।

इस रिपोर्ट को प्राप्त करने के तुरंत बाद चंद्रशेखर और उनके समूह को एक अनपेक्षित विभाग से भी समर्थन हासिल हुआ। औद्योगिक लाइसेंस नीति की छानबीन के लिए एक समिति नियुक्त की गई थी। इस समिति ने जो रिपोर्ट दी, वह आँखें खोल देनेवाली थी। इस रिपोर्ट को बंबई विश्वविद्यालय में अर्थशास्त्र के प्रोफेसर आर.के. हजारी ने तैयार किया था। रिपोर्ट में उन्होंने कहा, ''मुझे (औद्योगिक लाइसेंस प्रणाली पर) सुझावों की व्यावहारिकता पर तब तक संदेह व्यक्त करना चाहिए, जब तक कि कई प्रमुख ऋणदाता संस्थान उन लोगों के सीधे नियंत्रण या प्रभाव में हैं, जो सुझाई गई व्यवस्था से प्रभावित हो सकते हैं। कर्ज देने की कोई भी योजना बनाना तब तक कठिन

होगा, जब तक कि उद्योग और बैंकों के एक ही हाथों में नियंत्रण के लिंक को बैंकों के राष्ट्रीयकरण द्वारा तोड़ा नहीं जाता।''

बैंकों के पास कहीं छुपने की जगह नहीं थी। युवा तुर्कों द्वारा मान लिया गया कि राष्ट्रीयकरण तो अब होकर रहेगा। मगर ए.आई.सी.सी. के अक्तूबर 1967 में जबलपुर अधिवेशन में देसाई ने राष्ट्रीयकरण की माँग को खारिज कर दिया। युवा तुर्कों ने देसाई एवं अन्यों पर निशाना साधा और उन लोगों को स्पष्ट चेतावनी दी, जो वर्ष 1967 के चुनावों की तैयारी के दौरान जारी कांग्रेस घोषणा-पत्र में किए गए वादों को दूषित करने की कोशिश कर रहे थे। नवंबर में सी.एफ.एस.ए. और इसके 56 सदस्यीय समूह ने दिल्ली में नेहरू के जन्म-दिवस के अवसर पर एक सम्मेलन का आयोजन किया। इस सम्मेलन में इंदिरा गांधी और वरिष्ठ मंत्रियों ने भी शिरकत की। इसमें युवा तुर्कों ने संकल्प लिया कि वे यह सुनिश्चित करेंगे कि दस-सूत्री चार्टर अपनाया जाए।

इंदिरा गांधी अगर चाहतीं तो मौजूदा भावना के आवेग का इस्तेमाल राष्ट्रीयकरण के एजेंडे को आगे बढ़ाने के लिए कर सकती थीं। लेकिन उन्होंने ऐसा नहीं किया। दिलचस्प बात थी कि कांग्रेस घोषणा-पत्र में यह तो कहा गया था कि बैंकिंग क्षेत्र में राज्य (सरकार) एक सक्रिय भूमिका निभाएगा, लेकिन 'राष्ट्रीयकरण' शब्द का प्रयोग नहीं किया गया था। इंदिरा गांधी के अपने विचार जो भी हों, फोरम को उनके समर्थन की बात एकदम साफ नहीं थी। उनकी गणनाओं के अनुसार शायद इसके लिए अभी सही अवसर नहीं आया था। उनकी रणनीति रही है कि वह राजनीतिक सुविधा का इस्तेमाल सही वक्त के आधार पर करती हैं। लिहाजा, उन्होंने मध्य अक्तूबर में मोरारजी देसाई को सी.डब्ल्यू.सी. में अपनी बात चलाने दी। उप-प्रधानमंत्री ने राष्ट्रीयकरण के खिलाफ दलील दी और सामाजिक नियंत्रण की अवधारणा को आगे बढ़ाया, जिसमें बैंक सामाजिक रूप से महत्त्वपूर्ण क्षेत्रों को ऋण की सुविधा मुहैया कराएँगे।

इस बीच आर.बी.आई. और वित्त मंत्रालय के अधिकारियों ने पणंदीकर द्वारा तैयार किए गए नोट की कई चुनटों को दुरुस्त किया और सामाजिक नियंत्रण पर विधेयक का मसौदा तैयार किया। 14 दिसंबर, 1967 को—यानी युवा तुर्कों के सम्मेलन में सी.एफ.एस.ए. सदस्यों द्वारा राष्ट्रीयकरण के एजेंडे को आगे बढ़ाने का संकल्प लेने के एक महीने बाद—मोरारजी देसाई ने संसद् में कहा कि बैंकों और औद्योगिक घरानों के संपर्कों को तोड़ा जाएगा और नेशनल क्रेडिट काउंसिल (राष्ट्रीय ऋण परिषद्) की चर्चाओं द्वारा ऋण देने के फैसले किए जाएँगे। 23 दिसंबर, 1967 को एक विधेयक पेश किया गया, जिसके जरिए बैंकिंग नियमन अधिनियम-1949, भारतीय रिजर्व बैंक अधिनियम-1934 और भारतीय स्टेट बैंक अधिनियम-1955 में संशोधन कर बैंकों पर सामाजिक नियंत्रण स्थापित करना था।

बैंकों से कहा गया कि वे अपने बोर्डों का पुनर्गठन करें, क्योंकि कानून के अनुसार बोर्ड के 51 प्रतिशत सदस्य कृषि, अकाउंटेंसी, ग्रामीण अर्थव्यवस्था, लघु उद्योग, सहकारिता और बैंकिंग जैसे विविध क्षेत्रों के विशेषज्ञ होने चाहिए। कम-से-कम दो डायरेक्टर ऐसे होने चाहिए, जो कृषि, ग्रामीण अर्थव्यवस्था, सहकारिता और लघु उद्योगों का प्रतिनिधित्व करें। विदेशी बैंकों से भी कहा गया कि वे विशेषज्ञों द्वारा नियंत्रित परामर्शदायी बोर्डों का गठन करें। हर बैंक का अध्यक्ष अनिवार्य रूप से पेशेवर बैंकर होगा, न कि कोई उद्योगपति और तमाम नियुक्तियों एवं बरखास्तगी के लिए आर.बी.आई. की स्वीकृति आवश्यक होगी। बैंकों के मालिक उद्योगपति बने रह सकते हैं; लेकिन उनका कामकाज अब सरकार द्वारा नियंत्रित किया जाएगा। सामाजिक नियंत्रण के कार्यान्वयन से भारत बैंकों के राष्ट्रीयकरण के एक कदम और करीब आ गया।

वर्ष 1968 में साल भर और 1969 के प्रारंभिक कुछ महीनों में आर.बी.आई. और सरकार शाखा विस्तार को लेकर उलझते रहे, ऋण-वितरण को लेकर लड़ते रहे और खाद्य-सामग्री खरीद के लिए धन देने को लेकर घमासान मचाते रहे। बैंकों को बाध्य किया गया कि शाखा विस्तार पर वे 2:1 के अनुपात को स्वीकार करें, यानी यदि एक शाखा बैंकों के केंद्र में खोली जाए तो उन्हें दो शाखाएँ गैर-बैंक केंद्रों में खोलनी होंगी। मार्च 1968 और अप्रैल 1969 के बीच नेशनल क्रेडिट काउंसिल की तीन बार बैठक हुई और इसमें प्रक्रियाओं, कार्य-प्रणालियों एवं प्रगति की समीक्षा की गई। वे संतुष्ट थे, लेकिन राजनीतिक वर्ग संतुष्ट नहीं था।

अक्तूबर 1968 में बैंकरों, अर्थशास्त्रियों एवं उद्योगपतियों का एक अध्ययन समूह बनाया गया। इसमें टी.ए. पई, बी.के. दत्त, एम.वाई. घोरपडे, ए.एन. मफतलाल, एन.एम. चोक्सी, पी. नतेसन और पी.एन. दाम्री शामिल थे। इस समूह का नेतृत्व योजना आयोग के उपाध्यक्ष डी.आर. गाडगिल कर रहे थे। और इसके संयोजक बी. एन. अदारकर थे। इस समूह का काम बैंक शाखाओं के विस्तार में विविध फासलों और ऋण के क्षेत्रवार विस्तार का अध्ययन करना था। इसकी पहली रिपोर्ट आलोचनात्मक थी। देश के 2,700 शहरों में से 617 को वाणिज्यिक बैंकों द्वारा अपने दायरे में नहीं लिया गया था। इनमें से 444 शहरों में सहकारी बैंकिंग सुविधाएँ भी नहीं थीं। और इससे भी बदतर करीब 6,00,000 गाँवों में से बमुश्किल 500 गाँवों में बैंक थे। वर्ष 1969 की शुरुआत तक पूरा राजनीतिक परिदृश्य, जिसमें क्षेत्रीय पार्टियों के नेता और कांग्रेस के राष्ट्रीयकरण समर्थक समूह के नेता भी शामिल थे, सामाजिक नियंत्रण को एक इलाज की बजाय एक छद्म दवा के रूप में देखने लगा था।

इसके परिणाम राष्ट्रीय विकास परिषद् (एन.डी.सी.) की बैठक में देखने को मिले। अप्रैल में एन.डी.सी. की 26वीं बैठक में मुख्यमंत्रियों ने विकास के लिए संसाधनों के

अभाव को लेकर केंद्र सरकार और उप-प्रधानमंत्री पर फिर निशाना साधा। तमिलनाडु के मुख्यमंत्री एम. करुणानिधि ने योजना प्रक्रिया की यह कहते हुए निंदा की, "तीन पंचवर्षीय योजनाएँ लोगों को भोजन, कपड़ा, घर और यहाँ तक कि पीने का पानी भी मुहैया नहीं करा सकी हैं और चौथी योजना भी बहुत उम्मीद नहीं जगाती।" उन्होंने कहा कि योजनाएँ एक अंकगणितीय अभ्यास बन गई हैं। 'पर्याप्त संसाधन सुनिश्चित करने के लिए और एक समाजवादी समाज की स्थापना की ओर पहला कदम उठाने के लिए यह आवश्यक है कि बैंकों का राष्ट्रीयकरण किया जाए।" उप-प्रधानमंत्री मोरारजी देसाई ने इसके जवाब में कहा कि बैंकों का महज राष्ट्रीयकरण कर देने से बैंकों में जमा धनराशि सरकारी धनराशि नहीं हो जाएगी। उन्होंने दलील दी कि सामाजिक नियंत्रण के विचार को पूरी तरह आजमाने का मौका दिया जाना चाहिए। मोरारजी देसाई वह दिन तो निकाल ले गए; लेकिन यह स्पष्ट था कि बैंक राष्ट्रीयकरण फिर से एक ज्वलंत मसला बन गया है।

इंदिरा गांधी के लिए रणनीतिक लिहाज से इससे बढ़िया वक्त नहीं हो सकता था। पार्टी के आला नेता दुबके हुए थे। सन् 1967 के आम चुनाव में कांग्रेस का प्रदर्शन आजादी के बाद से सबसे बुरा रहा था। लोकसभा में पार्टी के सदस्यों की संख्या 300 से नीचे चली गई थी और पार्टी ने जिन सोलह राज्यों में चुनाव लड़ा था, उनमें से आठ में उसने सत्ता खो दी थी। '60 के दशक के उत्तरार्ध में यह कहा जाता था कि अगर कोई कलकत्ता से वाहन चलाना शुरू करे तो वह बगैर किसी कांग्रेस सरकार से सामना किए दिल्ली पहुँच सकता है। वैसे, यह भी सच था कि गंगा का पूरा मैदानी क्षेत्र अस्थिर गठबंधन सरकारों से पटा हुआ था। फरवरी 1969 में चुनाव आयोग ने पश्चिम बंगाल, उत्तर प्रदेश, बिहार और पंजाब में चुनाव कराए, जिसे मिनी या लघु चुनाव का दर्जा दिया गया।

इस चुनाव में इंदिरा गांधी ने जहाँ भी कांग्रेस उम्मीदवार के लिए प्रचार किया, वहाँ उन्होंने अपने नाम से वोट माँगा। इसके पीछे यह मंशा थी कि अपने को कांग्रेस पार्टी से दूर दिखाया जाए और खुद को एक नए पृथक् निकाय के केंद्र के रूप में पेश किया जाए। परिणाम काफी निराशाजनक रहे। बिहार और उत्तर प्रदेश में कांग्रेस सबसे बड़ी पार्टी के रूप में उभरी, लेकिन उसके पास बहुमत नहीं था। इसके अलावा, पंजाब में शिरोमणि अकाली दल के हाथों और पश्चिम बंगाल में सी.पी.आई. एवं सी.पी.एम. के हाथों कांग्रेस को मात खानी पड़ी। यह साफ हो गया कि कांग्रेस पार्टी की सत्ता, खास तौर पर सिंडिकेट (जो कभी पार्टी की राजनीति पर प्रभुत्व रखता था) की ताकत, क्षीण होती जा रही है। तमिलनाडु में कांग्रेस की करारी हार ने कामराज के कद को निजी स्तर पर काफी नुकसान पहुँचाया। अब तक सिंडिकेट ने महसूस कर लिया था कि राम

मनोहर लोहिया ने जिस इंदिरा गांधी को कभी 'गूँगी गुड़िया' कहा था, वह आखिरकार उतनी गूँगी भी नहीं है।

सन् 1969 की चुनावी पराजय का विश्लेषण करने के लिए जब कांग्रेस की बैठक हुई तो सी.पी.पी. के युवा सदस्यों ने दिग्गजों पर गुटबाजी को बढ़ावा देने का आरोप लगाया। सिंडिकेट ने फिर से अपनी लड़ाई शुरू की। 3 मई, 1969 को भारत के राष्ट्रपति जाकिर हुसैन का निधन हो गया और एक नए राष्ट्रपति का चुनाव होना था। सिंडिकेट ने मौका ताड़ा कि पार्टी पर अपने दबदबे को फिर से कायम करने का यह अच्छा मौका है। सिंडिकेट ने अपने संस्थापक सदस्यों में से एक नीलम संजीव रेड्डी को अगले राष्ट्रपति पद के उम्मीदवार के रूप में पेश किया। मगर इंदिरा गांधी ने जगजीवन राम का पक्ष लिया।

वर्ष 1969 की गरमियों में कुछ पुराने कांग्रेसियों ने फिर से एक गुट बनाया। सिंडिकेट ने यहाँ तक कि मोरारजी देसाई तक से भी नजदीकी बढ़ाई, जबकि उनके वह शुरू से ही खिलाफ रही थी। यह जरूरत का गठबंधन था, क्योंकि उन पर अब एक साझा शत्रु के रूप में युवा तुर्क लगातार हमले कर रहे थे। सिंडिकेट सदस्यों को तो पार्टी के अंदर ही घेरा गया, लेकिन देसाई को तो संसद् में खुलकर निशाना बनाया गया। उन्होंने उनके बेटे कांति देसाई के कॉरपोरेट घरानों से कथित संपर्क एवं संबंध पर उँगली उठाई। मोरारजी देसाई जान गए कि मंत्रिमंडल में अब उनके दिन गिने-चुने रह गए हैं और उनके तथा प्रधानमंत्री के बीच बढ़ती दूरी अब तक जग-जाहिर हो गई है। इस तरह उनके लिए यह आवश्यक हो गया था कि वह उस समूह के साथ हो लें, जिसने अगले राष्ट्रपति का मनोनयन किया।

इंदिरा गांधी ने महसूस किया कि उन्हें अस्तित्व की इस लड़ाई में विजयी होना है तो उन्हें पार्टी के ऊपर आधिपत्य हासिल करना होगा। उन्होंने अपने किचन कैबिनेट करीबी मंत्रियों के सदस्यों से कहा कि लड़ाई अब पार्टी नेतृत्व के दो गुटों तक सीमित नहीं रह सकती। उन्हें कैडरों एवं जनता के समर्थन की जरूरत है। वर्ष 1969 में बंगलौर में ए.आई.सी.सी. के अधिवेशन के कुछ दिनों पूर्व उन्होंने एक दस्तावेज तैयार किया, जिसे छुटपुट विचारों का ज्ञापन कहा गया। मगर छुटपुट होना तो दूर, यह दस्तावेज पार्टी की लगाम अपने हाथों में लेने के लिए वामपंथी राह पकड़ने की सुनियोजित रणनीति थी। इस दस्तावेज में युवा तुर्कों के दस-सूत्री चार्टर से काफी बातें ली गई थीं। इसमें प्रिवीपर्स की समाप्ति, बैंकों के राष्ट्रीयकरण, शहरी एवं ग्रामीण भूमि हदबंदी, खेतिहरों को जमीन देने का कार्यक्रम और एकाधिकारों पर चोट करने जैसी सिफारिशें की गई थीं। मकसद साफ था कि सिंडिकेट को जन-विरोधी एवं अमीर समर्थक दरशाया जाए, और खुद को गरीबों का पक्षधर दिखाया जाए, ताकि समाजवादी और वामपंथी उनका

समर्थन करें। सत्ता के लिए संघर्ष ने अब वैचारिक रूप धारण कर लिया था।

बैंकों के राष्ट्रीयकरण के लिए आवश्यक तमाम चीजें अब यथास्थान आ गई थीं। युवा तुर्कों ने ए.आई.सी.सी. की फरीदाबाद में और बंगलौर में अर्थव्यवस्था और सामाजिक हालात की एक दारुण तसवीर पेश की थी। इंदिरा गांधी भलीभाँति जानती थीं कि उनके विचारों को पार्टी कैडरों और जनता द्वारा हाथोंहाथ लिया जाएगा। साथ ही वह जो योजना पेश कर रही थीं, उससे उनका मोरारजी देसाई और सिंडिकेट से मतभेद और गहरा हो जाएगा; क्योंकि देसाई बैंकों के राष्ट्रीयकरण के खिलाफ रहे थे। वैसे, सिंडिकेट ने बैंक राष्ट्रीयकरण के विचार को वर्ष 1967 के घोषणा-पत्र में स्वीकार किया था और समाजवाद के लिए प्रतिबद्धता व्यक्त की थी।

उन्होंने इस घटना के लिए अच्छी तरह तैयारी की थी। वह जैसे ही मंच पर आईं, 'छुटपुट विचारों के ज्ञापन' की प्रतियाँ ए.आई.सी.सी. प्रतिनिधियों के बीच वितरित कर दी गईं। प्रतिनिधियों को संबोधित करते हुए उन्होंने कहा, "निजी व्यावहारिक बैंकों के राष्ट्रीयकरण को लेकर देश में जोरदार भावना है। हम कुछ शीर्ष बैंकों के राष्ट्रीयकरण पर विचार कर सकते हैं या निर्देश जारी कर सकते हैं कि बैंकों के संसाधनों को काफी हद तक सार्वजनिक उद्देश्यों के लिए आरक्षित किया जाना चाहिए।" उन्होंने जब तक अपना भाषण समाप्त किया, पार्टी प्रतिनिधियों ने ससम्मान खड़े होकर उनका अभिवादन किया। यह इस बात का प्रमाण था कि इंदिरा गांधी ने पार्टी कैडरों का दिल जीत लिया है।

कांग्रेस के युवा तुर्क नेता चंद्रशेखर ने कैडरों से अपील की कि वे प्रधानमंत्री को अपना सही नेतृत्व प्रदान करने के लिए बधाई दें। एक अन्य युवा तुर्क मोहन धारिया गरजे कि प्रधानमंत्री ने ठीक वही कहा है, जो वे इस दौरान माँग कर रहे थे। जाहिर है, इतनी प्रशंसा और सराहना के बाद ए.आई.सी.सी. ने वाई.बी. चव्हाण को एक प्रस्ताव तैयार करने की जिम्मेदारी सौंपी और यह प्रस्ताव सर्वसम्मति से पारित हो गया। नेहरू की बेटी ने पहले किसी वाद में निष्ठा नहीं जताई थी और हमेशा ही मध्य मार्ग का अनुसरण किया था। जिस इंदिरा ने सन् 1966 में आई.एम.एफ. द्वारा सुझाए गए सुधारों पर रजामंदी दी थी और मुद्रा के अवमूल्यन पर हामी भरी थी और जिसमें अभी तक कोई चरमपंथी कदम उठाने से परहेज किया था, उन्होंने अब कांग्रेस की बागडोर अपने हाथों में लेने की खातिर पार्टी में उग्रपंथी तत्त्वों को अपनाया।

बहरहाल, इंदिरा की यह जीत तो हुई, लेकिन पुराने सिपहसालारों ने राष्ट्रपति पद के लिए कांग्रेस उम्मीदवार के रूप में नीलम संजीव रेड्डी को नामांकित करने में सफलता पाई। इंदिरा गांधी के उम्मीदवार जगजीवन राम की कांग्रेस संसदीय बोर्ड के चुनाव में हार वैसी ही थी मानो वह स्वयं विश्वास मत हार गई हों। लेकिन इस पराजय ने श्रीमती गांधी को पार्टी के अंदर की सत्ता के अंकगणित से अच्छी तरह परिचित करा

दिया। वह यह भी जान गईं कि यदि उन्होंने कोई ऐसा क्रांतिकारी कदम उठाया, जिसके बारे में अभी तक सोचा नहीं गया है—तो पार्टी और सी.पी.पी. के अंदर एक बड़ा समूह संभवत: उनका पक्ष लेगा।

इंदिरा गांधी ने समझ लिया कि सिंडिकेट को तोड़ने का सबसे प्रभावी तरीका होगा—सरकार को पार्टी से दूर ले जाना, यानी दूसरे शब्दों में—कांग्रेस का विभाजन करना। विभाजन करने पर उनके लिए जरूरी होगा कि वह लोकसभा में अपना बहुमत सिद्ध करें। चौथी लोकसभा ने 283 कांग्रेसियों को चुना था। उन्होंने महसूस किया कि यदि उन्हें अपनी योजना को सफल बनाना है तो उन्हें बाहरी दलों का समर्थन हासिल करना होगा। उनका सबसे बढ़िया दाँव वामपंथी दल थे, जिनके पास 520 सदस्यों के सदन में 42 सांसद थे। वह जानती थीं कि उन्होंने ए.आई.सी.सी. में जो प्रस्ताव रखा है, उससे वामपंथी दल बड़े प्रसन्न हैं, क्योंकि इनकी माँग वे '50 के दशक से ही कर रहे थे। लेकिन उन्हें एक ऐसी कहानी की जरूरत थी, जिसे वे कम्युनिस्टों के गले उतार सकें।

इसका उत्तर इस बात में निहित था कि उन्हें न सिर्फ वामपंथी विचारों को करीने से व्यक्त करना होगा, जैसा कि उन्होंने बंगलौर में किया था, बल्कि उन्हें साहसिक और निर्णायक कदम उठाकर अपनी विश्वसनीयता साबित करनी होगी। बंगलौर से लौटने के कुछ ही समय बाद उन्होंने आई.जी. पटेल को बुलाया, जो उस समय बैंकिंग विभाग के प्रमुख थे। बगैर किसी प्रस्तावना के उन्होंने उनसे बैंकों के राष्ट्रीयकरण पर एक अध्यादेश तैयार करने को कहा। बैंकों के राष्ट्रीयकरण का कदम उठाना सिर्फ उनका फैसला था। जब तक पटेल ने तत्कालीन आर.बी.आई. गवर्नर एल.के. झा. को सूचित नहीं किया, तब तक उन्हें भी इसकी जानकारी नहीं थी और न ही उप-प्रधानमंत्री मोरारजी देसाई को इसका पता था। उन्होंने 16 जुलाई को देसाई को बस, एक पत्र भेज दिया कि उनसे वित्त विभाग वापस लिया जा रहा है। उन्होंने लिखा कि वह जिस विचार को आगे बढ़ा रही हैं, वह (देसाई) उससे सहमत नहीं हैं, इसलिए सबसे अच्छा यही होगा कि वह वित्त मंत्री न रहें। यह इंदिरा गांधी की निष्ठुरता थी कि उन्होंने इतना भी जरूरी नहीं समझा कि वह देसाई को बिना विभाग के उप-प्रधानमंत्री रखने के बारे में चर्चा कर लें। देसाई कोई मूर्ख नहीं थे और इसके बाद उन्होंने सरकार छोड़ दी। अधिकारियों की एक छोटी सी टीम में आई.जी. पटेल, एल.के. झा और आर.बी.आई. के कार्यकारी निदेशक आर. के. शेषाद्रि शामिल थे। इस बीच इस टीम ने बैंक राष्ट्रीयकरण के अध्यादेश पर काम किया। शेषाद्रि ने टी.टी.के. के कार्यकाल के दौरान भी ऐसे एक मसौदे पर काम किया था। मंत्रिमंडल ने आज्ञाकारिता के साथ अध्यादेश पारित कर दिया।

19 जुलाई, 1969 को कार्यकारी राष्ट्रपति वी.वी. गिरि ने संविधान के अनुच्छेद 123 की धारा (1) द्वारा प्रदत्त शक्ति का प्रयोग करते हुए 'बैंकिंग कंपनी (अधिग्रहण

एवं उत्तरदायित्व हस्तांतरण) अध्यादेश' अधिघोषित कर दिया। वर्ष 1969 के अध्यादेश 8 ने 14 वाणिज्यिक बैंकों का स्वामित्व राज्य यानी सरकार को हस्तांतरित कर दिया। ये बैंक थे—सेंट्रल बैंक ऑफ इंडिया लिमिटेड, बैंक ऑफ इंडिया लिमिटेड, पंजाब नेशनल बैंक लिमिटेड, बैंक ऑफ बड़ौदा लिमिटेड, यूनाइटेड कमर्शियल बैंक ऑफ इंडिया लिमिटेड, केनरा बैंक लिमिटेड, देना बैंक लिमिटेड, यूनाइटेड बैंक लिमिटेड, सिंडिकेट बैंक लिमिटेड, इलाहाबाद बैंक लिमिटेड, इंडियन बैंक लिमिटेड, बैंक ऑफ महाराष्ट्र लिमिटेड, इंडियन ओवरसीज बैंक लिमिटेड और यूनियन बैंक लिमिटेड। ये बैंक राष्ट्रीय जमा राशि का 70 प्रतिशत नियंत्रित करते थे। अध्यादेश की प्रस्तावना ने घोषणा की कि "यह अध्यादेश कुछ बैंकिंग कंपनियों के अधिग्रहण एवं उत्तरदायित्व हस्तांतरण के लिए लाया गया है, ताकि राष्ट्रीय नीति एवं उद्देश्यों के अनुरूप अर्थव्यवस्था के विकास की जरूरतों और इनसे जुड़े मामलों को बेहतर ढंग से साधा जा सके।" इस अध्यादेश की भाषा ने किसी को भी इसके राजनीतिक उद्देश्य के बारे में संशय में नहीं रखा।

अध्यादेश अधिघोषित होने की शाम इंदिरा गांधी ने आकाशवाणी पर एक भाषण दिया, जिसमें उन्होंने इस कदम के औचित्य पर अपने विचार रखे। उनका मुख्य तर्क था—"बैंकिंग प्रणाली जैसी संस्था, जो लाखों-करोड़ों लोगों की जिंदगियों को छूती है और छूनी चाहिए, को अनिवार्य रूप से व्यापक सामाजिक उद्देश्य से अभिप्रेरित होना चाहिए और राष्ट्रीय प्राथमिकताओं एवं लक्ष्यों को पूरा करने में सहायक होना चाहिए। यही कारण है कि यह व्यापक माँग की जा रही थी कि प्रमुख बैंकों को न केवल सामाजिक नियंत्रण में होना चाहिए, बल्कि वे सरकारी स्वामित्व में होने चाहिए। इसीलिए हमने इंपीरियल बैंक और बीमा का राष्ट्रीयकरण किया था। यह कदम उसी प्रक्रिया को जारी रखे हुए है।"

अगले दिन 20 जुलाई को कांग्रेस संसदीय दल की बैठक आयोजित की गई और प्रधानमंत्री को यह साहसिक कदम उठाने के लिए बधाई दी गई। युवा तुर्कों ने बैंकों के राष्ट्रीयकरण की सराहना की और इससे भी आगे कड़ा कदम उठाने के लिए दबाव डाला, जिसमें आयात-निर्यात व्यापार का राष्ट्रीयकरण तथा प्रिवीपर्स की समाप्ति शामिल थी। इंदिरा गांधी ने अपनी राय जाहिर नहीं की। वह जानती थीं कि लड़ाई लंबी चलेगी। जब वह इस अभियान पर निकली थीं तो वह जानती थीं कि उन्हें कई मोरचों पर लड़ना होगा और इसीलिए उन्होंने एक वक्त में एक लड़ाई लड़ने का ही फैसला किया था।

उनके फैसले पर पहले बड़े कारोबारों द्वारा मीडिया के जरिए हमला किया गया। हर बड़े अखबार ने इस कदम की निंदा की। कुछ ने इसे असंवैधानिक बताया और कुछ ने यहाँ तक कि फटकारा भी। रुस्तम कावसजी कूपर एक चार्टर्ड एकाउंटेंट और राष्ट्रीयकरण किए गए चार बैंकों में शेयरधारी थे। 22 जुलाई को उन्होंने और वकील,

स्वतंत्रता सेनानी एवं सांसद मीनू मसानी ने उच्चतम न्यायालय में रिट याचिकाएँ दायर कर दीं। अदालत ने एक अंतरिम स्थगनादेश जारी कर दिया, जिसमें सरकार को निर्देश दिया गया कि वह प्रभावित बैंकों के बोर्डों में नए सलाहकारों की नियुक्ति न करे या मौजूदा डायरेक्टरों को न हटाए। सरकार को यह भी निर्देश दिया गया कि वह जमाकर्ताओं के हितों से संबंधित बैंकिंग नियमन कानून, 1949 का उल्लंघन करनेवाला कोई भी निर्देश जारी न करे। याचिकाओं ने सरकार की क्षमता और मुआवजे की गणना पर सवाल उठाए। हालाँकि इन घटनाओं से उन लोगों को कुछ खुशी मिली, जो राष्ट्रीयकरण के खिलाफ थे; लेकिन वास्तव में इस स्थगन ने राष्ट्रीयकरण की प्रक्रिया को नहीं बदला। 25 जुलाई, 1969 को सरकार ने बैंकिंग कंपनियाँ (अधिग्रहण एवं उत्तरदायित्व हस्तांतरण) विधेयक 1969 को लोकसभा में और फिर राज्यसभा में प्रस्तुत किया। इंदिरा गांधी ने स्पष्ट किया कि उच्चतम न्यायालय का आदेश बैंकों के राष्ट्रीयकरण को प्रभावित नहीं करता है।

उन्होंने अपनी बात रखने में सतर्कता बरती, क्योंकि राजनीतिक शब्दाडंबर में कोई भी चूक उन संवेदनशील बारीकियों को बाधित कर देती, जो बैंकिंग प्रणाली को शासित करती हैं। क्रांतिकारी मुहावरे से उद्योग जगत् भयभीत होकर निवेशों को वापस खींच सकता था। कर्ज देनेवाले बैंक अपनी खिड़की बंद कर सकते थे और इससे कामकाजी पूँजी के भी लाले पड़ सकते थे। और सबसे बुरी बात यह हो सकती थी कि कोई भी गलत संकेत पहले से अस्थिर अर्थव्यवस्था को और अधिक बाधित कर सकता था। उन्होंने अपने भरोसेमंद पटेल और पी.एन. हक्सर की यह सलाह मानी कि अंतरराष्ट्रीय निंदा से बचने के लिए विदेशी बैंकों को छोड़ दिया जाए। इसका यह स्पष्टीकरण दिया गया कि वे आकार में काफी छोटे हैं और उनमें कुल जमाराशि की 4 प्रतिशत से भी कम राशि जमा है। उन्होंने सामुदायिक स्वामित्ववाले छोटे बैंकों को भी नहीं छुआ, ताकि अपने वोट बैंकों को बचाया जा सके। उनका संदेश इस तरह तैयार किया गया कि वह तमाम संबंधित पक्षों—कर्ज लेनेवालों, कर्ज देनेवालों, जमाकर्ताओं और विदेशी बैंकों के मालिकों को शांत करें।

मगर उन्होंने महसूस किया कि बैंकों के मालिक बड़े उद्योगपति, जिन्हें अपने निहित स्वार्थों से वंचित कर दिया गया है, कांग्रेस पार्टी में उनके प्रतिद्वंद्वियों को धन देकर गड़बड़ी कर सकते हैं। एक पार्श्विक रणनीति के तहत उन्होंने पी.एम.ओ. में अफसरों से कहा कि वे गृह मंत्रालय के सहयोग से कंपनी अधिनियम में संशोधन का ऐसा मसौदा तैयार करें, जो राजनीतिक पार्टियों द्वारा कंपनियों से डोनेशन पर प्रतिबंध लगा दे। इससे पहले कंपनियों को इजाजत थी कि वे अपने मुनाफे में से राजनीतिक दलों को औपचारिक रूप से दान कर सकते हैं। विडंबनापूर्ण बात थी कि एक अदालती फैसले में और फिर सन् 1962 में संथानम समिति ने सरकार को आगाह किया था कि कॉरपोरेट दान राजनीतिक अस्थिरता पैदा करने का एक औजार बन सकता है। न तो

नेहरू ने, न शास्त्री ने और न तो इंदिरा गांधी ने इसपर बहुत गौर किया था। मगर अंतत: उन्होंने वर्ष 1969 में इसपर काररवाई की गई और कंपनी अधिनियम के खंड 293 में संशोधन किया गया (इसे अप्रैल 1970 में संहिताबद्ध किया गया)। वह यह खतरा नहीं उठा सकती थीं कि धन-शक्ति सिंडिकेट के साथ कोई साँठ-गाँठ कर ले।

बैंकों के राष्ट्रीयकरण का अध्यादेश युद्ध का आह्वान था। इंदिरा गांधी ने जो त्वरित चालें चली थीं और अध्यादेश के पक्ष में जो जन-समर्थन उमड़ा था, उसने सिंडिकेट को हिला दिया। हालाँकि इंदिरा गांधी ने नीलम संजीव रेड्डी के नामांकन की औपचारिकता में भाग लिया था, लेकिन सिंडिकेट के सदस्य जानते थे कि इंदिरा के दिमाग में कुछ पक रहा है। कांग्रेस अध्यक्ष निजलिंगप्पा भी शंकालु हो उठे और उन्होंने इंदिरा से कहा कि राष्ट्रपति पद के उम्मीदवार के रूप में वह रेड्डी के प्रति अपना समर्थन जाहिर करें। 24 जुलाई नामांकन की आखिरी तारीख थी। उस दिन कार्यकारी राष्ट्रपति वी.वी. गिरि भी मैदान में उतर पड़े। गिरि को वाम दलों का समर्थन प्राप्त था। इसने इंदिरा और कम्युनिस्ट पार्टियों के बीच गठबंधन का संकेत दिया; हालाँकि इंदिरा ने अभी तक अपने पत्ते नहीं खोले थे।

1969 एक व्यस्त साल था—राजनीतिक और भू-राजनीतिक दोनों ही दृष्टियों से। इंदिरा गांधी जहाँ सिंडिकेट से निपटने के लिए अपनी रणनीति बना रही थीं, उन्हें एक और सिंडिकेट से निपटना था, जो अमेरिका और पाकिस्तान के बीच पनपा था। अगस्त 1969 में अमेरिकी राष्ट्रपति निक्सन पाकिस्तान के राष्ट्रपति याह्या खान से मिलने जा रहे थे और रास्ते में उन्होंने भारत का भी दौरा कर लिया। अपने पूर्ववर्ती एल.बी.जे. की तरह निक्सन भी कोई भारत के प्रशंसक नहीं थे। आजादी के समय से ही भारत कई मसलों पर उच्च नैतिक मानदंड की बात करता रहा था, चाहे वह सार्वभौमिकता हो, एक देश के आंतरिक मामलों में हस्तक्षेप का मसला हो या सार्वजनिक नीति के विकल्प की बात हो। निक्सन नास्तिक थे। वैश्विक मामलों में भारत के 'नैतिक नेतृत्व' की दावेदारी में वह यकीन नहीं करते थे। यह दौरा अमिट रूप से घातक साबित हुआ। इंदिरा गांधी का ध्यान आनेवाली बड़ी लड़ाई पर लगा हुआ था, लिहाजा निक्सन के खेलों के लिए उनके पास धैर्य नहीं था और उन्होंने सिर्फ औपचारिकताएँ निभाईं।

6 अगस्त, 1969 को बिगुल बज गया। सी.पी.पी. की बैठक में निजलिंगप्पा ने इंदिरा के लिए जाल बिछाया। उन्होंने सांसदों और विधायकों से सार्वजनिक अपील की कि वे नीलम संजीव रेड्डी को चुनें। इंदिरा गांधी को संकेत दिया गया कि उनसे भी अपील करने की अपेक्षा की जाती है; लेकिन उन्होंने ऐसा नहीं किया। इसकी बजाय बैठक में उन्होंने पार्टी, उसके कार्यक्रमों और बैंकों के राष्ट्रीयकरण के बारे में बात की। विचलित सिंडिकेट ने तब पहली बड़ी भूल की। दाँव ऊपर करने की कोशिश में निजलिंगप्पा ने रेड्डी का समर्थन करने के लिए विपक्षी दलों, जिसमें जन संघ और स्वतंत्र पार्टी भी शामिल थे, के

नेताओं को खत लिखा। चंद्रशेखर और उनके युवा तुर्क के समूह ने तुरंत ही उन पर दुश्मन से साँठ-गाँठ करने का आरोप मढ़ दिया। बिसात बिछ गई थी। कांग्रेस पार्टी के औपचारिक उम्मीदवार को इंदिरा गांधी के खेमे द्वारा वस्तुतः अछूत घोषित कर दिया गया था।

इस बीच वी.वी. गिरि ने कई क्षेत्रीय दलों का समर्थन हासिल कर लिया था, जैसे—तमिलनाडु में डी.एम.के. से, पंजाब में अकाली दल से और उत्तर प्रदेश में भारतीय किसान दल से। इसके अलावा, सी.पी.आई. और सी.पी.एम. ने औपचारिक रूप से गिरी के लिए अपने समर्थन की घोषणा की। संसद् में इंदिरा गांधी ने राष्ट्रीयकरण पर विधेयक को पेश करने के मौके का इस्तेमाल गिरि के लिए अभियान छेड़ने के लिए किया और सिंडिकेट में अपने प्रतिद्वंद्वियों को गरीब-विरोधी दरशाया।

सिंडिकेट का घेराव लगभग पूरा हो गया था। इंदिरा को बस, इतनी जरूरत थी कि अपने अनुयायियों को पार्टी के व्हिप से बचाया जाए। इसकी व्यवस्था स्वतंत्र पार्टी के सदस्य पीलू मोदी ने कर दी। मोदी ने सुझाया कि एक लोकतंत्र में सर्वोच्च पद राष्ट्रपति के चुनाव के लिए कोई व्हिप जारी न किया जाए। उन्होंने राय दी कि यह वोट अंतरात्मा के आधार पर दिया जाना चाहिए। इंदिरा गांधी ने इस विचार को अपना लिया। वह समाजवाद की जो छवि पेश करने की कोशिश कर रही थीं, यह विचार उसके अनुकूल लगा। इंदिरा ने न केवल राजनीति पर काम किया था, बल्कि अपनी रणनीति के साधनों की भी व्यवस्था कर ली थी। सिंडिकेट के प्रति निष्ठा रखनेवाले क्षत्रपों के प्रतिशोध से अपने समर्थकों को बचाने की खातिर विधायकों को संसद् भवन में मतदान करने की इजाजत दी गई। मतदान और मतगणना के बीच चार दिनों का फासला रखा गया, ताकि डाक से वोट पहुँच जाएँ। अंततः तमाम वोटों की गिनती दिल्ली में की गई, ताकि सिंडिकेट के सदस्य कोई गड़बडी न कर सकें। सिंडिकेट को काबू में रखने के लिए सरकार की शक्ति का इस्तेमाल किया गया।

जब वोटों की गिनती की गई तो वी.वी.गिरि 4,01,515 वोटों के साथ विजयी होकर उभरे। नीलम संजीव रेड्डी को 3,13,548 वोट मिले। सी.डी. देशमुख, जो नेहरू के प्रथम कार्यकाल में मंत्री रहे थे और जिन्होंने बंबई को महाराष्ट्र से बाहर रखने पर कांग्रेस पार्टी छोड़ दी थी, को 1,12,769 वोट मिले। नियमों के अनुसार विजयी को कम-से-कम 4,18,169 वोट मिलने चाहिए। चुनाव आयोग ने दूसरी पसंद के वोटों की गणना की और पराजितों को दौड़ से बाहर कर दिया। आखिरी गिनती में गिरि को 4,20,077 वोट प्राप्त हुए, जबकि रेड्डी को 4,05,427 वोट मिले। अंतर बहुत कम था, लेकिन जीत बहुत बड़ी थी—सिंडिकेट को निर्णायक रूप से पराजित कर दिया गया था। शाम पाँच बजे तक वी.वी. गिरि को भारत का राष्ट्रपति घोषित कर दिया गया।

मोरारजी देसाई और सिंडिकेट ने प्रधानमंत्री पर लगाम लगाने की एक आखिरी कोशिश

की। दरअसल, इंदिरा गांधी के तमाम राजनीतिक विरोधियों में से मोरारजीदेसाई ही अकेले बचे थे, जो अभी भी संघर्ष करने का तेवर लिये हुए थे। उन्होंने सुझाव दिया कि सरकार से उनके इस्तीफे पर प्रधानमंत्री को नहीं, बल्कि सी.डब्ल्यू.सी. को फैसला करना चाहिए। इंदिरा गांधी ने उन्हें यह कहकर झिड़क दिया कि इस मामले में आखिरी फैसला लेने का अधिकार प्रधानमंत्री को ही है। सिंडिकेट ने कानाफूसी अभियान छेड़ दिया। अफवाह फैल गई कि मानसून सत्र में सरकार गिरा दी जाएगी, क्योंकि 60 सांसदों के सरकार के खिलाफ वोट डालने की आशंका है। इस आकलन को लेकर इंदिरा गांधी को कोई परेशानी नहीं थी। कामराज के तमिलनाडु, देसाई के गुजरात, निजलिंगप्पा के कर्नाटक और एस.के. पाटिल के बंबई को छोड़कर उन्होंने तमाम राज्य इकाइयों को मना लिया था।

अक्तूबर के अंत और नवंबर की शुरुआत तक पार्टी के विविध सदस्यों ने मतभेद दूर करने की कोशिश की। ये तमाम प्रयास विफल साबित हुए, क्योंकि इंदिरा गांधी दृढ़ थीं। अगले दो महीने सिंडिकेट और इंदिरा गांधी के बीच जोरदार शीत-युद्ध चला। हमले और जवाबी हमले से युद्ध तेज हो गया। सिंडिकेट ने सी. सुब्रमण्यम जैसे इंदिरा गांधी के अनुचरों को तकनीकी आधार पर सी.डब्ल्यू.सी. से बाहर कर दिया। युवा तुर्कों ने सिंडिकेट पर यह कहकर हमला कर दिया कि वे शत्रु के साथ साँठ-गाँठ कर रहे हैं और पूँजीपतियों से उनकी मिलीभगत है। 12 नवंबर को सिंडिकेट द्वारा नियंत्रित सी.डब्ल्यू. सी. ने इंदिरा गांधी को पार्टी से निष्कासित कर दिया। अगले दिन एक समानांतर सी.पी. पी. की बैठक हुई और उसमें उन्होंने इंदिरा गांधी में विश्वास व्यक्त किया। कांग्रेस पार्टी अंतत: विभाजित हो गई।

हालाँकि कोई भी वास्तविक संख्या निश्चित तौर पर नहीं बता सकता था, लेकिन इंदिरा गांधी के करीबियों ने उन्हें जानकारी दी कि 54 सांसद सिंडिकेट के साथ हैं। इंदिरा गांधी की मूल गणना भी लगभग इतनी ही थी। बंगलोर अधिवेशन के बाद उन्होंने जुलाई में गणना की थी कि वर्ष 1967 के चुनाव के निर्वाचित 283 कांग्रेसी सांसदों में से कम-से-कम 50 उनका पाला छोड़ देंगे। अपनी सरकार को बचाने के लिए उन्हें 520 सदस्यों के सदन में कम-से-कम 260 सदस्यों के समर्थन की जरूरत थी। बैंक राष्ट्रीयकरण ने यह सुनिश्चित कर दिया था कि वामपंथी दल, जिनके पास 42 सांसद हैं, उनका समर्थन करेंगे। 17 नवंबर को इंदिरा गांधी सरकार की ताकत परखने के लिए जन संघ एक स्थगन प्रस्ताव लाया। इंदिरा सरकार वामपंथी दलों, अकाली दल और डी.एम.के. के समर्थन से बच गई। इंदिरा गांधी ने इस तरह कांग्रेस पार्टी के सर्वाधिक अनुभवी एवं रणबाँकुरे सदस्यों को करारी शिकस्त दे दी।

फरवरी 1970 में उच्चतम न्यायालय ने बैंकों का अधिग्रहण करने की संसद् की विधायी शक्ति को तो माना, लेकिन राष्ट्रीयकरण को निरस्त कर दिया। बैंकिंग विभाग

ने बैंकों को उसी शाम एक विज्ञप्ति जारी कर खुलासा कर दिया कि राष्ट्रीयकरण को महज इस आधार पर निरस्त किया गया है कि यह चौदह बैंकों के खिलाफ भेदभाव करता है और मुआवजा राशि उचित नहीं है। मगर सरकार राष्ट्रीयकरण पर आमादा थी। न्यायिक फैसले के चार दिन बाद ही अधिकारियों ने एक नए अध्यादेश का मसौदा तैयार कर दिया, जिसमें आक्रामक प्रावधानों से बचा गया था और मुआवजे के नए स्तर तय किए गए थे। चौदह बैंकों को कुल 8,740 लाख रुपए का भुगतान किया गया। बैंकिंग कंपनी (अधिग्रहण एवं उत्तरदायित्व स्थानांतरण) विधेयक को 27 फरवरी, 1970 को संसद् में पेश किया गया और बगैर किसी परिवर्तन के दोनों सदनों द्वारा पारित कर दिया गया तथा 31 मार्च, 1970 को इसे अधिसूचित भी कर दिया गया।

आर्थिक लाभ

बैंक राष्ट्रीयकरण भले ही राजनीतिक जरूरत के कारण किया गया हो, लेकिन जहाँ तक अर्थव्यवस्था की बात है, उसे भरपूर लाभ मिला। वर्ष 1969 में स्वतंत्रता-प्राप्ति के 22 साल बाद भारतीय बैंकिंग प्रणाली में बमुश्किल 6,900 बैंक शाखाएँ थीं। वर्ष 1979 तक भारत में 30,202 शाखाएँ और 1989 तक 57,699 शाखाएँ हो गईं। वर्ष 1969 और 1989 के बीच गाँवों में बैंकों की संख्या 1,833 से बढ़कर 33,014 हो गई। हरेक क्षेत्र में एक प्रमुख बैंक को जिम्मेदारी दी गई कि वह उस क्षेत्र में अपनी शाखाओं के प्रसार का नेतृत्व करे। इसकी गति बढ़ाने के लिए 4:1 का प्रावधान लागू किया गया, यानी बैंकों के क्षेत्र में एक नई शाखा खोलने पर उस बैंक को उस इलाके में चार नई शाखाएँ खोलनी पड़ती थीं, जहाँ बैंक नहीं हैं। वर्ष 1969 में प्रति शाखा ग्राहकों की संख्या 63,000 थी, जो 1989 में घटकर 14,000 रह गई।

बैंक शाखाओं के विस्तार और बैंकिंग सेवाओं के लोकतंत्रीकरण के कारण दो दशकों में देश की सकल बचत जी.डी.पी. के 11.8 प्रतिशत से बढ़कर 21.2 प्रतिशत हो गई। रॉबिन बर्गेस एवं रोहिणी पांडे ने अपने व्यापक अध्ययन के आधार पर उजागर किया कि वर्ष 1969 और 1990 के बीच 30,000 ग्रामीण क्षेत्रों में बैंक शाखाएँ स्थापित की गईं। इससे ग्रामीण बचत 3 प्रतिशत से बढ़कर 15 प्रतिशत हो गई और ग्रामीण क्षेत्रों को कर्ज का हिस्सा 1.5 प्रतिशत से बढ़कर 15 प्रतिशत हो गया। बर्गेस और पांडे ने यह भी इंगित किया कि भारत में गरीबी वर्ष 1967 में शिखर पर पहुँच गई थी, 61 प्रतिशत आबादी गरीबी रेखा के नीचे रह रही थी और यह आँकड़ा वर्ष 2000 में 31 प्रतिशत रह गया। यह उनका सुविचारित तर्क है कि ग्रामीण गरीबी में इस गिरावट का तकरीबन आधा भाग ग्रामीण क्षेत्रों में बैंक शाखाओं के विस्तार के कारण संभव हुआ। उनका मानना है कि वित्तीय संसाधन तक पहुँच का अभाव एक अहम कारण है कि गरीब क्यों गरीब बने रहते हैं।

पीछे मुड़कर देखने पर यह लालच होता है कि बैंक राष्ट्रीयकरण के राजनीतिक कारणों को उस सुखद आर्थिक परिणाम से पृथक् कर दिया जाए, जो इस प्रक्रिया से निकला। यह तर्क दिया जा सकता है कि बैंक शाखाओं का विस्तार, बचतों में बढ़ोतरी और अन्य लाभ राष्ट्रीयकरण के बिना भी प्राप्त किए जा सकते थे। आलोचकों का तो यहाँ तक कहना है कि निजी क्षेत्र ने यह काम और सक्षमता के साथ किया होता। मगर रिजर्व बैंक के गवर्नर डी. सुब्बाराव इस विचार से बिलकुल सहमत नहीं हैं। वह कहते हैं, ''यह विचार कि बैंकों ने ग्रामीण शाखा विस्तार का काम खुद-ब-खुद किया होता, बहस का मसला है। मेरा मानना है कि यह राष्ट्रीयकरण ही है, जिसने इस वित्तीय व्यापार को संचालित किया है। गौर करें कि यहाँ तक कि आज भी पृष्ठप्रदेश (hinterland) में बैंकों को जाने के लिए आर.बी.आई. को 'परितोष एवं दंड नीति' का इस्तेमाल करना पड़ता है। बैंक राष्ट्रीयकरण की शुद्ध लागत लाभ गणना निस्संदेह सकारात्मक रही है।''

यह परिकल्पना सम्मोहक लगती है कि निजी बैंकों ने वित्तीय समावेशी प्रक्रिया को अंजाम दिया होता; लेकिन जब तथ्यों की समीक्षा की जाती है तो इसकी पुष्टि नहीं हो पाती है। यह गोपनीय नहीं है कि वर्ष 1991 से समाजवाद का जुनून क्षीण होता गया है, खास तौर पर जब बैंक शाखाओं के विस्तार की बात आती है।

वर्ष 1991 से लेकर 2011 तक अर्थव्यवस्था के उदारीकरण के बाद और निजी बैंकों के आने के बाद सिर्फ 30,000 बैंक शाखाएँ जोड़ी गई हैं। इसकी तुलना वर्ष 1969 और 1989 के बीच की अवधि से करें, जब भारत भर में 50,000 से ज्यादा शाखाएँ खोली गई थीं। वर्ष 1969 से 1989 के बीच बैंकों ने ग्रामीण भारत में 31,181 शाखाएँ जोड़ीं, जबकि 1991 और 2011 के बीच ग्रामीण भारत में 1,000 से भी कम शाखाएँ जोड़ी गई हैं। इन दो अवधियों के बीच उपलब्धि के स्तरों में यह फर्क उस दौर की राजनीति के कारण बताया जाता है। '70 और '80 के दशक में बैंक शाखाओं का विस्तार राजनीतिक एजेंडे का हिस्सा था, लेकिन 1991 के बाद से जाहिर तौर पर ऐसा नहीं है।

राष्ट्रीयकरण की भी कई आलोचनाएँ हैं। कई लोगों का यह कहना है कि वर्ष 1969 के बाद बैंकिंग को राजनीतिक समीकरणों द्वारा, न कि लाभ अनुपात के द्वारा संचालित किया गया। बैंकों से कहा गया कि वे पूर्व निर्धारित दरों पर कर्ज दें और भारत सरकार द्वारा मंजूर की गई सब्सिडी की लागत का भार उठाएँ। बैंकों के सरकारी स्वामित्व के बुरे प्रभावों से इनकार नहीं किया जा सकता। इसके कारण बैंक प्रबंधन एवं यूनियनों का राजनीतीकरण हुआ; खराब क्षमता, भ्रष्टाचार, ऋण माफी एवं कर्ज मेलों जैसी खामियाँ सामने आईं। नरसिम्हन समिति ने सन् 1991 में अपनी रिपोर्ट में इंगित भी किया, ''प्रबंधन की कमजोरियों और ट्रेड यूनियन के दबावों ने बैंकों एवं वित्तीय संस्थानों की कार्य-कुशलता को बुरी तरह प्रभावित किया है।''

राष्ट्रीयकरण के कारण फिजूलखर्ची जारी रही। वैधानिक नकदी अनुपात (एस.एल.आर.) सरकार को यह मौका देता है कि वह अपने कार्यक्रमों के वास्ते वित्त जुटाने के लिए राष्ट्रीय बचतों में से पहले अपना हिस्सा ले ले। एस.एल.आर. का निर्धारण रिजर्व बैंक द्वारा तय किया जाता है, जिसके तहत बैंकों को निर्देश दिया जाता है कि वे अपने कोषों में से धनराशि का निश्चित प्रतिशत का इस्तेमाल सरकारी बॉण्डों को खरीदने में करें। तमाम अच्छे विचारों की तरह एस.एल.आर. का पहले इस्तेमाल आर्थिक विकास के लिए किया गया; मगर बाद में इसका दुरुपयोग राजनीतिक लक्ष्यों को पूरा करने के लिए किया जाने लगा। कर्ज और घाटे के दायरे को बढ़ाया गया, ताकि राजनीतिक हितों को समाहित किया जा सके और मलाई बाँटने की संस्कृति को बढ़ावा दिया जा सके। वास्तव में, '80 के दशक के उत्तरार्ध तक कोई प्रभावी मौद्रिक नीति—उदाहरणार्थ, मुद्रास्फीति नियंत्रण करने के लिए संभव नहीं थी; क्योंकि सरकार एस.एल.आर. जैसे साधनों का इस्तेमाल कर राष्ट्रीयकृत बैंकों की कमाई में सेंध लगा सकती थी। सरकार अपनी मरजी से बॉण्ड जारी कर बैंकों से कर्ज ले सकती थी और मन-मरजी से नोट छापकर कर्ज का मुद्रीकरण कर सकती थी।

इन कदमों का खामियाजा उपभोक्ताओं और निजी क्षेत्र को उठाना पड़ा। '80 के दशक के मध्य में बैंकिंग क्षेत्र में लगभग 200 विभिन्न दरें थीं और ये इसपर निर्भर करती थीं कि कौन किससे, कहाँ और किस काम के लिए कर्ज ले रहा है। यह सिर्फ इसके बाद ही संभव हुआ कि सरकार ने एक मानक दर बनाने की ओर काम किया और आर. बी.आई. को मौद्रिक नीति बनाने की इजाजत दी।

राष्ट्रीयकरण ने बैंकों पर चाहे जो भी अक्षमताएँ लादी हों, लेकिन इसमें शक नहीं कि इसने बैंकिंग कर्ज प्रणाली और उद्यमशीलता का लोकतंत्रीकरण कर दिया। बैंकों के राष्ट्रीयकरण ने संस्थागत सार्वजनिक उपक्रम पूँजी को जन्म दिया। कोई भी उद्यमी राष्ट्रीय बचत का लाभ उठा सकता है और अब सार्वजनिक बचत का लाभ सिर्फ औद्योगिक घरानों से जुड़े लोगों तक सीमित नहीं था। अगर बैंक स्वामित्व औद्योगिक घरानों के हाथों में रहने दिया जाता तो कई उद्यमियों की पहुँच कर्जों तक हो ही नहीं पाती; क्योंकि वे जिन कारोबारों का प्रस्ताव रखते, उनमें से कई पहले से स्थापित औद्योगिक घरानों से सीधी प्रतियोगिता करते। यह स्वीकृत तथ्य है कि अंबानी, रुइया, मुंजाल, अदानी, मित्तल और कई अन्य—जिसमें पेशेवर रूप से चलाए जानेवाले उद्यम भी शामिल हैं—को आसान ऋण मुहैया ही नहीं हो पाता। वैसे, नए उद्यमियों के उभरने से राजनीति के कारोबारी मॉडल की धन व्यवस्था हेतु नया आधार भी बन गया।

पीछे मुड़कर देखें तो राष्ट्रीयकरण का एक सकारात्मक प्रभाव यह देखने को मिलता है कि सरकारी स्वामित्व ने रूढ़िवादिता को जन्म दिया और सरकारी क्षेत्र

के बैंकों को उस तरह के उच्च खतरेवाले विचारों और कदमों से दूर रखा, जिसने वर्ष 2008 में अटलांटिक महासागर के दोनों ओर के बैंकों को तबाह कर दिया। कांग्रेस पार्टी ने राष्ट्रीयकरण की सराहना करने और भारतीय बैंकिंग को बचाने का श्रेय लेने में वक्त नहीं गँवाया। कांग्रेस अध्यक्ष सोनिया गांधी ने 21 नवंबर, 2008 को सार्वजनिक कार्यक्रम में भाषण देते हुए कहा, "अगर आप मुझे वह दिखाने की इजाजत दें, जिसे आप सांड को लाल कपड़ा दिखाने का मुहावरा कहते हैं, तो मैं आपको बैंक राष्ट्रीयकरण के दौर में ले जाना चाहती हूँ, जिसके लिए इंदिरा गांधी की अत्यधिक निंदा की गई थी।" फरवरी 2009 में अपने बजट भाषण में वित्त मंत्री प्रणव मुखर्जी ने कहा कि यह राष्ट्रीयकरण ही है, जिसने भारतीय बैंकों को बचा लिया। "हमारी बैंकिंग प्रणाली के राष्ट्रीयकरण का साहसिक निर्णय इससे पहले कभी इतना बुद्धिमत्तापूर्ण और दूरदर्शी नहीं लगा, जितना कि यह अब प्रतीत होता है।" सही और गलत को जो चीज परिभाषित करती है, वह संदर्भगत व अनिश्चित होती है। लेकिन जो बात अविवादित है, वह यह कि बैंकों का राष्ट्रीयकरण जितना क्रांतिकारी व परिवर्तन साबित हुआ, वह एक आकस्मिक कदम था।

राष्ट्रीयकरण के जबकि दूरगामी आर्थिक परिणाम निकले, लेकिन इसके राजनीतिक लाभ लघुकालिक रहे। समाजवाद को गले लगाने के बावजूद इंदिरा गांधी '70 के दशक के मध्य में राष्ट्र की नाखुशी से बच नहीं सकीं। उन्हें वर्ष 1975 में आपातकाल लगाना पड़ा और इस कारण 1977 में उनकी हार हुई। वर्ष 1980 में उनके पुनः निर्वाचित होने और सत्ता में वापसी के बाद उनके समक्ष निष्पादित कार्य प्रस्तुत किया गया, जिसे बदला नहीं जा सकता। आर.बी.आई. गवर्नर ने उन्हें सूचित किया कि राष्ट्रीयकरण के दूसरे दौर की आवश्यकता है। कुछ निजी बैंकों को जागीरों में तब्दील कर दिया गया है। भारत सरकार ने 15 अप्रैल, 1980 को छह और बैंकों का राष्ट्रीयकरण कर दिया। ये बैंक थे—आंध्र बैंक, कॉरपोरेशन बैंक, न्यू बैंक ऑफ इंडिया, ओरिएंटल बैंक ऑफ कॉमर्स, पंजाब एंड सिंध बैंक और विजया बैंक। इंदिरा गांधी को यह विचार एकदम से पसंद नहीं आया; लेकिन उन्होंने आर.बी.आई. गवर्नर आई.जी. पटेल की सलाह मान ली।

ऐतिहासिक रूप से कहें तो वर्ष 1980 के बैंक राष्ट्रीयकरण का दौर विडंबनापूर्ण था। यह अध्यादेश (बैंकिंग कंपनी अधिग्रहण एवं उत्तरदायित्व हस्तांतरण अध्यादेश, 1980) नीलम संजीव रेड्डी द्वारा अधिघोषित किया गया। यह वही शख्स थे, जिनकी उम्मीदवारी ने पहले दौर के बैंक राष्ट्रीयकरण एवं कांग्रेस के विभाजन के लिए बाध्य किया था और 1980 में वह भारत के राष्ट्रपति थे।

□

दुग्ध क्रांति

13 मई, 1949
आणंद

भारत के संस्थापकों ने एक ऐसे देश का स्वप्न देखा था, जहाँ दूध की नदियाँ बहती हों। लेकिन देश के पास इसके लिए संसाधन नहीं थे और सरकार के पास इसे साकार करने के लिए कोई विजन नहीं था। वर्ष 1952 जैसे शुरुआती वक्त में ही कैरा किसान दुग्ध सहकारिता सफल हो चुकी थी और आणंद अर्थशास्त्रियों के लिए एक तीर्थस्थल बन गया था। फिर भी, भारत के योजनाकारों एवं राजनीतिज्ञों ने सफलता के साँचे को तब तक स्वीकार करने से इनकार कर दिया, जब तक कि वर्गीज कुरियन ने उन्हें 'एक अरब लीटर के विचार' को स्वीकार करने के लिए बाध्य नहीं कर दिया और इस विचार ने ही दुग्ध क्रांति को जन्म दिया।

बंबई से आ रही रेलगाड़ी आणंद में जर्जर रेलवे स्टेशन पर झटके से रुकी। एक युवा वहाँ अपने सूटकेस के साथ उतरा। उसकी अगवानी के लिए वहाँ दो लोग थे— राष्ट्रीय डेयरी शोध संस्थान के एक इंजीनियर कोडंदपाणि और स्थानीय सहकारिता के एक सदस्य बरोट काका। युवक ने वहाँ जो कुछ देखा, उससे वह हतप्रभ थे। उन्होंने मिशिगन स्टेट यूनिवर्सिटी से नया-नया स्नातक किया था और उनका दिल अमेरिका में ही भटक रहा था। यह वर्गीज कुरियन थे, जो जानते थे कि वह अपने लिए जो चाहते थे, वह यह जगह नहीं है। उन्होंने जब स्टेशन के चारों ओर देखा तो उन्हें लगा कि उन्होंने न केवल महादेशों को पार किया है, बल्कि वह कालक्रम में भी पीछे चले गए हैं। हलचल भरे न्यूयॉर्क से उनींदे आणंद में आना, एकदम विकसित दुनिया से अधकचरी विकासशील दुनिया में अचानक संक्रमण करना इतना ज्यादा सदमा दे रहा था कि इसे पचा पाना कठिन था।

आणंद भले ही ग्रामीण भारत का एक छोटा शहर रहा हो, लेकिन इसकी अनूठी खासियत थी, जिसने इसे भारत की राजनीतिक अर्थव्यवस्था के लिए महत्त्वपूर्ण बना दिया। यह बंबई से बमुश्किल 442 किलोमीटर दूर है और बंबई-अहमदाबाद हवाई मार्ग पर पड़ता है। बंबई के लाखों निवासियों को कृषि एवं डेयरी उत्पाद की आपूर्ति के लिए यह एकदम उपयुक्त स्थान है।

साबरमती और इसकी सहायक नदियों के संगम के किनारे यह डेल्टा की तरह बसा हुआ है। आणंद कैरा जिले के चारोतार क्षेत्र का भाग है। इस क्षेत्र को गुजराती लोकगीत में 'दूध और शहद का प्रदेश' कहा जाता है। यहाँ के लोग हर साल सब्जियों, अनाजों और तंबाकू की दो फसलें उगाते थे। यहाँ के लोग भू-स्वामी पाटीदार थे और काफी मेहनती व उद्यमी थे। सामाजिक रूप से रूढ़िवादी होते हुए भी वे आय बढ़ाने के लिए नए विचारों को अपनाने को तैयार रहते थे। इसी जिले में पहले अंग्रेजों ने और बाद में जर्मनों व यूरोपीय लोगों ने डेयरियों की स्थापना की थी।

वर्ष 1904 जैसे शुरुआती समय में ही बॉम्बे प्रेसिडेंसी के प्रशासन ने ब्रिटिश शासकों के प्रभाव में दुग्ध उत्पादन के लिए कैरा को एक केंद्र के रूप में चुना था और ग्रामीण स्तर पर दुग्ध सहकारिताओं के संगठन को बढ़ावा दिया था। सरकार मानती थी कि एक संगठन से स्थानीय संसाधनों को एकजुट किया जा सकेगा, कर्ज दिया जा सकेगा और उन व्यापारियों एवं साहूकारों से भी कुछ बचाव किया जा सकेगा, जो किसानों का शोषण करते थे। हालाँकि यह ठोस तर्क था, लेकिन सहकारिता का विचार एकदम सिरे नहीं चढ़ सका; क्योंकि इसके लिए जरूरी राजनीतिक एवं प्रशासनिक समर्थन नहीं था। फिर, शोषणकारी व्यापारियों एवं साहूकारों, जिन्हें सरकार परिदृश्य से हटाना चाहती थी, ने किसानों के बीच फूट डालने में सफलता पा ली। इसलिए यह प्रयोग क्षीण पड़ गया और '40 के दशक तक सहकारिता का विचार लगभग दम तोड़ गया।

दुग्ध उत्पादन आहार की गुणवत्ता से लेकर पशुओं की गुणवत्ता तक कई कारकों पर निर्भर करता है। पूरे भारत में खास तौर पर पशुओं की गुणवत्ता खराब रही है। दरअसल, लॉर्ड लिनलि की अध्यक्षता में कृषि पर शाही आयोग ने अपनी रिपोर्ट में जोर दिया था कि डेयरी पशुधन को बेहतर नस्ल के साँड़ों का आयात कर और स्वस्थाने गर्भाधान को सुनिश्चित कर सुधारा जाए। चूँकि यह अपेक्षाकृत एक जटिल प्रक्रिया थी, जिसमें धन और संगठनात्मक दोनों प्रकार के समर्थन की जरूरत थी, इसलिए यह संभव नहीं हो सकी। डेयरी क्षेत्र के लिए अनिवार्य कारक यह है कि मौसमी उत्पादन माँग के अनुरूप होना चाहिए। भारत में ग्रीष्मकाल की तुलना में शीतकाल में गायों और भैंसों का दुग्ध उत्पादन दोगुना होता है। यह बात कैरा की भैंसों के लिए भी सही थी।

इस स्थिति से निपटने का एक तरीका यह हो सकता था कि नष्ट होनेवाले दूध

को पाउडर या किसी अन्य ऐसे उत्पाद में तब्दील कर लिया जाए, जिसे लंबे समय तक उपयोग लायक रखा जा सके। सहकारिताओं का गठन इस स्थिति की राजनीति और अर्थशास्त्र से पार पाने के लिए ही किया गया था। इसका मकसद था कि डेयरी किसानों का एक क्षेत्र तैयार किया जाए और वे बड़े पैमाने पर कम लागत में दुग्ध उत्पादन करें। इससे उनकी सौदेबाजी की ताकत बढ़ेगी और बेहतर आमदनी से उनका जीवन-स्तर भी बेहतर होगा। लेकिन जिन ठेकेदारों को डेयरी किसान दूध देते थे, उनकी बेइमानी और आम समर्थन के अभाव में यह योजना कभी सही ढंग से सिरे ही नहीं चढ़ सकी।

किसानों का मोहभंग हो चुका था और उनका शोषण जारी रहा। क्रांति को एक चिनगारी की प्रतीक्षा थी। यह चिनगारी बॉम्बे प्रेसिडेंसी की सरकार द्वारा सन् 1946 में जारी एक आदेश के जरिए प्रदान की गई। इसके तहत कैरा जिले के चार तालुकाओं के तमाम दुग्ध उत्पादकों से कहा गया कि वे अपना दूध सिर्फ पोल्सन डेयरी को बेचें। इसकी स्थापना सन् 1890 में बंबई के एक पारसी पेस्तोनजी एडुलजी दलाल ने की थी। दलाल एक घाघ कारोबारी थे और उनमें मेहनत करने की अद्‌भुत क्षमता थी। उन्होंने समझ लिया था कि गरीबी के मारे भारत में उनका सबसे बड़ा उपभोक्ता शासक वर्ग होंगे, खास तौर पर ब्रिटिश सैनिक। अपने ब्रांड नाम पोल्सन, जो काफी हद तक अंग्रेजी शब्द ध्वनित होता था, का इस्तेमाल उन्होंने इस मौके का फायदे उठाने के लिए किया। युद्ध के दौरान उनके उत्पाद सीमा पर अंग्रेज और अमेरिकी फौजियों के लिए, यहाँ तक कि विदेश में भी भेजे जाते थे। दलाल स्थानीय लोगों की तुलना में कैरा की क्षमता से बेहतर ढंग से वाकिफ थे और इसीलिए उन्होंने अपने कारोबार का विस्तार करने के लिए दुग्ध संग्रह बाजार पर कब्जा कर लिया। ज्यादातर बंबई वालों के लिए 'पोल्सन' का नाम तब मक्खन के लिए उसी तरह पर्याय बना हुआ था, जैसे आज ज्यादातर भारतीयों के लिए 'अमूल' बना हुआ है।

दलाल ने दुग्ध उत्पादन में उतार-चढ़ाव के चलते आपूर्ति में डर पैदा किया और बॉम्बे प्रेसिडेंसी की सरकार को समझाया कि इस अनिश्चितता को दूर करने के लिए उन्हें दूध की खरीद पर एकाधिकार प्रदान किया जाए। उन्होंने कहा कि अगर उन्हें एकाधिकार नहीं दिया गया तो अंग्रेज फौजियों को दुग्ध-आपूर्ति में बाधा आएगी। एकाधिकारवादी व्यवस्था ने दूध की कीमतें गिरा दीं, जिससे कई सहकारिताओं के सदस्यों में गुस्सा फूटा। पोल्सन के कहने पर बॉम्बे प्रेसिडेंसी इस तरह का आदेश जारी कर सकी। इसका कारण यह था कि सहकारिताओं में एकता नहीं थी।

बॉम्बे प्रेसिडेंसी के आदेश से पाला पड़ने पर चारोतार में दुग्ध उत्पादकों ने सरदार वल्लभभाई पटेल से मदद माँगी। कई साल पहले सरदार पटेल गुजरात में सहकारिता आंदोलन के संरक्षक संत माने जाते थे। उन्होंने दुग्ध उत्पादकों से कहा था कि अगर वे एकजुट नहीं होंगे तो उनका शोषण होगा।

सरदार पटेल ने अपनी पुरानी सलाह दोहराई और दुग्ध उत्पादकों से एकजुट होने को कहा। उन्होंने समझाया कि 'एकीकृत' सहकारिता का संस्थान साहूकारों और उनके दूध के खरीदारों दोनों के शोषण से उन्हें बचाएगा। फिर उन्होंने बॉम्बे प्रेसिडेंसी के राजस्व मंत्री मोरारजी देसाई को निर्देश दिया कि वह इस मसले का हल निकालें। दुग्ध उत्पादकों में एकता नहीं थी, क्योंकि उनके पास नेतृत्व का अभाव था। मोरारजी देसाई ने उसे हल करने का फैसला किया। उन्होंने एक बैठक बुलाई और पूछा कि सहकारिता का कौन अध्यक्ष या प्रमुख बनना चाहेगा? कई लोगों ने अपने हाथ उठाए। लेकिन एक आदमी ने हाथ नहीं उठाया और वह थे—त्रिभुवनदास पटेल। वह सहकारिता की भलाई हेतु अपनी निष्ठा और प्रतिबद्धता के लिए जाने जाते थे। उन्होंने 'भारत छोड़ो' आंदोलन के दौरान जेल भी काटी थी। वह खामोश रहे, क्योंकि उनकी सेहत ठीक नहीं थी। मगर देसाई ने उन्हें ही नेता नियुक्त किया।

पटेल एक मँझे हुए गांधीवादी थे। उन्होंने हर गाँव में दुग्ध सहकारिता बनाने के लिए पदयात्रा की। यह आसान काम नहीं था। वह कोई जाना-पहचाना चेहरा नहीं थे। हर गाँव में उन्हें सामूहिक काररवाई और सामूहिक भलाई का उपदेश देना पड़ता था। पटेल जिस योजना का इतना गुणगान कर रहे थे, गाँववालों को उसके लाभ समझने में थोड़ा वक्त लगा। महीनों की अथक मुहिम के बाद सहकारिता आंदोलन के पर्याप्त सहकारी संघ बन गए। वर्ष 1946 में पटेल ने इस संघ का नाम रखा 'कैरा जिला सहकारी दुग्ध उत्पादक संघ लिमिटेड' (के.डी.सी.एम.पी.यू.एल.) और इसका पंजीयन कराया।

यह एक विचार का जन्म था। वर्गीज कुरियन को इसी विचार को एक राष्ट्रीय दुग्ध ग्रिड के रूप में संस्थागत स्वरूप देना था। लेकिन 13 मई, 1949 की सुबह जब वह आणंद पहुँचे तो निश्चित रूप से नहीं जानते थे कि यहीं उनका मुकद्दर बनेगा। कोडंदपाणि और बरोट काका ने रेलवे स्टेशन से मक्खन कारखाने के दफ्तर जाते हुए कुरियन को आणंद के बारे में बताया। वैसे, बताने को बहुत कुछ नहीं था। आणंद की आबादी बमुश्किल 10,000 थी और उसकी इसके सिवा कोई पहचान नहीं थी कि वह बंबई को दुग्ध आपूर्ति करता था।

जब वे ऑफिस पहुँचे तो कोडंदपाणि राहत महसूस कर रहे थे कि उन्हें इस नीरस जगह से मुक्ति मिली। लेकिन उन्होंने कुरियन को सहानुभूतिपूर्वक सलाह दी कि वह अगले दिन कार्यभार सँभालें, क्योंकि किसी नई चीज को 'शुक्रवार 13 तारीख' को शुरू करना संभवत: शुभ दिन नहीं होता है। मगर कुरियन ने कोडंदपाणि से कहा, ''मुझे आज ही कार्यभार सँभाल लेने दें और चीजों को गलत हो जाने दें। मैं यहाँ लंबे समय तक रहना भी नहीं चाहता।''

यह कहानी कुरियन को कई तरह से परिभाषित करती है। सुस्पष्ट मेधा, हालात

के आकलन की पैनी योग्यता, बिना लाग-लपेट के परिस्थिति को स्वीकार करने की ईमानदारी, पीड़ित के लटके हुए सिर के प्रति पूर्ण घृणा और सबसे ऊपर घुटने नहीं टेकने तथा परिणामों का सामना करने का साहस—ये सब एक उत्कृष्ट नेता की योग्यताएँ थीं। कुरियन ने इन्हीं योग्यताओं के अनूठे संयोग के बूते भी मील के पत्थर गाड़े।

वैसे, मई 1949 में उस शुक्रवार को इसमें से कोई भी बात उनकी सोच में नहीं आई। कुरियन बस, इतना चाहते थे कि इस जगह से निकला जाए। उनकी समझ में हर वह चीज, जो गलत हो सकती थी, वह गलत हो चुकी थी। कुरियन एक खाते-पीते परिवार में पैदा हुए थे। वह एक सम्मानित सिविल सर्जन के बेटे थे। उन्होंने स्कूल में काफी अच्छा प्रदर्शन किया था। इसके बाद वह लोयोला कॉलेज में विज्ञान की डिग्री हासिल करने के लिए मद्रास चले गए। हालाँकि जब वह बाईस साल के थे तो उनके पिता चल बसे; लेकिन इसके बाद उनके नाना-नानी के परिवार ने उनकी देखभाल की। उस परिवार के मुखिया चेरियन मथाई थे। उन्होंने कुरियन को इंजीनियरिंग में बेचलर डिग्री प्राप्त करने के लिए गुइंडी इंजीनियरिंग कॉलेज भेज दिया।

अपनी डिग्री पूरी करने के बाद कुरियन ने टाटा आयरन एंड स्टील कंपनी (TISCO) का दरवाजा खटखटाया। उनके पास अपने चाचा जॉन मथाई की सिफारिश थी। जॉन मथाई उन लेखकों में से एक थे, जिन्होंने सन् 1944 का मशहूर बॉम्बे प्लान लिखा था और वर्ष 1949 से 1951 तक स्वतंत्र भारत के वित्त मंत्री रहे थे। कुरियन को प्रशिक्षु स्नातक के तौर पर कंपनी में रख लिया गया। जमशेदपुर में उनका जीवन अच्छी तरह चल रहा था। तभी जॉन मथाई उनके हॉस्टल आए। मथाई बंबई में टाटा मुख्यालय में एक डायरेक्टर थे। रातोरात कुरियन बॉस का भतीजा बन गए। उनकी नौकरी में कार्य-कुशलता आनुवंशिक विशेषाधिकार द्वारा पचा ली गई और इसके बाद उन्हें अलग नजरिए से देखा जाने लगा।

कुरियन को अपने प्रति नजरिए में यह बदलाव पसंद नहीं आया और उन्होंने अपने चाचा से कहा कि वह नौकरी छोड़ना चाहते हैं। जॉन मथाई ने सहानुभूति जताई, लेकिन एक शानदार नौकरी छोड़ने के खतरों के प्रति आगाह भी किया। उनकी सलाह के बावजूद कुरियन ने स्कॉलरशिप के लिए आवेदन कर दिया। उस वक्त सरकार विदेश में अध्ययन करने के लिए विद्यार्थियों को वित्तीय सहायता देती थी। उन विषयों का कोटा निर्धारित था, जिसमें सरकार चाहती थी कि युवा शोधकर्ता विशेषज्ञता हासिल करें। कुरियन को मिशिगन स्टेट यूनिवर्सिटी में डेयरी इंजीनियरिंग में अध्ययन करने के लिए स्कॉलरशिप (छात्रवृत्ति) मिल गई। लेकिन वह जिस तरह के गैर-पारंपरिक एवं स्वतंत्र सोचवाले शख्स थे, उसके कारण उन्होंने वहाँ पहुँचने पर धातु ढलाई, धातु-कर्म और आणविक इंजीनियरिंग का अध्ययन करने का फैसला किया।

स्नातक कोर्स पूरा करने के बाद उनकी यूनिवर्सिटी के डीन ने उन्हें यूनियन कार्बाइड में नौकरी करने की सलाह दी। मगर एक पेंच था। जब कुरियन ने छात्रवृत्ति के लिए दस्तखत किया था तो उन्होंने भारत सरकार को यह लिखकर दिया था कि अमेरिका से लौटने पर वह कृषि मंत्रालय के डेयरी विकास विभाग में पाँच साल तक काम करेंगे। कुरियन ने सोचा कि वह इस बॉण्ड से बच निकलेंगे। वह जॉन मथाई के पास गए और बताया कि उन्हें जिस चीज की पढ़ाई के लिए भेजा गया था, वह तो उन्होंने पढ़ा ही नहीं, इसलिए वह डेयरी विकास के योग्य नहीं हैं। मथाई ने न केवल मदद करने से इनकार कर दिया, बल्कि कहा कि वह यह सुनिश्चित करेंगे कि कुरियन सरकार के प्रति अपने दायित्व को पूरा करें।

इसलिए वह यहाँ आणंद में थे और उनके पास लोहा ढलाई पर शोध करने का अनुभव था, धातु-कर्म की डिग्री थी और आणविक इंजीनियरिंग के प्रति सम्मोहन था। मगर वह यहाँ दुग्ध व मक्खन के कारखाने का प्रबंधन करने में अटक गए थे। पेशेवर और व्यक्तिगत मोरचे पर जीवन निराशाजनक लग रहा था। वह एक मलयाली सीरियाई ईसाई थे और मांसाहारी थे; लेकिन वह जिस जगह आ गए थे, वह रूढ़िवादी थी, जहाँ ज्यादातर गुजराती भाषा बोलनेवाले हिंदू रहते थे और शाक-सब्जी खानेवालों की बहुतायत थी। कार्यभार सँभालने के बाद उनका पहला काम था—रहने के लिए किराए की जगह खोजना। उन्हें वह जगह मिली नहीं और आखिरकार वह एक गैराज में रहने लगे।

आणंद में जिस सरकारी मक्खन शोध संस्थान में उन्हें नियुक्त किया गया था, वह निहायत ही बेसिक संस्थान था। तब तक वहाँ बताने लायक कोई शोध कार्य नहीं किया गया था। और डेयरी इंजीनियर के रूप में कुरियन का काम बस, वहाँ स्थानीय मशीनरी के साथ हलकी-फुलकी मरम्मत करनी थी। कुरियन धूम्रपान करते रहते। उन्होंने अपनी डेयरी के काम को सीखने की अनदेखी की और नई नौकरी के शुरुआती महीनों को उन्होंने आमतौर पर यों ही गँवा दिया। लेकिन उनकी मेधा उन्हें लंबे समय तक यों सुस्त पड़े रहने नहीं दे सकती थी। मक्खन के उस कारखाने में टनों दूध पाउडर का उत्पादन किया जाता था, लेकिन वह बिना बिके पड़ा हुआ था। उन्होंने उसके लिए बाजार तलाशने का फैसला किया। जैसा कि होता है, सरकार में इस बारे में किसी ने सोचा नहीं था। कुरियन ने पाया कि बिस्कुट निर्माता इस पाउडर का इस्तेमाल कर सकते हैं। उन्होंने बंबई का दौरा किया, खरीदारों को खोजा और पाउडर को बेच दिया। इस काम ने उन्हें थोड़ा संतोष प्रदान किया और मक्खन कारखाने की व्यावहारिकता व उपयोगिता सुधर गई। मगर इस छोटी सी जीत ने कुरियन की आणंद छोड़ने की इच्छा को कम नहीं किया।

कुरियन आणंद में बने रहे

मक्खन कारखाने में काम सँभालने के छह महीने बाद तक कुरियन हर महीने कृषि मंत्रालय को अपनी प्रतिभा और सरकारी धन की बरबादी के बारे में लिखते थे। इन संदेशों के साथ वह अपना त्याग-पत्र भी लगा देते थे।

जब यह खेल चल रहा था तो इसी बीच उनकी जान-पहचान त्रिभुवनदास पटेल से हुई। कुरियन सहकारिता के बारे में बहुत कुछ नहीं जानते थे; लेकिन वह इस बात से प्रभावित हुए कि किसानों का एक समूह एक विचार को कारगर बनाने के लिए इतनी कड़ी कोशिश कर रहा है। पटेल कभी-कभार कुरियन के पास सहकारिता की मशीनरी को ठीक करने में मदद लेने के लिए पहुँच जाते थे। डेयरी में मक्खन निकालनेवाली मशीन को अनेक बार ठीक करने के बाद एक दिन कुरियन ने पटेल से कहा कि यह बेहतर होगा कि सहकारिता एक नई मशीन खरीद ले। पटेल राजी हो गए, लेकिन एक शर्त पर कि कुरियन उस मशीन को खरीदने में मदद करेंगे और उनके लिए उसे लगवाएँगे।

फरवरी 1950 के करीब कुरियन की लगातार कोशिशों का फल मिला। कृषि मंत्रालय ने उनका इस्तीफा स्वीकार कर लिया। ऐसा प्रतीत हुआ कि कोडंदपाणि की यह चेतावनी कि शुक्रवार 13 तारीख को काम प्रारंभ करना अनिष्टकारी होता है, सच होने वाली थी। कुरियन प्रसन्न थे और आणंद छोड़ने को तैयार बैठे थे कि तभी पटेल उनसे मिलने आए और पूछा कि क्या उन्हें दूसरी नौकरी मिल गई है? जब उन्हें पता चला कि कुरियन की दूसरी नौकरी नहीं लगी है तो उन्होंने उनके समक्ष एक प्रस्ताव रखा। उन्होंने कुरियन से कहा कि वह के.डी.सी.एम.पी.यू.एल. में काम करें, नई मशीन लगाने में मदद करें और उसे तब तक सँभालें, जब तक कि उनकी दूसरी नौकरी नहीं लग जाती। कुरियन राजी हो गए। उन्हें लगा कि यह छह-आठ हफ्तों का छोटा अस्थायी ठहराव है।

कुरियन के लिए जो कामचलाऊ व्यवस्था मानी गई थी, वह भारत की राजनीतिक अर्थव्यवस्था के इतिहास में एक बड़ा मोड़ साबित हुआ। के.डी.सी.एम.पी.यू.एल. में काम शुरू करने के बाद कुरियन पटेल की धुन और उनके लगाव से बड़े प्रभावित हुए। वह इससे भी प्रभावित हुए कि उन्होंने किस तरह उनके मिजाज को मंद किया। पटेल गुजरात प्रदेश कांग्रेस समिति में अपनी स्थिति का प्रयोग किसानों और के.डी.सी.एम.पी.यू.एल. की मदद करने के लिए करते थे। बहरहाल, वह राजनीतिज्ञों या सरकार को सहकारिता के कामकाज में दखल नहीं देने देते थे या प्रभावित नहीं करने देते थे। पटेल यह सुनिश्चित करते थे कि बदले की राजनीति के लिए कोई जगह न हो।

कुछेक हफ्तों में ही यह स्पष्ट हो गया कि पटेल की धुन और कुरियन की प्रबंधकीय योग्यता का मिलन सहकारिता के लिए लाभकारी है। फिर भी, कुरियन आणंद से बाहर निकलने पर आमादा थे। नई मशीनरी स्थापित कर दी गई और कुरियन अब एकदम जाने

को तैयार हो गए। उस वक्त पटेल ने उनसे बस इतना कहा, ''मत जाइए, हमें आपकी जरूरत है।''

कुरियन शांत हो गए, रुक गए। वह अपने प्रति जताए गए विश्वास से विभोर हो गए।

उनकी पत्नी मोली वर्गीज कुरियन इसका वर्णन लोगों और परिस्थिति के एक साथ आने के तौर पर करती हैं। ''कुरियन आकस्मिक तौर पर आणंद आए थे। वह इस स्थान को एकदम पसंद नहीं करते थे। यह वह नहीं था, जो वह चाहते थे। लेकिन वह बाध्य हो गए। आणंद में वह त्रिभुवनदास पटेल से मिले और उनकी प्रतिबद्धता, धुन और सबसे बढ़कर उनकी सादगी से अत्यधिक प्रभावित हुए। उनके मन में यह भाव पैदा हुआ कि यहाँ उन लोगों की मदद करने का एक अवसर है, जो अपनी परिस्थिति के हाथों असहाय हैं।''

कुरियन के विद्रोही स्वभाव को एक मकसद मिल गया था, जो विद्रोह के योग्य था। निर्धनतम लोगों के लिए कुछ करने की चुनौती के साथ सर्वाधिक ताकतवालों— चाहे वह सत्ता हो, प्रतिष्ठान हो और यथास्थिति हो—से मुकाबला करने का अवसर आया। उन्हें इससे ज्यादा की जरूरत नहीं थी। इस लेखक के साथ एक साक्षात्कार में कुरियन ने इसे आणंद और परितोष के बीच की दूरी को पार करने के रूप में बताया; ''अपने लिए काम करने से आनंद मिल सकता है; लेकिन एक मकसद के लिए काम करने से संतोष का एक गहरा भाव पैदा होता है।''

कुरियन और पटेल का गठजोड़ बेहद कारगर रहा—एक चंचल चित्तवाले थे तो दूसरे शांत और पुराने विवेक के धनी थे। पटेल ने सहकारिता की राजनीति को सँभाला तो कुरियन ने कार्य-संचालन के अर्थशास्त्र को। कुरियन को पटेल के फैसले और उनकी दूरदृष्टि पर पूर्ण विश्वास था। पटेल जिस निष्ठा के साथ संगठनात्मक मसलों को सँभालते थे, कुरियन उसके कायल थे। समीकरण के दूसरी ओर पटेल कुरियन के हुनर एवं ज्ञान का आदर करते थे और उनकी सलाह तथा उनके फैसलों पर पूरा भरोसा जताते थे।

दूध की जटिलता

दूध एक जटिल और नष्ट होनेवाली चीज है। यह गरमी और समय बीतने के कारण खराब हो जाता है, जिसका मतलब है कि इसका मूल्य या इसकी उपयोगिता निश्चित अवधि के लिए ही है। परंपरागत रूप से कैरा में ज्यादातर घरों में दूध देनेवाले दो या तीन पशु रखे जाते थे। दिन में पैदा हुए दूध को आंशिक रूप से उपयोग में लाया जाता था और आंशिक रूप से बेच दिया जाता था। लेकिन हमेशा ही कुछ अतिरिक्त दूध रह जाता था। किसान अपने तरीके से इस दूध को दही, मलाई या घी में बदल लेते थे और उत्पाद की कीमत और उपयोग-अवधि बढ़ा लेते थे। इन सबसे प्राप्त आमदनी

बस इतनी हो पाती थी कि खर्च निकल जाता था; लेकिन जीवन-स्तर में कोई बदलाव नहीं आता था।

सहकारिता की सदस्यता ने इस पूरी कार्य-प्रक्रिया को बड़े पैमाने पर करना संभव बनाया। इससे लागत में कमी आई और लाभ बढ़ने लगा। कैरा सहकारिता में दूध दिन में दो बार गाँवों में संग्रह केंद्रों में संगृहीत किया जाता था। दूध की पहले जाँच की जाती थी और देखा जाता था कि इसमें पर्याप्त वसा है या नहीं और उसमें पानी मिलाकर दूध को पतला किया गया है या नहीं। इस तरह से संगृहीत दूध की मात्रा दर्ज की जाती थी। जमा हुए दूध को फिर आणंद भेज दिया जाता था और वहाँ से उसे बंबई भेज दिया जाता था। वर्ष 1950 में सहकारिता में रोजाना करीब 7,250 किलोग्राम दूध जमा किया जाता था। डेयरी का अर्थशास्त्र कहता है कि किसानों को अवश्य ही रोजाना भुगतान किया जाना चाहिए। इसलिए सुबह में लिये गए दूध का भुगतान शाम में और शाम में लिये गए दूध का भुगतान अगली सुबह कर दिया जाता था। पशु आहार और रख-रखाव के लिए उन्हें रोजाना भुगतान मिलना जरूरी होता था, क्योंकि उनके पास अपना अतिरिक्त बजट नहीं होता था। वर्ष 1952-53 तक सहकारिता में रोजाना 35,000 किलोग्राम से भी ज्यादा दूध जमा किया जाने लगा, यानी करीब 1.3 करोड़ किलोग्राम सालाना दुग्ध संग्रह होने लगा। उदारीकरण के बाद की पीढ़ी के लिए कहें तो इतने दूध से आधे लीटरवाले दूध का 2.6 करोड़ पैकेट तैयार किया जाने लगा।

बड़े पैमाने की मितव्ययिता तो हासिल की गई, लेकिन सहकारिता को और बड़ी समस्या का सामना करना पड़ रहा था। वह था—दुग्ध उत्पादन में मौसमी उतार-चढ़ाव से निपटना। कुरियन जानते थे कि बंबई मिल्क स्कीम (बॉम्बे दुग्ध योजना) न्यूजीलैंड से दुग्ध पाउडर का आयात करती थी, ताकि जब भी दूध की आपूर्ति कम हो तो शहर की दूध की जरूरतों को पूरा करने के लिए पाउडर का इस्तेमाल किया जा सके। कुरियन ने कैरा सहकारिता को इंगित किया कि बॉम्बे मिल्क स्कीम यदि शीतकाल में कैरा द्वारा उत्पादित दूध खरीद ले और उसका पाउडर बना ले तो उनसे न्यूजीलैंड से दुग्ध पाउडर आयात करने की जरूरत नहीं पड़ेगी। दरअसल, कुरियन ने माँग की कि अधिकारी दूध पाउडर का आयात रोक दें। बॉम्बे मिल्क स्कीम द्वारा दुग्ध पाउडर आयात करना गलत है, क्योंकि गरीब किसानों द्वारा तैयार दूध बरबाद हो जाता है। मगर बंबई के दूध आयुक्त दारा खुरोदी ने कुरियन के विचार को एकदम ठुकरा दिया।

आखिरकार, जब दूध की माँग बढ़ी तो अतिरिक्त दूध का मसला आंशिक रूप से सुलझ गया, क्योंकि बॉम्बे मिल्क स्कीम ने अपनी खरीद बढ़ा दी। बहरहाल, कुरियन एवं खुरोदी के बीच तकरार वर्षों चलती रही। कुरियन को ऐसी ही एक भिड़ंत याद है। खुरोदी सहकारिता से दूध खरीदना स्थगित करना चाहते थे, क्योंकि उनके अधिकारियों

ने आरोप लगाया था कि दूध में मरी हुई मक्खियाँ रहती हैं। कुरियन ने तपाक से जवाब दिया, ''मक्खियों का पोस्टमार्टम करा लिया जाए। देखा जाए कि दूध में मक्खियाँ गिराई गई हैं या वे इसमें डूब गई हैं।''

कैरा सहकारिता की सफलता की कहानी दिल्ली तक पहुँच चुकी थी। वर्ष 1952 के उत्तरार्ध में कृषि संस्थान का उद्‍घाटन करने के लिए तत्कालीन वित्त मंत्री सी.डी. देशमुख तत्कालीन कृषि एवं खाद्य मंत्री के.एम. मुंशी के साथ आणंद आए। अब इस संस्थान को आणंद कृषि विश्वविद्यालय कहा जाता है। उस कार्यक्रम के बाद उन्होंने कैरा सहकारिता का दौरा किया। उन्हें दिखाया गया कि कैसे कैरा फॉर्मूला कारगर रहा। इस मुहिम से जो सकारात्मक आर्थिक एवं राजनीतिक असर पड़ा है, उसकी उन्हें जानकारी मिली। आर्थिक लाभ तो इस मायने में सीमित था कि इससे उस क्षेत्र के किसानों की माली हालत संपोषण स्तर से ऊपर उठी थी; लेकिन नेताओं को जिस बात ने सर्वाधिक प्रभावित किया, वह यह थी कि राजनीतिक प्रभाव '50 के दशक के भारत में यह कल्पना करना कठिन था कि गाँववाले—बगैर जाति, धर्म, राजनीतिक संबंध या वर्ग का खयाल किए—दूध संग्रह केंद्रों पर अपना दूध देने के लिए कतार लगाकर खड़े होंगे अथवा उनके उत्पाद की कीमत सामाजिक ऊँच-नीच का खयाल किए बगैर तय की जाएगी।

देशमुख और मुंशी के दौरे ने कैरा के प्रति अत्यधिक सद्‍भावना पैदा की और कुरियन केंद्र के ध्यान में आ गए। इस दौरे के दौरान कृषि सचिव विष्णु सहाय ने टिप्पणी की कि भारत सरकार ने कुरियन को विदेश में पढ़ने के लिए जो छात्रवृत्ति दी थी, उसका कुछ अच्छा परिणाम निकला। कुरियन को यह टिप्पणी हास्यास्पद नहीं लगी और उन्होंने प्रत्युत्तर दिया कि उन्होंने कभी भी डेयरी इंजीनियरिंग या मैनेजमेंट का अध्ययन नहीं किया और भारत सरकार की विदेश में पढ़ाई करने के लिए लोगों को भेजने की पूरी प्रक्रिया दोषपूर्ण है। फिर कुरियन ने सुझाव दिया कि सरकार अगर वाकई लोगों को डेयरी इंजीनियरिंग में सही हुनर और विशेषज्ञता से लैस करना चाहती है तो उसे लोगों को डेनमार्क और नीदरलैंड्स भेजना चाहिए। सहाय के वापस जाने के बाद कुरियन इस वार्त्तालाप को भूल गए।

इतिहास के कई घटनाक्रमों में से एक के तहत भारत कोलंबो प्लान में शामिल हो गया। इस योजना का पूरा नाम था—एशिया एवं प्रशांत क्षेत्र में सहकारी आर्थिक एवं सामाजिक विकास के लिए कोलंबो योजना, जिसकी स्थापना जुलाई 1951 में इस क्षेत्र के देशों के विकास में मदद करने के लिए की गई थी। साझेदारी और स्व-सहायता की अवधारणा पर आधारित इस योजना की स्थापना ऑस्ट्रेलिया, कनाडा, भारत, पाकिस्तान, न्यूजीलैंड, ब्रिटेन और श्रीलंका द्वारा की गई। इसने सदस्य देशों को साझा कार्यक्रम लागू करने के लिए धन और संसाधन मुहैया कराए।

कोलंबो प्लान विशेष तौर पर डेयरी खेती के विकास पर केंद्रित था, ताकि किसान

परिवारों की आमदनी बढ़े। इस योजना के हिस्से के तौर पर न्यूजीलैंड में कृषि विकास के डेयरी डिवीजन ने भारतीय पेशेवरों को प्रशिक्षित करने का प्रस्ताव रखा। कुरियन ने जब न्यूजीलैंड में डेयरी कारोबार का अध्ययन करने के पाँच महीने के कोर्स के लिए अपना नाम देखा तो उन्हें आश्चर्य हुआ। न्यूजीलैंड ने सहकारिता के विचार को अपनाकर भारी सफलता हासिल की थी और वैश्विक स्तर पर डेयरी कारोबार में वह बड़े खिलाड़ियों में से एक बन गया था।

कुरियन ने अक्तूबर 1952 और अप्रैल 1953 के बीच पाँच महीने न्यूजीलैंड में और दो महीने ऑस्ट्रेलिया में बिताए। उन्होंने इस दौरान 100 से भी ज्यादा डेयरी प्लांटों का दौरा किया। दूध को विभिन्न उत्पादों में बदलने की पूरी प्रक्रिया को समझने के लिए उन्होंने वहाँ के कामगारों से मुलाकात की। इस दौरे के दौरान ही कुरियन ने तय किया कि किवी सहकारिताओं ने जो कुछ किया है, कैरा उसे दोहराएगा।

दूध को आसानी से क्रीम, पाउडर, मक्खन या मलाई में बदला जा सकता है। इसके लिए डेयरियों और सहकारिताओं को प्रौद्योगिकी क्षेत्र में निवेश करने की जरूरत थी, ताकि मूल उत्पाद दूध को रूपांतरित किया जा सके। उन्हें एसेंबली लाइन पर उत्पाद बनाने के लिए मशीनरी की जरूरत थी और साथ ही विपणन रणनीति की जरूरत थी, ताकि उन उत्पादों के लिए खरीदार सुनिश्चित किया जा सके। इस रूपांतरण से उत्पादों की जो कीमत बढ़ती थी, उससे दूध की अर्थव्यवस्था काफी सतत हो सकती थी।

यह स्पष्ट था कि जितनी दुग्ध आपूर्ति होती है, जब तक उसके लिए माँग नहीं होती, तब तक बरबादी और नुकसान होगा। जो हालात थे, उसमें किसान शीतकाल में उत्पन्न दूध को पर्याप्त रूप से बेच नहीं पाते थे और इस कारण उनके कारोबारी मॉडल को निभा पाने में कमजोरी आ जाती थी। यह साधारण तर्क और माँग व आपूर्ति के संबंध की बात नौकरशाहों की समझ में नहीं आती थी। दूध को अन्य उत्पादों में रूपांतरित करने के लिए मशीनरी में निवेश करने की बजाय केंद्र और राज्य सरकारें माँग व आपूर्ति की खाई से निपटने का काम बाजार की ताकतों के भरोसे छोड़ देती थीं।

सरकार संभवतः इसलिए दखल नहीं देती थी कि उसे अमेरिका से पी.एल. 480 खाद्य सहायता योजना के तहत सस्ता दुग्ध पाउडर मिलता था। उस पाउडर को दूध बना लिया जाता था और ग्रीष्मकाल में उपभोक्ताओं को बेच दिया जाता था। चूँकि यह एकतरफा रूपांतरण—पाउडर से दूध बनाना था और चूँकि पी.एल. 480 के तहत प्राप्त दुग्ध पाउडर सस्ता था, इसलिए इस रूपांतरण से विविध दुग्ध योजनाओं को लाभ होता था। इससे डेयरी किसानों को जो नुकसान होता था, उसपर किसी ने विचार नहीं किया।

कुरियन ने सस्ते आयात के किसानों पर दुर्बल प्रभाव को और मौजूदा सरकारी नीति की मूर्खता को समझा। उन्होंने कैरा के किसानों के लिए एक अवसर भी देखा कि

वे अपने उत्पाद का जीवन बढ़ा सकते हैं और इस तरह लाभ उठा सकते हैं। कुरियन तब तक के.डी.सी.एम.पी.यू.एल. के महाप्रबंधक हो चुके थे। उन्होंने त्रिभुवनदास पटेल से कहा कि 40 लाख रुपए का एक नया प्लांट लगाए जाने की जरूरत है। अपनी बात को आगे बढ़ाने के लिए कुरियन ने यह भी जोड़ दिया, ''यदि यह नहीं किया जाता है तो मैं छोड़ दूँगा।'' कुरियन ने समझाया कि नया प्लांट लगाने से दूध की प्रोसेसिंग (प्रसंस्करण) की जा सकेगी और विभिन्न उत्पाद बनाए जा सकेंगे। इससे दूध का महत्त्व बढ़ेगा और अधिकतम मुनाफा कमाया जा सकेगा। इस तरह कैरा सहकारिता एक आधुनिक डेयरी कारोबार में तब्दील हो जाएगी। सहकारिता के सदस्य राजी हो गए। कुरियन के इस प्रयास का हरिचंद दलाया ने समर्थन किया। दलाया का परिवार विभाजन पूर्व भारत के सिंध में एक विशाल डेयरी चलाता था। दलाया भी कुरियन की तरह मिशिगन यूनिवर्सिटी के पूर्व छात्र थे। दलाया को इस पर बड़ा गर्व था कि वह (कुरियन) मिशिगन यूनिवर्सिटी के छात्र रहे हैं और उन्हें डेयरी कारोबार की जानकारी है। कुरियन, पटेल और दलाया की त्रिमूर्ति ने बड़े अच्छे से काम किया।

वर्ष 1954 तक के.डी.सी.एम.पी.यू.एल. किसी आधुनिक कॉरपोरेशन की तरह संगठित हो चुका था। पटेल अपनी राजनीतिक हैसियत का इस्तेमाल करते थे और बोर्ड के अध्यक्ष की तरह संगठन के मसलों को सँभालते थे। दलाया अपनी तकनीकी हुनर और विशेषज्ञता से योगदान करते थे और एक मुख्य संचालन अधिकारी की तरह काम करते थे। कुरियन कारोबारी रणनीति एवं ऑपरेशनों को सँभालते थे और प्रभावी रूप से सी.ई.ओ. थे। सरदार पटेल की बेटी मणिबेन सबके लिए आध्यात्मिक मार्गदर्शक एवं दार्शनिक की तरह काम करती थीं।

दुग्ध संग्रह के अलावा सहकारिता ने सेवाओं का एक जाल बिछा लिया था। यह किसानों की माँग पर पशु चिकित्सकों की सेवाएँ उपलब्ध कराता था। चलित यूनिटें गाँवों में घूमती रहती थीं और किसानों को पशुओं के गर्भाधान के लिए विशेष सेवाएँ मुहैया कराती थीं, ताकि पशुओं की गुणवत्ता में सुधार हो सके। सहकारिता एक तकनीकी सेल का भी खर्च उठाती है। यह सेल किसानों को पशु आहार बेहतर करने के सुझाव देता था। इन तमाम प्रयासों से सहकारिता में उत्पादकता, कार्य-कुशलता और सामाजिक एकजुटता आई।

आगे का मोरचा कुरियन एवं दलाया ने सँभाला हुआ था। वे दुग्ध उत्पादों की उपयोगिता व महत्त्व बढ़ाने का काम सँभालते थे। वर्ष 1954 में एक विस्तार योजना बनाई गई, जो न केवल पैमाने के लिहाज से महत्त्वाकांक्षी थी, बल्कि एक जटिल मसले को हल करने के लिए भी बनाई गई थी। दुनिया भर में डेयरी कारोबार के विशेषज्ञ मानते थे कि भैंस के दूध को पाउडर में तब्दील नहीं किया जा सकता। इसका आंशिक कारण

तो यह तथ्य था कि कम-से-कम विकसित दुनिया में डेयरियों का कारोबार गाय के दूध पर निर्भर था। चूँकि किसी ने भैंस के दूध का पाउडर बनाने की कोशिश ही नहीं की थी, इसलिए आसान उत्तर था कि यह संभव ही नहीं है। यह डर भी था कि यदि भैंस के दूध को वाकई पाउडर में तब्दील किया जा सकता है तो गाय के दूध पर आधारित उनके बाजार और उनकी डेयरी प्रौद्योगिकी से मिलनेवाले लाभ में सेंध लग जाएगी।

भैंस के दूध का इस्तेमाल करने पर जोर देना न केवल कुरियन के जिद्दी मिजाज का नमूना था, बल्कि यह इतिहास, भूगोल और अर्थशास्त्र के भी अनुकूल था। ऐतिहासिक रूप से कैरा और उसके पड़ोसी जिलों में भैंसें पाली जाती रही हैं। भौगोलिक रूप से इस क्षेत्र में वैसे हरे-भरे मुलायम घास के विशाल मैदान नहीं होते है, जिसमें गायें चरती और फलती-फूलती हैं। भैंसें जंगली चारा खाकर भी मस्त रहती हैं। खराब गुणवत्ता का चारा खाकर भी भैसें अपेक्षाकृत ज्यादा दूध देती हैं। फिर, गायों की तुलना में भैंसें मजबूत और ताकतवर होती हैं और उन्हें पालना आसान होता है। गाय के दूध में आमतौर पर 4 प्रतिशत वसा होती है, जबकि भैंस के दूध में करीब 8 प्रतिशत वसा होती है। इसलिए भैंस के दूध को जब पाउडर में तब्दील किया जाता था या उसका प्रसंस्करण कर मक्खन बनाया जाता था तो उससे बेहतर आमदनी होती थी।

मगर एक खामी यह थी कि भैंस के दूध का जब पाउडर बनाने के लिए प्रसंस्करण किया जाता था तो उसके तेजी से जमने का खतरा रहता था। इससे भी अहम बात थी कि कुरियन और दलाया ने अभी यह ईजाद नहीं किया था कि भैंस के दूध का सही तरीके से कैसे प्रसंस्करण किया जाए। लेकिन उन्हें पूरा भरोसा था कि यह किया जा सकता है। इस महत्त्वाकांक्षी योजना पर करीब 5 लाख डॉलर की लागत लगनी थी। इसके लिए धन की व्यवस्था भी सहयोग का एक अद्भुत उदाहरण थी। यूनिसेफ, न्यूजीलैंड सरकार, बॉम्बे प्रेसिडेंसी से ऋण और मदद मिली। खुद कैरा सहकारिता ने करीब 3 लाख डॉलर जुटा लिये। यूनिसेफ ने अपनी निवेश राशि के बदले यह शर्त रखी कि मशीनरी की जो लागत आएगी, उसकी डेढ़ गुना धनराशि के बराबर दूध आणंद जिले में बच्चों में एक नियत अवधि तक मुफ्त में बाँटना होगा। यह बात कैरा सहकारिता के सामाजिक संदर्भ के अनुरूप ही लगी—उनका कारोबारी मॉडल भी ऐसा ही था।

15 नवंबर, 1954 को राष्ट्रपति डॉ. राजेंद्र प्रसाद इस संयंत्र की आधारशिला रखने के लिए विशेष ट्रेन से आए। जब वह चले गए तो मणिबेन ने कुरियन से पूछा कि इस काम को पूरा करने की उनकी क्या योजना है और कौन इसका उद्घाटन करेंगे? कुरियन ने बिना पलक झपकाए कहा कि इस प्लांट का उद्घाटन 31 अक्तूबर, 1955 यानी सरदार पटेल के जन्मदिन पर किया जाएगा और इसका उद्घाटन प्रधानमंत्री जवाहरलाल नेहरू द्वारा किया जाना चाहिए। मणिबेन ने नेहरू को आमंत्रित करने की जिम्मेदारी ली।

अमूल का जन्म

टीम का आत्मविश्वास असाधारण था। वे सहकारिता के क्षेत्र में पहला सिरे-से-सिरा वाला डेयरी संयंत्र लगा रहे थे और वह भी महज साल भर के अंदर। इससे भी महत्त्वपूर्ण बात थी कि यह प्लांट भैंस के दूध को पाउडर में बदलने के लिए स्थापित किया जा रहा था; जबकि हर अंतरराष्ट्रीय विशेषज्ञ ने कहा था कि ऐसा नहीं किया जा सकता है। देश के अंदर भी शंकालुओं की कमी नहीं थी। दारा खुरोदी ने 5 रुपए की शर्त लगा रखी थी और कुरियन से कहा था कि वह ऐसा नहीं कर पाएँगे।

मगर पटेल, कुरियन और दलाया ने अपने पास उपलब्ध हरेक संसाधन और संपर्क का इस्तेमाल किया, ताकि प्लांट निर्धारित समय पर काम करना शुरू कर दे। कैरा के कलेक्टर से लेकर बंबई राज्य के मुख्यमंत्री तक, सहकारिता को सलाह देनेवाले डेनिश विशेषज्ञों से लेकर मशीनरी आपूर्ति करनेवाली लार्सन एवं टुब्रो की टीम तक—हरेक से आग्रह किया गया कि वे इस प्रोजेक्ट के लिए अपना सर्वोत्तम योगदान दें। बंबई पोर्ट ट्रस्ट से कहा गया कि बॉयलर लानेवाले जहाजों को लंगर डालने में प्राथमिकता दे। रेलवे बोर्ड से कहा गया कि वह एक विशेष ट्रेन के जरिए बॉयलर को यहाँ पहुँचाने की व्यवस्था करे। उद्घाटन के निर्धारित वक्त में बस, महीना भर शेष रह गया था, लेकिन मशीनरी स्थापित करना और परीक्षण करना बाकी था। खुरोदी ने अपनी शर्त दोगुनी यानी 10 रुपए कर दी।

उद्घाटन से बमुश्किल पंद्रह दिन पहले मशीनरी स्थापित की गई, हालाँकि अभी उसका परीक्षण किया जाना था। खुरोदी खुद ही उस प्रोजेक्ट की प्रगति की निगरानी कर रहे थे। उन्होंने मोरारजी देसाई को आगाह कर देने का फैसला किया। उन्होंने उस प्रोजेक्ट को विफल करार दिया और देसाई को सलाह दी कि वह उद्घाटन कार्यक्रम को रद्द कर दें और तमाम फजीहतों से बचें। चिंतित होकर देसाई आणंद पहुँचे और देखा कि कुरियन प्लांट के साथ लगे हुए हैं। उन्होंने कुरियन से पूछा, ''अगर खुरोदी सही है तो क्या होगा, अगर प्लांट भैंस के दूध को पाउडर में तब्दील नहीं कर सका तो क्या होगा?'' कुरियन ने प्लांट के शिखर पर रखे दुग्ध पाउडर की बोरियों के ढेर की ओर इंगित किया और कहा, ''हम तैयार पाउडर को हाथों से प्लांट में डाल देंगे।'' देसाई ने उन्हें घूरकर देखा और वह बिना कुछ कहे चले गए। कुरियन याद करते हैं, ''मैंने उनकी चुप्पी को सहमति के रूप में लिया।''

जब मशीनरी का परीक्षण किया गया तो उद्घाटन में बमुश्किल कुछ ही घंटे बचे थे। खैर, नए संयंत्र ने भैंस के दूध का पाउडर बना दिया। यह संयंत्र महज 11 महीने में सफलतापूर्वक लगाया जा सका। यह इस बात का सबूत है कि जब लोग संकल्प, प्रतिबद्धता और भरोसे के साथ जुड़ जाते हैं तो भारत काम को अंजाम दे सकता है।

इस घटना के 57 साल बाद आणंद में अपने घर में एक दोलन कुरसी पर बैठे हुए कुरियन ने कहा, ''उद्घाटन के दिन मोरारजी भाई ने मुझे सुबह 5 बजे फोन किया। उन्होंने पूछा कि क्या पाउडर बनकर नीचे आ रहा है ? मैंने कहा—हाँ। पल भर रुककर मोरारजी ने पूछा—''क्या खुद ?''

नेहरू अपनी बेटी इंदिरा गांधी के साथ आए। गाँववासियों और सहकारिता के सदस्यों ने उनका गर्मजोशी से स्वागत किया। प्रधानमंत्री और उनकी बेटी ने कुरियन के घर पर नाश्ता किया और उद्घाटन के लिए पोशाक पहनी। मोली कुरियन ने नेहरू को कोट में लगाने के लिए खास तौर पर रखा गुलाब दिया। उन्होंने पूरे प्लांट का घूमकर मुआयना किया। उद्घाटन के बाद नेहरू को फिर कुरियन के घर ले जाया गया। जैसी कि उनकी आदत थी, नेहरू ने दूध के अर्थशास्त्र, उसकी राजनीति और उसके इतिहास के संदर्भ में राष्ट्र-निर्माण के अपने विचारों को बुन डाला। फिर उन्होंने शाही शैली में मोली कुरियन से कहा, ''क्लियोपेट्रा गधी के दूध में नहाया करती थी, आपके पास भैंस का दूध है।''

मोरारजी देसाई प्रधानमंत्री के साथ चल रहे थे। उन्होंने नेहरू से कहा, ''इस संयंत्र की उपलब्धि बहुआयामी है। इसका निर्माण सहकारी प्रयास से किया गया। इसे रेकॉर्ड समय में चालू किया गया और सबसे महत्त्वपूर्ण कि यह दुनिया का पहला ऐसा संयंत्र है, जो भैंस के दूध से पाउडर बनाता है।'' जब नेहरू जाने लगे तो उन्होंने कुरियन को गले लगा लिया और कहा, ''मुझे प्रसन्नता है कि हमारे पास भारत में आपके जैसे लोग हैं, जो आगे बढ़ते हैं और उसे हासिल कर लेते हैं, जिसे हासिल करना संभव नहीं लगता।''

कुरियन ने कहा, ''यह ऐसा पल है, जिसे मैं जीवन भर अपने दिल में सँजोए रखूँगा।'' वह मैंटलपीस पर रखी अपनी घड़ी को भी बहुत महत्त्व देते थे। वह घड़ी उन्हें खुरोदी ने भेंट की थी। शर्त हारने के बाद खुरोदी कुरियन के घर आए और उन्होंने कुरियन को बधाई दी।

इस संयंत्र ने सहकारिताओं के कारोबारी नक्शे को ही बदल दिया। कैरा को-ऑपरेटिव अब दुग्ध पाउडर के अतिरिक्त और भी चीजें बनाने लगा। मक्खन, शिशु आहार—जिसकी बहुत ज्यादा माँग थी—मलाई-युक्त एवं मलाई उतारा हुआ दुग्ध पाउडर आदि उसके उत्पादों में शामिल हो गए। जब कैरा सहकारिता ने वर्ष 1949 में काम करना शुरू किया था तो वह औसतन 7,200 किलोग्राम दूध रोजाना इकट्ठा करती थी। वर्ष 1957 तक प्रतिदिन औसतन संग्रह 40,000 किलोग्राम पहुँच गया था और उसका आधा हिस्सा बॉम्बे दुग्ध योजना को बेचा जाता था।

ज्यादा उत्पादन और बिक्री ने बड़े बाजार तलाशने की जरूरत पैदा की। इसके लिए विपणन और वितरण के नए तरीके खोजे जाने लगे। कुरियन के साले के. एम.

फिलिप कॉफी का सफल कारोबार करते थे। उन्होंने कुरियन को सन् 1962 में समझाया कि बड़े पैमाने पर कारोबार के लिए ब्रांड की जरूरत होती है और ब्रांड बड़े पैमाने के आधार पर बनते हैं। कुरियन ने महसूस किया कि व्यापक विपणन से बाजार हिस्सेदारी बढ़ेगी; लेकिन इसके लिए विज्ञापन देने, प्रचार करने और ब्रांड निर्माण की आवश्यकता है। पहला काम था—एक ब्रांड नाम खोजना।

कई सुझावों और कई चर्चाओं के बाद उन्हें एक नाम सूझा—'अमूल' (यह संस्कृत शब्द 'अमूल्य' से लिया गया था)। यह 'आणंद मिल्क यूनियन लिमिटेड' का संक्षिप्त रूप भी था। शीघ्र बाद कैरा को-ऑपरेटिव के पास एक ब्रांड नाम था और एक प्रचलित विज्ञापन पंक्ति थी—'अमूल—द टेस्ट ऑफ इंडिया'। इस लाइन को बंबई के किंवदंती विज्ञापन विशेषज्ञ सिल्वेस्टर दा कुन्हा ने बनाया था। दिलचस्प बात है कि कुरियन ने जब पटेल को विज्ञापन के बारे में बताया तो वह आश्वस्त नहीं हुए और इसके लिए खर्च करने को हरी झंडी दिखाने में झिझक रहे थे। कुरियन ने तब 2 लाख रुपए की माँग की थी। आज अमूल का विज्ञापन का सालाना बजट 100 करोड़ रुपए का है। आज अमूल का करोबार 11,000 करोड़ रुपए का है, जो भारत के स्वतंत्रता-प्राप्ति के बाद सबसे बड़ी सफल कहानियों में से एक है।

दुविधा

वर्ष 1954 तक कैरा सहकारिता एक सफल कहानी बन गई थी। इसने एक ऐसे को-ऑपरेटिव की स्थापना की थी, जो न केवल माँग को पूरा कर सकता था, बल्कि कारोबारी लिहाज से भी व्यावहारिक था। सन् 1962 में कैरा में ही अमूल की उत्पत्ति हुई। फिर भी, डेयरी विकास में कैरा की सफलता निराशा के महासागर में उपलब्धि के द्वीप की तरह थी। '50 और '60 के दशक के दौरान एक अजीब दुविधा के कारण दूध के अभाव से भारत जूझता रहा। दुविधा इस वजह से थी कि भारत दूध का पर्याप्त उत्पादन नहीं करता था और वह पी.एल. 480 योजना और अन्य सदस्यता कार्यक्रमों के जरिए दूध पाउडर के आयात पर निर्भर था; लेकिन दूसरी ओर सस्ते आयात डेयरी कारोबार की व्यावहारिकता को मारे दे रहे थे।

यह स्पष्ट था कि भारत को दुग्ध उत्पादन बढ़ाने की जरूरत है। '50 के दशक में रोजाना प्रति व्यक्ति दूध की उपलब्धता 4.5 औंस थी, जबकि विश्व स्वास्थ्य संगठन, यूनिसेफ और अन्य वैश्विक विशेषज्ञों का कहना था कि संतुलित आहार के लिए रोजाना कम-से-कम 10 औंस दूध की आवश्यकता होती है। भारत 1.7 करोड़ टन दूध का उत्पादन करता था। भारत को यदि अपनी बढ़ती हुई माँग को पूरा करना था तो उसे दूध का उत्पादन दोगुना करने की जरूरत थी।

स्वतंत्रता-प्राप्ति के समय देश के पास अपनी एक-तिहाई आबादी को भी पर्याप्त दूध देने की क्षमता नहीं थी। प्रथम पंचवर्षीय योजना ने वर्ष 1952 में 2,000 से भी ज्यादा शब्दों में पशु-पालन के हालात और उसकी कई समस्याओं का जिक्र जरूर किया, लेकिन दुग्ध उत्पादन बढ़ाने के लिए कोई योजना पेश नहीं की। दूसरी पंचवर्षीय योजना में यह स्वीकार किया गया कि दुग्ध उत्पादन की हालत कमजोर है और समस्या का केवल आकलन ही किया जा सका है। मगर यह निश्चित था कि दूध का और दुग्ध उत्पादकों का उत्पादन बढ़ाना होगा। मगर समस्या के समाधान के लिए जो कदम उठाए गए, वे मामूली थे। तय किया गया कि 12 को-ऑपरेटिव मलाई कारखाने और दूध सुखानेवाले सात संयंत्र लगाए जाएँगे।

वर्ष 1962 में तीसरी पंचवर्षीय योजना (1961-66) ने उजागर किया कि दूध की प्रति व्यक्ति औसत खपत रोजाना 4.76 औंस से बढ़कर 4.9 औंस हो गई है। यह स्थिति कैरा की सफलता के दस वर्ष बाद की थी। दो पंचवर्षीय योजनाओं के बाद और काफी मनन के बावजूद योजना आयोग कैरा की तर्ज पर कोई व्यावहारिक योजना नहीं बना सका। योजनाकार दूध के अभाव को एक बड़े स्वास्थ्य मसले के तौर पर नहीं देखते थे और वे इस संभावना को भी नहीं देख पाते थे कि दूध उत्पादन में बढ़ोतरी करना किसानों की आमदनी बढ़ाने का एक जरिया हो सकता है।

दरअसल, पहली योजना से लेकर चौथी योजना तक दूध के अभाव को मोटे तौर पर एक शहरी समस्या के तौर पर देखा गया और दुग्ध योजनाएँ उसी के अनुरूप बनाई गईं। सबसे पहले सन् 1959 में दिल्ली दुग्ध योजना (डी.एम.एस.) की स्थापना की गई और फिर भारत के विभिन्न भागों में इसी तर्ज पर कई योजनाएँ बनाई गईं। ये तमाम दूध योजनाएँ अपनी आपूर्ति के तरीकों और कारोबारी मॉडल के लिहाज से गलत अवधारणाओं पर आधारित थीं।

गायों और भैंसों को भीतरी प्रदेशों से शहर लाया गया। शहर में और शहर के इर्द-गिर्द पशुशालाओं से दूध खरीदा जाता था। जो पशु दूध देना बंद कर देते थे, उन्हें बूचड़खाना भेज दिया जाता था या फिर उन्हें खुला छोड़ दिया जाता था। हर साल शहर की पशुशालाओं में नए जानवर लाए जाते थे। योजनाकारों के जेहन में यह बात नहीं आई कि पशुओं को शहर लाने की बजाय दूध को वाहनों से उसी तरह लाया जा सकता है, जैसे कि शहरों में गाँवों से रोजाना सब्जियाँ लाई जाती हैं।

कारोबारी मॉडल और भी बुरा था। शहर की पशुशालाओं से दूध खरीदा जाता था और फिर उस कीमत में संग्रहण, परिवहन, भंडारण, बोतल बंद करने और प्रशासकीय लागतें जोड़ दी जाती थीं। दिल्ली जैसी जगहों पर तब दूध की आपूर्ति सब्सिडी देकर की जाती थी। आश्चर्य नहीं कि ये योजनाएँ घाटे में चली गईं। फिर शीतकाल में ज्यादा दुग्ध

आपूर्ति और ग्रीष्मकाल में कम आपूर्ति ने समस्या को और जटिल बना दिया। परिणाम हुआ कि योजना का अर्थशास्त्र एकदम गड़बड़ा गया। दुग्ध योजनाओं ने आपूर्ति बढ़ाने के लिए दूध पाउडर का आयात करना शुरू कर दिया। लेकिन जब दूध की ज्यादा आपूर्ति होती थी, तब दूध का प्रसंस्करण करने और उत्पाद को जमा करने का कोई प्रयास नहीं किया गया। नौकरशाहों को बस, इतना करना था कि वे आणंद का दौरा करते और कैरा को-ऑपरेटिव में जो कुछ किया जा रहा था, उसकी नकल योजना बना लेते; मगर किसी ने भी ऐसा नहीं किया।

दुग्ध पाउडर के आयात पर देश की निर्भरता बढ़ गई। '50 और '60 के दशक में भारत प्रति वर्ष 60,000 टन दूध पाउडर का आयात करता था और इसके लिए उसे कीमती विदेशी मुद्रा खर्च करनी पड़ती थी। सस्ती दर पर आयातित पाउडर ने घरेलू उत्पादन के अर्थशास्त्र को चौपट कर डाला; क्योंकि किसानों के लिए पशु-पालन में निवेश करने और ज्यादा दुग्ध उत्पादन करने के लिए कोई प्रोत्साहन नहीं दिया जाता था। भारत को एक ऐसी प्रणाली की जरूरत थी कि पशु मालिक और निवेश करें तथा उत्पादन बढ़ाएँ। अगर एक किसान के पास तीन भैंसें हों और वह अपनी लागत काटकर कुछ मुनाफा कमा पाता हो तो वह न केवल उत्पादन बढ़ाने के लिए प्रोत्साहित होगा, बल्कि वह चौथी भैंस भी खरीदेगा। बहरहाल, सस्ते आयातों ने कीमतों को नीचे रखा। इस बीच दूध उत्पादन में वृद्धि को रोके रखा। पशु खरीदने के लिए ऋण देने की योजना पर अकसर उन लोगों ने कब्जा कर लिया, जिन्होंने कर्ज ली गई रकम वापस नहीं की। राजनीतिक रूप से प्रायोजित ऋण लेनेवालों ने इस तरह ईमानदार डेयरी किसानों को पंगु कर दिया।

योजना आयोग और कृषि विभाग टीकों, चारा, जर्सी शुक्राणु और अन्य तकनीकी मुद्दों का अंतहीन जाप करते रहे। पशुओं की गुणवत्ता कृत्रिम गर्भाधान के जरिए सुधारने के लिए बनाई गई सघन पशु विकास परियोजना एक अनूठी परिस्थिति के कारण विफल हो गई। किसी अजीब कारण से पशु नीति को गो-संवर्धन सोसाइटी द्वारा तय किया जाता था। यह एक गैर-लाभकारी एजेंसी थी, जिसके सचिव पशु-पालन आयुक्त थे। यह एजेंसी मूर्खतापूर्ण फतवा जारी करती थी। देसी पशुओं का ऊँची नस्ल के पशुओं द्वारा प्रजनन प्रतिबंधित कर दिया गया और भैंसों के प्रजनन को निरुत्साहित किया गया। भैंसों का रख-रखाव करना सस्ता है और वे ज्यादा दूध देती हैं। देसी नस्लों का संरक्षण और दुग्ध उत्पादन बढ़ाना कोई प्रतियोगी लक्ष्य नहीं है। लेकिन तब इसे इसी रूप में देखा जाता था। अर्थशास्त्र कोई मायने नहीं रखता था। बस, अतार्किक राजनीति मायने रखती थी। किसान को अपना जीवन सुधारने का मौका नहीं दिया गया। परिवारों को दूध से वंचित रखा गया। कैरा और अमूल सफल हुए, क्योंकि कुरियन ने सहकारिता को बेहूदी बातों से बचाए रखा। मगर इस तरह का तर्क राष्ट्रीय स्तर पर नहीं चलने दिया गया।

राष्ट्रीय प्रक्रिया में तर्क और विवेक के समावेश के लिए वर्ष 1967 तक इंतजार करना पड़ा। बी. शिवरामन को कृषि सचिव बनाया गया। ये वही शिवरामन थे, जिन्होंने आगे चलकर भारत में हरित क्रांति लाने में महत्त्वपूर्ण भूमिका निभाई थी। उन्होंने तत्कालीन कृषि एवं खाद्य मंत्री जगजीवन राम का ध्यान गौ-संवर्धन सोसाइटी द्वारा लागू पिछड़ी नीतियों की ओर दिलाया। जगजीवन राम ने सोसाइटी के प्रभाव को खत्म कर दिया और इस तरह राष्ट्रीय स्तर पर पशु-संवर्धन कार्यक्रम की शुरुआत की।

वर्ष 1967 तक राजनीतिक मूर्खता और सामाजिक पोंगापंथी ने डेयरी क्षेत्र को बरबाद कर डाला। वर्ष 1950 में देश में 1.7 करोड़ मीट्रिक टन दूध का उत्पादन होता था, जो तीन पंचवर्षीय योजनाएँ गुजर जाने के बाद मात्र 2.12 करोड़ मीट्रिक टन तक बढ़ाया जा सका। वर्ष 1952 में दूध एवं दूध उत्पादों की 74 प्रतिशत माँग की आपूर्ति आयातों द्वारा की जाती थी। वर्ष 1967 में 55 प्रतिशत माँग आयातों से पूरी की जाती थी। आयातों का अनुपात वक्त बीतने के साथ घटा हुआ प्रतीत हो सकता है; लेकिन वास्तव में दूध की माँग में बढ़ोतरी को ध्यान में रखा जाए तो भारत ज्यादा-से-ज्यादा दूध एवं पाउडर का आयात कर रहा था। भारत सरकार का डेयरी विकास कार्यक्रम जमी हुई योजनाओं का गड़बड़झाला बन गया था।

विडंबना यह थी कि सरकार को कोई नई योजना ईजाद नहीं करनी थी। उसे तो बस, कुरियन द्वारा बनाए गए सफल कैरा मॉडल का अनुसरण करना था। लेकिन उसने ऐसा नहीं किया।

को-ऑपरेटिव का विचार अंतरराष्ट्रीय रूप से अपनाया जा रहा था। दुनिया में प्रमुख दूध उत्पादक देश अपने किसानों की सहकारिताओं के कारण ही सफल हुए थे। न्यूजीलैंड में डेयरी उद्योग ने वर्ष 1871 में ही सहकारिता प्रणाली को अपना लिया था। बीसवीं सदी की शुरुआत तक ज्यादातर डेयरी फैक्टरियाँ सहकारिताओं के स्वामित्व में थीं। जब निर्यात बढ़ा तो न्यूजीलैंड सरकार ने 200 से भी ज्यादा सहकारिताओं का विलय कर दिया, ताकि प्रौद्योगिकी का इस्तेमाल करने में आसानी हो और बड़े पैमाने पर कारोबार करने से कम खर्च लगे। परिणामस्वरूप न्यूजीलैंड डेयरी बोर्ड दुनिया में सबसे बड़े खिलाड़ियों में से एक बन गया।

अन्य देशों में भी उच्चतर उत्पादन और किसानों के सशक्तीकरण के लिए सहकारिता को जरिया बनाया गया था। बेल्जियम, नीदरलैंड्स, आयरलैंड, जर्मनी, फिनलैंड और डेनमार्क जैसे देश अपनी सहकारिताओं पर गर्व करते थे। इन सहकारिताओं के पास डेयरियाँ थीं। डेनमार्क में पहले सहकारिता एवं मलाई कारखाने की स्थापना सन् 1882 में रिबे काउंटी में की गई थी। डेनिश पड़ोसियों की सफलता से प्रेरित होकर डच किसानों ने भी इस विचार को अपनाया। अमेरिका में भी सहकारिता अनजानी चीज

नहीं थी। पहली अमेरिकी सहकारिता एक मलाई कारखाना थी, जिसका निर्माण सन् 1810 में कनेक्टिकट के गोशेन में किया गया था। वर्ष 1949 तक जब कुरियन आणंद पहुँचे तो अमेरिका में 2,072 डेयरी को-ऑपरेटिव चल रही थीं और वे अमेरिका में 50 प्रतिशत से भी ज्यादा दूध एवं दूध उत्पादों का उत्पादन करती थीं।

सहकारिताओं की सफलता का एक बड़ा अहम कारण है। सहकारिताएँ किसानों को सरकारों से विशेष अधिकार एवं सुविधाएँ हासिल करने में समर्थ बनाती हैं। चाहे न्यूजीलैंड हो, बेल्जियम हो या फ्रांस, सहकारिताएँ नीति बनवाने के लिए अपनी सामाजिक ताकत का इस्तेमाल करती हैं। लोगों का सामूहिक संगठन होने के कारण और यह तथ्य कि वे सबसे बड़े निर्वाचन क्षेत्र—किसानों और उपभोक्ताओं—के मसलों को हल करते हैं, कोई भी राजनीतिक संगठन उन्हें इनकार करने की हिम्मत नहीं रखता है।

कैरा सहकारिता का भी अपना दबदबा था। वक्त गुजरने के साथ आणंद विकास अर्थशास्त्रियों, पूर्व सक्रिय नौकरशाहों और महत्त्वपूर्ण राजनीतिक हस्तियों के लिए एक अनिवार्य तीर्थस्थल बन गया, जहाँ उन्हें जाना ही था। नेहरू ने आणंद का दो बार दौरा किया। इंदिरा गांधी, राजेंद्र प्रसाद, के.एम. मुंशी, वाई.बी. चव्हाण, टी.टी.के. और सी. सुब्रमण्यम ने भी आणंद का दौरा किया, ताकि कुरियन द्वारा किए गए चमत्कार को वे समझ सकें। टी.टी.के. चेन्नई के एक मशहूर व्यापारी घराने से आते थे। इसलिए उन्होंने आणंद में लगाए गए उपक्रम को भलीभाँति समझा। जब वह गए तो टी.टी.के. ने कुरियन को एक आई.ओ.यू. दिया। कभी भी कुरियन को किसी चीज की जरूरत पड़े तो वह उन्हें फोन कर सकते हैं और यह काम कर दिया जाएगा।

कुरियन ने उस आई.ओ.यू. का इस्तेमाल तब किया, जब टी.टी.के. वाणिज्य एवं उद्योग मंत्री थे। जब अन्य देशों ने भारतीय बाजारों को अपने दुग्ध पाउडर और मक्खन से भर दिया तो कुरियन ने टी.टी.के. से आग्रह किया कि आयात कोटे में पहले 25 प्रतिशत की कटौती की जाए और फिर इसे कुल आयात के 33 प्रतिशत तक सीमित कर दिया जाए। विदेश मुद्रा के अभाववाले दौर में आयातों में कटौती करने से देश और अमूल को मदद मिली। जब भारत को सन् 1965 में युद्ध करना पड़ा तो अमूल ने सशस्त्र बलों को दुग्ध की आपूर्ति सुनिश्चित की और जब भारत ने गैर-जरूरी वस्तुओं के आयात पर प्रतिबंध लगा दिया तो टी.टी.के. ने कुरियन से यह सुनिश्चित करने को कहा कि अमूल पर्याप्त उत्पादन करे।

वर्ष 1964 में टी.टी.के. ने कुरियन से कहा कि वह दिल्ली दुग्ध योजना को बरबाद होने से बचाएँ। डी.एम.एस. 2 रुपए प्रति लीटर की दर से दूध बेचता था, जबकि 5 रुपए प्रति लीटर की दर से खरीदता था। टी.टी.के. ने कृषि मंत्री सी. सुब्रमण्यम के साथ मिलकर कुरियन को यह अधिकार दिया कि वह इस गड़बड़झाले को दुरुस्त करें।

दरअसल, टी.टी.के. चाहते थे कि कुरियन निजी तौर पर डी.एम.एस. का कार्यभार सँभाल लें। लेकिन कुरियन ने इनकार कर दिया। इसकी बजाय कुरियन ने सुझाव दिया कि डी.एम.एस. का शीर्ष से ही पुनर्गठन किया जाए। सुधार का जो खाका पेश किया गया, उसमें सब्सिडी प्रणाली को खत्म करना जैसे उपाय शामिल थे। कुरियन ने इसे लागू करने के लिए अपनी टीम को भेजा। एक बार जब यह काम हो गया तो टीम ने डी.एम.एस. का कार्यभार नए प्रबंधन को सौंप दिया।

सफलता का साँचा

आणंद में कुरियन लगातार नए तरीके ईजाद करते रहते थे। वे कार्यक्षमता बढ़ाने के लिए नई प्रौद्योगिकी एवं मशीनीकरण का प्रयोग करते रहते थे। उनके इस नजरिए के आलोचक भी थे; लेकिन अमूल में जिस पैमाने पर काम किया जाता था, उसमें इन कदमों की जरूरत थी। अक्तूबर 1964 में जब एक नई पशु आहार यूनिट के उद्घाटन की बात आई तो कुरियन एवं उनकी टीम ने फैसला किया कि प्रधानमंत्री को इसके लिए आमंत्रित किया जाना चाहिए। दिन तय था, वही—सरदार पटेल का जन्मदिन 31 अक्तूबर। शास्त्रीजी ने आमंत्रण स्वीकार कर लिया और को-ऑपरेटिव को सूचित किया कि वह उद्घाटन की पहली शाम में किसानों से मिलेंगे-जुलेंगे और यहाँ तक कि रात भी एक किसान के घर में बिताएँगे।

अपनी बात पर खरे उतरते हुए शास्त्री ने 30 अक्तूबर आणंद के किसानों के साथ बिताया और अगले दिन यूनिट का उद्घाटन किया। शास्त्री ने वहाँ मौजूद सुविधाओं का मुआयना किया और फिर कुरियन व उनकी टीम से मुलाकात की। प्रधानमंत्री ने कुरियन से कहा कि वह एक खास मसले का जवाब पाने के लिए आणंद आए थे; मगर वह उसे ढूँढ़ने में नाकाम रहे हैं। उन्होंने यह समझने की उम्मीद की थी कि अमूल क्यों सफल है और देश के बाकी भाग में सरकार के नेतृत्व में डेयरी विकास कार्यक्रम क्यों निराशाजनक रूप से विफल हैं। शास्त्री ने टिप्पणी की कि कैरा में ऐसी कोई खासियत नहीं है, जो उसे सफल बनाए। इसके पशु आहार एवं चारा अन्य भागों की तुलना में निम्न श्रेणी के हैं। उत्तर प्रदेश की भैंसें गुजरात की भैंसों की तुलना में ज्यादा दूध देती हैं। पंजाब के किसान गुजरात के किसानों की तुलना में ज्यादा कड़ी मेहनत करते हैं। इसके बावजूद कई विचार, जो कैरा में सफल हुए थे, उन्हें राष्ट्रीय स्तर पर आजमाया गया; लेकिन वैसे परिणाम नहीं मिले।

कुरियन ने प्रधानमंत्री से कहा कि उनकी टिप्पणियाँ जबकि सही हैं, लेकिन वह एक बात पर गौर नहीं कर पा रहे हैं। अमूल का एक ही लक्ष्य है—किसानों का फायदा। अमूल की सफलता कैरा को-ऑपरेटिव की संस्था के कारण है और इस कारण है

कि इसने किसानों को सशक्त बनाया। अमूल डेयरी किसानों की है। उनके चुने हुए प्रतिनिधि ही को-ऑपरेटिव का प्रबंधन करते हैं और कुरियन तथा बाकी तमाम लोग महज कर्मचारी हैं और उनके प्रति उत्तरदायी हैं। कुरियन ने कहा, ''मैंने प्रधानमंत्री से कहा कि अमूल भारत में अनूठा है; लेकिन विकसित डेयरी प्रणालियोंवाले लगभग तमाम देशों में को-ऑपरेटिव (सहकारिता) का रास्ता अपनाया गया है।''

शास्त्री ने महसूस किया कि यह सफलता का साँचा है और इस साँचे को दोहराया जा सकता है। उन्होंने कुरियन से कहा कि वह देश भर में 'अमूल' का एक राष्ट्रीय ग्रिड बनाने पर काम करें। शास्त्री ने कुरियन से कहा, ''आप इसे अपना मिशन बनाएँ और आपको इसके लिए जिस भी चीज की जरूरत हो, सरकार उसे देगी।'' कुरियन ने दो शर्तें रखीं—वह अमूल के कर्मचारी बने रहेंगे और राष्ट्रीय डेयरी विकास बोर्ड (एन.डी. डी.बी.) का मुख्यालय आणंद में होना चाहिए। शास्त्री ने दोनों ही शर्तें मान लीं। नई दिल्ली लौटने पर शास्त्री ने अपने मंत्रियों और मुख्यमंत्रियों को लिखा कि वह भारत भर में कैरा की तरह ही सहकारिताएँ शुरू करने जा रहे हैं।

मगर इससे आगे जो घटनाक्रम चला, वह अनिवार्य रूप से बताता है कि भारत क्यों पिछड़ जाता है। कुरियन ने कृषि मंत्री सी. सुब्रमण्यम से नई दिल्ली में मुलाकात की। शास्त्री की तरह सुब्रमण्यम ने भी इस विचार का समर्थन किया। लेकिन उनका विभाग अलग ढंग से सोचता था। सरदार पटेल ने 560 राजशाही प्रदेशों को ध्वस्त कर भारत का गणतंत्र बनाया था। बहरहाल, उनके उत्तराधिकारी सरकारी विभागों में क्षत्रपों और जागीरों के उदय को नहीं रोक सके। नौकरशाहों ने निष्कर्ष निकाला कि एन.डी.डी.बी. का गठन उन्हें शक्तिहीन कर देगा। परिणामस्वरूप उन्होंने तमाम तरह की बाधाएँ खड़ी कीं।

यहाँ तक कि कुरियन ने आणंद में एक कार्यालय स्थापित करने के लिए महज 30 हजार रुपए माँगे तो वह भी इनकार कर दिया गया। कुरियन ने हाथ फैलाने से इनकार कर दिया और बिना केंद्रीय वित्त के एन.डी.डी.बी. की स्थापना करने का फैसला किया। उन्होंने तय किया कि उनके कार्यालय का खर्च कैरा को-ऑपरेटिव उठाएगा। एन.डी. डी.बी. का पंजीयन एक सोसाइटी के रूप में 27 सितंबर, 1965 को कराया गया और इसे कृषि मंत्रालय की तरह रखा गया। लेकिन तुच्छ नौकरशाहों ने तब भी इसकी प्रगति में टाँग अड़ाने की कोशिश की।

महाराष्ट्र सरकार से एक सामना खास तौर पर उल्लेखनीय है। कुरियन मुख्यमंत्री से मिले, जो इस विचार के समर्थक थे। उन्होंने उन्हें कृषि मंत्री के पास भेजा और उन्होंने उनकी भेंट दुग्ध आयुक्त से कराई। आयुक्त ने उनसे पूछा कि अगर डेयरियों के मालिक किसान हो गए तो उनका विभाग क्या चलाएगा? कुरियन ने उन्हें ब्योरेवार बताया कि अमूल कैसे सफल हुआ है। कुरियन ने उन्हें दिखाया कि कैसे किसान को-ऑपरेटिव

द्वारा प्रबंधित संग्रहण केंद्रों पर अपना दूध जमा करते हैं और उस दूध को एक केंद्रीकृत यूनिट में भेजा जाता है। उस यूनिट में दूध का पाश्चुरीकरण और प्रसंस्करण किया जाता है और फिर उसका वितरण किया जाता है। उन्होंने उन्हें बताया कि किसानों ने कैसे उन्हें, उनके सहयोगियों, 75 पशु चिकित्सकों और 900 प्राथमिक चिकित्सकों को नियुक्त किया हुआ है और कैसे हर साल प्रजनन केंद्र पर लगभग 3,00,000 कृत्रिम गर्भाधान कराए जाते हैं। उन्होंने अपनी बात इस निष्कर्ष के साथ समाप्त की— गुजरात के पास दुग्ध आयुक्त नहीं है, लेकिन अतिरिक्त दूध है; महाराष्ट्र के पास दुग्ध आयुक्त है, लेकिन दूध नहीं है।

कुरियन और उनके सहयोगी एक राज्य से दूसरे राज्य में गए, एक मुख्यमंत्री से दूसरे मुख्यमंत्री से मिले। उन्होंने कई कृषि मंत्रियों और नौकरशाहों से मुलाकात की। सामान्य प्रतिक्रिया सनकी और नकारात्मक थी। आत्म-निर्भरता के विचार से उन्हें उस सरमाएदारी को खतरा महसूस होता था, जो आयात के जरिए प्राप्त होती थी। फिर को-ऑपरेटिव छोटे और सीमांत किसानों के हित को आगे बढ़ाते हैं। इसलिए जो राजनीतिज्ञ बड़ी जोतवाले किसानों के साथ जुड़े हुए थे, वे इस विचार को रोकने पर आमादा थे। राज्य सरकारों में ऐसे कई लोग थे, जो इस विचार का मौखिक तौर पर समर्थन करते थे, लेकिन इसे रोकने के लिए हर संभव प्रयास करते थे; क्योंकि जिस विशाल पैमाने पर इस प्रोजेक्ट को लागू करने की योजना थी, उससे ग्रामीण राजनीतिक अर्थव्यवस्था में उनके आधिपत्य को चुनौती मिलती।

जब इस तरह के संस्थागत प्रतिरोध का सामना करना पड़े तो अधिकांश लोग हथियार डाल देते हैं। मगर क्या कुरियन हताश हो गए? क्या वह हार मान गए या क्या उनका मोहभंग हो गया? कुरियन ने दबी हुई हँसी के साथ कहा, "मैंने सोचा, आप लोग भाड़ में जाओ!" फिर उन्होंने गंभीरता से कहा, "उनके प्रतिरोध ने मेरा संकल्प और दृढ़ कर दिया।"

कुरियन ने महसूस किया कि इस प्रतिरोध से पार पाने का एक तरीका यह है कि सरकारी वित्त के विचार को ही ठुकरा दिया जाए। एन.डी.डी.बी. को पूँजी की जरूरत थी और बाबुओं के लिए यह आसान था कि वे यह धन देने से इनकार कर दें और इस योजना को पटरी से उतार दें। कुरियन ने अलग हटकर सोचा और इस योजना को सिर के बल खड़ा कर दिया। उन्होंने तय किया कि राज्य सरकारों को एन.डी.डी.बी. के लिए धन देने की जरूरत नहीं है। इसकी बजाय एन.डी.डी.बी. सहकारी संघों को संगठित करने के लिए राज्य सरकारों को धन देगा। इन सहकारी संघों को फिर कैरा को-ऑपरेटिव के विशेषज्ञों द्वारा तकनीकी सहायता दी जाएगी। कुरियन ने दलाया और मिशेल हेल्स, जो हॉर्वर्ड से प्रशिक्षित प्रोफेसर थे और फोर्ड फाउंडेशन के अनुदान पर

आई.आई.एम., अहमदाबाद आए थे, की सहायता से एन.डी.डी.बी. के लिए एक नया खाका तैयार किया। विचार यह था कि अमूल ने जिस तरह बंबई के लिए दुग्ध आपूर्ति की है, उसी तरह तमाम शहरी समूहों के लिए दुग्ध आपूर्ति की एक शृंखला बनाई जाए। पोषक डेयरियों का एक जाल तैयार किया जाए, जो मदर डेयरी को दूध पहुँचाए और वहाँ से शहर को दूध की आपूर्ति की जाए।

पहले लगा कि यह विचार कारगर हो सकता है, लेकिन एक महत्त्वपूर्ण अड़चन थी—इस काम के लिए 650 करोड़ रुपए की जरूरत थी। इसकी व्यवस्था के लिए जो विचार सामने आए, उनमें से एक यह था कि आवारा गायों एवं बछड़ों से प्राप्त मांस और खाल के निर्यात से प्राप्त रकम का इस्तेमाल किया जाए। मगर यह उम्मीद करना कि कोई सरकार इस विचार को स्वीकार करेगी या समर्थन करेगी, नासमझी था। आखिरकार यह एक ऐसा देश है, जो 'पवित्र गाय' की धारणा में विश्वास करता है।

कुरियन के धन जुटाने के इस संघर्ष के साथ सौभाग्य से एक अच्छी घटना हुई। वर्ष 1967-68 में वैश्विक बाजार दूध और दुग्ध उत्पादों से पटे हुए थे। यूरोपीय आर्थिक आयोग (ई.ई.सी.) ने वर्ष 1968 की शुरुआत में ही संकेत दे दिया था कि उसके पास 3,00,000 टन से भी ज्यादा मक्खन और बटर ऑयल का भंडार है। इसके अलावा, मलाई निकाले हुए दुग्ध पाउडर का भी विशाल भंडार है। मजबूर होकर उसे यह बछड़ों को खिलाना पड़ रहा है। भंडारण लागत वसूलने के लिए भी ई.ई.सी. को जूझना पड़ रहा था और वह लागत से भी कम दाम पर अपना भंडार बेचने को इच्छुक था। दरअसल, ई.ई.सी. अपना अतिरिक्त दुग्ध उत्पाद 'जरूरतमंद देशों' को दान करने को तैयार था।

अनुभव से कुरियन जानते थे कि ऐसे परमार्थ भाव दरअसल बड़े कारोबार के तरीके हैं, ताकि भारतीय बाजार में पैठ बनाई जा सके। दूसरी चिंताएँ भी थीं। दान में मिला दूध पाउडर दूध की माँग बढ़ा सकता था और बाद में दूध पाउडर आयात करने की जरूरत पड़ सकती थी। इससे भी खतरनाक बात थी कि निःशुल्क दुग्ध पाउडर की आपूर्ति से घरेलू दूध की कीमतें कम हो सकती थीं, जिससे अमूल एवं अन्य दूध उत्पादक प्रभावित होते। ऐसा सोचना बेबुनियाद नहीं था। जैसा कि हमने 'भूख का खेल' अध्याय में गौर किया है, पी.एल. 480 कार्यक्रम के तहत अमेरिका से प्राप्त खाद्य सहायता ने भारत में कृषि को अव्यावहारिक बना दिया था और सरकार भी आत्मसंतुष्ट बन गई थी।

इसमें कोई शक नहीं था कि देश में हर कहीं जिस तरह से अभाव, गरीबी और कुपोषण फैला हुआ था, सरकार यूरोपीय आर्थिक आयोग की सहायता को स्वीकार कर लेगी। कुरियन ने महसूस किया कि इस चुनौती में अवसर है। उनका खयाल सरल था—मदद को स्वीकार करें और इसे उपक्रम पूँजी में बदल डालें। एन.डी.डी.बी. बड़े पैमाने पर प्राप्त इस दूध पाउडर को दूध में बदलकर खुदरा बिक्री कर सकता है और

मुनाफा कमा सकता है। इस कमाई का इस्तेमाल एन.डी.डी.बी. के लिए किया जाए और फिर एन.डी.डी.बी. डेयरी विकास को बढ़ावा देने और किसानों के को-ऑपरेटिव को वित्तीय मदद देने के लिए इस राशि का इस्तेमाल करे तथा इस तरह से 'एक अरब लीटर दूध का विचार' जागा।

कुरियन ने अपने विचारों को ब्योरेवार लिखा और उसे भारत सरकार को भेज दिया। उनका विचार था कि भारत ई.ई.सी. के पास जाए और सीधी बात करे। मगर इस विचार को दिल्ली में नौकरशाहों ने अड़ंगा लगा दिया। कुरियन की योजनाओं को राजनीति की बदलती करवटों ने भी प्रभावित किया। '60 के दशक में राजनीतिक समीकरण बदल गए थे और कांग्रेस विभाजन के कगार पर थी। शास्त्रीजी ने एन.डी.डी.बी. बनाने का प्रस्ताव रखा था, लेकिन वे गुजर चुके थे। मोरारजी देसाई अमूल के संरक्षक संतों में से एक रहे हैं। वे राजनीतिक विभाजन के गलत खेमे में थे। वह इंदिरा गांधी के साथ घमासान कर रहे थे और उनका प्रभाव क्षीण हो रहा था। टी.टी.के. अब सरकार में नहीं थे। सी. सुब्रमण्यम सहकारिता आंदोलन के समर्थक थे, लेकिन वर्ष 1967 में चुनाव हार गए थे और अब मंत्रिमंडल से बाहर थे। सुब्रमण्यम के बाद जगजीवन राम कृषि मंत्री बने थे, लेकिन सुब्रमण्यम ने अपनी दो-टूक शैली से उन्हें नाराज कर दिया था। हालाँकि इंदिरा गांधी—जिन्होंने नेहरू को कुरियन को गले लगाते और उनकी प्रशंसा करते देखा था—समर्थक तो थीं, लेकिन वह खुद ही अपनी लड़ाई में फँसी हुई थीं।

राजनीतिक उथल-पुथल ने भारत के दुग्ध संकट को और गंभीर बना दिया। पूरा परिदृश्य विफल दुग्ध योजनाओं, महँगी सब्सिडी, बेकार कार्यक्रमों और लटकी हुई परियोजनाओं से पटा हुआ था। इस बीच दुग्ध उत्पादन लगभग स्थिर रहा। वर्ष 1951 और 1968 के बीच यह महज 0.7 प्रतिशत की दर से बढ़ा। मगर प्रति व्यक्ति दूध की उपलब्धता वर्ष 1950 में 124 ग्राम से घटकर 1968 में 114 ग्राम हो गई। पोषण के अंतरराष्ट्रीय विशेषज्ञों ने भारत को आगाह किया कि यदि वह व्यापक कुपोषण को रोकना चाहता है तो दूध की उपलब्धता बढ़ाए। एन.डी.डी.बी. की स्थापना के पाँच वर्ष बाद चतुर्थ पंचवर्षीय योजना (1969-74) ने सहकारिताओं के विचार का बमुश्किल जिक्र किया। कुरियन का 'एक अरब लीटर दूध का विचार' सरकार की फाइलों में दम तोड़ता प्रतीत हुआ।

ऑपरेशन फ्लड (दुग्ध क्रांति)

कुरियन ने कहा कि 1968 में पूरे साल एक विभाग से दूसरे विभाग का चक्कर लगाते-लगाते वह थक गए और उन्होंने यह विचार लगभग छोड़ दिया था। तभी अचानक कुदरती कृपा हुई। कुरियन याद करते हुए कहते हैं, "एक सुबह मेरे दोस्त पुलिस महानिरीक्षक इमदाद अली ने मुझे फोन किया और कहा कि मुझे उनकी अवश्य

ही मदद करनी चाहिए। केंद्रीय गृह मंत्रालय से एक वरिष्ठ अधिकारी आणंन्द आए हुए थे। उनके कार्यक्रम में फासला रह गया था और उसे पूरा करने के लिए इमदाद अली जानना चाहते थे कि क्या वह उन्हें डेयरी ला सकते हैं? मैंने कहा कि निश्चित रूप से उन्हें साथ लेकर आएँ।'' वह अधिकारी थे—तत्कालीन गृह सचिव एल.पी. सिंह। वह 'अमूल' के प्रयोग से प्रभावित हुए और उन्होंने पूछा कि इसे और जगह दोहराया क्यों नहीं जा सकता? इसपर कुरियन ने जवाब दिया, ''क्या दिल्ली में कोई ऐसा है, जो देश के लिए कोई सकारात्मक बात चाहे?''

तमाम नौकरशाहों ने भले ही कुरियन की राह में बाधाएँ खड़ी की हों, लेकिन यह ऐसे अधिकारी निकले, जिन्होंने गाड़ी को फिर से पटरी पर ला दिया। एल. पी. सिंह उच्चासीन एवं शक्तिशाली लोगों को प्रभावित करने की काबिलियत के लिए जाने जाते थे। उन्होंने मंत्रिमंडल सचिव शिवरामन एवं अन्य अधिकारियों के साथ एक बैठक आयोजित की। उस अनौपचारिक बैठक में ही सरकार ने काररवाई करने की ठानी।

आखिरकार अप्रैल 1969 में भारत खाद्य एवं कृषि संगठन—विश्व खाद्य कार्यक्रम (एफ.ए.ओ.—डब्ल्यू.एफ.पी.) परिषद् के पास गया और अतिरिक्त डेयरी उत्पादों के लिए गुहार लगाई, ताकि वह अपने लोगों को दूध देना सुनिश्चित कर सके और सीमांत किसानों को सशक्त बना सके। प्रस्ताव में कहा गया कि भारत सहायता स्वीकार करेगा और इससे होनेवाली आय से आणंद की तर्ज पर सहकारिताएँ स्थापित की जाएँगी। एक नया राष्ट्रीय ग्रिड बनाया जाएगा। इसके तहत तीन स्तरों—गाँव, जिला एवं राज्य स्तरों पर सहकारिताएँ स्थापित की जाएँगी। इन सहकारिताओं का स्वामित्व एवं नियंत्रण किसानों के पास रहेगा। कुरियन ने अपनी प्रस्तुति में यह अवधारणा रखी कि सहकारिताओं का प्रबंधन पेशेवर तरीके से किया जाएगा। ये सरकारी हस्तक्षेप से मुक्त रहेंगी, उन्हें खरीद एवं बिक्री मूल्य तय करने का अधिकार रहेगा। उन्हें कर्मचारियों की भरती करने और उन्हें निकालने का अधिकार होगा और वे दिवालिया घोषित होने के लिए आवेदन कर सकेंगी।

दिलचस्प है कि देरी की वजह से भारत ने यह मौका लगभग खो दिया था। अगर एफ.ए.ओ.—डब्ल्यू.एफ.पी. के अधिकारियों ने भारत को सचेत नहीं किया होता तो पाकिस्तान ने यह मदद हासिल कर ली होती। पाकिस्तानी प्रतिनिधि को उनकी सरकार द्वारा निर्देश दिया गया था कि कुरियन जो भी प्रस्ताव रखें, वह उसका विरोध करें। कुरियन याद करते हुए बताते हैं कि बाद में पाकिस्तानी प्रतिनिधि से उनकी मुलाकात हुई तो उन्होंने मुझसे कहा, ''मैं यहाँ आपका विरोध करने आया था। मगर आपने जब अपनी बातें रखीं तो बस, विरोध नहीं कर सकता। मैं इसके लिए वोट नहीं डाल सकता था; लेकिन मेरी खामोशी ही आपके लिए वोट है।''

मशविरों और बैठकों की शृंखला के बाद भारत ने वह सहायता हासिल कर ली।

इस प्रोजेक्ट के लिए समझौते पर मार्च 1970 में हस्ताक्षर किए गए। एफ.ए.ओ.—डब्ल्यू.एफ.पी. ने मिलकर इस प्रोजेक्ट का नाम रखा था—डब्ल्यू.एफ.पी. 618। कुरियन ने इसका नाम 'ऑपरेशन फ्लड' या 'ओ एफ-1' कर दिया और इसे सरकार के सामने प्रस्तुत किया। करार यह था कि एफ.ए.ओ.-डब्ल्यू.एफ.पी. भारत को अगले पाँच वर्षों में 1.25 लाख टन मलाई निकाला हुआ दुग्ध पाउडर और 40,000 टन से ज्यादा बटर ऑयल प्रदान करेगा। इन्हें जब बेचा जाएगा तो करीब 100 करोड़ रुपए हासिल होंगे। इस राशि का एन.डी.डी.बी. द्वारा राष्ट्रीय ग्रिड की स्थापना के लिए इस्तेमाल किया जाएगा। चूँकि मदद का हस्तांतरण सरकार से सरकार को किया जाना था, इसलिए एक मध्यस्थ संगठन भारतीय डेयरी निगम (आई.डी.सी.) की स्थापना वडोदरा में की गई, जो इस पूरे ऑपरेशन का प्रबंधन करेगा। कुरियन को एन.डी.डी.बी. और आई.डी.सी. दोनों का अध्यक्ष बनाया गया, ताकि योजना और कार्यान्वयन का समन्वय किया जा सके।

ऑपरेशन फ्लड के लिए सहायता की पहली खेप जुलाई 1970 में आई। मगर जो दुग्ध उत्पाद भेजे गए थे, वे पुराने थे। बटर ऑयल खट्टा हो गया था और मलाई-रहित दुग्ध पाउडर में फफूँदी लग गई थी—यह कोई अच्छी शुरुआत नहीं थी। वर्ष 1970 और 1973 के बीच कुरियन एफ.ए.ओ.—डब्ल्यू.एफ.पी. के अधिकारियों से लगातार लड़ते रहे। इस दौरान दुग्ध उत्पादों के उत्पादन में वैश्विक मंदी आई। सहायता अनियमित एवं कम से कमतर होती गई और इससे पूरा कार्यक्रम ही लगभग पटरी से उतर गया। कुरियन ने एफ.ए.ओ. और डब्ल्यू.एफ.पी. से लड़ाई जारी रखी, ताकि आपूर्ति की गुणवत्ता और निरंतरता बनी रहे।

इस बीच कुरियन और उनकी टीम ने देश भर में त्रि-स्तरीय सहकारिता की स्थापना का काम शुरू कर दिया था। इस योजना को सबसे बढ़िया तरह से गुजरात सहकारिता दूध विपणन संघ (जी.सी.एम.एम.एफ.) को देखकर समझा जा सकता है। यह मात्र संगठन है, जो अमूल ब्रांड से उत्पाद बेचता है। अमूल की स्थापना सन् 1973 में की गई। इस संगठन के तहत 31.8 लाख डेयरी किसान आते हैं, जो 16,117 ग्रामीण सोसाइटियों के सदस्य हैं। ये ग्राम सोसाइटियाँ 17 जिला सहकारी दूध उत्पादक यूनियनें बनाती हैं। इन्हीं में से एक है—कैरा को-ऑपरेटिव, जो जी.सी.एम.एम.एफ. के बैनर तले काम करती है और अमूल ब्रांड के अंतर्गत अपने उत्पाद बेचती है। कैरा जिला सहकारी दूध उत्पादक यूनियन ने बस दो ग्राम डेयरी को-ऑपरेटिव सोसाइटियों के साथ शुरुआत की थी। तब वह महज 247 लीटर दूध का संग्रह करता था। वर्ष 2011-12 में सिर्फ जी.सी.एम.एम.एफ. प्रतिदिन 1 करोड़ 6 लाख लीटर दूध का संग्रह करता था, यानी साल भर में 3.88 अरब लीटर दूध का संग्रह करता था। तब इसका सालाना कारोबार 11,668 करोड़ रुपए था।

'ऑपरेशन फ्लड' की अब वैश्विक स्तर पर सराहना की जाती है। जो बात पर्याप्त रूप से नहीं मानी जाती है और जिसे दर्ज किए जाने की जरूरत है, वह यह है कि डेयरी विकास के कार्यक्रम से सरकार को बाहर करने में कुरियन ने वस्तुतः राजनीतिक सोच को उलट दिया। आखिरकार यह सत्ता का दौर था, जब समाजीकरण और राष्ट्रीयकरण की बात की जाती थी। यह एक ऐसा दशक था, जिस दौरान राजनीतिज्ञ सोचते थे कि सरकार को हर व्यवसाय में होना चाहिए। सरकारी नियंत्रण के लिए उस कर्कश शोर में वह एक ऐसा कार्यक्रम था, जिसने एक क्षेत्र को सरकारी प्रबंधन से बाहर खींच लिया, कारोबार से मूल्य नियंत्रणों को हटा दिया और राजनीति पर अर्थशास्त्र का आधिपत्य स्थापित किया।

'ऑपरेशन फ्लड' के आलोचक भी थे। शास्त्री ने कुरियन को सशक्त बनाया और कुरियन ने भारतीयों को दूध मुहैया कराने का अकेले ही अभियान चलाया। मगर उनके विरोधियों ने इसे एक ऐसे उपक्रम के रूप में देखा, जो निजी महत्त्वाकांक्षा से संचालित है और जिसे रोकने की जरूरत है। एन.डी.डी.बी. ऐसे कई उद्यमियों के कारोबारी मॉडल के लिए खतरा था, जो सरकारी नीति की विफलता और बढ़ती निजी माँग को देखते हुए मोटा मुनाफा कमाना चाहते थे। बहुराष्ट्रीय कंपनियाँ दूध और शिशु आहार के बढ़ते बाजार में अपना हिस्सा बढ़ाना चाहती थीं; लेकिन एन.डी.डी.बी. उनके आड़े आ रहा था। '50 के दशक में भारत प्रति वर्ष बमुश्किल 3,000 टन शिशु आहार का उत्पादन करता था। इससे 1 किलोग्राम वाले 30,00,000 टिन बनाए जा सकते थे, जो सालाना संभवतः 3,00,000 बच्चों को आहार दे सकते थे। बाकी माँग की आपूर्ति आयात द्वारा की जाती थी। मगर ऑपरेशन फ्लड यानी ओ एफ-1 के बाद सहकारिताओं ने 40,000 टन शिशु आहार का उत्पादन किया। एन.डी.डी.बी. की सफलता ने आयात लाइसेंसों में कारोबार को समाप्त कर दिया और कई बाबुओं एवं उनके साझेदारों को व्यवसाय से बाहर कर दिया। कुरियन ने समझ लिया कि कुछ लोगों की चीख-चिल्लाहट का मुकाबला सिर्फ जनता में संभावित लाभों के बारे में जागरूकता फैलाकर किया जा सकता है। परंपरागत जन-संपर्क का रास्ता अपनाने की बजाय एन.डी.डी.बी. ने फिल्म निर्माता श्याम बेनेगल को 'मंथन' निर्देशित करने के लिए धन मुहैया कराया, ताकि भारतीयों को परवान चढ़ रही क्रांति (दुग्ध) के महत्त्व को समझाया जा सके।

कुरियन ने उन राजनीतिज्ञों को ठेंगा दिखाकर राजनीतिक आकाश में कई दुश्मन बना लिये थे, जो चाहते थे कि कुरियन उनके निर्वाचन क्षेत्रों में निजी डेयरियाँ स्थापित करें। कृषि मंत्री राव वीरेंद्र सिंह ने तो एन.डी.डी.बी. की जरूरत पर ही सवाल खड़ा कर दिया और एक आबकारी रिपोर्ट का इस्तेमाल कर उसके कामकाज की जाँच का आदेश दे दिया। इसके मद्देनजर इंदिरा गांधी ने रिजर्व बैंक के पूर्व गवर्नर एल. के. झा की

अध्यक्षता में एक समिति गठित कर दी। इस समिति ने कुरियन को पाक-साफ घोषित कर दिया और उनकी भरपूर सराहना की। विरोधियों ने यहाँ तक कि एन.डी.डी.बी. में विशेषज्ञों पर खुफियागीरी का आरोप लगाया। 16 मई, 1985 को राज्यसभा सदस्य वाई. एस. बी. राव ने गृह मंत्री से पूछा कि क्या सरकार को मार्च में एक अंतरराष्ट्रीय प्रकाशन में छपे एक लेख के बारे में पता है, जिसमें 'एन.डी.डी.बी. चेयरमैन, फोर्ड फाउंडेशन और एक ब्रिटिश नागरिक पर खुफियागीरी का दोषारोपण किया गया है'। उन्होंने यह भी पूछा कि इस मामले में क्या कदम उठाए जा रहे हैं और क्या जाँच के लिए एक संसदीय समिति गठित की जा रही है, सरकार ने इन आरोपों को सिरे से नकार दिया।

'ऑपरेशन फ्लड' के तीनों चरणों में यह कार्यक्रम संसद् में गहन जाँच का विषय बना रहा। राज्यसभा के सदस्य शमीम हाशमी ने एक बार कृषि मंत्री से पूछा कि क्या सरकार को डब्ल्यू.एफ.पी. और ई.ई.सी. से प्राप्त की जा रही खाद्य सहायता के दुरुपयोग के बारे में जानकारी है ? इस बारे में एक अखबार में खबर छपी है। क्या इसकी जाँच का आदेश दिया जा रहा है ? खरीदे गए उपकरणों और बेचे गए साजो-सामान भी आलोचकों के निशाने पर थे। यहाँ तक कि एन.डी.डी.बी. ने माँग और लागत की गणना के लिए एक कंप्यूटर खरीदा तो उसपर भी सवाल दागे गए।

सिर्फ राजनीतिज्ञ ही कुरियन के पर नहीं कतरना चाहते थे। शिक्षाविदों ने परचे लिखे, जिसमें दलीलें दी गईं कि ऑपरेशन फ्लड को डेयरी आहारों के उत्पादन के लिए मशीनीकरण से बचना चाहिए और इन आहारों का उत्पादन महिलाओं द्वारा परंपरागत तरीकों का इस्तेमाल करते हुए किचन में ही करना चाहिए। कुछ आलोचकों ने यहाँ तक सुझाव दिया कि अगर यह कार्यक्रम अपने चरम पर पहुँच गया तो यह भारत की पोषण क्षमता को बुरी तरह प्रभावित करेगा। शिक्षाविदों की इन आशंकाओं का यह असर हुआ कि ई.ई.सी. एवं अन्य दानकर्ताओं ने अपने प्रतिनिधि भारत भेजे, जिसमें नीदरलैंड्स की रानी भी शामिल थीं। वे इन आरोपों और आलोचनाओं का सच जानने आए।

कोई कम जीवटवाला शख्स होता तो निश्चित तौर पर हमलों की इन बौछारों से पस्त हो जाता। मगर कुरियन उन पर भारी पड़ते थे। इससे मदद मिली कि कुरियन के विचार को जन-समर्थन प्राप्त था और एन.डी.डी.बी. को अपार निष्ठापूर्ण एवं ईमानदार संस्था करार दिया गया। इससे भी मदद मिली कि कुरियन के प्रति सरकार के काफी उच्चतम स्तरों पर सद्भावना थी। इंदिरा गांधी पहले अपने पिता के साथ आणंद गई थीं और वह कुरियन के काम को जानती थीं। जब श्रीमती गांधी के समर्थन के बावजूद कृषि मंत्री राव वीरेंद्र सिंह ने एन.डी.डी.बी. पर हमला करना जारी रखा तो शीघ्र ही वह सरकार से बाहर कर दिए गए। नेहरू से लेकर राजीव गांधी तक हरेक प्रधानमंत्री ने सहकारिता के विचार, संस्थान और कुरियन को व्यक्ति के रूप में उच्च सम्मान दिया। यह तमाम

सद्भावना और हर भारतीय घर को दूध मुहैया कराने की उनकी मसीही प्रतिबद्धता ने भारत के दुग्ध-पुरुष को अपने 'अरब लीटर' सपने को साकार करने में मदद की।

कुरियन जब सन् 1949 में आणंद आए थे तो भारत सालाना 1.7 करोड़ टन दूध उत्पादन करता था। वर्ष 1947 और 1968 के बीच दूध का उत्पादन बमुश्किल 0.4 प्रतिशत सालाना की दर से बढ़ते हुए 2.12 करोड़ टन तक पहुँचा। मगर ओ एफ-1 के बाद, वर्ष 1970 और 1996 के बीच, भारत का दूध उत्पादन वर्ष 1981 में 3.1 करोड़ टन से बढ़कर 1991 में 5.4 करोड़ टन और 1996 में 6.6 करोड़ टन तक पहुँच गया। यह ऑपरेशन फ्लड-3 का चरम बिंदु था।

इस विकास को एक अन्य नजरिए से देखने के लिए निम्न तथ्य पर विचार करें। वर्ष 1947 और 1968 के बीच के दो दशकों में दूध का उत्पादन बमुश्किल 40 लाख टन बढ़ा; जबकि अगले 25 वर्षों में यह तीन गुना हो गया था—2.2 करोड़ टन से बढ़कर 6.6 करोड़ टन हो गया। वर्ष 1970 और 1996 के बीच प्रति व्यक्ति दूध की उपलब्धता 107 ग्राम से बढ़कर 196 ग्राम हो गई।

अंकों की बात तो अलग है, दरअसल 'ऑपरेशन फ्लड' जिंदगी का वास्तविक बदलाव है। हरेक सुबह 1.5 करोड़ किसान सदस्य, जिनमें से 40 लाख महिलाएँ हैं, अपने दिन की शुरुआत एक नई आशा के साथ करते हैं। ऑपरेशन फ्लड के परिणाम-स्वरूप लाखों छोटे एवं सीमांत किसान अपनी आय बढ़ाने में समर्थ हुए हैं। इन घरों की महिलाओं ने दिहाड़ी मजदूरों के रूप में काम करना बंद कर दिया है और बच्चे स्कूल जाने लगे हैं। विश्व बैंक ने सन् 1997 में एक स्वदेशी भागीदारी विकास कार्यक्रम के रूप में 'ऑपरेशन फ्लड' की भूरि-भूरि प्रशंसा की और कहा कि यह कार्यक्रम एक ही वस्तु के साथ विविध लक्ष्य हासिल करने में समर्थ हुआ है। एन.डी.डी.बी. के तहत अब 1,45,000 ग्राम स्तरीय सोसाइटियाँ हैं और इसके दायरे में देश के 346 जिले आते हैं। ये सोसाइटियाँ लगभग 1.5 करोड़ लोगों को प्रत्यक्ष रोजगार और पशुपालन क्षेत्र में 2.2 करोड़ लोगों को अप्रत्यक्ष रोजगार प्रदान करती हैं। आज कई ब्रांड अमूल के साथ प्रतियोगिता करते हैं, लेकिन वे भी कैरा के विचार और ऑपरेशन फ्लड की सफलता से ही प्रेरित होकर बाजार में उतरे हैं। ऑपरेशन फ्लड के बगैर भारत में यह दुग्ध क्रांति नहीं हो पाती।

कई संस्थानों द्वारा अनेक उपाधियाँ देकर वर्गीज कुरियन का सम्मान किया गया। लेकिन वास्तविक उपलब्धि के जरिए जो सम्मान उन्होंने हासिल किया था, उसकी तुलना इन उपाधियों से नहीं की जा सकती। जब कुरियन आणंद पहुँचे तो वह बमुश्किल 28 साल के थे और भारत तब 1.7 करोड़ टन दूध का उत्पादन करता था। वर्ष 2011 में जब वह 90 साल के हो गए तो भारत 12.1 करोड़ दूध का उत्पादन करने लगा और दुनिया

में सबसे बड़ा दुग्ध उत्पादक देश बन गया। और यह सब उस शख्स के कारण संभव हुआ, जो खुद दूध नहीं पीता था। भारत की दुग्ध क्रांति का जनक 'दूध के स्वाद को पसंद नहीं करता था।'

वर्गीज कुरियन का 9 सितंबर, 2012 को निधन हो गया। इस पुस्तक के लिए उनके साथ मई 2012 में वार्त्तालाप हुआ। यह उनके द्वारा दिया गया संभवत: आखिरी इंटरव्यू था। लंबी वार्त्ता से वह खासे उत्साहित एवं ऊर्जावान् प्रतीत हुए। उन्होंने अपने बैठककक्ष में रखे एक चित्र की ओर इंगित किया और कहा, "यह माउंट एवरेस्ट है।" फिर उन्होंने हस्ताक्षरित चित्र की ओर इशारा किया और कहा, "तेनजिंग नॉर्गे के ऑटोग्राफ को देखिए। मैंने पहले नॉर्गे को दस्तखत करने को कहा और फिर सर एडमंड हिलेरी से वैसा करने को कहा। हिलेरी नॉर्गे के दस्तखत के ऊपर दस्तखत करने वाले थे। मैंने उनसे कहा, 'ऊपर नहीं, नीचे।' हिलेरी ने मुझे देखा और मैंने इंगित किया, 'हाँ, यही सही जगह है। नॉर्गे के दस्तखत के नीचे।' कुरियन हमेशा ही 'छोटे आदमी' को पहले रखते थे—चाहे वह किसान हो, शेरपा हो या दूध का उपभोक्ता हो। उनके लिए भारत और भारतीय सबसे पहले आते थे। उन्हें देश के एक ऐसे भाग में गहन विश्राम करने दिया गया, जिसे उन्होंने अपना बनाया; लेकिन यह ऐसा स्थान है, जिसे वह शुरू में छोड़ देना चाहते थे और वह जगह है—आणंद।

□

शिक्षा और भोजन का प्रबंध

15 सितंबर, 1982
पप्पाकुरिचि, तमिलनाडु

वर्ष 1947 में दस भारतीयों में से आठ पढ़ना और लिखना नहीं जानते थे। आधी आबादी गरीबी रेखा के नीचे रहती थी। गरीब पर्याप्त नहीं कमाते थे और इसलिए अपने बच्चों को काम करने के लिए भेजते थे। शिक्षा से वंचित बच्चे अपने जीवन को बदलने-सँवारने के अवसर खो देते थे। यह कारण और परिणाम का एक दुष्चक्र था। सरकार के हस्तक्षेप की जरूरत थी, फिर भी सरकारें निष्क्रिय बनी रहीं। यह सिलसिला तब तक चला, जब तक कि उच्चतम न्यायालय ने वर्ष 2001 में भोजन मुहैया कराने का निर्देश नहीं दिया।

समयापुरम मरियम्मन मंदिर उच्च विद्यालय का मैदान एक बड़े आयोजन के लिए सजा हुआ था। विद्यार्थियों में उत्तेजना झलक रही थी। राज्य सरकार के अधिकारियों, स्थानीय विधायकों और सांसदों ने पिछला पूरा दिन और आज पूरी सुबह तमाम इंतजाम का निरीक्षण करने में बिताया था। मुख्यमंत्री की उपस्थिति में वे कोई भूल-चूक का खतरा नहीं उठा सकते थे।

सफेद वेष्टि और कमीज पहने, सिर पर टोपी लगाए और काला चश्मा पहने जब तमिलनाडु के मुख्यमंत्री एम.जी. रामचंद्रन (एम.जी.आर.) दोपहर के थोड़ा पहले पहुँचे तो भीड़ ने उनका जोरदार स्वागत किया। स्थानीय पार्टी पदाधिकारियों और अपने मंत्रियों का अभिवादन करने के बाद एम.जी.आर. पंडाल में आए।

उनके आगमन की प्रतीक्षा कर रहे विद्यार्थियों को दोहरे पुरस्कार की आशा थी—एक सितारे की झलक और भोजन। जैसी कि उनके सहायकों ने योजना बनाई थी, एम.जी.आर. बच्चों के साथ पंगत में बैठे और उनके साथ बातचीत की, हँसी-मजाक किया। बच्चों के आगे प्लेटें रखी गईं और एम.जी.आर. के आगे केले का पत्ता। खाने में मीठा शक्कराई पोंगल साँभर-चावल, सब्जियाँ, अचार और दही-चावल परोसा गया।

मीठा पोंगल खाकर बच्चों के चेहरों पर मुसकान बिखरी हुई थी और एम.जी.आर. के लिए यही सबसे बड़ा इनाम था; क्योंकि एक बच्चे के तौर पर वह जानते थे कि भूख की पीड़ा क्या होती है।

एम.जी.आर. का जन्म श्रीलंका के कैंडी में हुआ था। उनके पिता एम. गोपाला मेनन मजिस्ट्रेट थे। मगर जब वह छोटे थे, तभी उनके पिता का देहांत हो गया। उनकी माता सत्यभामा उन्हें और उनके भाई एम.जी. चक्रपाणि को लेकर तमिलनाडु आ गईं। उनकी माता को कुंभकोणम में एक नाटक कंपनी में काम मिला। जब वह नाटक कंपनी बंद हो गई तो सत्यभामा अपने बच्चों को रोज भोजन भी नहीं करा पाती थीं। वह दोनों बेटों को अकसर कमरे में ताला बंद कर रखती थीं। उन्हें डर रहता था कि भूख के मारे उनके बच्चे भीख न माँगने लग जाएँ।

सत्यभामा एम.जी.आर. की प्रेरणा थीं। उन्होंने अपने बच्चों को बड़ी कठिनाई से पाला। मगर वह बड़े अनुशासनवाली थीं। वह दोनों भाइयों को लगातार कहती रहती थीं—झूठ मत बोलो, चोरी मत करो और गाली-गलौज न करो। एम.जी.आर. यह उपदेश कभी नहीं भूले। अपने पूरे फिल्मी एवं राजनीतिक कैरियर में उन्होंने यह सुनिश्चित किया कि वह एक ऐसे शख्स के रूप में देखे जाएँ, जो इन मूल्यों और सिद्धांतों को बाकी तमाम बातों से ऊपर रखता हो। इससे उनके पक्के अनुयायी बनते गए। अंधराष्ट्र-भक्त तमिलनाडु में इस तथ्य ने कोई मायने नहीं रखा कि वह स्वदेशी पुत्र नहीं थे। वह कांजी पीते थे, चुकु-कापी की चुस्की लेते थे और रागी दोसाई मजे लेकर खाते थे। वे उनके अपनों में से एक थे।

गरीब स्कूली बच्चों के साथ भोजन करने की एम.जी.आर. ने जो तारीख चुनी थी, वह प्रतीकात्मक थी। यह सी. एन. अन्नादुरै का 75वाँ जन्मदिवस था। अन्नादुरै अन्ना द्रविड़ मुन्नेत्र कझगम—ए.डी.एम.के.) के संरक्षक संत थे। एम.जी.आर. इसी राजनीतिक पार्टी के थे। तिरुचिरापल्ली में पप्पाकुरिचि स्थान का भी चयन सावधानीपूर्वक किया गया था—तमिल में 'पप्पाकुरिचि' का अर्थ होता है—'बच्चे का घर'। जब एम.जी.आर. पप्पाकुरिचि में बच्चों के साथ बैठे तो वहाँ से करीब 300 किलोमीटर दूर मद्रास में पार्टी की प्रचार सचिव जयललिता 100 से ज्यादा स्कूली लड़कियों के साथ गोपालापुरम कॉरपोरेशन के खेल मैदान में बैठीं। इसी तरह अन्य मंत्रियों ने भी राज्य भर में इस कार्यक्रम की शुरुआत की। अपनी फिल्मों में एम.जी.आर. जिस तरह का किरदार निभाते थे, वास्तविक जीवन में भी वह पैतृक लोक-लुभावन चीजों में दृढ़ता से विश्वास करते थे। बच्चों के साथ भोजन करके उन्होंने जिस कार्यक्रम का शुभारंभ किया, वह भारत में किसी भी राज्य द्वारा शुरू किया गया सबसे बड़ा कल्याणकारी कार्यक्रम था।

इस मध्याह्न भोजन कार्यक्रम के लिए 120 करोड़ रुपए रखे गए थे। इस योजना के तहत राज्य के 20,000 से ज्यादा बाल कल्याण केंद्रों और 35,000 से ज्यादा स्कूलों में

60 लाख से भी ज्यादा स्कूली बच्चों को दोपहर में भोजन कराया जाना था। इस योजना से न केवल लाखों गरीब बच्चों के लिए भोजन की व्यवस्था की जानी थी, बल्कि उन बच्चों के लिए खाना बनानेवालों और खाना खिलानेवालों को रोजगार भी दिया जाना था। इस तरह रोजगार पानेवालों की संख्या 2 लाख से भी ज्यादा थी। यह अपने वक्त का सबसे बड़ा रोजगारोत्पादक विचार था। निरक्षरता और गरीबी ने जो परिस्थितियाँ पैदा की थीं, उसमें यह सरकारी हस्तक्षेप भी था।

निःशुल्क मध्याह्न भोजन योजना कोई मौलिक अवधारणा नहीं थी। इसे वैश्विक स्तर पर आजमाया जा चुका था। इसकी शुरुआत फ्रांस में हुई थी। लेखक विक्टर ह्यूगो ने स्कूलों में मुफ्त भोजन दिलाने के लिए अभियान चलाया था और सन् 1865 में उन्होंने इसकी शुरुआत करवाई। वर्ष 1868 तक सरकार ने आदेश जारी कर दिया कि फ्रांस में तमाम समुदाय एक स्कूल कोष समिति की स्थापना करेंगे, ताकि गरीब एवं जरूरतमंद बच्चों को भोजन दिया जा सके। हरेक भोजन में 1,200 कैलोरी पोषण होना चाहिए। इसके लिए मांस या अंडे की एक डिश, मक्खन और दूध देना होता था। गरीब बच्चों को स्कूल भेजने की चिंता जापान में भी व्याप्त थी। वहाँ सन् 1899 में विद्यालय भोजन योजना की शुरुआत की गई।

ब्रिटेन में निःशुल्क भोजन मुहैया कराने की योजना इसलिए शुरू की गई कि वह शिक्षा को सार्वभौमिक बनाना चाहता था। ब्रिटेन ने सन् 1870 और 1880 में शिक्षा अधिनियम पारित किए। इनके अनुसार, तमाम बच्चों के लिए शिक्षा अनिवार्य कर दी गई। उनके माँ-बाप इसे चाहें या न चाहें या उनकी जो भी आपत्तियाँ हों। जल्द ही सरकार को पता चल गया कि अनिवार्य शिक्षा के कारण बच्चों के भूखे रहने की नौबत आ रही है, क्योंकि अब वे काम पर नहीं जा सकते थे और अपने परिवार की आमदनी में इजाफा नहीं कर पाते थे। राजनीतिक दलों ने सार्विक निःशुल्क स्कूल भोजन के लिए अभियान शुरू कर दिया। वर्ष 1904 में ब्रॉडफोर्ड सिटी काउंसिल ने सबसे पहले निःशुल्क स्कूल भोजन की शुरुआत की। सन् 1906 में शिक्षा (भोजन के लिए प्रावधान) अधिनियम ने काउंसिलों को जरूरतमंद बच्चों को भोजन देने के लिए प्रेरित किया। मगर इसका कार्यान्वयन ढीला-ढाला था, क्योंकि यह अभी बाध्यकारी नहीं था। सन् 1944 में ब्रिटेन में सूखा रोग के मामले तेजी से बढ़े, जिसका कारण कुपोषण था। तब अधिकारियों ने स्कूलों को बाध्य किया कि स्कूल आनेवाले तमाम बच्चों को भोजन दिया जाए।

भारत में स्कूली बच्चों के लिए मध्याह्न भोजन देने के बारे में सबसे पहले जस्टिस पार्टी ने सोचा और सन् 1923 में उसने इसका औपचारिक रूप से प्रवर्तन किया। वह तब मद्रास नगर निगम का संचालन करती थी। इस योजना के तहत समाज के कमजोर तबकों के स्कूली बच्चों को निःशुल्क पकाया हुआ भोजन प्रदान किया जाता था। बीसवीं सदी के '20 के दशक में कोरिया रियासत के राजा राम नारायण सिंह द्वारा संचालित स्कूलों में

भी यह कार्यक्रम लागू किया गया। छत्तीसगढ़ का निर्माण करनेवाली छत्तीस रियासतों में से एक थी कोरिया रियासत। वर्ष 1928 में कलकत्ता की केशव अकादमी प्रति माह चार आना लेकर बच्चों को मध्याह्न टिफिन मुहैया कराती थी। वर्ष 1942 में बॉम्बे प्रेसिडेंसी के कुछ स्कूलों ने गरीब बच्चों के लिए मध्याह्न भोजन की योजना शुरू की। वर्ष 1946 में बंगलोर में स्कूल में जिन विद्यार्थियों की 80 प्रतिशत से ज्यादा उपस्थिति होती थी, उन्हें दही व चावल तथा प्रति माह 3 किलोग्राम गेहूँ प्रदान किया जाता था। जैसा कि ब्रिटेन में होता था, भूख को मिटाने के लिए ये शुरुआती प्रयास दानकर्ताओं द्वारा प्राप्त धन के जरिए किए गए थे। मगर ये प्रयास लंबे समय तक नहीं चल पाए और ये योजनाएँ जारी नहीं रह सकीं। नए प्रशासनों के तहत लोकोपकारी भावना क्षीण पड़ गई।

भूख और निरक्षरता—ये जुड़वाँ समस्याएँ बनी रहीं। स्वतंत्रता-प्राप्ति के बाद भूख और कुपोषण की समस्या देश में और गहरा गई। यह साफ था कि इस समस्या से पार पाने के लिए राज्य (सरकार) को दखल देना होगा। निरक्षरता की समस्या स्थिति को और जटिल बना रही थी। स्वतंत्र भारत में पहली जनगणना वर्ष 1951 में की गई। उसके अनुसार सिर्फ 18 प्रतिशत भारतीय पढ़ना-लिखना जानते थे। 73 प्रतिशत भारतीय पुरुष और 91 प्रतिशत भारतीय महिलाएँ निरक्षर थीं। वर्ष 1951 में स्कूल जानेवाली उम्र (6 से 10 साल) के दस बच्चों में से सिर्फ चार स्कूल जाते थे। '50 के दशक के मध्य तक यह अनुपात थोड़ा बढ़ा और कुल दाखिला 50 प्रतिशत तक पहुँच गया। बहरहाल, पाँचवीं कक्षा के बाद काफी ज्यादा विद्यार्थी स्कूल छोड़ देते थे। जो बच्चे प्राथमिक स्कूल में दाखिला लेते थे, उनमें से सिर्फ 20 प्रतिशत सेकंडरी स्कूल में जा पाते थे। लड़कियों के मामले में स्थिति बदतर थी। अगर 100 लड़कियों में से 31 प्राथमिक स्कूल में दाखिला लेती थीं तो महज 6 लड़कियाँ ग्यारह साल की उम्र के बाद पढ़ाई जारी रख पाती थीं। 3 लड़कों में से 2 और 5 लड़कियों में से 4 स्कूल छोड़ देती थीं। इसके लिए कई कारक जिम्मेदार थे। सबसे महत्त्वपूर्ण कारक था गरीबी, जिसके कारण माँ-बाप अपने बच्चों को स्कूल से निकालने के लिए मजबूर हो जाते थे। लड़कियों को घर का कामकाज सँभालना पड़ता था, क्योंकि उनकी माँओं और घर की अन्य वयस्क महिलाओं को काम करने के लिए बाहर जाना पड़ता था। इसी तरह लड़कों को भी मेहनत-मजदूरी कर परिवार की आय में योगदान करना पड़ता था।

कामराज का एक सपना था

तमिलनाडु के सामाजिक-राजनीतिक परिवेश में मध्याह्न भोजन के विचार को समाविष्ट करने के लिए जो व्यक्ति जिम्मेदार था, वह थे—के. कामराज। वर्ष 1955 में राज्य का मुख्यमंत्री बनने के कुछ समय बाद कामराज राज्य के भीतरी भागों का दौरा कर रहे थे। जैसी कि उनकी शैली थी, वे अकेले ही अपनी कार में यात्रा कर रहे थे।

उनके साथ कोई सिक्युरिटी नहीं थी, कोई काफिला नहीं था और कोई लाल बत्ती नहीं थी। तिरुनेलवेलि जिले के चेरनमहादेवी नामक एक छोटे शहर में कामराज एक रेलवे क्रॉसिंग पर रुके। वह कार से बाहर निकले और उन्होंने देखा कि दो किशोर लड़के गायों और बकरियों के एक झुंड की देखभाल कर रहे थे। उन्होंने सोचा कि अगर ये बच्चे स्कूल जाने की बजाय वयस्कों के कामकाज कर रहे हैं तो ये अपना बचपन और शिक्षा पाने का अवसर खो देंगे। उन्होंने छोटे लड़के से पूछा, "तुम पशुओं की देखभाल क्यों कर रहे हो ? तुम स्कूल क्यों नहीं जा रहे हो ?" लड़के ने तुरंत जवाब दिया, "अगर मैं स्कूल जाऊँगा तो क्या आप मुझे भोजन देंगे ? मैं तभी खा सकता हूँ, जब मैं ये सब काम करूँ। और मैं तभी सीख सकता हूँ, जब मैं खाना खाऊँ!"

इस वाकए से कामराज उदास हो गए। वह खुद एक साधारण परिवार में पैदा हुए थे और जानते थे कि भूखे रहने का क्या मतलब होता है। उनके पिता कुमारस्वामी नडार एक व्यापारी थे। उन्होंने कामराज को स्थानीय नयनार विद्यालय में दाखिला दिलाया था। बाद में उन्हें क्षेत्रीय विद्यालय में भेज दिया गया। लेकिन किशोर कामराज को काम करने और परिवार की आय में योगदान करने के लिए स्कूल छोड़ना पड़ा। वह स्वतंत्रता आंदोलन के जरिए राजनीति में घुसे। उन्होंने वेदारण्यम नमक सत्याग्रह में भाग लिया, जहाँ उन्हें गिरफ्तार कर लिया गया और कलकत्ता में अलीपुर जेल भेज दिया गया। हालाँकि कामराज को स्कूल छोड़ना पड़ा था, लेकिन राजनीतिक अर्थव्यवस्था को उलझानेवाले जटिल मसलों की उन्हें समझ थी। 13 अप्रैल, 1954 को राज्य की कमान सँभालने के बाद अपने मंत्रिमंडल को उनका पहला निर्देश संक्षिप्त और सीधा था—'हम सब समस्या का सामना करें। मुद्दों से बचने की कोशिश न करें, उनका हल निकालें। आपका समाधान चाहे जितना छोटा हो, यह लोगों को प्रसन्न करेगा कि आपने कुछ किया।' यह उनका सपना था कि राज्य का हरेक लड़का और लड़की बगैर फीस दिए या भोजन की चिंता किए पूरी स्कूली शिक्षा प्राप्त करे।

मद्रास लौटने के बाद उन्होंने अपने सहयोगियों और अधिकारियों की एक टीम को बुलाकर कहा कि वे इस समस्या का हल निकालने के बारे में सोचें। स्कूलों में दाखिला बढ़ाने और भूखे बच्चों को भोजन देने की जुड़वाँ चिंताओं का हल निकालने में थोड़ा वक्त लगा। जुलाई 1956 में कामराज ने तमिलनाडु में मध्याह्न भोजन योजना की शुरुआत की। यह तब एक स्वैच्छिक योजना थी और लोक-निर्देश के तत्कालीन निदेशक के दिशा-निर्देशन में इस योजना को चलाया गया। शुरुआत में यह विचार था कि इस योजना को सरकारी-निजी भागीदारी के तहत चलाया जाए। इसके लिए स्कूल लोकोपकारियों और चैरिटेबल संस्थाओं से दान प्राप्त करें और उसका इस्तेमाल इस योजना को चलाने के लिए करें। शुरुआत में कक्षा एक से लेकर कक्षा आठ तक के बच्चों को साल में 200

दिन भोजन देने की योजना बनाई गई।

प्रारंभ से ही इस योजना में दिक्कतें आने लगीं। चंदे बड़ी मुश्किल से आते थे और शिक्षकों को दानराशि पाने के लिए चक्कर लगाने पड़ते थे। वर्ष 1957 में सरकार ने यह प्रावधान बनाया कि इस योजना की आंशिक रूप से वित्तीय मदद की जाए। संशोधित योजना के तहत स्कूलों को प्रति बच्चे के हिसाब से सरकार से 6 पैसे मिलते थे और स्कूल 4 पैसे स्थानीय निकायों एवं समुदायों से जुटाते थे और इस तरह हरेक बच्चे को 10 पैसे का भोजन मुहैया कराया जाता था। शुरुआत में प्राथमिक स्कूलों के 2 लाख बच्चों को रोजाना चावल का भोजन दिया जाता था।

दिलचस्प बात है कि कामराज की योजना संयोगवश उसी दौरान चली, जब विकसित देशों में भारत में भूख और गरीबी को लेकर चिंता बढ़ गई थी। यह गौरतलब है कि स्वतंत्रता-प्राप्ति के बाद से ही भारत स्थिति से निपटने के लिए तमाम तरह की विदेशी मदद स्वीकार करता रहा था। वर्ष 1961 में को-ऑपरेटिव फॉर असिस्टेंस एंड रिलीफ एवरीवेयर (केयर) नामक एक अमेरिकी परोपकारी संस्था ने मध्याह्न भोजन के विचार को आगे बढ़ाने के लिए मदद की। अन्य एजेंसियों ने मलाई निकाला हुआ दूध पाउडर और निःशुल्क खाद्यान्न मुहैया कराया। तमिलनाडु सरकार ने अपने संसाधनों और विदेश से प्राप्त मदद को जोड़कर इस कार्यक्रम का विस्तार किया और वह राज्य के 30 हजार स्कूलों के 20 लाख बच्चों को मध्याह्न भोजन प्रदान करने लगी।

जब कामराज ने सन् 1963 में सरकार छोड़ दी तो भी राज्य में मध्याह्न भोजन की योजना चलती रही; लेकिन 1957 में इसमें बदलाव लाया गया। अब किचन की एक केंद्रीकृत प्रणाली स्थापित की गई और भोजन को तैयार कर तथा पैक कर स्कूलों को वितरित किया जाने लगा। बहरहाल, मध्याह्न भोजन कार्यक्रम में सामान, वित्त व्यवस्था और कार्यान्वयन को लेकर अभी भी समस्याएँ थीं। शिक्षकों को धन जुटाने के लिए अकसर चक्कर लगाना पड़ता था और स्कूल के प्रधानाचार्यों को अपने यहाँ इस कार्यक्रम को कारगर बनाने के लिए बहुत समय जाया करना पड़ता था, क्योंकि कार्यक्रम के कार्यान्वयन के लिए वही जिम्मेदार ठहराए जाते थे। माँग और आपूर्ति में तालमेल बिठाने की अन्य समस्याएँ भी थीं।

तमाम कमियों के बावजूद इसे नकारा नहीं जा सकता कि कामराज की योजना ने राज्य में विद्यार्थियों के दाखिले पर असर डाला था। इसने एक हद तक स्कूल जानेवाले बच्चों में भूख और कुपोषण दूर करने में भी सफलता पाई थी। मगर यह एक बड़ी पहल के रूप में विकसित नहीं हो पाई और राज्य के बाहर इसका कोई असर नहीं हुआ। राष्ट्रीय स्तर पर भारत बच्चों के दाखिले और बड़ी संख्या में स्कूल छोड़ने की समस्या से जूझता रहा। भारत के संस्थापक नीति-निर्माताओं ने फैसला किया था कि सन् 1960

तक चौदह साल तक के तमाम बच्चों को मुफ्त एवं अनिवार्य शिक्षा प्रदान की जाएगी। मगर ऐसा नहीं हुआ। दरअसल, वर्ष 1961 में महज 28 प्रतिशत भारतीय शिक्षित थे तथा 60 प्रतिशत भारतीय पुरुष और 85 प्रतिशत महिलाएँ अशिक्षित या निरक्षर थीं। उनमें से ज्यादातर लोग बाहर जाकर काम करते थे और परिवार के गुजर-बसर में योगदान करते थे। इसके दस वर्ष बाद यानी सन् 1971 में 10 में से बमुश्किल 3 भारतीय पढ़ना-लिखना जानते थे; भारत की साक्षरता दर सिर्फ 34.45 प्रतिशत थी। 10 लड़कों में से महज चार और 10 लड़कियों में से महज 2 माध्यमिक स्कूलों में जा पाती थीं।

स्वास्थ्य और पोषण के मामले में देश का रिकॉर्ड और भी बदतर था। स्वतंत्रता-प्राप्ति के तीन दशक बीत जाने के बावजूद भारत की स्थिति दुनिया के निर्धनतम देशों के समकक्ष थी। नेशनल न्यूट्रिशन मॉनिटरिंग ब्यूरो (एन.एन.एम.बी.) द्वारा वर्ष 1978 में कराए गए एक सर्वे में पता चला कि एक से पाँच साल के बच्चों में से 85 प्रतिशत का वजन न्यूनतम मानक से कम था और 68 प्रतिशत बच्चे ठिगने थे। नेशनल इंस्टिट्यूट ऑफ न्यूट्रिशन, हैदराबाद के अध्ययनों ने भी दरशाया कि तीन साल से कम उम्र के 63 प्रतिशत और तीन से पाँच साल के बीच की उम्र के 45 प्रतिशत भारतीय बच्चे एनीमिया से पीड़ित थे।

निस्संदेह इस समस्या से निपटने के लिए कदम उठाए गए थे। चतुर्थ पंचवर्षीय योजना (1969-74) से ही शुरुआत कर दी गई थी। भारत सरकार ने पोषण की कमी को पूरा करने और स्कूलों में दाखिला बढ़ाने के लिए कदम उठाए। अगस्त 1974 में एक राष्ट्रीय बाल नीति जारी की गई। इसके तहत पाँचवीं योजना के तहत स्कूल जाने की उम्र से पहले के बच्चों को पूरक आहार देने की योजना बनाई गई। प्राथमिक एवं वयस्क शिक्षा के लक्ष्य तय किए गए। तब से सरकारी आहार कार्यक्रमों का विस्तार 2 करोड़ से ज्यादा बच्चों तक हो चुका है। इन कार्यक्रमों में मदद देने के लिए सहायता एजेंसियाँ और सामाजिक संगठन आगे आए। '70 के दशक के उत्तरार्ध में केयर और यूनिसेफ ने प्राथमिक स्कूलों में 1.3 करोड़ बच्चों को भोजन देने का खर्च उठाया।

लेकिन इन प्रयासों ने समस्या के समाधान में कोई महत्त्वपूर्ण योगदान नहीं दिया। दरअसल, कई तरह के कार्यक्रम चल रहे थे। वे काफी बिखरे हुए थे। उनका कार्यान्वयन भी खराब था और वे एक-दूसरे से टकराते थे। समन्वय के अभाव में वे पर्याप्त असरदार नहीं हो पाए। जनगणना के आँकड़े बताते हैं कि '70 के दशक में ग्रामीण क्षेत्रों में नवजात मृत्यु दर प्रति हजार जन्मों में 130 थी। दूसरे शब्दों में, जन्म लेनेवाले हरेक 100 बच्चों में से 13 नवजात काल के गाल में समा जाते थे। 10 मौतों में से 3 नवजात ही होते थे और सबसे दु:खद स्थिति यह थी कि हर दूसरी मौत उस बच्चे की होती थी, जो एक से चार वर्ष के बीच की आयु का था।

राजनीतिक पूँजी फिर से हासिल करना

कई मायनों में तमिलनाडु की स्थिति कई अन्य राज्यों से बदतर थी। वर्ष 1981 में तमिलनाडु में 52 प्रतिशत से भी ज्यादा आबादी गरीबी रेखा के नीचे रहती थी। गरीबी और पीड़ा को समझने के लिए एम.जी.आर. को आँकड़ों की जरूरत नहीं थी। एक राजनीतिक के तौर पर वह आम जनता से ही ताकत पाते थे। अन्य की तुलना में वह संभवतः चीजों को बेहतर ढंग से आँक सकते थे। और फिर बचपन में उन्होंने भूख और गरीबी का जो दर्द झेला था, इससे वह इस समस्या के प्रति काफी संवेदनशील थे।

एम.जी.आर. इस बात से भी विचलित थे कि उन्होंने लोगों से जो एक वादा किया था, वह पूरा नहीं किया जा सका। वर्ष 1977 के चुनावों में उनकी जीत का एक सबसे बड़ा कारण था कि उन्होंने तमिलनाडु की महिलाओं को वचन दिया था कि वह उनके मर्दों को अल्कोहल (शराब) के अत्याचार से मुक्त कराएँगे। एम.जी.आर. के लिए अपनी फिल्मों में कही गई बातों और राजनीतिक रैलियों में लोगों के सामने कही गई बातों में कोई फर्क नहीं था। दोनों की पटकथा एक ही थी और उतनी ही शक्तिशाली तरीके से संप्रेषित की गई थी। वर्ष 1972 में अपनी पार्टी के डी.एम.के. से विभाजन के बाद एम.जी.आर. ने फिल्मी महानायक के रूप में अपनी लोकप्रियता को राजनीतिक क्षेत्र में खूब भुनाया। उन्होंने वादा किया कि वह ताड़ी बनानेवालों और बेचनेवालों के खिलाफ कड़ा कदम उठाएँगे। उन्होंने अपनी ओर से बेशक भरपूर प्रयास किया, लेकिन वह एक हारी हुई लड़ाई लड़ रहे थे। नशाबंदी के लिए जरूरी था कि अवैध रूप से ताड़ी-दारू बेचनेवालों और पीनेवालों दोनों के खिलाफ कार्रवाई की जाए। जब मर्द गिरफ्तार कर लिये जाते थे तो उनकी महिलाओं को कर्ज लेना पड़ता था; यहाँ तक कि परिवार के चाँदी के गहनों को गिरवी रखना पड़ता था, ताकि परिवार के मुख्य अर्जक को जमानत दिला सकें। जनसभाओं में महिलाएँ एम.जी.आर. को घेर लेती थीं और उनसे निवेदन करती थीं कि शराबबंदी के तहत गिरफ्तार उनके मर्दों को रिहा करा दें। एम.जी.आर. ने महसूस किया कि व्यवस्था के द्वारा उन्हें विफल किया जा रहा है। जून 1981 में आखिरकार एम.जी.आर. ने हार मान ली और ताड़ी व दारू की बिक्री की इजाजत दे दी।

इस विफलता ने एम.जी.आर. की छवि धूमिल की और उन्हें राजनीतिक खामियाजा भी झेलना पड़ा। एम.जी.आर. जानते थे कि उनका सबसे बड़ा समर्थन-आधार महिलाएँ हैं। इसलिए वह चिंतित रहते थे कि उन्होंने महिलाओं से जो वादा किया था, उसे कैसे पूरा किया जाए। तभी उन्हें यह खयाल आया कि उन परिवारों को इसकी क्षतिपूर्ति अवश्य करनी चाहिए, जो उनसे ले ली गई प्रतीत होती है। उन्होंने तय किया कि क्षतिपूर्ति बच्चों को मध्याह्न भोजन योजना के जरिए की जाएगी। उन्होंने वर्ष 1982 के ग्रीष्मकाल में इस विचार पर चर्चा करने के लिए अधिकारियों की एक बैठक बुलाई। उन्होंने उनसे कहा कि

वह मध्याह्न भोजन को सार्विक करना चाहते हैं और इसका नाम 'पौष्टिक मध्याह्न आहार योजना' (न्यूट्रिशियस मिड-डे मील स्कीम) रखा जाए तथा इसका पूरा खर्च राज्य सरकार द्वारा उठाया जाए। उनके अधिकारियों की पहली प्रतिक्रिया थी कि यह योजना काफी बड़ी और बेहद खर्चीली है तथा यह लागू करने योग्य नहीं है। वित्त, स्वास्थ्य, शिक्षा एवं नागरिक आपूर्ति विभागों के प्रमुखों ने निष्कर्ष निकाला कि यह अव्यावहारिक है।

एम.जी.आर. ने जान-बूझकर बैठक दोपहर के ठीक पहले बुलाई थी, ताकि यह सुनिश्चित रहे कि अधिकारी उस अपराह्न भूखे रहें। अधिकारियों की बेचैनी को भाँपकर एम.जी.आर. ने उनसे कहा, "अगर आप लोग एक बार भोजन छोड़ने की पीड़ा नहीं झेल सकते हैं तो आप भूखे बच्चों के दर्द की अनदेखी कैसे कर सकते हैं!" एम.जी.आर. उस दिन बाजी मार ले गए।

एम.जी.आर. ने 1 जुलाई, 1982 को मध्याह्न भोजन योजना की घोषणा कर दी। इसे 'मुख्यमंत्री पौष्टिक मध्याह्न आहार कार्यक्रम' नाम दिया गया। शुरुआत में इस योजना को सिर्फ बाल कल्याण केंद्रों में दो से पाँच साल के बीच के स्कूल पूर्व के बच्चों के लिए और प्राथमिक विद्यालयों के पाँच से नौ साल की आयु के बच्चों के लिए लागू किया जाना था। फिर एम.जी.आर. को लगा कि इस विचार में काफी ज्यादा राजनीतिक संभावना निहित है। तब यह तय किया गया कि इस योजना की औपचारिक शुरुआत अन्नादुरै के 75वें जन्मदिन पर जाएगी और इसे राज्य भर में दो से पंद्रह साल के तमाम बच्चों के लिए लागू किया जाएगा। हरेक केंद्र में तीन लोगों का स्टाफ होगा—एक मुख्य बाल कल्याण अधिकारी और दो सहायक। इसका मतलब था कि शिक्षक और प्रधानाचार्य पढ़ाने के लिए स्वतंत्र रहेंगे। प्रत्येक केंद्र में 750 रुपए के बरतन, प्लेट और छुरी-काँटा मुहैया कराए जाएँगे, ताकि भोजन साफ-सफाई के साथ दिया जा सके। केंद्र में स्टाफ को विशेषज्ञों द्वारा प्रशिक्षित किया जाएगा और साफ-सफाई को अत्यधिक महत्त्व दिया जाएगा।

खाके में यह खुलासा कर दिया गया था कि स्कूल के शिक्षकों की इस योजना में कोई भूमिका नहीं होगी और कार्यक्रम पर निगरानी माँ-बाप और स्थानीय सामुदायिक नेताओं द्वारा रखी जाएगी। ये बाल कल्याण केंद्र प्रखंड विकास अधिकारी के निरीक्षण में काम करेंगे। खाद्यान्न सीधे नागरिक आपूर्ति विभाग द्वारा मुहैया कराया जाएगा और यह योजना खुद समाज कल्याण विभाग के तहत काम करेगी। सरकार ने हरेक केंद्र को निर्देश दिया कि वह एक सहिजन, एक गूजबेरी, एक आम का पेड़, दो पपीते के पेड़ और दो नारियल के पेड़ लगवाए, ताकि इन पेड़ों के फल मध्याह्न भोजन में दिए जा सकें और भोजन की पौष्टिकता बढ़े।

योजना की आलोचना भी हुई। विपक्ष ने आरोप लगाया कि एम.जी.आर. ने कार्यक्रम का नाम 'मुख्यमंत्री के पौष्टिक मध्याह्न आहार कार्यक्रम' रखा है और इस तरह

वह सरकारी खर्चे पर अपना नाम चमका रहे हैं। अर्थशास्त्रियों और समाजशास्त्रियों ने भी इसे नैतिक रूप से हानिकर बताया, क्योंकि बिना किसी दायित्व के यह अधिकार गढ़ा जा रहा है। उन्होंने यह भी कहा कि यह योजना मुद्रास्फीति बढ़ाएगी, क्योंकि यह अनुत्पादक है। विपक्ष ने घोषणा की कि इस योजना से केवल अनाजों एवं खाद्य पदार्थों के कारोबारियों को लाभ होगा।

सबसे बड़ी बाधा इस तथ्य से आई कि इस कार्यक्रम के लिए बजट में धन का कोई प्रावधान नहीं था। और यह हो भी कैसे सकता था? यह कार्यक्रम बजट के पूर्व सोच-समझकर तैयार नहीं किया गया था। यह कार्यक्रम तो एम.जी.आर. ने अचानक बनाया था। चूँकि वादा न निभा पाने के कारण उनकी किरकरी हो रही थी, इसलिए वह इसकी भरपाई करना चाहते थे। इस विचार का उनकी पार्टी के वर्ष 1977 या 1980 के चुनाव घोषणा-पत्रों में कोई जिक्र नहीं था और चुनाव अभियानों के दौरान भी इसका कोई उल्लेख नहीं किया गया था। वर्ष 1982 की शुरुआत तक भी न तो पार्टी के अंदर और न सरकार में इस कार्यक्रम के बारे में कोई चर्चा हुई थी।

यह आकलन किया गया कि इस कार्यक्रम पर सरकार को 120 करोड़ रुपए से भी ज्यादा खर्च करना पड़ेगा। एम.जी.आर. ने एक अस्थायी तरीका निकाला। उन्होंने 'मुख्यमंत्री पौष्टिक मध्याह्न आहार कार्यक्रम कोष' की स्थापना की और तमाम विधायकों, सरकारी कर्मचारियों और अन्यों से अपनी एक दिन की तनख्वाह देने को कहा। इस तरह से 20 करोड़ रुपए का फंड जमा हो जाता और कार्यक्रम की शुरुआत हो जाती। जल्द ही एम.जी.आर. को वित्त के लिए चिंता नहीं करनी पड़ी। मद्य निषेध में ढील दिए जाने के बाद अल्कोहल पर ड्यूटी से प्राप्त राजस्व वर्ष 1981 में 8 करोड़ रुपए से बढ़कर 1982 में 110 करोड़ रुपए हो गया। इससे इतनी रकम हासिल हो गई कि मध्याह्न आहार कार्यक्रम आसानी से चलाया जा सकता था।

शुरुआत में विपक्ष की तरह मीडिया ने भी इस विचार का मखौल उड़ाया। कई प्रकाशनों ने इस योजना को महज प्रचार का हथकंडा बताया। 'इंडियन एक्सप्रेस' को ऐसे में प्रतिष्ठान या सत्ता समर्थक अखबार के रूप में नहीं जाना जाता था। उसने तमिलनाडु में अपने विभिन्न संस्करणों के संवाददाताओं को गाँवों में इस योजना के प्रभाव का आकलन करने को भेजा। विद्यार्थियों, शिक्षकों और माँ-बाप से बातचीत की गई और इससे यह बात निकलकर आई कि मध्याह्न भोजन योजना समुचित ढंग से लागू की जा रही है और लोगों पर इसका अच्छा असर भी हो रहा है। जल्द ही व्यंग्य और तानों की जगह गुणगान और गौरव के भाव ने ले ली। इसमें कोई शक नहीं कि यह कार्यक्रम फिल्मी दुनिया के शब्दों में शुरू से ही एकदम हिट था।

एम.जी.आर. के लिए यह कार्यक्रम एक राजनीतिक प्रायश्चित्त और भूख की

समस्या से निपटने की वास्तविक इच्छा थी। और इसीलिए उन्होंने इस योजना को समाज कल्याण विभाग के तहत रखा, न कि शिक्षा विभाग के तहत। लेकिन इस कार्यक्रम का शिक्षा पर—खास तौर पर दाखिले पर—जो असर पड़ा, उसपर कोई विवाद नहीं था। इस योजना के लागू करने के दो महीने बाद कराए गए अध्ययनों से यह बात सामने आई कि तमिलनाडु के प्राथमिक विद्यालयों में दाखिले में काफी बढ़ोतरी हुई है। एक आकलन के अनुसार, स्कूलों में 20 लाख अतिरिक्त बच्चों ने दाखिला लिया और विद्यार्थियों के बीच अनुपस्थिति की दर में 80 प्रतिशत की गिरावट आई।

हालाँकि इस बात का कोई आश्वासन नहीं था कि विद्यार्थियों की उपस्थिति भर से शिक्षा आ जाएगी; लेकिन एक बात साफ थी कि बड़ी तादाद में बच्चे बाल श्रम करने से बचाए जा रहे हैं। एक अर्थ में इस योजना ने पूरे परिवार को मदद पहुँचाई, क्योंकि हर बच्चे को दिया गया भोजन घर के लिए एक अतिरिक्त सब्सिडी था। इस योजना का एक अन्य दिलचस्प पहलू था कि हरेक गुरुवार को यानी स्वास्थ्य दिवस को बच्चों का वजन लिया जाता था, शारीरिक नाप-तौल किया जाता था और उनकी स्वास्थ्य जाँच की जाती थी। सरकार ने दावा किया कि बच्चों का वजन बढ़ा है और अभाव-जनित रोगों एवं एनीमिया में कमी आई है। एक बच्चे को मध्याह्न भोजन प्रदान करने का खर्च बस, 45 पैसे पड़ता था; लेकिन इससे उन्हें भूखे नहीं रहना पड़ता था। उनमें वर्तमान और भविष्य के लिए एक उम्मीद जगती थी।

मध्याह्न भोजन योजना ने स्वास्थ्य, पोषण और शिक्षा को सफलतापूर्वक एक साथ मिलाया और संभवत: परिवार नियोजन कार्यक्रम को भी लाभ पहुँचाया। जब मध्याह्न भोजन योजना सुचारु रूप से चलने लगी तो विश्व बैंक ने एक आकलन करवाया और इसकी रिपोर्ट के अनुसार, तमिलनाडु में नवजात मृत्यु दर देश के बाकी हिस्सों से 20 प्रतिशत कम पाई गई। राज्य में दो-तिहाई नवजातों को आवश्यक प्रतिरक्षण (रोग-निषेध दवाई) दवा के कोर्स पूरे गए थे और वर्ष 1986 में 0-4 साल की उम्र के बच्चों में मृत्यु दर में 25 प्रतिशत की गिरावट आई थी। इतना ही नहीं, वर्ष 1987 में तमिलनाडु में प्रति 1,000 लोगों में जन्म दर 23 थी, जबकि राष्ट्रीय औसत प्रति 1,000 लोगों में 32 थी।

इस योजना के शुरू होने के चार महीने बाद जयललिता ने धुआँधार प्रचार किया। 'दि इलस्ट्रेटेड वीकली ऑफ इंडिया' पत्रिका के जनवरी 1983 अंक में जयललिता ने अपने हस्ताक्षर के साथ लिखे गए लेख में दावा किया कि यह योजना 62,852 केंद्रों में चलाई जा रही है और इसके जरिए 66,27,643 बच्चों को मध्याह्न भोजन दिया जा रहा है। इस योजना के परिणामस्वरूप स्कूलों में 2,63,000 अतिरिक्त बच्चों का दाखिला हुआ है, जो कि योजना आयोग द्वारा तय राष्ट्रीय लक्ष्य से दोगुना से भी ज्यादा है। उन्होंने लिखा, ''यह मदर टेरेसा द्वारा किए गए कार्य से कोई कम आदर्श कार्य नहीं है। मदर

टेरेसा को अपने सेवा-कार्य के लिए वर्ष 1979 में 'नोबेल शांति पुरस्कार' मिला था। यहाँ तमिलनाडु के मुख्यमंत्री एम.जी.आर. उसी श्रेणी में नोबेल पुरस्कार के उपयुक्त दावेदार या हकदार हैं।''

इसमें कोई शक नहीं कि जिन लोगों ने इस योजना को साकार किया, उन्हें अत्यधिक लाभ मिला। राजनीतिक वर्ग ने इसे तुरंत ही महसूस कर लिया। एम.जी.आर. के कांग्रेस के साथ तनावपूर्ण संबंध थे, क्योंकि जनता पार्टी शासन काल के दौरान उनकी दोस्ती मोरारजी देसाई के साथ थी। इसलिए जब इंदिरा गांधी वर्ष 1980 में सत्ता में वापस आईं तो केंद्र सरकार ने एम.जी.आर. सरकार को बरखास्त कर दिया। मगर एम.जी.आर. ने जल्द ही कांग्रेस से संबंध सुधार लिये और इंदिरा गांधी को सबसे पहले सफल मध्याह्न भोजन योजना के बारे में बताया गया।

मध्याह्न भोजन योजना शुरू किए जाने के शीघ्र बाद उन्होंने दावा किया कि प्रधानमंत्री उन पहली शख्सियतों में से हैं, जिन्होंने इस योजना में, इसकी कार्य-प्रणाली में और इसकी वित्तीय व्यवस्था में दिलचस्पी दिखाई है। स्कूलों में अतिरिक्त दाखिले की सफलता से ज्यादा एम.जी.आर. इस कार्यक्रम का प्रचार एक सामाजिक बदलाव के तौर पर करना चाहते थे। उन्होंने इंदिरा गांधी से कहा कि मध्याह्न भोजन योजना ने बच्चों के बीच सामाजिक भेदभाव को कम करने में उल्लेखनीय सफलता हासिल की है। मध्याह्न भोजन अनुसूचित जातियों की 27,000 महिलाओं द्वारा पकाया जाता है और इसे तमाम जातियों के बच्चों को परोसा जाता है और वे इसे खाते हैं; जबकि तमिलनाडु एक ऐसा राज्य है, जो जातिगत भेदभाव से बुरी तरह ग्रस्त रहा है। जाहिर है, सरकार ने अपने प्रचार में इस तथ्य को गौरवपूर्ण ढंग से पेश किया।

अन्य राजनीतिज्ञों ने भी इस योजना की सफलता को ताड़ लिया। पड़ोसी राज्य आंध्र प्रदेश में एक अन्य पूर्व फिल्मी सितारे एन. टी. रामाराव ने एक नई पार्टी तेलुगू देशम पार्टी (टी.डी.पी.) का गठन किया था। इसके ज्यादातर नेता स्वतंत्र पार्टी, जनता पार्टी और समाजवादी पार्टी के पूर्व सदस्य थे। टी.डी.पी. ने यह मुद्दा उठाया कि कांग्रेस का 'निष्प्रभावी नेतृत्व' है और वह राज्य की समस्याओं से निपटने में विफल रही है।

एन.टी.आर. का चुनाव अभियान धमाके के साथ शुरू किया गया। उन्होंने घोषणा की कि भारत के हरेक इंच पर राज्यों का शासन था और केंद्र एक काल्पनिक अवधारणा रही। उन्होंने आरोप लगाया कि कांग्रेस ने भारत के राज्यों को महज महिमामंडित नगरपालिकाओं में तब्दील कर दिया है और क्षेत्रीय कांग्रेसी नेताओं को नपुंसक बना दिया गया है। उन्होंने राज्य को ज्यादा शक्तियाँ दिए जाने के लिए दलील दी और तेलुगू गौरव को फिर से स्थापित करने का आह्वान किया। एन.टी.आर. अपनी नाटकीय शैली में भाषण दिया करते थे। इससे उन्हें श्रोताओं की भीड़ तो मिल जाती थी, लेकिन इसमें

ठोस संदेश का अभाव था और इससे टी.डी.पी. को फायदा नहीं हो रहा था।

तभी एन.टी.आर. को तमिलनाडु में मध्याह्न भोजन योजना की जोरदार सफलता के बारे में और पैतृक लोकप्रियता के सिद्धांत की जानकारी मिली। एन.टी.आर. ने महसूस किया कि क्षेत्रीय गौरव को प्रोत्साहित करना जबकि एक अच्छा विचार है, लेकिन चुनावी सफलता की कुंजी भूख की समस्या से निपटने में निहित है। चुनावों से कुछ हफ्ते पहले उन्होंने अपने घोषणा-पत्र में दो महत्त्वपूर्ण वादों को जोड़ा। उन्होंने सभी को 2 रुपए प्रति किलोग्राम की दर से चावल देने का वायदा किया और सबसे महत्त्वपूर्ण, उन्होंने घोषणा की कि वह तमिलनाडु में मध्याह्न भोजन की तर्ज पर सभी विद्यार्थियों के लिए कार्यक्रम चलाएँगे। आंध्र प्रदेश में 5 जनवरी, 1983 को मतदान हुए और एन.टी.आर. की छोटी सी पार्टी ने चुनाव में बाजी मार ली। उनकी पार्टी ने 46.8 प्रतिशत वोट हासिल किए और 203 सीटों पर जीत हासिल की। कांग्रेस का अपना अब तक का सबसे खराब प्रदर्शन रहा। उसे कुल 293 सीटों में से महज 60 सीटों पर विजय हासिल हुई।

इस बीच मध्याह्न भोजन योजना तमिलनाडु में मुसीबत में घिर गई। वर्ष 1983-84 में देश के कई हिस्सों में सूखे का खतरा मँडरा रहा था। इससे खाद्यान्न की कमी पड़ गई। केंद्रीय कृषि मंत्रिमंडल ने मध्याह्न भोजन योजना और तमिलनाडु से अतिरिक्त खाद्यान्न की माँग पर आपत्ति की। एम.जी.आर. सरकार केंद्र के साथ जूझती रही। एम.जी.आर. ने दावा किया कि इंदिरा गांधी ने इस योजना की प्रशंसा की है; लेकिन इससे फर्क नहीं पड़ा। तत्कालीन कृषि मंत्री राव वीरेंद्र सिंह ने आरोप लगाया कि तमिलनाडु खाद्य प्रबंधन को लेकर गंभीर नहीं है और उसने केंद्रीय भंडार में अपने अतिरिक्त उत्पाद का योगदान नहीं किया है। चूँकि तमिलनाडु ने केंद्र की मंजूरी के बगैर ही मध्याह्न भोजन योजना चलाई है, इसलिए केंद्र सरकार तमिलनाडु की मदद करने को बाध्य नहीं है। केंद्र ने धमकी दी कि यदि इस योजना में कटौती नहीं की गई तो वह खाद्यान्न आपूर्ति रोक देगा। आखिरकार जन-दबाव के कारण और अन्य मुख्यमंत्रियों द्वारा संघवाद का मुद्दा उठाने पर राव वीरेंद्र सिंह को पीछे हटना पड़ा और तमिलनाडु को खाद्यान्न की आपूर्ति जारी रही।

हालाँकि इस योजना ने '80 के दशक के मध्य तक तमिलनाडु में अपनी चमक खो दी थी, लेकिन यह साफ था कि इसने राजनीतिक वर्ग की कल्पना में स्थान बना लिया है। अन्य राज्यों—उदाहरण के लिए, कर्नाटक और गुजरात ने भी इस योजना में दिलचस्पी दिखाई। आश्चर्य नहीं कि राष्ट्रीय विकास परिषद् (एन.डी.सी.) के एजेंडे में इस योजना को राष्ट्रीय स्तर पर लागू करने की माँग उठी। वर्ष 1985 में एन.डी.सी. की 38वीं बैठक दिल्ली में 8 और 9 नवंबर को हुई। इस बैठक की अध्यक्षता प्रधानमंत्री राजीव गांधी ने की। इस बैठक में एक के बाद एक मुख्यमंत्रियों ने मध्याह्न भोजन योजना के दोहरे लाभ—भूख का समाधान और दाखिले में सुधार को उजागर किया और

इस योजना को राष्ट्रीय स्तर पर लागू करने की माँग की। असम के मुख्यमंत्री हितेश्वर सैकिया ने कहा कि उनका राज्य मध्याह्न भोजन योजना को लागू करने के लिए प्रतिबद्ध है और इसके लिए वह केंद्रीय वित्तीय मदद चाहता है। गुजरात के मुख्यमंत्री अमरसिंह चौधरी ने घोषणा की कि गुजरात ने मध्याह्न भोजन कार्यक्रम की शुरुआत कर दी है और वह चाहते हैं कि इस योजना को सातवीं पंचवर्षीय योजना (1985-90) का हिस्सा बनाया जाए, ताकि इसके लिए केंद्रीय धन का आवंटन किया जा सके। पश्चिम बंगाल के मुख्यमंत्री ज्योति बसु सबसे कम समय में सर्व साक्षरता हासिल करने पर जोर देना चाहते थे। उन्होंने सुझाव दिया कि इसके लिए राष्ट्रीय मध्याह्न भोजन कार्यक्रम के लिए खाद्यान्न भंडार का इस्तेमाल किया जाए। वर्ष 1989 में एन.डी.सी. की बैठक में यह सामूहिक आवाज फिर उठाई गई। लेकिन राजीव गांधी और उनकी सरकार इस योजना को राष्ट्रीय स्तर पर आगे बढ़ाने को तैयार प्रतीत नहीं होती थी।

दिल्ली में अविश्वास के बावजूद राज्य सरकारों ने स्थानीय वित्त व्यवस्था के आधार पर अपनी खास जरूरतों के हिसाब से इस योजना को अपने ढंग से रूपांतरित करके लागू करना शुरू कर दिया था। अकसर इन योजनाओं को आदिवासी बच्चों और अनुसूचित जातियों के विद्यार्थियों तक सीमित रखा जाता था। कुछ राज्यों ने इसे ग्रामीण क्षेत्रों तक सीमित रखा तो अन्यों ने प्राथमिक एवं प्रारंभिक विद्यालय के विद्यार्थियों तक। पाबंदियाँ चाहे जो भी हों, इसमें कोई शक नहीं कि क्रांतिकारी नेता ने मद्रास में जो क्रांति छेड़ी थी, वह आगे बढ़ती जा रही थी।

वर्ष 1990-91 तक अपने संसाधनों से अपनी तरह से मध्याह्न भोजन कार्यक्रम लागू करनेवाले राज्यों की संख्या 12 तक पहुँच गई थी। ऐसे राज्यों में तमिलनाडु, गोवा, नगालैंड, सिक्किम, मिजोरम, मेघालय, त्रिपुरा, महाराष्ट्र, केरल, गुजरात, मध्य प्रदेश और उत्तर प्रदेश शामिल थे। कर्नाटक, उड़ीसा और पश्चिम बंगाल इस कार्यक्रम को अपने राज्य के संसाधनों और अंतरराष्ट्रीय सहायता को मिलाकर चला रहे थे। राजस्थान और आंध्र प्रदेश ने ऐसे मॉडल अपनाए, जिसमें कार्यक्रम का पूरा खर्च अंतरराष्ट्रीय एजेंसियों द्वारा उठाया गया। इन तमाम राज्यों में इस बात के स्पष्ट सबूत थे कि इस योजना के तीन परिणाम नजर आ रहे थे—स्कूलों में दाखिला बढ़ रहा था, स्कूल छोड़नेवाले बच्चों की संख्या घट रही थी और पोषण के मानकों में सुधार दिख रहा था।

जब इस योजना को लागू करनेवाले राज्यों की संख्या बढ़ी तो संसद् में राष्ट्रीय मध्याह्न भोजन योजना अपनाने की माँग उठी। सांसदों ने एक लाइन से सवाल करने शुरू कर दिए कि केंद्र सरकार इस विचार को कब शुरू करने जा रही है। बहरहाल, केंद्र सरकार ने ऐसा करने की कोई मंशा नहीं दिखाई, कम-से-कम वर्ष 1995 तक। 13 मार्च, 1992 को आंध्र प्रदेश के सांसद नारेड्डी तुलसी रेड्डी ने सरकार से पूछा कि

"क्या देश भर में प्रारंभिक स्कूलों में राष्ट्रीय मध्याह्न भोजन योजना शुरू करने का कोई प्रस्ताव है और यदि हाँ, तो इसका ब्योरा क्या है और यदि नहीं तो इसके कारण क्या हैं?" इस सवाल का जवाब देते हुए मानव संसाधन विकास मंत्री अर्जुन सिंह ने कहा, "इस समय देश भर में प्रारंभिक स्कूल के बच्चों के लिए राष्ट्रीय मध्याह्न योजना लागू करने का कोई ठोस प्रस्ताव नहीं है।" इससे भी बदतर बात थी कि सरकार ने इसका कोई स्पष्टीकरण देने की भी जरूरत नहीं समझी। एक पूरक प्रश्न का उनका जवाब था कि "इसकी कोई जरूरत नहीं है।"

केंद्र सरकार यह भलीभाँति जानती थी कि यह समस्या कितनी गंभीर है। इसके बावजूद उसने बदलाव और पुनर्गठन की जरूरत को स्वीकार करने से इनकार कर दिया। अर्थशास्त्री निर्मल मूर्ति एवं अन्यों ने विश्व बैंक के लिए वर्ष 1990 में एक अध्ययन किया था, जिसका शीर्षक था—'भारत के सामाजिक क्षेत्र के कार्यक्रम गरीबों का कितना भला करते हैं?' इस अध्ययन में मौजूदा हालात की कड़ी आलोचना की गई। इस अध्ययन में जो आँकड़े दिए गए, वे भयावह थे। इसमें कहा गया कि "30 प्रतिशत से भी ज्यादा बच्चों का वजन जन्म के समय कम (2,500 ग्राम से कम) होता है। 80 प्रतिशत से भी ज्यादा महिलाएँ गर्भाधान के दौरान एनीमिया (रक्त-अल्पता) से बुरी तरह पीड़ित होती हैं और स्कूल पूर्व के बच्चों में से 70 प्रतिशत से भी ज्यादा विकास अवरुद्धता और कुपोषण के शिकार होते हैं।" भारतीय चिकित्सा शोध परिषद् (आई.सी.एम.आर.) ने वर्ष 1956-57 में एक अध्ययन किया था और इसके 20 साल बाद राष्ट्रीय पोषण निगरानी ब्यूरो (एन.एन.एम.बी.) ने 1974-79 में एक अध्ययन किया था। इन दोनों बड़े अध्ययनों की तुलना से यह बात सामने आई कि गरीब बच्चों के विकास की अवरुद्धता की दरों में कोई बदलाव नहीं हुआ है। अध्ययन में टिप्पणी की गई कि 'भौतिक सुविधाओं के भारी विस्तार, बढ़ते नीतिगत सुधारों और क्रमागत कार्यक्रम सुधारों के बावजूद गरीबों के मामले में शिक्षा, स्वास्थ्य और पोषण सेवाओं को लेकर कुल कार्य-प्रदर्शन निम्न स्तरीय है।'

अनदेखी का इतिहास

वर्ष 1992 में जब अर्जुन सिंह ने तुलसी रेड्डी की आशा पर तुषारपात कर दिया और घोषणा की कि मध्याह्न भोजन योजना राष्ट्रीय स्तर पर लागू करने का कोई कार्यक्रम नहीं है तब भारत को स्वतंत्र हुए 45 साल बीत चुके थे। तब भारत की आबादी 85 करोड़ थी। देश का हर दूसरा व्यक्ति निरक्षर था। 30 करोड़ से भी ज्यादा लोग यानी हर तीसरा व्यक्ति गरीबी रेखा के नीचे जी रहा था। इस विफलता का बहाना अकसर भारत की विशाल आबादी में ढूँढ़ा जाता है। फिर भी, यह एक

कड़वी सच्चाई है कि चीन की आबादी भारत से ज्यादा है, फिर भी वर्ष 1980 में उसकी साक्षरता दर 78 प्रतिशत थी।

यह भी दलील दी जाती है कि मानव विकास में निवेश करने के लिए भारत बेहद गरीब है। मगर थाईलैंड और इंडोनेशिया को देखें। उनकी अर्थव्यवस्थाएँ छोटी हैं और उनके पास कमतर संसाधन हैं, लेकिन वर्ष 1980 में उनकी साक्षरता दर क्रमश: 94 प्रतिशत और 84 प्रतिशत थी। सवाल संसाधनों का नहीं है, यह बात केरल की सफलता से भी साबित होती है। हरेक दशक में केरल ने न केवल भारत को, बल्कि चीन को भी पीछे छोड़ा है और उसकी सफलता सबसे ज्यादा महिला साक्षरता के मामले में परिलक्षित होती है। वर्ष 1981 में केरल इसपर गर्व करता था कि उसकी महिला साक्षरता दर 76 प्रतिशत थी, जबकि चीन की 51 प्रतिशत और शेष भारत की महज 30 प्रतिशत थी। वर्ष 1991 में केरल में महिला साक्षरता दर 86 प्रतिशत थी, जबकि शेष भारत में 39 प्रतिशत और चीन में 68 प्रतिशत थी।

गरीबी दूर करने में शिक्षा के इस्तेमाल का महत्त्व मानी हुई बात थी। समितियों की एक श्रृंखला ने भारत में शिक्षा को सार्विक करने की जरूरत पर बल दिया था। वर्ष 18 54 की शिक्षा पर सर चार्ल्स वुड की रिपोर्ट, 1902 में हंटर आयोग, 1929 में सर फिलिप हार्टोग कमेटी, 1934 में सप्रू कमेटी और 1936 में एबॉट वुड कमेटी ने शिक्षा के परिदृश्य का अध्ययन किया था और व्यापक सिफारिशें की थीं। इनमें स्कूलों में अंग्रेजी की पढ़ाई शुरू करने, वोकेशनल कोर्स शुरू करने और कॉलेजों एवं विश्वविद्यालयों का स्तर सुधारने की सिफारिशें शामिल थीं। नि:शुल्क एवं अनिवार्य शिक्षा की अवधारणा भी कोई अनजानी नहीं थी। जाकिर हुसैन समिति ने वर्ष 1937 में ही कम-से-कम सात साल तक के तमाम बच्चों को नि:शुल्क एवं अनिवार्य शिक्षा प्रदान करने पर बल दिया था। इस रिपोर्ट पर लंबी व परिचर्चा हुई और तब जाकर राज्य के नीति निदेशक सिद्धांत में नि:शुल्क एवं अनिवार्य शिक्षा के विचार ने स्थान पाया। स्वतंत्रता-प्राप्ति के शीघ्र बाद जो समितियाँ बनाई गई थीं, उन्होंने भी साबित किया कि देश के संस्थापकों को शिक्षा के महत्त्व के बारे में पता था। राधाकृष्णन समिति ने वर्ष 1948 में और लक्ष्मणस्वामी मुदलियार आयोग ने सन् 1952 में सुझाव दिया था कि संविधान द्वारा किए गए वादे को लागू करने के लिए शिक्षा में निवेश बढ़ाया जाए और शैक्षणिक क्षमता बढ़ाई जाए। शिक्षा सुधारों पर गठित कोठारी आयोग ने वर्ष 1986 में और यशपाल कमेटी ने 1993 में शिक्षा की समीक्षा की और इसकी पड़ताल की कि पूर्व समितियों द्वारा किए गए वादों को क्यों नहीं पूरा किया गया।

बहरहाल, जागरूकता और अच्छे इरादों के बावजूद भारत में शिक्षा समितियों से लेकर आयोगों तक, योजनाओं से लेकर कार्यक्रमों तक भटकती और ठिठकती रही। वर्ष 1976 में शिक्षा को संविधान की समवर्ती सूची में डाल दिया गया, जिससे शिक्षा

के विकास के लिए राज्य भी केंद्र के बराबर ही जिम्मेदार बना दिए गए। वर्ष 1986 में शिक्षा पर राष्ट्रीय नीति की घोषणा की गई, जिसमें राज्यों की शिक्षण क्षमता बढ़ाने में केंद्रीय मदद से कार्यक्रमों का उल्लेख था। 'ऑपरेशन ब्लैकबोर्ड' की शुरुआत वर्ष 1987 में की गई। इसका उद्देश्य खास तौर पर ग्रामीण भारत में प्राथमिक शिक्षा को बढ़ावा देने के लिए कक्षाओं के निर्माण, शिक्षकों की भरती और शिक्षण सामग्री को हासिल करने के लिए अनुदान देना था। इसके बाद सन् 1988 में शैक्षिक प्रशिक्षण कार्यक्रम के जिला संस्थान की स्थापना की गई। इसका मकसद ग्रामीण जिलों में शैक्षिक प्रशिक्षण संस्थान खोलने के लिए धन मुहैया कराना था। राष्ट्रीय साक्षरता मिशन द्वारा पूर्ण साक्षरता अभियान का संचालन किया गया। यह जिलों में वयस्क (प्रौढ़) साक्षरता को बढ़ावा देने के लिए अनुदान देता था।

अंतरराष्ट्रीय एजेंसियाँ भी वर्ष 1980 और 1990 के बीच नए शैक्षिक कार्यक्रम लेकर आईं। ब्रिटिश ओवरसीज डेवलपमेंट एडमिनिस्ट्रेशन ने आंध्र प्रदेश प्राथमिक शिक्षा परियोजना चलाने के लिए धन मुहैया कराया। डच सरकार ने कर्नाटक, उत्तर प्रदेश और गुजरात में स्त्री समस्याओं के लिए वित्तीय मदद दी। यूनिसेफ ने बिहार शिक्षा परियोजना चलाई और विश्व बैंक ने उत्तर प्रदेश आधारभूत शिक्षा परियोजना के लिए वित्त प्रदान किया। ये तमाम कार्यक्रम एक विफल वादे को पूरा करने के प्रयास थे।

सन् 1996 में विश्व बैंक की एक रिपोर्ट में भारत की प्राथमिक शिक्षा-प्रणाली को इस रूप में वर्णित किया गया—"ऐसा गिलास, जो दो-तिहाई भरा है और एक-तिहाई खाली है।" देश के छह से दस वर्ष की उम्र के 10.5 करोड़ बच्चों में से 6.7 करोड़ ही स्कूल जाते थे और एक-तिहाई या 3.3 करोड़ बच्चे स्कूल—वर्ष 1990 में अर्जेंटीना की जनसंख्या के बराबर—नहीं जाते थे। इससे भी बदतर बात थी कि जो बच्चे स्कूल नहीं जा पाते थे, उनमें गरीब 75 प्रतिशत वे होते थे, जो आंध्र प्रदेश, बिहार, मध्य प्रदेश, राजस्थान, उत्तर प्रदेश और पश्चिम बंगाल जैसे निर्धनतम राज्यों से आते थे। पाँच से चौदह साल की तमाम लड़कियों में से आधी स्कूल नहीं जाती थीं। और जहाँ गरीबी सबसे ज्यादा थी, वहाँ निरक्षरता भी सबसे ज्यादा थी। बिहार में सिर्फ 18 प्रतिशत और उत्तर प्रदेश में सिर्फ 21 प्रतिशत महिलाएँ साक्षर थीं।

भारत में शिक्षा-प्रणाली की विफलता के कारण रूप में अकसर धन की कमी को उद्धृत किया जाता है। लेकिन मामला उतना उपलब्धता का नहीं है, जितना कि आवंटन का है। अगर केरल सफलता का उज्ज्वल उदाहरण है तो इसका सरल कारण है कि यह सरकारी खर्च का 6 प्रतिशत से भी ज्यादा शिक्षा के लिए आवंटित करता है। यहाँ तक कि श्रीलंका जैसा छोटा देश भी अपने जी.डी.पी. की 1 प्रतिशत से ज्यादा राशि पोषण कार्यक्रमों के लिए आवंटित करता है। इन कार्यक्रमों का जोर महिलाओं की सेहत एवं

शिक्षा पर रहता है। इसके विपरीत, भारत अभी भी जी.डी.पी. की बमुश्किल 0.19 प्रतिशत राशि प्रत्यक्ष पोषण कार्यक्रम पर खर्च करता है।

अनुपातों की तमाम बातचीत को एक ओर छोड़कर यह भी दलील दी जा सकती है कि भारत ने अपने सर्वाधिक गरीब नागरिकों की शिक्षा पर धन खर्च करने की जरूरत को नजरअंदाज किया। और एक बच्चे को भोजन कराने और स्कूल भेजने का खर्च क्या था? वर्ष 1982 में तमिलनाडु सरकार को प्रति बच्चा प्रतिदिन महज 45 पैसे खर्च करने पड़ते थे। विश्व बैंक और यूनिसेफ द्वारा कराए गए अध्ययनों ने यह स्थापित कर दिया है कि एक बच्चे का साल भर का खर्च बमुश्किल 10 डॉलर है। '90 के दशक में भारत में 0–14 साल की उम्र के 30 करोड़ बच्चे थे, इसलिए उनकी मध्याह्न भोजन योजना पर 3,000 करोड़ रुपए से ज्यादा खर्च नहीं बैठता और इसने कई लक्ष्य साधे होते—कुपोषण दूर करना, दाखिलों में वृद्धि और स्कूल छोड़ने की दर में गिरावट।

जब भारत गणतंत्र बना और उसने संविधान अपनाया तो संस्थापक जनकों ने बच्चों के कल्याण के प्रति स्पष्ट प्रतिबद्धता जताई। राज्य के नीति निदेशक सिद्धांत में अनुच्छेद 45 में कहा गया है "इस संविधान के लागू होने के दस साल के अंदर राज्य (सरकार) चौदह साल तक के तमाम बच्चों की निःशुल्क एवं अनिवार्य शिक्षा की व्यवस्था करेगा।" अनुच्छेद 24 कहता है—"चौदह साल से कम उम्र का कोई भी बच्चा काम करने के लिए नियुक्त नहीं किया जाएगा।..." अनुच्छेद 39 जोर देकर कहता है कि "सरकार अपनी नीति से यह सुनिश्चित करेगी कि बच्चों की कोमल आयु का शोषण व दुरुपयोग न हो और आर्थिक जरूरत के कारण नागरिक ऐसे पेशों में जाने को मजबूर न हों, जो उनकी उम्र या ताकत के अनुकूल न हो। फिर भी, वर्ष 1991 में 6 से 14 साल की उम्र के तमाम बच्चों में से एक-तिहाई स्कूल नहीं जा पाते थे और करीब 1.5 करोड़ बच्चे काम करने को मजबूर थे।

वर्ष 1972 से ही सर्वोच्च न्यायालय ने अपने क्रमागत फैसलों में संविधान द्वारा किए गए संकल्प और भारत में मौजूद वास्तविकता के बीच खाई को उजागर किया। सर्वोच्च न्यायालय ने स्पष्ट किया कि एक अधिकार तभी अधिकार रहता है, जब राज्य इसके हकदार को यह मुहैया कराए। इसने कहा कि अभिव्यक्ति की स्वतंत्रता का कोई भी सिद्धांत न्याय एवं समानता तथा जनता के शिक्षा के अधिकार को अवश्य ही सुनिश्चित करे, क्योंकि नीति निदेशक सिद्धांतों द्वारा राज्य (सरकार) को यह सकारात्मक कर्तव्य सौंपा गया है। वर्ष 1982 में उच्चतम न्यायालय ने साफ कहा कि राज्य के नीति-निदेशक सिद्धांतों के मद्देनजर जिन अधिकारों को लागू करने की माँग की जाती है, उसके लिए अनिवार्य है कि राज्य सक्रिय हस्तक्षेप करें। इसके बाद सन् 1993 में एक और फैसला आया जिसमें उच्चतम न्यायालय ने कहा कि "देश के नागरिकों को शिक्षा पाने का मौलिक अधिकार है।"

सर्वोच्च न्यायालय के बारंबार हस्तक्षेपों के अलावा नि:शुल्क एवं अनिवार्य शिक्षा को बढ़ावा देने के लिए प्रचुर कानून बनाए गए थे। आंध्र प्रदेश शिक्षा अधिनियम-1982, असम प्राथमिक शिक्षा कानून-1974, बिहार प्राथमिक शिक्षा अधिनियम-1959, गोवा अनिवार्य प्राथमिक शिक्षा अधिनियम-1995, गुजरात प्राथमिक शिक्षा अधिनियम-1961, पंजाब प्राथमिकता शिक्षा कानून-1960, हिमाचल प्रदेश अनिवार्य शिक्षा अधिनियम-1954, जम्मू एवं कश्मीर शिक्षा अधिनियम-1984, कर्नाटक शिक्षा अधिनियम-1983, केरल शिक्षा अधिनियम-1958, मध्य प्रदेश शिक्षा अधिनियम-1961, बंबई प्राथमिक शिक्षा अधिनियम-1947, राजस्थान प्राथमिक शिक्षा अधिनियम-1964, सिक्किम प्राथमिक शिक्षा अधिनियम-2000, संयुक्त राज्य प्राथमिक शिक्षा अधिनियम-1919, 1926 एवं-1950 तथा पश्चिम बंगाल प्राथमिक शिक्षा अधिनियम-1973 और दिल्ली प्राथमिक शिक्षा अधिनियम-1960 जैसे तमाम कानून एक साझा उद्देश्य को लेकर बनाए गए थे। लेकिन ये तमाम कानून समान कारणों से विफल हो गए। राजनीतिक इच्छा-शक्ति और नौकरशाही की प्रतिबद्धता के अभाव के कारण इन कानूनों ने दम तोड़ दिया।

इसे आपराधिक उदासीनता ही कहा जा सकता है कि केंद्र एवं राज्यों में क्रमागत सरकारों ने मध्याह्न भोजन योजना के बारे में जानने के बावजूद इसपर काम करने से इनकार कर दिया; जबकि इस कार्यक्रम ने यह सिद्ध कर दिखाया था कि इससे सरकार के दो लक्ष्य पूरे हो सकते हैं—कुपोषण को रोकना और नि:शुल्क शिक्षा लागू करना। यह राज्य का दायित्व है कि वह एक नागरिक को भूख एवं निरक्षरता से मुक्त होने लायक बनाए; लेकिन एक अजीब विशिष्टतावाद ने उसे इस स्वतंत्रता से वंचित रखा।

अमर्त्य सेन ने सन् 1982 में इस अभिजातवाद को स्पष्ट किया। तीन दशकों की योजना की समीक्षा करते हुए एक लेख में उन्होंने लिखा—"सामाजिक सेवाओं के प्रति भारत का दृष्टिकोण निहायत ही अकल्पनाशील और अनुदारवादी रहा है। यह रूढ़िवादी नजरिया भारतीय समाज एवं राजनीति के अभिजातवादी चरित्र में एकदम फिट बैठता है।" भूख और निरक्षरता के मंजर का विश्लेषण करते हुए उन्होंने कहा कि "भारतीय प्रणाली की ताकत और कमजोरी स्पष्ट हैं। यह अंतर्जात कुपोषण और भूख को तब तक गंभीर नहीं मानता, जब तक कि ये खामोशी से चलते रहते हैं। यह लोगों के विशाल बहुमत को निरक्षर रखने का अन्याय करता है, जबकि अभिजात लोग उच्च शिक्षा के लाभ उठाते रहते हैं।"

इनकार और अभाव की तसवीर इस कहानी से स्पष्ट होती है। केरल में मछुआरों का एक गाँव कायिपाडी है। अप्रैल 1995 में इस गाँव में पाँच से चौदह साल के 250 बच्चे थे। हालाँकि सबसे नजदीक का स्कूल सिर्फ 3 किलोमीटर दूर था, लेकिन इनमें से कोई भी बच्चा स्कूल नहीं जाता था। इसका कारण यह था कि स्कूल पहुँचने के लिए बच्चों को एक नदी पार करनी होगी, फिर एक रेलवे लाइन पार करनी होगी और इसके

बाद एक व्यस्त हाइवे पार करना पड़ेगा और यह कवायद दिन में दो बार करनी पड़ेगी। जब उनके गाँव में स्कूल की स्थापना की गई, तभी उन बच्चों के माँ-बाप ने उन्हें उसमें दाखिला दिलवाया। 1 जुलाई, 1995 को जब स्कूल खुला तो पाँच से दस वर्ष की उम्र के 185 बच्चों ने स्कूल में नाम लिखवाया। इन सभी ने पहली कक्षा में नाम लिखवाया। कायिपाडी के बच्चों की पीढ़ियों को जो नुकसान उठाना पड़ा, वह वाकई भारत की शिक्षा नीति और कार्यक्रमों की दु:खद कहानी का प्रतिनिधित्व करता है।

शिक्षा में निवेश से जो फायदे होते हैं, वे नीति-निर्माताओं से कोई छुपे हुए नहीं हैं। बेहतर प्रदर्शन करनेवाले राज्यों पर विश्व बैंक के अध्ययनों ने दृढ़ता से शिक्षा और विकास के बीच संबंध स्थापित किया है। कामगारों की प्रति वर्ष शिक्षा से कृषि और उद्योग में उत्पादकता में सुधार होता है। वर्ष 1971 में भारत में कामगारों या मजदूरों की शिक्षा का स्तर बमुश्किल 1.6 साल था, जो वर्ष 1990 तक रेंगते हुए 2.4 साल तक पहुँचा था। भारत में वयस्क मजदूरों की औसत स्कूली शिक्षा का मौजूदा आँकड़ा 5.1 साल है।

अध्ययनों से यह बात सिद्ध हो गई है कि प्रति वर्ष की स्कूली शिक्षा से उत्पादन में 15 प्रतिशत बढ़ोतरी होती है। एशियाई टाइगर्स (सिंगापुर, दक्षिण कोरिया, इंडोनेशिया, थाइलैंड, मलेशिया आदि) के उदय का एक बड़ा कारण यह रहा है कि उनकी सरकारों ने शिक्षा में पर्याप्त निवेश किया। यह बात भारत के लिए भी सही है। वर्ष 1993 में अशोक माथुर ने 306 जिलों में मानव पूँजी का अध्ययन किया और उनका निष्कर्ष था कि प्राथमिक शिक्षा में निवेश करने से वे अनुकूल परिस्थितियाँ पैदा होती हैं, जिससे समान एवं समावेशी विकास हो सके।

स्वास्थ्य, जनसंख्या नियंत्रण और गरीबी-उन्मूलन जैसे विविध मोरचों पर भारत की विफलता की व्युत्पत्ति उसकी शिक्षा नीति की विफलता में देखी जा सकती है। भारत ने सन् 1986 में ही वादा किया था कि वह अपने जी.डी.पी. का 6 प्रतिशत शिक्षा पर खर्च करेगा। बाद में उसने वर्ष 1990 में थाइलैंड में जॉमटिएन में आयोजित सबके लिए यूनेस्को विश्व शिक्षा सम्मेलन में इस बाबत हस्ताक्षर भी किए थे। लेकिन यह वादा वर्ष 2012 में भी कागज तक ही सिमटा रहा है।

मध्याह्न भोजन योजना ने तमिलनाडु में सफलता का झंडा गाड़ा। गुजरात ने इस कार्यक्रम को अपनाया और इसे निष्ठा के साथ लागू किया और इसका लाभ उसे तीन अहम मोरचों पर मिला—कुपोषण में कमी आई, प्राथमिक विद्यालयों में बच्चों के नामांकन में सुधार हुआ और माध्यमिक विद्यालयों तक विद्यार्थियों के बने रहने का उच्च प्रतिशत रहा। दरअसल, '90 के दशक में किए गए तमाम शोधों ने यह साबित कर दिया कि मध्याह्न भोजन योजना ने स्कूलों में उच्च नामांकन दर को सुनिश्चित किया और सबसे अहम बात कि लड़कियाँ माध्यमिक शिक्षा तक स्कूलों में पढ़ती रहीं। साफ है कि

बौद्धिक समर्थन या सबूत की कोई कमी नहीं थी कि इस विचार को गंभीरता से लिया जाए। फिर भी, राजनीतिक वर्ग और नीति-निर्माताओं को उद्वेलित करने के लिए एक संकट और सार्वजनिक क्षेत्र में दबाव की जरूरत पड़ी।

निरक्षरता का कलंक

वर्ष 1995 में कई परिस्थितियों के संयोग से कुपोषण और निरक्षता का संकट फिर से चर्चा में आ गया। अर्थव्यवस्था के खोले जाने और सॉफ्टवेयर क्षेत्र के उदय का एक अप्रत्यक्ष असर यह हुआ कि भारत को मीडिया में ज्यादा जगह मिलने लगी। मगर अंतरराष्ट्रीय समुदाय भौंचक था कि एक ओर तो भारत के पास विश्व स्तरीय तकनीकी क्षेत्र है और दूसरी ओर सामाजिक विकास के मामले में यह इतना पिछड़ा है। अंतरराष्ट्रीय मीडिया में बच्चों, शिक्षा, निरक्षरता और कुपोषण के बारे में भयावह दृश्य पेश किए जाने लगे।

फरवरी 1994 में 'द न्यूयॉर्क टाइम्स' के लिए लिखते हुए एडवर्ड गार्गन ने वास्तविक भारत की तसवीर पेश की। उन्होंने टिप्पणी की कि संयुक्त राष्ट्र संघ विकास तालिका के कुल 173 देशों में भारत का स्थान 134वाँ है। ''भारत की 88 करोड़ आबादी में से आधी निहायत गरीबी में जीती है। आधी से ज्यादा आबादी अशिक्षित है। 10 प्रतिशत से भी कम लोगों की पहुँच साफ-सफाई तक है और जन्म लेनेवाले हर 1000 बच्चों में से 142 बच्चे पाँच साल की उम्र से पहले ही मर जाते हैं।'' अकादमिक अध्ययनों ने देश में मौजूद हालात की और भी बदतर तसवीर पेश की।

स्थिति और अधिक बिगड़ती जा रही थी। वर्ष 1991 के आर्थिक संकट के मद्देनजर नरसिम्हा राव सरकार ने शिक्षा पर खर्च में कटौती कर दी और विविध कार्यक्रमों पर कम ध्यान दिया। प्राथमिक विद्यालयों में नामांकन काफी गिर गया था। वर्ष 1991 में नामांकन का प्रतिशत 100.1 था, जो 1994 में गिरकर 81.7 प्रतिशत रह गया था। वर्ष 1977 में भी नामांकन का स्तर 81 प्रतिशत था। दरअसल, चार साल में भारत की प्राथमिक शिक्षा 17 साल पीछे हो गई थी। क्षेत्रीय ब्योरे ने दरशाया कि हिंदी-भाषी राज्यों में स्थिति ज्यादा बदतर हुई है और इसका सबसे बुरा असर वंचित वर्गों—अनुसूचित जातियों एवं अनुसूचित जनजातियों पर पड़ा।

फरवरी 1995 में माधवराव सिंधिया ने मानव संसाधन विकास मंत्रालय की कमान सँभाली। सिंधिया ग्वालियर के महाराजा थे और कांग्रेस पार्टी के बेहतर प्रशासक-राजनीतिज्ञों में से जाने जाते थे। जल्द ही उन्होंने अपने मंत्रालय के विविध विभागों की समीक्षा की। वह नामांकन आँकड़ों में भारी गिरावट को देखकर हैरान रह गए। उन्हें इस बात से और भी सदमा लगा कि इस पतन को रोकने के लिए मंत्रालय के अधिकारियों ने कुछ भी नहीं किया। उन्होंने 1 अप्रैल, 1995 को प्राथमिक शिक्षा विभाग के अधिकारियों

को फटकार लगाई और 4 अप्रैल को तमाम राज्यों के शिक्षा मंत्रियों एवं शिक्षा सचिवों की आपात बैठक बुलाई।

दरअसल, कोई साल भर पहले तत्कालीन मानव संसाधन विकास मंत्री अर्जुन सिंह ने दिल्ली में सर्वशिक्षा शिखर सम्मेलन की अनुवर्ती कार्य-योजना पर चर्चा करने के लिए तमाम मुख्यमंत्रियों का एक सम्मेलन आयोजित किया था। हिंदी-भाषी राज्यों के मुख्यमंत्रियों की भोपाल में भी एक बैठक की गई थी। इसने और इसी तरह के अन्य सम्मेलनों ने यह स्पष्ट कर दिया था कि ऑपरेशन ब्लैकबोर्ड और अन्य अनौपचारिक शिक्षा योजनाओं का कार्यान्वयन अपेक्षा से कमतर रहा है।

जैसा कि हमेशा होता है, सरकार सिर्फ तभी कार्रवाई करने के लिए बाध्य हुई, जब यह साफ हो गया कि वह संकट का सामना कर रही है। नामांकन में गिरावट गंभीर थी। तत्कालीन वित्त सचिव मोंटेक सिंह अहलूवालिया ने राज्यों को सावधान किया कि उन्हें अपने स्तर पर आवंटन की नई प्राथमिकताओं के अनुसार बजट बनाने होंगे। उन्होंने कहा, "साक्षरता, महिला शिक्षा और आधारभूत स्वास्थ्य सेवाओं का स्तर हमारी अपेक्षाओं से कम है और अन्य देशों के स्तरों से काफी नीचे है।" अहलूवालिया ने यह भी टिप्पणी की कि अगर मानव पूँजी में निवेश में बड़ा फासला बना रहता है तो भारत विकास और आधुनिकीकरण के लिए कोई विश्वसनीय रणनीति तैयार नहीं कर सकता है। राज्यों के शिक्षा मंत्रियों के साथ बैठक के बाद भारत सरकार ने स्कूलों में नामांकन बढ़ाने और कुपोषण कम करने के लिए तमिलनाडु का मध्याह्न भोजन मॉडल अपनाने का फैसला किया।

15 अगस्त, 1995 को यानी तमिलनाडु द्वारा मध्याह्न भोजन योजना शुरू करने के तेरह साल बाद भारत सरकार ने इसका अनुसरण किया। इस योजना का नाम 'राष्ट्रीय प्राथमिक शिक्षा पौष्टिक समर्थन कार्यक्रम' दिया गया। इसका मकसद विद्यार्थियों का नामांकन कराना, उन्हें स्कूल में बनाए रखना और उनकी उपस्थिति में इजाफा करना और साथ ही प्राथमिक कक्षाओं में विद्यार्थियों के कुपोषण को कम करना था। दुर्भाग्य से यह योजना सन् 1982 में एम.जी.आर. की पहल जितनी महत्त्वाकांक्षी नहीं थी, क्योंकि यह सिर्फ कक्षा एक से लेकर कक्षा पाँच तक के विद्यार्थियों के लिए थी।

मध्याह्न भोजन योजना की देश के 2,408 प्रखंडों में शुरुआत की गई। बाद में चरणबद्ध ढंग से इस योजना को पूरे देश के तमाम प्रखंडों में लागू किया गया। फिर इसका विस्तार शिक्षा गारंटी योजना और वैकल्पिक एवं अभिनव शिक्षा योजना के तहत पढ़ाई कर रहे बच्चों तक भी किया गया। केंद्र सरकार ने प्रत्येक स्कूल दिवस में प्रति बच्चे के हिसाब से 100 ग्राम अनाज देने और खाद्यान्नों के परिवहन के लिए प्रति क्विंटल 50 रुपए की सब्सिडी देने का आश्वासन दिया। कार्यक्रम में यह व्यवस्था रखी गई कि विद्यार्थियों को पकाया हुआ भोजन दिया जाएगा और भोजन पकाने का खर्च तथा अन्य जुड़े हुए खर्च

का भार राज्यों द्वारा उठाया जाएगा। राज्यों को इस योजना की पूरी प्रणाली स्थापित करने के लिए दो साल का समय दिया गया और इस अंतरिम अवधि में पहली कक्षा से पाँचवीं कक्षा तक के तमाम बच्चों को प्रति माह 3 किलोग्राम खाद्यान्न दिया जाएगा।

मंत्रालय ने एक और प्रावधान जोड़ा, जिसमें यह स्पष्ट किया गया कि यह अनुदान उन्हीं बच्चों को दिया जाएगा, जिनकी स्कूल में न्यूनतम उपस्थिति का रिकॉर्ड 80 प्रतिशत होगा। नीति-निर्माताओं को यह बात नहीं सूझी कि बच्चों को दंडित या वंचित करने का कोई तर्क नहीं है, जबकि उनकी अनुपस्थिति का आमतौर पर कारण उनकी गरीबी है। वैसे भी, उस पैमाने पर उपस्थिति की निगरानी करना और उसे कार्यान्वित करना असंभव था। हकीकत यह थी कि कई माँ-बाप स्कूल में खाद्यान्न लेने आते थे, जबकि उनका बच्चा बाहर काम कर रहा होता था। इस कार्यक्रम में अन्य कमियाँ भी थीं। राज्य इस योजना के लिए दी गई धनराशि को अन्य मदों में खर्च कर देते थे और स्कूल खाद्यान्नों को स्कूली बच्चों को देने की बजाय दूसरे लोगों को दे देते थे। फिर राज्यों ने रोना रोया कि किचन बनाने, भोजन पकाने और सहायकों को नियुक्त करने के लिए उनके पास धनराशि नहीं है। इस बात को बहुत महत्त्व न देकर यह कहा जा सकता है कि यह योजना विफल हो गई।

सन् 1996 में बारहवीं लोकसभा के चौथे सत्र में सांसदों ने मध्याह्न भोजन योजना के बेहद खराब कार्यान्वयन के लिए सरकार की कड़ी आलोचना की। केरल के सांसद पी.जी. कुरियन ने देश में शिक्षा की हालत को लेकर तीखा हमला किया। उनके बाद उड़ीसा में ढेंकानाल से सांसद के.पी. सिंह देव ने भी सरकार की निंदा की। उन्होंने कहा, "मैं विस्तार में नहीं जाना चाहूँगा; लेकिन स्थायी समिति ने 56वीं रिपोर्ट में जो कुछ कहा है, उसकी ओर इंगित करना ही पर्याप्त होगा।" स्थायी समिति ने अपनी 56वीं रिपोर्ट में देश की शिक्षा-प्रणाली की कड़ी आलोचनात्मक समीक्षा की थी। उस रिपोर्ट में विभिन्न कार्यक्रमों के लक्ष्य और उपलब्धि के बीच फासलों पर सवाल खड़े किए गए थे, प्रतिबद्धता की कमी को इंगित किया गया था और स्कूल छोड़नेवाले बच्चों की संख्या में बढ़ोतरी को उजागर किया गया था। रिपोर्ट में साफ कहा गया था कि जिला प्राथमिक शिक्षा कार्यक्रम जर्जर स्थिति में है। स्थायी समिति ने सन् 1995 में शुरू की गई मध्याह्न भोजन योजना को 'एक फर्जी योजना' करार दिया। कर्नाटक के पूर्व मुख्यमंत्री और तत्कालीन मानव संसाधन विकास मंत्री एस.आर. बोम्मई ने सांसदों द्वारा अपने विभाग की आलोचना का जवाब एक आँकड़े द्वारा दिया। उन्होंने इंगित किया कि पिछले साल के बजट में मध्याह्न भोजन योजना के लिए 1,400 करोड़ रुपए का प्रावधान किया गया था। संशोधन के बाद इसे घटाकर 800 करोड़ रुपए कर दिया गया। बोम्मई ने कहा, "ऐसा नहीं है कि हमारे पास पैसा नहीं है। हम भारतीय खाद्य निगम को भुगतान करते हैं। लेकिन राज्य सरकारें अपना स्टॉक उठा ही नहीं पाती हैं।" पता चला कि राष्ट्रीय

विकास परिषद् की बैठक में जिन राज्यों के लिए गुहार लगाई थी, वे ही इस योजना को लागू करने की जिम्मेदारी से जी चुराते रहे।

क्रांतिकारी एवं राजनीतिक सिद्धांतकार एम. एन. राय का नाम लेते हुए बोम्मई ने कहा, "या तो हम शिक्षित होवें या नष्ट हो जावें। हमें बाहर से उदाहरण लेने की जरूरत नहीं है। केरल को देखें। यह पूर्ण साक्षरता हासिल करने में सफल रहा है। अन्य राज्य ऐसा प्रबंध क्यों नहीं कर पाए?" उन्होंने इंगित किया कि केरल ने अपने घरेलू उत्पाद का 6 प्रतिशत शिक्षा के लिए आवंटित किया। "यह (केरल) सफल हुआ है, क्योंकि समुदाय प्रतिबद्ध है और सरकार समर्पित है।" उन्होंने उन सांसदों को भी सावधान किया, जो शिक्षा को मौलिक अधिकार बनाने की माँग करते हैं। "यह एक गंभीर मामला है। एक बार हम इसे मौलिक अधिकार बना देंगे तो यह वाद योग्य हो जाएगा। तब एक नागरिक अदालत में जा सकता है और यदि स्कूल या शिक्षक नहीं है या अन्य कोई कमी है तो उसे दूर कराने के लिए कोर्ट की शरण ले सकता है। और अदालत राज्य सरकार एवं केंद्र सरकार को इसपर कार्रवाई करने के लिए निर्देश दे सकती है।" तथ्य यह है कि समितियों, रिपोर्टों और कार्यक्रमों के द्वारा शिक्षा को शायद ही बढ़ावा दिया जा सकता है। जैसा कि सैम पित्रोदा—प्रौद्योगिकी विशेषज्ञ, जो बाद में ज्ञान आयोग के प्रमुख बने—ने टिप्पणी की, "वास्तविक दुःखद बात यह है कि भारत के पास शिक्षा का कोई असली बड़ा चैंपियन नहीं है।"

इस बीच राज्य निजी तौर पर अपनी सहूलियत के हिसाब से मध्याह्न भोजन योजना लागू करते रहे। नामांकन के आँकड़ों में थोड़ा सुधार दिखा। तीन वर्षों में यह 81.7 प्रतिशत से बढ़कर 88 प्रतिशत हो गया। लेकिन कुल तसवीर निराशाजनक विफलता की थी। मगर भारत में प्रशासन अपनी ही शैली में चलता रहा। वर्ष 1998 में भारत में वैश्विक आबादी के 20 प्रतिशत से कुछ ही कम लोग रहते थे; लेकिन दुनिया भर में जितने कुपोषित लोग थे, उनका 40 प्रतिशत भारत में ही था। बच्चों और पोषण कार्यक्रमों पर खर्च अनियमित एवं खराब था। तमिलनाडु में यदि प्रति बच्चे पर 167 रुपए खर्च किए जाते थे तो बिहार में मात्र 31 रुपए। सबसे गरीब राज्यों में बच्चों पर सबसे ज्यादा खर्च करने की जरूरत थी, लेकिन वहाँ सबसे कम खर्च किया जाता था। आश्चर्य नहीं कि वर्ष 1998 में विश्व बैंक ने अपने एक अध्ययन 'वेस्टिंग अवे' (बरबाद होने देना) में घोषणा की कि "कुपोषण अब एक खामोश आपदा है, जो माँग करती है कि स्वतंत्र भारत में पहले से ज्यादा प्राथमिकता दी जाए।"

गरीबी और कुपोषण ने शिक्षा की स्थिति को प्रभावित किया। वर्ष 2000 में, यानी स्वतंत्रता-प्राप्ति के 53 साल बाद भारत में 30.4 करोड़ लोग ऐसे थे, जो पढ़-लिख नहीं सकते थे। छह से चौदह साल के बीच के करीब 3 करोड़ बच्चे ऐसे थे, जो स्कूल नहीं जाते थे। ग्रामीण भारत में दस पुरुषों में से तीन और दस महिलाओं में से छह निरक्षर थे।

गरीब राज्यों में निरक्षरों की तादाद सबसे ज्यादा थी। बिहार में 4.3 करोड़ लोग निरक्षर थे तो उत्तर प्रदेश में 7.1 करोड़ लोग निरक्षर थे। सबसे ज्यादा आबादीवाले इन दो राज्यों में निरक्षरों की तादाद वर्ष 2000 में ब्रिटेन की कुल आबादी से दोगुना थी।

न तो निरक्षरता के अपमानजनक परिदृश्य और न ही कुपोषण की दयनीय तसवीर नीति में कोई बदलाव लाई। एक बार फिर इतिहास के एक हादसे ने संकट का समाधान निकाला। अप्रैल 2001 में पीपुल्स यूनियन फॉर सिविल लिबर्टीज (पी.यू.सी.एल.), राजस्थान ने भोजन के अधिकार के लिए अभियान चलाते हुए सर्वोच्च न्यायालय में एक रिट याचिका डाल दी। याचिकाकर्ताओं ने दु:खद स्थिति की ओर इंगित किया। एक ओर देश में इतना ज्यादा अनाज है कि उसका भंडारण नहीं किया जा पा रहा है और दूसरी ओर कुछ राज्यों में हर साल लोग भूखों मरते हैं। पी.यू.सी.एल. ने अदालत से गुहार लगाई कि वह सरकार को भोजन पानेवालों और पोषण कार्यक्रमों, जिसमें स्कूलों में मध्याह्न भोजन योजना शामिल है, का दायरा बढ़ाने का निर्देश दे। याचिका में अदालत से अपील की गई कि वह सरकार को खाद्य भंडारों से खाद्यान्न जारी करने का निर्देश दे। उन्होंने दलील दी कि भारतीय संविधान के अनुच्छेद 21 के तहत दिए गए जीवन के अधिकार में भोजन का अधिकार शामिल है। जाहिर था कि राज्यों ने विरोध किया। राज्य सरकारों ने कहा कि इस योजना की लागतों ने इसे अव्यावहारिक बना दिया है। उन्होंने दलील दी कि मध्याह्न भोजन योजना वहन नहीं की जा सकती है। लेकिन सर्वोच्च न्यायालय ने उनकी चिल्लपों पर ध्यान नहीं दिया और राज्यों को निर्देश किया कि वे अपने खर्चों में कहीं और कटौती करें।

28 नवंबर, 2001 को सर्वोच्च न्यायालय के न्यायमूर्ति के.जी. बालाकृष्णन और न्यायमूर्ति भूपिंदर नाथ किरपाल ने सरकार को निर्देश दिया कि वह मध्याह्न भोजन योजना पूरी तरह लागू करना सुनिश्चित करे। हरेक बच्चे को पका खाना दिया जाए, जिसमें कार्बोहाइड्रेट की मात्रा कम-से-कम 300 ग्राम और प्रोटीन की मात्रा 8 से 12 ग्राम हो। यह कार्यक्रम प्रत्येक स्कूल दिवस में चलाया जाए और यह अवधि न्यूनतम 200 दिन हो। जो सरकारें पकाए हुए भोजन की बजाय सूखा राशन देती थीं, उन्हें अदालत ने निर्देश दिया कि वे तीन महीने के अंदर गरीब जिलों के स्कूलों में और छह महीने के अंदर तमाम स्कूलों में बच्चों को पका हुआ भोजन प्रदान करें।

सर्वोच्च न्यायालय के आदेश के दो दिन पूर्व 26 नवंबर को भारत ने राजनीति का स्वप्निल पल देखा। मानव संसाधन विकास मंत्री मुरली मनोहर जोशी ने शिक्षा को एक मौलिक अधिकार बनाने के लिए संसद् में संविधान संशोधन विधेयक प्रस्तुत किया। संशोधन में कहा गया, "राज्य (सरकार) छह साल से चौदह साल तक के तमाम बच्चों को नि:शुल्क एवं अनिवार्य शिक्षा प्रदान करेगा और इसके लिए राज्य कानून बनाकर प्रक्रिया तय कर सकता है।" जिन पार्टियों की सरकारों ने मध्याह्न भोजन योजना को न लागू करने

के लिए सर्वोच्च न्यायालय में तमाम बहाने किए, वे ही संसद् में इस संशोधन के पक्ष में दलीलें देने के लिए होड़ कर रही थीं। इस 86वें संविधान संशोधन कानून-2002 को दिसंबर 2002 में राष्ट्रपति की मंजूरी मिल गई। थाइलैंड के जॉमटिएन में बाल अधिकार संयुक्त राष्ट्र सम्मेलन में भारत द्वारा हस्ताक्षर करने के 12 साल बाद और सर्वोच्च न्यायालय के लगातार हस्तक्षेपों के बाद संसद् ने एक ऐसा विधेयक पारित किया, जो नीति-निदेशक सिद्धांत में दिए गए आश्वासन की गारंटी देता था। वैसे, भारत के बच्चों को वर्ष 2009 तक इंतजार करना पड़ा, जब संसद् ने इस गारंटी को प्रभावी बनाने के लिए निःशुल्क एवं अनिवार्य शिक्षा के लिए बाल अधिकार कानून को पारित किया।

जमीनी स्तर पर इस कानून के बनने के बावजूद राजनीति दलों और नौकरशाही के रवैए में कोई बदलाव नहीं आया। सर्वोच्च न्यायालय ने छह महीने के अंदर मध्याह्न भोजन योजना लागू करने का आदेश दिया था; लेकिन इसका पालन सिर्फ उल्लंघन के तौर पर हुआ। एक के बाद एक राज्य ने इस योजना में विलंब करने और अदालती आदेश को नकारने के बहाने बनाए।

जिस राजनीतिक वर्ग ने संविधान संशोधन का श्रेय लेने का दावा किया, उसी ने नौकरशाही के सहयोग और उकसावे से सर्वोच्च न्यायालय में ज्यादा-से-ज्यादा बहाने पेश किए। न तो भूख की भयावहता और न ही निरक्षरता के खौफ का उनके लिए कोई अर्थ था। ग्रामीण क्षेत्र में 26 प्रतिशत घरों में 15 साल और उससे ऊपर के आयु वर्ग में एक भी ऐसा सदस्य नहीं था, जो पढ़-लिख सकता हो। उन घरों के सारे वयस्क सदस्य निरक्षर थे। इससे भी बदतर बात थी कि ग्रामीण भारत के हर दूसरे घर में कोई भी साक्षर महिला नहीं थी और शहरी भारत में यही हाल हर पाँचवें घर का था।

28 नवंबर को सर्वोच्च न्यायालय के आदेश के बावजूद, राज्य सरकारों ने इसके कार्यान्वयन में अपने पाँव पीछे खींच लिये। स्वयंसेवी कार्यकर्ताओं (एक्टिविस्ट) ने 1 अप्रैल, 2002 को 'मध्याह्न भोजन पर कार्रवाई दिवस' के रूप में घोषित कर दिया और नौ राज्यों के 100 जिलों में सर्वोच्च न्यायालय के आदेश पर निष्क्रियता के खिलाफ विरोध-प्रदर्शन किया। बंगलोर में बच्चों ने खाली प्लेटों के साथ सड़कों पर लाइनें लगाईं; अन्य स्थानों पर सर्वोच्च न्यायालय के आदेश की प्रतियाँ वितरित की गईं। अन्यत्र स्कूली बच्चों के लिए लोगों की मध्याह्न भोजन योजना के प्रावधान का प्रतीकात्मक आयोजन किया गया, ताकि सरकार शर्मिंदा होकर कार्रवाई करे। मगर इन विरोध-प्रदर्शनों का कोई सुपरिणाम नहीं निकला।

स्वयंसेवी कार्यकर्ता (एक्टिविस्ट) फिर अदालत चले गए। सर्वोच्च न्यायालय ने एक बार फिर हस्तक्षेप किया और 29 अक्तूबर, 2002 को जारी आदेश के माध्यम से यह स्पष्ट कर दिया कि इस अदालत के आदेशों के अनुपालन में लगातार उल्लंघन किए जाने

के मामले में संबंधित मुख्य सचिव / राज्यों / संघीय प्रदेशों के प्रशासक जिम्मेदार ठहराए जाएँगे। कड़े आदेशों के बावजूद कुछ राज्यों ने कुछ ठोस काम नहीं किया। सर्वोच्च न्यायालय को फिर दखल देना पड़ा। 2 मई, 2003 को अदालत ने पाया कि आदेश दिए जाने के डेढ़ साल बाद कुछ राज्यों—बिहार, झारखंड और उत्तर प्रदेश यानी सबसे गरीब और सबसे बड़ी जनसंख्यावाले निरक्षर बच्चोंवाले राज्यों ने उसके आदेश को लागू करना शुरू तक नहीं किया है। उत्तर प्रदेश और झारखंड की ओर से उपस्थित वकील इस निष्क्रियता का कोई संतोषजनक कारण नहीं बता सके। कुछ राज्यों ने तो सर्वोच्च न्यायालय के आदेशों का जवाब तक देने की जहमत नहीं उठाई। अदालत ने राज्यों को निर्देश दिया कि वे पहले सबसे गरीब जिलों में आदेश लागू करें। आदेशों की प्रतियाँ तमाम राज्यों और संघीय प्रदेशों के मुख्य सचिवों को भेजी गईं, जिसमें उन्हें निर्देश दिया गया कि वे 8 अगस्त, 2003 के पहले शपथ-पत्र या हलफनामे दायर कर बताएँ कि आदेश का पालन किस हद तक किया गया है। मामले की अगली सुनवाई की तारीख 19 अगस्त निर्धारित की गई।

कुछ प्रगति हुई, लेकिन सबसे बुरी तरह प्रभावित राज्यों ने कामचोरी जारी रखी। सर्वोच्च न्यायालय तक शिकायतें गईं कि आदेश का पालन नहीं हो रहा है। इस पर अदालत ने 2 अप्रैल, 2004 को स्थिति की समीक्षा की। जिन राज्यों ने दावा किया कि उन्होंने योजना को लागू करना शुरू कर दिया है, उन्होंने अपनी प्रगति का बड़ा ढीला लेखा-जोखा पेश किया। एक चालाकी उन्होंने यह दिखाई कि उन्होंने सिर्फ उन स्कूलों की संख्या दर्ज कर दी, जिनमें मध्याह्न भोजन योजना लागू की जा रही है और उनका कोई ब्योरा नहीं दिया कि यह किस तरह लागू की जा रही है। और इससे भी बढ़कर उन्होंने उन स्कूलों को छोड़ दिया, जिनमें योजना लागू नहीं की जा रही है। अदालत ने पूरा ब्योरा देने को कहा। साथ ही, अदालत ने कुछ राज्यों में की जा रही प्रगति की सराहना भी की। अदालत ने गौर किया कि कुछ राज्य सूखा-ग्रस्त क्षेत्रों में छुट्टियों के दौरान भी भोजन मुहैया करा रहे हैं। इसपर अदालत ने इस योजना का दायरा ऐसे क्षेत्रों के लिए अवकाश के दौरान भी बढ़ा दिया। फिर अदालत ने आदेश दिया कि तमाम राज्य इसके आदेशों का तब पूरी तरह पालन करें, जब देश भर में स्कूल फिर से खुल जाएँ। इसके लिए आखिरी तारीख 1 सितंबर, 2004 तय की गई।

मई 2004 में भाजपा के नेतृत्ववाले राष्ट्रीय जनतांत्रिक गठबंधन (राजग) की आम चुनाव में पराजय हुई और कांग्रेस के नेतृत्व में संयुक्त प्रगतिशील गठबंधन (संप्रग) वामपंथी दलों के समर्थन से सत्ता में आया। वाम दलों के पास उस समय 61 सांसद थे। वाम दलों और सक्रिय एक्टिविस्टों ने सरकार को बाध्य किया कि वह मध्याह्न भोजन योजना को न्यूनतम साझा कार्यक्रम में शामिल करे। बाद में इस कदम को राष्ट्रीय सलाहकार परिषद् ने भी मंजूरी दी। यह परिषद् शिक्षाविदों, स्वयंसेवियों, पूर्व नौकरशाहों

और कांग्रेसियों का एक निकाय है, जिसकी अध्यक्ष सोनिया गांधी हैं। इस कारण उन्हें नीति-निर्माण में अभूतपूर्व दखल देने का अवसर मिला।

'80 के दशक में जब मध्याह्न भोजन की योजना का प्रस्ताव रखा गया था, उसके बाद से पहली बार सरकार के विभिन्न अंगों ने तालमेल बिठाकर काम किया। यू.पी.ए. सरकार ने कई केंद्रीय प्रायोजित योजनाओं को एकीकृत किया, ताकि मध्याह्न भोजन योजना की सफलता सुनिश्चित की जा सके। ग्रामीण सड़क कार्यक्रम के साथ सड़क संपर्क सुधारा गया, प्रधानमंत्री ग्रामोदय योजना का इस्तेमाल कर जलापूर्ति और साफ-सफाई बढ़ाई गई, जवाहर रोजगार योजना और संपूर्ण ग्रामीण रोजगार योजना जैसी रोजगार योजनाओं के कामगारों का इस्तेमाल कर आधारभूत ढाँचा खड़ा किया गया।

इस योजना को और प्रभावी बनाने के लिए इसमें नए विचार जोड़े गए। उदाहरण के लिए, पुदुचेरी ने मध्याह्न भोजन के अतिरिक्त एक नाश्ता योजना भी शुरू की है, जिसके तहत विद्यार्थियों को दूध व बिस्कुट प्रदान किए जाते हैं। बिहार में एक बाल संसद् मध्याह्न भोजन योजना की निगरानी में शामिल की जाती है। उत्तराखंड में माताएँ इस योजना के कार्यान्वयन का निरीक्षण करती हैं। छत्तीसगढ़, गुजरात और मध्य प्रदेश में बच्चों को पोषक तत्त्व एवं कीटाणुनाशक दवाइयाँ दी जाती हैं।

वर्ष 2010 तक राष्ट्रीय मध्याह्न भोजन योजना के परिणामस्वरूप प्राथमिक एवं माध्यमिक स्कूलों में नामांकन एवं उपस्थिति में पर्याप्त बढ़ोतरी हुई और स्कूल छोड़ने की दर में गिरावट आई। शुरुआती अध्ययनों ने दरशाया कि राजस्थान, मध्य प्रदेश और कर्नाटक में तमाम स्कूली बच्चों का नामांकन बढ़ा है। दुनिया के बच्चों की हालत पर वर्ष 2011 की रिपोर्ट में खुलासा हुआ कि वर्ष 2005-09 के दौरान भारत में लड़कों का कुल नामांकन 115 प्रतिशत और लड़कियों का कुल नामांकन 111 प्रतिशत रहा। लड़कों की स्कूलों में उपस्थिति 85 प्रतिशत रही, जबकि लड़कियों की 81 प्रतिशत। बहरहाल, चिंताजनक बात यह थी कि सिर्फ 66 प्रतिशत विद्यार्थी प्राथमिक स्कूल के बाद भी कक्षाओं में आना जारी रखते थे। माध्यमिक स्कूल में लड़कों का नामांकन महज 61 प्रतिशत था और लड़कियों का इससे भी कम महज 52 प्रतिशत था। कुल मिलाकर योजना के कार्यान्वयन में सुधार के बावजूद गरीब माँ-बाप अभी भी अपने बच्चों को स्कूल से निकाल लेते थे, ताकि वे परिवार की आमदनी में इजाफा करने के लिए काम करने जा सकें।

बहरहाल, प्रगति जारी है। पंद्रह से चौबीस साल के आयु वर्ग के पुरुषों में साक्षरता दर 88 प्रतिशत और महिलाओं में 74 प्रतिशत है। सर्व शिक्षा अभियान को दुनिया में शिक्षा की सबसे बड़ी पहलों में से एक माना जाता है। केंद्र और राज्यों द्वारा शिक्षा पर वर्ष 2004 में 83,000 करोड़ रुपए खर्च किए जाते थे, जो 2011 में बढ़कर 2,23,000 करोड़ रुपए हो गया। यू.पी.ए. सरकार द्वारा अगस्त 2009 में पारित शिक्षा का अधिकार

कानून अप्रैल 2010 से प्रभावी हो गया। यह एक अग्रगामी कदम है। यह गारंटी प्रदान करता है कि छह से चौदह साल के बीच के बच्चों को शिक्षा पाने का अधिकार है। इसमें धन की व्यवस्था का स्पष्ट प्रावधान किया गया है और यह कानून वाद योग्य है।

मगर कानून का बल कुंठित है, क्योंकि यह सिर्फ स्कूल जाने की गारंटी दे सकता है, न कि शिक्षा की। सरकार ने आर.टी.आई. कानून में निजी स्कूलों में सुविधा से वंचित बच्चों के लिए 25 प्रतिशत आरक्षण का प्रावधान किया है। यह अच्छी शिक्षा देने की जिम्मेदारी निजी क्षेत्र पर डालने के समान है। सवाल उठता है कि उन 75 प्रतिशत बच्चों का क्या होगा, जो सरकारी स्कूलों में पढ़ते हैं?

बच्चों को स्कूल में दाखिला दिलाना भर पर्याप्त नहीं है। भारत के सामने अब बड़ी चुनौती है कि वह बच्चों को अच्छी शिक्षा प्रदान करे। एक गैर-लाभकारी संगठन 'प्रथम' द्वारा तैयार की गई शिक्षा की स्थिति पर 2011 की सालाना रिपोर्ट के अनुसार, कक्षा पाँच के हरेक दो विद्यार्थियों में एक से भी कम बच्चा कक्षा दो स्तर की पाठ्य पुस्तिका पढ़ सकता है। कक्षा तीन के तीन विद्यार्थियों में से सिर्फ एक विद्यार्थी दो अंकोंवाला साधारण घटाव कर सकता है और कक्षा चार के बस, आधे बच्चे पाँच अंकोंवाली संख्या को पहचान सकते हैं।

देश के ग्रामीण क्षेत्रों में स्कूल बनाए गए हैं। फिर भी, तीन विभिन्न कक्षाओं के विद्यार्थियों को बतौर रुटीन एक ही स्थान में एक साथ बिठाया जाता है। इसका कारण या तो स्थान का अभाव है या फिर शिक्षकों का अभाव है। अच्छे शिक्षकों के बिना शिक्षा की गुणवत्ता में नाटकीय सुधार नहीं हो सकता है। प्रौद्योगिकी बेहतर शिक्षा प्रदान करने में मदद कर सकती है, मगर 60 प्रतिशत स्कूलों में बिजली ही नहीं है। इस कारण ग्रामीण क्षेत्रों में प्रति दस में से सिर्फ एक स्कूल में कंप्यूटर की शिक्षा प्रदान की जाती है।

वर्ष 1964 में तत्कालीन शिक्षा मंत्री एम.सी. छागला ने कहा था, "हमारे संविधान निर्माताओं की मंशा बस, मड़ैया बनाकर उसमें विद्यार्थियों को डाल देना नहीं थी। वे यह नहीं चाहते थे कि इन विद्यार्थियों को अप्रशिक्षित शिक्षक दिया जाए, खराब पाठ्य-पुस्तकें दी जाएँ, उनके खेलने के लिए कोई मैदान नहीं हो और हम कहें कि हमने अनुच्छेद 45 का अनुपालन किया है और प्राथमिक शिक्षा का विस्तार हो रहा है... उनका आशय था कि हमारे बच्चों को असली शिक्षा प्रदान की जाए।" अगर भारत को अपने कथित जनसांख्यिकी लाभांश को भुनाना है तो उसे तमाम बच्चों को मध्याह्न भोजन प्रदान कर स्कूलों में रखने की जरूरत है। यह भी जरूरत है कि उन्हें जरूरी हुनर प्रदान कर भविष्य के लिए तैयार किया जाए, ताकि वे वैश्वीकृत दुनिया में प्रतियोगिता कर सकें, बराबरी कर सकें।

अन्यथा, भारत की कोई कहानी नहीं होगी।

□

काला हंस

21 अक्तूबर, 1981
कानकुन, मेक्सिको

अंतरराष्ट्रीय समय-क्षेत्र में भारत की अवस्थिति ऐसी है कि अगली कामकाजी सुबह वक्त पर वह टोक्यो या न्यूयॉर्क में अपने ग्राहकों को समाधान प्रदान कर सकता है। उसकी मानव पूँजी का हुनर कभी संदेहास्पद नहीं था और '70 के दशक तक यह स्पष्ट हो गया था, भारतीय सॉफ्टवेयर इंजीनियर अपनी सफलता का रास्ता तय कर सकते हैं। फिर भी यह विचार वर्ष 1990 के पहले तक यों पड़ा रहा, लेकिन अब वह काले राजहंस के तौर पर विकसित होता चला गया।

यहाँ उत्तर-दक्षिण सम्मेलन का आयोजन किया गया था। यह नेताओं का एक विशाल जमघट था। यहाँ सबसे अमीर और सबसे गरीब देशों के नेता साथ बैठकर चर्चा करने वाले थे कि वे कैसे आपस में सहयोग कर सकते हैं और इस दुनिया को एक बेहतर जगह बना सकते हैं। यहाँ बँगलादेश के शासनाध्यक्ष आने वाले थे तो अमेरिका के शासनाध्यक्ष भी आने वाले थे; जबकि दोनों देशों की प्रति व्यक्ति आय में जमीन-आसमान का फर्क था। बँगलादेश की प्रति व्यक्ति आय महज 90 डॉलर थी तो अमेरिका की प्रति व्यक्ति आय 10,00 डॉलर से भी ज्यादा थी। ये तमाम शासनाध्यक्ष एक ही मेज को साझा करने वाले थे और कानकुन की एक ही सुकूनदायी हवा में साँस लेने वाले थे। उनकी बुद्धिमत्तापूर्ण बातों की रिपोर्ट पेश करने के लिए दुनिया भर से 2,000 से भी ज्यादा पत्रकार आए हुए थे। सम्मेलन से निकलनेवाली खबरों के प्रसारण के लिए मजबूत आधारभूत ढाँचा खड़ा किया गया था। मेक्सिको की सरकार ने 30 लाख डॉलर की लागत से एक नया पृथ्वी स्टेशन भी स्थापित किया था। सम्मेलन के लिए इस स्थान का चयन भी विडंबनापूर्ण था। कानकुन धवल बालू और आसमानी रंगवाले समुद्र का 14 मील लंबा एक भूखंड था। यहाँ दुनिया के रईस लोग छुट्टियाँ मनाने आते

हैं। यह तटवर्ती शहर अमेरिका महाद्वीप के सबसे गरीब क्षेत्रों में से एक है। मगर सुरक्षा की दृष्टि से यह एकदम सही जगह है। यह शहर अलग-थलग है और मेक्सिको की मुख्य भूमि से बस, दो पुलों द्वारा जुड़ा हुआ है। ऐसे द्वीपीय शहर को आसानी से पूरी तरह सुरक्षित किया जा सकता है। इसे असंतुष्टों से भी आसानी से बचाया जा सकता था और यह बात अमीर देशों के नेताओं के लिए सुकूनदेह थी।

मेक्सिको के राष्ट्रपति जोस लॉपेज पोर्तिलो का कार्यक्रम अत्यधिक व्यस्त था। हर आधे घंटे में वह दुनिया भर के नेताओं का एक-एक कर पूरे सैन्य सम्मान के साथ स्वागत कर रहे थे। सऊदी अरब के राजकुमार फहद अपने निजी विमान बोइंग 747 में आए। ऐसा ही अल्जीरिया के राष्ट्रपति ने किया। विद्वान् जूलियस न्येरेरे कमर्शियल विमान से आए, क्योंकि तंजानिया की हैसियत ऐसी नहीं थी कि वह अपने प्रमुख को निजी विमान से कानकुन भेजे। भारतीय प्रधानमंत्री इंदिरा गांधी एयर इंडिया के विमान से आईं और वाहनों के एक काफिले में होटल गईं। अगला विमान एयरफोर्स वन आने वाला था, जिसमें अमेरिका के राष्ट्रपति रोनाल्ड रीगन को सम्मेलन में आना था। उनका विमान निर्धारित समय से 18 मिनट पहले पहुँच गया। जब रीगन विमान से उतरे तो उन्होंने गौर किया कि उनका स्वागत लाल-नीले-सफेद रंगोंवाले झंडे नहीं कर रहे थे, बल्कि भारत के तिरंगे झंडे कर रहे थे। यह प्रतीकात्मक पल था। अमेरिकी राष्ट्रपति की भारतीय प्रधानमंत्री के साथ अपराह्न में वार्त्ता निर्धारित थी और यह मुलाकात कानकुन में सर्वाधिक अहम मुलाकातों में से एक मानी जा रही थी।

अन्य नेताओं को सम्मेलन स्थल तक वाहन काफिले में ले जाया गया, लेकिन रीगन हेलिकॉप्टर से वहाँ पहुँचे। सम्मेलन स्थल था छह-मंजिला होटल शेरेटन। इस होटल को और 200 गज के समुद्री तट को पूरी तरह कड़ी सुरक्षा घेरे में रखा गया था। उन अति विशिष्ट मेहमानों की जरूरतों का खयाल रखने के लिए वहाँ 540 कर्मचारी तैनात थे। बहस एवं सम्मेलन स्थलों में अति उच्च फ्रीक्वेंसीवाली प्रौद्योगिकी प्रणाली लगाई गई थी, जो सूचनाओं को कूट संकेतों के जरिए भेजती थी और इसे डी-कोडिंग कर ही समझा जा सकता था।

रीगन का कार्यक्रम जिस तरह निर्धारित किया गया था, वह दिलचस्प था। सम्मेलन के पहले ही दिन उन्हें दो नेताओं से मुलाकात करनी थी, जो दुनिया की करीब एक-तिहाई आबादी का प्रतिनिधित्व करते थे। उन्हें चीन और भारत के नेताओं से बात करनी थी और इन दोनों देशों के साथ अमेरिका के अलग-अलग तरह के रिश्ते थे। इसलिए रीगन को इन दोनों देशों के नेताओं के साथ बातचीत करने में अपने संवाद-कौशल का भरपूर परिचय देना था। बात यह थी कि करीब दस साल पहले अमेरिका के तत्कालीन राष्ट्रपति ने एक ओर चीन से दोस्ती गाँठी थी तो दूसरी ओर भारत से अलगाव पैदा कर लिया था।

रीगन की पहली मुलाकात चीन के प्रधानमंत्री झाओ ज़ियांग के साथ दिन के भोजन के दौरान होनी थी। चीनी प्रधानमंत्री पंद्रह मिनट विलंब से पहुँचे। उन्होंने इसके लिए माफी माँगी तो रीगन ने उसे यह कहते हुए उड़ा दिया कि कानकुन में विलंब से आना एक फैशन है। दोनों नेताओं के बीच कोई अटपटी बात नहीं हुई, हालाँकि दोनों परस्पर विरोधी विचारधाराओं का प्रतिनिधित्व करते थे। झाओ ने रीगन से कहा कि हालाँकि वह उनसे पहले कभी नहीं मिले हैं, लेकिन उन्हें महसूस होता है कि वह लंबे समय से एक-दूसरे को जानते हैं। रीगन ने पानी का अपना गिलास उठाया और कहा, "मैं इस भाव को पी लूँगा।"

इंदिरा गांधी वक्त पर पहुँचीं। वह भारतीय शैली में सजी भूरी रेशमी साड़ी पहने हुए थीं। वह छठी मंजिल पर आईं तो उन्होंने गौर किया कि दरवाजे में एक मेटल डिटेक्टर (धातु की पहचान करनेवाला संयंत्र) लगा हुआ है। इससे वह थोड़ा खिन्न हुईं और उन्होंने अपने खास तेवर से गोपनीय सर्विस एजेंटों को देखा। उन्होंने फौरन इंदिरा गांधी से माफी माँगी और कहा कि डिटेक्टर चालू नहीं हैं। खैर, इंदिरा गांधी दरवाजे से होकर निकलीं और हरे कृत्रिम घास बिछे छज्जे पर आ गईं। उनका स्वागत युवा दिख रहे रीगन ने किया। रीगन पीले रंग की स्पोर्ट्स शर्ट और स्लैक्स पहने हुए थे। बैठने की व्यवस्था अनौपचारिक थी। दोनों सफेद आरामदेह कुरसियों पर बैठे। रीगन ने धवल बालू को धो रहे समंदर के नीले पानी को निहारा। दूर मेक्सिको की नौ सेना की चार गनबोट लंगर डाले हुई थीं। रीगन ने खुशमिजाजी बिखेरते हुए कहा, "यह मनोरम दृश्य है।" इंदिरा गांधी भी तैयार होकर आई थीं। सहमति में सिर हिलाते हुए उन्होंने जवाब दिया, "मैं आपसे दो मंजिल नीचे ठहरी हूँ।" उस शाम दोनों पक्षों ने मुलाकात को 'हिट' (जोरदार) करार दिया।

इंदिरा गांधी ने इस मुलाकात के वास्ते काफी राजनीतिक पूँजी लगाई थी। जब रीगन सन् 1980 में ह्वाइट हाउस के लिए चुने गए तो अन्य विश्व नेताओं की तरह इंदिरा गांधी ने भी उन्हें बधाई-पत्र भेजा था। फिर जब रीगन कमान सँभालने को तैयार हुए तो इंदिरा गांधी ने एक अन्य संदेश भेजा और सार्वजनिक बयान जारी कर उनसे अपील की कि वह अतीत को भूलकर भारत के साथ रिश्तों की ताजा शुरुआत करें। उन्होंने यह बयान 6 दिसंबर, 1980 को जारी किया और यह सोवियत संघ के राष्ट्रपति लियोनिद ब्रेझनेव की भारत यात्रा के बमुश्किल 72 घंटे पहले जारी किया गया और इस भ्रम को तोड़ने के लिए कि भारत सोवियत संघ का एक ग्राहक राज्य है, इंदिरा ने दोहराया कि सोवियत फौजों को अफगानिस्तान अवश्य ही छोड़ देना चाहिए।

फिर उन्होंने अपने चचेरे भाई बी.के. नेहरू, जो एल.बी.जे. के राष्ट्रपति काल के दौरान अमेरिका में भारत के राजदूत रहे थे, को अपने एक निजी संदेश के साथ रीगन के पास भेजा। नेहरू ने राष्ट्रपति के इर्द-गिर्द की बहुस्तरीय नौकरशाही से गुजरने में घंटों बिताए और आखिरकार रीगन के साथ कुछ मिनट बात करने का मौका पा लिया। इसमें अमेरिका

के एक वरिष्ठ राजनीतिज्ञ जॉन मैक्लॉय ने उनकी सहायता की। रीगन से नेहरू की यह मुलाकात कोई छोटी बात नहीं थी। रीगन अभी तक सिर्फ जर्मनी के पुनर्निर्वाचित चांसलर हेल्मुट श्मिट से मिले थे। जर्मनी यूरोप में अमेरिका का एक महत्त्वपूर्ण सहयोगी देश है। इंदिरा गांधी ने उन्हीं भावनाओं को दोहराया, जो उनके बयान में अभिव्यक्त हुआ था, ''हम बिलकुल नए सिरे से शुरुआत करें।'' न तो रीगन और न ही उनका विदेश विभाग भारत के इस अनपेक्षित हृदय-परिवर्तन को समझ सके; हालाँकि यह स्पष्ट था कि श्रीमती गांधी रिश्ते बढ़ाने के लिए गंभीर थीं। अमेरिकी प्रशासन के लिए जो तब पहेली था, वह आज तीन दशक बाद भी एक रहस्य बना हुआ है। बहरहाल, अगर घटनाक्रम को जोड़कर देखें तो भारतीय प्रधानमंत्री की कार्रवाइयों की विश्वसनीय व्याख्या मिल जाती है।

स्पष्ट है कि दिसंबर 1979 में अफगानिस्तान में सोवियत संघ के आक्रमण ने भारत को सुलगाने का काम किया। हालाँकि संयुक्त राष्ट्र संघ में भारत का रवैया अस्पष्ट और गोल-मोल था, लेकिन निजी स्तर पर उसने सोवियत कब्जे पर अपना गुस्सा छुपाया नहीं। सोवियतों को भेजा गया संदेश दो-टूक था—खैबर दर्रे में लाल सेना की मौजूदगी अस्वीकार्य है; दक्षिण एशिया में महाशक्ति का प्रवेश भारत के सर्वोत्तम हित में कतई नहीं था।

ब्रेझनेव ने 8 दिसंबर को जब भारत की यात्रा की तो इस दौरान अफगानों, उनके समर्थकों एवं सहानुभूति रखनेवालों तथा शांतिकर्मियों ने विरोध-प्रदर्शन किया। सोवियत शिष्टमंडल को दी गई राजनयिक अगवानी ठंडी थी। भारत ने सोवियत मकसद के समर्थन में कोई बयान जारी नहीं किया। दरअसल, सात पेज की सरकारी घोषणा में भारत ने कहा कि वह एक देश के आंतरिक मामलों में विदेशी ताकतों के दखल के खिलाफ है। ब्रेझनेव को भारतीय राष्ट्रपति नीलम संजीव रेड्डी से यह उपदेश भी सुनना पड़ा कि सार्वभौम राष्ट्रीय भूभाग का विदेशी आधिपत्य गलत है और भारत इस क्षेत्र में विदेशी सेनाओं की मौजूदगी के खिलाफ है। दोनों पक्षों ने तीन दिन असहमति में ही बिताए।

भू-राजनीति और अर्थशास्त्र उभरती तसवीर के बिंदुओं को मिलाते हैं। सोवियत संघ ने अफगानिस्तान पर कब्जा कर भारत की सुरक्षा को खतरे में डाल दिया था। यह भी साफ था कि इंदिरा गांधी अब भारत को सोवियत संघ के पिछलग्गू के तौर पर नहीं देखना चाहती थीं। उपयोगिता के संदर्भ में खाड़ी क्षेत्र में साफतौर पर सोवियत प्रभाव क्षीण हो रहा था। उस वक्त भारत की आर्थिक परिस्थितियाँ भी नाजुक थीं। भारत डॉलर देकर सामान आयात करता था; लेकिन वह इतनी विदेशी मुद्रा नहीं कमा पाता था कि आयात का भुगतान कर सके। हाँ, सोवियत संघ के साथ व्यापार था, लेकिन रुपया-रूबल कारोबार में भारत को अंतर्निहित घाटा भी था। भारतीय सामान को सोवियतों द्वारा अकसर बेचकर डॉलर प्राप्त कर लिया जाता था; जबकि भारतीयों के पास रूबल रह जाते थे, जिनका इस्तेमाल सिर्फ सोवियत सामान खरीदने के लिए किया जा सकता

था। दरअसल, वर्ष 1981 में भारत का अमेरिका के साथ 3 अरब डॉलर का कारोबार था और वह भारत का सबसे बड़ा कारोबारी साझेदार था।

इस रणनीतिक बदलाव में एक निजी कोण भी था। इंदिरा गांधी इस बात को कभी नहीं भूलती थीं कि उनके साथ या उनके देश के साथ कब और किसने कैसा बरताव किया। सोवियतों ने भारतीय कम्युनिस्ट पार्टी की सलाह पर आपातकाल के दौरान उनका साथ दिया था; लेकिन वर्ष 1977 की चुनावी पराजय के बाद उनकी पार्टी की अनदेखी की। सी.पी.आई. का आकलन था कि इंदिरा गांधी की ताकत अब चुक गई है। इसके विपरीत, अमेरिकियों ने उनसे सम्मानपूर्ण व्यवहार करना जारी रखा। आश्चर्य नहीं कि जब इंदिरा गांधी सन् 1980 में पुनर्निर्वाचित होकर सत्ता में वापस आईं तो सोवियत राष्ट्रपति ने उन्हें आमंत्रित किया; लेकिन उन्होंने इसे नजरअंदाज कर दिया।

अमेरिकियों ने इस बात पर गौर किया। बहरहाल, अमेरिका पाकिस्तान के साथ अपनी दोस्ती को तोड़ने के लिए तैयार नहीं था। अमेरिका ने भारत के इस आक्रामक पड़ोसी को हथियार देना जारी रखा। 15 जून, 1981 को भारत के विदेश मंत्री पी. वी. नरसिम्हा राव ने पाकिस्तान के दौरे से लौटने पर जब घोषणा की कि मेल-मिलाप और सुलह की संभावना है, तभी अमेरिकियों ने पाकिस्तान को 2.5 अरब डॉलर के हथियार देने की घोषणा कर दी, जिसमें एफ-16 युद्धक विमान भी शामिल थे। इंदिरा गांधी ने इसका विरोध किया और वरिष्ठ राजनयिकों को अमेरिका भेजा, ताकि भारत की चिंताएँ जताएँ; लेकिन साथ ही उन्होंने रीगन प्रशासन से संबंध बेहतर बनाने के लिए इसे कोई मुद्दा नहीं बनाया। इससे भी अहम बात थी कि इंदिरा गांधी ने सोवियतों से दूरी बनाए रखी।

इंदिरा गांधी समझ गई थीं कि सोवियत संघ के साथ गहरी दोस्ती भारत का हित साधने में मदद नहीं दे रही है। उनकी तलाश भले ही मुख्य तौर पर भू-राजनीतिक रणनीति के कारण रही हो, लेकिन इसके ठोस आर्थिक परिणाम भी निकले। उन्होंने सोवियत संघ से दूर हटकर गुटनिरपेक्षता की ज्यादा संतुलित स्थिति बनाई, जैसा कि उनके पिता जवाहरलाल नेहरू ने मूल रूप में अवधारणा रखी थी। इससे भारत को वैश्विक आर्थिक विकास का लाभ उठाने का मौका मिलता।

जब सोवियत राष्ट्रपति ब्रेझनेव ने अगस्त 1981 में भारत-सोवियत मैत्री संधि की दसवीं वर्षगाँठ मनाने के लिए उन्हें मॉस्को आमंत्रित किया तो उन्होंने इनकार कर दिया। भारत का सोवियत संघ से दूर हटना और अमेरिका से रिश्ते सुधारने का प्रयास करना—इस रणनीति को 'द न्यूयॉर्क टाइम्स' ने 'भारत की रस्सा चाल' करार दिया। अमेरिका द्वारा पाकिस्तान को हथियार देने से श्रीमती गांधी नाराज थीं; लेकिन इसका जवाब देने के लिए बस भारत की हथियार खरीद नीति में विविधता लाई गई। उन्होंने ब्रिटेन से जगुआर और फ्रांस से मिराज खरीदने के लिए बातचीत की।

इंदिरा गांधी और उनकी राजनीति की एक खासियत थी कि वह बहुत मौके पर चोट करने और इसके लिए रणनीति बनाने और तैयारी करने में माहिर थीं। जिस दिन कानकुन में सम्मेलन शुरू हुआ, उसी दिन उनके मंत्रिमंडल ने केरल में सी.पी.एम. सरकार को बरखास्त कर दिया। ऐसी बरखास्तगियाँ आमतौर पर अमेरिकी मीडिया में हलचल पैदा नहीं करती हैं। लेकिन इस राजनीतिक कदम को कानकुन सम्मेलन के मौके पर जान-बूझकर उठाया गया था। फिर अगले दिन 22 अक्तूबर को 'वॉशिंगटन टाइम्स' ने पेरिस से खबर दी—'फ्रांस और भारत भारतीय वायु सेना के लिए 150 मिराज-2000 युद्धक विमान खरीदने के लिए तेजी से बातचीत आगे बढ़ा रहे हैं।' यह 2 अरब डॉलर का सौदा था। इससे भारत को सोवियत संघ के अलावा विमान आपूर्ति का एक बड़ा स्रोत मिल जाएगा और फ्रांस की मिराज उत्पादन-लाइन को एक नया जीवन मिल जाएगा।

खबरों की इन सुर्खियों ने बातचीत के लिए सही पृष्ठभूमि बना दी। रीगन एक उल्लेखनीय राजनीतिज्ञ थे—चतुर, साफगोईवाले और जटिल मुद्दों की व्याख्या करने में निपुण। अपने देश में वह एक संरक्षित राज्य की अवधारणा के खिलाफ थे। अंतरराष्ट्रीय स्तर पर वह मानते थे कि यदि विभिन्न देश सहायता की गुहार लगाने की बजाय उद्यम और व्यापार को प्रोत्साहन दें तो दुनिया बेहतर होगी। जब वह वॉशिंगटन से कानकुन के लिए रवाना हुए तो उन्होंने घोषणा कर दी कि वह सुनेंगे और सीखेंगे, लेकिन वह गरीब देशों का बेड़ा पार करने के लिए किसी मार्शल योजना के लिए सहमत नहीं होंगे। जाहिर था, उन्होंने यह विचार इंदिरा गांधी के सामने भी व्यक्त किया। वह भी मुक्तिदाता के रूप में स्व-सहायता पर उपदेश का मुकाबला करने के लिए तैयार होकर आई थीं। इस अवधारणा के विरोध में उनके विचार सर्वविदित थे। इंदिरा गांधी मानती थीं कि जो देश मजबूत आर्थिक स्थिति में हैं, वे तब तक मुक्त व्यापार का समर्थन करने में खुश होते हैं, जब तक यह उनके अपने हितों के अनुकूल होता है। उन्होंने ज्यादा व्यापार की जरूरत पर विवाद खड़ा नहीं किया; लेकिन वह मानती थीं कि अमीर देशों को न केवल सहायता बढ़ाने के बारे में विचार करना चाहिए, बल्कि व्यापार की शर्तों को फिर से संतुलित करने के बारे में भी सोचना चाहिए।

अगले दिन सम्मेलन की शुरुआत हुई। रीगन ने अविकसित देशों को स्वतंत्र उद्यम एवं कड़ी मेहनत के गुणों का पाठ पढ़ाया। उन्होंने ऐसा भाषण दिया, जिसे अमेरिकी मीडिया ने 'होरातियो अल्गर फॉर्मूला' करार दिया। अल्गर सस्ते उपन्यास लिखने में माहिर थे और वह परिस्थितियों से गरीबों द्वारा संघर्ष कर काफी धन कमाने की गौरव गाथा लिखते थे। रीगन ने कहा कि गरीब देशों और उनके लोगों को 'अपने बूट का फीता कसकर' एकदम तैयार होने की जरूरत है। वे 'बाजार के जादू' के जरिए अपनी दुर्दशा से बाहर निकल सकते हैं। इंदिरा गांधी ने उनके बाद भाषण दिया। उन्होंने विनोदपूर्ण व्यंग्य के साथ प्रतिरोध किया,

''अधिकतर लोग यह भूल जाते हैं कि दुनिया में करोड़ों लोग ऐसे हैं, जिनके पास बूट ही नहीं हैं और इसीलिए उनके पास फीते नहीं हैं कि वे उन्हें कसकर तैयार हो जाएँ।'' इन दोनों नेताओं के बीच कानकुन सम्मेलन के दौरान जो संवाद और वैचारिक आदान-प्रदान हुआ, उसने भारत-अमेरिकी संबंधों में उल्लेखनीय चरण का मंच तैयार कर दिया।

अमेरिकी हथियार आपूर्तिकर्ताओं के लिए नया बाजार खुलने की संभावना ने भारत को रीगन प्रशासन के साथ संबंध बढ़ाने का ज्यादा मौका दिया। भारत को अपनी अर्थव्यवस्था को औंधे मुँह गिरने से बचाने के लिए अमेरिकी सहायता की जरूरत थी। जनता पार्टी सरकार जुलाई 1979 में गिर गई थी। इंदिरा गांधी और उनकी कांग्रेस पार्टी ने चरण सिंह का समर्थन किया। चरण सिंह के पास महज 64 सांसदों का समर्थन था, लेकिन कांग्रेस के समर्थन से वह प्रधानमंत्री बने। दिसंबर आते-आते यानी तीन पाँवोंवाली चरण सिंह सरकार के आखिरी दिनों में भारत का तेल आयात बिल तेजी से बढ़ता जा रहा था। ईरानी क्रांति के बाद वैश्विक तेल बाजार को दूसरा झटका लगा। कच्चे तेल की कीमतें 14 डॉलर प्रति बैरल से बढ़कर 34 डॉलर प्रति बैरल तक पहुँच गईं। भारत का तेल आयात बिल महज साल भर में 2 अरब डॉलर से बढ़कर 6.6 अरब डॉलर हो गया था। चालू खाता घाटा—यानी डॉलर का खर्च और डॉलर की कमाई का फर्क—2.9 अरब डॉलर तक पहुँच गया था। भारत को निर्यात से जितनी कमाई होती थी, यह घाटा उसका लगभग एक-तिहाई था। भारत को सहायता की जरूरत थी। उसने अंतरराष्ट्रीय मुद्रा कोष (आई.एम.एफ.) में विशेष निकासी अधिकारों के तहत पहले ही 53 करोड़ डॉलर निकाल लिये थे। इसके अलावा, उसने क्षतिपूरक वित्त सुविधा के तहत 26.6 करोड़ डॉलर प्राप्त कर लिये थे। अपने विदेशी ऋणदाताओं को भुगतान करने के लिए भारत को और रकम की जरूरत थी। भारत ने आई.एम.एफ. से 5.8 अरब डॉलर का ऋण प्राप्त करने के लिए आवेदन किया था; लेकिन इसके लिए अमेरिकी समर्थन की जरूरत थी। अमेरिकी इसका विरोध कर रहे थे, क्योंकि उन्हें लगता था कि भारत इस रकम का इस्तेमाल उस हथियार आदेश के भुगतान के लिए करेगा, जो आदेश उनके (अमेरिका के) पास नहीं आया।

इंदिरा गांधी ने अमेरिकी राष्ट्रपति की वाहवाही लूट ली है, यह आई.एम.एफ. वार्त्ताओं के दौरान ही जाहिर हो गया था। अमेरिका के वित्त मंत्री डोनाल्ड रीगन और आई.एम.एफ. के लिए अमेरिका के कार्यकारी निदेशक रिचर्ड डी. एर्ब ने भारत के 5.8 अरब डॉलर के कर्ज के लिए आवेदन को अनुचित करार दिया था। फिर भी, इस आवेदन पर मतदान करने के लिए जब 9 नवंबर को अपराह्न 3 बजे आई.एम.एफ. बोर्ड की बैठक हुई तो अमेरिका ने अनुपस्थित होकर भारतीय आवेदन को पारित हो जाने दिया। कानकुन मिलन के तीन हफ्ते बाद यह साफ था कि अमेरिका और भारत कारोबार करने के लिए तैयार हैं। दोनों देशों के संबंधों में यह नया सूत्रपात था।

सही दिशा में

जिन लोगों ने इंदिरा गांधी के कैरियर पर नजर रखी है, उनका नया अवतार उनके लिए हैरान करनेवाला था। यहाँ एक ऐसी प्रधानमंत्री थीं, जिन्होंने पूरे '70 के दशक में समाजवाद की शपथ ली थी और पाकिस्तान के साथ युद्ध के कुछ हफ्ते पूर्व सोवियत संघ के साथ एक संधि की थी। यही नेता अब एक ऐसे देश से संबंध बढ़ाने की कोशिश कर रही थीं, जिसके राष्ट्रपति एल.बी.जे. ने सन् 1967 में खाद्यान्न आपूर्ति पर 'जहाज से मुँह तक नीति' अपनाकर भारत को अपमानित किया था; जिस देश ने पाकिस्तान को हथियार देकर आक्रामक बनाया था और वर्ष 1971 में हिंद महासागर में अपने विमानवाहक पोत भेजकर भारत को धमकाने की कोशिश की थी; वही महाशक्ति, जिसने राष्ट्रपति जिमी कार्टर के दौर में सन् 1978 में तारापुर परमाणु संयंत्र को ईंधन की आपूर्ति रोक दी थी; उसी देश के साथ इंदिरा गांधी अब दोस्ती का हाथ बढ़ा रही थीं। लेकिन उनके पर्यवेक्षक इस बात को समझेंगे कि इंदिरा के लिए राजनीति कोई धर्म-सिद्धांत नहीं थी। और न ही यह अतीत की प्रतिकूलताओं के बारे में थी। राजनीति उनके लिए बस अपना हित साधने का, देश का हित साधने का साधन थी और अकसर ही ये दोनों हित मिल जाते थे। इंदिरा गांधी कभी भी उपेक्षा या तिरस्कार को भूलती नहीं थीं; लेकिन यदि उनके दिमाग में कोई बड़ा लक्ष्य होता था तो वह इस उपेक्षा को ढक सकती थीं।

रीगन के समय भारत के लिए संयुक्त राज्य महत्त्वपूर्ण रहा। इसके कई अन्य कारण भी थे। पहली बार अमेरिका में भारतीय 'डिस्पोरा' के सदस्य संवेदनशील (mass) तक पहुँचे। इस देश में 3,00,000 से भी ज्यादा समृद्ध एवं प्रभावी भारतीय रहते थे। उनकी उपेक्षा नहीं की जा सकती थी। अमेरिका प्रौद्योगिकी नवाचार में सोवियत संघ से आगे निकल चुका था। द्विपक्षीय संबंधों में प्रौद्योगिकी गतिशील बल रही है। इंदिरा जानती थीं कि भारत लंबे समय तक प्रौद्योगिकी के एक स्रोत पर निर्भर नहीं हो सकता। वस्तुतः भारत को परमाणु कार्यक्रम के लिए प्रौद्योगिकी तक पहुँच की जरूरत थी तथा इसके लिए उसका पहला प्रयास कंप्यूटरीकरण होगा।

यह वह दशक भी था, जब अमेरिकी घरों में लगभग उतने ही कंप्यूटर सेट होने वाले थे, जितने कि टेलीविजन सेट थे। करीब 7.5 लाख घरों में पी.सी. (निजी कंप्यूटर) हो गए थे। बिल गेट्स एमएस-डॉस (MS-DOS) प्रणाली की शुरुआत करनेवाले थे। यही प्रणाली आई.बी.एम. द्वारा बनाए गए 90 प्रतिशत कंप्यूटरों को संचालित करती थी। वर्ष 1980 तक इथरनेट, लोकल एरिया नेटवर्क व्यावसायिक हो गया था। अर्पानेट (ARPANET) प्रचलित था और अब प्रसिद्ध डोमेन नामक प्रणाली का जन्म होने वाला था तथा टिम बर्नर्स-ली ने पहले से ही हाइपर टेक्स्ट मार्कअप लैंग्वेज (एच.टी.एम. एल.) के पहले साँचे पर काम करना शुरू कर दिया था। यह कोई गोपनीय बात नहीं थी कि

अमेरिकी कंपनियों ने अपने उत्पादों के लिए भारतीय बाजार में संभावना देखी। साथ ही वे नई प्रणालियाँ डिजाइन करने और उन्हें विकसित करने के लिए भारतीय लोगों की मदद भी लेना चाहती थीं। हनीवेल, आई.टी.टी., जेरॉक्स और टेक्सास इंस्ट्रूमेंट्स जैसी अमेरिकी कंपनियाँ भारत को विकास एवं निवेश लक्ष्य के रूप में देख रही थीं।

पाकिस्तान को अमेरिकी हथियारों की सहायता की तात्कालिकता और पाकिस्तान द्वारा परमाणु बम बनाने की अफवाह को देखते हुए सोवियत संघ के साथ दोस्ती की परंपरा अमेरिका के साथ संबंध बढ़ाने के नकारात्मक परिणामों का खतरा था। लेकिन यह भी सच था कि भारत को कई मोरचों पर अमेरिकी सहायता की जरूरत थी, खासतौर पर तारापुर परमाणु संयंत्र के लिए ईंधन को लेकर, जिसे कार्टर प्रशासन ने रोक रखा था।

वर्ष 1982 की शुरुआत में भारत से नई दोस्ती के मद्देनजर अमेरिका ने तारापुर गतिरोध का हल निकालने का एक तरीका निकाला। अमेरिका ने सुझाया कि वह तारापुर परमाणु संयंत्र के लिए ईंधन आपूर्ति के दायित्व से हट जाएगा और फ्रांस से ईंधन की आपूर्ति करा देगा। फिर वर्ष 1982 के वसंत काल में रीगन प्रशासन ने इंदिरा गांधी को सुझाव दिया कि वह उनके देश के दौरे पर आएँ। इधर, इंदिरा गांधी ने सोवियत संघ की यात्रा को स्थगित कर रखा था। हालाँकि ब्रेझनेव ने सन् 1980 में इंदिरा गांधी के सत्ता में वापस आते ही भारत की यात्रा की थी, लेकिन इंदिरा ने अभी तक सोवियत संघ का शिष्टाचार दौरा नहीं किया था। इंदिरा समय के चयन को लेकर बहुत घाघ थीं। उन्होंने सोवियत संघ का दौरा करने के ठीक पहले अमेरिका का दौरा करने का फैसला किया और यह निर्णय भी पुरानी धारणा को पलटने का प्रयास था।

27 जुलाई, 1982 को इंदिरा गांधी का अमेरिका जाने का कार्यक्रम तय किया गया। इस दौरे के पूर्व उन्होंने 'वॉशिंगटन पोस्ट' से एक इंटरव्यू में कहा, ''मेरा मुख्य मकसद अमेरिका में लोगों को यह भरोसा दिलाना है कि यदि आप तमाम मामलों में हमसे सहमत नहीं हैं तो भी आप हमसे दोस्ती कर सकते हैं।'' 'न्यूयॉर्क टाइम्स' से उन्होंने कहा, ''हम सोवियतों के दोस्त हैं; लेकिन इसका यह मतलब नहीं कि हम चीन या अमेरिका के दोस्त नहीं बन सकते हैं।'' उन्होंने सुनिश्चित किया कि इस दौरे से अपेक्षाएँ कम रखी जाएँ। सरकारी लाइन थी कि दो दिनों में इतना कुछ किया जा सकता था। बहरहाल, एक नई शुरुआत की जा सकती है।

29 जुलाई को रीगन ने इंदिरा गांधी की ह्वाइट हाउस में निजी गर्मजोशी के साथ अगवानी की। उन्हें 19 तोपों की सलामी दी गई। उस दिन अपराह्न में रेगन और श्रीमती गांधी ने अन्य अधिकारियों के साथ दो घंटे तक मुलाकात की। शाम में भारतीय शिष्टमंडल के सम्मान में एक शानदार रात्रिभोज का आयोजन किया गया। रेगन ने भारत-अमेरिकी रिश्ते की सलामती का जाम पीया और इंदिरा को 'महान् लोकतंत्र का उल्लेखनीय नेता'

बताया। इंदिरा गांधी ने भी समान गर्मजोशी से प्रत्युत्तर दिया और नई दोस्ती के लिए अपनी तलाश का इजहार किया। रात्रिभोज के बाद श्रीमती गांधी, उनके बेटे राजीव गांधी और अन्य अतिथि ह्वाइट हाउस के दक्षिणी लॉन में टहलते हुए गए। लॉन में जलती मशालें और जापानी लालटेनें सजी हुई थीं। वहाँ बंबई के मूल निवासी जुबिन मेहता ने उनके सम्मान में अपने न्यूयॉर्क फिलहार्मोनिक ऑर्केस्ट्रा के द्वारा संगीतमय प्रस्तुति दी।

चमक-दमक से दूर अधिकारियों ने ठोस आदान-प्रदान के लिए कड़ी मेहनत की। निवेश और व्यापार, उच्च तकनीकी—सैन्य एवं असैन्य आपूर्ति को खोलना, तारापुर परमाणु संयंत्र के समाधान के लिए फॉर्मूला तैयार करना जैसे मुद्दों पर विचार किया गया। कानकुन में व्यापार, निवेश और सहयोग पर जो विचार रखे गए थे, उन्हें और आगे बढ़ाया गया। इसी बैठक में अमेरिकी एवं भारतीय कंपनियों के लिए दरवाजे खोले गए कि वे एक-दूसरे के यहाँ निवेश करें और नई प्रौद्योगिकियों के डिजाइन एवं विकास में परस्पर सहयोग करें।

जुलाई 1983 में अमेरिका और भारत ने रीगन-इंदिरा विज्ञान एवं तकनीकी करार पर दस्तखत किए। इस समझौते में सैद्धांतिक तौर पर यह मंशा जाहिर की गई कि दोनों देश तमाम प्रौद्योगिकीय क्षेत्र में परस्पर सहयोग संपर्क करें। हालाँकि यह समझौता आखिरकार पूरी तरह फलीभूत नहीं हुआ, लेकिन तकनीकी क्षेत्र में द्विपक्षीय व्यापार एवं सहयोग के लिहाज से यह अत्यंत महत्त्वपूर्ण घटना थी। इस समझौते के बाद टेक्सास इंस्ट्रूमेंट्स उन पहली अमेरिकी कंपनियों में थी, जिन्होंने सन् 1984 में भारत में प्रवेश किया। इस कंपनी का कामकाज अभी तक सिर्फ विकसित देशों—अमेरिका, ब्रिटेन, फ्रांस और जापान में चलता था। इस विशाल टेक कंपनी के आने से अन्य बड़ी प्रौद्योगिकीय कंपनियों को सकारात्मक संकेत गया कि भारत अब कारोबार के लिए खुला है।

प्रारंभिक प्रौद्योगिकीय साँचा

स्वतंत्रता-प्राप्ति के बाद से ही भारत ने प्रौद्योगिकी उन्नति की इच्छा जाहिर की थी। जवाहरलाल नेहरू ने भारतीय राजनीतिक व्यवस्था में आधुनिक प्रौद्योगिकी एवं सोच को समाविष्ट किया। अपने पूरे कार्यकाल में उन्होंने देश भर में ऐसे संस्थानों की स्थापना को बढ़ावा दिया, जो भारतीय प्रतिभा को विज्ञान के जटिल मुद्दों को समझने और विश्लेषण करने के लिए योग्यता प्रदान करेंगे। कई इंजीनियरिंग कॉलेज, भारतीय प्रौद्योगिकी संस्थान (आई.आई.टी.), भारतीय प्रबंधन संस्थान (आई.आई.एम.) और कृषि कॉलेज आज देश में इसलिए चमक-दमक रहे हैं कि नेहरू ने इस बात पर बल दिया कि देश के लिए ठोस प्रौद्योगिकीय नींव रखना जरूरी है।

दरअसल, भारत में पहला कंप्यूटर सन् 1955 में आ गया था। इसे कलकत्ता में भारतीय सांख्यिकी संस्थान (आई.एस.आई.) में लगाया गया। यह मशीन होलेरिथ इंडिया लिमिटेड

की थी। आई.एस.आई. स्टाफ को इस कंप्यूटर को लगाने में करीब दो महीने लग गए। इस कंप्यूटर की मेमोरी कुल 1 किलोबाइट की थी। यह कंप्यूटर ट्यूब प्रणाली पर आधारित था। इसकी लागत 2 लाख रुपए थी और इसे 300 वर्गफीट जगह में संस्थापित किया गया था। उस वक्त इसकी ख्याति थी कि जापान के बाहर एशिया में यह एकमात्र कंप्यूटर था। वर्ष 1958 में आई.एस.आई. ने रूस से एक दूसरा कंप्यूटर हासिल किया। वर्ष 1960 तक टाटा इंस्टिट्यूट ऑफ फंडामेंटल रिसर्च ने एक स्वदेशी कंप्यूटर का डिजाइन तैयार किया था और इसे एसेंबल किया था। इस कंप्यूटर का नाम था—टी.आई.एफ.आर.ए.सी., यानी टाटा इंस्टिट्यूट ऑफ फंडामेंटल रिसर्च ऑटोमैटिक कैलकुलेटर। नेहरू द्वारा विज्ञान को बढ़ावा देने के कारण वर्ष 1964 तक भारत में 16 कंप्यूटर हो गए थे, जो सरकारी विभागों, शोध एवं विकास संस्थानों और विश्वविद्यालयों में लगाए गए थे। पहला व्यावसायिक कंप्यूटर एसो ईस्टर्न कंपनी द्वारा बंबई में सन् 1961 में लगाया गया।

चीन के साथ विनाशकारी युद्ध के बाद प्रौद्योगिकी हासिल करना रणनीतिक और तात्कालिक जरूरत बन गया। नेहरू के नेतृत्व में कोर ग्रुप ने निष्कर्ष निकाला कि संसाधनों की कमी की भरपाई के लिए प्रौद्योगिकीय श्रेष्ठता हासिल करना अत्यंत महत्त्वपूर्ण है। यह भी महसूस किया गया कि इससे आर्थिक विकास तेज करने में मदद मिलेगी। वर्ष 1963 में सरकार ने उच्च स्तरीय समिति गठित की, जो यह सुझाए कि आगे किस तरह बढ़ा जाए। इस समिति की अध्यक्षता होमी जहाँगीर भाभा ने की। समिति ने सन् 1966 में अपनी रिपोर्ट दी। इसमें प्रौद्योगिकी विस्तार और देश के इलेक्ट्रॉनिक आधार को मजबूत करने की सिफारिश की गई। इसके बाद नरसिम्हन समिति बनाई गई। इस समिति ने कंप्यूटरों के निर्माण में आत्मनिर्भरता हासिल करने के लिए दस साल का लक्ष्य रखा।

'60 के दशक में प्रौद्योगिकी मामलों में नीति बनाने और लाइसेंस देने का अधिकार रक्षा मंत्रालय में रक्षा आपूर्ति विभाग के पास था। इसका कारण संभवतः यह था कि प्रौद्योगिकी में शुरुआती ध्यान रक्षा हितों पर केंद्रित था। कई नीतियाँ बनाई गईं, लेकिन अंतर-विभागीय उठा-पटक के कारण लागू नहीं की गईं। सन् 1971 के बाद इलेक्ट्रॉनिक्स विभाग बनाया गया। आई.सी.एल. और आई.बी.एम. भारत में '60 के दशक में ही आ गए थे और तब यह माना जाता था कि उनकी उपस्थिति से भारत में कंप्यूटर हार्डवेयर का आधार तैयार होगा। लेकिन यह साकार नहीं हुआ।

कंप्यूटर हार्डवेयर के क्षेत्र में भारत वैसे ही महाकाय हो सकता है, जैसे कि इलेक्ट्रॉनिक्स के क्षेत्र में दक्षिण कोरिया है। हार्डवेयर में दबदबा बनाने के लिए चार प्रमुख कारकों की जरूरत थी—नई प्रौद्योगिकी की उपलब्धता, विदेशी निवेश, बड़े पैमाने पर उत्पादन कर मितव्ययिता हासिल करने की नीति और पूँजी की उपलब्धता। आत्म-निर्भरता की तलाश में प्रौद्योगिकी के आयात पर रोक लगाई गई, विदेशी निवेश के लिए

अर्थव्यवस्था बंद कर दी गई थी और लाइसेंस-परमिट-कोटा राज ने क्षमता बढ़ाने और बड़े पैमाने पर उत्पादन करने को प्रतिबंधित कर दिया। यहाँ तक कि यह सब सरकार द्वारा भारतीय तरीके से किया जाता तो उसके लिए भारी निवेश की जरूरत पड़ती। मगर पूँजी का अभाव था और इसके लिए कई दावेदार थे और तत्कालीन राजनीतिक विचारधारा थी कि पूँजी इस तरह लगाई जाए कि ज्यादा-से-ज्यादा रोजगार पैदा हों।

कंप्यूटर सॉफ्टवेयर क्रांति का भी लगभग यही हाल हुआ। आयात प्रतिबंधों से लेकर श्रम नियमनों तक जिन कई मुद्दों ने हार्डवेयर क्षेत्र को जकड़ रखा था, उन्होंने सॉफ्टवेयर उद्योग को भी बाँधे रखा। लेकिन हार्डवेयर के विपरीत सॉफ्टवेयर पूँजी-प्रधान उद्योग नहीं था और यह काफी रोजगार पैदा कर सकता था। प्रतिभा की भी कोई कमी नहीं थी। यह सही है कि उस वक्त भारत की आधी आबादी निरक्षर थी, लेकिन भारत की उच्च शिक्षा प्रणाली अभी भी उच्च गुणवत्तावाले इंजीनियर पैदा कर रही थी। इन इंजीनियरों ने भारत और विदेश में स्थित बहुराष्ट्रीय कंपनियों में अपनी प्रतिभा और हुनर को पहले ही साबित कर दिखाया था। उद्यम की इच्छा की भी कोई कमी नहीं थी। इन सकारात्मक तथ्यों से सॉफ्टवेयर क्रांति आई होती; लेकिन देश में इसका विकास भी रुक-रुककर होता रहा।

भारत के उद्यमियों ने '60 के दशक में ही सॉफ्टवेयर क्षेत्र में अवसरों को ताड़ लिया था। टाटा कंसल्टेंसी सर्विस (टी.सी.एस.) आज सॉफ्टवेयर प्रदान करनेवाली सबसे बड़ी कंपनी है। इसकी स्थापना सन् 1968 में की गई थी। इसने अपना कामकाज टाटा कंप्यूटर सेंटर के रूप में शुरू किया था और इसका लक्ष्य समूह की कंपनियों को सेवाएँ प्रदान करना था। शीघ्र ही टाटा समूह ने इस क्षेत्र में वैश्विक कारोबार की संभावनाओं को भाँप लिया। उन्होंने एफ.सी. कोहली को नियुक्त किया, जिन्हें एक स्वतंत्र कारोबारी निकाय के रूप में टी.सी.एस. की स्थापना के लिए भारतीय सॉफ्टवेयर विकास का अकसर जनक कहा जाता है। टी.सी.एस. का पहला निर्यात काम था—अस्पताल सूचना प्रणाली को बरोज मीडियम सिस्टम्स कोबोल (Burroughs Medium Systems COBOL) से बरोज स्मॉल सिस्टम्स कोबोल (Burroughs Small Systems COBOL) में बदलना। यह काम टी.सी.एस., बंबई में किया जाना था।

टी.सी.एस. अकेली कंपनी नहीं थी, जिसने सॉफ्टवेयर के क्षेत्र में कारोबारी अवसरों की विविधताओं को समझा। एक अन्य कंपनी पटनी कंप्यूटर्स ने भी एकदम शुरू में प्रवेश किया था। यह भी बंबई स्थित कंपनी थी। दरअसल, सॉफ्टवेयर कारोबार में आज जो सर्वोत्तम और सर्वाधिक प्रखर नाम हैं, उनमें से कुछेक पटनी कंप्यूटर से ही निकले हैं, जिनमें एन.आर. नारायण मूर्ति एवं नंदन नीलेकणि भी शामिल हैं। पटनी परिवार मूलत: राजस्थान से था, जो कारोबार स्थापित करने के लिए आगरा चला गया था। किशनगढ़ में पारिवारिक वस्त्र कारोबार बंद हो जाने के बाद, पटनी परिवार बंबई चला गया और वहाँ

उन्होंने कई कारोबारी उपक्रम स्थापित किए, जिनमें से एक था—इंडस्ट्रियल ऑक्सीजन। यह उपक्रम, जो मार्केट लीडर (बाजार का नेता) था। तीनों पटनी भाई इंजीनियर थे। सबसे बड़े भाई जी.के. पटनी थे और उन्होंने दिल्ली से इंजीनियरिंग की पढ़ाई की थी। उनके बाद नरेंद्र ने आई.आई.टी., दिल्ली और एन.आई.टी. से स्नातक किया था। और अशोक ने आई.आई.टी., बंबई से अपनी डिग्री ली थी। सॉफ्टवेयर कारोबार के क्षेत्र में उन्होंने सन् 1974 में प्रवेश किया।

दिलचस्प बात है कि टी.सी.एस., पटनी कंप्यूटर्स और अन्य शुरुआती कंपनियाँ सिर्फ डाटा परिवर्तन और निर्यातों में लगी हुई थीं। पटनी कंप्यूटर्स ने जो पहला काम किया, वह था डाटा एंट्री और फोटो टाइपसेटिंग का। कंप्यूटरों का इस्तेमाल सूचना दर्ज करने के लिए किया जाता था; डाटा को पहले टिकट टेपों पर स्थानांतरित किया जाता था और बाद के वर्षों में इसे मैग्नेटिक टेपों में ट्रांसफर किया जाता था तथा जहाज के जरिए ग्राहकों तक भेजा जाता था। घरेलू बाजार में कारोबारी अवसरों की कमी थी। वर्ष 1974 में मौजूद नीति के अनुसार सॉफ्टवेयर कंपनियों को श्रम विभाग से अनुमति लेनी पड़ती थी। अविश्वसनीय बात है कि कंपनियाँ ऐसा कोई काम हाथ में नहीं ले सकती थीं, जिससे कामगारों का विस्थापन हो। इसने घरेलू बाजार में विकास की कोई गुंजाइश नहीं रहने दी। यही कारण है कि भारतीय उपक्रमों ने विदेश में अवसर तलाशे। बहरहाल, विदेश में कारोबार का विकास करना भी लालफीताशाही द्वारा जकड़ा हुआ था। इसलिए, ’70 के दशक में कारोबारी योजनाएँ उसी तरह की बनाई गईं, जो सरकारी नीतियाँ उन्हें बनाने और करने की इजाजत देती थीं, न कि उस तरह की बनाई गईं, जो कि वे कर सकती थीं या दरअसल जो वे करना चाहती थीं।

भारत ने जिस तरह से प्रारंभिक चरण में ही सॉफ्टवेयर क्षेत्र में कदम रखा था, उससे वह काफी तेजी से आगे बढ़ सकता था। लेकिन अवसर गँवाने में उसने रिकॉर्ड बनाया। वर्ष 1973 में सरकार ने बंबई में सांताक्रुज इलेक्ट्रॉनिक्स एक्सपोर्ट प्रोसेसिंग जोन (एस.ई.ई.पी.जेड.) की स्थापना की। यह सॉफ्टवेयर निर्यात को बढ़ावा देने के लिए एकदम सही जरिया था। मगर ऐसा हुआ नहीं। एस.ई.ई.पी.जेड. की नीतियाँ असंतुलित, एकतरफा, अवास्तविक थीं और इस धारणा के इर्द-गिर्द बनाई गई थीं कि बिना कुछ खर्च किए विदेशी मुद्रा कमाई जा सकती है। इसका मुख्य कार्य निर्यात को बढ़ावा देना होना चाहिए था। इसकी बजाय यह आयात को नियंत्रित कर रहा था।

सॉफ्टवेयर के कारोबार में जरूरत थी कि कंप्यूटरों का आयात किया जाए। लेकिन देखें कि इसे कैसे नकारा गया। नीति बनाई गई थी कि सिर्फ वे ही कंप्यूटर आयात कर सकते हैं, जो उसकी लागत जितना डॉलर पाँच साल के अंदर निर्यात कर कमा सकते हैं। बाद में इस शर्त को और कड़ा कर दिया गया। कोई कंपनी तभी आयात कर सकती

थी, जब वह कंप्यूटर की लागत का 200 गुना मूल्य का निर्यात करने का वचन दे। और वे देश के अंदर कंप्यूटर खरीद नहीं सकते थे; क्योंकि जिस तरह के कंप्यूटर की जरूरत थी, वह यहाँ उपलब्ध नहीं था।

हार्डवेयर के अभाव और अनुमतियों की भूलभुलैया ने उन फर्जीवाड़ा करनेवालों को खूब मौके प्रदान किए, जो लाइसेंसों का ही कारोबार करते थे, क्योंकि लाइसेंस पाना एक बेहद दुष्कर काम था। आयातों के जरिए, समय का हिस्सा बाँटने के जरिए या लीज के जरिए एक कंप्यूटर हासिल करने की योग्यता ही कई उद्यमियों की मूल दक्षता हो गई। प्राय: सॉफ्टवेयर कंपनियाँ सॉफ्टवेयर व्यवसाय की तुलना में हार्डवेयर का आयात कर और उन्हें लीज पर देकर ज्यादा कमाई करती थीं।

वर्ष 1974 में विदेशी मुद्रा विनियमन कानून के अधिघोषित होने के बाद स्थिति बदतर हो गई। भारत में किसी भी फर्म में विदेशियों को 40 प्रतिशत से ज्यादा हिस्सेदारी देने से मना कर दिया गया। विदेशियों को 74 प्रतिशत तक हिस्सेदारी तभी मिल सकती थी, जब कंपनी यह साबित करे कि इसकी प्रौद्योगिकी अनूठी है और भारत में उपलब्ध नहीं है। आदर्श बात तो यह होती कि नीति उच्चतर विदेशी स्वामित्व को प्रोत्साहित करती, ताकि प्रौद्योगिकी का प्रवेश होता; लेकिन राजनीति ने इसे नकार दिया। दरअसल, आई.बी.एम. ने अपने कामकाज को हार्डवेयर और सॉफ्टवेयर में विभाजित कर देने का प्रस्ताव रखा और यहाँ तक कि 10 करोड़ डॉलर से ज्यादा सॉफ्टवेयर निर्यात करने का वचन दिया। वर्ष 1977 तक इसपर केवल चर्चाएँ चलती रहीं और तब तक जनता पार्टी सरकार सत्ता में आ गई। जॉर्ज फर्नांडीस और अन्य समाजवादियों के प्रभाव के कारण मोरारजी देसाई सरकार आई.बी.एम. के आश्वासनों से प्रभावित नहीं हुई। सन् 1978 में आई.बी.एम. ने भारत छोड़ दिया।

सॉफ्टवेयर क्षेत्र में तरक्की की कमी को देखते हुए सरकार ने अपनी नीति में सुधार किया; लेकिन इससे भी बात नहीं बनी। हर बार जब नीति को ठोका-पीटा जाता था तो इजाजत की पहले से ही जटिल भूलभूलैया में एक और परत चढ़ा दी जाती थी। हर ढील के साथ शर्तें और नई अनुमतियों की जरूरत जोड़ दी जाती थी।

इन्फोसिस के संस्थापक एन.आर. नारायण मूर्ति याद करते हैं कि "तमाम अनुमतियाँ प्राप्त करने में लगभग साल-डेढ़ साल लग जाता था।" इन्फोसिस की स्थापना मूर्ति, नीलेकणि और कुछ प्रतिबद्ध पेशेवरों द्वारा की गई। उन्होंने संकल्प लिया था कि वे कुछ नैतिक नीतियाँ अपनाते हुए ही काम करेंगे। इस नेतृत्व को आप बहादुर या निष्कपट कह सकते हैं। यह इस पर निर्भर करता है कि आपका नजरिया क्या है। उस वक्त जिस तरह का लाइसेंस-परमिट कोटा राज था, उसकी माँग थी कि उद्यमियों के पास राजनीतिक संपर्क हों और ऐसे हुनरमंदों की एक टीम हो, जो अनुमतियों के लिए सरकार के जटिल

गलियारों को चतुराई से पार कर सके।

सॉफ्टवेयर निर्यात के कारोबार के लिए तीन अहम कारकों की आवश्यकता थी—कंप्यूटर, दूरसंचार और पर्याप्त रूप से उदार विदेशी मुद्रा व्यवस्था, ताकि कंपनियाँ अपने व्यवसाय को आगे बढ़ा सकें और उनका विस्तार कर सकें। मगर सॉफ्टवेयर क्षेत्र को जिस भी चीज की जरूरत थी, वह सरकार के द्वारा जकड़ी हुई थी। जिस सोच ने हार्डवेयर क्षेत्र को व्यवहारतः मार दिया, वही अब सॉफ्टवेयर क्षेत्र को भी पंगु करने को तत्पर था। जनता पार्टी सरकार ने तब इस्पात, कोयला एवं खान मंत्रालय के सचिव मंतोष सोंधी की अध्यक्षता में एक समीक्षा समिति बनाई। समिति ने सितंबर 1979 में अपनी रिपोर्ट दी, जिसमें अनावश्यक नियंत्रणों, पाबंदियों एवं विनियमनों को हटाने और एकल अनुमति की व्यवस्था करने की सिफारिश की गई।

अब जो कोई भी कंप्यूटर का आयात करना चाहता था, उसे पाँच सोपान की प्रक्रिया का अनुसरण करना होता था। उसे पहले इलेक्ट्रॉनिक्स विभाग में आवेदन करना होता था। विभाग यह देखता था कि क्या यह मशीन भारत में खरीदी जा सकती है। उस विभाग से प्रमाण-पत्र पा लेने के बाद निविदाएँ निकाली जाती थीं और विशेषज्ञों की एक समिति द्वारा मूल्य का आकलन किया जाता था। सॉफ्टवेयर कंपनी को तब प्रासंगिक राज्य सरकार से यह प्रमाण-पत्र लेना पड़ता था कि इस आयात से कामगारों के हितों को नुकसान नहीं पहुँचेगा। मंजूरियों के एक अन्य दौर के बाद अनुमति-पत्र मिल जाता था।

नौकरशाही की यह भूलभुलैया तेजी से आगे बढ़ते सॉफ्टवेयर क्षेत्र के लिए जो चुनौतियाँ पेश कर रही थी, वह बेहद हतोत्साहित करने वाली थीं। उदाहरण के लिए, अगर इन्फोसिस ने एक कंप्यूटर के लिए जुलाई 1981 में आवेदन किया तो उसे यह मशीन आयात करने के लिए मार्च 1982 में लाइसेंस मिलेगा। इन नौ महीनों में सरकार द्वारा जब तक आवेदन को हरी झंडी दिखाने और लाइसेंस जारी करने में समय लगता, कंप्यूटर निर्माता उसी मशीन का एक नया मॉडल पेश कर देता था। सन् 1981 में 200 एम.बी. की एक डिस्क ड्राइव की कीमत 30,000 डॉलर थी। वर्ष 1982 में 300 एम.बी. मशीन कंपनी 20,000 डॉलर में दे रही थी। स्वाभाविक है, उच्च क्षमतावाला और सस्ता मॉडल खरीदना ही बुद्धिमानी है। लेकिन सरकार चीजों को सरल करने के पक्ष में नहीं थी। जो लाइसेंस जारी किए जाते थे, वे बहुत खास होते थे। तकनीकी शब्दों में, 'केस विशेष' के लिए लाइसेंस दिए जाते थे और इन्फोसिस को अपना लाइसेंस संशोधित कराने के लिए फिर सरकार के पास जाना पड़ता था। इसके लिए फिर आठ महीने से लेकर बारह महीने लग सकते थे और इस दौरान बाजार में इस मशीन का एक और मॉडल आ जाता था। इसका मतलब यह भी था कि दिल्ली का चक्कर काटते रहें। नारायरण मूर्ति याद करते हैं, ''मैं रेलगाड़ी से राजधानी जाता था। दिल्ली रेलवे स्टेशन के पास एक पुराने होटल में एक कमरा किराए

पर लेता था और पैदल चलते हुए इलेक्ट्रॉनिक्स विभाग जाता था, जो कि खान मार्केट के पास लोकनायक भवन में स्थित था।'' वर्ष 1981 और 1982 के बीच, डेढ़ साल के अंदर, उन्होंने दिल्ली का लगभग चालीस बार दौरा किया।

पंगु संपर्क

भारतीय सॉफ्टवेयर विकसित करनेवालों को काम देनेवाली विदेश स्थित कंपनियाँ सहज ही समय-समय पर पता करना चाहती थीं कि काम की कैसी प्रगति है। यह कहना तो आसान है, लेकिन करना नहीं। इसका कारण यह था कि '80 के दशक में भारत में टेलीफोनों की कमी थी। यूरोप और अमेरिका में टेलीफोन संपर्क होना एकदम आम बात थी। वहाँ की ग्राहक कंपनियाँ इस बात का अंदाजा तक नहीं लगा पाती थीं कि बगैर फोन नंबर के कंपनियाँ कैसे चलाई जा सकती हैं। आखिर वे किस नंबर पर फोन करके पता करेंगी। भारतीय कंपनियाँ दूसरे के नंबरों का (केयर ऑफ) या सार्वजनिक फोन कार्यालयों के जरिए बुक किए गए फोनों का इस्तेमाल करती थीं। जब तक कोई सरकारी व्यवस्था का सेवा-पानी करने को तैयार नहीं हो, तब तक फोन कनेक्शन पाना असंभव था।

मूर्ति याद करते हैं—'' '80 के दशक में प्रतीक्षा अवधि (फोन के लिए) चार महीने थी। कीमती विदेशी मुद्रा कमानेवाली एक सॉफ्टवेयर कंपनी की तुलना में एक अवकाश प्राप्त सरकारी अधिकारी के लिए फोन कनेक्शन प्राप्त करना आसान था।'' वह एक किस्सा सुनाते हैं कि कैसे एक अदद फोन के अभाव ने एक बड़े सौदे को उनसे लगभग छीन लिया था। ''वर्ष 1984 में एक विदेशी ग्राहक चाहता था कि इन्फोसिस उनके लिए एक बड़ा काम करे। ग्राहक को पता था कि भारत में कंप्यूटरों और कंप्यूटरों पर समय के हिस्से का अभाव है, इसलिए उन्होंने आई.बी.एम.—सक्षम एक मशीन—4381-मैग्नुसन जहाज से भारत भेज देने का प्रस्ताव रखा। इस मशीन की कीमत तब 3,00,000 डॉलर थी। उनका मकसद था कि उनका काम जल्दी पूरा हो जाए। मगर ग्राहक की एक शर्त थी कि इन्फोसिस उन्हें अपना एक टेलीफोन नंबर प्रदान करे, ताकि वे काम की प्रगति के बारे में जानकारी प्राप्त करते रहें।'' इन्फोसिस अपनी नैतिक नीतियों से बँधी हुई कंपनी थी। उसने सरकारी व्यवस्था की तेल-मालिश नहीं की और इसलिए उसे फोन कनेक्शन नहीं मिल सका। सौभाग्य से विदेशी ग्राहक ने प्रस्ताव रखा कि अगर इन्फोसिस अपने इंजीनियरों को अमेरिका भेजने को तैयार हो तो वह कंप्यूटर को जहाज से वहीं भिजवा देगा। आखिरकार यह प्रोजेक्ट मिशिगन के ग्रैंड रैपिड्स में पूरा किया गया।

'80 के दशक की शुरुआत में दुनिया भर में कंपनियाँ सूचना अंतरित करने के लिए उपग्रह (सैटेलाइट) से जुड़े पृथ्वी स्टेशनों का इस्तेमाल कर रही थीं। भारतीय कंपनियों के लिए यह संभव था कि वे वास्तविक समय में 24 × 7 डाटा संपर्कों का इस्तेमाल कर

डाटा संप्रेषित कर दें। इससे उन्हें बहुत बड़ा अवसर मिल रहा था। वे वैश्विक स्तर पर प्रतियोगिता करने के लिए स्थानीय मानव संसाधनों का इस्तेमाल कर सकते थे। भारत के पास तब पृथ्वी स्टेशन स्थापित करने की क्षमता थी और सिद्धांततः सॉफ्टवेयर कंपनियाँ अपने कार्य-संचालन के लिए सैटेलाइट संपर्कों को लीज पर ले सकती थीं।

बहरहाल, सिद्धांत और यथार्थ में विशाल अंतर था। सरकार के पास पृथ्वी स्टेशन स्थापित करने का एकाधिकार था। इस तरह लागतें काफी ज्यादा थीं और प्रक्रिया बोझिल थी। जैसा कि टेलीफोन कनेक्शनों और कंप्यूटर आयातों के साथ होता था, संचार-संपर्क लीज पर लेने की इच्छुक कंपनियों को उसी तरह की भूलभुलैयावाली व्यवस्था से होकर रेंगना पड़ता था। इस एकाधिकार की वजह से दूरसंचार विभाग अपनी अक्षमता की लागत भी उपकरण और कार्य-संचालनों की लागतों में जोड़ देता था। इससे किसी सॉफ्टवेयर कंपनी के लिए अपनी लाइनों को लीज पर लेना वित्तीय दृष्टि से व्यावहारिक नहीं था। वर्ष 1983 में 64 के.बी.पी.एस. लाइन की लीज की लागत 45 लाख रुपए थी।

इस पृष्ठभूमि में इंदिरा गांधी और रोनाल्ड रीगन के बीच वर्ष 1983 में भारत-अमेरिकी प्रौद्योगिकी समझौते पर दस्तखत किए गए। अमेरिका भारत पर दाँव लगाने को तैयार था; हालाँकि भारत ने कुछ ही साल पहले आई.बी.एम. को बोरिया-बिस्तर समेटने के लिए मजबूर कर दिया था। इसका कारण यह था कि भारत को अपनी कंपनियों के कारोबारी मॉडल पर भरोसा था। यह भरोसा इस बात को लेकर था कि उसकी कंपनियाँ लागतों में भारी बचत कर सकती थीं। अति जटिल सॉफ्टवेयर विकास का काम भारतीय इंजीनियरों द्वारा इतनी कम कीमतों में किया जा सकता था कि अनुमतियों एवं हरी झंडियों की अराजक स्थिति और बेहद घटिया आधारभूत ढाँचे की मुश्किलें भी बरदाश्त की जा सकती थीं।

टेक्सास इंस्ट्रूमेंट्स ने वर्ष 1984 में बंगलोर में एक डिजाइन एवं विकास यूनिट स्थापित करने का फैसला लिया। इससे बंगलोर शहर की वैश्विक ख्याति भारत की सिलिकॉन वैली के रूप में हो गई। बंगलोर सबसे पहले तब प्रौद्योगिकीय गढ़ के रूप में मशहूर हुआ था, जब प्रधानमंत्री नेहरू ने यहाँ सामरिक प्रतिष्ठान स्थापित करने का फैसला किया था। बंगलोर देश के काफी दक्षिणी भाग में स्थित है, इसलिए यह आकलन किया गया कि किसी दुश्मन देश (इसका आशय पाकिस्तान और चीन से था) के युद्धक विमान को बंगलोर में अपने लक्ष्यों तक पहुँचने में कम-से-कम डेढ़ घंटा लगेगा और इस दौरान उपयुक्त कार्रवाई की जा सकती है। वैसे ये सारी बातें मैक 2 युद्धक विमान और बैलिस्टिक मिसाइलों के आने से पूर्व की गई थीं। यही कारण है कि बंगलोर में हिंदुस्तान एयरोनॉटिक्स लिमिटेड, भारत इलेक्ट्रॉनिक्स लिमिटेड, भारतीय विज्ञान संस्थान, नेशनल एयरोस्पेस लैबोरेटरीज, हिंदुस्तान मशीन टूल्स, भारत हैवी इलेक्ट्रिकल्स और बाद में '70 के दशक में भारतीय अंतरिक्ष शोध संस्थान (इसरो) जैसे प्रतिष्ठानों की स्थापना की गई।

यह जानना दिलचस्प है कि भारत के जो शहर सूचना प्रौद्योगिकी (आई.टी.) के छह गढ़ माने जाते हैं—बंगलोर, चेन्नई, हैदराबाद, पुणे और राष्ट्रीय राजधानी क्षेत्र दिल्ली (गुड़गाँव और नोएडा), वहीं यहाँ बड़ी तादाद में सार्वजनिक क्षेत्र की कंपनियों, रक्षा प्रतिष्ठानों और शैक्षिक संस्थानों का भी संकेंद्रण है। कई तरह से भारतीय अनुभव भी अमेरिका की तरह रहा, जहाँ उच्च रक्षा एवं तकनीकी कार्यक्रमों ने एक ऐसा परिवेश बनाया कि प्रौद्योगिकी प्रतिष्ठान बोस्टन, ऑस्टिन और सिलिकॉन वैली के इर्द-गिर्द फलते-फूलते गए।

टेक्सास इंस्ट्रूमेंट्स काफी समय से एशिया में अपना दूसरा विकास केंद्र खोलने की योजना बना रहा था। उसका एशिया में पहला केंद्र जापान रहा था। उसकी आकलन टीम ने कई देशों का दौरा किया। चीन और भारत के बीच विकल्प चुनना था। 'इत्तियम सिस्टम्स' की स्थापना से पूर्व श्रीनि राजम भारत में टेक्सास इंस्ट्रूमेंट्स के कार्य-संचालनों के प्रमुख थे। वह बताते हैं, ''भारत के केस को आगे बढ़ानेवाले थे—डॉ. मोहन राव, जो कई भारतीय प्रौद्योगिकी विशेषज्ञों के गुरु हैं।'' राव डलास में उच्च उत्पाद विकास के प्रभारी थे। राव ने टेक्सास इंस्ट्रूमेंट्स प्रमुख मार्क शेफर्ड को बताया कि कंपनी परिसर में ही भारतीय प्रतिभा की उच्च गुणवत्ता को देख लें। राव ने प्रतिभा भंडार की उपलब्धता, कम लागत, भारत की अनुकूल भौगोलिक स्थिति (समय व क्षेत्र के लिहाज से) और प्रौद्योगिकी विशेषज्ञों के बीच अंग्रेजी भाषा के व्यापक इस्तेमाल जैसी खासियतों को उजागर किया। राव का भरोसा बेबुनियाद नहीं था। टेक्सास इंस्ट्रूमेंट्स ने जब अपने केंद्र की स्थापना की तो 17 पदों के लिए उसके पास 10,000 आवेदन आए।

भारत का अंग्रेजी भाषा का लाभ '60 के दशक से ही देखा जा सकता है। जैसा कि हमने 'दास कैपिटल' अध्याय में देखा है कि हिंदी को सरकारी भाषा के तौर पर इस्तेमाल करने के सूचना एवं प्रसारण मंत्रालय के निर्देश ने दक्षिण भारत में एक बड़ा तूफान खड़ा कर दिया था। तमिलनाडु में इस भाषा आंदोलन का नेतृत्व डी.एम.के. द्वारा किया गया। नतीजा हुआ कि वर्ष 1967 के चुनावों में कांग्रेस की हार हो गई और डी.एम.के. सत्ता में आ गई। तब से कांग्रेस झटके से उबर नहीं पाई है। इस आंदोलन को इस बात का श्रेय दिया जा सकता है कि राष्ट्रीय भाषा के बतौर अंग्रेजी का प्रयोग जारी रहा और इससे भारत को अन्य एशियाई देशों की तुलना में अहम प्रतियोगी श्रेष्ठता हासिल हो गई।

भारत की जी.एम.+5.5 की अवस्थिति भी उसे एक और लाभदायक अवसर प्रदान करती है, जिससे वह उसी दिन कार्य-संचालन कर सकता है। समय का जो अंतर है, उस कारण भारत स्थित प्रतिष्ठान एक ओर भूमंडल के पूर्वी क्षेत्र में स्थित कंपनियों और दूसरी ओर अटलांटिक महासागर के दोनों ओर स्थित देशों (यानी यूरोप और अमेरिका

महाद्वीप के देशों) की कंपनियों को सेवा प्रदान कर सकते हैं। जब अमेरिका सोने जाता है, तो भारत जगा हुआ होता है और उसे जो काम सौंपा जाता है, वह तब तक पूरा कर दिया जाता है जब अमेरिका फिर से जाग जाता है। श्रीनि राजम कहते हैं, "भारत केंद्र शुरू किए जाने के शीघ्र बाद टेक्सास इंस्ट्रूमेंट्स को अपने ग्राहकों से कई प्रशंसात्मक संदेश मिले, क्योंकि उन्हें उनके सवालों के जवाब उसी दिन मिल गए।"

1 अक्तूबर, 1985 को जब टेक्सास इंस्ट्रूमेंट्स लाइव होने को तैयार था तो बंगलोर के क्षितिज पर नया उपसाधन सज गया और यह था मिलर रोड पर सोना टॉवर्स के शीर्ष पर पृथ्वी स्टेशन का एक एंटीना डिश। टेक्सास इंस्ट्रूमेंट्स की महत्त्वाकांक्षा थी कि अपने उत्पाद को डिजाइन करने के लिए विश्व-स्तरीय शोध एवं विकास केंद्र बंगलोर में स्थापित किया जाए। टेक्सास इंस्ट्रूमेंट्स के शीर्ष अधिकारी चाहते थे कि बंगलोर केंद्र अगर बेहतर नहीं तो कम-से-कम उतना बढ़िया जरूर हो, जितने अच्छे केंद्र अमेरिका अथवा जापान में हैं। इसलिए उन्होंने यह सुनिश्चित किया कि बंगलोर केंद्र की आधारभूत संरचना विश्व-स्तरीय हो।

डिजाइन एवं विकास के कारोबार में ग्राहक-डिजाइनर संपर्क अत्यंत महत्त्वपूर्ण होता है। इसके लिए समर्पित, उच्च गतिवाली डाटा संचार प्रणाली अनिवार्य होती है। भारत सरकार उन्हें ऐसी प्रणाली की गारंटी देने को तैयार नहीं हो पाई, इसलिए टेक्सास इंस्ट्रूमेंट्स के प्रबंधन ने प्रस्ताव रखा कि वह अपना पृथ्वी स्टेशन लाएगा और सिर्फ अपने इस्तेमाल के लिए उसे स्थापित करेगा। वर्ष 1986 में उच्च गतिवाले डाटा संपर्क का आशय था 64 के.बी.पी.एस. पर प्रसारण करना (वर्ष 2012 में यह प्रसारण औसतन 4.8 एम.बी.पी.एस. पर किया जाता है, जो उस समय की गति से लगभग 75 गुना तेज है; यहाँ तक कि लैपटॉप की भी डाटा प्रसारण की गति वर्ष 1986 की गति से 40 गुना ज्यादा तेज होती है)। वर्ष 2011 में दस शीर्ष संपर्कों की गतियाँ—बेल्जियम में 6.4 एम.बी.पी.एस., जापान में 8.9 एम.बी.पी.एस., दक्षिण कोरिया में 13.8 एम.बी.पी.एस. के बीच थीं।

टेक्सास इंस्ट्रूमेंट्स ने अपना पृथ्वी स्टेशन लगाने का जो प्रस्ताव रखा, उसका भारतीय नौकरशाही द्वारा अव्यावहारिक जवाब दिया गया। इसने जवाब दिया कि इलेक्ट्रॉनिक्स विभाग से अधिकारी नियुक्त किया जाएगा, जो पृथ्वी स्टेशन से निर्यात किए जा रहे डाटा की निगरानी करेगा। तमाम डाटा का संप्रेषण बायनरी रूप यानी 0 एवं 1 में किया जाता था जो अधिकतर लोगों की समझ से परे था। पाँच मिनट के प्रसारण का भी प्रिंट निकाला जाता था, तो वह 400 पृष्ठों से ज्यादा हो जाता था। फिर भी, सरकार ने एक अधिकारी को नियुक्त कर दिया कि वह हर कुछ घंटे में प्रिंट निकाले, उनकी पड़ताल करे और उनकी फाइल बनाकर रखे। इन आँकड़ों का इलेक्ट्रॉनिक्स विभाग ने क्या किया,

यह बस अनुमान ही हो सकता है। अंततः वर्ष 1988 में तत्कालीन सार्वजनिक उपक्रम विदेश संचार निगम लिमिटेड (वी.एस.एन.एल.) ने इस पृथ्वी स्टेशन का अधिग्रहण कर लिया।

टेक्सास इंस्ट्रूमेंट्स के प्रवेश ने नीति-निर्धारकों को अच्छी तरह जाहिर कर दिया होता कि उनका सामना संभावित विजेता से हो रहा है। कंपनी कम संतोषजनक आधारभूत ढाँचे के बावजूद मेहनत-मशक्कत कर अपने लिए मुनाफा कमाने को इच्छुक थी। वह जो पैसा कमाती थी, वह तमाम निष्फल हो जाता था। शुरुआत में भारत में उनके कार्य-संचालन की लागत पर्याप्त रूप से कम थी, खासकर तनख्वाह के मामले में। तब कहावत थी कि अमेरिका में 10 इंजीनियर रखने में जितनी रकम लगती है, उतने में भारत में आप 100 इंजीनियर रख सकते हैं। भारत और अमेरिका में पश्चिमी तट के बीच साढ़े बारह घंटे का समयांतराल दिन-रात काम की निगरानी करने, पड़ताल करने और कार्य-निष्पादन की इजाजत देता था। और फिर, भारत में प्रतिभा का विशाल भंडार तो था ही, जिसका आसानी से लाभ उठाया जा सकता था।

टेक्सास इंस्ट्रूमेंट्स द्वारा अपना डिजाइन सेंटर स्थापित करने के शीघ्र बाद भारतीय सॉफ्टवेयर कंपनियाँ, जिनमें इन्फोसिस, टी.सी.एस. एवं विप्रो शामिल थीं, इसे देखने के लिए लाइन में लग गईं। यह उन्हें स्पष्ट हो गया कि अगर भारतीय इंजीनियरों को सही ढंग की सुविधाएँ दी जाएँ तो वे अच्छा काम कर सकते हैं। सुविधाओं से आशय था कि उन्हें उच्च सिस्टम दिए जाएँ और दिन-रात डाटा संचार की सुविधाएँ प्रदान की जाएँ। भारतीय तकनीकी कंपनियों ने सॉफ्टवेयर क्षेत्र को आगे बढ़ाने के लिए इसी तरह की सुविधाओं की सरकार से माँग करनी शुरू कर दी। सॉफ्टवेयर विकास करनेवालों की माँग सूची में सबसे ऊपर यही माँग थी कि उन्हें 24 × 7 डाटा संचार की सुविधा दी जाए। इसके अलावा वे आयातों में ढील और ड्यूटी में छूट की भी माँग करने लगे।

सॉफ्टवेयर उद्योग को उम्मीद थी कि उनकी अपील सुनी जाएगी, क्योंकि '80 के दशक के मध्य में भारत के प्रधानमंत्री राजीव गांधी थे और उन्हें कंप्यूटरों का अभिज्ञान था। यह उम्मीद की जा रही थी कि उनका प्रौद्योगिकी समर्थक रवैया सॉफ्टवेयर क्षेत्र को गति देगा। इसने दिया भी और नहीं भी दिया। सन् 1982 में एशियाई खेलों के प्रबंधन के दौरान राजीव गांधी का परिचय कुछ प्रौद्योगिकी सक्षम नौकरशाहों से हुआ, जिन्हें बाद में 'राजीव के लड़के' कहा जाने लगा। ऐसे नौकरशाहों में से एक थे—एन. शेषगिरि, जो इलेक्ट्रॉनिक्स विभाग में अतिरिक्त सचिव एवं नेशनल इन्फॉर्मेटिक्स सेंटर या जिसे आज एन.आई.सी. कहा जाता है, के महानिदेशक थे। शेषगिरि मूलतः परमाणु ऊर्जा विभाग से थे। सॉफ्टवेयर क्षेत्र की क्षमता में उनका भरपूर भरोसा था। उन्होंने कार्यस्थल से दूर सेवाओं की अवधारणा को बढ़ावा दिया और एक ऐसी नीति के लिए मुहिम चलाई,

जिसने भारत को कम-से-कम सॉफ्टवेयर के क्षेत्र में वैसी ही उपलब्धि दिलाई जैसी कि ताइवान और दक्षिण कोरिया जैसे एशियाई टाइगर्स देशों ने हार्डवेयर के क्षेत्र में हासिल की थी।

राजीव गांधी ने वर्ष 1985 में अमेरिका का दौरा किया। उनकी माँ इंदिरा गांधी ने भारत-अमेरिकी प्रौद्योगिकी सहयोग की जो शुरुआत की थी, उसे उन्होंने और आगे बढ़ाया। हालाँकि यह दौरा एक ऐसे समय पर हुआ था, जब भू-राजनीतिक रूप से भारत-अमेरिकी संबंध बहुत मधुर नहीं थे। अमेरिका ने पाकिस्तान में सैन्य रूप से अपना निवेश मजबूत किया था और रीगन प्रशासन के रणनीतिकार भारत को अभी भी सोवियत संघ का एक पिछलग्गू देश करार देते थे। इन सब बातों के बावजूद राजीव गांधी की भी अपनी माँ की तरह ही रीगन के साथ गहरी छनी। युवा भारतीय नेता ने रीगन को अत्यधिक प्रभावित किया। यहाँ तक कि कुछ प्रमुख टिप्पणीकारों ने इसका वर्णन 'पिता-पुत्र संबंध' के रूप में किया। कानकुन सम्मेलन के दौरान अमेरिकी निवेश के जिन प्रस्तावों पर चर्चा हुई थी, उसे और आगे बढ़ाया गया।

वर्ष 1985 तक भारत ने आजमाइशी तौर पर अपनी अर्थव्यवस्था को खोलना शुरू किया। आयात नीति और निवेश माहौल को उदार बनाया गया और यह बात अमेरिकी कंपनियों के लिए उत्साहवर्धक थी। भारत ने कंप्यूटर्स, लेजर्स, सेंसर्स और अनन्य उच्च तकनीकी उत्पादों के निर्माण के लिए प्रौद्योगिकी हासिल करने में दिलचस्पी दिखाई। इस क्षेत्र में अमेरिका को काफी श्रेष्ठता हासिल थी। दूसरी ओर, भारत के पास प्रभावशाली वैज्ञानिक मानव संसाधन थे, जिसे अमेरिकी कंपनियाँ अपने लिए इस्तेमाल करना चाहती थीं। राजीव गांधी का 'कर सकते हैं' वाला रवैया भी समान रूप से ऊर्जा प्रदान करनेवाला था। सत्तासीन होने के कुछ सप्ताहों के अंदर ही राजीव गांधी ने नौकरशाहों की एक टीम को इलेक्ट्रॉनिक्स एवं सॉफ्टवेयर के लिए एक नई नीति का मसौदा तैयार करने को कहा, ताकि भारतीय सामान की गुणवत्ता में भरपूर इजाफा हो और विदेशी बाजारों में उनका निर्यात किया जा सके। उद्योग की माँग पर सरकार ने 18 दिसंबर, 1986 को कंप्यूटर सॉफ्टवेयर निर्यात विकास एवं प्रशिक्षण नीति की घोषणा की, जिसका मूल मकसद भारत के सॉफ्टवेयर निर्यात को बढ़ावा देना था।

हार्डवेयर आयात को उदार बनाया गया, हालाँकि लागतें अभी भी विदेश की तुलना में प्रति डॉलर 60 सेंट ज्यादा थीं। हार्डवेयर के आयात के आवेदनों को मंजूरी देने के लिए अंतर-मंत्रालय समिति बनाई गई। पहली बार तमाम मंजूरियों के लिए छह हफ्ते की समय-सीमा तय की गई। विदेशी मुद्रा के मुद्दे भी उदार बनाए गए और 'सिंगल विंडो' मंजूरी प्रणाली शुरू की गई। सॉफ्टवेयर निर्यात के लिए वित्तीय मदद देने और निर्यात को बढ़ावा देने के लिए आयात-निर्यात बैंक की स्थापना की गई। बेहतर दूरसंचार

व्यवस्था की स्थापना की गई। इस क्षेत्र में बेहतर व्यवस्था की भी उम्मीद की जा रही थी, क्योंकि सुधार के लिए अब सैम पित्रोदा को लगाया गया था। उद्योग को आशा थी कि अब दूरसंचार के लिए पहुँच और संपर्क में इजाफा होगा।

सैम पित्रोदा का जन्म उड़ीसा में हुआ था और उन्होंने गुजरात में शिक्षा पाई थी। वह आदर्श एवं विपुल प्रतिभा के धनी थे। उन्होंने अमेरिका में नाम कमाया था। उन्होंने जनरल टेलीफोन एवं इलेक्ट्रॉनिक्स कॉरपोरेशन और रॉकवेल में दूरसंचार इंजीनियर के रूप में काम किया था। पित्रोदा भारत के दौरे पर थे। तब वह अपनी पत्नी से शिकागो में टेलीफोन पर बात नहीं कर सके। वह अब दबी हुई हँसी के साथ कहते हैं, "यह क्षोभजनक था। मैंने इंदिरा गांधी से मुलाकात का समय माँगा, ताकि दूरसंचार सेवाओं के गड़बड़झाले का समाधान पेश कर सकूँ।" इस मुलाकात के जरिए उनका राजीव गांधी से परिचय हुआ। यह इंदिरा गांधी की हत्या से थोड़ा पहले की बात थी। जब राजीव गांधी प्रधानमंत्री बने तो उन्होंने पित्रोदा से दूरसंचार क्षेत्र का समाधान निकालने को कहा।

संपर्क के लिए टेलीफोन लाइनों और एक्सचेंज के डिजिटलाइजेशन की जरूरत थी। तब तक भारत पश्चिमी देशों द्वारा परित्यक्त प्रौद्योगिकी का इस्तेमाल कर रहा था और अपनी कीमती विदेशी मुद्रा उसे खरीदने के लिए खर्च कर रहा था। पित्रोदा ने सुझाव दिया कि भारत डिजिटल व्यवस्था अपनाए। तब सी-डॉट (C-DOT) का गठन किया गया। पित्रोदा याद करते हैं, "भारत को अपने अस्तित्व को बचाने के लिए दूरसंचार की जरूरत थी। अर्थव्यवस्था की प्रगति के लिए आवश्यक था कि वह खुद टेलीफोन एक्सचेंज बनाए।"

बमुश्किल 3 करोड़ डॉलर के साथ पित्रोदा और उनकी टीम ने दिल्ली के एक गिरे-पड़े होटल में काम करना शुरू किया। तीन साल बाद सन् 1987 में पहला डिजिटल स्विचिंग सिस्टम लगाया गया। यह इस तरह डिजाइन किया गया था कि ग्रामीण और शहरी इलाके की गरमी और धूल को बरदाश्त कर सके। भारत स्वामित्व के सिद्धांत को अपना नहीं सका, क्योंकि न तो सरकार और न ही उपभोक्ता आखिरी मील का केबल डालने का खर्च उठा सकते थे; लेकिन अर्थव्यवस्था निश्चित रूप से 'सभी के लिए पहुँच' की अवधारणा को आगे बढ़ा सकती थी। नए सी-डॉट एक्सचेंजों ने दूरसंचार संपर्क में क्रांति ला दी। व्यक्तियों और कारोबारों दोनों के लिए क्षमता और बेहतर संपर्क ने बेहतर पहुँच को संभव बनाया।

बेहतर संपर्क और नीतिगत प्रोत्साहन के कारण सॉफ्टवेयर क्षेत्र उड़ान भरने को तैयार था। तब तक यह क्षेत्र एक क्रांति की आभा हासिल कर चुका था और यह इतना बढ़िया हो गया था कि यकीन नहीं होता था। लेकिन जैसी कि आशंका थी, अर्थशास्त्र की राजनीति और व्यवस्था को चूसनेवालों ने जवाबी हमला किया। राजीव गांधी ने अनुमान

नहीं लगाया था कि उन्हें इस पैमाने पर प्रतिरोध झेलना पड़ेगा। जब तक सॉफ्टवेयर क्षेत्र को विदेशी निवेश के लिए खोलने की नीति मसौदे के चरण से अंतिम रूप में आती, इससे प्रभावित होनेवालों ने तिकड़म शुरू कर दी। घरेलू सॉफ्टवेयर उत्पादों ने जोर-शोर से घरेलू सॉफ्टवेयर की मौत का स्यापा करना शुरू कर दिया। नतीजा यह हुआ कि कंप्यूटरों के उत्पादन पर राष्ट्रीय नियंत्रण लागू करने की बात नीति में वापस डाल दी गई। फरवरी 1987 में नीति पीछे की दिशा में चल पड़ी और उसकी कई रियायतें वापस ले ली गईं। सॉफ्टवेयर के आयात पर ड्यूटी 100 प्रतिशत से भी ज्यादा बढ़ा दी गई। आर्थिक मंत्रालयों में प्रतिवाद करनेवालों ने विदेशी मुद्रा की बरबादी की आलोचना की और 15 प्रतिशत यात्रा-कर थोप दिया गया। सॉफ्टवेयर क्षेत्र को इस नीति से जो प्रोत्साहन मिलता, उसका प्रभावी रूप से गला घोंट दिया गया।

इस पहल को रोकनेवालों के लिए यह बात कोई मायने नहीं रखती थी कि यह नीति अगर सफल हुई तो यह एक बड़े राजनीतिक लक्ष्य—रोजगार प्रदान करने को साधेगी। '80 के दशक में देश में 1.5 लाख इंजीनियर और डिप्लोमाधारी तैयार होते थे। अर्थव्यवस्था में उन्हें खपाने की क्षमता नहीं थी। इसके अलावा, करीब 5 लाख विज्ञान स्नातक तैयार होते थे। वे जो डिग्री लेकर निकल रहे थे, उनका उपयोग करने का अवसर उन्हें उपलब्ध नहीं हो रहा था। रोजगार की संभावना और विदेशी मुद्रा कमाने की उम्मीद के मद्देनजर नीति-निर्माताओं और योजनाकारों को सॉफ्टवेयर नीति को अपनाना और आगे बढ़ाना चाहिए था। लेकिन ऐसा नहीं हुआ। आश्चर्य नहीं कि वर्ष 1987 में भारत का सॉफ्टवेयर निर्यात महज 71 करोड़ रुपए का था।

इस नजरिए को रोनाल्ड रीगन के तहत अमेरिकी सरकार के रवैए के मुकाबले रखकर देखें। वित्त पर अमेरिकी सीनेट कमेटी ने 3 फरवरी, 1987 को देश के प्रौद्योगिकी एवं कारोबारी क्षेत्र के सबसे बड़े नामों को आमंत्रित किया कि वे उसके सदस्यों को स्थिति की जानकारी दें। इनमें टेक्सास इंस्ट्रूमेंट्स के चेयरमैन मार्क शेफर्ड जूनियर, ईस्टमैन कोडक के चेयरमैन एवं सी.ई.ओ. कॉल्बी चैंडलर, मोटोरोला के चेयरमैन रॉबर्ट डब्ल्यू. गाल्विन, अमेरिकन एक्सप्रेस के चेयरमैन एवं सी.ई.ओ. जेम्स रॉबिंसन, अंतरराष्ट्रीय कारोबार एवं निवेश पर बनी टॉस्क फोर्स के चेयरमैन तथा अमेरिकी व्यवसाय सम्मेलन के अध्यक्ष विलियम लिली तृतीय शामिल थे। इस सुनवाई का शीर्षक था—'विश्व अर्थव्यवस्था पर महारत हासिल करना' और इसका मकसद था कि आर्थिक श्रेष्ठता को बनाए रखने के लिए अमेरिकी प्रशासन उचित कदम उठाए। सुनवाई के दौरान न्यू जर्सी के सीनेटर बिल ब्रैडली ने रॉबिंसन और शेफर्ड से दो-टूक कहा, "आपको तीसरी दुनिया के बाजारों में जल्दी-से-जल्दी जाने की आपाधापी मची है। मगर आप जानते हैं कि ब्राजील और भारत ने सेवाओं को विश्व व्यापार संगठन के सम्मेलन के अगले चक्र की वार्ता का हिस्सा बनाने

से ही साफ इनकार कर दिया है। आप क्या सोचते हैं कि कौन सी बात ऐसी है, जिस कारण वे अपने फैसले पर पुनर्विचार कर सकते हैं?'' शेफर्ड ने भी बिना लाग-लपेट के कहा कि कुछ बाजार, खासतौर पर कंप्यूटर एवं सूचना क्षेत्र बंद कर दिए गए हैं। बाद में उन्होंने इसपर जोर दिया कि ''भारत हमारे लिए बड़ी समस्या बनने जा रहा है। चीन हमारे लिए बड़ी समस्या बनने जा रहा है (प्रतियोगियों के रूप में)।''

यह केवल निजी क्षेत्र और अमेरिकी सरकार ही नहीं थी, जिन्होंने भारत में संभावना देखी। वॉशिंगटन में सन् 1988 और 1989 में विश्व बैंक के एक अध्ययन ने भी इस क्षमता को पहचाना। भारत के इलेक्ट्रॉनिक्स उद्योग पर अपनी रिपोर्ट में विश्व बैंक की टीम ने इस बात पर बल दिया कि औद्योगिक इलेक्ट्रॉनिक्स, कंप्यूटर्स, डाटा प्रोसेसिंग, सॉफ्टवेयर विकास और दूरसंचार उपकरण भारतीय अर्थव्यवस्था के लिए उदीयमान क्षेत्र हैं। मई 1989 में जब भारत सरकार, वित्तीय संस्थानों और विश्व बैंक के बीच ऋण समझौता हुआ तो इसके आकलन कर्ताओं ने घोषणा की कि ''कंप्यूटर सॉफ्टवेयर हालाँकि अभी एक छोटा उद्योग है, लेकिन उच्च स्तरीय हुनर की बहुतायत के कारण इस क्षेत्र में खासतौर पर काफी संभावनाएँ हैं।''

भारतीय सॉफ्टवेयर कंपनियों को इस आलोचना का सामना करना पड़ता था कि वे ब्रांडेड सॉफ्टवेयर उत्पाद नहीं बनाती हैं। इसकी बजाय उनका कारोबार विशुद्ध खरीदारी पर टिका हुआ है। इस बीच भारत स्थित कंपनियाँ उस फासले पर फलती-फूलती रहीं, जो वे अपने इंजीनियरों को तनख्वाह देती थीं और विदेश स्थित कंपनियों में काम करने के लिए उन्हें भेजकर वे कमाई करती थीं। यह बात पूरी तरह असत्य नहीं थी, लेकिन इसका दोष पूर्णतः तत्कालीन सॉफ्टवेयर नीति पर डाला जाना चाहिए। कंप्यूटरों को हासिल करने के लिए संसाधनों का अभाव था और लीज व आयातों में भी पचड़े थे। इसे देखते हुए भारतीय कंपनियों के लिए ठेके हासिल करना तब ज्यादा आसान हो जाता था, जब वे अपने मानव संसाधन को अमेरिका भेजने के लिए राजी हो जाती थीं। वस्तुतः, कुछ नीति-निर्माताओं की दलील थी कि हार्डवेयर के क्षेत्र में एशियाई टाइगर्स की अर्थव्यवस्थाओं ने जो उपलब्धि हासिल की है, भारत को यदि सॉफ्टवेयर के क्षेत्र में वैसा ही मुकाम हासिल करना है तो पहले उसे खरीदारी के जरिए अपने कारोबार का आकार बढ़ाना होगा और इसके बाद वह महत्त्व व मूल्य श्रृंखला में ऊपर चढ़ सकता है। इसके लिए समझदारीवाली नीति बनाने की जरूरत थी।

इलेक्ट्रॉनिक्स विभाग के तत्कालीन सलाहकार और योजना आयोग के मौजूदा प्रधान सलाहकार प्रणव सेन सारगर्भित रूप से स्थिति का आकलन पेश करते हैं— ''सन् 1991-92 से पहले तक सॉफ्टवेयर क्षेत्र के समर्थन के लिए वस्तुतः कोई नीति नहीं थी। यहाँ तक कि अगर उसे नजरअंदाज करना कहा जाए तो भी यह इस बारे में

सकारात्मक कथन ही होगा। भारतीय सॉफ्टवेयर निर्यात के मुख्य साधन, कार्यस्थल पर सॉफ्टवेयर विकास को, निंदात्मक तरीके से विशुद्ध खरीदारी कहा जाता था और इसे निरुत्साहित करने के लिए हरेक प्रयास किया जाता था। इस बात को समझने की कतई कोशिश नहीं की जाती थी कि सॉफ्टवेयर निर्यातक ऐसा क्यों करते हैं। मुड़कर देखें तो सॉफ्टवेयर क्षेत्र को पर्याप्त श्रेय देना पड़ेगा कि सरकार से समर्थन के अभाव में भी वह आगे बढ़ता रहा।''

सॉफ्टवेयर कंपनियों को केवल समर्थन ही नहीं दिया गया, बल्कि उनकी राह में बाधाएँ खड़ी की गईं। कार्य-स्थल पर काम करने का स्पष्ट अर्थ था कि इंजीनियर विदेश की यात्रा करें और वहाँ रहें। मूर्ति कहते हैं, ''एक वक्त नंदन नीलेकणि, एन.एस. राघवन और कृष गोपालकृष्णन अमेरिका में छह प्रोजेक्टों पर काम कर रहे थे। इसका मतलब था कि कम-से-कम उनके अपने इंतजाम के लिए डॉलर भेजने होंगे। पूरी दुनिया भर में सेवाएँ प्रदान करने के बाद फीस का भुगतान किया जाता है; लेकिन भारत में नियम था कि निर्यातकों को पहले भारत में डॉलर लाने होंगे और फिर वे जितना डॉलर लाएँगे, उसका अधिकतम आधा निकाल सकेंगे और यह भी तब, जब इन्फोसिस विदेशी मुद्रा के लिए रुपयों का भुगतान करता था।'' मूर्ति याद करते हैं कि मंजूरियों के लिए वह रिजर्व बैंक की लॉबी में घंटों इंतजार करते थे और कभी-कभी उनकी पत्नी और नवजात बच्चा भी उनके साथ होते थे।

मुद्रा की दिक्कतों के साथ ही मामला समाप्त नहीं हो जाता था। कंपनियों के अधिकारियों से यह अपेक्षा की जाती थी कि वे सरकार को अपनी यात्रा की रिपोर्ट दें और यह बताएँ कि वे किनसे और कहाँ मिले। एक अधिकारी ने विदेशी मुद्रा के लिए यह कहते हुए आवेदन किया कि उन्हें यूरोप की यात्रा करनी है। उन्होंने बताया कि उन्हें फैंकफर्ट में दो दिन और पेरिस में एक दिन बिताना है। मगर ऐसा हुआ कि उन्होंने पेरिस में दो दिन और फैंकफर्ट में एक दिन बिताया। रिजर्व बैंक ने इस विचलन पर आपत्ति की और कंपनी की तमाम मंजूरियाँ रोक दी गईं। वाहियात पाबंदियों के कारण कंपनियाँ अपना कारोबार आगे बढ़ाने के लिए विदेश में न तो सलाहकारों की नियुक्ति कर सकती थीं और न ही अपने दफ्तर स्थापित कर सकती थीं।

घोड़े उड़ेंगे

वर्ष 1988 के अंत तक राजीव गांधी सरकार बोफोर्स कांड के सामने आने के बाद राजनीतिक रूप से कमजोर हो गई थी। आरोप लगाया गया कि एक हथियार सौदे के लिए कमीशन दिया गया है। कांग्रेस पार्टी में और कारोबार में निहित स्वार्थों ने एक स्वर से राजीव गांधी की नीतियों को अभिजात करार दे दिया। सॉफ्टवेयर क्षेत्र को विकास और

रोजगार के अवसर के तौर पर नहीं देखा गया, बल्कि इसे एक ऐसा अभिजात कारोबार करार दिया गया, जो रोजगार छीनता है। राजीव गांधी की राजनीतिक पूँजी खत्म हो चुकी थी और उनकी सरकार का समय पूरा हो गया था। राजीव गांधी चुनाव हार गए।

नवंबर 1989 में वी.पी. सिंह प्रधानमंत्री थे। वह भ्रष्टाचार के खिलाफ मुहिम चलानेवाले और एक सुधारक की छवि लिये शासन में आए थे। ये उथल-पुथलवाले दिन थे। उस समय राम मंदिर आंदोलन परवान चढ़ रहा था और जाति आधारित कोटे की कठिन समस्या थी। देश का ध्यान खींचने के लिए ये दोनों आंदोलन एक-दूसरे से होड़ कर रहे थे। राजनीतिक अराजकता और पहचान की राजनीति के बीच ऐसा प्रतीत हुआ कि सॉफ्टवेयर क्रांति का अंतिम क्रिया-कर्म किया जा रहा है।

मगर यह किसी के लिए भी अज्ञात था और उद्योग को तो निश्चित रूप से पता नहीं था कि सॉफ्टवेयर क्षेत्र को उद्धारक मिलने वाला था। जून 1990 में नागराज विट्ठल ने इलेट्रॉनिक्स विभाग की कमान सँभाली। वह गुजरात काडर के आई.ए.एस. अधिकारी थे और उनका रेकॉर्ड काफी बढ़िया रहा था। वह अपनी निष्ठा और अर्थशास्त्र की समझ रखनेवाले शख्स के रूप में जाने जाते थे। गुजरात या महाराष्ट्र में काम करते हुए अधिकारी आर्थिक नीति के मामले में विकास-समर्थक दृष्टिकोण अपना लेते हैं और विट्ठल में यह नजरिया भरपूर था। गुजरात काडर के अधिकारियों में यह आम बात होती है कि वे कारोबार के विकास को प्रशासन के हिस्से के रूप में देखते हैं। यह एक ऐसा राज्य है, जहाँ उद्योगपतियों को अकसर आमंत्रित किया जाता है कि वे सार्वजनिक क्षेत्र की इकाइयों के गैर-कार्यकारी चेयरमैन बनें।

विट्ठल जब तक दिल्ली आए, उनके नाम में कई महत्त्वपूर्ण उपलब्धियाँ जुड़ चुकी थीं। वर्ष 1965 में भारत सरकार ने कांडला में पहले मुक्त व्यापार क्षेत्र (एफ.टी.जेड.) की स्थापना की थी। कांडला पश्चिमी तट के लिए भारत का गहरे पानीवाला बंदरगाह है। यह एशिया में पहला एफ.टी.जेड. था, लेकिन नौ वर्षों तक यह एक विफल विचार के रूप में पड़ा रहा। मगर जब विट्ठल ने विकास आयुक्त के रूप में कार्यभार सँभाला तो उन्होंने वर्ष 1974 में कायापलट कर दी। इस चुनौती ने उन्हें यह समझने में मदद की कि निर्यात का कारोबार कैसे काम करता है। गुजरात के उद्योग आयुक्त के रूप में उन्होंने निवेशों को लालफीताशाही की जकड़न से मुक्त किया। अधिकतर आई.ए.एस. अधिकारियों के विपरीत विट्ठल को व्यवसाय का भी सीधा अनुभव था। उन्होंने गुजरात नर्मदा उर्वरक निगम के प्रबंध निदेशक के रूप में काम किया था।

अकसर इस बात को महत्त्व नहीं दिया जाता है कि वर्ष 1990 से लेकर 1994 तक की चार साल की छोटी अवधि में विट्ठल भारत की दो सबसे सफल क्रांतियों के जनक बने और ये क्रांतियाँ थीं—सॉफ्टवेयर और दूरसंचार की। विट्ठल कहते हैं, ''मेरे

पूरे कैरियर और जीवन में तमाम स्थितियों के प्रति मेरा नजरिया सीधा और सरल रहा है— कार्य-प्रदर्शन न कर पाने के कारणों की सूची बनाना। एक बार जब इन कारणों को हटा दिया जाता है तो कार्य-प्रदर्शन से बचा नहीं जा सकता।''

विट्ठल जब इलेक्ट्रॉनिक्स विभाग के प्रमुख बने तो तत्कालीन कैबिनेट सचिव विनोद पांडेय ने उनसे इस विभाग के गड़बड़झाले को दुरुस्त करने को कहा। विट्ठल याद करते हैं, ''मैंने पाया कि इलेक्ट्रॉनिक्स विभाग लुटियंस दिल्ली के आठ ठिकानों में फैला हुआ है। इसलिए मेरा पहला फैसला था कि इन सभी को एक भवन में लाया जाए। इन सभी को लोदी रोड के पास एक भवन में लाया गया, जिसे अब 'इलेक्ट्रॉनिक्स निकेतन' के रूप में जाना जाता है।'' पदभार सँभालने के एक पखवाड़े बाद उन्होंने सॉफ्टवेयर निर्यातकों की एक बैठक बुलाई और धैर्यपूर्वक उनकी बातें सुनीं। विट्ठल कहते हैं, ''जब वे मुझसे मिले तो उन्होंने अपनी वही माँगें दोहराईं, जो वे सरकार के सामने कई बार रख चुके थे।'' वे चाहते थे कि जिस तरह वाणिज्य वस्तुओं के निर्यात से हुई कमाई पर टैक्सों से छूट मिलती है, उसी तरह उन्हें भी सॉफ्टवेयर निर्यात से हुए लाभों पर करों की छूट दी जाए। वे यह भी चाहते थे कि जिस तरह अन्य निर्यातकों को पूँजीगत सामान के आयात पर रियायत दी जाती है, उसी तरह उन्हें भी कंप्यूटरों के आयात के लिए प्रोत्साहित किया जाए, वे उच्च गतिवाले डाटा कनेक्शन चाहते थे। वे यह भी चाहते थे कि जहाँ तक संभव हो, लालफीताशाही को हटाया जाए।

विट्ठल को यह साफ समझ में आ गया कि सॉफ्टवेयर विकसित करनेवालों को एक मुक्त व्यापार क्षेत्र में रखा जाए, जहाँ पूरी तरह समर्पित 24 × 7 डाटा संपर्क समेत वे तमाम आधारभूत ढाँचे हों, जिनकी उन्हें जरूरत है। वे देख सकें कि उन्हें जो भी सिस्टम चाहिए, उन्हें आयात की जरूरत है। साथ ही उन्हें ऋण मिलने और लाभों पर कर छूट की भी आवश्यकता है। उन्होंने एक नीति तैयार की और इसमें कांडला एफ.टी. जेड. के कायापलट के तत्त्वों तथा सॉफ्टवेयर विकास करनेवालों की माँगों का समावेश किया। फिर उन्होंने सन् 1990 में अगस्त के अंत में सचिवों की एक समिति के सामने इस खाके को प्रस्तुत किया। विट्ठल याद करते हैं, ''यह एक तूफानी बैठक थी।'' जिन लोगों ने इस बैठक में भाग लिया, उनमें वित्त सचिव विमल जालान, वाणिज्य सचिव एस. पी. शुक्ला और कैबिनेट सचिव विनोद पांडेय शामिल हुए। वरिष्ठ अधिकारियों का रोष समझा जा सकता था। विट्ठल छूटों और प्रोत्साहनों की माँग कर रहे थे, जबकि सरकार व्यवहारतः दिवालिया हो चुकी थी और अपने इतिहास के सबसे बुरे आर्थिक संकट का सामना कर रही थी।

विमल जालान ने विट्ठल से पूछा कि उस साल कितने का सॉफ्टवेयर निर्यात किया गया? विट्ठल ने बताया कि यह करीब 10 करोड़ डॉलर का हुआ। जालान ने तब

विट्ठल से पूछा, "अगर हम ये तमाम रियायतें दे दें तो क्या उनका आयात 50 करोड़ को छू पाएगा?" जो आँकड़ा उन्होंने सुझाया, वह एक असंभव लक्ष्य था। लेकिन विट्ठल हथियार डालने को तैयार नहीं थे। उन्होंने कहा कि अगले तीन वर्षों में निर्यात संभवत: 35 करोड़ डॉलर तक पहुँच जाएगा। जालान ने कहा कि अगर वह निर्यात का आँकड़ा 40 करोड़ तक पहुँचाने को तैयार हों तो सचिवों का समूह उनके सुझावों पर विचार कर सकता है। बैठक इस मुकाम पर समाप्त हुई कि इसपर फिर मिलेंगे।

इसके शीघ्र बाद ही नेशनल एसोसिएशन ऑफ सॉफ्टवेयर एंड सर्विसेज कंपनीज (नैस्कॉम) के सदस्यों ने एक सम्मेलन के मौके पर विट्ठल से मुलाकात की। उनसे मिलनेवालों के समूह में ऑनवार्ड टेक्नोलॉजीज के हरीश मेहता, इन्फोसिस के प्रमुख एन.आर. नारायण मूर्ति, एन.आई.आई.टी. के राजेंद्र पवार और सॉफ्टवेयर उद्योग के अन्य खिलाड़ी शामिल थे। विट्ठल ने उनसे कहा कि सरकार उनकी माँगें मानने को तैयार हो गई है; लेकिन एक शर्त है—सॉफ्टवेयर निर्यात अगले तीन वर्षों में 35 करोड़ डॉलर तक पहुँचाना चाहिए। नैस्कॉम के सदस्यों को यह सुनकर सदमा लगा, क्योंकि लक्ष्य मौजूदा निर्यात से तीन गुना ज्यादा मूल्य का था। कई सदस्यों को लगा कि यह 'हाँ' के रूप में छुपा हुआ 'ना' है।

विट्ठल ने तब उन्हें एक कहानी सुनाई। एक राजा का एक प्रमुख सहायक गबन का दोषी पाया गया और उसे मृत्युदंड की सजा सुनाई गई। राजा ने कृपा करके सहायक से पूछा कि उसकी आखिरी इच्छा क्या है? उस शख्स ने कुछ पल सोचा। वह जानता था कि राजा अपने घोड़े को प्यार करते हैं। इसलिए मुजरिम ने कहा कि वह राजा के घोड़े को उड़ना सिखाना चाहेगा। राजा मान गए, मगर पाँच साल की समय-सीमा लगा दी और कहा कि उसे इसी अवधि में घोड़े को उड़ना सिखाना होगा। दोषी व्यक्ति के परिवार को गुस्सा आ गया। उन्होंने उससे पूछा कि उसने ऐसा कुछ क्यों नहीं माँगा, जिसे ज्यादा आसानी से पूरा किया जा सकता हो। विट्ठल ने उद्यमियों से कहा कि वे उस शख्स की रणनीति पर ध्यान केंद्रित करें। वह समय हासिल करने का मौका चाहता था। उन्होंने कारोबारियों से कहा, "पाँच साल एक लंबा समय है। कौन जानता है कि भविष्य में क्या होने वाला है? मैं इस विभाग से जा सकता हूँ। सरकार जा सकती है। आप लोग कारोबार से बाहर हो सकते हैं। और, कौन जानता है, घोड़ा उड़ सकता है।"

घोड़ा उड़ा, लेकिन इसने पाँच साल से ज्यादा समय लगाया। सॉफ्टवेयर क्षेत्र के लिए विट्ठल के विशेष पैकेज को दो सरकारों के गिरने और तीसरी के निर्वाचित होने का इंतजार करना पड़ा। इसे तब तक इंतजार करना पड़ा, जब तक कि भारत आपदा के कगार पर नहीं पहुँच गया, जब तक उसे अपना स्वर्ण भंडार गिरवी नहीं रखना पड़ा और इस तरह राहत की साँस लेनी नहीं पड़ गई। सॉफ्टवेयर क्रांति को प्रतीक्षारत होना पड़ा,

लेकिन हर चीज को प्रतीक्षा नहीं करनी पड़ी। भारतीय नौकरशाही की भूलभुलैया के बारे में एक और दिलचस्प बात है कि यह विभागों में और जो उसकी अध्यक्षता करते हैं, उनमें पूरक क्षमताएँ पैदा कर सकती है। इलेक्ट्रॉनिक्स विभाग के सचिव के बतौर विट्ठल दूरसंचार आयोग के भी सदस्य थे। इससे उन्हें फोन संपर्क से जुड़े मुद्दों के बारे में गहराई से जानने का अवसर मिला।

फोन संपर्क की समस्या मुख्य रूप से उस तरीके से भी खड़ी हुई, जिस तरह से भारत में दूरसंचार नीति को बनाया गया था। भारतीय टेलीग्राफ कानून-1855 ब्रिटिश शासनकाल से चला आ रहा था और इसने दूरसंचार को सार्वजनिक क्षेत्र के एकाधिकार में डाल रखा था। कोई प्रतियोगिता न होने का मतलब था—ऊँची लागतें और खराब सेवा। इसे बदले जाने की जरूरत थी। फिर, इस नीति का ध्यान ग्रामीण फोन सेवा पर था—यह देखते हुए कि शहरी क्षेत्रों में फोन का अभाव था, यह एक असाधारण फैसला था।

हाँ, सैम पित्रोदा ने टेलीफोन एक्सचेंजों को डिजिटल बनाकर और सीधे डायल करना संभव बनाकर फोन संपर्क में क्रांति ला दी थी। इसलिए अब भारत और विदेश के शहरों में फोन करना आसान हो गया था। इसने पहुँच को बेहतर कर दिया था, लेकिन अभी भी अधिकांशतः सार्वजनिक फोन दफ्तरों के जरिए ही किए जाते थे। घर में या दफ्तर में एक फोन लाइन प्राप्त करना अभी भी बेहद मुश्किल काम था। एक अर्थ में यह एक अधूरी क्रांति थी। दरअसल, '80 के दशक में हर 1,000 लोगों में से केवल 5 लोगों के पास टेलीफोन कनेक्शन था। '80 के दशक के उत्तरार्ध में 7,00,000 से भी ज्यादा लोग प्रतीक्षा सूची में थे। वर्ष 1993 में चार सबसे बड़े महानगरों में टेलीफोन कनेक्शन के लिए प्रतीक्षा कर रहे लोगों की संख्या 8,00,000 से भी ऊपर थी और देश भर में 31,00,000 से भी ज्यादा लोग प्रतीक्षा सूची में थे।

उन दिनों दूरसंचार विभाग जिस तरह काम करता था, उसे याद करते हुए विट्ठल कटाक्ष करते हैं, "यह जो कर रहा था, उसे केवल विपणन को तबाह करना कहा जा सकता है। किसी क्षेत्र में एक नया टेलीफोन एक्सचेंज तभी स्थापित किया जा सकता था, जब 1,000 लोग प्रतीक्षा सूची में हों। यह प्रणाली माँग-आपूर्ति के तर्क को झुठलाती थी। वी.एस.एन.एल. तब एक सार्वजनिक क्षेत्र की इकाई थी और डाटा संपर्क एवं अंतरराष्ट्रीय फोन सेवा पर उसका पूर्ण एकाधिकार था।

लागत की अवधारणा को उलटा कर दिया गया था। दुनिया भर में दूरसंचार कंपनियाँ बड़े पैमाने पर काम करने के लिए तमाम तरह की रणनीति बनाती थीं। जितने ज्यादा ग्राहक होंगे, नियम लागतों को उतना ही फैलाया जा सकता था और इससे प्रति खरीदार लागत को कम किया जा सकता था। जब लागतें कम होती थीं तो और ज्यादा खरीदार जुड़ते थे और इससे राजस्व बढ़ता था। मगर भारत में हर कारोबार एक सरल

लागत-जोड़ मॉडल पर चलाया जाता था—दूरसंचार विभाग बस तमाम लागतों, अक्षमता की कीमत और लाभ मार्जिन सबसे नजदीकी उपभोक्ता पर डालता जाता था।

वॉयस फोन सेवा की अक्षमताएँ डाटा संचार क्षेत्र में भी व्याप्त थीं। यहाँ भी विट्ठल के शब्दों में, विपणन को तबाह करने का काम किया जा रहा था। विट्ठल ने माना कि यदि सॉफ्टवेयर विकसित करनेवाले दूरसंचार विभाग पर निर्भर रहे तो डाटा संपर्क की लागतों को कम करने का कोई उपाय नहीं है। उनके मस्तिष्क में एक विचार आया। टेलीग्राफ कानून में कहा गया था कि सरकार अकेली खिलाड़ी होगी। इसमें यह नहीं कहा गया था कि दूरसंचार विभाग अकेला खिलाड़ी होगा। विट्ठल ने सरकार के सामने प्रस्ताव रखा कि इलेक्ट्रॉनिक्स विभाग को अपने परिसरों में पृथ्वी स्टेशन स्थापित करने की इजाजत दी जाए और उन्हें स्थापित करने की लागत सॉफ्टवेयर विकसित करनेवालों से वसूली जाएगी। सॉफ्टवेयर विकसित करनेवालों को फायदा यह होगा कि उन्हें पृथ्वी स्टेशनों के लिए भुगतान नहीं करना पड़ेगा, बल्कि सिर्फ उनके द्वारा इस्तेमाल की गई सुविधाओं का ही उन्हें भुगतान करना पड़ेगा।

सवाल उठाए गए कि इलेक्ट्रॉनिक्स विभाग को दूरसंचार विभाग में प्रवेश करने का अधिकार कैसे है। मगर विट्टल ने इन सवालों से पार पा लिया और फिर सोसाइटी अधिनियम के तहत सोसाइटी की स्थापना का सुझाव दिया। इससे लाभ की अपेक्षा का निवारण हो जाएगा और राजनीतिक बाध्यताओं से यह विचार अलग हो जाएगा। इसका दृष्टांत था। कई राज्यों में लघु सिंचाई योजना के लिए धन जुटाने एवं प्रबंधन के लिए सोसाइटी की अवधारणा का सफलतापूर्वक प्रयोग किया गया था। लेकिन सवाल था कि इलेक्ट्रॉनिक्स विभाग इस ऑपरेशन के लिए धन कहाँ से लाएगा। विट्ठल ने पाया कि मोहाली में सेमी-कंडक्टर कॉम्प्लेक्स के निर्माण के लिए 190 करोड़ रुपए का बजट रखा गया है। उन्होंने लागतों की समीक्षा की और पाया कि इससे 12 करोड़ रुपए बचाए जा सकते हैं। इस राशि का इस्तेमाल बेंगलुरु, हैदराबाद, नोएडा, गांधीनगर और भुवनेश्वर में प्रथम पृथ्वी स्टेशन स्थापित करने के लिए किया गया।

जब विट्ठल द्वारा इलेक्ट्रॉनिक्स विभाग में सुधार लाया गया तो उसी वक्त करीब जून 1991 में एक नए शख्स के आगमन ने दूरसंचार मोरचे पर तेज हलचल मचा दी। वह थे—बी.के. सिंगल। वह राजीव गांधी के खास और सैम पित्रोदा के दोस्त थे। उन्होंने वी.एस.एन.एल. की कमान सँभाली। अपनी अवधि में सिंगल ने इस मरियल सार्वजनिक क्षेत्र की कंपनी को एक ब्लू चिप कंपनी में तब्दील कर दिया और भारत में इंटरनेट की पैठ के लिए शुरुआती कदम उठाए।

सिंगल की पहली मुलाकात टेक्सास इंस्ट्रूमेंट्स के टॉम वाटसन जूनियर के साथ बंगलोर में हुई। वाटसन की कई शिकायतें थीं। कंपनी को डाटा संचार के लिए तीन

नए कनेक्शनों की जरूरत थी। उन्हें बताया गया था कि इसमें डेढ़ साल लग सकते हैं और हरेक कनेक्शन के लिए 45 लाख रुपए देने पड़ेंगे। वाटसन ने सिंगल से कहा कि इस दर पर काम करने से तो बेहतर होगा कि हम अपनी दुकान बंद कर दें। सिंगल ने उनकी बातें सुनीं और कहा कि हालाँकि उनके पास जादू की कोई छड़ी नहीं है, लेकिन वह देखेंगे कि वह क्या कर सकते हैं।

बाद में उसी अपराह्न सिंगल सॉफ्टवेयर निर्यातकों से मिले। वे भी कनेक्टिविटी चाहते थे और कम कीमतों में चाहते थे। सिंगल ने लागतों की समीक्षा की और पाया कि ये कम की जा सकती हैं। लिये जानेवाले शुल्क के अनिवार्यत: दो हिस्से थे—उपग्रह से जुड़े पृथ्वी स्टेशन की लागत और दूरसंचार विभाग द्वारा प्रदान किए जानेवाले जमीनी केबल लिंक की लागत। सिंगल ने इस बात को समझा कि कनेक्शनों की बड़ी संख्या से लागत कम हो सकती है। उन्होंने पीछे की दिशा से गणित लगाना शुरू किया, ताकि वहनीय शुल्क पर लोगों को सुविधा दी जा सके। इस शुल्क पर उन्होंने हिसाब लगाया कि कितने कनेक्शन दिए जाने चाहिए। उन्होंने सैटेलाइट (उपग्रह) लिंक की लागत 15 लाख रुपए और पृथ्वी स्टेशन से कंपनी तक लीज लाइन के स्थानीय संचार के लिए 4 लाख और गैर-स्थानीय संचार के लिए 9 लाख रुपए लागत रखी। इस तरह सिंगल ने करीब आठ घंटे में हिसाब लगाकर नए-नए कनेक्शन की लागत को 45 लाख रुपए से घटाकर करीब 20 लाख रुपए कर दिया।

शीघ्र ही इलेक्ट्रॉनिक्स विभाग और वी.एस.एन.एल. में सॉफ्टवेयर निर्यातकों के लिए पृथ्वी स्टेशन स्थापित करने के व्यवसाय में ज्यादा हिस्सा पाने के लिए परस्पर होड़ लग गई। यह कंपनियों के लिए एकदम नई स्थिति थी। कहाँ तो उन्हें कोई कनेक्शन नहीं मिल रहा था और अब सेवा-प्रदाता ही कनेक्शन देने के लिए होड़ लगा रहे थे। परिणामस्वरूप, अब वे बेहतर सौदेबाजी कर पा रही थीं। बंबई में ओबेरॉय होटल में सिंगल की मुलाकात शक्तिशाली प्रौद्योगिकी उद्योगपति कँवल रेखी से हुई। रेखी का जन्म रावलपिंडी में हुआ था और वह आई.आई.टी., बंबई के पूर्व छात्र रहे थे। वह इथरनेट पर अपने अग्रणी कार्य के लिए जाने जाते थे। वह भारत में निवेश कर रहे थे। रेखी ने सिंगल से कहा कि उन्होंने भारत के सॉफ्टवेयर टेक्नोलॉजी पार्क (एस.टी.पी.आई.) से एक कनेक्शन लिया है। सिंगल ने उन्हें वी.एस.एन.एल. से फिर से जोड़ने के लिए साल भर तक मुफ्त लीज देने का प्रस्ताव रखा। इस प्रतियोगी कारोबारी मॉडल की सबसे अच्छी बात थी कि यह निजी क्षेत्र की सर्वोत्तम प्रवृत्तियों एवं सक्षम कार्यशैली पर आधारित था। इसके परिणामस्वरूप किसी को कोई नुकसान नहीं हुआ।

इधर, विट्ठल ने जो विशेष पैकेज तैयार किया था, वह सरकार के प्रतीक्षा कक्ष में पड़ा हुआ था। शीघ्र बाद पी.वी. नरसिम्हा राव ने लाइसेंस राज को खत्म कर दिया

और पी. चिदंबरम ने व्यापार नीति को उदार बना दिया। विट्ठल ने फैसला किया कि एस.टी.पी.आई. का वक्त अब आ गया है। वह इस विचार को लेकर राव के पास गए। इस नीति में वह सबकुछ था, जो सॉफ्टवेयर क्षेत्र चाहता था। एस.टी.पी.आई. की नीति सॉफ्टवेयर कंपनियों को उनकी जरूरत का पूरा आधारभूत ढाँचा (इन्फ्रास्ट्रक्चर) मुहैया कराने का भरोसा देती थी। इस नीति के तहत कोर कंप्यूटर सुविधाएँ, भरोसेमंद बिजली आपूर्ति, तैयार कार्यालय, सैटेलाइट से जुड़ी संचार सुविधा और निर्यातों के लिए प्रशासकीय समर्थन दिए जाने की बात थी। यह नीति आय कर लाभ, कस्टम ड्यूटी से छूट, केंद्रीय उत्पाद कर से छूट, बिक्री कर से छूट, उपकरण को लीज पर लेने और आयात करने की सुविधा और कार्य-संचालनों के लिए निर्यात की कमाई को अपने पास रखने की सहूलियत प्रदान करने का वचन देती थी। इसके बावजूद इस योजना के विरोध-प्रतिरोध की कमी नहीं थी। आखिरकार भारत की वित्तीय नीति आई.एम.एफ. और विश्व बैंक के पास गिरवी रखी हुई थी। सौभाग्यवश, राव के मुख्य सचिव ए.एन. वर्मा इस नीति से आश्वस्त थे और उन्होंने प्रधानमंत्री से इसका समर्थन करवा दिया।

इस नीति को लागू करने का एक सुखद घटनाक्रम था। लाइसेंस-परमिट-कोटा राज की समाप्ति और वर्ष 1992 में नई मुद्रा प्रणाली की शुरुआत ने सॉफ्टवेयर क्षेत्र की माँगों के लिए जगह बनाई। आयात करना आसान हो गया। निवेश को खोला गया। विदेश यात्रा करना आसान हो गया और विदेशी मुद्रा पर नियंत्रणों में ढील दी गई। एस.टी.पी.आई. का विचार आई.एम.एफ. और परिस्थिति के अनुकूल था। आखिरकार, भारत को विदेशी मुद्रा की सख्त जरूरत थी और उसके पास निर्यात को बढ़ावा देने के अलावा कोई विकल्प नहीं था। सॉफ्टवेयर क्षेत्र उच्च रोजगार की संभावना प्रदान करता था। इससे उपभोग व निवेश को बढ़ावा मिलेगा और विकास का पहिया आगे बढ़ने लगेगा।

नई उदारवादी व्यवस्था ने कंपनियों के लिए फंड जुटाना भी आसान कर दिया; क्योंकि पूँजी मामलों के नियंत्रक के कार्यालय को ही समाप्त कर दिया गया। वर्ष 1991 में जब इन्फोसिस ने पूँजी बाजार से फंड जुटाना चाहा तो पूँजी मामलों के नियंत्रक द्वारा उसे कहा गया कि वह 10 रुपए के एक शेयर को बस 11 रुपए में यानी महज 1 रुपए के प्रीमियम पर बेच सकता है। इन्फोसिस 11 करोड़ रुपए जुटाना चाहता था। उसने इतने सस्ते में अपने शेयर को बेचने पर आपत्ति की। उसने अपना प्रस्ताव वापस ले लिया और दो साल बाद यानी वर्ष 1993 में वह फिर पूँजी बाजार के पास गया। अब उसने अपने शेयरों की कीमत 95 रुपए रखी—यानी 10 रुपए के एक शेयर के लिए 85 रुपए का प्रीमियम। इस इशु ने इन्फोसिस को नकद-समृद्ध बहुराष्ट्रीय कंपनियों से मुकाबला करने लायक बनाया और इसके स्टॉक (शेयर) विकल्पों से उसकी सर्वोत्तम प्रतिभाओं को भी काफी लाभ हुआ। हालाँकि उस वक्त इन्फोसिस के प्रस्तावित सारे शेयर नहीं

बिक पाए, लेकिन वक्त गुजरने के साथ यह आई.टी. क्षेत्र का निर्णायक स्टॉक बन गया। इसके मूल्य का अंदाजा इस बात से लगाया जा सकता है कि यदि वर्ष 1993 में इसके 100 शेयर 95 रुपए की दर से खरीदे गए थे तो जून 2012 में इसकी कीमत 2.75 लाख रुपए से भी ज्यादा हो गई।

भारत को डॉलरों में निवेश किए जाने की भी सख्त जरूरत थी। वर्ष 1993-94 में सरकार ने आई.टी. क्षेत्र में एस.टी.पी.आई. के बैनर तले 100 प्रतिशत विदेशी निवेश (एफ.डी.आई.) की इजाजत देने का फैसला किया। विडंबना यह थी कि 100 प्रतिशत एफ.डी.आई. की नीति उसी सरकार द्वारा घोषित की जा रही थी, जिसने बहुराष्ट्रीय कंपनियों द्वारा शेयरधारिता पर 40 प्रतिशत की फेरा सीमा लगाई हुई थी, जिससे आई.बी.एम. और कोक जैसी बहुराष्ट्रीय कंपनियों को जाना पड़ा था।

मूर्ति उस वक्त नैस्कॉम के प्रमुख थे। वह याद करते हैं कि ''एसोसिएशन के अंदर इस विचार का काफी विरोध था। सॉफ्टवेयर विकसित करनेवाली भारतीय कंपनियों के पास तीन विकल्प थे—विरोध करना, भाग्य के आगे समर्पण कर देना या एम.एन.सी. का मुकाबला करना। कई भारतीय खिलाड़ियों को लगा कि उनका खेल खत्म हो गया है। उनकी सर्वोत्तम प्रतिभाएँ उन्हें छोड़कर बहुराष्ट्रीय कंपनियों में चली जाएँगी। कुछ भारतीय उद्यमियों ने पसंद किया कि बहुराष्ट्रीय कंपनियों को संयुक्त उपक्रमों के लिए बाध्य किया जाए, ताकि वे उनके नामों का इस्तेमाल करें और अपने उत्पादों की कीमत ऊँची प्रीमियम पर रखें।

पेशेवरों द्वारा चलाई जा रही कंपनियाँ चुनौती स्वीकार करने को इच्छुक थीं। स्थिति पर उनका रवैया एकदम सीधा था—एम.एन.सी. को आने दें। हम देखेंगे कि वे सबसे बढ़िया क्या करती हैं और हम उनसे सीखेंगे। बहुराष्ट्रीय कंपनियाँ क्या करती थीं कि वे अपने कर्मचारियों के प्रशिक्षण के लिए विश्व-स्तरीय परिसर, काम करने की अंतरराष्ट्रीय परिस्थितियाँ, बढ़िया आधारभूत ढाँचा (इन्फ्रास्ट्रक्चर), प्रतियोगी वेतन और हाँ, स्टॉक (शेयर) विकल्प प्रदान करती थीं। भारतीय बाजार में उनके प्रवेश ने भारतीय कंपनियों को अपना कामकाज अगले स्तर तक उठाने के लिए प्रेरित किया। टी.सी.एस. और इन्फोसिस जैसी कंपनियों ने कामकाज का सही माहौल देने, ब्राण्ड निष्ठा पैदा करने और आकर्षक शेयर एवं कैरियर विकल्प देने में कोई कोर-कसर नहीं छोड़ी। दरअसल, '90 के दशक के उत्तरार्ध में चिंता भारतीय कंपनियों से बाहर निकलकर बहुराष्ट्रीय कंपनियों के बोर्ड रूम में चली गई थी। उन्होंने पाया कि उनकी सर्वोत्तम भारतीय प्रतिभाएँ उन्हें छोड़कर जा रही हैं और अपनी यूनिट स्थापित कर रही हैं। उदाहरण के लिए, श्रीनि राजम ने दिसंबर 2000 में टेक्सास इंस्ट्रूमेंट्स को छोड़ दिया और अपने 'इत्तियम सिस्टम्स' की स्थापना की।

शीघ्र ही दुनिया भर से बड़ी-बड़ी प्रौद्योगिकी कंपनियाँ भारत में निवेश करने के लिए लाइन लगाने लगीं। आई.बी.एम., जिसने '70 के दशक में भारत छोड़ दिया था, सबसे पहले वापस आनेवाली कंपनियों में से एक थी, जिसने पी.सी. (पर्सनल कंप्यूटर) बनाने के लिए टाटा के साथ समझौता किया। टेक्सास इंस्ट्रूमेंट्स के नक्शे-कदम पर चलते हुए वर्ष 1993 और 1994 में हैवलेट-पैकर्ड, 3एम और डिजिटल इक्विपमेंट कॉरपोरेशन (डी.ई.सी.) ने डिजाइन एवं डेवलपमेंट (विकास) केंद्र खोलने के लिए भारत में निवेश किया। इस भीड़ की एक मुख्य वजह थी—भारतीय प्रौद्योगिकी श्रम का काफी सस्ता होना। '90 के दशक की शुरुआत में भारतीय सॉफ्टवेयर इंजीनियर 10-15,000 रुपए प्रतिमाह की तनख्वाह पर उपलब्ध थे। इतनी रकम भी भारत के लिहाज से काफी थी, क्योंकि यहाँ प्रति व्यक्ति आय 10,000 रुपए से कम थी। बहरहाल, अमेरिकी नियोक्ताओं के नजरिए से ये वेतन काफी कम थे, क्योंकि अमेरिका में तो उस वक्त यह न्यूनतम तनख्वाह से भी कम थे।

सॉफ्टवेयर क्षेत्र खोलने का वक्त अच्छे संयोगवाला था। '80 और '90 के दशक में चीन और अन्य एशियाई टाइगर्स ने आधारभूत ढाँचा खड़ा करने में पूँजी निवेश करने का फैसला किया था, ताकि वे विनिर्मित चीजों के बाजार पर कब्जा कर सकें। उनकी पूँजी फँसी हुई थी और उनकी सर्वोत्तम प्रतिभा पूरी तरह मैन्यूफैक्चरिंग में लगी हुई थी। भारत ने कंप्यूटर हार्डवेयर में तेजी को भुनाने का अवसर खो दिया था, लेकिन अब सॉफ्टवेयर की माँग का लाभ उठाने के लिए उसके पास संसाधन और श्रम-शक्ति दोनों उपलब्ध थे। निवेशकों को खींचने और विकास को बढ़ावा देने के लिए एस.टी.पी.आई. इस विकल्प का वाहन बन गए। वर्ष 1998 तक भारत के पास देश भर में 25 से भी ज्यादा एस.टी.पी.आई. हो गए थे। प्रधानमंत्री अटल बिहारी वाजपेयी ने ठीक ही कहा था कि "एस.टी.पी.आई. आधुनिक भारत के नए मंदिर हैं।"

इन नए मंदिरों ने पुजारियों की उपलब्धता का लाभ उठाने के लिए अपने वास्तु और वक्त को दुरुस्त किया। इन पुजारियों के पास प्रौद्योगिकी के नए मंत्र लिखने का हुनर था। स्वतंत्रता-प्राप्ति के समय, भारत मात्र 2,500 इंजीनियर पैदा करता था। बाद के वर्षों में इस क्षेत्र में मंदी रही, क्योंकि प्रतियोगी प्राथमिकताओं के कारण नए प्रौद्योगिकी संस्थानों की स्थापना में निवेश नहीं किया जा सका। '80 के दशक तक निजी क्षेत्र के शैक्षिक उद्यमियों ने भी कदम रखा। '90 के दशक तक भारत 1,50,000 इंजीनियरों और डिप्लोमाधारियों को तैयार कर रहा था। इसके अलावा, 10,00,000 विज्ञान स्नातक भी तैयार हो रहे थे। सॉफ्टवेयर कंपनियों के लिए विशाल प्रतिभा भंडार मौजूद था। फायदे की एक और बात थी। भारत में कंप्यूटरों का अभाव होने के कारण भारतीयों ने विभिन्न तरह के कंप्यूटरों और विभिन्न संचालन प्रणालियों पर प्रशिक्षण प्राप्त किया। ज्यादातर ने

अपना पहला कोड यूनिक्स (UNIX) सिस्टम्स पर लिखा था, जो कि अप्रचलित हो गए थे। फिर '90 के दशक में पर्सनल कंप्यूटरों के आने पर यूनिक्स प्रणाली ने वापसी की। इससे जो अमेरिकी कंपनियाँ अपने काम का ठेका देना चाहती थीं, भारतीय इंजीनियर उनके लिए आदर्श विकल्प बन गए।

सॉफ्टवेयर क्रांति विविध परिस्थितियों के संयोग की पराकाष्ठा थी। अर्थव्यवस्था में अनेक संकटों ने लाइसेंस-परमिट-कोटा राज की समाप्ति के लिए बाध्य किया, बाजारों को खोला और एक ऐसी नीति बनाने को प्रेरित किया, जो विदेशी मुद्रा कमाने के लिए निर्यात को बढ़ावा दे। निजी निवेश ने शिक्षा के क्षेत्र में क्षमता बढ़ाई और सबसे अहम बात थी कि वैश्विक अर्थव्यवस्थाओं ने बड़े पैमाने पर कंप्यूटरीकरण का काम शुरू किया और इसके लिए उन्हें भारतीय मदद की जरूरत थी। आँकड़े इस क्रांति की शानदार गवाही देते हैं। भारत का सॉफ्टवेयर निर्यात, जो वर्ष 1990 में महज 10 करोड़ डॉलर का था, वह 1999 में 5 अरब डॉलर का हो गया।

सॉफ्टवेयर उद्योग की सफलता में दूरसंचार क्रांति की भूमिका को अकसर कम करके आँका जाता है। प्रतीक्षा सूचियों के परिदृश्य से छुटकारा पाने की इच्छा और फोन संपर्क के लिए निवेशों को आकर्षित करने की जरूरत ने वर्ष 1994 में दूरसंचार क्षेत्र को खोलने के लिए प्रेरित किया। दूरसंचार क्षेत्र को खोलने की अगुवाई भी एन. विट्ठल नें की, जो अब दूरसंचार सचिव थे। भारत ने लैंडलाइन और वायरलेस मोबाइल क्षेत्र दोनों को विदेशी निवेश के लिए खोल दिया। बहरहाल, लंबी दूरी की टेलीफोन सेवा को बंद ही रखा गया, ताकि बी.एस.एन.एल. और वी.एस.एन.एल. का सरकारी एकाधिकार बना रहे। वर्ष 1999 में वाजपेयी सरकार ने लंबी दूरी की टेलीफोन सेवा को भी निजी निवेशकों के लिए खोल दिया। आज, भारत गर्व करता है कि उसके यहाँ 90 करोड़ से भी ज्यादा सेलफोन उपभोक्ता हैं और उसका शुल्क दुनिया में सबसे सस्ता है। आई. टी. क्रांति के कारण बड़ी कंपनियाँ लागतें कम करने में कामयाब रहीं। जब घरेलू एवं अंतरराष्ट्रीय फोन के शुल्क कम हो गए तो व्यापार के नए अवसर ने खुद को पेश किया और वे थे—कॉल सेंटर।

नलिनी और नैंसी

बेहतर संचार सुविधाओं के आने से कॉल सेंटरों और बिजनेस प्रोसेस आउटसोर्सिंग (बी.पी.ओ.) कार्यों के लिए बाजार तैयार हो गया। अपनी भौगोलिक स्थिति के लाभ के कारण बी.पी.ओ. के लिए भारत सबसे उपयुक्त स्थान था। भारतीय कंपनियाँ विभिन्न क्षेत्रों को अपनी सेवाएँ देने लगीं। इन विविध क्षेत्रों में कानूनी एवं मेडिकल ट्रांसक्रिप्शन, बैंकिंग, सॉफ्टवेयर, माइक्रोचिप डिजाइन और यहाँ तक कि आलू चिप्स डिलीवरी के

साजो-सामान तक शामिल थे। फिर सबसे अहम बात थी—लागत। एक कॉल सेंटर चलाने की आधी से ज्यादा लागत श्रम-शक्ति में लगती है और भारत में तनख्वाह का बिल जितना आता था, वह अमेरिका के बिल का महज एक अंश मात्र था। इसलिए कई बड़ी कंपनियों और कॉरपोरेशन के लिए यह आकर्षक विकल्प था कि वे गैर-महत्त्वपूर्ण सेवाओं को ऑफशोर कर दें, यानी अपतटीय देशों की कंपनियों के हवाले कर दें। सुविधा प्रदान करनेवाली कंपनियों से लेकर मेल-ऑर्डर कैटलॉग रीटेलर कंपनियों तक एयरलाइंस, कंप्यूटर हार्डवेयर और सॉफ्टवेयर डीलरों और वित्तीय संस्थाओं की सहायता डेस्कों तक के उपक्रमों ने अपनी घरेलू लागत में कटौती करने के लिए ग्राहक सेवाओं और अन्य कार्यों को भारतीय कंपनियों के हवाले कर दिया। कॉल सेंटर घटना का चित्रण पुस्तकों, फिल्मों और वृत्तचित्रों में किया जाने लगा, जैसे 'नलिनी बाय डे, नैंसी बाय नाइट' (2005)। कॉलेज से पढ़ाई कर बस, बाहर निकले युवा लोगों के लिए कॉल सेंटरों ने रोजगार का नया अवसर प्रदान कर दिया।

हरियाणा के गुड़गाँव की भारत की कॉल सेंटर राजधानी बनने की भी एक संयोगपूर्ण कहानी है। इस कहानी की उत्पत्ति रीयल एस्टेट विकसित करनेवाली कंपनी डी.एल.एफ. लिमिटेड के मालिक के.पी. सिंह और राजीव गांधी के बीच सन् 1981 में हुई मुलाकात में छुपी है। राजीव गांधी जिस गाड़ी में यात्रा कर रहे थे, वह के.पी. सिंह के कार्यालय के पास खराब हो गई। राजीव गांधी गाड़ी के ठीक किए जाने का इंतजार करने लगे। इस दौरान उनकी के.पी. सिंह से शहरी विकास पर चर्चा हुई। सिंह ने इंगित किया कि न सिर्फ बहुराष्ट्रीय कंपनियों के कार्यालयों के लिए, बल्कि लोगों को ऊँची इमारतों में रिहायश प्रदान करने के लिए भी शहरी आधारभूत ढाँचा खड़ा करने की बेहद संभावना है। उन्होंने इस तथ्य पर खेद व्यक्त किया कि पुराने कानूनों के पचड़ों ने विकास को रोक रखा है। इस मुलाकात से मदद मिली और राजीव गांधी ने कुछ विचारों को आगे बढ़ाया। लेकिन जब तक भारत ने अपनी अर्थव्यवस्था नहीं खोली, तब तक निवेश का अवसर नहीं आया। जब भारत के प्रथम कॉल सेंटर और सॉफ्टवेयर विकास केंद्र अपने लिए घर और दफ्तर तलाश रहे थे तो के.पी. सिंह और उनकी डी.एल.एफ. कंपनी तैयार थी। के.पी. सिंह की जैक वेल्श से तब मुलाकात हुई थी, जब वेल्श वर्ष 1989 में संभावनाएँ तलाशने भारत आए थे। इससे भी मदद मिली कि पहला कॉल सेंटर, जो सिर्फ जी.ई. को सेवा प्रदान करता, गुड़गाँव में स्थापित किया गया।

इसके बाद कई कंपनियों ने अनुसरण किया, क्योंकि आउटसोर्सिंग कारोबार ने उद्यमियों, निगमों एवं भारत सरकार का ध्यान आकर्षित किया। सरकार ने रोजगार और निर्यात राजस्व की संभावना को भाँपा। सरकार ने सूचना प्रौद्योगिकी-जनित सेवाओं (इन्फॉर्मेशन टेक्नोलॉजी इनेबल्ड सर्विसेज या आई.टी.ई.एस.) के क्षेत्र के लिए पूँजीगत

सामान के आयात को उसी तरह शुल्क-मुक्त कर दिया और करों में छूट प्रदान की, जिस तरह सॉफ्टवेयर विकसित करनेवालों को दी जाती थी। भारत के सॉफ्टवेयर क्षेत्र को इस तरह जुड़वाँ—आई.टी.ई.एस. मिल गया। आई.टी.ई.एस. क्षेत्र ने शुरुआत तो महज कुछ करोड़ डॉलर के राजस्व के साथ की, लेकिन इसने पहले ही 10 अरब डॉलर का आँकड़ा पार कर लिया है और नैस्कॉम ने इस क्षेत्र के लिए वर्ष 2020 तक 60 अरब डॉलर का लक्ष्य रखा है।

पीछे मुड़कर देखें तो भारत में दो अलग-अलग चरणों में आई.टी. क्रांति हुई। '80 के दशक में अमेरिका के साथ प्रौद्योगिकीय रिश्ते फिर से खोलने और भारत के आई.टी. पेशेवरों के प्रौद्योगिकीय हुनर के कारण विकास हुआ। '90 के दशक में आई.टी. क्षेत्र में तीव्र विकास इस कारण हुआ कि इसमें काफी निवेश किया गया और इसने विशाल पैमाने पर उच्च गुणवत्तापूर्ण सेवा कुशलतापूर्वक प्रदान की। बहरहाल, आई.टी. क्षेत्र 'वाई 2 के' समस्या के कारण वाकई परवान चढ़ा।

'वाई 2 के' (Y2K) शब्दश: एवं लाक्षणिक रूप से समय की उपज था। अमेरिका और यूरोप में कंप्यूटरिंग इन्फ्रास्ट्रक्चर को ऐसी प्रणालियों पर निर्धारित किया गया था, जिनमें वर्ष 2000 के लिए व्यवस्था नहीं की गई थी। सरल शब्दों में, अमेरिका में तमाम गणनाएँ एम एम-डी डी-वाई वाई (महीना-दिवस-साल; दो अंकों में) के फॉर्मेट में निर्धारित की गई थीं। साल भी दो अंकों में ही रखे गए थे। इसलिए 31-12-99 की मध्य रात्रि को कंप्यूटर प्रणाली, सैद्धांतिक रूप से, 01-01-00 पर आगे बढ़ जाती और इस तरह तमाम खाकों और गणनाओं का बंटाधार कर देती। यह बात वित्तीय क्षेत्र के लिए सबसे ज्यादा नाजुक थी। साथ ही उन क्षेत्रों के लिए भी अहम थी, जिनमें निरंतर प्रक्रियाएँ पटरी से उतर सकती हैं। संभावित खतरा बहुत बड़ा था और अमेरिकी एवं यूरोपीय कंपनियाँ स्वाभाविक रूप से बेहद चिंतित थीं। उनकी कंप्यूटर प्रणालियों को एक ऐसे पैबंद की जरूरत थी, जो कंप्यूटरिंग चक्र को निर्बाध रूप से वर्ष 2000 के प्रथम दिन यानी 01-01-2000 पर आगे बढ़ा दे। यह काम कंप्यूटरिंग प्रणालियों की मरम्मत-पेंटिंग जैसा था; लेकिन जिस पैमाने पर यह काम किया जाना था, वह अति विशाल था। दुनिया भर में सिर्फ भारतीय कंपनियों के पास ऐसा प्रतिभा-भंडार था, जो इस विशाल पैमाने पर काम को अंजाम दे सके। इसमें सेवा-शुल्क बहुत ज्यादा नहीं था, लेकिन काम के विशाल पैमाने से प्रीमियम शुल्क के अभाव की भरपाई हो रही थी। हुनर और पैमाने के इसी अहम संयोग ने भारतीय सॉफ्टवेयर उद्योग को ऐसी ताकत प्रदान की है, जिसका लोहा पूरी दुनिया मानती है।

अंतरराष्ट्रीय बाजारों—यूरोप और अमेरिका—में भारतीय कंपनियों को सफलता इसलिए हासिल हो सकी कि इंदिरा गांधी ने कानकुन में सही दिशा में कदम बढ़ाए थे।

भारत का करीब 90 प्रतिशत सॉफ्टवेयर निर्यात अमेरिका, इंग्लैंड और यूरोप को किया जाता है। रकम के संदर्भ में देखें तो करीब 62 अरब डॉलर इन बाजारों से आई.टी. एवं आई.टी.ई.एस. निर्यातों के जरिए प्राप्त किए जाते हैं। अगर भारत ने वर्ष 1981 में अमेरिका से रिश्ते फिर से सुधारे नहीं होते तो उसे न तो समसामयिक प्रौद्योगिकी मिल पाती और न ही वैश्विक बाजार का वह हिस्सा मिल पाता, जिस पर अब उसका कब्जा है।

वर्ष 1999 में वैश्विक सलाहकार कंपनी मैकिंजे ने भविष्यवाणी की थी कि भारत का आई.टी. एवं सर्विस (सेवा) निर्यात से राजस्व वर्ष 2010 तक 50 अरब डॉलर तक पहुँच सकता है। मगर प्रमुख आई.टी. कंपनियों ने इससे पहले ही यह आँकड़ा छू लिया। 'वाई 2 के' अभियान की सफलता ने टी.सी.एस., विप्रो और इन्फोसिस जैसी प्रमुख भारतीय सॉफ्टवेयर कंपनियों की ख्याति में चार चाँद लगा दिए। परिणामस्वरूप, अब वे उच्चतर प्रौद्योगिकी की जरूरतवाले बड़े ठेकों के लिए निविदाएँ भर सकती थीं और जीत भी सकती थीं। घंटे-दर-घंटे खरीदारी ठेकों से ऊपर उठकर संपदा का सृजन कर सकती थीं और इस तरह वे एक उच्चतर कक्ष में चली गईं। आज कार्नेगी-मेलॉन प्रमाणीकृत लेवल 5 विकास केंद्रों में से दुनिया के 65 प्रतिशत केंद्र और एस.ई.आई. प्रमाण-पत्र वाली 100 से ज्यादा फर्में भारत में अवस्थित हैं।

मार्च 2012 तक आई.टी. एवं बी.पी.ओ. सेवाएँ कुल मिलाकर 100 अरब डॉलर से भी ज्यादा राजस्व पैदा करती थीं। जब यह निर्यात राजस्व 69 अरब डॉलर पर था, तभी भारत के कुल निर्यात राजस्व में सॉफ्टवेयर एवं सेवाओं के निर्यात का हिस्सा करीब एक-चौथाई हो गया था। यह क्षेत्र भारत की जी.डी.पी. में 7 प्रतिशत से भी ज्यादा राजस्व का योगदान करता है। इस क्षेत्र में 25 लाख से भी ज्यादा लोगों को रोजगार मिला हुआ है और यह अप्रत्यक्ष रूप से 83 लाख से भी ज्यादा लोगों को रोजगार मुहैया कराता है।

इससे भी ज्यादा महत्त्वपूर्ण बात यह है कि आई.टी. क्षेत्र भारत के बारे में अंतरराष्ट्रीय नजरिए में बदलाव लाया है। ऑटोमोबाइल और उपभोक्ता इलेक्ट्रॉनिक्स में नेतृत्व प्रदान करने से जापान और दक्षिण कोरिया की छवि बदली। भारतीय सॉफ्टवेयर इंजीनियरों ने ब्रांड इंडिया के लिए यह काम किया।

□

दा विंची कोड

2 दिसंबर, 1994

कोट किराना, पाली, राजस्थान

लोकतंत्र तमाशाई खेल नहीं है। एक गणतंत्र तभी सच्चा हो सकता है, जब जनता अनिवार्य रूप से सरकार में भागीदारी करे। संविधान बोलने की स्वतंत्रता की गारंटी देता है। लेकिन सूचना के अधिकार के बिना यह स्वतंत्रता लँगड़ी हो जाती है। प्रशासन को शक्तिशाली लोगों की जागीर से मुक्त करने के लिए आवश्यक है कि दा विंची कोड को खोल दिया जाए।

ऊपरी तौर पर देखा जाए तो यह अपनी परंपरागत पोशाक पहने गाँववासियों का महज एक जमावड़ा था। फिर भी, कोट किराना में 200 लोगों का जुटना ही अपने आप में एक लघु क्रांति थी। ये लोग कोट, सामेल, किराना, रोकाबरिया, पिपला खेरा, सिरमा, बागड़ी, बेलपाना, मुंडप और राजस्थान में पाली जिले के अन्य दर्जन भर गाँवों से आए ज्यादातर गरीब किसान थे।

ग्रामीण राजस्थान में जीवन व वास्तविकता उतनी ही कठिन है, जितना वहाँ का भू-परिदृश्य। पैतृक जागीरदारी व्यवहारतः एकमात्र संहिता है, जो मायने रखती है। और कोई भी अपने मालिकों के हुकुम के बिना इकट्ठे नहीं हो सकता है। लेकिन पाली की पहली 'जन-सुनवाई' में गाँववालों ने यही करने का फैसला किया था। वहाँ एकत्र लोगों में बमुश्किल एक-तिहाई लोग पढ़ना-लिखना जानते थे और ज्यादातर दरिद्रता के मारे थे। उनके साथ मिलने के लिए सामाजिक कार्यकर्ता संजीत 'बंकर' राय और नागरिक अधिकार कार्यकर्ता सवाई सिंह आए हुए थे। राय दून स्कूल के पूर्व छात्र थे और वह सतत विकास के लिए पूरी लगन से सक्रिय थे। वह तिलोनिया में सामाजिक कार्य एवं शोध-केंद्र से ग्रामीण स्तरीय विकास के वैकल्पिक मॉडल पर काम कर रहे थे। सवाई सिंह समग्र सेवा संघ से जुड़े हुए थे। हालाँकि ग्रामीण लोग इसपर चर्चा करने के लिए

एकत्र हुए थे कि सरकार सार्वजनिक या जनता के पैसे को कैसे खर्च करती है, लेकिन वहाँ कोई सरकारी अधिकारी मौजूद नहीं था। जिला प्रशासन से बस, कुछ अधीनस्थ कर्मचारी मौजूद थे, जो वहाँ दिए गए भाषणों के नोट लिखते जा रहे थे।

'सुनवाई' शब्द का असामान्य अर्थ किसी को सुनना है, चाहे विषय सार्वजनिक हो या निजी, लेकिन ग्रामीण और मजदूर किसान शक्ति संगठन (MKSS) शब्द के इस विशेष अर्थ में 'सुनवाई' के लिए नहीं आए थे। गाँववाले इसलिए वहाँ एकत्र हुए थे कि सन् 1993-94 में कोट किराना और बागड़ी कलालिया पंचायतों में जो लघु विकास कार्य किए गए थे, उनके बारे में सूचनाओं का आदान-प्रदान किया जाए। वे उन सूचनाओं को भी जानना चाहते थे, जो सरकारी माध्यमों से नहीं दी जा रही थीं। बैठक की शुरुआत में उन ग्रामीणों के नाम पढ़े गए, जिनके बारे में माना जाता था कि उन्होंने जो काम किया था, उसका उन्हें मेहनताना दे दिया गया है। यह सूचना बिना अनुमति के सरकारी रिकॉर्डों से एकत्र की गई थी।

जैसे ही ग्रामीणों के नाम पढ़े गए, कई उठ खड़े हुए और उन्होंने कहा कि वे कभी किसी कार्य-स्थल पर काम करने नहीं गए। उन्हें न तो कभी कोई काम दिया गया और न ही कोई भुगतान किया गया। उन्होंने कहा कि उनके दस्तखत अवश्य ही फर्जी ढंग से किए गए होंगे। इतना ही नहीं, जिन लोगों के नाम सूची में दर्ज थे, उनमें से कई या तो वहाँ से चले जा चुके थे या मर चुके थे। एक षड्यंत्र रचा गया था, जिसमें गाँव का शिक्षक, एक ग्राम सेवक और कनिष्ठ इंजीनियर शामिल था। इन लोगों ने मिलकर यह फर्जीवाड़ा तैयार किया था।

कार्य-सूची में अगली मद थी—पटवारघर के निर्माण की लागत का। गाँव को आवंटित कोष में से सरकार ने एक ऐसे ढाँचे की निर्माण सामग्री, छत डालने, दरवाजों और खिड़कियों के लिए रकम का भुगतान कर दिया था, जो ढाँचा था ही नहीं। किसी ने मजाक किया कि कम-से-कम ढाँचा कागज पर तो है। एम.के.एस.एस. (मजदूर किसान शक्ति संगठन) के निखिल डे याद करते हैं, "इस मजाक पर लोग पहले तो हँसे, लेकिन इसके बाद उनमें गुस्से की लहर दौड़ गई। लोगों ने सरकार को बाध्य किया कि वह दोषियों के खिलाफ एफ.आई.आर. दर्ज कराए।" जन-सुनवाई पहले सूचनाओं के आदान-प्रदान का एक मंच होती थी; लेकिन इसका रूपांतरण अब एक जन अदालत में हो गया। यह सूचना के अधिकार का शुरुआती अग्रदूत थी।

राजस्थान में स्वयंसेवी कार्यकर्ताओं ने वर्षों इस बात के लिए काम किया था कि सबसे गरीब लोगों के लिए जो राहत व कल्याण कार्यक्रम चलाए गए हैं, उनका लाभ वास्तव में उन तबकों तक पहुँचे। लेकिन जमीनी हकीकत निराशाजनक थी। हालाँकि कल्याणकारी कार्यक्रम कागजात पर मौजूद थे, लेकिन प्रायः ग्रामीणों को रोजगार

योजनाओं के लिए काम करने को बाध्य किया जाता था, फर्जी कागजों पर दस्तखत कराया जाता था और देय राशि से उन्हें वंचित रखा जाता था। केंद्र और राज्य सरकारों द्वारा प्रायोजित योजनाओं को लाभ के निजी उपक्रम में तब्दील कर दिया जाता था। ग्रामीण, गरीब और अशिक्षित इस स्थिति में नहीं होते थे कि वे अधिकारियों को चुनौती दे सकें। उन्हें मदद की जरूरत थी। हालाँकि स्वयंसेवी कार्यकर्ता मैदान में उतरे, लेकिन एक संगठित आंदोलन के बिना वे वांछित बदलाव नहीं ला सके।

वर्ष 1987 में अलग-अलग पृष्ठभूमियों से आए तीन लोग एक साथ हुए। ये थे—अरुणा राय, शंकर सिंह और निखिल डे। अरुणा राय सन् 1968 बैच की आई.ए.एस. अधिकारी थीं; मगर 1975 में उन्होंने नौकरी छोड़ दी थी। शंकर सिंह एक कार्यकर्ता थे। अरुणा राय तिलोनिया में रहती थीं और सामाजिक कार्य करती थीं। बाद में उन्हें सामुदायिक नेतृत्व के लिए मैगसेसे पुरस्कार भी मिला। शंकर सिंह उनके संवाद-सूत्र थे। उन्हें लोगों के साथ संपर्क और तादात्म्य बनाने में महारत हासिल थी। निखिल डे सर्वाधिक गरीब लोगों के अधिकारों और हकों के लिए काम करते थे। ग्रामीणों के भीषण शोषण के मद्देनजर इन तीनों ने हाथ मिलाया और एम.के.एस.एस. का गठन किया।

इस त्रिगुट ने राजस्थान के राजसमंद जिले के देवडुँगरी को अपना आधार बनाया और उन मसलों को समझने का प्रयास किया, जिनकी वजह से गरीबों को लाभ नहीं मिल पाता था। राजस्थान की राजधानी जयपुर में लिखी गई सरकारी नीतियों में यह कहा गया था कि लोगों को गरीबी, उन्मूलन योजनाओं—सार्वजनिक कार्यों एवं इसी तरह के अन्य रोजगार कार्यक्रमों के बारे में सूचित किया जाए, ताकि वे उनका लाभ उठा सकें। बहरहाल, व्यवहार में कोई सूचना साझा नहीं की जाती थी। इससे भी बुरा कि अगर गरीबों को काम मिल भी जाता था तो उन्हें भुगतान नहीं किया जाता था। त्रिगुट ने सबसे पहले यह सुनिश्चित करने पर ध्यान केंद्रित किया कि कामगारों को उनके हकों से वंचित नहीं किया जाए।

लेकिन ऐसा करने के लिए कार्यकर्ताओं की पहुँच सरकारी रिकॉर्ड तक होनी चाहिए, ताकि वे साबित कर सकें कि धोखाधड़ी की जा रही है। इस बात की भी जरूरत थी कि इस प्रक्रिया में पीड़ितों को शामिल किया जाए। ये पीड़ित लोग अधिकतर गरीब किसान और मजदूर हुआ करते थे। वे इस प्रयास का हिस्सा तो बनना चाहते थे, लेकिन वे सामंती दबदबे से डरते भी थे। समय गुजरने के साथ त्रिगुट ने रास्ता बनाया। आंदोलन के सबसे आम हथियार भूख हड़ताल को उन्होंने आजमाया। लेकिन ऐसे तमाम उपायों की तरह इसकी घटती उपयोगिता के नियम का शिकार होने का खतरा था। प्रतिगामी ताकतें भी थीं। उदाहरण के लिए, स्थानीय विधायकों के गुंडे हड़तालों को तोड़ देते थे या ग्रामीणों को भोज व दारू की रिश्वत दे देते थे। आर. शंकरन तब भारत सरकार के ग्रामीण विकास सचिव थे। एक बार एम.के.एस.एस. के साथ बैठक में उन्होंने सुझाव

दिया कि यदि संगठन सूचना तक पहुँच के अधिकार पर अपना ध्यान केंद्रित करे तो अन्य लाभ खुद-ब-खुद मिल जाएँगे।

सरकार में परंपरा थी कि सारी सूचना गोपनीय है। इन सूचनाओं के बारे में तभी पता चलता था, जब कुछ मददगार स्वभाव के आई.ए.एस. अधिकारी, जो ज्यादातर आदर्शवादी परिवीक्षा (प्रोबेशन) अधिकारी होते थे—इन्हें साझा करते थे। इसलिए सूचना जुटाने का एकमात्र रास्ता था कि इसे सरकारी या विधायी रिकॉर्ड से अथवा तो ग्राम पंचायत से या राजधानी में राज्य सरकार से प्राप्त किया जाए। यह कठिन था। कार्यकर्ताओं ने तब एक अनौपचारिक सूचना प्रणाली गठित करने का विचार सामने रखा। लोगों के जाने बगैर जिले में कुछ भी नहीं हो सकता था। सूचना साझा करने के लिए एक सार्वजनिक सूचना आदान-प्रदान करनेवाले मंच की स्थापना की जाएगी। और इस तरह जन-सुनवाई का जन्म हुआ।

कोट किराना में पहली जन-सुनवाई की सफलता को अच्छा प्रचार मिला। उस जन-सुनवाई में 'नवभारत टाइम्स' अखबार का एक संवाददाता भी मौजूद था। इस संवाददाता ने 'ओ ग्राम सेवक, थो मारो अँखियों में धूल झोंकियाँ' (ग्राम सेवक, आप हम लोगों को धोखा देते रहे हो) शीर्षक से एक संवेदनशील रिपोर्ट लिखी। 7 दिसंबर को दूसरी जन-सुनवाई का आयोजन भीम में किया गया। जाने-माने राजस्थानी कवि हरीश भडानी को भी इसमें आमंत्रित किया गया। पहले की तरह इस जन-सुनवाई में भी स्थानीय अधिकारियों और सरकार द्वारा किए गए भ्रष्टाचार और झूठों के रिकॉर्ड का पर्दाफाश हुआ। अजमेर के ख्वाजा में 17 दिसंबर को जब तक तीसरी जन-सुनवाई का आयोजन किया गया, तब तक इस मुहिम ने सबका ध्यान आकर्षित कर लिया था। मीडिया में इसका भरपूर प्रचार हुआ और इस विचार का न केवल राजस्थान के बुद्धिजीवियों ने, बल्कि दिल्ली में भी खूब समर्थन किया। इसके बाद राजसमंद के विजयपुर में 17 जनवरी को और भीलवाड़ा के थाना में 25 फरवरी को सार्वजनिक सुनवाई हुई।

निखिल डे दावा करते हैं कि इस मुहिम ने सरकार और अधिकारियों द्वारा सूचना नकारने के परिदृश्य को हमेशा के लिए बदल दिया। शुरुआत में मुख्य सचिव से लेकर कनिष्ठ इंजीनियर के स्तर तक के तमाम अधिकारी और यहाँ तक कि विधायक भी बड़े खिन्न हुए; लेकिन आखिरकार उन्हें इस तथ्य को स्वीकारने के अलावा कोई विकल्प नहीं था कि जन-शक्ति ने जड़ पकड़ ली है, अब वह बनी रहेगी। एम.के.एस.एस. ने यह जन-आंदोलन छेड़ने के बाद लेखकों, विचारकों, पत्रकारों एवं नागरिक समाज के अन्य प्रबुद्ध सदस्यों के दस्तखतों के साथ राजस्थान सरकार के पास याचिकाओं और आवेदनों का तूफान ला दिया।

इस मुहिम का असर राजनीतिक वर्ग पर हुआ। तब भैरों सिंह शेखावत राजस्थान

के मुख्यमंत्री थे। उन्होंने वर्ष 1995 के पंचायतों के चुनावों में प्रचार के दौरान घोषणा की कि राज्य सरकार लोगों को सूचना प्रदान करेगी। शेखावत में यह हुनर था कि वह जन-दबाव को भाँप लेते थे। और वह यह भी जानते थे कि कार्रवाई का वादा करके कैसे इस दबाव को मुक्त किया जाए। बाद में अपनी सुविधा से तय किया जाएगा कि कार्रवाई वास्तव में की जाए या नहीं। अप्रैल 1995 में उन्होंने सदन में उद्घोषणा की कि राज्य के लोगों को तमाम पंचायती राज संस्थानों और ग्रामीण विकास कार्यक्रमों के बारे में सूचना का अधिकार प्रदान किया जाएगा। इसमें सूचना तक पहुँच तथा दस्तावेजों, खर्च के बिलों एवं वाउचरों की फोटो प्रतियाँ प्राप्त करना शामिल था। उन्होंने वादा किया कि जहाँ भी धोखाधड़ी की बात सामने आएगी, उसकी जाँच कराई जाएगी और दोषी लोगों को दंडित किया जाएगा।

लेकिन यह वादा वस्तुतः महज एक राजनीतिक छलावा था, आंदोलन द्वारा पकड़ी गई गति को थामने का एक जरिया था। निखिल डे याद करते हैं, ''साल भर से ज्यादा समय तक हमें सदन के पटल पर की गई घोषणा की प्रति तक नहीं मिली।''

सरकार ने बदलाव का जो वादा किया, उसे कभी अमली जामा नहीं पहनाया गया। एम.के.एस.एस. ने अपना आंदोलन तेज कर दिया और तय किया कि अब वे इस बारे में कानून बनवाए बगैर दम नहीं लेंगे। सूचना के अधिकार की गारंटी देनेवाला कानून पारित करना ही पड़ेगा।

संक्षिप्त इतिहास

सूचना का अधिकार कोई अजनबी अवधारणा नहीं थी। लोकतांत्रिक देशों में और यहाँ तक कि कुछ राजशाही देशों में भी लोगों ने अपने जीवन से संबंधित सूचनाएँ माँगी हैं। लेकिन दुनिया भर में इसके लिए संघर्ष करना पड़ा है। सबसे शुरुआती संघर्ष 1750 के दशक में किया गया था।

स्वीडन ने इस संघर्ष की अगुवाई की थी। उस देश में यह अलिखित एवं सुस्थापित प्रसंविदा थी कि राज्य (सरकार) के तमाम कार्य तब तक सार्वजनिक हैं, जब तक कि किसी कार्य को गोपनीय न घोषित किया जाए। शुरुआती दिनों में जो लोग राजा के दरबार में शरीक होते थे, उन्हें प्रशासन के कामकाज की प्रक्रिया के बारे में पता होता था और इसे सैद्धांतिक रूप से जनता को बताया जा सकता था। लेकिन इन जानकारियों को प्रकाशित नहीं किया जा सकता था। वर्ष 1759 में पीटर फॉर्सकल नामक एक लेखक ने नागरिक स्वतंत्रता पर विचार से संबंधित एक पुस्तक प्रकाशित की। इसमें प्रेस एवं सूचना की स्वतंत्रता की वकालत की गई थी। सरकार ने पुस्तक की बिक्री को प्रतिबंधित कर दिया और पुस्तक की प्रतियों को जब्त कर लिया।

इस कुविचारित कार्रवाई ने सूचना की स्वतंत्रता के लिए आंदोलन को जन्म दिया। इसका परिणाम यह हुआ कि वहाँ प्रेस की स्वतंत्रता अधिनियम 1766 पारित किया गया कि अदालतों, संसद् या सरकार के दस्तावेजों को छापा जा सकता है और बतौर सूचना इसे जनता के बीच प्रसारित किया जा सकता है। मगर यह जीत राजनीतिक रंग के बगैर नहीं थी। संसद् में जिस पक्ष को नया बहुमत मिला, वह पिछले पाँच दशकों से शासन कर रही सरकार के कारनामों को खोदकर निकालना चाहता था। मंशा चाहे जो भी हो, सार्वजनिक पहुँच (सूचना तक) का सिद्धांत स्थापित हो गया। हालाँकि यह कानून वर्ष 1766 में ही बन गया, लेकिन यह वर्ष 1810 में राजा गुस्ताव चतुर्थ को हटाए जाने के बाद ही लागू हो पाया।

फिर भी, इस अधिकार के कार्यान्वयन से लेकर जनता और राजशाही के बीच टकराव चलता रहा। द्वितीय विश्व युद्ध के बाद ही संसद् का हाथ ऊपर हुआ। राजनीति पर श्रमिक संघों का दबदबा था। उन्होंने यह सुनिश्चित किया कि सूचना के अधिकार सैद्धांतिक और व्यावहारिक रूप में व्यवस्था में शामिल कर लिये जाएँ। दरअसल, स्वीडिश लोग आज जिन सामाजिक नीतियों का आनंद उठाते हैं, उनमें से कई की उत्पत्ति श्रमिक संघों के प्रभाव के कारण ही संभव हुई। मगर सूचना की स्वतंत्रता की तलाश फिनलैंड में सन् 1951 में शुरू हुई, जो स्पष्टतः स्वीडन के अनुभव से प्रभावित थी।

यहाँ तक कि दुनिया के दूसरे सबसे बड़े लोकतंत्र अमेरिका में भी '50 के दशक के उत्तरार्ध में ही सूचना की स्वतंत्रता की माँग सार्वजनिक रूप से की गई। इसके पहले वहाँ यह विचार प्रचलित नहीं था। लेकिन उस देश में इस मुहिम को जोर पकड़ते-पकड़ते लगभग एक दशक लग गया और वर्ष 1966 में जाकर सूचना की स्वतंत्रता को कानून की शक्ल दी जा सकी। इसके लिए राष्ट्रपति लिंडन बी. जॉनसन ने काफी जोर लगाया, क्योंकि उनकी पार्टी का मानना था कि सूचना की आजादी से महान् समाज बनता है। राष्ट्रपति जॉनसन ने कहा, "एक लोकतंत्र सबसे अच्छा काम तब करता है, जब लोगों के पास वे तमाम सूचनाएँ हों, जिसकी इजाजत देश की सुरक्षा देती है। किसी को भी उन फैसलों पर गोपनीयता का परदा नहीं गिराना चाहिए, जो जनहित को नुकसान पहुँचाए बगैर उजागर किए जा सकते हों।" इसके बावजूद वहाँ जो कानून बनाया गया, वह कमजोर था और उसमें कई छूटें दी गई थीं। उदाहरण के लिए, अमेरिकी लोग तेल कुँओं के बारे में सूचना नहीं माँग सकते थे।

अमेरिका में कानून बनने के बाद कई अन्य देशों में भी इस तरह के कानून बनाए गए, जिनमें प्रमुख हैं—डेनमार्क (1970), नॉर्वे (1971), फ्रांस एवं नीदरलैंड्स (1978), ऑस्ट्रेलिया एवं न्यूजीलैंड (1982), कनाडा (1983), ऑस्ट्रिया (1987), इटली (1990), बेल्जियम (1994), आयरलैंड (1997) और जापान (1999)। दिलचस्प

है कि इन पुराने देशों ने सूचना की आजादी न देने के बहाने बनाए, जबकि लोकतंत्र में यह एक निहित अधिकार है। मगर नए देशों (लोकतंत्रों), जिनमें पूर्वी यूरोप के देश एस्टोनिया, बोस्निया-हर्जेगोविना, पोलैंड और सर्बिया शामिल हैं, ने अपने संविधानों में सूचना की स्वतंत्रता के प्रावधानों को अपने संविधानों में शामिल किया, शायद इसलिए कि ये देश कभी कम्युनिस्ट गुट के सदस्य देश थे। बहरहाल, इंग्लैंड ने अपने लोगों को वर्ष 2000 में जाकर सूचना का अधिकार प्रदान किया, जबकि वहाँ इसकी माँग 1978 से ही की जा रही थी।

गोपनीयता की संस्कृति

एम.के.एस.एस. ने वर्ष 1994 में जब तक आर.टी.आई. के लिए आंदोलन छेड़ा, तब तक दर्जन भर से ज्यादा देशों में ऐसा कानून बन गया था, जो अपने नागरिकों को सूचना के अधिकार की गारंटी देता था। वर्ष 1946 में संयुक्त राष्ट्र महासभा ने प्रस्ताव 59(1) को अपनाया, जिसमें कहा गया कि "सूचना की आजादी मौलिक मानव अधिकार है और संयुक्त राष्ट्र संघ जिन तमाम स्वतंत्रताओं के प्रति समर्पित है, यह उसकी कसौटी है।" नागरिक एवं राजनीतिक अधिकारों पर अंतरराष्ट्रीय प्रसंविदा को दिसंबर 1966 में अपनाया गया और मार्च 1976 से लागू किया गया। इसमें मानव अधिकारों की सार्वभौमिक उद्घोषणा के अनुच्छेद 19 में कहा गया है—"हरेक व्यक्ति को अपनी राय रखने एवं अभिव्यक्ति की स्वतंत्रता का अधिकार है। इस अधिकार में यह बात शामिल है कि वह बगैर किसी हस्तक्षेप के अपनी राय बनाए और वह किसी भी माध्यम से और बगैर सीमाओं का खयाल किए सूचना एवं विचार माँगे, प्राप्त करे तथा प्रदान करे।" फिर भी, भारत और कई अन्य देशों ने ऐसे अंतरराष्ट्रीय वचन-पत्रों पर दस्तखत करने के बावजूद वादा पूरा करने से जी चुराया।

सूचना की आजादी के लिए आंदोलन को लोकतंत्र की बदलती प्रकृति के कारण गति मिली। शुरुआती दिनों में लोकतंत्र का आशय निर्णय-प्रक्रिया में सीधी भागीदारी था। लेकिन आबादी और राज्य के आकार में वृद्धि के कारण लोकतंत्र का रूप प्रतिनिधि सरकार में परिवर्तित हो गया। राज्य के विस्तृत आकार ने प्रशासन की गुणवत्ता और राजनीतिक नैतिकता से जुड़े सवाल खड़े किए। क्या निर्वाचित प्रतिनिधि वाकई उन लोगों का प्रतिनिधित्व करते हैं, जो उन्हें चुनते हैं? क्या निर्णय लोगों की इच्छाओं और आकांक्षाओं को प्रतिबिंबित करते हैं? जब तक सरकारें स्विस कैंटन के आकार की न हों, तब तक उनके लिए यह संभव नहीं है कि वे उन स्थानीय मुद्दों से सीधे जुड़ें, जो उनके नागरिकों को प्रभावित करते हैं। तब इससे यह बात निकली कि प्रशासन की प्रक्रिया में नागरिकों की बातों को शामिल करने के लिए नई प्रक्रियाएँ बनाने की जरूरत है।

वर्ष 1952 में जब स्वतंत्रता-प्राप्ति के बाद पहली सरकार चुनी गई तो लोगों ने वोट देकर एक पार्टी को सत्ता प्रदान की और यह उम्मीद की कि निर्वाचित प्रतिनिधि उनकी भलाई के लिए काम करेंगे। उत्तरदायित्व नाम की चीज अगर थी भी तो यह जन-भागीदारी द्वारा नहीं, बल्कि प्रतियोगी राजनीति के परिणामस्वरूप लागू की जाती थी। चाहे-अनचाहे प्रशासन तमाशा बना रहा। स्वतंत्रता-प्राप्ति के बाद पहले दशक में लोगों और शासकों के बीच एक विश्वास बना हुआ था। जो लोग शासन चला रहे थे, वे ऐसे लोग थे, जिन्होंने देश की आजादी हासिल की थी। लेकिन '60 के दशक तक यह आभामंडल मद्धिम पड़ने लगा। '70 के दशक तक ऐसा प्रतीत होने लगा कि संस्थापकों ने भविष्य के लिए ढाँचा तय करने में कदम छोड़ दिया। उन्होंने सूचना तक नागरिकों की पहुँच के अधिकार को खुलकर स्पष्ट नहीं किया था, ताकि वे उत्तरदायित्व की माँग कर सकें।

इससे भी बुरी बात यह हुई कि अंग्रेजों द्वारा इस्तेमाल किए जानेवाले प्रशासकीय ढाँचे को अपनाते हुए भारत के शासकों ने कई प्रतिबंधात्मक ब्रिटिश कानूनों को बनाए रखा। उदाहरण के लिए, सरकारी गोपनीयता कानून-1923 को जारी रखा गया। यह कानून जासूसी रोकने और सरकारी सूचना बतानेवाले को दंडित करने के लिए बनाया। इस कानून को इस तरह का बनाया गया था कि औपनिवेशिक मालिक स्वदेशी लोगों को सत्ता देने से नकार सकें। भारतीय साक्ष्य कानून-1872 कहता है, "किसी को भी राज्य (सरकार) के किसी भी मामले से संबंधित अप्रकाशित सरकारी रिकॉर्डों से सबूत देने की इजाजत नहीं होगी।" इतना ही नहीं, स्वतंत्रता-प्राप्ति के बाद भी जो नियम बनाए गए, उन्होंने गोपनीयता की संस्कृति को और मजबूत ही बनाया। अखिल भारतीय सेवा (आचरण) नियम 1968, जो नौकरशाहों को संचालित करता है, अधिकारियों को तब तक कोई भी सूचना लोगों से साझा करने से मना करता है, जब तक उन्हें इसके लिए अधिकृत न किया गया हो।

और इसीलिए इन प्रावधानों का इस्तेमाल लोगों को सूचना देने से नकारने और अक्षम एवं भ्रष्ट अधिकारियों को बचाने के लिए किया गया। वर्ष 1952 के शुरुआती समय में ही आर. ए. गोपालस्वामी की रिपोर्ट 'सरकारी मशीनरी क्षमता में सुधार', जो प्रशासन के पुनर्गठन की बात करती थी, को वर्गीकृत घोषित कर दिया गया। इस रिपोर्ट के बारे में जानकारी नहीं दी जा सकती थी। वर्ष 1979 में गुजरात में मोर्वी बाँध टूट गया और मोर्वी शहर में बाढ़ आ गई, जिससे 1,800 से ज्यादा लोगों की जानें चली गईं। अहमदाबाद स्थित उपभोक्ता शिक्षा एवं शोध केंद्र ने इसकी जाँच रिपोर्ट की एक प्रति माँगी; लेकिन सरकारी गोपनीयता कानून के तहत इस आग्रह को ठुकरा दिया गया। भोपाल गैस त्रासदी के बाद यूनियन कार्बाइड कंपनी और भारत सरकार के बीच जो

मौद्रिक समझौता हुआ था, उस बारे में भी लोगों को सूचना प्रदान करने से इनकार करने के लिए सरकारी गोपनीयता कानून का इस्तेमाल किया गया।

सरकारी गोपनीयता कानून की जरूरत पर सवाल खड़ा करने के हरेक प्रयास को सरकारों ने कार्यकारी समूहों और समितियों के जरिए पटरी से उतार दिया। आपातकाल के दौरान किए गए अत्याचारों के बाद मोरारजी देसाई सरकार ने सन् 1977 में सरकारी गोपनीयता कानून में संशोधनों का मसौदा तैयार करने के लिए कार्यकारी समूह की नियुक्ति की। मगर कार्यकारी समूह का निष्कर्ष था कि किसी संशोधन की जरूरत नहीं है। बावजूद इसके कि इसके कई मंत्रियों को जेल और सरकारी दमन भुगतना पड़ा था, देसाई सरकार ने इस निष्कर्ष से सहमति जताई। एक दशक बाद बोफोर्स कांड पर सूचना की माँग करते हुए वी.पी. सिंह सत्ता में आ गए। प्रधानमंत्री बनने के बाद उन्होंने घोषणा की कि गोपनीयता के परदे का इस्तेमाल दोषियों और निहित स्वार्थों को बचाने के लिए किया गया। उन्होंने इस बात पर जोर दिया कि लोकतंत्र के फलने-फूलने के लिए प्रशासन की खुली प्रणाली अनिवार्य है। उनकी सरकार ने एक कमेटी की स्थापना की; लेकिन उसकी अनुशंसाओं को कूड़ेदान में डाल दिया गया।

संविधान सिद्धांत रूप में अभिव्यक्ति की स्वतंत्रता प्रदान करता है; लेकिन इस अधिकार को प्रयोग में लाने के लिए सूचना का अधिकार अपने नागरिकों को खुलकर देने का साधन नहीं मुहैया कराता है। सूचना और निर्णय लेने की प्रक्रिया तक पहुँच के अभाव में नागरिकों के लिए यह संभव नहीं है कि वह प्रशासन की प्रक्रिया में भागीदारी करे और सरकारों पर सवाल खड़े करे। एक तरह से सूचना की आजादी के लिए प्रावधान न होने के कारण अभिव्यक्ति का संवैधानिक अधिकार बेमानी हो गया था। यह बात उच्चतम न्यायालय के विविध फैसलों से भी स्थापित हुई।

वर्ष 1975 में उत्तर प्रदेश राज्य बनाम राज नारायण केस चल रहा था। यह केस इंदिरा गांधी के खिलाफ चुनावी दुराचार के आरोप को लेकर था, जिसमें साक्ष्य कानून के तहत सूचना रोक ली गई थी। उस केस में न्यायमूर्ति के.के. मैथ्यू ने कहा, ''हमारे जैसी उत्तरदायी सरकार में, जहाँ जनता के तमाम एजेंटों को अपने आचरण के लिए अवश्य ही उत्तरदायी होना चाहिए, गोपनीय चीजों की कोई जगह नहीं हो सकती है। इस देश के लोगों को जानने का अधिकार है।''' सामान्य कार्यकलापों को गोपनीयता के परदे से ढँकना जनहित में नहीं है। ऐसी गोपनीयता वैधानिक रूप से कदाचित् ही वांछित है।''

सन् 1982 में उच्चतम न्यायालय में एस.पी. गुप्ता बनाम भारत संघ केस चल रहा था, जो न्यायपालिका की स्वतंत्रता से संबंधित था। इसमें जजों ने कहा, ''खुली सरकार की अवधारणा जानने के अधिकार से सीधे तौर पर निकलती है और यह अधिकार अनुच्छेद 19(1)(ए) के तहत बोलने एवं अभिव्यक्ति की स्वतंत्रता के अधिकार की

गारंटी में निहित प्रतीत होता है। इसलिए सरकार के कामकाज के संदर्भ में सूचना का खुलासा करना अवश्य ही एक नियम होना चाहिए।··· गोपनीयता एक अपवाद होनी चाहिए और यह केवल वहीं उचित हो सकती है, जहाँ जनहित के लिए इसकी कड़ी आवश्यकता है।''

उच्चतम न्यायालय का विवेक चाहे जो भी कहता हो, क्रमागत सरकारों ने खुली या उदार सरकार के विचार से कन्नी ही काटी। नागरिकों को नीति-निर्माण की प्रक्रिया से अलग रखा गया था, इसलिए उन्हें योगदान करने और इस तरह नीतियों को ज्यादा प्रभावी बनाने और सेवाओं की प्रणाली को ज्यादा सक्षम बनाने के अवसर से वंचित कर दिया गया। इससे निहित स्वार्थों द्वारा नीति का अपहरण कर लिया गया और अभिजातवाद जारी रहा। साथ ही उत्तरदायित्व की भावना को नकारा गया, जिससे भ्रष्टाचार पनपता रहा। सबसे ज्यादा वे लोग पीड़ित हुए, जो पूरी तरह मूक रहे थे, जिनकी कहीं सुनवाई नहीं थी। वे सर्वाधिक गरीब थे। वर्ष 1991 में ही गरीबी-उन्मूलन पर एक परचे में निखिल डे ने टिप्पणी की, ''गरीबों के लिए चाहे जितना अच्छा कार्यक्रम बना लिया जाए, इसका कार्यान्वयन मुख्यत: सेवा प्रदान करनेवाली प्रणाली पर निर्भर करता है। अगर इस प्रणाली को उन लोगों के प्रति उत्तरदायी बना दिया जाए, जिनके लाभ के लिए यह नीति बनी है तो योजना के कार्यान्वित किए जाने की बेहतर संभावना होती है।''

एक मौलिक अधिकार को नकारने से जो दु:ख एवं पीड़ा होती है, उसे ही एम.के.एस.एस. ने अपने सूचना के अधिकार आंदोलन के केंद्र में रखा। एम.के.एस.एस. कार्यकर्ताओं ने माना कि ''अधिकार एवं न्याय के लिए लड़ रहे लोगों के लिए सूचना जीवन-रेखा है। इसके बगैर अधिकारों का महज बखान करने के कोई मायने नहीं हैं।'' विरोधाभासी रूप से जहाँ आई.ए.एस. लॉबी ने किसी भी बदलाव का प्रतिरोध करना जारी रखा, वहीं अक्तूबर 1995 में आई.ए.एस. अधिकारियों को प्रशिक्षित एवं पुन: प्रशिक्षित करनेवाली लाल बहादुर शास्त्री अकादमी ने अरुणा राय और उनकी टीम को आमंत्रित किया कि वे सूचना के अधिकार के विचार पर एक प्रस्तुति दें और यह बताएँ कि इसे शासन-प्रणाली में कैसे लाया जा सकता है। ऐसी बातों के बावजूद सरकार ने इस विचार के कार्यान्वयन से अपने पाँव पीछे खींचना जारी रखा।

अप्रैल 1996 में एम.के.एस.एस. ने सूचना के अधिकार के कार्यान्वयन की माँग को लेकर राजस्थान के ब्यावर शहर में एक विरोध-प्रदर्शन का आयोजन किया। 200 से ज्यादा लोग महीने भर चलनेवाले धरने पर बैठे। 1 मई को तमाम श्रमिक संघ इस विरोध-प्रदर्शन से जुड़ गए। सिर्फ भारतीय मजदूर संघ इससे अलग रहा, जो सत्तारूढ़ भाजपा सरकार से संबद्ध था। गरीब लोगों के आंदोलन को संसाधनों के बिना जारी रखना आसान नहीं होता है, लेकिन ब्यावर के धरने का व्यापारियों, किसानों और

पेशेवरों के एक अपरंपरागत गठबंधन ने समर्थन किया। सबसे गरीब लोगों ने अनाज दिया, स्थानीय व्यापारियों ने विरोध करनेवालों को चंदा दिया और पेशेवर व्यक्तियों ने अपने समर्थन के प्रतीक के तौर पर अपनी मुफ्त सेवाएँ प्रदान कीं। इस समय तक सूचना के अधिकार के विचार ने राष्ट्रीय मीडिया का ध्यान खींच लिया था। महीने के अंत में आयोजकों ने राजधानी जयपुर समेत कई स्थानों पर आंदोलन किए, ताकि सरकार पर दबाव बनाया जा सके।

हालाँकि सरकारों ने प्रतिरोध करना जारी रखा, लेकिन बुद्धिजीवियों का समर्थन बढ़ता गया। वरिष्ठ पत्रकारों जैसे 'जनसत्ता' के संपादक प्रभाष जोशी, 'मेनस्ट्रीम' के संपादक निखिल चक्रवर्ती, कुलदीप नय्यर और अजित भट्टाचार्य ने सामाजिक कार्यकर्ताओं मेधा पाटकर, स्वामी अग्निवेश और जी.आर. खैरनार के साथ मिलकर आंदोलनकारियों के पक्ष में आवाज उठाई। धरना स्थल पर चक्रवर्ती ने कहा, "आप लोग अकेले नहीं हैं। पूरा देश आपका समर्थन कर रहा है और इस आंदोलन को देख रहा है।" राजस्थान द्वारा अपना वादा निभाने से इनकार करने से उत्तेजित होकर 26 मई, 1996 को प्रभाष जोशी ने उद्वेलित करनेवाला लेख लिखा, जिसका शीर्षक था—जाना, जीने के लिए है।

नय्यर और भट्टाचार्य ने राय और डे से कहा कि वे दिल्ली में एक बैठक में आर.टी.आई. की संभावना पर बोलें। उन्होंने कहा कि आर.टी.आई. प्रशासन की तमाम तरह की बुराइयों, जिसमें भ्रष्टाचार भी शामिल है, का पर्दाफाश कर सकती है। इस बात को अरुणा राय के साथ आई राजस्थान की एक कार्यकर्ता सुशीला ने सबसे अच्छे ढंग से दृष्टांत देकर समझाया। उन्होंने श्रोताओं से कहा, "अपने घर और अपनी दुकान में पूरी कमाई और खर्चे के लिए अपने परिवार के प्रति जवाबदेह हूँ। सरकार जनता के पैसे से चलती है तो वह मुझे हिसाब देने से इनकार कैसे कर सकती है?"

पहला मसौदा

जुलाई 1995 में न्यायमूर्ति पी.बी. सावंत, जो सर्वोच्च न्यायालय से रिटायर हुए थे, भारतीय प्रेस परिषद् के अध्यक्ष बने। भारत संघ बनाम बंगाल क्रिकेट एसोसिएशन केस में तीन सदस्यीय पीठ की अध्यक्षता करते हुए न्यायमूर्ति सावंत ने फैसला दिया था कि "सूचना देना और सूचना प्राप्त करना संविधान के अनुच्छेद 19(1) द्वारा दिए गए बोलने एवं अभिव्यक्ति की स्वतंत्रता के अधिकार का प्रकार है।" फैसले में आगे कहा गया कि देश की हवाएँ सार्वजनिक संपदा हैं। इसपर सरकार का एकाधिकार नहीं माना जा सकता है। इस तरह भारत में कई टी. वी. चैनलों को शुरू करने के दरवाजे खुले। यह सहज ही था कि सूचना देने और पाने के अधिकार पर इस तरह

का फैसला देनेवाले जज अब प्रेस परिषद् के अध्यक्ष के तौर पर भी आर.टी.आई. की खातिर आवाज बुलंद करेंगे।

न्यायमूर्ति सावंत याद करते हैं कि सन् 1995 के फैसले के पहले से ही उनके दिमाग में यह मुद्दा था। "मैंने हमेशा ही महसूस किया है कि बोलने एवं अभिव्यक्ति की स्वतंत्रता सूचना के अधिकार के बिना पूरी नहीं हो सकती है। एक लोकतंत्र में जहाँ भी सरकार की गतिविधियाँ लोगों को प्रभावित करती हैं, लोकतंत्र को मजबूत बनाने के लिए लोगों को सूचना अवश्य ही उपलब्ध कराई जानी चाहिए।" उन्होंने महसूस किया कि इससे लोग अपने प्रतिनिधियों से सवाल कर सकेंगे और सरकार उत्तरदायी बनेगी। "अगर लोग संप्रभु हैं तो सरकार सेवक है और सूचना लोगों की है। एक लोकतंत्र में लोगों के सेवक अपने मालिकों को सूचना देने से कैसे इनकार कर सकते हैं?"

प्रेस परिषद् का अध्यक्ष बनने के शीघ्र बाद न्यायमूर्ति सावंत ने जुलाई-अगस्त 1995 में समान सोचवाले लोगों की बैठकें आयोजित कीं। इस समूह में वरिष्ठ पत्रकार कुलदीप नय्यर, प्रभाष जोशी, निखिल चक्रवर्ती और अजित भट्टाचार्य, स्वयंसेवी अरुणा राय और निखिल डे, वकील शांति भूषण एवं पूर्व प्रधानमंत्री वी.पी. सिंह शामिल थे। इस समूह ने सूचना के अधिकार की गारंटी देनेवाले कानून को पारित करने की जरूरत पर चर्चा की।

कुछेक बार इस समूह की बैठक हो जाने के बाद यह स्पष्ट हो गया कि इस मुहिम के लिए जनहित समूहों के गठबंधन की जरूरत है। वर्ष 1996 के मध्य में लोगों के सूचना के अधिकार के लिए राष्ट्रीय मुहिम (एन.सी.पी.आर.आई.) का गठन किया गया। निखिल डे खुलासा करते हैं कि विचार यह नहीं था कि एन.सी.पी.आर.आई. इस आंदोलन की आवाज बनेगी। इसके विपरीत, यह कई आवाजों के एक साथ आने का एक मंच बनेगी। सलाहकार समूह में अब विभिन्न भौगोलिक क्षेत्रों एवं विभिन्न कार्य-क्षेत्रों के 30 लोग शामिल थे, जिनमें न्यायमूर्ति वी.एम. तारकुंडे भी थे। न्यायमूर्ति तारकुंडे को न्यायविद्, नागरिक अधिकार कार्यकर्ता एवं मानवतावादी कहा जाता है और अकसर उन्हें भारत में नागरिक स्वतंत्रता आंदोलन का जनक माना जाता है। इस समूह की तीसरी बैठक में न्यायमूर्ति सावंत ने प्रस्तावित सूचना के अधिकार कानून का एक मसौदा प्रस्तुत किया।

समूह ने उन सरकारी प्रक्रियाओं एवं रिकॉर्डों को परिभाषित करने पर विचार किया, जिन्हें वैधानिक रूप से जनता द्वारा माँगा जा सकता है। समूह ने सूचना तक पहुँच के पक्ष में दलील अवश्य दी, लेकिन विशेषज्ञ समूह ने माना कि कुछ सूचनाएँ ऐसी होती हैं, जिन्हें सरकार द्वारा गोपनीय रखे जाने की जरूरत है। भारत सरकार के पूर्व सचिव एवं अब राष्ट्रीय सलाहकार परिषद् के सदस्य एन.सी. सक्सेना ने बहस के दौरान स्पष्ट

किया कि किन सूचनाओं को सार्वजनिक किया जाना चाहिए। उन्होंने सुझाव दिया कि ऐसी कोई भी सूचना, जो जन प्रतिनिधियों—सांसदों, विधायकों और स्थानीय स्व-शासनों के निर्वाचित प्रतिनिधियों को उपलब्ध कराई गई हो या कराई जाती हो, उसे एक नागरिक को मुहैया कराने से इनकार नहीं किया जा सकता।

समूह ने मसौदा तैयार कर लिया। इसका नाम रखा गया—सूचना का अधिकार विधेयक 1996। यह नाम भारतीय प्रेस परिषद् द्वारा सुझाया गया था। इस मसौदे में कहा गया कि 'जनता को एक सरकारी अधिकारी या प्राधिकरण के कार्याचरण, प्रशासन और संबद्ध मामलों की सूचना मिलनी चाहिए। इसमें जाँच करने, नोट एवं उद्धरण लेने का अधिकार भी शामिल है। जनता को जानने का अधिकार है और इसमें ऐसा कोई भी दस्तावेज या रिकॉर्ड शामिल है, जो सार्वजनिक या सरकारी अधिकारी से संबद्ध हो।' सरकारी अधिकारी की परिभाषा के तहत भारत की सरकार एवं संसद्, हरेक राज्य की सरकार और विधायिका तथा भारतीय प्रदेश के स्थानीय एवं अन्य अधिकारी रखे गए। सरकारी अधिकारी की परिभाषा में कंपनी, कॉरपोरेशन, ट्रस्ट, फर्म, सोसाइटी या सहकारिता सोसाइटी—चाहे निजी व्यक्तियों द्वारा नियंत्रित हो या उनके स्वामित्व में हो—और उन संस्थानों को शामिल किया गया, जिनकी गतिविधियाँ जनहित को प्रभावित करती हों। इस विधेयक के मसौदे में विविध प्रावधानों, प्रक्रियाओं, छूट, दंड एवं जुर्माने का भी खुलासा किया गया।

सूचना के अधिकार के लिए माँग को वैधता इस तथ्य से मिलती है कि भ्रष्टाचार को विशुद्ध रूप से कानून के कार्यान्वयन के रूप में नहीं देखा जा सकता है। भ्रष्टाचार का कारण खराब प्रशासन होता है और वैध एवं योग्य लोगों को उनके लाभों से वंचित किया जाता है। वर्ष 1996 के अंत तक न्यायमूर्ति सावंत ने इस आंदोलन को और आगे बढ़ाया। उन्होंने भारतीय प्रेस परिषद् के तत्त्वावधान के तहत इस विधेयक के मसौदे की एक-एक प्रति प्रधानमंत्री, राज्य विधायिकाओं, मुख्यमंत्रियों, सांसदों, विधायकों एवं भारत सरकार के मंत्रियों को भेज दी।

2 जनवरी, 1997 को तत्कालीन एच.डी. देवगौड़ा की संयुक्त मोर्चा सरकार ने 'कॉमन कॉज' पत्रिका के संपादक (एच.डी. शौरी) की अध्यक्षता में एक कार्य-समूह की नियुक्ति की। इस कार्य-समूह से कहा गया कि वह पूर्ण रूप से सूचना के अधिकार विधेयक की व्यवहार्यता एवं आवश्यकता के बारे में पड़ताल करे। सरकार को यह कदम इसलिए उठाना पड़ा कि न्यायमूर्ति सावंत ने इसके लिए पत्र लिखा था, एन.सी.पी.आर.आई. का भारी जन-दबाव था और देवगौड़ा को भेजे गए पत्र में काफी बड़े लोगों ने दस्तखत किए थे। उन नामों में वी.पी. सिंह का नाम भी शामिल था, जिन्होंने देवगौड़ा की प्रधानमंत्री के रूप से ताजपोशी की थी। इन बातों ने सरकार पर भरपूर दबाव बनाया।

सूचना के अधिकार के लिए तीन प्रभावशाली मुख्यमंत्री भी जोर दे रहे थे। ये थे—आंध्र प्रदेश के मुख्यमंत्री चंद्रबाबू नायडू, मध्य प्रदेश के मुख्यमंत्री दिग्विजय सिंह और कर्नाटक के मुख्यमंत्री एस. एम. कृष्णा। जनवरी 1997 में राष्ट्रीय विकास परिषद् की 47 वीं बैठक में दिग्विजय सिंह ने टिप्पणी की कि "भ्रष्टाचार रोकने के लिए सूचना का अधिकार अपरिहार्य हो गया है।" नायडू ने देवगौड़ा को आंध्र प्रदेश में जन्मभूमि कार्यक्रम की सफलता के बारे में इंगित किया। इस कार्यक्रम में निर्णय-प्रक्रिया में लोगों की भागीदारी थी और प्रशासन को लोगों के प्रति उत्तरदायी बनाया गया था। उन्होंने कहा कि यह महत्त्वपूर्ण है कि सूचना के अधिकार पर उचित ध्यान दिया जाए और उन्होंने इस बारे में चर्चा करने के लिए हैदराबाद में एक सेमिनार आयोजित करने का प्रस्ताव भी रखा।

स्वतंत्रता-प्राप्ति के पचास वर्ष का उत्सव मनाने के लिए संयुक्त मोर्चा सरकार ने 24 मई, 1997 को मुख्यमंत्रियों के एक सम्मेलन का आयोजन किया। इस सम्मेलन में सरकार द्वारा किए गए वायदों की समीक्षा की गई और इसकी विफलताओं की सूची बनाई गई। तसवीर कोई अच्छी नहीं थी। भारत में 40 करोड़ से भी ज्यादा लोग निरक्षर थे, जो कि दुनिया में किसी भी देश के निरक्षरों की तादाद से ज्यादा हैं। इसकी 90 करोड़ की आबादी में से 36 प्रतिशत से भी ज्यादा लोग गरीबी रेखा के नीचे जीवन व्यतीत कर रहे थे और अपने लिए दो जून की रोटी भी नहीं जुटा पा रहे थे।

यह विफलता राजनीतिक वर्ग की चुनावी संभावनाओं को प्रभावित कर रही थी। उन्हें शासन-विरोधी वोटों का डर सताता था। यह विरोध मतदाताओं की असंतुष्टि और प्रशासनिक विफलता के कारण पैदा होता था। '80 के दशक से जो भी चुनाव हुए, उसमें देखा गया कि करीब 40 प्रतिशत सांसदों और विधायकों को सत्ता-विरोधी वोटों का शिकार होना पड़ा। राजनीतिक वर्ग ने माना कि नौकरशाही के निकम्मेपन का खामियाजा उन्हें भुगतना पड़ रहा है। हर चुनाव में उन्हें मतदाताओं के प्रति उत्तरदायी होना पड़ता था, जबकि नौकरशाही पर इसकी आँच नहीं आती थी। वे साफ बच निकलते थे।

सम्मेलन में 'एक्शन फॉर इफेक्टिव एंड रिस्पॉन्सिव एडमिनिस्ट्रेशन' शीर्षक से एक प्रस्ताव लाया गया। इसमें कई मुख्यमंत्रियों ने स्पष्ट रूप से स्वीकार किया कि "देश आजादी के 50 साल पूरे कर रहा है; लेकिन लोगों के मन में प्रशासन की कार्य क्षमता एवं नैतिक मानदंडों के बारे में संदेह बढ़ता ही जा रहा है। आजादी के स्वर्ण जयंती समारोह ने राजनीतिक वर्ग को एक अवसर प्रदान किया कि वे राजनीतिक सत्ता की दशा व दिशा को फिर से व्यवस्थित करें।" "मुख्यमंत्रियों ने संकल्प लिया कि "केंद्र और राज्य सरकारों को जनता के विश्वास पर खरा उतरने के लिए उन्हें एक साथ आगे बढ़ना चाहिए।" उन्होंने प्रशासन के लिए एक कार्य योजना, एक आकांक्षा-सूची बनाई। उन्होंने तमाम स्तरों पर 'जवाबदेह, उत्तरदायी, पारदर्शी एवं जनप्रिय प्रशासन' की जरूरत पर बल दिया।

मुख्यमंत्रियों ने तब नागरिकों के अनुकूल प्रशासन के लिए सिटिजन चार्टर लाने के लिए प्रस्ताव पारित किया। इस चार्टर में कहा गया कि जन शिकायतों के निवारण की मौजूदा प्रणालियों की समीक्षा की जाए, विनियमों को सरल बनाया जाए और पुराने पड़ चुके कानूनों को निरस्त किया जाए। राजनीतिक वर्ग ने निष्कर्ष निकाला कि सरकारी निर्णय-प्रक्रिया में खुलेपन का अभाव ही मुख्य तौर पर भ्रष्टाचार के लिए जिम्मेदार है और यह लोकतंत्र की भावना के खिलाफ है। सुझाव दिया गया कि सूचना की स्वतंत्रता संबंधी कानून के लिए विधेयक लाया जाए और सरकारी गोपनीयता कानून एवं भारतीय साक्ष्य कानून में उचित संशोधन किए जाएँ।

संसद् द्वारा विधेयक के लिए माँग का समर्थन किया गया। आंतरिक मामलों पर संसद् की स्थायी समिति के तमाम दलों के सदस्यों ने अपनी 38वीं रिपोर्ट (कार्मिक, जन शिकायतों एवं पेंशन मंत्रालय के लिए अनुदान पर रिपोर्ट) में टिप्पणी की कि खुली एवं पारदर्शी सरकार को बढ़ावा देने के लिए सूचना का अधिकार देनेवाला कानून बनाने की जरूरत लंबे समय से चली आ रही है और यह समिति की नजर में लोकतांत्रिक आदर्शों के एकदम माकूल एवं तर्कसंगत है।' समिति ने दावा किया कि सूचना का अधिकार देनेवाला कानून बनाया जाना चाहिए, क्योंकि यह उत्तरदायित्व की संस्कृति को दृढ़ता से स्थायित्व प्रदान करने में काफी सहायक होगा। इसने कहा, ''चूँकि 'सूचना का अधिकार' विषय खास तौर पर संविधान की सातवीं अनुसूची में नहीं दिया गया है, इसलिए संघ को सूची (1) की बची हुई धारा (97) के जरिए इस विषय पर कानून बनाने का अधिकार है। समिति सिफारिश करती है कि मंत्रालय इस मामले को तत्काल देखे, ताकि 'सूचना का अधिकार देनेवाला कानून' जल्द-से-जल्द बनाया जा सके।''

यह घटनाक्रम केंद्र में चल रहा था, इस बीच कई राज्य सूचना के अधिकार से संबंधित विधेयक लाने की तैयारी कर रहे थे। दरअसल तमिलनाडु ने अप्रैल 1997 में पहले ही एक विधेयक पारित कर दिया था, जो उसके नागरिकों को सूचना माँगने की शक्ति प्रदान करता था। तमिलनाडु की तत्कालीन डी.एम.के. सरकार ने एम. करुणानिधि के नेतृत्व में यह कानून बनाने के लिए न्यायमूर्ति पी.बी. सावंत द्वारा तैयार किए गए मसौदे का इस्तेमाल किया था। लेकिन यह कानून जल्दबाजी में बनाया गया था और परिणामस्वरूप इसमें कई कमियाँ रह गई थीं। इस कानून में कम-से-कम 22 छूटें थीं, जिससे यह व्यर्थ हो गया था। इसमें ऐसा प्रावधान रखा गया था कि सरकार जब चाहे, माँगी गई सूचना को देने से इनकार कर सकती थी। इसके खंड 3(2-जी) में कहा गया था कि ''कोई भी सूचना, जो न्याय प्रशासन अथवा कानून के समुचित कार्यान्वयन में व्यवधान डालती हो, उसे सरकार देने से इनकार कर सकती है।'' इसी खंड के तहत सरकार अर्थव्यवस्था और वाणिज्य को क्षति का आधार बनाते हुए सूचना देने से इनकार कर सकती है।

सूचना के लिए कोई अनुरोध कुप्रशासन की मान्यताओं एवं शंकाओं पर आधारित होता है। ऐसे में यदि कोई व्यक्ति धन के आवंटनों से संबंधित सूचना माँगना चाहता है तो उसे कानून के पहले बहाने के आधार पर यह सूचना देने से इनकार किया जा सकता है। इसी तरह यदि वह निजी कंपनी को सरकारी जमीन के आवंटन से संबंधित सूचना प्राप्त करना चाहता है तो उसे कानून का दूसरा बहाना बनाकर सूचना देने से इनकार किया जा सकता है। इसके अतिरिक्त, सरकार किसी भी वक्त भारतीय साक्ष्य कानून के 123 एवं 124 खंडों की शरण ले सकती थी; क्योंकि इस कानून को सूचना का खुलासा न करने के लिए बनाए रखा गया था। और सूचना देने से इनकार करने पर दंड का भी कोई प्रावधान नहीं रखा गया था। कमियाँ चाहे जो भी रही हों, लेकिन यह स्पष्ट था कि इस विचार ने अब दृढ़ता से जड़ें जमा ली थीं, क्योंकि कम-से-कम आधा दर्जन राज्य सूचना का अधिकार कानून बनाने की व्यावहारिकता को परख रहे थे।

इस बीच दिल्ली में सन् 1997 के ग्रीष्मकाल में एच.डी. शौरी समिति ने फिर से तैयार किए गए विधेयक के साथ अपनी रिपोर्ट सौंप दी। इस समिति की नियुक्ति देवगौड़ा द्वारा की गई थी, लेकिन इस बीच देवगौड़ा सरकार गिर गई थी। इसके बावजूद समिति बनी रही। बहरहाल इसने जो रिपोर्ट दी, वह दूर-दूर तक संतोषजनक नहीं थी। रिपोर्ट ने शीर्षक ही 'सूचना का अधिकार' से बदलकर 'सूचना की स्वतंत्रता' कर दिया था। इसे मसौदे को कमजोर करने के रूप में देखा गया। स्वयंसेवी समूहों ने दलील दी थी कि वे किसी तरफदारी के लिए माँग नहीं कर रहे हैं; लेकिन वे एक कानूनी साधन चाहते हैं, जो सूचना माँगने के नागरिकों के अधिकार को माने और उत्तरदायित्व सुनिश्चित करे। सरकार ने तर्क दिया कि अधिकार तो पहले से माना हुआ है और अब जो जरूरत है, वह है— सूचना तक पहुँच की स्वतंत्रता। सूचना की स्वतंत्रता विधेयक, 1997 का मसौदा यह दरशाता था कि स्वयंसेवी कार्यकर्ता क्या माँग रहे हैं और सरकार कितना भर देने की इच्छुक है। इन दोनों के बीच क्या फासला है।

नागरिक समूहों, प्रेस परिषद् और एन.सी.पी.आर.आई. ने दलील दी कि विधेयक में कमियाँ भरी पड़ी हैं, जिनके आधार पर सरकार सूचना देने से इनकार कर सकती है। उदाहरण के लिए, तमिलनाडु के सन् 1997 के कानून की तरह इस मसौदे में यह प्रावधान रखा गया था कि 'सरकार ऐसी किसी सूचना को देने से इनकार कर सकती है, जो किसी जनहित में नहीं है।' जनहित क्या है, यह आमतौर पर संदर्भगत होता है और इसे अधिकारियों द्वारा व्याख्या के भरोसे छोड़ दिया गया। यह इनकार करने को बढ़ावा देता था। फिर से तैयार किए गए विधेयक में एक धारा रखी गई थी, जिसके आधार पर नौकरशाही पूछताछ के उद्‌देश्य पर सवाल उठा सकती थी और इस तरह नागरिकों को सूचना देने से इनकार कर सकती थी।

नए विधेयक में कॉरपोरेट और स्वयंसेवी संगठनों को 'सार्वजनिक प्राधिकरण' की परिभाषा से बाहर रखा गया था। पहले मसौदे में यह मौलिक सिद्धांत रखा गया था कि 'जो कोई भी सूचना निर्वाचित प्रतिनिधियों को दी जा सकती है, उसे नागरिकों को देने से इनकार नहीं किया जाएगा।' नए मसौदे में इस मौलिक सिद्धांत को हटा दिया गया था। यह आश्चर्य की बात नहीं थी, क्योंकि इस समिति के दस सदस्यों में से आठ नौकरशाह थे, जो सरकार में गोपनीयता की पूजा करते हैं। कार्यकर्ताओं ने इस मसौदे को अस्वीकार कर दिया।

इस बीच अलग-अलग राज्य अपने विचारों के साथ आगे बढ़ रहे थे। 31 जुलाई, 1997 को गोवा सरकार ने 'गोवा सूचना का अधिकार' कानून पारित किया। न्यायमूर्ति पी.बी. सावंत ने सन् 1996 में विविध राज्य सरकारों को पत्र लिखने के शीघ्र बाद गोवा का दौरा किया था। वहाँ उन्होंने स्थानीय कार्यकर्ताओं और पत्रकारों से बातचीत की और इससे राज्य में सूचना आंदोलन को बल मिला। अन्य कई राज्यों के विपरीत गोवा में उच्च साक्षरता दर है, प्रगतिशील प्रशासन है और मध्य वर्ग की बड़ी आबादी है। इन तमाम कारकों ने सूचना का अधिकार कानून बनाने में मदद की।

मध्य प्रदेश में दिग्विजय सिंह के नेतृत्व में कांग्रेस सरकार ने छत्तीस विभागों को आदेश दिया कि जब तक व्यापक सूचना कानून नहीं बन जाता, तब तक वे जनता के साथ सूचना साझा करें। वर्ष 1998 में दिग्विजय सिंह सरकार ने चुनावों के कुछ हफ्ते पहले सूचना के अधिकार पर विधेयक सदन में रखा और उसे पारित किया। दुर्भाग्य से वह पारित विधेयक कानून नहीं बन सका, क्योंकि उसे राज्यपाल की सहमति या मंजूरी नहीं मिली। जाहिर तौर पर इस बारे में बाल की खाल निकाली जा रही थी कि क्या राज्य के पास ऐसा कानून बनाने का क्षेत्राधिकार है ? यह विवाद तब खड़ा किया जा रहा था, जब कि नागरिकों को सूचना तक पहुँच का अधिकार देनेवाला कानून दो राज्यों में पहले से लागू था।

नवंबर 1997 में कांग्रेस ने संयुक्त मोर्चा सरकार से अपना समर्थन वापस ले लिया और इस तरह दिल्ली पर क्षेत्रीय क्षत्रपों के राज का अंत हो गया। भाजपा वर्ष 1996 में बहुमत के अभाव में केवल तेरह दिनों के बाद इस्तीफा देने के लिए मजबूर हो गई थी। उसने कांग्रेस पर आरोप लगाया कि वह राजनीतिक अस्थिरता को हवा दे रही है और उसने केंद्र में एक स्थायी गठबंधन के लिए मुहिम छेड़ दी है।

सोनिया का राजनीति में प्रवेश

इस समय सूचना के अधिकार विधेयक पर ज्यादा ध्यान नहीं दिया जा रहा था। कांग्रेस के नेतृत्व में भी परिवर्तन होने जा रहा था। इधर कांग्रेस में नेतृत्व परिवर्तन की

प्रक्रिया शुरू हो गई। सोनिया गांधी अब तक सक्रिय राजनीति से दूर रही थीं, लेकिन अब उन्होंने पार्टी नेताओं से मिलना शुरू कर दिया। दिसंबर 1996 में मुरली देवड़ा द्वारा मुंबई में आयोजित एक रात्रिभोज में सोनिया गांधी ने पार्टी सदस्यों और अन्य अतिथियों के साथ राष्ट्रीय मसलों पर चर्चा की। इससे पहली बार संकेत मिला कि वह चुनावी राजनीति में प्रवेश करेंगी। उनपर कांग्रेस पार्टी में शामिल होने का अत्यधिक दबाव था, क्योंकि पार्टी अस्त-व्यस्त हो रही थी। जी.के. मूपनार जैसे कई दिग्गज नेताओं ने पार्टी छोड़ दी थी और अपनी पार्टी बना ली थी। मूपनार को '90 के दशक का कामराज कहा जाता था। लेकिन वह कांग्रेस अध्यक्ष सीताराम केसरी के मनमाने तरीकों से तंग आ चुके थे और इसलिए उन्होंने पार्टी छोड़ दी। इस परिदृश्य में सोनिया गांधी को कलकत्ता में कांग्रेस के 80वें अधिवेशन में भाग लेने के लिए राजी किया गया।

9 अगस्त, 1997 को सोनिया गांधी ने सतर्कतापूर्वक पहला कदम उठाया और उन्होंने पार्टी की प्राथमिक सदस्यता स्वीकार कर ली। उन्होंने पहली बार पार्टी सदस्य के रूप में भाषण दिया। उन्होंने राजीव गांधी के एक भाषण से अपनी पंक्तियाँ चुनीं। उन्होंने कहा, ''हमारे महान् संगठन का क्या हाल हो गया है? एक ऐसी पार्टी होने की बजाय, जो भारत के कोने-कोने में जन-समुदायों की कल्पना को प्रज्वलित करती थी, हम सिकुड़ गए हैं। हमने मेहनतकश करोड़ों लोगों से संपर्क खो दिया है। यह चुनावों में जीत और हार का सवाल नहीं है। एक लोकतांत्रिक पार्टी के लिए जीत और हार उसके निरंतर राजनीतिक वजूद का एक हिस्सा है। लेकिन जो बात मायने रखती है, वह यह है कि हम जनता के बीच काम कर रहे हैं या नहीं। हम उनके संघर्षों के साथ तालमेल बना पा रहे हैं या नहीं। हम उनकी आशाओं और अपेक्षाओं के साथ हैं या नहीं।'' मार्च 1998 तक जब कांग्रेस चुनावी मैदान में उतरी तो सोनिया गांधी पार्टी की अध्यक्ष बन चुकी थीं।

कांग्रेस ने मुसलमानों का विश्वास खो दिया था। मुसलमानों का मानना था कि जब अयोध्या में बाबरी ढाँचा ढहाया जा रहा था तो कांग्रेस पार्टी और उसकी सरकार मूकदर्शक बनी रही। पार्टी ने बड़ी संख्या में हिंदुओं को भी खो दिया था, क्योंकि वे हिंदुत्व को लेकर भाजपा द्वारा अपनाए गए आक्रामक रवैए के साथ हो गए थे। अब अगर कांग्रेस पार्टी को अपनी प्रासंगिकता फिर से बनानी थी तो उसे ताजा विचारों की जरूरत थी। सोनिया गांधी ने देखा कि सन् 1991 में अर्थव्यवस्था के उदारीकरण के बाद सर्वाधिक गरीब तबकों को राष्ट्रीय दलों द्वारा नजरअंदाज कर दिया गया है। गरीबों और अमीरों के बीच खाई चौड़ी हो गई है। ऐसे में इतिहास और इंदिरा गांधी से सबक लेते हुए एक विचार यह था कि ऐसा मोड़ लिया जाए कि कांग्रेस अपने को गरीबों की बात करनेवाली पार्टी के रूप में पेश कर सके।

सोनिया गांधी जब खुद को नई भूमिका के लिए और अपनी कांग्रेस पार्टी को चुनावों के लिए तैयार कर रही थीं तो इस दौरान उन्होंने वामपंथ के सिद्धांतवादियों एवं विचारकों से मुलाकात की। उनमें से एक थे—सी.पी.आई. के सदस्य मोहित सेन। वह गांधी परिवार के शुभचिंतक व दोस्त रहे थे। उनका जवाहरलाल नेहरू और इंदिरा गांधी दोनों के साथ अच्छा संबंध रहा था। सेन जैसे लोगों से विचार-विमर्श का ही परिणाम था कि सोनिया गांधी ने कलकत्ता में कांग्रेस के समग्र अधिवेशन में वामपंथी भावनाएँ अभिव्यक्त कीं, जहाँ उन्होंने कांग्रेसियों से अपील की, ''हम गरीबों एवं दमित लोगों के लिए लड़ने की परंपरा को पुनर्जीवित करें। सिर्फ ऐसा करके ही हम अपने सपनों का भारत बनाने की शक्ति हासिल कर पाएँगे।'' वामपंथ को लेकर उनकी प्रतिबद्धता की झलक तब और भी दिखाई दी, जब उन्होंने समाजवादी रुझानवाले केरल के पूर्व मुख्यमंत्री ए.के. एंटनी की अध्यक्षता में एक समिति गठित की और यह पड़ताल करने को कहा कि क्या आर्थिक सुधार गरीब-विरोधी थे? एंटनी समिति का गठन मुख्यत: प्रतीकात्मक था—इसकी रिपोर्ट को कभी सार्वजनिक नहीं किया गया; लेकिन इससे यह छवि बनाने में मदद मिली कि कांग्रेस गरीब समर्थक है।

चुनावों की तैयारी के दौर में सोनिया गांधी की बातचीत ऐसे नौकरशाहों से हुई, जो राज्य (सरकार) की घटती प्रासंगिकता से उद्वेलित थे। वह ऐसे अर्थशास्त्रियों से मिलीं जो बढ़ती असमानता और सरकारी हस्तक्षेप के संकीर्ण होते दायरे को लेकर चिंतित थे और वह उन नागरिक समाज-समूहों से भी मिलीं, जो गैर-हिंदुत्व, धर्मनिरपेक्ष, वामपंथी रुझान रखते थे। कांग्रेस पार्टी अपनी छवि में आमूल बदलाव करना चाहती थी। तभी सोनिया गांधी की मुलाकात एन.सी.पी.आर.आई. कार्यकर्ता अरुणा राय एवं निखिल डे से हुई। वे चाहते थे कि सूचना का अधिकार कानून के लिए कांग्रेस अपना समर्थन दे। इसमें इस बात से मदद मिली कि गोवा और मध्य प्रदेश की कांग्रेस सरकारों ने इसी तरह के कानून पारित किए थे। सन् 1998 के कांग्रेस घोषणा-पत्र ने इस विचार को स्वीकार किया। इसमें कहा गया—''गोपनीयता की संस्कृति को समाप्त करने और प्रशासन में खुलापन सुनिश्चित करने के लिए कांग्रेस पार्टी सूचना की स्वतंत्रता कानून बनाएगी। उसके मंत्रियों द्वारा विवेकाधीन शक्तियों के तमाम प्रयोग सार्वजनिक पड़ताल के लिए खोल दिए जाएँगे।''

इस विचार पर चर्चा करने के लिए बुलाई गई बैठकों में मौजूद कांग्रेसी लोग याद करते हैं कि आर.टी.आई. के प्रति सोनिया गांधी की दिलचस्पी और प्रतिबद्धता भाव-प्रवण थी। एक कांग्रेसी याद करते हुए कहते हैं, ''जो स्वयंसेवी कार्यकर्ता सोनिया गांधी को राजी कर रहे थे, उनकी तुलना में वह ज्यादा सुधारक प्रतीत हो रही थीं।'' कांग्रेस पार्टी को सोनिया गांधी ने जो वामपंथी मोड़ दिया, उसका तत्काल लाभ नहीं मिला। उनकी

पार्टी ने वर्ष 1998 के आम चुनावों में बहुत खराब प्रदर्शन किया। भाजपा अपने दम पर तो सत्ता में नहीं आ सकी, लेकिन उसने उस समय मौजूद कांग्रेस-विरोधी भावनाओं को अच्छी तरह भुनाते हुए अपने पत्ते होशियारी से खोले। भाजपा ने क्षेत्रीय नेताओं की मदद से तेरह दलों का राष्ट्रीय जनतांत्रिक गठबंधन (राजग) बनाया। इस गठबंधन को अटल बिहारी वाजपेयी के आभामंडल के इर्द-गिर्द बनाया गया। साथ ही संयुक्त मोर्चे के घटक दलों को केंद्र की सत्ता में समुचित भागीदारी का वादा कर लुभाया गया। भाजपा ने 21 प्रतिशत वोट हासिल किए थे और उसे 179 सीटें मिली थीं। राजग में जो अन्य घटक दल थे, उन्हें 73 सीटें मिली थीं। इसके आधार पर उसने सरकार बनाने का दावा पेश किया। 19 मार्च, 1998 को अटल बिहारी वाजपेयी को प्रधानमंत्री पद की शपथ दिलाई गई।

तेरह महीनों से भी कम समय में राजग सरकार मुश्किल में पड़ गई। जयललिता के नेतृत्ववाले ए.आई.ए.डी.एम.के. ने खुद को गठबंधन से अलग कर लिया। देश में फिर से चुनाव हुए। कांग्रेस ने अपने घोषणा-पत्र में फिर वादा किया कि वह शीघ्र ही सूचना की स्वतंत्रता एवं सचूना के अधिकार पर एक विधेयक लाएगी, ताकि तमाम स्तरों पर नागरिकों को सूचना तक आसान पहुँच हो। मगर कांग्रेस फिर चुनाव हार गई। हालाँकि राजग चुनाव जीत गया था, लेकिन सूचना आंदोलन के कार्यकर्ताओं को यह भरोसा हो गया था कि संसद् में जब भी सूचना का अधिकार विधेयक लाया जाएगा, तब कांग्रेस उसका समर्थन करेगी।

वर्ष 1998 तक राष्ट्रीय दलों के क्षेत्रीय नेताओं और क्षेत्रीय दलों के प्रमुखों ने यह निष्कर्ष निकाला था कि सूचना के अधिकार के लिए प्रावधान करने से न केवल नागरिकों को मदद मिलेगी, बल्कि देश भर में सत्ता प्रतिष्ठानों को भी सहायता मिलेगी। उन्हें यह स्पष्ट हो गया कि नौकरशाही से निपटने का एक ही तरीका है कि लोगों को सशक्त बनाया जाए। बहरहाल, जमीनी स्तर पर कोई बदलाव नहीं आया।

महत्त्वपूर्ण मोड़

जब ऐसा प्रतीत हो रहा था कि सूचना आंदोलन बंद रास्ते पर जाकर ठहर गया है, तभी एक आश्चर्यजनक घटना ने महत्त्वपूर्ण मोड़ पर पहुँचा दिया। प्रसिद्ध वकील राम जेठमलानी तब केंद्रीय शहरी विकास मंत्री थे। वह व्यवस्था की झाँसेपट्टियों से तंग आ गए थे। उन्होंने अपने मंत्रालय की फाइलों और दस्तावेजों को जनता के लिए खोलने का फैसला किया। आमतौर पर इस तरह के फैसले पर केंद्रीय मंत्रिमंडल के स्तर पर बहस की जाती है और विचार किया जाता है। लेकिन जेठमलानी ने कभी भी पदानुक्रम की बारीकियों की परवाह नहीं की थी। उन्होंने अपने तईं ही एक सरकारी विज्ञप्ति जारी कर

दी कि जनता के जो सदस्य दस्तावेजों की पड़ताल करना चाहते हैं, वे शहरी विकास मंत्रालय आने के लिए स्वतंत्र हैं।

इस विज्ञप्ति ने केंद्रीय सरकार में हलचल मचा दी। जेठमलानी के कई मंत्रिमंडलीय सहयोगियों ने इसे उनकी कलाबाजी करार दिया। गंभीर आपत्ति जतानेवालों में गृह, रक्षा और वित्त मंत्रालय थे। 21 अक्तूबर, 1998 को तत्कालीन कैबिनेट सचिव प्रभात कुमार ने शहरी विकास मंत्रालय के विशेष सचिव एस.एस. चट्टोपाध्याय को लिखित आदेश दिया कि वह अपने मंत्री के निर्देशों का पालन न करें, यानी दस्तावेजों को जनता के लिए न खोलें।

सूचना आंदोलन के कार्यकर्ताओं को बस, मौका मिल गया। दिसंबर 1998 में एन.सी.पी.आर.आई. और दो अन्य संगठनों ने सर्वोच्च न्यायालय में एक जनहित याचिका दायर कर मंत्रिमंडल सचिव के आदेश को चुनौती दी। याचिकाकर्ताओं ने अदालत में कहा कि शहरी विकास मंत्रालय ने फाइलों की जाँच नहीं करने दी, जैसा कि मंत्री जेठमलानी द्वारा जारी विज्ञप्ति में वादा किया गया था और कैबिनेट सचिव का आदेश कानूनन गलत है। याचिकाकर्ताओं ने दलील दी कि मंत्रालय का इनकार करना उनके सूचना के मौलिक अधिकार का उल्लंघन है। 18 दिसंबर को न्यायमूर्ति एस.पी. भरूचा, न्यायमूर्ति ए.पी. मिश्रा और न्यायमूर्ति डी.पी. महापात्रा की तीन सदस्यीय पीठ ने जनहित याचिका को सुनवाई के लिए स्वीकार कर लिया।

इस याचिका में भारत सरकार को प्रतिवादी बनाया गया था, लेकिन वह इससे बहुत परेशान नहीं हुई। उसने बस एक सार्वजनिक बयान जारी कर दिया कि लालकृष्ण आडवाणी की अध्यक्षता में चार मंत्रियों का एक समूह सूचना की स्वतंत्रता सुनिश्चित करनेवाले विधेयक की रूपरेखा पर विचार कर रहा है और इस तरह उसने वक्त हासिल कर लिया।

पूर्व प्रधानमंत्री वाजपेयी की यह खासियत रही है कि वह आमतौर पर बोलने के पहले बात को तौलते हैं। उन्होंने 19 फरवरी, 1999 को नौकरशाहों को आईना दिखानेवाली बात कहने के लिए राष्ट्रीय विकास परिषद् का मंच चुना। उन्होंने जो कुछ कहा, वह नौकरशाही के दुराग्रह के साथ राजनीतिक वर्ग की हताशा को प्रतिबिंबित करता था। उन्होंने कहा कि "लोग नौकरशाही को अकसर सेवा-प्रदाता की बजाय शोषण के एक एजेंट के रूप में देखते हैं।" और कि "भ्रष्टाचार कम जोखिम भरी और उच्च परितोष की गतिविधि बन गई है।" उन्होंने अपने मंत्रिमंडलीय सहयोगियों से भी कहा कि अगर वे जनता की आँखों में फिर से विश्वास हासिल करना चाहते हैं; तो उन्हें अपने कार्य-प्रदर्शन की समीक्षा करनी चाहिए। वाजपेयी की नाराजगी इस तथ्य से उपजी थी कि गरीबी-उन्मूलन कार्यक्रमों का सुपरिणाम नहीं दिख रहा था जबकि इनमें विशाल धनराशि खर्च की जा रही थी। यह स्पष्ट था कि सार्वजनिक धन का बड़ा हिस्सा कुछ

लोगों की जेबों में जा रहा है। उदाहरण के लिए, जन वितरण प्रणाली एक घोटाला बन गई थी। गरीबी रेखा के नीचे रह रहे लोगों को दिए जानेवाले राशन का करीब आधा हिस्सा उड़ा लिया जाता था।

लेकिन वाजपेयी के गुस्से ने भी सूचना के अधिकार विधेयक के लिए कोई बड़ी जल्दबाजी नहीं पैदा की। वर्ष 1999 राजग सरकार यों ही निकाल गई। वह न तो अदालत से भयभीत हुई और न ही जनता के दबाव में आई या लोक-निंदा से शर्मिंदा हुई। यहाँ यह उल्लेख करना समीचीन होगा कि भाजपा और एन.डी.ए. ने राष्ट्रीय प्रशासन एजेंडे में वर्ष 1998 और 1999 दोनों में वादा किया था कि वह जनता को सूचना का अधिकार प्रदान करेगी। दरअसल, दिसंबर 1999 में एक सार्वजनिक कार्यक्रम में वाजपेयी ने एक बार फिर सूचना का अधिकार देनेवाले विधेयक की जरूरत को दोहराया और कहा कि उनकी सरकार राष्ट्रीय सुरक्षा के लिहाज से अहम सूचनाओं को छोड़कर बाकी तमाम सूचनाओं को जनता के लिए खोल देगी। लेकिन जहाँ बात मायने रखती थी कि सरकार में और संसद् में इस मामले में कोई प्रगति नहीं दिखी। सरकार इस मसले पर बँटी हुई थी। एक समूह ऐसा था, जो सूचना का अधिकार विधेयक को एक अच्छा विचार मानता था और वे इससे चिंतित नहीं थे। एक दूसरा समूह था, जो सूचना प्रदान किए जाने के विचार से चिंतित था और एक तीसरा समूह भी था, जो कुछ तय ही नहीं कर पा रहा था। जो राजनीतिज्ञ इसे एक बुरा विचार मानते थे, उनमें से कई इस संभावना को लेकर डरे हुए थे कि किसी योजना का कोई लाभार्थी उन्हें कानून की अदालत में घसीट सकता है।

सूचना देने से इनकार करनेवाले और भी बँटे हुए थे। एक वर्ग इसे निर्णय-प्रक्रिया में बाधा के रूप में देखता था। उन्हें डर था कि एक ऐसा कानून, जो पूर्व प्रभाव यानी पिछली तारीखों से समीक्षा का अधिकार देता हो, का इस्तेमाल ब्लैकमेल करने के लिए किया जा सकता है। ऐसे में कोई भी दंडित होने का खतरा नहीं उठाएगा। परिणामस्वरूप कभी भी कोई फैसला नहीं लिया जा सकेगा। अन्य तबके को लगता था कि पारदर्शिता के लिए कानून राजनीति के कारोबारी मॉडल के लिए खतरा पैदा करेगा। एन.डी.ए. के अंदर बहस बहुत तेज चल रही थी और दोनों ही धड़ों के अपने-अपने समर्थक थे।

यहाँ उस वैश्विक परिदृश्य पर विचार करने के लिए ठहरना प्रासंगिक होगा, जिसमें सूचना के अधिकार के लिए भारत में जद्दोजहद चल रही थी। वर्ष 1989 के अंत तक बर्लिन की दीवार गिरा दी गई थी। दुनिया भर में सामाजिक आंदोलन खुले, जवाबदेह और भागीदारी स्वरूप की सरकार के लिए दलील दी जा रही थी। एक ऐसा दशक, जिसमें बर्लिन की दीवार ढहने से लेकर जुड़वाँ टावर गिरने की घटनाएँ हो चुकी थीं। उसने दुनिया भर में गोपनीयता की भी दीवार गिरने और पारदर्शिता एवं उत्तरदायित्व के उदय को देखा। रूस में पूरी तरह एक साम्यवादी प्रणाली थी। यहाँ गोर्बाचेव ने पेरेस्त्रोइका और

ग्लासनोस्त (सुधार एवं खुलापन) के द्वार खोल दिए थे। बोरिस येल्तसिन ने सोवियत युग के सरकारी संग्रहालयों को खोल दिया। बिल क्लिंटन ने अमेरिका के तमाम पूर्ववर्ती राष्ट्रपतियों की तुलना में ज्यादा दस्तावेजों को गैर-वर्गीकृत घोषित कर दिया, यानी उन्हें सार्वजनिक कर दिया।

हर जगह मानवाधिकार कार्यकर्ताओं को सशक्त बनाया जा रहा था, ताकि वे तानाशाहों का भंडाफोड़ कर सकें और राज्य (सरकार) द्वारा प्रायोजित हत्याओं के दोषियों को सजा दिलवा सकें। वर्ष 1991 से लेकर 2000 के बीच दो दर्जन से भी ज्यादा देशों ने ऐसे कानून बनाए, जो नागरिकों को प्रशासन-प्रक्रिया में भागीदारी प्रदान करते थे। जिन देशों ने गोपनीयता की संस्कृति को ध्वस्त किया, उनमें लिथुआनिया, त्रिनिदाद एवं टोबैगो, यूक्रेन, बेलिज, लातविया, दक्षिण अफ्रीका, अल्बानिया, जॉर्जिया, बुल्गारिया, चेक गणतंत्र, स्लोवाकिया जैसे देश शामिल थे। फिर भी, भारत में सरकार अपने आंतरिक अंतर्विरोधों से निपटने में ही संघर्ष कर रही थी।

वर्ष 2000 के वसंत काल में कार्यकर्ताओं ने उच्चतम न्यायालय से अपील की कि वह राज्य (सरकार) को निर्देश दे कि सूचना के अधिकार को संस्थागत रूप दिया जाए। अंततः दबाव के आगे झुकते हुए भाजपा के नेतृत्ववाली एन.डी.ए. सरकार ने शौरी समिति के मसौदे को उठाया, उसके प्रावधानों को और भी कमजोर किया और फिर से मंत्रिमंडल की स्वीकृति के लिए पेश किया। इसके बाद सरकार ने सूचना की स्वतंत्रता विधेयक 2000 को संसद् में 25 जुलाई, 2000 को प्रस्तुत किया—पहले राज्यसभा में और बाद में लोकसभा में।

जैसी कि परिपाटी है, संवैधानिक औचित्य के विविध मुद्दों से जुड़े जटिल कानूनों के संदर्भ में जैसा होता है, यह अपेक्षा थी कि विधेयक को संसद् की स्थायी समिति के पास विचार करने के लिए भेज दिया जाएगा। मगर किन्हीं अज्ञात कारणों से ऐसा डेढ़ महीने तक नहीं किया गया। 14 सितंबर, 2000 को राज्यसभा के सभापति और लोकसभा के अध्यक्ष द्वारा संसद् की स्थायी समिति के पास इस विधेयक की छानबीन करने के लिए भेज दिया गया। स्पष्ट था कि सत्तारूढ़ गठबंधन को इस विधेयक को पारित करने की कोई जल्दबाजी नहीं थी—और ऐसा लग रहा था कि विपक्ष को भी कोई जल्दी नहीं पड़ी थी। स्थायी समिति की पहली बैठक 23 अक्तूबर, 2000 को हुई, जिसमें सदस्यों ने कार्मिक, जन शिकायत एवं पेंशन मंत्रालय से मौखिक गवाही सुनी। समिति की अगली बैठक 24 जनवरी, 2001 के पहले नहीं हुई।

यह कोई छुपी हुई बात नहीं थी कि आर.टी.आई. कार्यकर्ता शौरी समिति द्वारा तैयार मसौदे पर आधारित विधेयक की रूपरेखा और सामग्री से संतुष्ट नहीं थे। 24 जनवरी, 2001 को आयोजित एक बैठक में राष्ट्रमंडल मानवाधिकार प्रयास (सी.एच.आर.आई.)

के प्रतिनिधियों, पूर्व गृह सचिव माधव गोडबोले, वरिष्ठ वकील ए.जी. नूरानी, उपभोक्ता शिक्षा एवं शोध केंद्र के मनुभाई शाह, एम.के.एस.एस. की अरुणा राय एवं निखिल डे, भारतीय प्रेस परिषद् के अध्यक्ष न्यायमूर्ति पी.बी. सावंत और पूर्व कैबिनेट सचिव बी.जी. देशमुख ने सूचना की स्वतंत्रता विधेयक की कई कमियों को उजागर किया।

विशेषज्ञों ने एक बार फिर दलील दी कि विधेयक का शीर्षक ही इस विचार की भावना को कमजोर करने वाला है। स्वतंत्रता अधिकार के समान नहीं है। सी.एच.आर.आई., एम.के.एस.एस., गोडबोले, नूरानी एवं मनुभाई शाह ने संसद् की स्थायी समिति के समक्ष कहा कि सूचना का अधिकार संविधान में प्रतिष्ठित है, इसलिए विधेयक को सूचना का अधिकार कहा जाना चाहिए, न कि सूचना की स्वतंत्रता। फिर उन्होंने कई अन्य प्रावधानों पर निराशा जताई, जिसमें यह बात भी शामिल थी कि निजी कॉरपोरेट निकायों को इसके दायरे से बाहर रखा गया है। विशेषज्ञों ने खंड 4(डी) में 'जनहित में' धारा पर भी आपत्ति जताई। उनका कहना था कि यह बहुप्रयोजन वाला प्रावधान है, जिसका इस्तेमाल कोई भी सूचना देने से इनकार करने के लिए किया जा सकता है। उन्होंने यह भी माँग की कि सरकार इस कानून को लागू करने की तिथि निर्धारित करे।

सरकार ने जिन मुद्दों पर झुकने से इनकार किया, उनमें से कई के लिए उसके पास स्पष्टीकरण थे। इसने कई प्रावधानों को अस्पष्ट भी रखा, ताकि चालबाजी करने के लिए उसके पास पर्याप्त जगह हो। सरकार ने समिति को आश्वस्त किया कि सूचना तक पहुँच नागरिकों तक सीमित नहीं रहेगी; बल्कि जो सूचनाएँ सांसदों और विधायकों को दी गई हों, उसे देने से उन लोगों को इनकार नहीं किया जाएगा, जो इसकी माँग करते हैं और यह वादा किया कि इसके विविध विभाग संगठनात्मक सूचना को प्रकाशित करेंगे। बहरहाल, सरकार ने विधेयक का नाम बदलने या निजी कॉरपोरेट निकायों को इस विधेयक के दायरे में लाने से इनकार कर दिया। इसने इससे भी इनकार कर दिया कि यह कानून किस तारीख से लागू किया जाएगा। सूचना कार्यकर्ता किसी भी तरह संतुष्ट नहीं थे, लेकिन समिति अपनी बात पर डटी रही और 25 जुलाई, 2001 को उसने अपनी रिपोर्ट संसद् को सौंप दी। सरकार कई विवादों और मामलों में फँसी हुई थी। वह इस रिपोर्ट के आधार पर आगे नहीं बढ़ी। विधेयक को संसद् द्वारा विचार करने के लिए अगले सोलह महीनों तक नहीं लाया गया। अंततः सरकार ने दिसंबर 2002 में यह विधेयक प्रस्तुत किया।

जब वसुंधरा राजे सिंधिया ने कार्मिक मंत्री के रूप में 3 दिसंबर, 2002 को संसद् में इस विधेयक को पारित कराने के लिए रखा तो वहाँ सूचना कार्यकर्ताओं की निराशा प्रतिध्वनित हुई। तमाम दलों के वक्ताओं ने कई छूटों और प्रावधानों पर सवाल खड़े किए।

उन्होंने दलील दी कि ये प्रावधान इस तरह बनाए गए हैं कि लोगों को सूचना देने से इनकार किया जा सके। बोलपुर से तत्कालीन सांसद सोमनाथ चटर्जी ने अपनी अद्वितीय शैली में कहा, "किसी को भी विधेयक के उद्देश्य को लेकर कोई आपत्ति या कोई सवाल नहीं हो सकता है। लेकिन इसका करीबी अध्ययन दरशाता है कि यह सार्वजनिक कार्यान्वयन से ज्यादा सार्वजनिक दिखावे के लिए है।" कांग्रेस के प्रियरंजन दासमुंशी ने निजी कंपनियों को इसके दायरे से बाहर रखने पर सवाल खड़ा किया और पूछा कि व्यापारिक एवं व्यावसायिक सूचना को क्यों छोड़ा गया है? तेलुगु देशम (टी.डी.पी.) के येरम नायडू ने कहा कि इस विधेयक में बहुत सी चीजों को छोड़ दिया गया है। "पारदर्शिता का मतलब पारदर्शिता है। यही कारण है कि आंध्र प्रदेश की सरकार नवंबर से ही फाइलों में दर्ज टिप्पणियों एवं अनुशंसाओं को इंटरनेट पर डालती जा रही है।" बहरहाल, सरकार ने अपनी स्थिति का बचाव किया और विधेयक को पारित कर दिया गया। राज्यसभा में लोकसभा द्वारा पारित विधेयक को सदस्यों ने बिना किसी संशोधन के पारित कर दिया और 6 जनवरी, 2003 को इसे राष्ट्रपति की मंजूरी मिल गई।

इधर जबकि केंद्र सरकार ने एक दंतहीन या कमजोर कानून बनाया, उधर कई राज्यों ने विविध रूपों में अपना सूचना का अधिकार कानून बनाया। गोवा और तमिलनाडु की तर्ज पर लोगों को सूचना प्रदान करने के लिए राजस्थान, कर्नाटक, दिल्ली और मध्य प्रदेश ने कानून बनाए। इन कानूनों में कोई एकरूपता नहीं थी। इनमें कई तरह के फर्क थे। इसमें फर्क था कि हरेक राज्य इसे किस तरह लागू करता है। फर्क था कि इसके दायरे में किन चीजों को रखा गया है और किन्हें बाहर रखा गया है। शुल्क एवं जुर्मानों को लेकर भी फर्क था। महाराष्ट्र सरकार ने आर.टी.आई. को लागू करने के लिए वर्ष 2000 में एक अध्यादेश जारी किया था; मगर उसके कमजोर प्रावधानों के खिलाफ कार्यकर्ताओं ने मुंबई और पुणे में रैलियाँ निकालीं। अन्ना हजारे ने भूख हड़ताल कर दी। आखिरकार महाराष्ट्र ने काफी सुधारा हुआ विधेयक पारित किया।

इस बीच एन.डी.ए. सरकार ने इस कानून के कार्यान्वयन से संबंधित दिशा-निर्देशों को तैयार करने में विलंब कर दिया। कानून को प्रभावी बनाने के लिए सरकार को विभिन्न पूछताछ से निपटने के लिए विभिन्न स्तरों पर अधिकारियों का सोपान तैयार करने, विभाग के अंदर अपीलों की व्यवस्था करने और उसके बाद राज्य स्तर एवं केंद्र स्तर पर अपीलों की सुनवाई के लिए अर्ध-न्यायिक निकाय बनाने की जरूरत थी। जब स्थायी समिति में कानून का मसौदा तैयार किया जा रहा था और इसपर बहस की जा रही थी तो इन सब बातों पर तभी विचार-विमर्श किया जा सकता था; लेकिन ऐसा नहीं किया गया। यह तथ्य कि इस कानून को लागू करने के लिए कोई तारीख निर्धारित नहीं की गई थी, सरकार में नकारनेवालों को विलंब करने का मौका दे दिया।

इस प्रक्रिया की धीमी गति को देखकर सूचना कार्यकर्ताओं का धैर्य जवाब दे गया। उन्होंने सर्वोच्च न्यायालय से गुहार की कि वह भारत सरकार के नियमों को अधिसूचित करने का निर्देश दे। मगर सरकार ने कहा कि कानून को लागू करने के लिए उसे उपयुक्त ढाँचा खड़ा करने के लिए वक्त चाहिए। सरकार की ओर से यह भी जोड़ा गया कि जिन राज्यों के अपने आर.टी.आई. कानून हैं, उनसे परामर्श किए जाने की जरूरत है। आखिरकार जनवरी 2004 में कार्मिक एवं प्रशिक्षण विभाग ने सूचना की स्वतंत्रता कानून के कार्यान्वयन से संबंधित नियमों का मसौदा तैयार किया। इस बात से इनकार नहीं किया जा सकता कि कई मामलों की जटिलता का हल निकालना था—सार्वजनिक पद या प्राधिकरण के बारे में नियमों से लेकर जन सूचना अधिकारियों की शक्तियों, शुल्क ढाँचे और अपील के लिए पदाधिकारियों के गठन तक नियमों को ब्योरेवार रूप देना था। बहरहाल, कार्यान्वयन में अनुचित विलंब क्षम्य नहीं था। जन धारणा यह थी कि सरकार सार्वजनिक पड़ताल के लिए खुद को खोलना नहीं चाहती है। 'तहलका' ने मार्च 2001 में स्टिंग ऑपरेशन कर रक्षा सौदों का भंडाफोड़ किया था। इससे एन.डी.ए. सरकार पर राजनीतिक संकट आ पड़ा था। इसके बाद वर्ष 2002 में गुजरात में भयावह दंगे भड़क उठे। अपनी पार्टी के पसंदीदा लोगों को जमीन एवं पेट्रोल पंप आवंटित करने के घोटालों का भी पर्दाफाश हुआ। एन.डी.ए. नेतृत्व इस दौरान इस राजनीतिक आग को बुझाने में लगा रहा। उसके पास सूचना के अधिकार के लिए न तो वक्त था और न इच्छा थी।

इतिहास के परे उम्मीद की जीत

14 जनवरी, 2004 को प्रधानमंत्री वाजपेयी ने राष्ट्र को मकर संक्रांति की बधाई दी और साथ में एक अहानिकर बयान भी जोड़ दिया। उन्होंने कहा कि यह वह दिन है, जब सूर्य अपना पथ बदलता है। लेकिन वाजपेयी, वाजपेयी थे। इस बयान की व्याख्या राजनीतिक तौर पर की गई। जो लोग भाजपा के अंदरखाने की बातों की टोह रखते थे, उन्होंने इसे समय-पूर्व चुनावों का एक संकेत माना। उनका कहना था कि आम चुनावों का निर्धारित समय तो अक्तूबर 2004 है, लेकिन अर्थव्यवस्था में अच्छे एहसास का कारक मौजूद है और इसे भुनाने के लिए चुनावों को पहले करा लिया जाएगा। मीडिया में जोरदार चर्चा होने लगी। इससे भाजपा और एन.डी.ए. में भी इस विचार ने तेजी पकड़ ली। भाजपा और इसके घटक दलों ने जल्दी चुनाव कराने की माँग की। आम चुनावों की गरमी और धमा-चौकड़ी में सूचना की स्वतंत्रता कानून 2002 दब गया।

अगले कुछ हफ्तों तक देश में 'इंडिया शाइनिंग' के दावों की धूम मची रही। उस वक्त अर्थव्यवस्था में आशा की लहर को देखते हुए भाजपा ने इस नारे को गढ़ा था। उधर, कांग्रेस ने उन लोगों पर अपना ध्यान केंद्रित किया, जो अँधेरे में छोड़ दिए गए थे। उसका

नारा था—'कांग्रेस का हाथ, आम आदमी के साथ'। भाजपा ने चुनावों में बहुत बुरा प्रदर्शन नहीं किया, लेकिन उसके कई घटक दलों—डी.एम.के., टी.डी.पी. और नेशनल कॉन्फ्रेंस ने एन.डी.ए. का साथ छोड़ दिया था। उधर, कांग्रेस ने एक इंद्रधनुषी गठबंधन तैयार किया था, जिसमें कुछ पूर्व शत्रु दलों और कुछ नए मित्र दलों को शामिल किया गया था और इस गठबंधन को यूनाइटेड प्रोग्रेसिव अलायंस (संयुक्त प्रगतिशील गठबंधन, यानी यू.पी.ए.) नाम दिया गया था। चुनावों में सबको चकित करते हुए यू.पी.ए. ने जीत हासिल की।

सूचना के अधिकार के लिए संघर्ष कर रहे कार्यकर्ताओं के लिए यह एक अच्छी खबर थी। सोनिया गांधी, कम-से-कम कांग्रेस जब विपक्ष में थी तो, उनके विचार का पूर्ण समर्थन करती प्रतीत होती थीं। लेकिन संदेह था कि सत्ता की बाध्यताओं के मद्देनजर उनका विश्वास कायम रह पाएगा या नहीं। कोई सरकार ऐसी छानबीन के लिए खुद को खोलकर खतरा मोल क्यों लेगी? दरअसल, कांग्रेस में हर कोई सूचना के अधिकार के विचार से आश्वस्त नहीं था। लेकिन अरुणा राय कहती हैं कि सोनिया गांधी अपने समर्थन से डिगी नहीं।

यह सच है कि आर.टी.आई. कानून सत्तारूढ़ खेमे के लिए मुश्किलें पैदा करेगा और इसने मुश्किलें पैदा की हैं। मगर यह विपक्ष के दाँत भी तोड़ता है। सम्मोहक सिद्धांत यह है कि आर.टी.आई. की बदौलत सत्तारूढ़ खेमा जहाँ अपना चेहरा गँवाता है, वहाँ विपक्ष इससे फायदा नहीं उठा पाता है। यह सिद्धांत आंशिक रूप से सही पाया गया है। वर्ष 2009 से यू.पी.ए. सरकार के कई भ्रष्टाचार व घोटालों का पर्दाफाश हुआ है और इनमें से अनेक घोटालों का आर.टी.आई. कानून के कारण खुलासा हुआ; लेकिन विपक्ष इसे भुनाने में नाकामयाब रहा।

भाजपा के नेतृत्ववाले एन.डी.ए. की हार जरूर हुई, लेकिन यू.पी.ए. तुरंत सत्ता में नहीं आई। दरअसल यू.पी.ए. के पास बहुमत का आँकड़ा 272 से कम सीटें थीं। तभी एक चकित करनेवाला कदम उठाते हुए वाम मोर्चा ने यू.पी.ए. को बाहर से समर्थन देने का फैसला किया, जिसके पास 59 सांसद थे। वाम मोर्चे ने यह कदम इस तथ्य के बावजूद उठाया कि केरल, पश्चिम बंगाल और त्रिपुरा में कांग्रेस ही उनकी मुख्य विरोधी पार्टी थी। कांग्रेस, उसके गठबंधन दलों और वाम मोर्चे के बीच गठबंधन सरकार चलाने के लिए एक राष्ट्रीय न्यूनतम साझा कार्यक्रम तैयार किया गया। इस साझा कार्यक्रम में यह भी घोषणा की गई कि सूचना के अधिकार को और ज्यादा प्रगतिशील, भागीदारीपूर्ण और अर्थपूर्ण बनाया जाएगा। इस घोषणा के पीछे सूचना कार्यकर्ताओं का प्रभाव था। कुछ अन्य चकित करनेवाली बातें भी हुईं। सोनिया गांधी ने प्रधानमंत्री का पद त्याग दिया, लेकिन वह नवगठित राष्ट्रीय सलाहकार परिषद् (एन.ए.सी.) की अध्यक्ष बनीं। इस परिषद् का काम सरकार को नीतिगत मार्गदर्शन देना था। एन.ए.सी. में स्वयंसेवी

कार्यकर्ताओं, शिक्षा-शास्त्रियों, पूर्व नौकरशाहों एवं कांग्रेस के निष्ठावान् लोगों को शामिल किया गया था। '60 के दशक के सिंडिकेट के बाद यह पहला मौका था, जब कांग्रेस सरकार में वास्तविक सत्ता प्रधानमंत्री कार्यालय के बाहर थी।

कांग्रेस के नेतृत्ववाली यू.पी.ए. सरकार जब व्यवस्थित हो रही थी तो जून 2004 में सर्वोच्च न्यायालय ने सरकार को निर्देश दिया कि वह सूचना की स्वतंत्रता कानून 2002 कार्यान्वित करे। न्यायपालिका के हस्तक्षेप की बदौलत सूचना का अधिकार कांग्रेस की कार्यसूची में सबसे ऊपर आ गया। पीछे मुड़कर देखें तो एन.डी.ए. सरकार ने सूचना की स्वतंत्रता कानून को अधिसूचित करने में जो विलंब किया, वह दरअसल भाग्यशाली साबित हुआ। कार्यकर्ताओं ने तय किया कि एक कमजोर कानून की मरम्मत करने की बजाय एक ताजा विधेयक लाना बेहतर विकल्प होगा और उन्होंने इसके लिए एन.ए.सी. में अभियान चलाया।

एन.ए.सी. की पहली बैठक में अरुणा राय, जो एन.ए.सी. की सदस्य थीं और एन.सी. सक्सेना, जो वर्ष 1996 में विधेयक का पहला मसौदा तैयार करने में शामिल रहे थे, समेत अन्य लोगों ने सूचना के अधिकार कानून को विषय-सूची में सबसे ऊपर पहुँचाया। इस कदम का सोनिया गांधी ने पुरजोर समर्थन किया। तय किया गया कि एक नया मसौदा तैयार किया जाए और इसे एन.ए.सी. को सौंपा जाए। यह मसौदा जुलाई 2004 तक तैयार हो गया और इसे एन.ए.सी. अध्यक्ष के एक पत्र के साथ सरकार को भेज दिया गया। 16 अगस्त, 2004 को प्रधानमंत्री मनमोहन सिंह को लिखे अपने पत्र में सोनिया गांधी ने इस मामले को हाथ में लेने की अपील की और लोगों को वाकई सशक्त करनेवाला कानून बनाने के लिए चार कारकों को सूचीबद्ध किया—अधिकतम खुलासा, न्यूनतम छूट, अपील एवं जुर्माने के लिए स्वतंत्र प्रणालियाँ और सूचना तक पहुँच के लिए एक प्रभावी प्रणाली।

सूचना कार्यकर्ताओं की पहुँच सत्ता की धुरी तक जरूर थी, लेकिन इससे विधेयक का रास्ता कोई आसान नहीं हुआ। जैसी कि आशंका थी, नौकरशाही और मंत्रिमंडल में निहित स्वार्थों ने इस प्रक्रिया को पटरी से उतारने की पूरी कोशिश की। नौकरशाही के कुछ तबकों और कुछ मंत्रियों को लगा कि पुराना विधेयक अपेक्षाकृत कमजोर है और इसलिए उन्हें कम नुकसान होगा। लिहाजा, उन्होंने अपने राजनीतिक आकाओं को राजी करने की कोशिश की कि पुराने कानून को छोटे-मोटे संशोधनों के साथ लागू किया जाए। मगर सूचना कार्यकर्ताओं ने मैदान नहीं छोड़ा। वे नए विधेयक की माँग पर डटे रहे। उनके प्रयास का वाम मोर्चे ने समर्थन किया। पूर्व प्रधानमंत्री वी.पी. सिंह ने भी उनका साथ दिया और उन्होंने इस मुद्दे पर प्रधानमंत्री मनमोहन सिंह के साथ विशेष बैठक की, ताकि नए विधेयक को आगे बढ़ाया जाए।

दिसंबर 2004 में सूचना की स्वतंत्रता कानून 2002 को हटाने के लिए सरकार एक नया 'सूचना का अधिकार' विधेयक लेकर आई। 23 दिसंबर, 2004 को नया विधेयक लोकसभा में लाया गया और लोकसभा अध्यक्ष ने शीघ्र ही इसे संसद् की कार्मिक, शिकायत कानून एवं न्यायिक मामलों की स्थायी समिति के पास भेज दिया।

सिद्धांत रूप में सूचना का अधिकार विधेयक 2004 का उद्देश्य सूचना के अधिकार के लिए व्यावहारिक व्यवस्था तैयार करना था, ताकि सरकारी अधिकारियों के नियंत्रण में पड़ी सूचनाओं तक लोगों की पहुँच सुनिश्चित हो और हरेक सरकारी अधिकारी के कामकाज में पारदर्शिता व उत्तरदायित्व को बढ़ावा दिया जाए। मगर व्यावहारिक रूप से विधेयक में बिना अच्छी तरह विचारे या जान-बूझकर ऐसे प्रावधान डाल दिए गए थे कि लोगों की सूचना तक पहुँच सीमित हो जाए।

नौकरशाही ने कुछ ऐसे तत्त्व डाल दिए, जो अधिकार को कमजोर करते थे और विधेयक को निरर्थक या अशक्त बनाते थे। एन.ए.सी. का मसौदा पूरी ताकत से खुलेपन के पक्ष में था, लेकिन संसद् में पेश किया गया आर.टी.आई. विधेयक 2004 व्यावहारिक रूप से खुलेपन की भावना को निरस्त कर देता था। अपने बचाव के लिए और अपने राजनीतिक आकाओं को खुश करने के लिए मसौदा तैयार करने के काम में लगे नौकरशाहों ने एन.ए.सी. द्वारा तैयार मसौदे में प्रतिरोधी शर्तें जोड़ दी थीं। एन.ए.सी. मसौदा चाहता था कि हरेक स्तर की सरकार के लिए एक ही विधेयक लाया जाए। आर.टी.आई. विधेयक 2004 ने इसका दायरा केंद्रीय सरकार तक सीमित कर दिया। इसमें यह शर्त भी लगा दी गई कि सूचना माँगनेवाले को अपनी नागरिकता साबित करनी होगी। सूचना कार्यकर्ताओं ने इंगित किया कि गरीब लोगों के पास आमतौर पर आवश्यक दस्तावेज नहीं होते हैं। कार्यकर्ताओं ने वर्ष 1996 से ही इसपर बल दिया था कि सूचना देने में विलंब करने और सूचना देने से इनकार करनेवाले अधिकारियों पर जुर्माना लगाने की व्यवस्था की जानी चाहिए। मगर जो विधेयक लाया गया, वह जुर्मानों के मामलों में कमजोर था। विधेयक में सबसे बड़ी कमी यह थी कि इसमें पूछताछ करनेवालों को सूचना या जानकारी देने के लिए पर्याप्त कर्मचारियों एवं अधिकारियों को नहीं लगाया गया था और अपीलों को देखने के लिए व्यावहारिक प्रणाली नहीं बनाई गई थी।

सूचना कार्यकर्ता फिर सोनिया गांधी के पास गए। उन्होंने प्रधानमंत्री को फिर पत्र लिखा और विधेयक में मौजूद कमियों को सूचीबद्ध किया। उन्होंने कम-से-कम विधेयक की 35 धाराओं में संशोधन की जरूरत बताई। प्रधानमंत्री ने विधेयक की समीक्षा के लिए एक मंत्री-समूह की नियुक्ति की, जबकि संसद् की स्थायी समिति इसकी छानबीन कर ही रही थी। मंत्री-समूह की अध्यक्षता प्रणव मुखर्जी कर रहे थे। वैसे उन्होंने उस स्थायी समिति की भी अध्यक्षता की थी, जिसने सूचना कार्यकर्ताओं को निराश किया

था। बहरहाल, इस बार परिस्थितियाँ भिन्न थीं। सूचना कार्यकर्ताओं का दबाव, एन.ए.सी. और सरकार के बाहर असली राजनीति सत्ता की मौजूदगी से काफी अंतर आ गया। जो सरकार में थे, वे भले ही असहमति रखते हों, लेकिन यू.पी.ए. अध्यक्ष की नाराजगी मोल नहीं लेना चाहते थे।

वर्ष 2001 की स्थायी समिति के विपरीत इस समिति ने जल्दी काम किया। ई.एम. सुदर्शन नचियप्पन के नेतृत्व में 1 फरवरी और 2 मार्च, 2005 के बीच समिति की पाँच बार बैठक हुई। 16 मार्च को स्थायी समिति ने संसद् को अपनी रिपोर्ट दे दी, जिसमें मूल विधेयक में कई बदलाव सुझाए गए थे। अरुणा राय, निखिल डे एवं अन्ना हजारे समेत सूचना कार्यकर्ताओं, वरिष्ठ पत्रकार प्रकाश कर्दाले, अरविंद केजरीवाल, माजा दारूवाला, अर्थशास्त्री जीन द्रेजे, शैलेश गांधी और जयप्रकाश नारायण ने एकजुट होकर सांसदों एवं मंत्री-समूह के सदस्यों के साथ काफी विचार-विमर्श किया और सरकार पर एक ऐसा विधेयक पारित करने के लिए भारी दबाव बनाया, जो व्यापक एवं प्रभावी हो। इस बार उनके प्रयास फलीभूत हुए।

सूचना का अधिकार विधेयक अंतत: लोकसभा द्वारा 11 मई को और राज्यसभा द्वारा 12 मई, 2005 को पारित कर दिया गया। 15 जून, 2005 को राष्ट्रपति द्वारा विधेयक को मंजूरी देने के बाद भारत के पास आखिरकार 'सूचना का अधिकार' कानून आ गया और इसके नागरिकों को प्रशासन में भागीदारी करने का एक साधन मिल गया। भारत के गणतंत्र बनने के 55 साल बाद और सर्वोच्च न्यायालय द्वारा सूचना के अधिकार को एक मौलिक अधिकार करार दिए जाने के 35 साल बाद भारत सरकार ने लोगों को उसपर सवाल उठाने और उत्तरदायित्व की माँग करने का अधिकार प्रदान किया।

नागरिकों और नौकरशाही समेत सत्तारूढ़ लोगों के बीच संघर्ष जारी है। वर्ष 2005 से कार्यकर्ताओं एवं नागरिकों ने उत्तरदायित्व को लागू करने के लिए सूचना के अधिकार कानून का इस्तेमाल किया है। वर्ष 2007-08 और 2010-11 के बीच केंद्र सरकार के मंत्रालयों से 18,32,181 सवाल पूछे गए। इनमें से 17,33,620 मामलों में सूचना प्रदान की गई। मंत्रियों द्वारा बिजली के इस्तेमाल, कैबिनेट मंत्रियों द्वारा बार-बार हवाई यात्रा करने, मंत्रियों की संपत्ति की घोषणा, रिटायर होने के बाद राष्ट्रपति के घर के लिए जमीन का आवंटन, खनन अधिकारों के आवंटन का पर्दाफाश तथा 2जी एवं राष्ट्रमंडल खेल घोटालों का भंडाफोड़ आर.टी.आई. सवालों का ही परिणाम थे। इसने केंद्र एवं राज्यों में राजनीतिक प्रतिष्ठानों द्वारा इस माँग को खड़ा किया है कि आर.टी.आई. कानून के तहत पूछताछ पर नए नियंत्रण लगाए जाएँ।

वर्ष 2005 में आर.टी.आई. कानून लागू होने के बाद से हरेक साल व्यवस्था द्वारा यह प्रयास किया जाता है कि सूचना के प्रवाह और उसमें निहित शक्ति पर फिर

से नियंत्रण हासिल किया जाए। राजनीतिज्ञों एवं नौकरशाहों के गठबंधन ने एकदम से हथियार नहीं डाले हैं। दरअसल, वर्ष 2009 से निर्णय-प्रक्रिया में धीमेपन के लिए आर.टी.आई. का बहाना बनाया जा रहा है। हाल में बेढंगे दिशा-निर्देशों के जरिए आर.टी.आई. की शक्ति में कटौती करने के प्रयास किए गए हैं। उदाहरण के लिए, एक सुझाव दिया गया है कि 250 शब्दों से ज्यादा शब्दों के प्रश्नों की इजाजत न दी जाए।

14 अक्तूबर, 2011 को प्रधानमंत्री मनमोहन सिंह ने सूचना आयुक्तों के सम्मेलन को संबोधित करते हुए सुझाव दिया कि सूचना के अधिकार पर 'समीक्षात्मक नजर डालने' की जरूरत है। उन्होंने यह भी कहा कि सूचना के खुलासे की जरूरत और सरकारी अधिकारियों के पास उपलब्ध सीमित समय के बीच संतुलन बिठाने की आवश्यकता है। उन्होंने कहा था कि सूचना का अधिकार ईमानदार, अच्छी मंशावाले लोक सेवकों को अपने विचार पूरी तरह व्यक्त करने से अंततः निरुत्साहित कर सकता है।" उन्होंने आगे कहा कि "सूचना के अधिकार को सरकार में विचार-विमर्श की प्रक्रियाओं को प्रतिकूल ढंग से प्रभावित नहीं करना चाहिए।" सतर्क मीडिया एवं सूचना कार्यकर्ताओं ने तुरंत ही इस बयान की आलोचना की और कहा कि यह सूचना के अधिकार को कमजोर करने की कोशिश है। नतीजा यह हुआ कि प्रधानमंत्री को अपना ही बयान संशोधित या रूपांतरित करना पड़ा। उन्होंने कहा, "मैंने यह कभी नहीं कहा कि हम आर.टी.आई. कानून को बदलने जा रहे हैं।"

इसमें कोई शक नहीं कि सूचना का अधिकार कानून की शक्ति को धीरे-धीरे कम करने की कोशिशें की जाएँगी। सूचना देने में विलंब करने और सूचना देने से ही इनकार करने के लिए नौकरशाही के कर्मकांड का इस्तेमाल किया जाएगा। चुनिंदा सूचनाओं को जारी कर घोटालों का पर्दाफाश होने से रोकने का प्रयास किया जाएगा। भारी तादाद में नागरिकों के सवालों के जवाब नहीं दिए जा रहे हैं। यह दरशाता है कि व्यवस्थागत प्रतिरोध का स्तर क्या है। मुख्य चुनाव आयुक्त के पास फरवरी 2012 तक 26,500 से ज्यादा अपीलें पड़ी हुई थीं। भ्रष्टाचार पर निशाना साधनेवाले आर.टी.आई. कार्यकर्ताओं की हत्याएँ की जा रही हैं। खासकर छोटे शहरों में ऐसी हत्याओं की संख्या में तेजी से इजाफा हुआ है, जो बेहद चिंताजनक है। यह निहित राजनीतिक स्वार्थों के खतरे को प्रतिबिंबित करता है।

सूचना का अधिकार कानून बनने के सात वर्ष बीत जाने के बाद भी यह डर बना हुआ है कि सत्ता-साम्राज्य पलटवार करेगा। लेकिन बड़ी कठिनाई से हासिल इस जीत को छोड़ा नहीं जा सकता है। शाश्वत सतर्कता लोकतंत्र की कीमत है।

□

उपसंहार

भारत आशा और निराशा, व्यक्तिगत आकांक्षा और निराशाजनक संस्थागत विफलता के दोराहे पर खड़ा है। सकारात्मक चीजें आश्वस्त करती हैं; भारत ने स्वतंत्रता-प्राप्ति के समय, जो सपना देखा था, उसे पूरा करने का वादा करती हैं। कई लोगों के पतन की भविष्यवाणी को झुठलाते हुए भारत में लोकतंत्र न केवल अपना अस्तित्व बचा पाया है, बल्कि पल्लवित-पुष्पित-फलित हुआ है और देश ने विविधता का पोषण किया है। यह कोई छोटी उपलब्धि नहीं है। जटिल क्षेत्रों में भी भारत की सफलता यह विश्वास जगाती है कि हाँ, भारत कर सकता है।

फिर भी, विफलताएँ इतनी बड़ी हैं कि वे सारी उम्मीदों पर पानी फेर सकती हैं। अंतरिक्ष और आणविक कार्यक्रमों में सफलता इस विफलता पर परदा नहीं डाल सकती कि देश अपनी विशाल आबादी के एक काफी बड़े हिस्से को सर्वाधिक मूलभूत सुविधाएँ भी मुहैया नहीं करा पाया है। दुनिया के सबसे ज्यादा गरीब और निरक्षर भारत में ही रहते हैं—हरेक 10 में से 3 लोग पढ़ नहीं सकते हैं और हरेक 10 में से 4 लोग दो जून की रोटी नहीं खा सकते हैं। हर साल लगभग 10 लाख बच्चे एक महीने का होते-होते मर जाते हैं और 10 लाख और बच्चे पाँच साल का होते-होते मर जाते हैं।

हर साल 15,000 से ज्यादा किसान आत्महत्या कर लेते हैं। एक-चौथाई आबादी को बिजली उपलब्ध नहीं है, लेकिन राजनीतिक दल उन्हें मुफ्त बिजली और लैपटॉप देने का वादा किए जा रहे हैं। शहरी इलाकों में 49 प्रतिशत और ग्रामीण क्षेत्रों में 65 प्रतिशत से भी ज्यादा लोगों के घरों में शौचालय तक नहीं है। भारत प्रतिवर्ष करीब 100 अरब डॉलर सामाजिक क्षेत्र के कार्यक्रमों पर खर्च करता है, फिर भी उसके कुछ मानव विकास सूचकांक उप-सहारा देशों और यहाँ तक कि सैन्य-शासित म्याँमार से भी बदतर हैं।

भारत में ऐसे राजनीतिक नेतृत्व का अभाव है, जो खतरे उठाता है और फैसले लेता है। उस तरह के कल्पनाशील नेतृत्व का अभाव है, जैसा कि रूजवेल्ट, रीगन, थैचर, तंग श्याओ फिंग और ली कुआन येव द्वारा प्रदर्शित किया गया। महात्मा गांधी जैसे समाजोद्धारक मसीही नेता भी नहीं हैं, जिससे जन-समुदाय आजादी के लिए उमड़ पड़ा था।

अमेरिका ने स्वतंत्र विचार एवं मुक्त बाजार की जुड़वाँ अवधारणाओं में अपना राष्ट्रीय हित पाया। जर्मनी और जापान ने द्वितीय विश्व युद्ध के बाद अपनी श्रेष्ठता फिर से हासिल करने के लिए राष्ट्रीय गौरव को लोगों के मानस में भरा और प्रौद्योगिकी श्रेष्ठता की मुहिम चलाई। चीन ने तीव्र विकास के विचार के इर्द-गिर्द अपनी ताकत बढ़ाई। इन तमाम देशों के पास एक योजना थी और उन्होंने काट-छाँट करते हुए, बदलाव करते हुए और सुधार करते हुए इसपर निरंतर काम किया।

भारत के पास भी योजनाएँ हैं, लेकिन उनका कार्यान्वयन दयनीय है। योजना आयोग एक पंचवर्षीय योजना बनाता है, जिसे मंत्रिमंडल द्वारा पास किया जाता है; लेकिन उस सरकार के कार्यकाल के साथ इसका कोई संपर्क नहीं है, जिसने इसे पास किया था। इसका मतलब है कि किसी भी नेता या पार्टी की प्रतिष्ठा दाँव पर नहीं लगी होती है। लक्ष्यों को हासिल करने की जिम्मेदारी किसी की नहीं है। इन तमाम चीजों को भारतीय राजनीतिक संस्कृति और भी जटिल बना देती है; क्योंकि वह चकमा देने और डुबकी लगाने में माहिर है। कोई भी योजना सफलता की उम्मीद कैसे कर सकती है, यदि सत्तारूढ़ राजनीतिज्ञ और विपक्षी नेता सीधी जिम्मेदारी लेने से बचते हैं, यदि हर वादा महज हालात से एक समझौता बन जाता है।

भारत में बदलाव ढाँचागत एवं व्यवस्थागत कमियों एवं दोषों के कारण भी नहीं हो पाया है। ढाँचागत समस्या सरल शब्दों में कहें तो यह नहीं है कि बहुत ज्यादा लोकतंत्र है, बल्कि बेहद कम लोकतंत्र है। संविधान का अनुच्छेद 1 कहता है—'भारत राज्यों का एक संघ होगा।' संविधान निर्माताओं की मंशा थी कि भारत राज्यों द्वारा शासित हो, नवीकरण के विचार नीचे से ऊपर की ओर आगे बढ़ें। इसकी बजाय नीतिगत मामलों में राज्यों को प्रायः केंद्र के अधिराज्यों में तब्दील कर दिया गया है। संविधान की समवर्ती सूची में 52 विषयों पर केंद्र और राज्यों दोनों की शक्तियाँ हैं और संविधान के नीति-निदेशक सिद्धांतों द्वारा केंद्र सरकार और राज्यों की संयुक्त जिम्मेदारी बताई गई है; मगर राजनीति में कार्यपालिका द्वारा इसका इस्तेमाल जिम्मेदारी से बचने के लिए किया जाता है।

प्रशासन को पतन से बचाने के लिए नौकरशाही में व्यवस्थागत सुधारों की जरूरत है। नौकरशाही राजनीतिक नेतृत्व का संपूरक होती है। इसी पर प्रशासन का ढाँचा कायम रहता है। लेकिन उसमें जंग लग गई है। वह कभी भी चरमराकर ढह सकती है। हमारा नागरिक प्रशासन स्थायी सरकार होती है। इस तरह नहीं बनाया गया है कि वह विकास को गति दे। विकास प्रशासनिक क्षमता की गुणवत्ता पर निर्भर करता है और यह गुणवत्ता विशेषज्ञता से आती है, जबकि हम अभी भी सामान्य अफसरों पर निर्भर करते हैं। सरकार प्रत्येक कुछ वर्षों (और कभी-कभी तो महीनों में) अफसरों का तबादला करती रहती है, गोया उसे डर हो कि वे किसी चीज में माहिर न हो जाएँ। पार्श्विक प्रवेश पर नाक-भौंह

सिकोड़ी जाती है, त्योरियाँ चढ़ाई जाती हैं और निजी क्षेत्रों से पार्श्विक प्रवेश करनेवाले अफसर यदि किसी तरह कार्य-प्रदर्शन करने में सक्षम हो भी जाते हैं तो उन्हें व्यवस्था द्वारा निशाना बनाया जाता है। जाहिर है कि नागरिक प्रशासन के मकसद को फिर से तय करने की जरूरत है। व्यक्तिगत कार्य-प्रदर्शन को पुरस्कृत करने और निजी उपलब्धियों को सराहने की जरूरत है।

स्थिति की माँग है कि प्रशासन के ढाँचे में सुधार लाया जाए। सरकार को उन क्षेत्रों से अवश्य ही बाहर निकल जाना चाहिए, जिनमें निजी क्षेत्र ज्यादा कुशलता से काम करते हैं। दिल्ली को शक्तियाँ राज्यों को दे देनी चाहिए और राज्यों को खुद स्थानीय स्वशासनों को सशक्त बनाना चाहिए। नागरिक प्रशासन को नागरिक चार्टरों के जरिए उत्तरदायी बनाना पड़ेगा। ये चार्टर महज कानून न हों, बल्कि वे कार्रवाई का वादा करें। चार्टर ऐसे हों, जो नियत अवधि में जन-सेवाएँ प्रदान करना सुनिश्चित करें। बदलाव लाने का एक तरीका यह हो सकता है कि सूचना प्रौद्योगिकी (आई.टी.) का इस्तेमाल किया जाए। भारत को आई.टी. के क्षेत्र में महारत हासिल है। आई.टी. कई मुद्दों की जटिलता और बड़े पैमाने का हल प्रदान कर सकती है। यह प्रक्रियाओं में गति ला सकती है, पूरे कामकाज में पारदर्शिता ला सकती है।

लोकतंत्र की रक्षा के लिए और देदीप्यमान भारत के लिए राजनीतिक नेताओं को निजी लाभ से नहीं, बल्कि सार्वजनिक भलाई की भावना से अनुप्राणित होना पड़ेगा। आज वे जिन मुद्दों को भविष्य की चिंता मानकर नजरअंदाज कर देते हैं, वे पहले से ही आज के मौन संकट बन चुके हैं। ये मुद्दे हैं—पानी, बिजली, गरीबी, भ्रष्टाचार, राष्ट्रीय सुरक्षा और केंद्र-राज्य संबंध।

पानी : एक खामोश प्यास

मनोवैज्ञानिक अब्राहम मास्लोव ने सन् 1943 के अपने परचे 'मानव अभिप्रेरण का एक सिद्धांत' में पानी को मनुष्य की मानसिक जरूरतों के पदानुक्रम में दूसरे नंबर पर रखा है। मगर भारत में पानी को सरकार की प्राथमिकताओं की सूची में खोजना मुश्किल है। प्यास का संकट भारत के व्यवस्थागत संकट का प्रतीक है। आप विश्वास करें या नहीं, जल आपूर्ति का प्रबंधन छह मंत्रालयों द्वारा किया जाता है। ये मंत्रालय हैं—ग्रामीण विकास, शहरी विकास, कृषि, पर्यावरण एवं जल संसाधन। ये छहों मंत्रालय इसकी जिम्मेदारी का दावा करते हैं, फिर भी इनमें से कोई भी उत्तरदायी नहीं है।

ये तथ्य पानी की कहानी बयाँ करते हैं—

- जल संसाधन मंत्रालय द्वारा कराए गए अध्ययनों के अनुसार, वर्ष 2025 तक गंगा समेत ग्यारह नदी घाटियों में पानी की कमी हो जाएगी।

- देश के 206 जिलों में भू-जल का स्तर काफी नीचे गिर गया है।
- छह राज्यों—राजस्थान, महाराष्ट्र, गुजरात, हरियाणा, कर्नाटक और पंजाब में जलापूर्ति की ज्यादा माँग है।
- हर साल ग्रीष्म काल में भारत भर में 90 जिलों में सूखे का और 60 से ज्यादा जिलों में बाढ़ का खतरा मँडराता है।
- देश में 2 करोड़ से ज्यादा ट्यूबवेल लगे हुए हैं, जो 50 प्रतिशत से भी ज्यादा कृषि क्षेत्र में सिंचाई के लिए पानी उपलब्ध कराते हैं। भारत का लगभग 15 प्रतिशत खाद्यान्न गैर-नवीकरणीय भूमिगत जल का इस्तेमाल कर पैदा किया जाता है।
- उपग्रह से प्राप्त आँकड़े दरशाते हैं कि वर्ष 2002 और 2008 के बीच बोरवेल के जरिए जमीन के नीचे से 109 घन किलोमीटर पानी खींचा गया है, जो कि देश के सबसे बड़े जल-भंडार वेनगंगा को दो बार भरने के लिए पर्याप्त है।
- 200 जिलों में 6.5 करोड़ से भी ज्यादा लोग जब पानी पीते हैं तो फ्लोराइड प्रदूषण और 1.5 करोड़ लोग आर्सेनिक जहरीलेपन का खतरा उठाते हैं।
- दूसरी श्रेणी के 401 शहरों में से 203 शहरों में प्रतिदिन प्रति व्यक्ति 100 लीटर से भी कम पानी की आपूर्ति की जाती है।
- अनुमान लगाया जाता है कि भारत के शहरी इलाकों में पानी की आपूर्ति करने के लिए प्रति वर्ष 10 लाख से भी ज्यादा टैंकर लगाए जाते हैं।
- पेयजल के अभाव में भारत भर में 10 करोड़ से भी ज्यादा बच्चे डायरिया से पीड़ित होते हैं और इनमें से 5 लाख बच्चे असमय काल के गाल में समा जाते हैं।

किसी भी चीज का संकट माँग और आपूर्ति, जरूरत एवं उपलब्धता में बड़े फासले के कारण होता है। वर्ष 2050 तक भारत की आबादी 150 करोड़ तक पहुँचने का अनुमान है। तब पानी की माँग दोगुनी होकर 1,180 अरब घनमीटर तक पहुँच जाएगी। भारत में प्रयोग किए जानेवाले पानी का दो-तिहाई हिस्सा कृषि में खप जाता है। इतनी विशाल आबादी के लिए भारत को अपना खाद्य उत्पादन मौजूदा 25 करोड़ टन से बढ़ाकर करीब 40 करोड़ टन करना पड़ेगा।

ऐसा नहीं है कि भारत में प्राकृतिक जलापूर्ति की कमी है। भारत को सालाना बर्फ और बारिश के तौर पर करीब 4,000 अरब घनमीटर पानी मिलता है। इनमें से प्रवाहित पानी का हिस्सा 1,869 अरब घनमीटर है। और इसमें से बमुश्किल 690 अरब घनमीटर पानी का प्रयोग किया जाता है। बाकी पानी समुद्र में बह जाता है, क्योंकि पानी का भंडारण करने के लिए हमारे पास योजनाएँ नहीं हैं।

स्थिति और भी बदतर इसलिए हो जाती है कि अधिकांश वृष्टिपात मानसून के करीब 100 दिनों के दौरान हो जाता है; जबकि पानी की जरूरत तो साल भर होती है। इसलिए जल-भंडारण की व्यवस्था करना निहायत जरूरी है। मगर भारत इसमें बुरी तरह विफल रहा है। भारत में प्रति व्यक्ति जल-भंडारण महज 190 घनमीटर है; जबकि अमेरिका में 5,961 घनमीटर, ऑस्ट्रेलिया में 4,717 घनमीटर और चीन में 2,486 घनमीटर जल-भंडारण किया जाता है।

जैसा कि हमेशा होता है, विचारों, समितियों, आयोगों और रिपोर्टों की कोई किल्लत नहीं है। इनमें से सबसे महत्त्वाकांक्षी योजना नदियों को जोड़ने की थी। विचार यह था कि जिन नदी घाटियों में अतिरिक्त पानी रहता है, वहाँ से उन क्षेत्रों को पानी भेजा जाए, जहाँ पानी का अभाव है। इसके लिए 32 बाँधों में पानी का भंडारण करने और उन्हें 30 संपर्क नहरों से जोड़ने की योजना थी। योजना थी कि इस तरह 173 अरब घनमीटर पानी का भंडारण और वितरण किया जाएगा। इस महत्त्वाकांक्षी योजना के लिए 12,500 किलोमीटर लंबी नहरें बनाने की बात थी। इससे 3.4 करोड़ हेक्टेयर अतिरिक्त कृषि-भूमि की सिंचाई की जाती, 34,000 मेगावॉट बिजली पैदा की जाती और 101 शहरों को पेयजल प्रदान किया जाता। इस योजना की लागत वर्ष 2002 में 25 अरब डॉलर आँकी गई थी।

नदियों को जोड़ने की योजना कोई नई नहीं है। अमेरिका में पानी को टेक्सास से न्यू मेक्सिको ले जाया गया है और चीन में तीन महा-खड्ड परियोजना अब करोड़ों लोगों को पानी और बिजली प्रदान करती है। भारत में भी नदियों को जोड़ा गया है। उन्नीसवीं सदी में केरल की पेरियार नदी घाटी से पानी तमिलनाडु में वैगाई नदी घाटी में भेजा गया। वर्ष 1895 में ब्रिटिश एवं भारतीय इंजीनियरों ने पेरियार नदी मार्ग पर 47 मीटर गहरा एक बाँध बनाया और वहाँ से 1.7 किलोमीटर लंबी एक सुरंग बनाकर पानी वैगाई नदी घाटी में छोड़ा गया। इसी तरह '60 और '70 के दशक में राजस्थान, पंजाब, हरियाणा और केंद्र सरकार ने एक संयुक्त परियोजना बनाई। इस परियोजना के तहत रावी नदी पर बाँध बनाया गया और वहाँ से पानी को व्यास नदी में और फिर व्यास नदी से सतलुज में पानी भेजा गया। रावी नदी पर ही एक और बाँध बनाया गया, जिसे 'रणजीत सागर' कहते हैं। इससे पानी व्यास नदी में भेजा जाता था और वहाँ से नहरों के जरिए राजस्थान भेजा जाता था।

नदियों को जोड़ने की योजना भव्य थी। पानी को एक नदी घाटी से दूसरी नदी घाटी में भेजा जाना था। नेपाल में घाघरा नदी से पानी यमुना में भेजा जाता। इन दोनों के बीच 431 किलोमीटर की दूरी है। इसी तरह, उड़ीसा में महानदी से पानी को 932 किलोमीटर दूर गोदावरी नदी में भेजे जाने की योजना है। अनुमान लगाया गया है कि

इस विशाल परियोजना में 5.6 करोड़ टन सीमेंट और 20 लाख टन स्टील का इस्तेमाल किया जाएगा। इस परियोजना से 3.7 करोड़ लोगों को रोजगार मिलने की संभावना है। इस परियोजना की कल्पना सबसे पहले सिंचाई मंत्री कनूरी लक्ष्मण राव ने की थी। इस विचार का विस्तार सन् 1977 में कैप्टन दस्तूर द्वारा किया गया, जो एक इंजीनियर एवं विमान के पायलट थे। इस परियोजना को 'गारलैंड कैनाल' कहा जाता था।

फिर यह विचार योजना आयोग में कुछ दशकों तक यों ही पड़ा रहा। मगर एन.डी.ए. सरकार ने वर्ष 2001 में इस विचार को पुनर्जीवित किया। पूर्व बिजली मंत्री सुरेश प्रभु की अध्यक्षता में बनी एक समिति ने इस योजना के खर्चों और लाभों का हिसाब लगाया। मगर एक खालिस भारतीय बहस चल पड़ी और इस विचार को फिर छोड़ दिया गया। कांग्रेस पार्टी ने इस विचार का समर्थन करने का वादा तो किया, लेकिन बाद में अपनी सहमति वापस ले ली। जिन राज्यों के पास अतिरिक्त पानी था, उन्होंने उसे हस्तांतरित करने से इनकार कर दिया। अर्थशास्त्रियों ने इसकी लागत को इतना ज्यादा बताया कि इसपर अमल करना मुश्किल था। पर्यावरणविदों ने इस विचार की सक्षमता पर सवाल खड़े किए। जैसी कि आशंका थी, बहस सकारात्मक की बजाय नकारात्मक चीजों पर ज्यादा होती रही। यह दलील दी जा सकती है कि नकारात्मक बातें सकारात्मक चीजों पर भारी पड़ीं, लेकिन इन बहसों ने कोई विकल्प नहीं सुझाया।

लेकिन इस महाविपत्ति को रोकने के लिए सरकार को निम्न कदम उठाने की जरूरत है—पानी को एक मंत्रालय के नियंत्रण में लाया जाए। राष्ट्रीय योजना में राज्यों को सहभागी बनाया जाए। जहाँ भूमिगत जल का सफलतापूर्वक इस्तेमाल किया गया है, उन प्रयोगों को स्थानीय स्तरों पर दोहराया जाए। जल प्रबंधन का काम वापस समुदायों के हवाले किया जाए। नगरों एवं शहरों में जल-दोहन एवं पुनश्चक्रीय संयंत्रों के इस्तेमाल को अनिवार्य किया जाए, जल को पुनश्चक्रीय करने के लिए टैक्स संबंधी प्रोत्साहन एवं उपक्रम पूँजी प्रदान की जाए तथा जलापूर्ति की समुचित कीमत लगाई जाए, ताकि उसकी लागत वसूल की जा सके और पानी की बरबादी से बचा जा सके।

कृषि के क्षेत्र में भारत को अवश्य ही योजना बनाकर फसलों की पैदावार पद्धति को बदलना चाहिए। क्या जलाभाव से पीड़ित महाराष्ट्र को गन्ना उपजाना चाहिए, जबकि अतिरिक्त जलवाले क्षेत्रों में इसकी पैदावार बेहतर हो सकती है? क्या कावेरी और कृष्णा घाटियों में धान की खेती की जानी चाहिए? बीजों और सिंचाई में नई प्रौद्योगिकी अपनाए जाने की जरूरत है। भारत में अति लघु एवं ड्रिप सिंचाई प्रणाली 5 प्रतिशत से भी कम कृषि में अपनाई जाती है, जबकि इजराइल में 49 प्रतिशत खेती इसी प्रणाली से की जाती है। कृषि में सक्षम उपायों की अवधारणा अवश्य ही प्रति एकड़ उपज से प्रति लीटर में तब्दील होनी चाहिए।

अत्यावश्यकता का अभाव आत्मसंतोष के खतरनाक भाव का संकेत देता है। जलवायु-परिवर्तन के खतरनाक परिणामों के बारे में वैज्ञानिकों ने चेतावनियाँ दी हैं— हिमनदों के पिघलने का खतरा है और वृष्टिपात में कमी आने का खतरा है, जिससे गंगा के मैदानी क्षेत्र में करोड़ों लोगों का जीवन प्रभावित हो सकता है। भूमिगत जल स्तर गिरने और प्रदूषित नदियों के पर्यावरणीय दुष्प्रभाव का भी सवाल है। मगर ये सारे खतरे किसी और दिन के लिए एक तरफ कर दिए गए हैं। उनके समाधान के बारे में नहीं सोचा जाता है।

लोकतंत्र में हर फैसले की एक कीमत होती है। मगर कुछ नहीं करने की कीमत चुकानी पड़ती है।

ऊर्जा सुरक्षा : घोर अराजकता

मनुष्य ने पाषाण युग की शुरुआत में आग की खोज की थी। इसके बाद से जीवन और आजीविका की रक्षा के लिए ऊर्जा की तलाश जारी है। तमाम देशों के लिए यह एक अनवरत दौड़ है। आधुनिक अर्थव्यवस्थाएँ अपनी ऊर्जा रणनीति तैयार करती हैं। गैस, कच्चा तेल, कोयला, विविध ईंधनों तथा कई तरीके से तैयार बिजली को मिलाकर ऊर्जा नीति बनाई जाती है। विकास की गति बनाए रखने के लिए योजनाओं में निरंतर बदलाव किया जाता है और इसे आवश्यकता के अनुरूप ढाला जाता है। मगर भारत में इस तरह की कोई ऊर्जा नीति नहीं दिखती। भारत बिजली उत्पादन में काफी पीछे है और वह पूरी तरह कच्चे तेल के आयात पर निर्भर है। उसके पास कोयले का विशाल भंडार है, फिर भी वह कोयले का आयात करने के लिए बाध्य है।

भारत ने अपना पहला बिजली संयंत्र सन् 1889 में कलकत्ता में स्थापित किया था। वह समय अमेरिका से कोई बहुत बाद का नहीं था। इसलिए यह बहाना नहीं किया जा सकता कि बिजली संयंत्र लगाने में भारत ने बहुत देर से शुरुआत की। वर्ष 1947 में भारत 1,362 मेगावॉट बिजली का उत्पादन कर पाता था। इसके छह दशक बाद वह 1,85,000 मेगावॉट बिजली पैदा कर पाता है। इसकी तुलना चीन से करें। चीन ने भी '40 के दशक में बिजली उत्पादन की शुरुआत की थी और वर्ष 2012 में उसके पास 9,00,000 मेगावॉट से भी ज्यादा बिजली उत्पादन की क्षमता है। वर्ष 2000 और 2011 के बीच भारत ने अपनी विद्युत् उत्पादन क्षमता में 75,000 मेगावॉट का इजाफा किया, मगर चीन हर साल अपने बिजली ग्रिड में 75,000 मेगावॉट जोड़ता है। दरअसल, भारत एक साल में जितनी बिजली जोड़ता है, उतनी बिजली चीन एक महीने में ही जोड़ लेता है।

भारत आधारभूत चीजों को करने में ही नाकाम रहा है। वह बिजली संयंत्रों तक ईंधन आपूर्ति का ठोस जरिया ही तैयार नहीं कर पाया है। यह व्यवस्था की अराजकता

को दरशाता है। अनुमान है कि भारत में कोयले का भंडार करीब 2,85,862 लाख टन है, लेकिन वह सालाना 5,000 लाख टन कोयले का ही उत्पादन कर पाता है। भारत के पास दुनिया का चौथा सबसे बड़ा कोयला भंडार है; मगर वर्ष 2012 में वह 10 करोड़ टन कोयला आयात करने के लिए बाध्य है। यह मुख्य तौर पर इस कारण है कि कोयला खानों को लीज पर देने, भूमि अधिग्रहण और पर्यावरणीय मंजूरियों के लिए दिशा-निर्देश तय नहीं हो पाए हैं। इसके लिए विधेयक वर्ष 2005 से ही लंबित पड़ा है। प्राकृतिक गैस एक हरित विकल्प है और अनुमान है कि भारत के पास 1.5 खरब घन मीटर गैस का भंडार है। लेकिन गैस की खोज के लिए निवेश में टैक्स नीतियाँ बाधा बनी हुई हैं— तेल फील्डों को टैक्स में छूट नहीं मिलती है। नियंत्रणों के द्वारा भी निवेश बाधित होता है। मौजूदा नीति यह है कि एक बार जब गैस का उत्पादन कर लिया जाता है तो सरकार फैसला करती है कि किसे किस मात्रा में और कितनी कीमत पर गैस बेचनी है।

भारत इस बात पर गर्व करता है कि उसके पास 89,760 मेगावॉट से ज्यादा बिजली पुनर्नवीकरणीय ऊर्जा स्रोत से हासिल करने की तकनीकी क्षमता है। ये स्रोत हैं—पनबिजली, सौर ऊर्जा, पवन ऊर्जा एवं बायोमास (जैव मात्रा)। मगर भारत इस क्षमता के सिर्फ पाँचवें हिस्से का दोहन कर पाया है। पवन ऊर्जा और सौर ऊर्जा के क्षेत्र में कुछ प्रगति हुई है, लेकिन तीव्र विकास के लिए नीतिगत प्रोत्साहन की आवश्यकता है। बड़ा सवाल अर्थशास्त्र का है। सौर ऊर्जा कोयला-जनित ऊर्जा से तीन गुना महँगा है। इसलिए राज्य बिजली बोर्डों को इसके भुगतान के लिए धन जुटाना पड़ेगा। यह बात भी है कि सौर एवं पवन ऊर्जा के लिए कोयला-जनित संयंत्र की तुलना में 10 गुना ज्यादा जमीन की जरूरत होती है। इसलिए भूमि अधिग्रहण नीतियों को सुलझाने की जरूरत है। पनबिजली क्षमता भी अवरुद्ध है, क्योंकि राजनीतिक दल बृहत् पनबिजली परियोजनाओं से जुड़े राजनीतिक पचड़ों में फँसना नहीं चाहते। इसमें भूमि अधिग्रहण से लेकर लोगों के पुनर्वास तक की कई मुश्किलें हैं।

पानी की तरह भारत में ऊर्जा की सुरक्षा भी बहु-स्तरीय शासन के ढाँचे में आबद्ध है। बिजली का उत्पादन छह मंत्रालयों पर टिका है। कोयले की आपूर्ति पर कोयला मंत्रालय का नियंत्रण है। गैस की आपूर्ति पर पेट्रोलियम मंत्रालय का नियंत्रण है। हाइड्रो परियोजना अनेक मंत्रालयों की अनुमति पर निर्भर है तथा पवन और सौर ऊर्जा के लिए भूमि अधिग्रहण की अनुमति लेना अपेक्षित है।

बिजली उत्पादन के साथ समस्याएँ यहीं खत्म नहीं हो जातीं। एक बार जब बिजली का उत्पादन हो जाता है तो इसे राज्य बिजली बोर्डों को बेचना पड़ता है। खराब मूल्य नीतियों के कारण ज्यादातर राज्य बिजली बोर्डों की वित्तीय स्थिति डाँवाँडोल है। '90 के दशक से दो बार राजनीतिक दलों ने अनौपचारिक रूप से इस बात पर सहमति जताई

कि किसानों को मुफ्त में बिजली देने से राज्य बिजली बोर्डों की हालत जर्जर होती जा रही है और भूमिगत जल स्तर गिरता जा रहा है। उन्होंने इसपर भी सहमति जताई कि किसानों पर एक समान शुल्क अवश्य लगाया जाना चाहिए। लेकिन कोई भी राजनीतिक दल सब्सिडी नीतियों को बदलने का दु:साहस नहीं करता है।

उत्पादित बिजली का करीब 40 प्रतिशत हिस्सा वोट बैंक को ध्यान में रखकर काफी सस्ती दरों पर बेचना पड़ता है। इससे भी बुरी बात है कि ट्रांसमिशन और वितरण में 25 से 30 प्रतिशत बिजली का नुकसान हो जाता है—सीधे तौर पर कहें तो बिजली की चोरी कर ली जाती है। हर साल राज्य बिजली बोर्डों की बिजली चोरी के कारण 30,000 करोड़ रुपए से भी ज्यादा का नुकसान होता है। बिजली कानून 2003 ने सुझाया कि बिजली चोरी को एक दंडनीय अपराध बनाया जाए। मगर राजनीतिक दल इस विचार पर आपत्ति करते हैं। हरेक क्षेत्र में नीति चुनावी गणित में डूबी हुई है। इस बीच सबसे ज्यादा बिजली की माँग के वक्त आपूर्ति में 15 प्रतिशत कमी रहती है और बड़ी तादाद में शहरों एवं उद्योगों को बारह-बारह घंटे तक बिजली की आपूर्ति नहीं की जाती है।

तेल क्षेत्र में भी प्रदर्शन कोई बेहतर नहीं है। भारत के आयात बिल में सबसे बड़ा हिस्सा कच्चे तेल के आयातों का ही होता है। वर्ष 2011 में भारत ने 20.6 करोड़ टन कच्चे तेल की खपत की, जिसमें से 16.4 करोड़ टन का आयात किया गया। मौजूदा दर के हिसाब से पेट्रोलियम पदार्थों की माँग अगले एक दशक में 30 करोड़ टन को पार कर सकती है; जबकि इसका घरेलू उत्पादन सालाना बमुश्किल 1 प्रतिशत की दर से बढ़ सकता है, यानी 30 लाख टन प्रति वर्ष। भारत के पास 75 करोड़ टन कच्चे तेल का भंडार है और वह प्रति वर्ष 3.7 करोड़ टन का उत्पादन करता है। इसकी तेल की आखिरी बड़ी खोज '70 के दशक में बॉम्बे हाई में हुई थी। उसके बाद तेल की खोज और उत्पादन रुक-रुककर होता रहा है। जैसा कि इस पुस्तक में हमने पहले गौर किया है, भारत ने '50 के दशक से जो पाँच बड़े आर्थिक संकट झेले हैं, उनमें से तीन तेल की ऊँची कीमतों के कारण ही पैदा हुए थे। फिर भी, घरेलू स्तर पर तेल की खोज को बढ़ावा देने की कोई जल्दबाजी नहीं दिखती।

हरेक चार भारतीयों में से एक के पास बिजली का कनेक्शन नहीं है और ग्रामीण आबादी का 34 प्रतिशत एक बिजली बल्ब की सुविधा के बगैर जीता है। 55,000 से ज्यादा भारतीय गाँवों में बिजली नहीं है। ईंधन खपत का मामला भी ऐसा ही है। 77 प्रतिशत से भी ज्यादा ग्रामीण घरों को खाना पकाने के लिए जलावन की लकड़ी पर ही निर्भर रहना पड़ता है। इसका मतलब है कि 65 करोड़ से भी ज्यादा लोग पेट्रोलियम ईंधन का उपयोग नहीं करते हैं। शहरी इलाकों में भी सिर्फ 62 प्रतिशत आबादी ही खाना

पकाने के लिए एल.पी.जी. का इस्तेमाल करती है। भारत की तुलना अन्य देशों के साथ ऊर्जा खपत में करके देखें। भारत में औसतन ईंधन खपत 610 किलोग्राम प्रति व्यक्ति है, जबकि अमेरिका में 7,778 किलोग्राम और विश्व स्तर पर औसत 1,818 किलोग्राम है। भारत प्रति व्यक्ति के हिसाब से 813 किलोवॉट-घंटे बिजली का उपयोग करता है; जबकि चीनियों द्वारा 1,500 किलोवॉट-घंटे और अमेरिकियों द्वारा 14,000 किलोवाट-घंटे का उपयोग किया जाता है। फिलहाल, गरीबी और कम आय के कारण बिजली की माँग कम बनी हुई है; लेकिन यह स्थिर नहीं रह सकती है और न ही आबादी स्थिर रह सकती है।

अगर भारत को अपना सकल घरेलू उत्पाद (जी.डी.पी.) सालाना 8 प्रतिशत की दर से बढ़ाना है तो उसे अपनी ऊर्जा आपूर्ति अवश्य ही चार गुना बढ़ानी होगी। अगले 20 वर्षों में, यानी कि वर्ष 2032 तक भारत को अपनी विकास-गति बनाए रखने के लिए 1,000 गीगावॉट बिजली पैदा करने की जरूरत है। इसका मतलब है कि उसे प्रति वर्ष 40,000 मेगावॉट बिजली जोड़नी होगी। परमाणु बिजली उत्पादन क्षमता को बढ़ाने की योजनाएँ हैं। मगर मौजूदा क्षमता से बीस गुना ज्यादा परमाणु बिजली भी पैदा कर ली जाए तो वर्ष 2032 तक बिजली की कुल माँग के 5 प्रतिशत से भी कम हिस्से की पूर्ति करेगी।

चूँकि भारत अभी भी एक कम ऊर्जा खपतवाला देश है, इसलिए उसके पास विकल्प है कि वह ऊर्जा उत्पादन का ऐसा रास्ता चुने, जो आर्थिक रूप से और पर्यावरणीय दृष्टि से भी संधारणीय हो। ऊर्जा खपत का परिदृश्य उसे एक वैश्विक मॉडल तैयार करने का अवसर प्रदान करता है। उदाहरण के लिए, इस देश में परिवहन क्षेत्र सिर्फ 41 प्रतिशत पेट्रोलियम-आधारित ईंधन की खपत करता है; जबकि अमेरिका में यह 79 प्रतिशत है। भारत एक ऐसी तीव्र जन परिवहन प्रणाली तैयार कर सकता है, जिससे पेट्रोलियम-आधारित ईंधन की खपत कम हो। भारत में 300 से भी ज्यादा दिन सूरज की रोशनी उपलब्ध रहती है और उसके पास विशाल बंजर क्षेत्र है। ऐसे में वह एक सौर ग्रिड तैयार कर सकता है। वह पड़ोसी देशों—भूटान, बँगलादेश, म्याँमार और नेपाल से बातचीत कर पनबिजली और गैस बिजली दोनों का अतिरिक्त उत्पादन कर सकता है। पाकिस्तान में बिजली का बेहद अभाव है। ऐसे में भारत के पास अवसर है कि वह पाकिस्तान से बात करे कि वह भारत के लिए गैस आने दे और इसके बदले वह उसे बिजली प्रदान करेगा। ऊर्जा की तलाश से भू-राजनीतिक लाभांश भी हासिल किया जा सकता है।

मगर हमेशा की तरह सवाल है कि क्या हमारे राजनीतिक वर्ग के पास वह दृष्टि और बुद्धिमानी है कि वह इनमें से कोई भी बात होने दे?

गरीबी : मानव विपन्नता

अंतरराष्ट्रीय खाद्य नीति शोध संस्थान ने भूख से लड़ने के मामले में 88 देशों का सर्वे किया। इसमें भारत का स्थान 66वाँ पाया गया, जो कि कैमरून, केन्या, नाइजीरिया और सूडान से भी पीछे है। सर्वे में पाया गया कि भारत के 30 में से 12 राज्यों में भूख की गंभीरता भयावह है। भारत को दुनिया में खाद्यान्न उत्पादन में अग्रणी देशों में गिना जाता है। इसके बावजूद भारत में ही सबसे ज्यादा कुपोषित बच्चे हैं। भारत में पाँच वर्ष से कम आयु के 43 प्रतिशत बच्चों का वजन कम है, यानी छह साल से कम उम्र के 16 करोड़ बच्चों में से करीब 6 करोड़ बच्चे कुपोषण से पीड़ित हैं। यह संख्या पूरे उप-सहारा अफ्रीका के कुपोषित बच्चों से दोगुनी है। कुपोषण बच्चों को अकसर बौना बना देता है। भारत में दस में से छह बच्चों का विकास अवरुद्ध देखा गया है। कुपोषण और बीमारी के कारण भारत हर घंटे औसतन 218 बच्चे खो देता है। यूनिसेफ के आँकड़े बताते हैं कि जन्म के वक्त भारत की तुलना में जीवन की प्रत्याशा युद्ध-ग्रस्त इराक और ग्वाटेमाला में बेहतर है।

मानव विपन्नता की समस्या गरीबी के कारण है, जो कि मुख्य तौर पर ग्रामीण अर्थव्यवस्था की अनदेखी का परिणाम है। दुःखद विडंबना है कि जो लोग राष्ट्र को खिलाते हैं, वे ही खुद को पर्याप्त मात्रा में खिला नहीं पाते हैं। भारत की तकरीबन 60 प्रतिशत आबादी कृषि पर निर्भर है। वह राष्ट्रीय आय के छठे हिस्से पर गुजर-बसर करने को बाध्य है। असमानता के इस अनुपात के कारण ही गरीबी बनी रहती है। आर्थिक सुधार के बाद वर्ष 1991 से 2011 के बीच अर्थव्यवस्था का विकास कुल मिलाकर 7.5 प्रतिशत से ज्यादा रहा है, जबकि कृषि का विकास बमुश्किल 2.9 प्रतिशत हुआ है।

गरीबी बनी रहती है, क्योंकि विभिन्न क्षेत्रों, खंडों या तबकों और भूक्षेत्रों में असमान विकास हुआ है। ग्रामीण भारत में देश की 75 प्रतिशत आबादी रहती है। यहाँ विकास सबसे धीमा है। विभिन्न भूक्षेत्रों में भी विकास असमान है। तीस छोटे एवं बड़े राज्यों में से चार दक्षिणी राज्यों का जी.डी.पी. में 22 प्रतिशत योगदान है और वहाँ 28 प्रतिशत रोजगार हैं। सबसे ज्यादा आबादीवाले राज्य उत्तर प्रदेश और बिहार में अधिकांश गरीब लोग रहते हैं।

स्वतंत्रता-प्राप्ति के बाद चार दशकों तक सरकार ने पंचवर्षीय योजनाओं और कार्यक्रमों के जरिए चाहे जो कुछ भी किया हो, लेकिन गरीबी रेखा के नीचे रहनेवाले लोगों की संख्या करीब 40 प्रतिशत बनी रही। वर्ष 1991 में जब सरकार ने लाइसेंस-परमिट-कोटा राज को समाप्त किया, तब गरीबी का स्तर गिरना शुरू हुआ। आर्थिक सुधार एवं गरीबी घटने के बीच रिश्ता दिखानेवाला कोई विश्वसनीय सबूत नहीं है। लेकिन जो बात जाहिर है, वह यह कि मजदूरों का एक वर्ग कम विकासवाले कृषि क्षेत्र

से बाहर निकलकर औद्योगिक क्षेत्र में काम करने गया और इससे उनकी आय बढ़ी तथा आर्थिक विकास तेज हुआ।

ऐसा नहीं है कि सरकार ने गरीबी-उन्मूलन के लिए कदम नहीं उठाए। सरकार ने तो कई योजनाएँ शुरू कीं और अनेक कदम उठाए। मानव विकास सूचकांकों की सूची में दर्ज हरेक कमी को दूर करने के लिए योजनाएँ चलाई गईं। वर्ष 1975 से ही एकीकृत बाल विकास योजना चलाई जा रही है, जिसका लक्ष्य जच्चा-बच्चा मृत्यु दर को कम करना व रोकना है। महात्मा गांधी राष्ट्रीय ग्रामीण रोजगार गारंटी योजना (मनरेगा) चलाई जा रही है, जिसके तहत ग्रामीण बेरोजगार को 100 दिन के रोजगार की गारंटी दी जाती है। फिर जन-वितरण योजना है, जिसके तहत सबसे गरीब लोगों को रियायती दरों पर खाद्य सामग्री का राशन दिया जाता है। फिर भी नतीजे बुरे हैं, क्योंकि कार्यक्रमों का कार्यान्वयन दयनीय है।

राजनीतिक दल अपने वास्तविक दायित्वों से भागने के लिए व्यापक एवं विच्छिन्न विशाल ढाँचे का इस्तेमाल करते हैं, जो कि असतत होता है। इसे ढोना मुश्किल होता है। दु:खद बात यह है कि सरकारें दीर्घकालीन रणनीतिक निवेश करने की बजाय मौकापरस्त रेवड़ी बाँटने, सब्सिडी देने और राहत कार्यक्रमों पर यकीन करती हैं। '80 के दशक में जहाँ यह 3.4 प्रतिशत था, वहीं अब यह 2 प्रतिशत से भी कम हो गया है,; जबकि इसे कम-से-कम जी.डी.पी. का 6 प्रतिशत होना चाहिए था। आधारभूत ढाँचे में निवेश करने की बजाय लगातार सरकारों ने उच्चतर खरीद मूल्य, सब्सिडी-युक्त उर्वरक और मुफ्त बिजली देना पसंद किया है। आश्चर्य नहीं कि भारत की दो-तिहाई कृषि भूमि में सिंचाई व्यवस्था नहीं है और वह मानसून का उतार-चढ़ाव झेलने को मजबूर है। ऋण उपलब्धता जरूर 75,000 करोड़ से बढ़कर 4 लाख करोड़ से भी ज्यादा हो गई है, लेकिन महज ऋण उपलब्धता से कृषि का विकास नहीं हो सकता।

कृषि भारत के लिए चुनौती और अवसर दोनों ही है। भारत का सबसे बड़ा निजी क्षेत्र सर्वाधिक नियंत्रित एवं कुपोषित है। यह स्थिति इस तथ्य के बावजूद है कि हरेक पाँच में से तीन सांसद खुद को किसान और किसानों का नुमाइंदा बताते हैं। गरीबी को तब तक दूर नहीं किया जा सकता है और खाद्य सुरक्षा को तब तक सुनिश्चित नहीं किया जा सकता है, जब तक कि कृषि पर निर्भर आबादी को बेहतर कमाई करने के लिए सशक्त नहीं किया जाता।

चीन ने अपनी कृषि का आधुनिकीकरण वर्ष 1978 के बाद किया। उसने सिंचाई और प्रौद्योगिकी में जबरदस्त निवेश किया। आज उसका प्रति एकड़ धान का उत्पादन 6,300 किलोग्राम से भी ज्यादा है, जबकि भारत में पंजाब में सबसे बढ़िया किसान हैं; वे भी 3,300 किलोग्राम से ज्यादा पैदावार नहीं कर पाते हैं। फ्रांस प्रति हेक्टेयर 5,000

किलोग्राम गेहूँ का उत्पादन करता है। मगर भारत में प्रति हेक्टेयर गेहूँ का औसत उत्पादन 2,000 किलोग्राम से भी कम है। बिहार जैसे राज्यों में तो पैदावार इससे भी कम है। व्यवस्था सीधी है। पैदावार दोगुनी होने से आपूर्ति बढ़ती है और इसलिए किसानों की आय भी बढ़ती है। फिर भी राजनीतिज्ञों ने पैदावार बढ़ानेवाली प्रौद्योगिकी को जकड़ रखा है, जिससे कि किसानों की आय बढ़ नहीं पा रही है। उत्तरोत्तर सरकारें कृषि के अर्थशास्त्र और उसकी राजनीति को दुरुस्त करने में बुरी तरह नाकाम रही है।

भारत खतरनाक ढंग से तेजी से टिक-टिक करते टाइम बम पर बैठा हुआ है। यह तीन मोरचों पर संकटों से घिरा हुआ है—खाद्य उत्पादन, मानव विपन्नता और आर्थिक विकास। भारत की आबादी वर्ष 2050 तक करीब 150 करोड़ हो जाएगी। इतनी विशाल आबादी को खिलाने के लिए उसे उत्पादन करना पड़ेगा। जब तक पैदावार नहीं बढ़ती है, भारत फिर आयात पर निर्भर हो सकता है और उसकी अर्थव्यवस्था फिर 'जहाज से मुँह तक' बन सकती है। यह हाल लिंडन बी. जॉनसन के दौर में भारत का हुआ था।

भारत को गरीबी के कलंक से मुक्ति दिलाने के लिए इसके राजनीतिज्ञों को अवश्य ही ग्रामीण अर्थव्यवस्था पर ध्यान केंद्रित करना चाहिए और अपनी राजनीति को राष्ट्रीय अर्थव्यवस्था से जोड़ना चाहिए।

भ्रष्टाचार : मुझे पकड़ सको तो पकड़ो

स्वतंत्रता-प्राप्ति के बाद से हरेक दशक में देश को घोटालों की पीड़ा झेलनी पड़ी है। '40 के दशक में सेना के लिए जीपों की खरीद में घोटाले का दाग लगा। '50 के दशक में शेयर बाजार घोटाला सामने आया, जिसमें जीवन बीमा निगम के कारोबारी हरिदास मूँदड़ा की संदिग्ध कंपनियों में निवेश किया गया। '60 के दशक में प्रताप सिंह कैरों घोटाला सामने आया। निजी समृद्धि के लिए पद के दुरुपयोग का यह पहला उदाहरण था। सत्तर के दशक में कुआँ तेल सौदा घोटाला उछला। इसमें हांगकांग स्थित एक फर्जी कंपनी ने सरकारी तेल कंपनियों को चूना लगाया। '80 के दशक में अंतुले ट्रस्ट घोटाला आया। इसमें सीमेंट कोटा हासिल करने के लिए भवन निर्माताओं को बाध्य किया गया कि वे कांग्रेस को धन दें। '90 के दशक में हथियारों के लिए बोफोर्स कमीशन घोटाला और बिहार में चारा घोटाला सामने आया। अगले दशक में भी यू.टी.आई.-केतन पारेख घोटाले से लेकर पेट्रोल पंपों के आवंटन, 2जी और राष्ट्रमंडल खेल घोटाले तक कई कांड हुए।

जीप घोटाले ने वह साँचा दरशा दिया कि घोटाले के बाद का परिदृश्य क्या होगा। एक जाँच समिति बैठा दी जाएगी। उसके द्वारा की गई निंदा-आलोचना की अनदेखी की जाएगी और सरकार व अन्य हर कोई प्रसन्नता से अपने ढर्रे से काम करते रहेंगे।

दरअसल, वर्ष 2003 में मैंने बोफोर्स सौदे से लेकर 25 वर्षों के राजनीतिक घोटालों पर एक शोध किया। इसमें मैंने पाया कि बमुश्किल दो घोटालों में दोषी सिद्ध किए गए हैं और ये घोटाले 25,000 करोड़ की सरकारी रकम को लेकर किए गए थे। आज जब 2जी घोटाले की विशाल राशि को देखते हैं तो पूर्व घोटाले की यह राशि काफी छोटी प्रतीत होती है।

भ्रष्टाचार के कारणों, इसके परिणामों और इससे निपटने के लिए की जानेवाली कार्रवाई को लेकर क्रमिक सरकारों को ढेरों अनुशंसाएँ की गई हैं। वर्ष 1949 में गोपालस्वामी आयंगार ने 'सरकारी मशीनरी के पुनर्गठन पर रिपोर्ट' सरकार को दी। इसके बाद समितियों की सिफारिशों की लाइन लग गई। वर्ष 1951 में ए.डी. गोर्वाला ने लोक प्रशासन पर समिति की अध्यक्षता की। उन्होंने अपनी रिपोर्ट सौंपते हुए टिप्पणी की, ''गंभीर आरोपों के बावजूद उच्च पदों पर बैठे लोग दाग-मुक्त हुए बगैर सत्तासीन बने रहते हैं।'' इससे लोगों को लगता है कि प्रभावशाली लोगों का कुछ नहीं बिगड़ता, यानी 'समरथ को नहिं दोस गुसाईं।'

वर्ष 1962 में सरकार ने के. संथानम की अध्यक्षता में एक समिति बनाई, जिसे भ्रष्टाचार से लड़ने के तरीकों एवं संस्थानों के बारे में सुझाव देना था। इस समिति ने वर्ष 1964 में अपनी रिपोर्ट में कहा, ''यह व्यापक धारणा है कि मंत्रियों में ईमानदारी व निष्ठा का न होना कोई असामान्य बात नहीं है और कुछ मंत्रियों ने पिछले सोलह वर्षों में अवैध ढंग से खुद को समृद्ध किया है। अपने बेटों और रिश्तेदारों के लिए अच्छी नौकरियाँ हासिल की हैं और अन्य ऐसे लाभ प्राप्त किए हैं, जो सार्वजनिक जीवन में शुचिता की भावना से संगति नहीं रखते।'' यह बात आज और भी सच है।

भ्रष्टाचार से लड़ने के लिए संस्थानों की कोई कमी नहीं है। संथानम समिति ने वर्ष 1964 में दी गई अपनी रिपोर्ट में केंद्रीय सतर्कता आयोग की स्थापना और मंत्रियों के लिए एक आचार-संहिता बनाने की सिफारिश की। केंद्रीय जाँच ब्यूरो (सी.बी.आई.) की वर्ष 1963 में स्थापना की गई, जो दिल्ली विशेष पुलिस स्थापना अधिनियम 1941 से बना था। (इस कानून को द्वितीय विश्व युद्ध के दौरान आपूर्ति ठेकों में भ्रष्टाचार को लक्ष्य कर बनाया गया था सन् 1967 के प्रशासकीय सुधार आयोग ने मंत्रियों के खिलाफ भ्रष्टाचार के मामलों की जाँच करने के लिए केंद्र एवं राज्यों में लोकपाल एवं लोकायुक्तों के गठन का सुझाव दिया।

भ्रष्टाचार से निपटने के लिए '60 के दशक से हरेक दशक में कानूनों में बदलाव किए गए। भ्रष्टाचार रोकथाम कानून का मूल रूप वर्ष 1947 में ही पारित किया गया। इस कानून ने जाँच आयोग कानून के साथ मिलकर भ्रष्टाचार से निपटने का कानूनी हथियार प्रदान किया। जब राजीव गांधी सरकार पर बोफोर्स हथियार सौदे में भ्रष्टाचार

के आरोप लगे तो उसने वर्ष 1988 में भ्रष्टाचार रोकथाम अधिनियम में बदलाव किए। कई घोटाले सामने आने के बाद एन.डी.ए. सरकार ने वर्ष 2003 में केंद्रीय सतर्कता आयोग को सशक्त बनाने के लिए कानून बनाया।

सैद्धांतिक रूप से इन कानूनों में भ्रष्टाचार से निपटने के लिए कानूनी रूप से पर्याप्त दमखम है। फिर भी, वर्ष 2011 में अन्ना हजारे और बाबा रामदेव के आंदोलनों से उपजे जनाक्रोश ने राजनीतिक वर्ग को संसद् में यह स्वीकार करने के लिए बाध्य किया कि लोकपाल विधेयक को पारित करने की अत्यंत जरूरत है। संसद् में एक विधेयक प्रस्तुत किया गया। कार्मिक, जन शिकायत, विधि एवं न्याय पर बनी स्थायी समिति ने इस विधेयक का अध्ययन किया और फिर दिसंबर 2011 में लोकसभा ने लोकपाल विधेयक पारित कर दिया। बहरहाल, यह विधेयक राज्यसभा में पास नहीं हुआ। लोकपाल विधेयक को पारित करने की जरूरत कई समितियों एवं आयोगों ने बताई है। सन् 1967 का प्रथम प्रशासकीय सुधार आयोग, 2002 में संविधान के कामकाज की समीक्षा के लिए बनाए गए राष्ट्रीय आयोग, 2007 के दूसरे प्रशासकीय सुधार आयोग और अन्य कई समितियों ने लोकपाल विधेयक के बारे में सिफारिशें की हैं। वर्ष 1968 और 2011 के बीच लोकपाल विधेयक को सात विभिन्न प्रधानमंत्रियों के कार्यकाल—1968, 1969, 1971, 1977, 1985, 1989, 1996, 1998 और 2001 में संसद् में प्रस्तुत किया गया; लेकिन हर बार यह विफल रहा।

इस बीच भ्रष्टाचार और अधिक बढ़ता गया। समस्या की जड़ इसके प्रति नजरिए में है। भारत में भ्रष्टाचार को लेकर नजरिया हमेशा ही कानून के कार्यान्वयन का रहा है; जबकि यह एक ऐसा मसला है, जिसके काफी व्यापक आयाम हैं। हितों के प्रभावशाली गठबंधन में सत्ता निवास करती है। जमीन-जायदाद बनाए रखने और सामाजिक वरीयता क्रम पर नियंत्रण बनाए रखने के लिए भू-स्वामी वर्ग नियमित रूप से राजनीतिज्ञों को भुजबल प्रदान करते हैं। बड़े-छोटे कारोबार राजनीतिक दलों को पैसा देते हैं, ताकि वे कारोबारी प्रतियोगिता को खत्म करने के लिए उन्हें लाइसेंस और हरी झंडी देते रहें। सत्ता में बने रहने के लिए राजनीतिज्ञ सामाजिक एवं कारोबारी दोनों ही मॉडलों का इस्तेमाल करते हैं। इस उपक्रम में उनकी सहायता नौकरशाही करती है, क्योंकि वह खुद अपनी शक्ति एवं सुविधाएँ बचाए रखना चाहती है। इस तरह भ्रष्टाचार एक कैंसर में तब्दील हो जाता है।

भारत के बारे में मौजूदा धारणा यह है कि हमारे पास हर समस्या के लिए एक कानून है और हर कानून के लिए एक समाधान (तोड़) है। भारत में कानून उसी तरह बनाया जाता है, जिस तरह बीमारियों और बुराइयों से मुक्ति पाने के लिए लोग विधि-विधान से पूजा करते हैं। सार यह है कि हरेक कानून शब्दों और प्रावधानों का होशियारी

से सजाया गया एक जल-प्रपात है, जो कारण का समाधान प्रदान करने और डर पैदा करनेवाले दंडों की व्यवस्था करने का भाव पैदा करते प्रतीत होते हैं। लेकिन कानून का वास्तविक कार्यान्वयन हमेशा ही किसी और दिन के लिए छोड़ दिया जाता है, क्योंकि प्रशासन के तर्क पर चुनाव का गणित भारी पड़ता है। जब तक कानूनों को उसकी भावना के अनुरूप दृढ़ता से लागू किया जाए—जैसा कि '90 के दशक में पूर्व चुनाव आयुक्त टी.एन. शेषन ने चुनावों को लेकर किया—कानून अनिवार्यत: मृत पड़े रहते हैं।

भारत में भ्रष्टाचार तीन क्षेत्रों में फैला हुआ है—राजस्व संग्रह, अनुमति और नागरिक सेवाएँ प्रदान करना। भ्रष्टाचार के बारे में सबसे ज्यादा शोर लाइसेंस और अनुमति में भ्रष्टाचार को लेकर होता है, जहाँ राजनीतिक कार्यपालिका निर्णय लेने की शक्तियों का इस्तेमाल कीमत वसूल करके लाभ देने के लिए करती है। राजस्व क्षेत्र में चोरी भी हालाँकि एक गंभीर संकट है, लेकिन इसपर उतना ध्यान नहीं दिया गया है। काला धन पैदा होने के मुख्य रास्ते कारोबारी लेन-देन में आमदनी को कम दिखाना, कॉरपोरेट द्वारा आयातों का ज्यादा बिल दिखाना और निर्यातों का कम बिल दिखाना हैं। हाल में विलयों एवं अधिग्रहणों का इस्तेमाल काले धन के हस्तांतरण के लिए किया जाता है।

फिर, नागरिक सेवाएँ प्रदान करने का मामला तो है ही। गरीबों को खाद्यान्न मुहैया कराने के लिए भारत खाद्य सब्सिडी पर हर साल लगभग 50,000 करोड़ रुपए, यानी 10 अरब डॉलर खर्च करता है। सरकार खुद स्वीकार करती है कि खाद्यान्न की हर दूसरी बोरी वास्तविक लाभ पानेवाले तक नहीं पहुँचती है और इसे बीच में ही उड़ा लिया जाता है। हर साल केंद्र एवं राज्य सरकारें सामाजिक क्षेत्र के कार्यक्रमों पर 5 लाख करोड़ रुपए (करीब 100 अरब डॉलर) से भी ज्यादा खर्च करती हैं। सामाजिक मिशन सिद्धांत का एक दुष्परिणाम यह है कि सरकारी धन बीच में ही उड़ जाता है। जाहिर है कि यह गोरखधंधा राजनीतिक छत्रच्छाया के बगैर नहीं हो सकता है।

गरीबों को लूटे जाने और भ्रष्टों के समृद्ध होने के प्रचलन को रोकने का एक तरीका है कि यूनिक आइडेंटिटी स्कीम (यू.आई.डी.) का प्रभावशाली ढंग से कार्यान्वयन किया जाए। सरल संख्या आधारित रजिस्ट्रेशन और बायोमीट्रिक पहचान के साथ यह लाभान्वितों की पहचान स्थापित करने का एक शानदार तरीका है। यू.आई.डी. राष्ट्रीय डाटाबेस भी तैयार कर सकता है। यह डाटा भविष्य के सुधारों का आधार तैयार कर सकता है। इसके जरिए सेवाएँ प्रदान करने से लेकर गरीबों को नकदी का हस्तांतरण तक किया जा सकता है।

अगला बड़ा कदम बड़े भ्रष्टाचार को रोकना होगा। काले धन की सालाना फसल की सिंचाई व्यवस्था में निहित विवेकाधीन शक्तियों की नहरों द्वारा होती है। यही कारण है कि राजनीतिक दल तदर्थ परिपाटियों, खासकर दूरसंचार स्पेक्ट्रम, कोयला क्षेत्र या

लौह अयस्क की खदानों जैसे प्राकृतिक संसाधनों के आवंटन को खत्म करने के इच्छुक नहीं हैं। उदाहरण के लिए, खनन संबंधी विधेयक वर्ष 2006 से ही लटका पड़ा है।

यह सच है कि राजनीतिक शक्ति निर्णय करने की विवेकाधीन शक्ति में निहित है, लेकिन विवेक का उपयोग तर्कसंगत होना चाहिए और यह तर्क पारदर्शी होना चाहिए। सरकार को प्रक्रियाओं एवं अनुमतियों की प्रणाली को अवश्य ही पारदर्शी बनाना चाहिए, उसे सार्वजनिक हस्तक्षेप के लिए अवश्य ही जगह बनानी चाहिए। सूचना का अधिकार (आर.टी.आई.) कानून नागरिकों को सवाल पूछने में समर्थ बनाता है कि सरकार ने क्या किया है और कैसे किया है। कामकाजी लोकतंत्र की जरूरत है कि सरकार कुछ रणनीतिक कदम उठाए। परिभाषा के अनुसार, गणतंत्र भागीदारी प्रशासन की माँग करता है। सरकार को अपनी मंशा और मकसदों की अवश्य ही घोषणा करनी चाहिए। इसकी निगरानी आर.टी.आई. कानून के जरिए की जा सकती है और सार्वजनिक पड़ताल दोषियों की पहचान कर सकती है। लेकिन यदि भ्रष्ट लोग बच निकलें तो कुछ भी हासिल नहीं होने वाला है। अदालतों में 3.1 करोड़ मामले लंबित हैं। ऐसे में यह अनिवार्य है कि व्यवस्था को त्वरित न्यायिक काररवाई के जरिए सशक्त बनाया जाना चाहिए, ताकि दोषियों को जल्द-से-जल्द दंड मिले और भय-जनित निवारण का माहौल बने।

बहरहाल, भ्रष्टाचार की राजनीतिक अर्थव्यवस्था के आपूर्ति पक्ष से निपटना भर पर्याप्त नहीं है। भारत को राजनीतिक अर्थव्यवस्था के माँग पक्ष पर भी कड़ी नजर डालनी होगी। समस्या के केंद्र में लालच है, लेकिन पैसे की जरूरत भी है। भारत के लिए आवश्यक है कि वह राजनीतिक दलों को उनकी राजनीतिक गतिविधियों के लिए वित्त-व्यवस्था करने की व्यावहारिक प्रणाली तलाशे। भारत में प्रावधान है कि राजनीतिक दलों को चेक के जरिए चंदे दिए जा सकते हैं; लेकिन ज्यादातर चंदे भ्रष्ट तरीकों से प्राप्त नकदी के रूप में दिए जाते हैं। यह जानने का कोई तरीका नहीं है कि जो चंदा दिया गया है, वह वाकई चंदा है या रिश्वत है। कभी-कभी रिश्वत को भी चंदों में तब्दील कर दिया जाता है और यहाँ तक कि आयकर विभाग के समक्ष पेश दस्तावेजों में इसे दरशा भी दिया जाता है। नकदी के जरिए राजनीति चलाने के इस मॉडल के कारण दोनों ही पक्षों को अपना कारोबार मुक्त होकर चलाने में सुविधा होती है।

प्रत्येक पाँच साल में 13,986 उम्मीदवार लोकसभा एवं विधानसभाओं की सीटों के लिए चुनाव लड़ते हैं। इतने उम्मीदवार यह मानकर रखे गए हैं कि हरेक सीट पर कम-से-कम तीन गंभीर उम्मीदवार तो चुनाव लड़ते ही होंगे। भौगोलिक क्षेत्र और पार्टी के मद्देनजर उम्मीदवार आमतौर पर चुनाव आयोग द्वारा तय खर्च-सीमा से दस गुना खर्च करते हैं। थोड़ी देर के लिए मान लें कि उम्मीदवार खर्च-सीमा का अनुपालन करते हैं, तो भी लोकसभा सीट का एक उम्मीदवार 40 लाख रुपए और विधानसभा सीट का

एक उम्मीदवार 16 लाख रुपए तो खर्च कर ही सकता है; क्योंकि यह चुनाव आयोग द्वारा निर्धारित खर्च-सीमा है। मगर इस धन का स्रोत क्या है? उम्मीदवार अपनी ज्ञात निजी संपत्ति की घोषणा करते हैं; लेकिन उन्हें धन का स्रोत बताने की जरूरत नहीं पड़ती या वे यह नहीं बताते कि उन जायदादों के लिए उन्होंने पैसा कहाँ से जुटाया। जिन कानून-निर्माताओं से अपेक्षा की जाती है कि वे बदलाव लाएँगे, वे खुद ही अस्पष्ट प्रणाली से वैधता हासिल करते रहते हैं।

भारतीयों को राजनीतिक धन व्यवस्था की एक पारदर्शी प्रणाली की माँग करनी चाहिए, जैसा कि अमेरिका में है। इसकी भी अपनी कमियाँ हैं; जैसे कि कानून बनानेवालों की नजरों में अमीर लोग ही छाए रहते हैं। लेकिन यह इतना पारदर्शी होता है कि नागरिक जान पाते हैं कि कौन किन दलों को कितना धन दे रहा है और इसके बदले में क्या अपेक्षा की जाती है। भ्रष्टाचार गरीबों और मध्यम वर्ग को लूट रहा है, अपराधी प्रवृत्ति को समृद्ध कर रहा है और मुद्रास्फीति को बढ़ावा दे रहा है। भ्रष्टाचार के जारी रहने से गलत किस्म के उम्मीदवार निर्वाचित होते हैं। यह लोकतांत्रिक प्रक्रिया को समाप्त करता है।

राष्ट्रीय सुरक्षा : नरम बुद्धू राज्य

फरवरी 2012 में आतंकवादियों ने एक मोटरसाइकिल से इजराइली वाणिज्य दूतावास की एक कार का पीछा किया और उसकी डिक्की पर घोंघे की तरह चिपकनेवाला बम लगा दिया। यह घटना प्रधानमंत्री निवास से महज कुछ सौ मीटर के दायरे में हुई। यह उच्च सुरक्षावाला क्षेत्र है, जहाँ सी.सी.टी.वी. कैमरों से हर गतिविधि पर नजर रखी जाती है। सैद्धांतिक रूप से वायु तरंगों की निगरानी करनेवाली खुफिया एजेंसियों को हमले की संभावना पकड़ लेनी चाहिए थी। सैद्धांतिक रूप से हमले के बाद पुलिस को सी.सी.टी.वी. फुटेज को खँगालकर हमलावरों की पहचान कर लेनी चाहिए थी।

बहरहाल, खुफिया एजेंसियों के पास कोई सुराग नहीं था और अपने बचाव के लिए उन्होंने इंगित किया कि मोसाद (इजराइली खुफिया एजेंसी) तक को इसका पता नहीं था। सी.सी.टी.वी. फुटेज में कार तो दिखाई दी, लेकिन बाइक सवार आतंकवादी नहीं दिखे। कहने की जरूरत नहीं कि असहाय जाँचकर्ताओं ने इस केस में बहुत धीमी प्रगति की। आतंकवाद का मुकाबला करने के लिए कल्पना, संज्ञान, खुफियागीरी और कानून के प्रवर्तन के संयोजन की जरूरत होती है। मगर राजधानी दिल्ली में तो तीनों ही पहलुओं की कमी थी। यह घटना दरशाती है कि ऐसा होने पर किस हद तक घटनाएँ घट सकती हैं।

भारत में राष्ट्रीय सुरक्षा पवित्र मंशा और अपवित्र काहिली के बीच फँसी हुई है।

जुलाई 2011 में मुंबई के भीड़भाड़वाले बाजारों में कई विस्फोट हुए, जिसमें 25 से ज्यादा लोग मारे गए और लगभग 150 लोग जख्मी हो गए। चारों ओर घबराहट और अफरा-तफरी फैल गई तथा फोन लाइनें जाम हो गईं। यहाँ तक कि धमाके के 15 मिनट बाद तक मुख्यमंत्री अपने पुलिस आयुक्त से फोन पर बात नहीं कर सके, क्योंकि जुलाई 2007 में एक आपातकालीन नेटवर्क तैयार करने के लिए की गई सिफरिश को लागू ही नहीं किया गया था। धमाके से हताहत लोगों को टैक्सियों में ले जाया गया जबकि वर्ष 2006 में ही सिफारिश की गई थी कि आपातकालीन चिकित्सा प्रणाली तैयार की जाए लेकिन उसे भी कार्यरूप नहीं दिया गया था। वर्ष 2008 में ही सिफारिश की गई थी कि भीड़भाड़वाले बाजारों में सी.सी.टी.वी. कैमरे लगाए जाएँ; लेकिन इसे भी अमली जामा नहीं पहनाया गया था। भारत में जब भी आतंकवादी हमला होता है तो जाने-पहचाने बहानों का दौर शुरू हो जाता है, एक-दूसरे पर दोष मढ़ने की कोशिश की जाती है। ऐसा प्रतीत होता है कि जब इस तरह की कोई घटना हो जाती है और सत्तारूढ़ लोगों को अपना राजनीतिक अस्तित्व खतरे में महसूस होता है या विपक्ष को अपना नंबर बढ़ाने का मौका हाथ लगता है तो राष्ट्रीय सुरक्षा को लेकर हाय-तौबा मचाई जाती है और उसपर प्राथमिकता के आधार पर काम किया जाता है। लेकिन कुछ समय बीतते ही फिर वही ढाक के तीन पात!

भारत में 200 से ज्यादा जिले नक्सलवाद से प्रभावित हैं। इनमें से 83 जिलों को तो वस्तुत: माओवादियों द्वारा नियंत्रित किया जाता है और 33 जिलों में सरकार उनकी ज्यादतियों को मूकदर्शक बनकर देखती रहती है। वामपंथी उग्रवाद को भारत के लिए सबसे बड़ा खतरा माना जाता है; लेकिन भरोसेमंद कानून-व्यवस्था की मशीनरी के अभाव में इस खतरे को लेकर प्रतिक्रिया बुरी तरह प्रभावित होती है। भारत में पुलिस-जनता अनुपात सबसे खराब अनुपातों में से एक है। भारत की 121 करोड़ की आबादी के लिए महज 15 लाख पुलिसकर्मी हैं। मुख्यमंत्रियों और पुलिस प्रमुखों के क्रमिक सम्मेलनों में राज्य सरकारें वादा करती हैं कि मंजूर शुदा पुलिस स्टाफ संख्या को पूरा किया जाएगा, फिर भी 5 लाख पद खाली पड़े हैं। पार्टी की अंदरूनी राजनीति और अंतर-दलीय राजनीति के कारण इस बढ़ते खतरे से मुकाबला करने की रणनीति पंगु बनी रहती है। पिछले दो दशकों से भारत का राजनीतिक वर्ग यही तय नहीं कर पाया है कि नक्सली खतरे के प्रति क्या नजरिया अपनाया जाए। इस बीच रोजाना नक्सली हिंसा से हताहत होनेवाले लोगों की तादाद बढ़ती जा रही है। देश के एक-तिहाई जिले नक्सली हिंसा से पीड़ित हैं और अब तो नक्सली औद्योगिक यूनियनों के जरिए शहरी इलाकों में भी अपनी ताकत दिखाने लगे हैं।

विविध जातीय समूहों के बीच गहराता टकराव भी आंतरिक सुरक्षा के लिए खतरा

बन गया है—खासकर पूर्वोत्तर राज्यों में। इस क्षेत्र के सातों राज्यों में 'सशस्त्र बल विशेष शक्ति अधिनियम' लागू है। यह इस बात का सबूत है कि यह पूरा इलाका अशांत है। जुलाई 2012 में बोडो बहुल जिलों में हिंसा भड़कने के बाद देश भर में क्रमिक प्रभाव पड़ा और असम में लगभग 5 लाख लोगों को विस्थापित होना पड़ा। सरकार कानून का शासन लागू करने में विफल रही है। इससे देश में विभिन्न तरह के आतंकवादी समूहों ने जन्म लिया है। ये आतंकवादी गुट देश भर में अपने कारनामे करते रहते हैं। आतंकवादी समूहों के बीच तालमेल, घालमेल और गठबंधन की आशंका भारत के लिए एक वास्तविक और मौजूदा खतरा है।

पिछले दशक में भारत की धरती पर दो बड़े आतंकी हमले हुए—वर्ष 2001 में इसके राजनीतिक नेतृत्व को तब निशाना बनाने की कोशिश की गई, जब संसद् पर हमला किया गया, फिर राष्ट्रीय अर्थव्यवस्था पर तब हमला किया गया, जब मुंबई में वर्ष 2008 में आतंकी हमला किया गया। मुख्य राजनीतिक दलों ने तकरीबन एक ही तरह की प्रतिक्रिया जताई। चाहे वे सत्ता में रहे हों या विपक्ष में हों; उन्होंने बड़ी-बड़ी बातें कहीं; लेकिन विधायी कदम उठाने में वे पीछे रहे। ऐसा प्रतीत होता है कि राष्ट्रीय सुरक्षा एक लक्ष्य या साध्य नहीं है, बल्कि किसी और लक्ष्य या साध्य को पाने का एक साधन भर है।

भारत को आज परमाणु शक्ति माना जाता है और उसके पास दुनिया के सबसे बड़े सैन्य बलों में से एक सैन्य बल है। लेकिन अपनी ही धरती पर आतंकवाद से वह प्रभावशाली ढंग से निपट नहीं पा रहा है। सैन्य रणनीतिकारों के बीच भारत की सैन्य तैयारी आलोचना का विषय रही है। सीमा पार आतंक का जवाब देने में इसका राजनीतिक नेतृत्व ढुलमुल रहा है। संसद् पर आतंकवादी हमले का भारतीय नेतृत्व प्रभावी जवाब नहीं दे सका और 26/11 के आतंकी हमले के बाद भी वह रणनीतिक प्रहार नहीं कर पाया। और शर्मनाक कंधार अपहरण कांड के बावजूद आतंकवादियों से बातचीत करने को लेकर कोई घोषित नीति तैयार नहीं की गई है।

यह संभवत: सच है कि भारत वैसा नहीं कर सकता था, जैसा कि अमेरिका ने 9/11 के आतंकवादी हमले के बाद किया। अमेरिका ने 9/11 के आतंकवादी हमले के बाद अफगानिस्तान और इराक पर आक्रमण कर दिया, पाकिस्तान के अंदर घुसकर एबटाबाद में ओसामा बिन लादेन को मार गिराया और संदिग्ध आतंकवादियों को गुआंतनामो की खाड़ी में कैद करके रखा। सच है कि भारत इतना जबरदस्त कदम नहीं उठा सकता था, लेकिन अपने को असहाय दरशाना भी कोई आतंकवाद-विरोधी विकल्प नहीं है। भारत ने जिन आतंकवादी हमलों में दोषियों के खिलाफ सबूत वैश्विक शक्तियों को प्रदान किए हैं, उनमें से किसी भी मामले में वह इन हमलावरों या इसकी साजिश

रचनेवालों को अपनी गिरफ्त में नहीं ले पाया है। जिन लोगों ने मार्च 1993 में बंबई में बम धमाकों की साजिश रची, जिन लोगों ने आतंकवादियों को छुड़ाने के लिए कंधार विमान अपहरण कांड की योजना बनाई, जिन्होंने संसद् पर हमले को प्रायोजित किया और जिन्होंने 26/11 के हमलावरों को प्रशिक्षित किया तथा फोन से ही आतंकियों को आदेश दिए, वे तमाम साजिशकर्ता पाकिस्तान के विशेष अतिथि बने हुए हैं।

पाकिस्तान 'गैर-सरकारी तत्त्वों' द्वारा आतंकी हमले का सिद्धांत पेश करता है और भारत इसका माकूल जवाब देने में नाकाम रहा है। तथ्य यह है कि स्वतंत्रता-प्राप्ति के बाद से ही पाकिस्तान से भारत पर हरेक हमला 'गैर-राज्यीय तत्त्वों' द्वारा ही शुरू किया गया है। अक्तूबर 1947 में बताइली हमलावरों को पाकिस्तान ने ही प्रायोजित किया और पाकिस्तानी फौज की सहायता से उन्होंने तबाही मचाई और वे श्रीनगर तक चढ़ बैठे। इसी तरह से वर्ष 2008 में मुंबई पर हमला किया गया। जिया-उल-हक के शासनकाल के समय से ही पाकिस्तान ने काल्पनिक एवं वास्तविक कलंकों का बदला लेने के लिए भारत के खिलाफ हजार जख्म देनेवाला युद्ध छेड़ रखा है। सिख आतंकवादी समूहों को उसने शरण दी और सिख गुरुद्वारों के तीर्थयात्रियों को आतंक की घुट्टी पिलाने के लिए जी.एस. ढिल्लों और जे.एस. चौहान जैसे उग्रवादियों की सेवाएँ लीं। पाकिस्तान ने पश्चिमी देशों में अपने नेटवर्क का प्रयोग भारत के खिलाफ बखूबी किया। उदाहरण के लिए, उसने कनाडा में असंतुष्ट सिखों की भावनाएँ खूब भड़काईं। पाकिस्तान ने भारत के पूर्वोत्तर क्षेत्रों के आतंकवादी समूहों का भी पोषण किया। '80 के दशक में उसने नगालैंड और मिजोरम के उग्रवादी समूहों को अपने यहाँ ट्रेनिंग दी।

भारतीय सरकारों को पाकिस्तान की इन गतिविधियों और करतूतों की जानकारी थी, लेकिन वे पूरी तरह जवाबी कार्रवाई नहीं कर सकीं। भारत ने एक जासूसी नेटवर्क तैयार किया और विदेश में भी अपने सूत्रों को धन मुहैया कराया; लेकिन उनसे प्राप्त खुफिया जानकारियों का प्रभावी इस्तेमाल नहीं किया। दरअसल, आतंकी गतिविधियों का भरोसेमंद मुँहतोड़ जवाब न देकर भारत ने विश्वसनीयता और अंतरराष्ट्रीय नेटवर्क दोनों को खो दिया है। इस बीच भारत पाकिस्तान के साथ पाकिस्तानियों को लेकर भ्रमित है। भारत मानता है कि पाकिस्तानी लोग पीड़ित हैं, शिकार हैं; पाकिस्तान नहीं।

9/11 के बाद अमेरिका ने क्या कदम उठाए और 26/11 के बाद भारत ने क्या कदम उठाए, हम यदि इसकी तुलना करें तो अंतर साफ नजर आएगा। 11 सितंबर, 2001 को अल-कायदा के आतंकवादियों ने हवाई जहाज से हमला कर न्यूयॉर्क में जुड़वाँ टॉवरों को ध्वस्त कर दिया। इस हमले ने सैकड़ों लोगों की जानें ले लीं और कई लोगों को जीवन भर के लिए पंगु कर दिया। मगर महीने भर के अंदर ही अमेरिका ने जवाबी हमला किया और अफगानिस्तान में तालिबान को सत्ता से बेदखल कर दिया। इससे भी

ज्यादा नाटकीय यह कहानी है कि अमेरिका ने अपनी सुरक्षा प्रणाली को कैसे पुनर्गठित किया। 7 अक्तूबर, 2001 तक उसने पैट्रियट एक्ट पारित कर दिया। 24 अक्तूबर को उसने होमलैंड सिक्यूरिटी डिपार्टमेंट (आंतरिक सुरक्षा विभाग) का गठन कर दिया और नवंबर तक वह 22 एजेंसियों को एक कमांड के तहत ले आया। 90 दिनों से भी कम समय में अमेरिका ने एक सुरक्षा घेरा खड़ा कर दिया।

अब जरा भारतीय प्रतिक्रिया को देखें। 26/11 के हमले के बाद यह तय किया गया कि भारत को अपनी आंतरिक सुरक्षा प्रणाली में आमूल बदलाव लाने की जरूरत है। सरकार ने त्रि-आयामी रणनीति की घोषणा की। पहला कदम यह था कि राष्ट्रीय खुफिया ग्रिड (नैट ग्रिड) तैयार किया जाए, ताकि समस्त खुफिया जानकारी जुटाने में समन्वय स्थापित किया जाए। दूसरा कदम यह था कि आतंकी हमलों से निपटने के लिए नेशनल काउंटर टेररिज्म सेंटर (एन.सी.टी.सी.) का गठन किया जाए और तीसरा कदम था कि आतंकी हमलों की तीव्र जाँच के लिए राष्ट्रीय जाँच एजेंसी (एन.आई.ए.) बनाई जाए। नैट ग्रिड बनाने के प्रस्ताव का 19 मंत्रालयों ने अप्रैल 2009 से जून 2011 तक विरोध किया। उनकी कई आपत्तियाँ थीं। एन.सी.टी.सी. के लिए योजना को प्रधानमंत्री के समक्ष अप्रैल में सैद्धांतिक मंजूरी दे दी गई; लेकिन यह प्रस्ताव अभी भी कागज पर ही है। हाँ, एन.आई.ए. के गठन को जरूर मंजूरी मिल गई और इसे कार्यान्वित भी किया गया। इस तरह वर्ष 2012 तक भारत के पास एक एन.आई.ए. है, अर्ध-मंजूर नैट ग्रिड है और एन.सी.टी.सी. का विचार भर है। एन.सी.टी.सी. का नौ राज्य सरकारों द्वारा विरोध किया जा रहा है। उनका कहना है कि एन.सी.टी.सी. के बहाने केंद्र सरकार उनके अधिकार-क्षेत्र में दखल दे रही है। इस घटनाक्रम की सबसे बड़ी विडंबना यह है कि भारत के पास आतंकी हमले की जाँच करने के लिए एक खुफिया एजेंसी तो है, लेकिन आतंकी हमले को रोकने या जवाबी हमले करने के मामलों में वह पंगु है।

आतंक के खिलाफ जंग की माँग है कि पूर्ण व्यवस्थागत बदलाव किया जाए और प्रशासनिक सुधारों को कार्यान्वित किया जाए। सबसे पहले कानून के शासन की पवित्रता को बगैर किसी अपवाद के अवश्य बनाए रखा जाए। जुर्म करनेवालों को पकड़ने और उसे दंडित करने में राज्य या सरकार की विफलता के कारण ही सुषुप्त आतंकी मॉड्यूल और आतंकवादी समूह कुकुरमुत्तों की तरह उभर आए हैं।

राष्ट्रीय सुरक्षा की तलाश यह स्पष्ट करने की माँग करती है कि राष्ट्रीय हित क्या है। जिस आयोग ने अमेरिका में 9/11 के आतंकी हमले की जाँच की, उसने कहा था, ''पूरी सरकार में कल्पना, नीति, क्षमता और प्रबंधन की विफलता थी।'' भारत इन तमाम मोरचों पर पिछड़ा हुआ है, खासतौर पर खुफिया सूचना जुटाने और कल्पनाशील होने के मामलों में। उसके पास ऐसी खुफिया सूचनाएँ नहीं होती हैं कि वह नीति को

पुनर्व्यवस्थित कर सके और ऐसी कल्पनाशीलता नहीं होती है कि वह भविष्य के परिणामों को देख सके।

वर्ष 1962 तक भारत ने पहाड़ों की ओर से खतरे की कल्पना नहीं की थी और उसने पर्वतीय डिवीजन बनाने की योजना तक नहीं बनाई थी। दो युद्ध लड़ने और छह वर्ष गुजार देने के बाद भारत ने अपनी बाह्य खुफिया एजेंसी रॉ (RAW-रिसर्च एंड एनालिसिस विंग) को सन् 1968 में गठित किया। वैसे, ऐसी एजेंसी की जरूरत पर सन् 1962 की हार के बाद ही बल दिया गया था। इससे भी हैरत की बात है कि 1962 के युद्ध के पाँच दशक बाद भी भारत सरकार हेंडरसन ब्रुक्स-भगत की ऑपरेशंस रिव्यू रिपोर्ट को सार्वजनिक करने को तैयार नहीं है। इस रिपोर्ट में इस युद्ध की पड़ताल की गई है। सरकार इस रिपोर्ट का खुलासा करने को तैयार नहीं है और साथ ही वह इतिहास से सबक लेने की भी इच्छुक नहीं है।

इस बिंदु पर चीन और भारत के रवैए की तुलना करना समीचीन होगा। चीन ने विकास पर ध्यान केंद्रित किया, दक्षिण अमेरिका और अफ्रीका में जमीन-जायदाद खरीदकर अपने खाद्य एवं ऊर्जा-स्रोत को बढ़ाया। तीव्र विकास ने उसे अपना रक्षा बजट बढ़ाने के लिए संसाधन मुहैया कराए। पिछले दस वर्षों में उसने अपना रक्षा बजट चार गुना बढ़ा लिया, जो अब 106 अरब डॉलर से भी ज्यादा हो गया है। शतरंज में 64 घर होते हैं और भारतीय इस खेल को अच्छा खेलते हैं। मगर चीनी लोग 'वेइचि' खेलते हैं, जिसमें बोर्ड पर 362 घर बने होते हैं। 'वेइचि' खेल में लक्ष्य विरोधी को सीधे रोकना नहीं, बल्कि उसे घेरना होता है। पिछले पाँच दशकों में चीन ने एकदम योजनाबद्ध तरीके से श्रीलंका, म्याँमार, बँगलादेश, नेपाल और भूटान से संबंध प्रगाढ़ किए हैं और भारत की घेराबंदी की है। इस अभियान में पाकिस्तान हमेशा ही उसके साथ रहा है। वर्ष 2009 में चीन ने साम्यवादी क्रांति की 60वीं सालगिरह के मौके पर 53 नए हथियारों का प्रदर्शन किया, जिनके बारे में भारत को भनक तक नहीं थी। दिल्ली में नवंबर 2009 में मंत्रिमंडल की बैठक में यह मामला उठाया गया। सवाल खड़ा किया गया कि भारत क्या चीन के इस खुले शक्ति-प्रदर्शन का मुकाबला करने को पर्याप्त रूप से तैयार है? क्या उसने कोई रणनीति बनाई है? साल भर बाद रक्षा मंत्रालय ने एक दस्तावेज प्रस्तुत किया। मगर जो सवाल उठाए गए थे, उसका कभी भी पूरी तरह जवाब नहीं दिया गया।

राष्ट्रीय सुरक्षा ऐसी अमूर्त अवधारणा नहीं हो सकती, जिसकी व्याख्या हर सरकार अपने-अपने ढंग से करे। भारत को एक ठोस सुरक्षा सिद्धांत की जरूरत है। हाँ, शांति की अवधारणा का एक न्यायपूर्ण आभामंडल होता है। नजरिए की जंग में नैतिकता मायने रखती है, लेकिन जमीनी स्तर पर काररवाई का महत्त्व होता है। ओसामा बिन लादेन का काम तमाम करनेवाला 'ऑपरेशन जेरोनिमो' उसी तरह गलत हो सकता था,

जिस तरह वर्ष 1980 में तेहरान में 52 अमेरिकी बंधकों की रिहाई के लिए बनाया गया 'ऑपरेशन ईगल क्लॉ' विफल हो गया था। लेकिन राष्ट्रपति बराक ओबामा ने अमेरिका के हित में कार्रवाई करने का साहस दिखाया। गठजोड़ करके, बातचीत करके और अपने हितों के लिए लड़कर राष्ट्र खुद को महाशक्ति में तब्दील करते हैं। हमारे देश के निर्णय निर्माताओं या निर्णायकों को यह समझना महत्त्वपूर्ण है कि आप सिर्फ एक बार शिकार होते हैं, उसके बाद आप खुद शिकारी बन जाते हैं और प्रतिघात करने को तत्पर रहते हैं।

केंद्र-राज्य संबंध : संघीय त्रुटि रेखा

क्या भारत इक्कीसवीं सदी में एक ऐसी संघीय व्यवस्था को ढो सकता है, जिसमें शक्तियाँ केंद्रित हों और उत्तरदायित्व विकेंद्रीकृत हों? केंद्र एवं राज्यों के बीच संबंध को तीन विस्तृत क्षेत्रों में बाँटा जा सकता है—विधायी, प्रशासकीय एवं वित्तीय शक्तियाँ। वर्ष 2011 में इन तीन में से दो क्षेत्रों में क्षेत्रीय दलों द्वारा केंद्र सरकार को चुनौती दी गई और उसके प्रयासों पर वीटो लगाया गया। क्षेत्रीय पार्टियों ने एकजुट होकर लोकपाल विधेयक और संगठित खुदरा क्षेत्र में प्रत्यक्ष विदेशी निवेश की अनुमति देने के प्रयास को पारित होने से रोक लिया। फिर नौ मुख्यमंत्रियों ने प्रधानमंत्री से कहा कि वह एन.सी. टी.सी. गठित करने के आदेश को रद्द कर दें।

संविधान निर्मात्री सभा के अध्यक्ष और भारत के प्रथम राष्ट्रपति डॉ. राजेंद्र प्रसाद ने संविधान को अपनाए जाने के बाद प्रार्थना की थी—''देश को ऐसे दृढ़ चरित्रवाले लोग मिलें, ऐसी दृष्टिवाले लोग मिलें, जो छोटे समूहों एवं क्षेत्रों की खातिर देश के हितों को कुर्बान नहीं करें और जो इन मतभेदों से उपजे पूर्वग्रहों से ऊपर उठकर काम करें।'' जाहिर है, उनकी प्रार्थना नहीं सुनी गई। प्रतियोगी राजनीति के युद्धक्षेत्र में राष्ट्र का विचार सिकुड़ता जा रहा है।

राजनीति का अंकगणित भी बदल रहा है। भारत अब एक पार्टी को सत्ता नहीं सौंपता और अब केंद्र में गठबंधन शासन आ गया है। जैसा कि आज आँकड़े दरशाते हैं, 542 लोकसभा क्षेत्रों में से 150 से भी ज्यादा क्षेत्रों में दो प्रमुख राष्ट्रीय दल राजनीतिक रूप से अप्रासंगिक हो गए हैं। वर्ष 1996 से क्षेत्रीय दलों का समूह लोकसभा की सीटों के एक बड़े हिस्से पर काबिज हो गया है। दोनों राष्ट्रीय दलों की सफलता-दर में गिरावट आई है। कांग्रेस ने पिछले वर्षों में सबसे बढ़िया प्रदर्शन वर्ष 2009 में किया, जब उसने लोकसभा की 206 सीटें जीतीं। और भारतीय जनता पार्टी ने सबसे बढ़िया प्रदर्शन वर्ष 2014 में किया था, जब उसने 282 सीटें जीती थीं। लोकसभा की कुल 542 सीटें हैं, यानी बहुमत के लिए 272 सीटें चाहिए और इसीलिए दोनों राष्ट्रीय दल क्षेत्रीय पार्टियों का नियमित रूप से सहारा लेते हैं और उन पर निर्भर रहते हैं। यह भी एक तथ्य है

कि आठ सर्वाधिक आबादीवाले राज्यों—जिसमें उत्तर प्रदेश और बिहार शामिल हैं—में क्षेत्रीय पार्टियाँ शासन करती हैं। खंडित जनादेश के युग में केंद्र-राज्य की राजनीति के मतभेद उद्देश्य की एकता को प्रभावित करते हैं।

राजनीतिक अर्थव्यवस्था भी समस्याओं से ग्रस्त है। महत्त्वपूर्ण नीतियाँ केंद्र और राज्यों की इस जंग में बंधक बन गई हैं। जंग इस बात को लेकर है कि नीतियाँ तय करने का अधिकार किसे है और इसका वित्तीय बोझ कौन उठाएगा? भारत को 9 प्रतिशत विकास दर की आकांक्षाओं को पूरा करने के लिए कोयला, लौह अयस्क एवं खनिजों का उत्पादन बढ़ाने की जरूरत है। खनन नीति केंद्र सरकार द्वारा बनाई जाती है; जबकि इससे उत्पन्न बाधाओं एवं आंदोलनों का सामना राज्यों को करना पड़ता है। राज्य चाहते हैं कि उन्हें बेहतर क्षतिपूर्ति फॉर्मूला के तहत राशि दी जाए; जबकि केंद्र सरकार चाहती है कि राज्य रॉयल्टी में जमीनी स्तर पर विस्थापित एवं प्रभावित लोगों को हिस्सा दें। अलग-अलग राज्यों ने वर्ष 2006 से भूमि अधिग्रहण नीतियाँ बनाई हैं, फिर भी केंद्र एक आदर्श भूमि अधिग्रहण कानून बनाने की कोशिश कर रहा है। परिणामस्वरूप करीब 100 अरब डॉलर का निवेश भूमि अधिग्रहण मसलों में अटक गया है। नतीजा यह है कि भारतीय राजमार्ग प्राधिकरण की अहम परियोजनाएँ बाधित हो गई हैं। ऐसा नहीं है कि विधेयकों का रोका जाना कोई एकतरफा कारोबार है। वर्ष 2004 से राज्यों की विधानसभाओं द्वारा पारित 110 से भी ज्यादा विधेयक केंद्र की मंजूरी पाने के लिए अटके पड़े हैं।

संविधान निर्माताओं की स्पष्ट धारणा थी कि राष्ट्रीय एकता को बनाए रखने के लिए एक मजबूत केंद्र का होना जरूरी है। उन्होंने 'संघ' शब्द का इस्तेमाल किया, ताकि इसपर जोर दिया जा सके कि राज्यों का संघ बनाया गया है, यह किसी समझौते का परिणाम नहीं है। इसलिए किसी भी राज्य को भारत संघ से अलग होने की इजाजत नहीं दी जाएगी। एहतियात के तौर पर शक्तियों के मनमाने इस्तेमाल को रोकने के लिए प्रावधान रखे गए। संवैधानिक संशोधन करने के लिए केंद्र को राज्यों से परामर्श करना होगा, राज्यसभा राज्यों का सदन है, उससे सहमति लेनी होगी और आधे राज्यों की मंजूरी लेनी पड़ेगी।

डॉ. बी.आर. आंबेडकर भारत के संविधान के जनक माने जाते हैं। उन्होंने इस संतुलन को बेहतरीन ढंग से अभिव्यक्त किया है—"हालाँकि देश और लोग प्रशासन की सुविधा के लिए विभिन्न राज्यों में विभाजित हो सकते हैं; लेकिन देश एक संपूर्ण इकाई है। इसके लोग एक हैं, जो एक स्रोत से उपजी एक सर्वोच्च शक्ति के अंतर्गत रहते हैं।" स्वतंत्रता-प्राप्ति के दो दशकों तक यह आदर्श विचार चुनौती-विहीन रहा। इसका मुख्य कारण यह था कि जवाहरलाल नेहरू का कद महान् था। उनके पास बात

मनवाने का हुनर था और संसद् में कांग्रेस के पास भारी बहुमत था। विवाद का पहला विषाणु तब प्रकट हुआ, जब वर्ष 1967 में कांग्रेस सोलह में से आठ राज्यों में चुनाव हार गई और इस प्रकार प्रतिद्वंद्वी राजनीति का पहला दौर शुरू हो गया।

'60 के दशक से ही समितियों और आयोगों की एक शृंखला ने इस मामले (केंद्र-राज्य संबंध) की पड़ताल की है। वर्ष 1968 में प्रशासकीय सुधार आयोग ने राय दी कि तीन सूचियाँ अच्छी तरह बनाई गई हैं; परंतु इसकी समीक्षा करने का सही वक्त नहीं आया है। इसने राज्यों में असंतोष एवं विरोध को जन्म दिया होता, लेकिन वर्ष 1971 में कांग्रेस ने समाजवाद की लहर पर सवार होकर अपनी खोई हुई राजनीतिक जमीन फिर से वापस पा ली। '70 के दशक ने बहस या असंतोष के लिए कोई जगह नहीं छोड़ी। कांग्रेसी नेता डी.के. बरुआ ने तत्कालीन हालात को यादगार शब्दों में व्यक्त किया, "इंडिया इज इंदिरा एंड इंदिरा इज इंडिया!" (भारत इंदिरा है और इंदिरा भारत है) कांग्रेस ने अपने कार्यकर्ताओं को आगे बढ़ाने के लिए संसद् में अपने भारी बहुमत का जमकर इस्तेमाल किया।

केंद्र-राज्य संबंधों पर तब फिर से चर्चा शुरू हुई, जब सन् 1983 में एन.टी. रामाराव आंध्र प्रदेश में सत्ता में आए। उस वक्त दक्षिण के चार में से तीन राज्यों में गैर-कांग्रेसी सरकारें थीं। रामराव ने गर्जना की कि केंद्र एक अवधारणात्मक रहस्य है और भारत के हरेक इंच पर राज्यों द्वारा शासन किया जाता है। एन.टी.आर. सही थे, हरेक इंच पर राज्यों द्वारा शासन किया जाता है; मगर उनका शासन केंद्र में सत्तासीन बड़े भाई के आदेशों से परिसीमित होता है। सैद्धांतिक रूप से राज्यों में एक निर्वाचित सरकार अपनी दूरदृष्टि, नेतृत्व और अभिनव विचारों के जरिए एक राज्य विशेष की कायापलट कर सकती है। लेकिन व्यवहार में राज्य नियमों एवं वित्तीय आवंटनों की एक जटिल भूलभुलैया में जकड़े रहते हैं।

वर्ष 1983 में इंदिरा गांधी सरकार ने केंद्र-राज्य संबंधों को लेकर उठाए गए मसलों की पड़ताल करने के लिए सरकारिया आयोग की नियुक्ति की। आयोग ने सिफारिश की कि "स्थानीय संस्थाओं को वास्तविक सत्ता के विकेंद्रीकरण से अलगाववादी ताकतों के खतरे को दूर करने और प्रशासन में लोगों की भागीदारी बढ़ाने में मदद मिलेगी।" सरकारिया आयोग ने वर्ष 1988 में अपनी रिपोर्ट दी, जिसमें उसने यह इंगित किया कि "राजनीतिक दबावों के कारण पिछले वर्षों में सत्ता के ज्यादा-से-ज्यादा केंद्रीकरण की प्रवृत्ति बढ़ी है।" आयोग ने कुल 274 सिफारिशें कीं, जिनमें से सिर्फ 179 स्वीकार की गईं।

इसके बाद संविधान के कामकाज की समीक्षा के लिए बनाए गए राष्ट्रीय आयोग ने इन मसलों पर विचार किया। इस आयोग की अध्यक्षता न्यायमूर्ति एम.एन. वेंकटचलैया ने की। इस आयोग की नियुक्ति फरवरी 2000 में की गई थी और इसने वर्ष 2002 में अपनी रिपोर्ट सौंपी। आयोग ने सिफारिश की कि विभिन्न मुद्दों पर राज्यों के साथ ज्यादा विस्तृत

परामर्श करने की जरूरत है और साथ ही स्थानीय सरकारों को शक्तियाँ विकेंद्रीकृत करने की आवश्यकता है। हाल में यू.पी.ए. सरकार ने केंद्र-राज्य संबंधों के मसलों की पड़ताल करने के लिए न्यायमूर्ति मदन मोहन पंछी के नेतृत्व में एक आयोग का गठन किया। इस आयोग ने वर्ष 2010 में अपनी रिपोर्ट दे दी, लेकिन यह धूल चाट रही है।

राजनीति में नैतिकता प्रसंगगत होती है। जबकि राज्य एक स्तर पर शक्तियों के ज्यादा विकेंद्रीकरण के लिए दलील देते थे, लेकिन दूसरे स्तर पर वे अपने ही राज्यों में स्थानीय स्व-शासनों की शक्तियों का विकेंद्रीकरण करने से इनकार करते थे। वस्तुतः, वर्ष 1987 में राष्ट्रीय विकास परिषद् की एक बैठक में राजीव गांधी ने मुख्यमंत्रियों से पूछा कि वे अपने ही राज्यों में विकेंद्रीकरण क्यों नहीं करते हैं ? प्रशासन में फासलों के मद्देनजर वर्ष 1992 में केंद्र सरकार ने 73वें एवं 74वें संशोधनों के जरिए पंचायतों एवं नगरपालिकाओं के स्तर पर शक्तियों का विकेंद्रीकरण करने के लिए संविधान को संशोधित किया। मगर केरल, मध्य प्रदेश और महाराष्ट्र को छोड़कर अन्य राज्य अपनी कोई भी शक्ति छोड़ने के लिए इच्छुक नहीं थे।

केंद्र सरकार अपना 32 प्रतिशत राजस्व राज्यों में बाँटती है। राज्यों का मानना है कि यह पर्याप्त नहीं है, क्योंकि नीति को कार्यान्वित करने की प्रशासकीय लागत उन्हें उठानी पड़ती है। राज्य दलील देते हैं कि इस बड़ी जिम्मेदारी को उठाने में जो खर्च वहन करना पड़ता है, वह केंद्र-राज्य हस्तांतरण के गणित में प्रतिबिंबित नहीं होता है। आज, राज्यों का सकल वित्तीय घाटा—आय एवं खर्च का फर्क—पिछले 20 वर्षों में 18 हजार करोड़ रुपए से बढ़कर 2 लाख करोड़ रुपए से भी ज्यादा हो गया है।

इसी तरह राज्यों ने स्थानीय शासनों को अभावग्रस्त कर रखा है; जबकि नागरिकों को आधारभूत सुविधाएँ देने की जिम्मेदारी इन्हीं स्थानीय संस्थाओं की होती है। राज्य भले ही भारत के प्रत्येक इंच पर राज करते हों, लेकिन ये पंचायतें और नगरपालिकाएँ ही हैं, जो वास्तविक शासकीय निकाय हैं। फिर भी, राज्यों को केंद्र सरकार से जितना राजस्व हस्तांतरित किया जाता है, उसका 3 प्रतिशत से भी कम हिस्सा 2,40,000 से भी ज्यादा स्थानीय शासकीय संस्थाओं को दिया जाता है। विलासराव देशमुख, जो सरपंच से ऊपर उठते हुए मुख्यमंत्री बने थे, उन्होंने इस हालात को बेहतरीन ढंग से प्रस्तुत किया था, ''केंद्र राज्यों के साथ वैसा ही सलूक करता है, जैसा सलूक राज्य स्थानीय शासनों के साथ करते हैं।''

जब संस्थागत जनकों ने संविधान को बनाया, तब उन्होंने एक मजबूत केंद्र की खोज को एक संघीय ढाँचे की आकांक्षा के साथ संतुलित किया। यह वक्त है कि भारत इस बात का आकलन करे कि क्या उसे केंद्र और राज्य दोनों स्तरों पर अधिकारियों की बहुलता की जरूरत है और केंद्र को प्रशासन के कई क्षेत्रों पर नियंत्रण बनाए रखने की

आवश्यकता क्यों है ? अगर राज्य सरकारों को नागरिक वोट देकर सत्ता सौंपते हैं तो क्या उन्हें बदलाव लाने का विवेकाधिकार भी नहीं मिलना चाहिए ? महाराष्ट्र को मुंबई शहर में नए पार्किंग शुल्क के लिए केंद्र सरकार से महज इसलिए इजाजत क्यों लेनी चाहिए कि मोटर वाहन अधिनियम एक केंद्रीय कानून है ? केंद्रीय पर्यावरण मंत्रालय को राज्यों में हर बड़े प्रोजेक्ट के बारे में फैसला क्यों करना चाहिए ? उसे आधारभूत ढाँचे के सवालों से लेकर यह तक क्यों तय करना चाहिए कि खास दिनों में किन शहरों को 10 बजे रात के बाद सार्वजनिक कार्यक्रम आयोजित करने की इजाजत मिलनी चाहिए ? और अगर तर्क यह है कि केंद्र सरकार सबसे अच्छा जानती है तो राज्य सरकारों को चुनने के लिए चुनावों पर सार्वजनिक संसाधनों को क्यों बरबाद किया जाता है ?

वर्ष 2012 में हालत यह है कि भारत में प्रशासन दिखावा मात्र है, खोखला है तथा पाखंड से भरा पड़ा है। रणनीतिक लक्ष्यों का घोर अभाव सर्वव्यापी है। ऊपर दर्ज किए गए हरेक संकट की एक साझा बात यह रही है कि उत्तरोत्तर सरकारें कल्पनाशील ढंग से सोचने एवं निर्णायक रूप से कार्रवाई करने में असमर्थ रही हैं।

जबकि, भारत इससे श्रेष्ठ का हकदार है।

□

चुनिंदा साक्षात्कार एवं स्रोत

अध्याय : दंभ का दहन

1. एस. वेंकिटारमणन
2. सी. रंगराजन
3. सुब्रमण्यम स्वामी
4. पी. सी. अलेक्जेंडर
5. नरेश चंद्रा
6. बी.जी देशमुख
7. मोंटेक सिंह अहलूवालिया
8. विमल जालान
9. राकेश मोहन
10. वाई. वी. रेड्डी
11. विजय केलकर
12. सुबीर गोकर्ण
13. विवेक देवरॉय
14. इंदिरा राजारमण
15. राजकमल अय्यर
16. यशवंत सिन्हा
17. अजित सिंह
18. कमल मोरारका

भूख का खेल

1. एस. वेंकिटरमणन
2. एम.एस. स्वामीनाथन
3. महेंद्र देव
4. एस.एस. राजशेखर
5. जी. रंगा राव
6. जे. वीरराघवन

दास कैपिटल

1. सी. रंगराजन
2. एस. वेंकिटरमणन
3. वाई. वी. रेड्डी
4. सुबीर गोकर्ण
5. विजय केलकर
6. इंदिरा राजारमण
7. महेंद्र देव
8. अशिमा गोयल
9. राजकमल अय्यर
10. अजित रानाडे

दुग्ध क्रांति

1. मॉली वर्गीज कुरियन
2. वर्गीज कुरियन
3. एस. वेंकिटरमणन
4. मोंटेक सिंह अहलूवालिया

शिक्षा और भोजन का प्रबंध

1. विराज पटनायक
2. मोंटेक सिंह अहलूवालिया

3. ए.एम. स्वामीनाथन
4. ए. गोपन्ना

काला हंस

1. नागराज विट्ठल
2. एन.आर. नारायण मूर्ति
3. श्रीनि राजम
4. नंदन नीलेकणि
5. जी.के. पटनी
6. बी.के. सिंगल
7. जेरी राव

दा विंची कोड

1. पी.बी. सावंत
2. अरुणा रॉय
3. निखिल डे

उपसंहार

1. एस. वेंकिटरमणन
2. विजय केलकर
3. जी. पार्थसारथी
4. एम. दामोदरन
5. महेंद्र देव

□□□